DISCLAIMER

The author and publisher are providing this book and its contents on an "as is" basis and make no representations or warranties of any kind with respect to this book or its contents. The author and publisher disclaim all such representations and warranties, including but not limited to warranties of merchantability. In addition, the author and publisher do not represent or warrant that the information accessible via this book is accurate, complete, or current.

Except as specifically stated in this book, neither the author nor publisher, nor any authors, contributors, or other representatives will be liable for damages arising out of or in connection with the use of this book. This is a comprehensive limitation of liability that applies to all damages of any kind, including (without limitation) compensatory; direct, indirect, or consequential damages; loss of data, income, or profit; loss of or damage to property; and claims of third parties.

BESTACTIVITYBOOKS.COM

FIRST EDITION - Published 2021

Extra Graphic Material From: www.freepik.com
Thanks to: Alekksall, Starline, Pch.vector, Rawpixel.com,
Dgim-studio, Upklyak, Macrovector
& Freepik.com Designers

This Book Offers Free Bonus Puzzles

Available Here:

BestActivityBooks.com/WSBONUS20

5 TIPS TO START!

1) HOW TO SOLVE

The Puzzles are in a Classic Format:

- Words are hidden without breaks (no spaces, dashes, ...)
- Orientation: Forward & Backward, Up & Down or in Diagonal (can be in both directions)
- Words can overlap or cross each other

2) LEVEL UP THE GAME!

A space is provided next to each word to write new ones, translations or notes. We also offer a convenient **NOTEBOOK** at the end of this edition. It can help you organize your annotations, new words and/or observations.

3) TAG YOUR WORDS

Have you tried using a tag system? For example, you could mark the words which have been difficult to find with a cross, the ones you loved with a star, new words with a triangle, rare words with a diamond and so on...

4) EASY TO CUT!

The Puzzles come with an Extra Large margin to easily cut the page out of the book. Some people may feel it more convenient to solve them this way.

5) FINISHED?

Go to the bonus section: **MONSTER CHALLENGE** to find a free game offered at the end of this edition!

Want **more fun** and activities to **relax? It's Fast and Simple!**
An entire Game Book Collection **just one click away!**

Find your next challenge at:

BestActivityBooks.com/MyNextWordSearch

Ready, Set... Go!

Did you know there are around 7,000 different languages in the world? Words are precious.

We love languages and have been working hard to make the highest quality books for you. Our ingredients?

One part easy-to-read print, three parts entertainment, then we add some challenging words and a pinch of rare ones. We brew them with care to serve you lots of fun and an opportunity to solve the best puzzles.

Your feedback is essential. You can be an active participant in the success of this book by leaving us a review. Tell us what you liked most in this edition!

Here is a short link which will take you to your Amazon orders review page.

BestBooksActivity.com/Review50

Thanks for your fidelity and enjoy the Game!

Delta Classics Team

Puzzle 1

結	故	出	ぼ	圧	室	登	社	お	海	摘	ん	乗	加	場	子	意
ろ	明	確	に	加	ク	ど	お	ニ	金	ぽ	報	や	算	家	供	ク
ス	テ	ー	ト	メ	ン	ト	を	ニ	ど	じ	リ	再	私	賃	た	故
ド	カ	ニ	向	然	オ	サ	サ	ニ	ょ	合	開	ま	囚	の	ち	れ
リ	乏	コ	重	能	イ	通	ぎ	も	ノ	せ	応	っ	リ	向	は	退
ン	応	ル	レ	話	ラ	覧	だ	開	方	つ	ヒ	ヌ	で	っ	妹	を
ク	ヌ	バ	海	サ	ニ	化	出	レ	セ	狙	手	重	退	ス	歩	化
ノ	囚	化	も	重	ゴ	圧	合	ト	っ	私	報	の	ラ	育	進	ぎ
む	読	き	レ	能	ー	権	ぎ	ぐ	写	所	ぎ	鳥	物	ぐ	ょ	に
故	摘	デ	ル	ク	ル	べ	結	応	意	ス	ぎ	ぽ	質	む	チ	つ
結	覧	ー	ゅ	報	育	ぽ	方	然	む	退	歩	妊	の	方	上	い
通	合	タ	阪	金	写	ヱ	本	や	育	無	や	室	信	号	記	て
百	意	が	然	コ	ざ	ょ	解	報	登	所	特	京	両	圧	カ	側
ゃ	開	チ	レ	芸	京	だ	狙	ツ	京	る	定	海	退	親	ス	ま
カ	ラ	ス	精	ぎ	ヱ	出	ク	ニ	っ	室	退	せ	ぎ	能	れ	つ

信号
妹を
バルコニー
手の
データが
鳥の
について
特定
ライオン
ステートメントを
家賃の
子供たちは
物質の
カラス
明確に
ゴール
乗算
上記
ドリンク
両親

Puzzle 2

会議は
ガス
ウォーク
ショットが
防ぐ
医学
消え
ベビー
精度
する非難
法定
壁画を
仕上げ
開発
セキュリティを
マスター
スプレッド
最も幸せな
食事
頻繁に

ヒ	ぎ	ふ	頻	報	サ	ぐ	精	何	開	砂	コ	開	暫	て	ス	ガ
通	合	く	繁	妊	画	れ	投	狙	ホ	安	室	ル	発	ひ	プ	ツ
読	し	ょ	に	す	る	非	難	仕	上	げ	能	ノ	囚	安	レ	ニ
マ	ウ	報	論	ト	せ	ベ	ビ	ー	故	再	コ	ふ	芸	愛	ッ	む
故	ス	ォ	投	ゃ	ノ	ん	登	ろ	能	写	む	で	話	ハ	ド	ニ
モ	ハ	タ	ー	で	カ	精	度	れ	お	て	ぼ	だ	し	テ	進	嶋
チ	や	愛	ー	ク	き	場	暫	権	百	ス	育	ノ	ク	解	能	ラ
医	シ	ョ	ッ	ト	が	然	画	意	ツ	っ	解	ぽ	じ	ヒ	ト	何
学	重	く	安	ま	辞	精	ス	リ	リ	じ	セ	壁	じ	ハ	食	ス
話	リ	せ	登	ヒ	も	ヱ	ト	で	防	重	っ	画	ヌ	最	事	消
セ	キ	ュ	リ	テ	ィ	を	法	定	ぐ	応	再	を	ふ	も	だ	え
ひ	安	再	出	き	べ	ニ	ぼ	選	進	芸	結	モ	ト	幸	意	ニ
海	結	出	結	コ	会	議	は	ヌ	お	方	せ	サ	ト	せ	加	能
ど	つ	き	ぼ	で	れ	ヌ	も	く	歩	っ	囚	く	ひ	な	応	乏
だ	出	砂	エ	芸	ぐ	で	覧	ノ	リ	ま	安	能	室	砂	場	安

Puzzle 3

ょ	ラ	で	選	択	す	る	ボ	モ	ル	全	ス	選	解	結	ナ	ひ
結	無	イ	れ	ク	ま	沈	カ	リ	ヒ	員	化	ヒ	ひ	出	レ	せ
ト	ト	芸	ブ	方	だ	黙	お	リ	ュ	の	昨	る	軌	場	ー	き
ヒ	や	ヱ	読	ラ	ク	を	登	室	狙	ー	日	む	道	多	タ	愛
ふ	場	京	応	ベ	リ	る	室	ス	報	無	ム	コ	モ	ニ	ー	合
最	終	的	に	は	消	し	ゴ	ム	の	登	ド	囚	ヒ	ゅ	妊	摘
サ	ル	場	場	向	て	で	開	し	私	そ	シ	ャ	ツ	ま	会	サ
登	摘	育	ぎ	お	だ	ホ	育	ド	妊	り	ニ	ス	意	っ	キ	応
ハ	タ	ネ	ズ	ミ	レ	っ	再	退	ょ	ひ	歩	ぎ	選	も	ャ	ひ
や	私	重	っ	ニ	京	海	報	じ	水	卵	に	芸	報	ん	ン	加
能	せ	結	室	じ	社	写	暫	ハ	泳	ト	故	だ	っ	解	プ	ひ
暫	乏	開	辞	モ	報	項	目	弟	暫	応	再	テ	ど	ま	や	ノ
会	会	む	囚	保	応	出	き	囚	を	社	登	能	所	然	砂	投
合	論	解	圧	存	社	だ	何	然	お	ま	ろ	つ	ヌ	投	圧	側
進	所	ハ	場	ニ	て	家	は	安	ク	ど	ぼ	故	精	ん	ニ	ゅ

キャンプ
保存
そり
ナレーター
全員の
家は
卵に
選択する
水泳
ライブラリ
消しゴムの
弟を
昨日
沈黙を
軌道
最終的には
ハタネズミ
項目
シャツ
ボリューム

Puzzle 4

必死
に危険な
時間の
フィールドの
興味深い
のボイド
含ま
いくつかの
ライオンの
子猫
熾烈なの
真の
マップは、
後で
ビタミン
雨量
新鮮
動きの
良い
ストア

必	読	写	意	ク	向	登	重	百	チ	つ	ぽ	じ	ぽ	ク	論	ふ
せ	死	阪	ト	ざ	の	間	時	解	出	側	ぽ	新	ひ	カ	ソ	場
狙	化	意	能	べ	真	ボ	で	だ	セ	解	ツ	鮮	ょ	嶋	ニ	解
話	ふ	ニ	加	何	れ	ハ	イ	子	猫	論	動	砂	ひ	会	に	精
ヒ	安	写	応	圧	ド	カ	覧	ド	べ	ざ	き	リ	進	サ	危	読
マ	ラ	阪	ス	だ	ヌ	弱	阪	側	べ	故	の	乏	化	私	険	通
ッ	ビ	む	登	応	ま	何	ソ	ノ	囚	だ	な	合	狙	フ	な	テ
プ	タ	ヌ	意	ク	べ	レ	ヌ	選	解	べ	烈	ま	だ	ィ	ひ	で
は	ミ	ス	つ	ヒ	読	阪	安	化	会	摘	熾	選	エ	ー	ク	ぼ
、	ン	だ	論	ス	後	ぽ	ラ	辞	報	い	権	安	解	ル	報	育
む	側	む	育	ト	で	再	イ	ヱ	辞	ハ	く	無	き	ド	せ	ス
私	ま	ぎ	能	ア	応	解	オ	ホ	ぼ	歩	場	つ	愛	の	雨	ク
興	味	深	い	場	然	社	ン	含	ま	場	芸	方	か	れ	量	れ
結	ト	進	読	出	所	選	の	通	愛	良	方	ど	何	の	ツ	応
ざ	結	つ	ニ	登	ぎ	ヱ	ノ	重	れ	い	室	報	京	せ	写	場

Puzzle 5

能	化	歩	達	私	だ	ひ	せ	再	側	ル	妊	摘	合	ひ	歩	辞
場	覧	で	成	ル	ソ	ツ	退	ま	登	辞	ツ	ヱ	読	弱	も	ホ
説	も	無	し	て	場	レ	場	ぼ	歩	写	砂	話	場	ラ	登	論
だ	明	重	ま	ヌ	て	場	ヱ	愛	育	ょ	ス	ベ	ノ	ド	乏	安
ざ	乏	ト	す	れ	せ	破	壊	す	る	場	ン	ー	リ	ク	く	所
お	側	お	登	れ	場	し	ぎ	然	お	カ	ド	ろ	ピ	れ	プ	で
ノ	ベ	狙	乏	ト	回	む	然	の	植	物	出	ジ	ー	セ	ッ	メ
ヌ	暫	の	場	ト	避	金	だ	つ	社	報	海	通	ト	も	ロ	精
メ	し	ル	教	会	の	場	結	け	阪	ま	ミ	ニ	ょ	コ	ド	ノ
芸	デ	グ	き	摘	進	ど	ぼ	京	で	無	イ	私	れ	ぐ	ー	権
多	室	ィ	ヌ	や	故	合	ハ	報	能	船	ラ	再	登	権	ノ	ぎ
読	ベ	ウ	ア	乏	応	砂	向	私	海	を	無	投	愛	ん	ス	ル
ひ	室	権	無	芸	傷	つ	い	た	じ	能	ぼ	も	ぽ	向	モ	読
膨	大	所	ろ	辞	意	退	ろ	じ	重	で	ハ	チ	証	拠	芸	辞
詳	細	は	、	き	テ	芸	合	ヱ	ど	ひ	登	の	親	の	乏	育

クリーン
膨大
スノードロップ
回避
証拠
説明
教会の
詳細は、
メディア
達成します
ミイラ
リピート
メッセージ
だけで
の親の
傷ついた
破壊する
ウィグルの
船を
の植物

Puzzle 6

ほぼ
キー
入植者が
変更
競争
セキュリティ
に空
結ば
ブドウ
同様の
ゴースト
たかっ
の価値を
カップ
品質
有料
シリーズは
強打
世界
ステーション

画	画	金	芸	強	だ	ソ	辞	読	暫	本	ヱ	ぎ	方	シ	ろ	ぎ
権	画	解	海	打	ぽ	し	通	ド	合	く	金	有	嶋	リ	競	ド
ド	品	会	変	更	た	お	論	ノ	ブ	私	ぽ	料	権	ー	ぐ	争
く	質	京	セ	摘	か	ソ	阪	べ	し	ド	解	や	ニ	ズ	本	社
弱	ょ	ぽ	る	阪	っ	重	故	コ	写	暫	ウ	ラ	結	は	ぎ	て
通	ヱ	ラ	重	退	応	辞	ゴ	ー	ス	ト	ク	意	ば	何	辞	ニ
読	ト	京	報	場	お	ス	安	レ	百	暫	エ	室	ツ	ょ	京	多
カ	ッ	プ	ス	テ	ー	シ	ョ	ン	ろ	育	解	く	論	金	金	圧
ひ	阪	ラ	ほ	ぼ	る	応	や	解	セ	室	画	乏	サ	ま	辞	開
然	多	ま	ひ	せ	カ	ど	場	投	キ	世	私	芸	囚	お	ざ	私
場	ゅ	読	能	ろ	阪	解	サ	ノ	ュ	ニ	界	選	ヌ	選	会	狙
コ	む	場	せ	や	っ	ト	意	愛	リ	入	植	者	が	て	ま	サ
囚	っ	出	投	や	化	ま	ぎ	何	テ	ヌ	能	ょ	妊	精	ひ	加
妊	弱	結	故	妊	ひ	室	キ	ー	ィ	に	空	百	ス	ク	ト	ホ
つ	同	様	の	私	通	芸	ぎ	応	ひ	化	ぐ	意	の	価	値	を

Puzzle 7

不	ゃ	お	ハ	場	ハ	摘	乏	ひ	サ	ク	ょ	会	感	ワ	権	通
安	だ	一	所	イ	ト	私	き	愛	し	画	テ	所	触	イ	ど	妊
定	れ	致	ニ	海	ラ	登	妊	っ	会	ノ	阪	ヌ	ル	ヤ	教	会
変	写	す	狙	意	囚	イ	ど	京	圧	っ	ろ	子	ひ	ー	ト	阪
む	位	る	芸	安	サ	組	ト	だ	っ	き	ヱ	犬	ケ	応	登	結
ド	サ	応	れ	社	ヌ	織	側	解	報	ノ	む	権	ー	ニ	ゃ	嶋
本	ふ	化	バ	狙	っ	投	投	せ	ヱ	ホ	解	ル	キ	ス	解	ト
社	だ	ク	ソ	ッ	登	然	開	っ	ん	サ	重	故	の	ろ	ぼ	開
然	側	ヱ	ホ	狙	ク	ヌ	ヌ	モ	ニ	お	画	歩	風	狙	だ	再
廃	読	方	テ	結	ぽ	暫	店	の	日	曜	金	ど	、	テ	開	ど
液	ど	再	し	再	ぐ	ひ	ニ	退	レ	方	本	多	そ	ヱ	合	砂
ハ	能	進	摘	応	ク	コ	京	ト	ヌ	コ	ツ	だ	の	愛	金	写
れ	や	能	加	重	ぎ	再	合	登	写	レ	辞	き	ぽ	ク	権	化
ソ	写	ま	コ	い	父	ヱ	権	能	場	ク	何	ド	圧	レ	応	私
モ	海	モ	サ	ゃ	の	場	ゃ	向	解	ト	結	モ	摘	ニ	話	愛

父の
その
変位
ケーキの
金曜日の
ワイヤー
感触
バック
不安定
子犬
教会
店の
組織
重い
、風の
廃液
一致する
ハイライト
コレクト
スキル

Puzzle 8

女の子は、
ドクター
イカ
チキン
現在の
トーク
ノート
チェリー
ラウンド
ブック
の異なる
ナビゲート
実行します
困ら
目に見える
リーク
レース
典型的な
法的には
飛行機の

芸	や	法	る	育	摘	出	方	れ	ぼ	ヌ	論	妊	っ	ひ	ろ	ろ
登	ノ	妊	的	囚	京	ド	ゃ	百	テ	画	会	べ	ぼ	ぎ	海	出
ル	ス	ー	レ	に	チ	だ	ヌ	ひ	リ	ー	ク	開	私	ひ	海	だ
阪	安	権	ト	解	は	っ	困	向	女	リ	ッ	れ	現	在	の	金
応	ト	ー	ク	サ	場	投	安	ら	の	ェ	ブ	モ	つ	モ	機	場
芸	ー	っ	話	重	精	狙	れ	も	子	チ	囚	コ	れ	じ	行	れ
で	ゲ	投	れ	退	ま	ど	本	通	は	目	に	見	え	る	飛	サ
ヱ	ビ	ぼ	ぽ	き	金	ょ	金	ド	、	ろ	能	話	登	な	芸	圧
ニ	ナ	だ	愛	摘	ノ	せ	ゅ	ク	ん	場	お	や	ル	異	権	嶋
所	乏	エ	せ	む	ょ	エ	ツ	タ	論	然	ツ	て	ス	の	っ	ク
意	ふ	精	実	行	し	ま	す	ー	カ	む	イ	カ	れ	能	ラ	ふ
せ	ヌ	ク	方	画	ぼ	も	リ	育	ラ	読	権	ゃ	れ	や	場	ク
べ	も	向	砂	ヌ	圧	ろ	ク	ょ	ウ	退	故	ょ	だ	摘	ぎ	ド
阪	場	お	ル	レ	論	ひ	ひ	話	ン	キ	チ	無	退	テ	ろ	ぎ
ソ	社	だ	で	だ	典	型	的	な	ド	む	セ	無	セ	じ	べ	リ

Puzzle 9

て	ょ	れ	能	セ	応	結	化	能	出	る	私	化	何	弱	場	報
妊	何	だ	や	退	解	つ	場	ど	し	も	ぐ	レ	何	権	ふ	ろ
読	育	戦	摘	ク	ろ	テ	ひ	つ	囚	英	語	進	サ	嶋	ヌ	カ
野	位	い	し	ひ	ニ	会	セ	囚	、	ラ	所	弱	ろ	サ	リ	退
球	置	の	レ	愛	ょ	エ	報	話	ど	グ	方	拒	決	定	を	病
ル	が	供	方	登	場	愛	つ	つ	ク	海	ラ	否	ヌ	測	無	院
囚	愛	子	サ	土	場	応	囚	写	ょ	ク	登	ン	セ	再	読	チ
開	圧	証	方	曜	歩	投	ス	や	百	ヌ	だ	芸	ド	登	ト	囚
ゅ	育	明	無	日	ヌ	画	ニ	ニ	喜	ん	ラ	も	覧	ト	到	着
ツ	合	す	無	に	緒	一	ろ	む	ひ	辞	突	風	会	ク	ヒ	応
形	重	る	化	含	ヌ	結	歩	場	ス	乏	ゅ	報	ひ	だ	芸	き
式	登	じ	ざ	ど	ま	ひ	金	囚	ニ	レ	囚	権	れ	応	だ	阪
大	型	ト	ラ	ッ	ク	れ	読	読	加	精	ヒ	歩	安	べ	ざ	き
ヌ	ぼ	多	芸	ひ	開	弱	て	投	応	カ	向	金	選	い	ぎ	応
会	投	じ	画	ホ	狙	ス	覧	応	ラ	画	や	化	重	ぼ	テ	や

野球
土曜日に
一緒に
大型トラック
安い
拒否
位置が
英語
、グランド
到着
突風
戦いの
決定を
喜ん
子供の
測定
病院
証明する
形式
含まれて

Puzzle 10

、	ま	選	ゃ	側	エ	べ	だ	写	海	ニ	投	ひ	弱	ノ	社	出
必	話	ぶ	解	ル	再	ネ	場	ニ	ぽ	安	ヱ	ノ	ふ	阪	ょ	解
ず	覧	顧	ひ	コ	ひ	ひ	ル	ぎ	読	登	く	育	論	乏	ヱ	画
だ	リ	客	進	べ	囚	も	ス	ギ	達	た	ひ	応	精	も	室	っ
ツ	読	権	進	で	ふ	た	ぺ	ぎ	ー	し	ょ	ひ	む	や	レ	金
ろ	登	リ	ト	重	会	ら	ル	つ	ツ	ご	進	重	ょ	ス	せ	精
故	投	カ	結	育	然	し	リ	つ	狙	過	ド	圧	連	つ	だ	ょ
報	報	ツ	婚	じ	登	た	登	く	だ	を	ン	ル	想	結	サ	む
サ	ざ	じ	ふ	つ	私	ぽ	ホ	ふ	意	ゴ	ー	所	さ	べ	場	ひ
場	ぐ	ト	通	せ	暫	ゃ	海	応	、	チ	ム	チ	せ	ヒ	お	ト
故	ひ	ン	応	て	海	ま	ト	投	キ	狙	つ	日	ま	ぼ	妊	話
ま	結	ボ	ゅ	化	ス	ペ	ル	の	ャ	故	ニ	時	す	場	っ	ヌ
登	く	ま	故	応	通	囚	ぎ	園	べ	送	多	計	ぽ	つ	ぽ	海
所	向	室	ヌ	ふ	本	育	歩	物	ツ	信	加	妊	嶋	向	金	画
退	ざ	し	見	え	セ	ニ	嶋	動	ド	何	本	サ	る	通	ニ	ヌ

スペル
ゴム
を過ごした
トンボ
動物園の
日時計
スペルの
結婚
エネルギー
ムーン
もたらした
連想させます
達し
選ぶ
つつく
送信
顧客
見え
、キャベツ
、必ず

Puzzle 11

然	サ	む	ふ	ト	出	能	読	論	ス	ま	何	意	狙	囚	解	だ
乏	ハ	歩	話	無	国	や	芸	、	は	ト	ー	ゲ	通	コ	ク	ド
ト	精	ノ	ニ	つ	ニ	際	再	は	ニ	精	ロ	ノ	報	報	砂	じ
グ	コ	祖	弱	ょ	つ	ト	し	城	百	ク	ま	べ	辞	ニ	ク	ス
ざ	ル	父	ゅ	摘	ぐ	場	わ	の	靴	ニ	登	ぼ	リ	京	通	嶋
故	ド	ー	ワ	ン	バ	向	の	砂	辞	加	写	伴	う	ー	金	社
ク	無	海	プ	合	武	イ	ン	チ	が	モ	ぎ	本	を	ワ	化	ウ
マ	イ	ナ	ー	の	器	ツ	退	ハ	芸	方	も	話	況	ラ	何	ズ
出	多	能	選	べ	の	ひ	ク	ト	結	暫	ま	ラ	状	フ	登	ラ
ど	登	投	ひ	モ	も	花	権	じ	チ	ェ	ア	チ	態	リ	狙	安
愛	ゅ	も	応	だ	る	が	本	べ	歩	権	通	モ	っ	カ	だ	合
ド	て	ス	る	意	く	論	乏	愛	っ	辞	写	ま	側	セ	ク	き
解	結	ト	ま	ヌ	能	ニ	権	隠	す	登	ヌ	ぼ	ス	再	ラ	つ
退	ハ	化	京	ゃ	ぎ	方	投	応	乏	る	投	ょ	ス	出	べ	進
ん	モ	し	ひ	登	精	ろ	ゃ	開	報	乏	ヱ	ひ	む	コ	場	だ

花が
ストロベリー
チェア
国際
インチが
祖父
状態
カリフラワー
隠す
グループ
靴の
しわの
砂の城は、
バンワード
ウズラ
伴う
武器の
ゲートは、
マイナーの
状況を

Puzzle 12

示	し	た	投	場	意	お	乏	ま	エ	弱	れ	も	退	開	ぐ	の
ょ	ワ	エ	ー	リ	コ	ッ	ロ	ブ	、	せ	退	ゃ	ひ	出	多	買
画	レ	ー	サ	向	故	囚	ケ	ぽ	ニ	ょ	犯	罪	芸	室	版	い
像	退	だ	ル	安	笑	顔	ッ	る	阪	む	開	カ	ク	も	再	写
が	出	き	歩	ド	進	社	ト	会	ゅ	る	ソ	加	論	無	ツ	で
ま	室	百	ま	エ	チ	ハ	ニ	登	く	じ	ソ	覧	ラ	モ	も	化
エ	故	囚	お	ス	ヱ	会	モ	狙	向	ク	だ	出	べ	ょ	ぼ	ク
七	面	鳥	の	タ	妊	ノ	ヌ	き	て	ト	イ	ン	タ	ビ	ュ	ー
ぼ	サ	ヌ	意	イ	サ	テ	ト	ま	ニ	ぼ	ド	レ	ぽ	弱	写	ま
会	妊	読	ソ	ル	芸	画	論	ホ	ざ	ぐ	冷	快	適	サ	レ	む
ゃ	社	て	圧	の	向	室	側	安	ク	安	た	重	出	阪	ぎ	投
機	能	の	責	テ	も	ぼ	ょ	登	育	投	い	選	チ	進	圧	ニ
後	モ	進	任	向	ヌ	ニ	お	ぽ	ラ	ト	ゃ	辞	登	摘	砂	っ
に	ひ	れ	あ	故	開	だ	せ	ス	開	る	セ	コ	ン	ド	ル	の
む	れ	ヱ	る	妊	つ	写	登	リ	愛	選	も	本	て	お	高	級

の買い
画像が
示した
快適
高級
スタイルの
出版
機能
犯罪
ワールド
ロケット
笑顔
後に
冷たい
会社の
インタビュー
、ブロッコリー
コンドルの
七面鳥の
責任ある

Puzzle 13

暫	む	ま	暫	だ	ス	イ	カ	ヌ	選	精	お	コ	ど	だ	ト	ざ
て	再	ゅ	論	も	チ	圧	金	し	で	き	ラ	せ	砂	乏	ろ	き
ホ	会	れ	ょ	化	セ	然	ん	エ	き	モ	通	場	金	話	囚	て
へ	辞	解	阪	応	ス	ひ	る	ス	開	だ	摘	ヒ	然	砂	会	ぎ
ッ	通	ツ	嶋	登	カ	や	っ	幸	せ	な	る	ぼ	ス	能	重	で
ジ	の	後	ろ	に	ー	き	写	再	側	妙	や	共	報	ぐ	登	基
属	て	然	だ	会	フ	会	シ	ル	囚	巧	も	通	本	し	ル	本
だ	し	か	か	リ	狙	レ	お	ー	ニ	意	ぽ	ま	登	ド	ニ	会
し	止	つ	安	再	暫	ぎ	資	摘	ケ	っ	社	京	京	画	ツ	て
や	停	多	ニ	テ	能	ス	ツ	格	の	ン	ョ	シ	プ	オ	サ	百
ス	金	写	乏	ぎ	ハ	化	カ	辞	を	へ	ス	皮	む	セ	私	歩
ん	で	む	ト	読	っ	ノ	出	合	ト	ひ	ぼ	膚	ゃ	写	方	し
圧	場	ス	ま	ふ	カ	、	は	ト	ス	ラ	ト	ン	コ	だ	き	ぐ
ル	安	ニ	妊	狙	ゃ	ニ	平	均	テ	ヌ	だ	ど	ぎ	ヒ	ド	京
ト	本	エ	ト	ド	じ	ぎ	も	ツ	金	室	話	権	ざ	室	ぎ	向

でき
基本
コントラストは、
ヘン
資格を
かかし
属し
共通
ヘッジ
停止して
シーケンス
巧妙な
オプションの
の後ろに
幸せな
スカーフ
テストを
平均
皮膚
スイカ

Puzzle 14

動機の
特に
許可
塗料は
おなじみ
制御を
捕捉
行為の
一部の
溝が
小さな
運ば
スカート
ライブ
サイクリング
ドライバ
自分を
生物学
輸送
熱くする

ぼ	行	だ	一	安	社	金	特	生	本	許	ド	ラ	イ	バ	ん	ど
向	為	ス	ソ	部	も	ニ	に	物	故	可	阪	社	再	出	所	本
ク	の	カ	テ	し	の	溝	出	学	囚	ま	ゃ	モ	囚	合	ツ	重
チ	解	一	側	サ	ゃ	が	ド	自	ル	辞	愛	ヌ	リ	ひ	登	登
ヱ	阪	ト	権	場	私	ホ	進	小	分	モ	セ	選	ス	化	む	私
画	じ	化	百	る	ト	て	レ	故	さ	を	御	制	応	る	つ	化
ゅ	塗	意	レ	ラ	ゃ	る	ヌ	み	じ	な	お	だ	グ	ぐ	コ	百
本	料	ゃ	社	輸	ヒ	読	捕	ヱ	結	ク	然	進	ン	金	重	ラ
ど	は	選	熱	送	動	故	捉	セ	狙	歩	ひ	や	リ	む	報	登
ニ	ざ	重	く	暫	機	多	ル	愛	解	ょ	ん	ょ	ク	京	ヱ	方
再	ど	暫	す	ツ	の	側	弱	だ	ぐ	カ	投	ラ	イ	ブ	つ	金
む	き	ラ	る	百	選	ヌ	故	だ	セ	チ	意	故	サ	だ	加	だ
室	だ	で	重	暫	じ	ラ	加	退	せ	で	ひ	覧	社	ま	場	意
ど	向	っ	ヌ	何	む	も	精	画	ト	結	ぼ	ク	運	ば	囚	ょ
加	登	乏	弱	会	ぎ	き	ひ	読	嶋	登	ぎ	つ	論	っ	化	登

Puzzle 15

ど	百	論	テ	だ	っ	ニ	リ	開	バ	ン	何	辞	っ	写	出	能
読	チ	愛	進	緩	し	ひ	だ	ハ	や	ぎ	お	く	解	結	じ	報
ツ	ニ	バ	乏	や	シ	ョ	ー	ト	場	ぎ	開	テ	権	登	ヌ	や
れ	リ	ン	ニ	か	芸	退	論	朝	故	ノ	ぎ	ど	や	精	側	チ
歩	ひ	を	い	な	れ	し	も	か	の	暫	登	セ	っ	報	ざ	ヌ
含	ど	砂	い	オ	ー	デ	ィ	シ	ョ	ン	ま	ょ	選	社	海	く
め	何	化	わ	側	室	進	ざ	社	向	テ	加	阪	出	レ	コ	向
せ	弱	加	か	ト	る	応	て	ふ	あ	ラ	再	ざ	画	ひ	ニ	ス
に	き	だ	っ	ま	寝	室	の	明	た	ポ	ッ	ト	報	ぎ	ト	ロ
側	迅	万	人	の	つ	ヌ	民	ら	り	ル	報	ッ	ウ	ェ	イ	ク
京	結	速	ニ	愛	会	む	市	か	の	圧	ひ	シ	方	ま	阪	ク
悪	故	ひ	ょ	ひ	ニ	だ	歩	に	べ	っ	ろ	れ	ス	論	れ	む
話	い	京	せ	通	ニ	進	権	っ	場	エ	話	権	安	加	写	ヌ
本	ぎ	狙	多	ニ	金	金	ラ	京	ひ	ノ	ス	む	辞	コ	む	て
側	ト	辞	場	狙	弱	暫	画	結	ハ	テ	ク	レ	コ	退	つ	画

バン
寝室の
かもしれない
市民の
かわいい
オーディション
緩やかな
バンを
明らかに
あたりの
含め
ポット
万人の
ショート
朝の
に迅速
クロス
悪い
ウェイク
シット

Puzzle 16

バルーン
また
も、
バイソン
ミル
第六
符号
成果
があり
痛み
嵐の
のウェット
、より良い
レポートは、
ロビン
土地の
感動を
カモを
グラフ
読ん

ニ	会	ロ	グ	ラ	フ	痛	摘	多	れ	ツ	ヌ	摘	応	精	覧	圧
通	論	ヌ	ビ	出	セ	み	ヱ	ど	歩	圧	ひ	応	サ	私	精	ソ
所	ヌ	テ	暫	ン	ソ	イ	バ	ヒ	ひ	砂	ツ	覧	っ	会	モ	ト
チ	報	ぐ	ぎ	も	投	場	ル	ぐ	む	レ	ポ	ー	ト	は	、	ざ
し	話	能	百	化	妊	ニ	覧	出	覧	乏	ま	摘	ぽ	カ	百	進
話	摘	応	つ	感	お	く	ひ	会	ざ	京	ま	土	エ	だ	っ	ひ
無	ス	開	能	嶋	動	ぎ	ラ	ゃ	カ	論	ヒ	何	地	場	ゃ	狙
囚	せ	応	乏	社	狙	を	サ	ま	し	ま	む	圧	然	の	ス	論
向	、	読	乏	ノ	ス	モ	愛	カ	無	写	成	登	ふ	室	ゃ	っ
べ	よ	ん	加	ク	サ	カ	応	何	報	ま	果	リ	進	ん	ど	ま
阪	り	ヌ	報	ヒ	や	所	れ	っ	ぐ	論	側	ま	ホ	サ	覧	ニ
辞	良	ノ	乏	ま	応	本	き	精	阪	京	ハ	セ	側	乏	符	ぎ
画	い	ま	た	カ	バ	ル	ー	ン	応	が	応	開	カ	も	号	ス
の	ウ	ェ	ッ	ト	だ	ミ	ノ	ス	お	あ	圧	圧	っ	、	第	も
ま	結	何	し	妊	登	嵐	の	権	ニ	り	投	歩	辞	砂	六	本

Puzzle 17

ひ	ハ	ツ	ぎ	ハ	ー	阪	ク	ラ	社	開	ア	ぐ	ょ	ぎ	場	ひ
コ	芸	妊	圧	ノ	ニ	定	ト	ふ	き	ぼ	タ	テ	ょ	報	論	画
ぎ	せ	ミ	ラ	ー	選	お	の	ゼ	リ	ー	ッ	圧	チ	息	子	の
れ	ざ	結	ゃ	辞	ヒ	ョ	ウ	ミ	ウ	ロ	ク	写	無	方	ク	金
ぐ	セ	ソ	観	点	女	性	の	チ	ュ	ゅ	チ	論	曲	線	ド	っ
ト	応	辞	点	数	通	セ	結	ホ	き	ー	リ	画	ま	ソ	ぎ	れ
百	本	重	お	小	グ	ロ	ー	れ	レ	圧	ジ	ど	ス	圧	砂	再
有	す	る	カ	、	こ	こ	で	現	実	だ	だ	カ	せ	ラ	意	阪
で	セ	話	ッ	所	所	ト	や	だ	登	ふ	ど	投	ル	無	っ	ク
読	海	加	ト	ト	サ	ざ	だ	選	レ	て	ひ	進	再	ソ	開	摘
チ	ぼ	し	本	会	ふ	ま	海	出	進	ヌ	ヒ	何	側	レ	だ	化
合	つ	ろ	結	お	ヌ	京	重	検	ぼ	少	な	く	と	も	写	向
妊	む	じ	ヌ	ど	ざ	だ	退	ソ	討	向	開	論	然	出	せ	ゅ
故	れ	ル	レ	ひ	阪	乏	ク	私	ク	し	育	サ	本	ょ	化	で
ど	ル	ニ	チ	テ	側	し	所	懸	念	社	ぐ	ヌ	ょ	砂	だ	ル

ゼリー
一定の
観点
ミュージカル
懸念
息子の
ヒョウ
現実
少なくとも
検討し
、小数点
ミラー
女性の
アタック
、ここで
カット
有する
クロウ
グロー
曲線

Puzzle 18

応	裁	出	コ	囚	場	無	の	ス	ト	き	ふ	サ	チ	弱	何	ヌ
合	っ	判	学	生	変	数	カ	ん	側	暫	育	嶋	ク	精	ど	モ
る	砂	摘	所	ス	ス	辞	ラ	じ	何	ぐ	嶋	セ	ヱ	再	然	ク
し	か	し	が	乏	愛	所	フ	だ	乏	然	愛	で	報	応	辞	応
故	写	や	阪	私	ざ	ま	ル	ひ	ゅ	ホ	ざ	辞	ハ	出	側	出
場	場	モ	ト	パ	ょ	ひ	な	、	大	人	を	ぼ	芸	む	れ	ノ
カ	ノ	結	ニ	フ	ラ	意	結	乏	選	ラ	準	投	モ	高	い	ニ
く	精	無	セ	ィ	ジ	画	写	ふ	ヌ	愛	暫	備	進	退	権	再
む	進	ぎ	ぎ	ン	オ	本	多	む	ぎ	応	辞	コ	が	ド	ン	ポ
セ	権	歩	つ	テ	ニ	ノ	ま	っ	っ	応	ヒ	れ	話	で	く	ヱ
べ	私	孤	立	観	ざ	愛	ラ	ひ	ゅ	自	ぐ	ぎ	だ	ま	き	精
ノ	ト	結	退	察	で	ざ	通	語	彙	動	小	ハ	ざ	チ	阪	て
サ	ゅ	カ	登	し	暫	妊	読	サ	っ	車	麦	本	む	ざ	や	だ
ボ	デ	ィ	ブ	登	乏	砂	ふ	退	ス	の	粉	ニ	通	ク	通	側
非	常	に	登	ろ	ょ	妊	場	む	つ	ル	の	加	ど	故	れ	場

ポンドが
まで
カブ
パフィン
語彙
変数
観察し
ボディ
学生
のカラフルな
準備ができて
孤立
自動車の
しかしが
ラジオ
裁判所
、大人を
非常に
小麦粉の
高い

Puzzle 19

精	ヌ	ス	百	京	し	た	摘	患	画	進	セ	進	ア	然	登	開
本	っ	入	キ	む	解	話	ぎ	者	ま	ま	芸	通	ク	べ	何	る
レ	も	場	ツ	ュ	説	圧	砂	ク	向	ノ	セ	る	テ	狙	ク	ひ
ど	モ	ハ	チ	く	ー	テ	き	ろ	ヒ	加	合	ス	ィ	れ	む	摘
圧	通	ム	室	育	ろ	ピ	開	ぎ	チ	ェ	イ	ス	ビ	主	登	せ
進	カ	ス	百	ヒ	合	育	ッ	室	辞	ス	ク	乏	テ	張	読	多
ぐ	ス	タ	写	応	ぎ	金	ハ	ド	合	ケ	退	妊	ィ	ゃ	応	無
ヌ	然	ー	ま	り	ん	話	応	ス	ス	ジ	海	嶋	の	量	論	し
で	経	済	歩	囚	嶋	囚	カ	ラ	覧	ュ	劇	故	合	の	カ	話
応	ラ	加	側	ク	金	ド	ひ	暫	ょ	ー	場	金	意	エ	コ	ト
弱	ク	く	ど	ぽ	ぐ	ひ	レ	む	ど	ル	は	ぎ	サ	リ	ッ	プ
摘	ざ	選	摘	モ	報	国	ド	出	室	ゅ	ス	モ	サ	投	意	リ
退	ん	ソ	せ	応	コ	嶋	民	コ	文	化	安	囚	ろ	ぎ	向	登
ヒ	ん	覧	登	歩	れ	画	き	の	ス	コ	育	ル	弱	無	ー	弱
無	正	を	ぎ	敬	遠	ざ	場	通	ぐ	ど	つ	妊	明	日	ゃ	種

スケジュール
アクティビティの
した
ハムスター
正を
入場
患者
解説
チェイス
経済
文化
劇場は
リップ
明日
国民の
主張
量の
敬遠
一種
キューピッド

Puzzle 20

ガソリン
キャベツ
笑える
キャッチ
クレヨン
チューブ
テクノロジー
警官
それぞれ
右の
アームを
家具
午後
夕焼けの
早い
だろう
知ら
道徳的な
のソロ・
要因

安	れ	愛	家	具	通	で	ょ	所	投	合	ノ	ホ	ク	安	セ	テ
早	い	や	ど	ヱ	重	ラ	サ	や	コ	解	そ	ゃ	画	歩	囚	ク
会	ド	側	囚	会	ま	道	徳	的	な	ヒ	育	れ	圧	セ	ホ	ノ
ト	つ	ん	ラ	金	ツ	ヒ	ん	画	カ	っ	ク	午	ぞ	選	本	ロ
妊	室	合	金	報	べ	ぎ	重	嶋	登	登	レ	囚	後	れ	ぽ	ジ
所	ぎ	っ	チ	ッ	ャ	キ	ひ	覧	重	圧	ヨ	愛	開	出	ひ	ー
笑	え	る	ュ	ガ	キ	だ	ん	報	だ	カ	ン	ヱ	ぎ	側	向	出
精	安	投	ー	ソ	セ	ぽ	警	ひ	ろ	ろ	囚	夕	焼	け	の	要
出	権	囚	ブ	リ	選	ヱ	官	チ	う	暫	ノ	や	ヌ	ろ	っ	因
ぼ	エ	ひ	ゃ	ン	ゅ	サ	ぼ	お	社	ぎ	金	登	京	所	場	る
知	だ	ソ	右	の	や	ど	エ	も	進	カ	応	ス	故	ど	べ	進
ゃ	ら	ま	の	話	ひ	つ	カ	エ	精	ぼ	ぎ	ア	ー	ム	を	む
ろ	所	べ	ソ	る	ヌ	ニ	ゅ	せ	論	だ	会	ノ	応	金	ト	ぐ
嶋	ニ	ん	ロ	て	能	出	ふ	ぽ	る	結	ひ	金	ふ	ぎ	重	だ
ま	砂	る	・	ホ	精	多	育	ま	社	ノ	安	愛	解	ニ	結	じ

Puzzle 21

感	謝	を	乏	た	荒	野	や	弱	圧	暫	合	ル	コ	所	ア	通
何	ヒ	市	ひ	向	く	歩	阪	チ	ひ	砂	圧	で	重	む	イ	解
通	ト	都	妊	ひ	結	さ	じ	ヌ	っ	方	向	レ	側	無	デ	し
方	明	ら	か	に	す	る	ん	京	愛	海	シ	ム	ウ	ト	ン	テ
方	ス	ク	ツ	歩	ト	ツ	然	の	論	議	明	確	な	私	テ	ど
ヌ	こ	ニ	投	サ	金	読	安	応	ぎ	セ	解	ク	大	ょ	ィ	育
ゅ	と	ス	ぎ	、	再	ゃ	て	芸	ル	の	ほ	か	巨	ビ	テ	社
ょ	が	ツ	も	正	論	ぎ	く	進	圧	し	や	ス	本	ー	ィ	覧
論	で	も	報	確	寛	大	も	覧	合	百	布	の	芸	ル	再	ぎ
暫	き	ル	ざ	な	れ	の	ア	カ	ウ	ン	ト	を	暫	読	ヱ	出
ぎ	る	選	ト	ヒ	歩	セ	簡	ゅ	ニ	故	だ	育	し	ド	狙	ヱ
会	社	覧	用	ト	通	ざ	れ	素	覧	ニ	む	れ	ひ	通	で	ラ
狙	加	ぽ	登	品	れ	育	圧	弱	化	開	無	話	会	進	嶋	京
ひ	ニ	ラ	ヌ	社	の	嶋	登	海	ぽ	ろ	再	っ	や	進	つ	だ
ひ	ホ	で	歩	も	ヱ	く	ル	ゅ	ひ	投	暖	炉	っ	ど	選	社

、正確な
アカウントを
用品の
明らかにする
テントウムシ
の簡素化
ビール
議論の
寛大
荒野
巨大な
アイデンティティ
布の
感謝を
ことができる
都市を
のほか
暖炉
たくさんの
明確な

Puzzle 22

健康
表面
、グレー
入力して
フィート
与えました
なくなっ
プルを
ベッド
趣味
質問を
精神
そらす
実証
論文の
ブルーベル
オコジョ
通知
問題
動物は

、	質	阪	ツ	狙	ホ	も	論	ろ	フ	れ	ル	無	む	だ	砂	側
ニ	グ	問	囚	ク	じ	結	文	つ	開	ィ	べ	表	つ	そ	ょ	ん
お	ス	レ	を	百	で	然	の	愛	ヌ	ど	ー	面	方	ら	ヱ	阪
だ	覧	せ	ー	話	き	話	解	百	加	読	ル	ト	ホ	す	応	再
つ	だ	お	ひ	て	だ	ろ	京	権	通	だ	ブ	ヌ	ま	ヌ	ヌ	ル
サ	じ	ん	権	歩	チ	む	精	投	知	モ	意	べ	ぐ	れ	話	芸
ニ	エ	加	ふ	ス	サ	ま	神	愛	動	物	は	ッ	べ	健	選	っ
オ	実	重	っ	ん	ハ	社	ツ	ひ	摘	芸	エ	ド	嶋	康	趣	味
コ	証	ぐ	っ	ヱ	ぼ	投	ぎ	退	き	だ	室	ま	る	与	サ	合
ジ	登	側	結	京	ス	金	チ	も	ぐ	で	化	意	能	え	写	読
ョ	ヌ	摘	弱	出	乏	私	場	ぎ	だ	コ	問	題	辞	ま	ニ	る
ぎ	ま	狙	何	な	ぽ	ソ	だ	ツ	囚	し	歩	ひ	て	し	力	入
ゅ	辞	じ	エ	く	ヒ	だ	で	応	エ	加	サ	写	カ	た	場	ヱ
ヌ	だ	登	て	な	投	開	合	海	海	百	進	む	っ	モ	れ	重
京	カ	精	何	っ	プ	ル	を	砂	だ	ぎ	れ	場	ろ	何	ぎ	報

Puzzle 23

だ	ド	合	育	ぎ	ト	側	し	ス	割	せ	嶋	ぼ	せ	合	ろ	退
圧	合	ぼ	海	や	ル	私	っ	リ	ぎ	り	向	私	話	本	論	ひ
ぎ	加	ド	ソ	ぼ	化	ラ	多	私	再	れ	込	暫	阪	む	っ	ド
れ	ス	ク	く	ら	い	安	ろ	化	所	依	予	み	圧	話	多	コ
カ	バ	、	再	利	用	可	能	な	を	存	ぐ	測	読	歩	や	摘
応	登	読	ニ	ス	進	育	化	ぼ	歩	芸	ど	テ	応	読	ヌ	ょ
芸	に	意	然	何	私	ヒ	追	加	し	シ	ノ	再	砂	安	再	報
も	せ	常	重	要	な	ざ	き	摘	せ	ャ	セ	ラ	砂	ク	話	室
が	リ	再	非	セ	的	ゅ	き	ク	ぎ	ワ	結	れ	ス	ゅ	ひ	本
ト	ン	レ	タ	、	劇	を	ン	ョ	シ	ー	ュ	リ	ソ	も	の	の
ン	グ	つ	方	こ	悲	ト	ひ	ヌ	ぽ	が	無	ゅ	ス	重	ブ	コ
タ	ラ	つ	重	の	砂	ー	場	っ	歩	解	京	も	ま	室	ラ	カ
ス	京	方	画	よ	権	ポ	百	阪	然	食	っ	会	室	ツ	ッ	場
ン	ノ	室	開	う	無	サ	囚	ヌ	然	品	ニ	囚	解	論	ク	室
イ	登	せ	ん	な	摘	金	暫	投	ト	覧	ざ	テ	報	圧	嶋	報

シャワーが
、非常に
カバ
ものの
割り込み
重要な
ソリューションを
、再利用可能なを
インスタントが
くらい
タレント
追加し
リング
サポートを
悲劇的な
、このような
食品
ブラック
予測
依存

Puzzle 24

トピック
サイ
修正
チップ
サングラス
示唆して
ノック
ストリップ
獲得
と考えている
手配
コミュニティは、
制限
緊張
速い
道を
つらら
バスケットボール
クック
国家

手	配	国	ノ	ト	ニ	コ	ょ	セ	読	示	バ	辞	意	権	イ	サ
ク	歩	ひ	家	ピ	読	ミ	て	多	暫	唆	ス	ラ	グ	ン	サ	ベ
安	ッ	意	ラ	ッ	ニ	ュ	読	ゅ	意	し	ケ	ヒ	ツ	修	正	方
精	ク	ク	む	ク	コ	ニ	も	乏	ぼ	て	ッ	重	砂	報	ょ	カ
ろ	ぐ	何	場	社	能	テ	再	化	制	投	ト	解	ひ	モ	ド	リ
所	摘	ソ	投	投	無	ィ	安	ぐ	限	砂	ボ	進	ソ	獲	得	無
と	考	え	て	い	る	は	ス	ツ	化	カ	ー	ど	出	レ	場	お
も	阪	狙	金	ホ	所	、	速	ラ	画	ト	ル	つ	意	選	本	ょ
レ	出	金	開	ヌ	ヒ	暫	い	ニ	読	重	方	何	ら	ヱ	論	お
ス	ベ	出	室	ぎ	や	ス	し	室	能	再	ょ	せ	や	ら	砂	ぼ
ト	せ	ス	弱	っ	側	無	ふ	セ	ニ	合	辞	場	室	ク	意	ぎ
リ	多	だ	ラ	道	を	摘	ヱ	ノ	故	て	ゃ	応	話	せ	側	で
ッ	嶋	ラ	摘	れ	意	緊	張	ッ	阪	ル	お	海	ま	ル	ま	コ
プ	ッ	チ	っ	エ	論	て	安	ク	出	加	ソ	ぼ	金	ト	ニ	無
っ	ょ	ぎ	ル	ろ	育	ゅ	出	乏	ぼ	だ	テ	ま	だ	ニ	ぎ	加

Puzzle 25

フ	イ	モ	チ	金	然	弱	ト	ぼ	本	ニ	加	ク	ソ	弱	再	お
能	ラ	ス	モ	ホ	ぎ	セ	ょ	ト	質	ま	し	ノ	芸	安	ク	・
応	ト	グ	ょ	精	再	然	ス	っ	的	合	ざ	場	解	室	だ	ビ
弱	ざ	京	メ	ょ	て	解	ト	ぽ	な	的	終	最	、	ゅ	、	ジ
報	本	京	エ	ン	金	真	京	ソ	化	退	歩	報	ノ	れ	が	ネ
ま	報	ろ	れ	ぽ	ト	実	応	ニ	精	ニ	選	意	図	す	る	ス
ト	圧	ま	テ	じ	結	孤	独	な	圧	無	金	ぎ	加	ぎ	び	話
レ	む	チ	だ	芸	ょ	ろ	報	せ	ヌ	向	コ	ヨ	ー	テ	滅	ハ
ゃ	ハ	ベ	社	ひ	圧	投	能	育	ど	出	狙	開	権	精	つ	ト
チ	ョ	コ	レ	ー	ト	の	読	ぎ	結	レ	加	ニ	然	ぎ	年	通
や	覧	ぼ	ス	出	る	も	る	っ	ス	エ	エ	ょ	加	や	間	つ
ょ	方	精	ス	登	安	つ	ヱ	覚	え	気	臆	精	ざ	側	ヒ	然
室	ト	ツ	ざ	コ	登	れ	場	登	選	候	気	病	き	も	コ	ぎ
ゃ	お	ぽ	ゅ	カ	狙	意	乏	圧	嶋	む	ふ	私	者	の	頭	百
芸	ト	ひ	百	然	っ	り	通	ニ	通	ひ	ル	ト	本	を	他	進

年間
フラグメント
もつれ
ものを
孤独な
トライ
・ビジネス
気候
百頭の
意図する
本質的な
チョコレートの
病気
他の
真実
覚え
、最終的な
臆病者
滅びるが、
コヨーテ

Puzzle 26

侵略
壮大
用語集
ツリー
リラックス
ドール
アクセス
関与
ヘルプ
ランダム
ことが多い
ヤード
雑用
委員会
フリッパー
キリン
特別な
肖像
寿命光
満足

っ	何	ス	ヤ	キ	リ	ン	セ	ぎ	無	フ	加	壮	応	ひ	阪	愛
し	弱	圧	ー	多	権	嶋	れ	場	登	リ	だ	精	大	レ	ソ	意
き	ひ	方	ド	登	側	ヌ	芸	ひ	く	ッ	登	き	だ	ド	退	む
用	ぎ	出	論	ひ	海	し	摘	リ	ひ	パ	能	場	読	寿	リ	ヌ
っ	語	故	辞	ヱ	ベ	ク	ス	ま	関	ー	通	ろ	侵	命	権	セ
ゃ	応	集	や	ぎ	ニ	無	弱	ょ	与	き	何	ひ	略	光	こ	で
百	ぼ	乏	本	愛	阪	暫	歩	ん	せ	何	投	金	故	論	と	登
ア	も	精	ヒ	ろ	れ	辞	く	金	退	海	囚	嶋	阪	て	が	辞
ス	ク	肖	像	ツ	ろ	つ	れ	ひ	む	無	ト	ぐ	ろ	エ	多	ハ
レ	進	セ	故	然	解	ベ	乏	く	京	側	開	結	じ	登	い	ク
特	別	な	ス	結	投	ざ	ゅ	加	所	ス	開	委	嶋	リ	っ	応
暫	ツ	百	ク	満	足	ろ	暫	つ	ス	ベ	で	員	ス	る	ゅ	ふ
プ	リ	き	ッ	エ	何	出	レ	せ	写	雑	用	会	進	方	ト	進
ル	ー	ド	ラ	セ	き	歩	ソ	登	妊	退	ん	化	カ	ど	チ	て
へ	む	場	リ	ゅ	能	チ	私	何	権	ラ	ン	ダ	ム	登	れ	海

Puzzle 27

化	カ	だ	だ	塗	ひ	ま	愛	京	歩	許	ひ	辞	芸	ヱ	選	阪
る	社	ド	出	ス	る	チ	ェ	ッ	ク	容	囚	ょ	覧	然	出	ト
阪	工	所	歩	投	合	所	く	結	ハ	ト	だ	摘	合	育	退	ゃ
ニ	ト	エ	囚	コ	だ	場	加	育	何	歩	登	話	加	ツ	何	れ
投	裁	化	ニ	側	も	ヒ	ま	範	囲	内	製	ざ	画	故	合	お
再	判	だ	で	せ	進	会	狙	何	レ	ド	品	ゅ	京	が	存	在
狙	官	れ	意	ニ	読	所	る	登	無	れ	の	だ	・	結	論	登
愛	ソ	解	ひ	自	ど	む	投	ル	嶋	重	だ	重	ン	ハ	し	や
能	力	は	ど	然	両	乏	側	多	っ	再	な	狙	ョ	所	カ	辞
だ	多	登	い	ト	じ	方	っ	つ	タ	イ	ト	ル	シ	テ	故	阪
ゅ	引	用	海	報	ニ	精	の	態	状	然	ッ	精	ー	も	ひ	チ
本	む	無	通	て	再	無	粉	論	画	無	ケ	楽	レ	ク	芸	チ
無	愛	砂	洗	濯	方	意	き	ル	ぐ	場	ポ	し	グ	ぽ	乏	合
ふ	出	多	会	ラ	摘	ひ	磨	で	だ	暫	セ	い	イ	育	社	合
通	育	も	ひ	だ	く	せ	歯	ク	再	ツ	阪	ノ	マ	報	ヌ	ふ

楽しい
許容
自然
ポケット
タイトル
クールな
チェック
能力は
範囲内
マイグレーション・
歯磨き粉の
状態の
洗濯
裁判官
製品の
が存在
両方の
塗る
ひどい
引用

Puzzle 28

ト	れ	ぐ	ノ	ト	く	ぼ	百	ル	百	ド	ぼ	ク	本	ゅ	砂	摘
解	構	ひ	ニ	ラ	る	ヱ	芸	京	ょ	ア	何	つ	ヒ	だ	ラ	安
セ	阪	造	何	の	な	い	ニ	ん	ト	多	ト	論	ま	セ	所	チ
精	き	力	報	つ	だ	ニ	能	安	で	故	出	化	お	ハ	阪	室
任	命	重	化	嶋	再	ニ	ヱ	の	り	だ	ク	ニ	い	多	ニ	所
ま	ゅ	権	ク	選	投	話	ソ	価	見	つ	け	再	し	だ	エ	側
本	エ	ツ	ぐ	圧	囚	囚	ル	じ	格	弱	所	テ	い	権	暫	ひ
試	会	暫	れ	能	セ	ー	タ	ー	ク	ロ	コ	ダ	イ	ル	ま	精
ゃ	行	報	れ	海	ハ	ト	出	ょ	愛	べ	私	社	嶋	意	ひ	応
ま	ぎ	本	育	割	り	当	て	ト	ホ	っ	ホ	ひ	つ	投	京	骨
し	ス	側	テ	リ	つ	解	覧	金	カ	タ	ツ	ム	リ	ロ	セ	折
た	安	だ	ま	退	屈	問	ょ	ヱ	っ	ろ	だ	だ	ヒ	本	エ	無
写	妊	モ	解	摘	砂	う	安	チ	ぎ	登	で	辞	ス	レ	権	出
会	む	ん	囚	写	れ	ぽ	ひ	画	故	然	テ	京	開	意	注	囚
側	応	多	投	テ	ィ	ー	チ	チ	エ	ひ	だ	っ	室	チ	意	私

セロリ
価格
のり
ました
割り当て
ドア
骨折
試行
見つけ
構造
カタツムリ
問う
注意
ティーチ
おいしい
クロコダイル
退屈
のない
セーター
任命

Puzzle 29

コ	ぎ	っ	の	も	弱	ひ	ょ	会	し	テ	の	カ	圧	多	私	通
し	じ	解	ガ	芸	故	投	海	ニ	ク	も	カ	合	歩	ノ	ラ	て
場	写	然	イ	デ	ス	ク	を	ひ	妊	ト	ッ	ペ	ー	カ	ス	囚
ゅ	ろ	暫	ド	ク	レ	ー	ド	ル	再	登	プ	モ	っ	ル	む	論
ゃ	リ	て	ラ	ラ	社	応	報	ク	面	常	ル	ト	無	ろ	お	側
合	ー	ど	イ	チ	だ	じ	摘	能	チ	積	駐	騎	士	は	本	金
圧	ド	ぼ	ン	故	囚	安	話	ふ	む	ゃ	は	を	朝	狙	向	ひ
弱	圧	側	は	ゅ	再	カ	再	報	ひ	阪	開	ゅ	食	ょ	ド	く
側	向	投	、	セ	砂	二	論	ト	ハ	故	ょ	選	囚	場	狙	圧
育	イ	退	論	れ	ょ	だ	て	ろ	狭	し	レ	ぎ	支	ど	ト	ル
リ	ア	ラ	イ	ズ	を	夜	の	社	い	再	不	足	援	ゅ	ま	ゅ
だ	室	っ	動	私	ゃ	加	て	多	も	ぎ	重	再	ノ	摘	ホ	結
だ	き	ど	お	き	サ	ニ	べ	豊	富	な	方	ぎ	摘	興	だ	権
ラ	側	画	ゅ	登	じ	や	す	カ	も	や	じ	百	ト	奮	妊	ぼ
で	進	結	会	能	辞	ホ	通	会	サ	ス	ふ	ド	ト	権	ハ	投

不足
のガイドラインは、
アイ
朝食
興奮
狭い
動き
のカップル
騎士は
面積は
デスクを
すべての
リアライズを
カーペット
常駐を
クレードル
支援
リード
豊富な
夜の

Puzzle 30

クリーム
カニ
やすさ
説得
コーナー
動作
理解して
彼女の
ボクシング
フロント
レジストを
赤ちゃんの
乗っ
サポート
メインが
満たす
セットを
焼く
学校の
シーズン

く	だ	結	ひ	暫	動	出	メ	重	論	ま	砂	読	能	ふ	多	芸
百	ひ	ハ	金	ろ	作	場	社	イ	サ	モ	レ	カ	ま	ろ	シ	ヌ
せ	登	ト	ど	ハ	話	ひ	き	覧	ン	嶋	ジ	選	ヌ	方	ー	阪
だ	開	権	妊	も	本	場	ひ	ぐ	狙	が	ス	ぎ	囚	だ	ズ	権
ク	愛	し	ぎ	っ	ん	チ	理	解	し	て	ト	ン	ロ	フ	ン	歩
っ	ニ	カ	応	覧	通	ス	ヒ	カ	ぽ	通	を	百	ひ	じ	む	コ
ヌ	ざ	室	ニ	乗	だ	室	ボ	登	意	出	何	ル	だ	圧	暫	お
故	レ	む	狙	っ	愛	ぽ	ク	説	出	コ	セ	読	砂	写	ろ	室
べ	ぼ	ょ	向	赤	ょ	金	シ	得	歩	化	ッ	ょ	百	然	つ	ク
ょ	ざ	然	囚	ち	ヒ	っ	ン	セ	焼	化	ト	満	退	だ	ス	ゅ
コ	ト	だ	る	ゃ	っ	ひ	グ	阪	く	ひ	を	た	百	ふ	エ	や
ム	ー	リ	ク	ん	べ	彼	女	の	つ	応	レ	す	論	室	何	す
合	ポ	ナ	ト	の	エ	場	結	能	愛	ろ	モ	社	ま	金	出	さ
ま	サ	ヒ	ー	校	ス	ま	っ	ど	ま	画	ゅ	エ	ふ	芸	読	写
ひ	ま	圧	て	学	乏	で	ヱ	圧	精	合	し	コ	多	コ	権	芸

Puzzle 31

ニ	ひ	き	通	サ	側	ク	場	進	つ	ゅ	京	ぼ	積	サ	意	応
歩	ホ	辞	ク	京	金	だ	ふ	の	嶋	室	ふ	ニ	極	ゃ	ん	ぽ
ス	何	報	本	テ	愛	ト	は	り	ス	む	ま	重	的	愛	場	話
投	サ	本	出	暫	る	圧	用	や	っ	ル	再	ス	な	場	製	ヱ
出	ド	故	ろ	開	も	乏	使	い	捨	て	辞	警	嶋	圧	造	嶋
ル	弱	画	四	無	出	圧	レ	思	な	ク	せ	告	ま	室	れ	ソ
ク	ー	ぺ	半	だ	開	ゅ	ク	画	圧	少	社	妊	ド	ク	会	モ
ー	ー	せ	期	く	私	加	所	私	ヒ	整	ソ	場	ん	エ	選	会
サ	ョ	ワ	の	こ	れ	ら	の	実	際	に	理	ニ	く	向	盗	ん
ょ	シ	会	ト	ス	ェ	ジ	イ	ダ	通	妊	室	ハ	進	せ	ド	ふ
ヒ	ひ	退	故	ッ	無	じ	ぎ	ノ	登	く	解	進	辞	開	百	ハ
砂	狙	ひ	む	お	ネ	向	ひ	嶋	応	私	れ	狙	妊	権	京	意
投	辞	っ	テ	芸	ト	結	投	だ	カ	室	情	お	し	ド	写	再
三	角	ぼ	濃	縮	ぎ	選	暫	室	然	ふ	報	べ	し	だ	レ	ニ
ク	ニ	サ	方	進	安	エ	側	出	画	も	っ	然	通	暫	登	ニ

濃縮
情報
サークル
製造
警告
ダイジェスト
使い捨て
実際に
積極的な
思いやりの
盗ん
少ない
整理
使用は
これらの
クーペ
ネットワーク
四半期の
ショー
三角

Puzzle 32

て	無	歩	む	私	ん	ゅ	ぐ	暫	だ	無	読	み	取	り	に	ホ
し	意	合	摘	ラ	だ	ぎ	チ	ア	溶	お	て	海	ニ	ぼ	投	き
ま	味	高	速	道	路	の	精	リ	ヌ	融	認	め	る	レ	論	波
っ	な	重	故	ひ	ヱ	ル	ぐ	本	ま	ヌ	例	レ	ト	ど	ラ	の
た	む	む	ホ	ニ	権	ド	ん	ク	マ	能	外	話	ホ	ホ	投	ン
私	読	報	意	べ	ぐ	ヌ	ス	む	エ	ネ	ひ	多	多	所	ニ	リ
テ	ク	歩	金	本	重	画	ふ	ょ	ラ	ム	ー	ァ	フ	ぼ	話	キ
テ	愛	ソ	再	る	出	金	ト	ょ	芸	多	ロ	ジ	つ	再	囚	室
お	っ	育	摘	覧	ト	ト	ヒ	弱	ド	ク	ハ	多	ャ	ぎ	覧	論
場	っ	も	来	た	だ	結	京	月	せ	能	ホ	ひ	モ	写	べ	で
開	せ	ぽ	金	だ	ニ	く	読	ホ	の	側	嶋	ヌ	開	き	ド	セ
会	何	ノ	本	本	芸	話	だ	多	通	弱	れ	進	ひ	エ	ぎ	芸
ょ	会	じ	ぎ	条	約	向	投	会	ひ	育	テ	も	通	や	テ	ド
ニ	重	京	摘	ニ	や	き	ち	ん	と	結	外	を	場	テ	ツ	退
ま	ぽ	ヌ	辞	育	妊	能	砂	歩	応	フ	ィ	ル	ム	せ	分	析

条約
読み取りに
アリ
キリンの
認める
てしまった
フィルム
マネージャ
ハロー
分析
ファーム
波の
きちんと
無意味な
月の
来た
高速道路の
溶融
外を
例外

Puzzle 33

ト	略	ト	再	出	カ	論	覧	ろ	摘	論	側	精	故	京	サ	ネ
解	ツ	語	場	話	ひ	む	私	妊	安	ク	ノ	ビ	コ	精	し	ク
ろ	ニ	ホ	サ	ふ	ゃ	報	何	ラ	室	む	能	ル	海	場	ゅ	タ
コ	だ	テ	ど	む	報	社	フ	リ	ー	ジ	ア	ド	進	ざ	登	イ
テ	ぐ	も	ニ	ラ	進	し	つ	ぼ	再	ヱ	嶋	を	膝	沸	騰	テ
出	報	ス	ラ	化	砂	ク	じ	向	弱	で	る	妊	精	何	ツ	応
セ	報	ょ	貸	取	っ	せ	カ	阪	専	チ	パ	会	議	き	お	で
ホ	暫	所	し	狙	狙	圧	個	ま	門	本	ぼ	ウ	れ	百	ぐ	レ
社	室	チ	ま	だ	ヌ	場	通	人	の	多	コ	サ	ダ	ゅ	進	ぎ
ぐ	ろ	妊	す	重	能	ま	化	結	的	ト	ょ	ま	ぼ	ー	観	察
ス	っ	圧	会	め	愚	か	者	の	応	に	出	サ	ト	じ	ニ	能
セ	ん	ニ	つ	っ	ハ	無	ニ	辞	レ	ら	彼	ょ	じ	故	私	だ
然	ぐ	所	登	た	歩	選	方	通	通	さ	投	じ	合	ス	リ	室
お	ひ	じ	だ	に	応	加	や	敵	ツ	、	票	囚	サ	退	再	ひ
暫	ス	チ	芸	ヌ	登	ラ	妊	の	得	て	カ	砂	ク	も	ト	室

観察
会議
フリージア
めったに
取っ
貸します
ビルドを
投票
敵の
パウダー
専門の
彼ら
略語
得て
沸騰
ネクタイ
、さらに
膝を
個人的に
愚か者の

Puzzle 34

謎の
うち
なし
な否定的な
立っていました
との間で
テープ
姉妹
必要な
全体の
オブジェクトを
チョコレート
の商用
眠い
の電話
生産
行く
廊下
上昇
火曜日の

歩	応	し	生	せ	テ	ー	プ	向	ヌ	会	っ	暫	合	し	な	謎
廊	下	出	産	摘	暫	金	室	む	ク	つ	金	ゃ	で	愛	否	の
行	コ	ド	京	開	ソ	摘	る	ぎ	論	登	ト	権	話	だ	定	体
く	解	ろ	圧	権	チ	暫	姉	妹	ニ	乏	嶋	囚	然	ツ	的	全
話	ど	京	く	ゅ	ノ	ョ	ク	社	で	れ	セ	阪	や	故	な	セ
立	っ	て	い	ま	し	た	コ	っ	ま	く	ぎ	オ	の	ニ	要	金
何	何	ぽ	読	砂	所	ふ	嶋	レ	べ	ょ	モ	ブ	育	電	必	て
開	場	ゃ	モ	権	ろ	嶋	上	読	ー	く	く	ジ	火	読	話	ぎ
室	論	化	出	砂	登	読	昇	む	ノ	ト	芸	ェ	れ	曜	投	登
ヒ	安	レ	向	セ	ぽ	ノ	化	意	う	ひ	加	ク	解	ぐ	日	社
解	開	囚	応	応	ょ	権	辞	場	ち	進	海	ト	ぽ	進	場	の
で	だ	弱	ょ	進	覧	歩	無	れ	意	愛	モ	を	眠	や	砂	出
間	ふ	や	く	ん	論	だ	ル	百	っ	阪	セ	サ	い	ス	意	百
の	商	用	解	会	ス	ひ	べ	ト	テ	出	応	暫	ト	ノ	場	ソ
と	ホ	室	加	京	画	囚	だ	画	ハ	結	て	合	読	安	ぼ	ト

Puzzle 35

ス	ニ	百	砂	ク	大	ハ	合	ゅ	ス	ヒ	キ	ガ	エ	ル	読	芸
ー	向	民	応	ラ	京	丈	ヌ	ふ	登	プ	ト	レ	お	コ	然	解
プ	暫	市	リ	ブ	も	ニ	夫	つ	通	ヱ	ー	能	狙	然	私	退
・	嶋	、	後	の	そ	方	や	私	室	ト	ふ	ン	べ	狙	然	場
応	っ	お	狙	む	場	化	ハ	リ	ド	ン	グ	リ	百	弱	ヌ	歩
何	摘	せ	通	狙	芸	べ	意	場	だ	合	退	べ	ぐ	摘	能	ラ
で	ぎ	お	加	ト	テ	デ	ィ	ヒ	ド	愛	ヌ	サ	チ	何	ま	私
画	民	主	的	な	妊	ぽ	場	チ	む	応	ん	出	ま	選	ヌ	芸
化	ふ	応	ぎ	も	チ	チ	っ	登	リ	る	精	投	透	明	誰	の
旅	行	き	応	協	何	エ	む	テ	期	待	モ	圧	む	読	応	ろ
ニ	ホ	ろ	ス	乏	力	魔	女	社	シ	画	サ	応	彼	女	ツ	ス
ル	然	ぎ	タ	ま	ニ	し	れ	ヒ	ェ	た	と	き	に	っ	能	出
愛	コ	意	ン	お	論	何	ま	化	ー	百	っ	会	砂	ニ	お	コ
だ	モ	安	ド	く	だ	私	化	す	ド	然	囚	ざ	れ	通	意	歩
金	百	ニ	投	芸	応	結	じ	ト	ろ	応	無	ひ	妊	化	故	意

、市民
クラブの
ドングリ
スタンド
魔女
テディ
民主的な
スプーン
協力します
ヒキガエル
大丈夫
たときに
その後、
シェード
透明
旅行
期待
彼女
スープ・
誰の

Puzzle 36

育	選	読	こ	論	き	循	環	ツ	む	場	ニ	妊	ヌ	く	ド	向
所	む	、	と	ク	ツ	ウ	ぎ	ホ	を	ト	権	チ	ト	然	ょ	る
ひ	ぼ	ス	が	対	象	画	ッ	れ	越	お	ホ	ト	っ	辞	て	ろ
れ	だ	ク	で	じ	社	で	看	ド	え	会	摘	写	摘	通	ぎ	ニ
し	安	阪	き	ょ	ラ	単	再	護	の	連	続	し	た	信	ト	社
ク	乏	し	ま	砂	金	に	砂	会	師	く	結	阪	狙	弱	で	論
登	停	止	す	再	嶋	場	ぽ	化	も	を	海	ス	だ	読	報	せ
本	解	ょ	ス	京	き	技	ゅ	進	芸	向	場	テ	っ	レ	ょ	だ
故	金	カ	ふ	ま	リ	術	ヱ	読	貧	困	を	方	ふ	ス	ょ	ト
叔	母	の	ホ	リ	摘	退	圧	論	コ	も	だ	法	ふ	ア	会	ラ
合	ノ	摘	開	ホ	百	ぐ	ド	ろ	画	リ	ツ	ひ	応	ナ	然	イ
バ	イ	オ	レ	ッ	ト	く	ゃ	応	ド	ホ	ー	し	ひ	グ	室	ア
弱	砂	京	モ	話	も	百	百	サ	歩	テ	ル	歩	ノ	マ	テ	ル
ざ	私	室	ド	方	ま	モ	嶋	愛	ゅ	や	の	母	分	で	く	ト
摘	意	ス	阪	ょ	エ	じ	だ	や	だ	乏	辞	カ	方	ざ	歩	論

が、
循環
停止
分母の
トライアル
単に
看護師を
技術
アナグマ
を越え
対象
貧困を
ウッド
方法
の連続した
通信
ことができます
バイオレット
叔母の
ツールの

Puzzle 37

ニ	金	ハ	圧	置	く	ス	コ	ア	無	応	ふ	て	ょ	セ	解	芸
場	権	だ	弱	ヒ	京	権	チ	場	脅	威	を	っ	っ	海	ニ	所
ヌ	解	ゃ	然	囚	育	意	ぎ	ソ	残	し	投	話	乏	も	化	精
話	場	安	読	ル	き	会	ヌ	リ	カ	ニ	妊	ド	ニ	出	ソ	ど
し	れ	場	ハ	ひ	報	精	応	ぽ	ル	き	ぎ	囚	京	ル	ス	や
ぐ	化	水	ぎ	結	ん	社	本	や	場	リ	写	意	開	ろ	読	嶋
登	妊	分	ナ	化	モ	消	読	ょ	計	画	つ	し	何	ニ	ヌ	所
家	し	を	ニ	ツ	所	防	写	ラ	場	解	ラ	ズ	ベ	リ	ー	ル
族	く	ル	ー	シ	メ	士	論	ヒ	ヌ	ラ	方	サ	ト	安	ケ	所
無	ょ	ー	エ	ト	き	グ	叔	父	は	、	通	だ	ろ	開	ッ	選
安	ひ	メ	阪	シ	投	ニ	海	意	ツ	考	え	る	ょ	お	ホ	っ
芸	ス	方	ゃ	ひ	ナ	れ	べ	超	高	層	凝	視	謙	ニ	京	ル
暫	狙	覧	ざ	再	嶋	リ	摘	ル	応	愛	し	囚	虚	む	ゃ	私
ん	砂	無	然	ひ	だ	開	オ	歩	ト	解	安	お	な	応	ま	論
ふ	ツ	芸	会	ク	砂	論	ノ	サ	京	金	圧	ゃ	砂	ど	ニ	百

メールを
計画
残し
水分を
シナリオ
超高層
ホッケー
脅威を
凝視
ベルト
家族
考える
謙虚な
置く
ラズベリー
消防士
叔父は、
ナツメグ
スコア
シール

Puzzle 38

持っていた
セル
ジャンプが
起こります
素敵な
、すべての
実行している
ポストの
別れの
カブトムシが
茶色の
レスポンスの
サミットは、
剣テーブル
定規の
ブリード
希望
一度
つま先
ボーダー

ク	カ	読	所	く	ざ	つ	茶	開	起	希	望	ぼ	ラ	だ	ブ	お
ま	方	弱	ぎ	再	ょ	テ	せ	色	合	こ	愛	チ	つ	ん	リ	画
辞	ク	乏	剣	テ	ー	ブ	ル	ソ	の	ゅ	り	向	ま	ま	ー	ク
退	暫	ヌ	エ	選	圧	砂	ド	べ	て	権	素	ま	先	向	ド	然
カ	妊	何	定	ス	向	ノ	テ	応	べ	海	敵	向	す	囚	退	セ
ボ	ブ	の	規	妊	カ	圧	社	砂	す	ろ	な	応	結	カ	む	持
ー	方	ト	の	セ	室	ジ	報	登	、	レ	ス	ポ	ン	ス	の	っ
ダ	阪	ス	ム	ル	む	ャ	ツ	き	は	ル	く	ホ	だ	ん	れ	て
ー	く	ポ	何	シ	安	ン	ん	カ	ト	テ	ん	ヱ	ソ	ニ	別	い
ス	れ	進	お	む	が	プ	圧	出	ッ	や	室	ス	場	読	ヒ	た
多	ぎ	ヌ	多	投	本	が	応	だ	ミ	だ	意	リ	ひ	投	投	芸
チ	ト	リ	覧	ょ	ー	っ	ラ	で	サ	ぼ	き	で	ク	合	砂	登
ヒ	れ	合	京	読	度	ク	妊	精	読	側	だ	安	嶋	れ	論	辞
所	べ	妊	覧	乏	む	応	写	や	開	安	摘	だ	サ	ノ	ヌ	会
っ	ひ	話	画	方	通	で	百	応	進	室	実	行	し	て	い	る

Puzzle 39

や	ニ	暫	ル	っ	会	リ	し	識	話	ク	話	ス	だ	画	覧	写
ツ	ぽ	む	ざ	開	ス	精	方	別	セ	ニ	て	報	意	ふ	場	コ
百	何	ヱ	ぐ	チ	覧	報	リ	す	進	意	側	つ	会	向	教	ひ
っ	重	画	ハ	暫	意	合	ゃ	る	応	私	精	ひ	嶋	私	結	え
ヌ	ヌ	ラ	意	私	社	然	囚	ス	ソ	覧	社	れ	摘	ア	冗	ス
阪	る	コ	弱	ハ	多	ツ	コ	チ	ツ	ひ	ド	メ	保	ド	談	話
れ	ト	や	ど	事	業	ク	ー	画	能	許	し	ン	ち	レ	読	覧
る	ニ	ぽ	登	再	し	投	ス	合	だ	無	ヱ	バ	ま	ス	カ	故
が	成	長	の	ミ	カ	オ	オ	レ	圧	ぎ	画	ー	す	安	何	む
進	承	合	ヒ	ろ	多	理	論	オ	ク	ヱ	方	の	ょ	コ	リ	ぐ
出	認	だ	ダ	方	ニ	弱	処	ウ	べ	む	ス	ス	狙	場	ヒ	通
開	ノ	サ	イ	ぽ	愛	芸	化	ム	社	話	結	ま	ト	ょ	イ	所
金	ょ	ぽ	ビ	京	リ	育	ぽ	覧	エ	選	テ	サ	芸	権	ラ	囚
ホ	ッ	プ	ン	リ	ざ	階	暫	ヌ	高	だ	せ	然	サ	通	ギ	ひ
選	能	論	グ	だ	百	場	下	コ	度	べ	っ	ヱ	ド	ゅ	社	だ

高度
ダイビング
保ちます
処理
冗談
オオカミの
教え
承認
ホップ
階下
理論
アドレス
識別する
メンバーの
オウム
が成長の
事業
許し
ヒイラギ
コース

Puzzle 40

評価
多くのことを
警察
反応は
友人
紛争
選択は
受信
吸収
探索
結果
オプション
おじいちゃんの
ラクダ
音楽
戦略は
男性の
人形
正確に
カブトムシ

ひ	せ	じ	ざ	弱	話	側	金	意	化	投	る	ヌ	ぼ	や	精	カ
方	京	ツ	き	警	出	お	じ	い	ち	ゃ	ん	の	く	私	阪	加
写	狙	ふ	進	ヒ	察	ヱ	ょ	て	育	ょ	セ	き	性	く	セ	ろ
選	択	は	略	戦	ぽ	テ	弱	だ	ゃ	室	反	ヒ	嶋	男	室	ゅ
ひ	登	歩	べ	場	覧	や	読	京	レ	所	応	ぎ	弱	ひ	探	コ
ト	話	カ	正	確	に	弱	ヌ	百	ス	重	は	応	論	解	索	選
所	し	ブ	無	ラ	ク	ダ	囚	じ	ひ	ぎ	登	っ	再	む	れ	京
受	信	ト	金	ハ	エ	紛	争	進	ざ	ト	サ	だ	応	ヌ	故	ニ
ニ	カ	ム	ヒ	辞	圧	吸	収	っ	精	応	化	何	意	歩	ト	ヌ
暫	エ	シ	合	ク	百	オ	れ	本	加	何	歩	解	だ	ラ	ぽ	ど
話	っ	つ	ク	形	だ	プ	論	ヱ	辞	嶋	く	読	画	暫	狙	ぎ
ヱ	能	ど	友	人	て	シ	ク	何	ぐ	辞	ぽ	セ	暫	せ	音	進
評	価	育	れ	精	ひ	ョ	暫	る	ょ	多	く	の	こ	と	を	楽
だ	ざ	登	暫	ひ	結	ン	登	安	辞	る	報	写	カ	進	合	化
精	っ	コ	意	せ	果	ぎ	向	せ	ゅ	コ	チ	阪	ヱ	だ	ド	ヌ

Puzzle 41

芸	ぎ	無	登	囚	ふ	エ	室	エ	つ	つ	読	会	報	ホ	陽	能
登	ビ	百	む	化	意	ク	リ	お	化	ひ	社	っ	っ	海	気	選
画	ー	妊	グ	ン	イ	ス	ー	ソ	リ	進	リ	ゃ	マ	必	な	精
百	ル	圧	ま	再	側	プ	場	権	カ	ょ	暫	れ	ネ	重	要	ぐ
暫	の	ぽ	だ	注	ぐ	レ	嶋	読	重	ょ	カ	出	ー	る	社	砂
ソ	む	登	ゅ	ホ	レ	ス	ソ	ま	ス	本	再	育	進	拡	カ	ヱ
て	合	向	妊	写	し	じ	ま	写	狙	つ	く	囚	ひ	張	投	ラ
セ	ト	ウ	モ	ロ	コ	シ	の	日	曜	水	然	海	せ	展	示	を
ハ	と	規	制	を	砂	ひ	国	セ	サ	権	ぐ	く	ゃ	通	コ	る
ひ	話	な	ハ	結	せ	加	天	れ	れ	海	権	登	芸	モ	エ	何
ぎ	社	方	っ	ン	ま	私	タ	ッ	チ	を	し	や	囚	合	で	ぎ
向	圧	ょ	ゃ	て	ド	っ	場	報	ト	る	愛	ラ	お	解	き	ル
育	ク	ク	ク	お	ハ	ル	ソ	会	百	ん	エ	安	ぎ	だ	る	金
ぽ	芸	ま	落	ち	た	画	お	ヌ	ど	忘	れ	ま	向	ひ	よ	ぎ
二	て	だ	む	む	弱	所	ろ	阪	写	写	摘	開	ド	ス	う	海

できるよう
必要
陽気な
リソース
拡張
エクスプレス
注ぐ
天国の
水曜日の
トウモロコシの
落ちた
展示を
タッチをし
規制を
スイング
マネー
ビールの
忘れ
ハンドル
となって

Puzzle 42

スロー
部分の
ソート
石鹸
将来の
を見て
勧誘を
調査
バージョン
シンプルな
品の
ています
ベース
埃っぽい
継続
通学
発言
にもかかわらず、
余りが
女王の

将	来	の	品	テ	ト	だ	だ	然	リ	む	ん	能	ぼ	む	に	摘
話	愛	エ	石	や	カ	囚	ど	化	べ	ろ	ま	ヌ	方	選	も	せ
意	狙	暫	鹸	ま	砂	然	多	砂	ま	化	社	レ	故	モ	か	砂
ク	辞	ヌ	本	を	誘	勧	海	辞	ひ	ト	ど	場	ト	再	か	歩
せ	登	余	り	が	見	ハ	チ	画	ク	て	い	ま	す	調	わ	ん
話	然	ひ	だ	部	進	て	な	ル	プ	ン	シ	発	安	査	ら	つ
場	て	エ	て	海	分	ょ	ぽ	ラ	百	ョ	ー	言	お	ヒ	ず	側
っ	埃	っ	ぽ	い	ヒ	の	摘	つ	囚	ジ	ロ	覧	ソ	故	、	ソ
二	登	退	ん	ひ	女	ス	故	芸	ベ	ー	ス	再	ょ	せ	べ	ー
ク	ぎ	サ	育	ル	王	エ	安	っ	海	バ	多	摘	ス	ヱ	読	ト
む	て	ヌ	じ	乏	の	も	場	ツ	選	ぽ	所	京	ぎ	き	ラ	話
通	ひ	ク	弱	モ	乏	安	海	結	嶋	く	っ	っ	育	継	摘	チ
学	む	ま	安	歩	む	方	歩	き	ゃ	報	ツ	ま	育	お	続	歩
重	ゃ	場	だ	も	ル	囚	じ	加	ス	育	テ	写	ぼ	や	ぎ	モ
囚	だ	育	摘	阪	進	論	育	阪	所	ぎ	べ	所	つ	ぼ	二	所

Puzzle 43

登	登	再	、	金	ん	通	辞	報	ま	海	じ	結	つ	嶋	絵	登
辞	愛	モ	優	多	私	べ	加	余	裕	が	社	開	セ	百	筆	然
つ	応	話	れ	権	ヒ	弱	ん	本	乏	弱	る	ひ	砂	っ	応	話
読	愛	や	た	れ	画	く	ゅ	ま	合	多	お	く	だ	リ	何	ニ
も	刑	っ	ろ	ぎ	愛	覧	登	目	的	の	母	ホ	多	ニ	ぽ	歩
覧	務	ょ	ゃ	ぽ	ホ	雇	用	ど	金	百	さ	加	ハ	合	選	禁
チ	所	だ	ヒ	く	安	モ	狙	然	ド	ゅ	ん	ん	室	ニ	所	止
ェ	安	摘	論	育	安	選	方	何	阪	ク	き	ど	砂	意	覧	す
ッ	海	歩	ょ	囚	サ	ハ	私	開	じ	砂	べ	解	じ	何	阪	る
ク	だ	や	だ	ひ	場	然	報	グ	論	だ	砂	っ	ル	能	開	や
が	室	の	素	敵	な	ル	私	ロ	方	お	め	で	と	う	登	催
注	何	解	ソ	座	っ	て	ル	ー	安	愛	も	ぎ	京	会	画	歩
洞	パ	ワ	ー	の	々	個	、	ブ	解	側	側	ク	ラ	ス	の	京
報	窟	サ	だ	モ	子	精	ヌ	精	再	っ	阪	読	結	京	ヌ	ラ
覧	側	精	側	狙	解	帽	妊	ま	ニ	ょ	通	芸	ヌ	っ	モ	出

帽子の
チェックが
、優れた
クラスの
お母さん
座って
注が
開催
刑務所
禁止する
グローブ
おめでとう
余裕が
、個々の
絵筆
洞窟
雇用
パワーの
の素敵な
目的の

Puzzle 44

カー
ヤギ
ウォッチ
櫛の
欺く
個人は
テレビ
第十
クリップが
イチゴの
スポンジ
レビュー
疲れ
学生の
正方形の
の物理的な
は何も
電車
単語の
クラッシュ

場	所	所	私	画	れ	ニ	暫	ゅ	む	話	本	ぽ	阪	進	む	カ
ス	化	き	方	覧	ス	ク	応	ひ	本	ニ	私	ろ	圧	社	べ	ー
ニ	ポ	阪	ク	百	だ	ラ	し	ド	進	辞	重	化	選	ゃ	ぎ	っ
芸	化	ン	チ	狙	せ	ッ	権	ニ	読	や	弱	く	は	何	も	然
ヱ	る	ヌ	ジ	リ	写	シ	報	し	重	開	退	合	ん	育	っ	何
金	く	写	ど	無	ま	ュ	個	人	は	海	ヌ	せ	ス	ヌ	室	ツ
ぽ	乏	れ	通	向	リ	開	暫	ど	ス	金	ス	レ	ノ	だ	再	圧
ん	リ	故	方	芸	カ	狙	摘	ウ	モ	結	っ	所	ぎ	ク	じ	精
の	物	理	的	な	弱	学	生	の	ォ	レ	ビ	ュ	ー	リ	意	然
ゴ	退	乏	向	ゅ	ノ	欺	ん	語	れ	ッ	再	て	っ	ッ	登	ざ
チ	結	し	再	テ	ど	セ	く	単	お	無	チ	電	車	プ	ト	話
イ	化	投	ク	レ	側	ト	出	私	サ	第	芸	乏	通	が	ま	通
ヒ	暫	ざ	向	ビ	正	方	形	の	通	十	嶋	海	海	だ	無	囚
能	お	れ	ニ	櫛	べ	疲	ヤ	ギ	ざ	精	ゅ	何	通	通	ぎ	ク
選	ヌ	砂	じ	の	覧	れ	ニ	く	も	歩	ヌ	ん	乏	無	コ	ス

Puzzle 45

じ	論	多	会	モ	き	エ	ょ	退	検	ぎ	ぎ	ぎ	ホ	弱	テ	能
ペ	つ	テ	嶋	開	ノ	リ	チ	べ	査	会	然	サ	進	る	お	ざ
て	ニ	マ	不	ぐ	ク	な	要	重	の	行	旅	会	ヒ	場	登	阪
嶋	ょ	ー	可	選	ド	チ	せ	写	ン	結	サ	認	識	ク	芸	然
リ	話	テ	視	再	ぐ	開	せ	む	ウ	側	カ	応	ル	リ	海	阪
進	だ	の	の	能	開	防	会	出	ダ	く	ヌ	側	歩	無	ぎ	お
ニ	辞	写	側	ホ	社	衛	権	室	飛	再	エ	狙	阪	ラ	ょ	登
所	日	聞	ヱ	ヱ	辞	ノ	所	ぎ	行	モ	リ	む	お	ト	だ	ざ
会	差	お	い	や	方	せ	攻	ト	機	編	を	ひ	能	阪	ド	論
ゃ	し	作	成	て	テ	付	ル	撃	を	登	ま	妊	登	で	ん	向
選	化	今	日	の	ざ	随	化	応	っ	ー	社	精	会	ヒ	ク	砂
安	摘	投	し	る	サ	し	砂	れ	進	タ	百	化	会	写	だ	歩
ぼ	暫	精	解	権	報	愛	ぎ	ニ	安	ス	セ	然	権	乏	百	妊
写	ざ	退	む	室	阪	ソ	ソ	読	イ	ン	チ	臭	出	百	カ	き
ょ	で	歩	開	精	摘	ハ	百	ニ	重	モ	ヱ	い	レ	重	権	で

日差し
のテーマ
付随
今日の
認識
検査の
編を
ペニー
攻撃
インチ
防衛
旅行の
ダウンの
の重要な
聞いて
飛行機を
臭い
不可視の
モンスター
作成

Puzzle 46

奪う
ちょっと
スチーム
ベル
長さが
成分
拡張する
管理を
オープナー
ストリート
表示される
たいと考えてい
欲求
数の
の経路
アヒル
音声
新しい
編集
スペルチェック

場	論	会	ラ	た	編	集	能	読	長	覧	ざ	合	ざ	ゃ	表	方
ち	ょ	っ	と	れ	い	し	新	べ	さ	奪	う	成	分	化	示	合
ヌ	ひ	せ	ヌ	ひ	阪	と	側	ル	が	管	理	を	多	ひ	さ	だ
覧	ク	方	室	ソ	ホ	ツ	考	話	摘	ゅ	進	だ	報	妊	れ	ニ
エ	ッ	チ	む	再	結	で	ラ	え	ヒ	コ	摘	摘	カ	ホ	る	能
ニ	ェ	ス	ょ	セ	圧	選	方	ぐ	て	音	む	ひ	ヌ	故	ん	圧
ス	チ	ー	ム	ぎ	弱	ぐ	妊	ぐ	ヒ	い	声	の	経	路	方	ス
サ	ル	ナ	私	圧	辞	モ	芸	ラ	チ	じ	辞	数	囚	圧	だ	ん
摘	ペ	プ	会	ひ	ま	ル	私	解	側	論	ア	ニ	せ	チ	ひ	ど
拡	ス	ー	っ	所	愛	じ	覧	能	ひ	れ	ヒ	育	ク	応	ざ	ハ
砂	張	オ	応	き	能	ソ	愛	っ	ど	所	ル	場	退	ょ	退	投
サ	リ	す	サ	狙	加	写	エ	阪	応	砂	開	金	然	精	も	方
ラ	カ	む	る	安	だ	欲	ス	ト	リ	ー	ト	ク	ょ	権	ス	金
弱	側	側	論	ニ	暫	求	狙	れ	場	ひ	ん	ぐ	や	つ	辞	む
お	サ	ニ	む	砂	海	ひ	出	ヱ	れ	摘	弱	乏	阪	育	で	ま

Puzzle 47

エ	ス	脅	デ	通	っ	精	出	多	妊	ツ	向	私	登	セ	登	ぎ
だ	ト	ゃ	威	リ	解	重	進	き	場	セ	登	ニ	ソ	会	愛	私
然	ッ	阪	社	選	ケ	写	話	チ	報	圧	解	だ	権	安	ド	モ
ぽ	キ	通	だ	モ	話	ー	れ	ノ	大	カ	し	る	や	ク	ど	ス
ス	ン	ャ	チ	歩	ひ	ャ	ト	、	最	近	の	境	環	多	ク	報
阪	グ	ト	て	然	だ	ジ	結	な	だ	場	有	再	側	遅	ょ	摘
百	報	ノ	安	ク	妊	メ	向	本	む	退	利	っ	モ	故	い	所
ス	社	ル	場	愛	ど	き	モ	ま	多	海	な	解	決	ろ	ょ	登
チ	何	百	芸	ラ	報	ヱ	愛	せ	ノ	場	開	金	ょ	テ	嶋	し
砂	開	ニ	ひ	側	話	所	登	ま	ク	摘	化	場	せ	読	ふ	読
ヒ	想	ょ	進	ク	ピ	ニ	京	狙	本	ざ	覧	だ	側	加	進	ク
多	像	ニ	ス	マ	ル	科	学	者	写	れ	加	応	解	ゃ	で	し
き	室	ノ	エ	は	ひ	本	フ	ェ	ン	ス	を	現	在	発	育	つ
囚	コ	化	る	、	ク	ぐ	コ	つ	イ	ぐ	菜	精	ル	見	育	リ
開	お	室	辞	ひ	ニ	嶋	応	何	コ	選	野	進	百	せ	で	向

メジャー
想像
ピル
デリケートな
解決
チャンス
現在
野菜を
フェンスを
、最近の
遅い
クマは、
最大
ストッキング
科学者
発見
コイン
有利な
環境の
脅威

Puzzle 48

ソース
正しい
不規則な
示しています
招待
必要と
ビット
ブロー
進捗状況を
ホテル
車両
庭の
定規は
優しい
オベイ
回復が
だと思う
フェレット
話す
シェル

正	も	や	せ	レ	む	し	ヱ	ふ	示	方	ト	ク	れ	無	阪	っ
し	乏	選	サ	オ	ベ	イ	登	話	ノ	し	京	モ	や	ま	ニ	ひ
い	論	ス	圧	登	ソ	フ	ェ	レ	ッ	ト	て	ツ	ょ	定	招	待
リ	ヒ	登	し	っ	ー	覧	だ	摘	場	覧	登	い	や	規	海	つ
れ	多	精	ル	セ	ス	ヌ	読	何	無	百	だ	し	ま	は	囚	ニ
ゃ	ト	庭	の	回	復	が	レ	権	ク	レ	砂	優	ぽ	す	話	選
解	妊	弱	ビ	ド	出	リ	多	歩	ニ	お	方	ぽ	だ	ブ	愛	セ
っ	本	し	ッ	お	嶋	向	然	権	ル	ん	ぎ	だ	と	加	口	暫
サ	サ	ま	ト	ま	せ	ノ	狙	海	ぎ	会	れ	ひ	思	場	金	ー
辞	だ	話	ニ	写	砂	選	論	ま	ツ	選	再	論	う	ょ	む	ニ
も	ぎ	場	ノ	く	開	画	モ	ノ	ひ	狙	シ	圧	ト	再	再	会
進	捗	状	況	を	ニ	権	重	化	狙	ひ	海	ェ	故	車	両	画
ソ	権	話	き	必	ょ	ヒ	開	ス	暫	本	ゅ	育	ル	テ	ホ	出
ん	ゅ	所	通	要	じ	育	出	れ	ゃ	覧	読	室	安	ゅ	社	ゃ
登	然	ニ	ト	と	き	不	規	則	な	だ	カ	話	故	多	応	ょ

Puzzle 49

イ	フ	ル	ー	ツ	ド	ケ	ー	ス	せ	選	話	ア	ド	く	き	挿
退	べ	論	モ	リ	ぼ	ぎ	選	ょ	ニ	多	選	ク	サ	モ	コ	入
や	が	ン	ー	ケ	リ	ハ	ろ	環	写	育	軍	テ	応	出	方	し
海	ヌ	好	ト	リ	カ	ー	テ	ン	境	話	隊	ィ	セ	席	だ	安
退	ク	奇	好	を	忘	れ	て	し	ま	っ	た	ブ	エ	お	ぽ	妊
摘	無	心	む	叫	故	芸	ニ	出	応	無	ニ	愛	向	っ	ノ	ド
再	ょ	旺	祖	百	ん	砂	心	解	ょ	登	も	エ	べ	退	ゼ	ロ
き	ク	盛	母	で	き	だ	配	方	ひ	多	ま	百	何	退	カ	方
投	ん	出	ニ	ぐ	じ	何	ん	向	く	ま	ぎ	ス	ヌ	応	画	意
れ	き	進	再	愛	ラ	の	厚	さ	の	囚	エ	妊	京	オ	報	報
再	海	ぽ	選	セ	開	む	ニ	会	ひ	無	ニ	再	選	レ	狙	じ
む	進	出	じ	ニ	ぽ	ヱ	ハ	何	報	合	ニ	狙	ス	ン	お	結
ヌ	再	ゃ	ぎ	ト	重	報	精	多	モ	ま	室	結	ぎ	ジ	お	結
化	開	む	ト	れ	平	和	辞	ひ	ス	む	ヱ	ル	ぐ	ん	論	京
暫	能	私	ん	側	ょ	じ	ぐ	ニ	ど	ひ	解	暫	ニ	妊	妊	室

好む
叫んだ
ゼロ
祖母
心配
イベントを
出席
アクティブ
フルーツ
環境
カーテン
挿入し
の厚さの
平和
忘れてしまった
オレンジ
軍隊
ケース
ハリケーンが
好奇心旺盛

Puzzle 50

あること
笑った
に向けて
フライ
選択し
トラック
ポテト
日の
ボルト
アトミック
ローカル
ワーキング
鼓舞
等しい
最悪
役割
お勧めします
調べる
単なる
外観リンゴ

単	れ	笑	辞	所	ト	社	ク	せ	コ	社	開	に	読	何	サ	ポ
な	通	っ	進	れ	通	ト	ぎ	ニ	等	し	い	向	愛	つ	通	テ
る	ス	た	む	登	画	ろ	海	ひ	ヒ	択	報	け	乏	レ	最	ト
べ	権	や	ニ	場	ぎ	リ	覧	ク	愛	選	報	て	ス	ざ	悪	つ
調	リ	ぼ	ひ	だ	ふ	ひ	向	画	ひ	出	愛	れ	だ	意	ス	無
ワ	ざ	愛	テ	本	ハ	何	ぐ	ホ	コ	カ	所	だ	能	方	多	進
れ	ー	海	ひ	て	だ	モ	方	コ	開	や	歩	登	向	進	お	応
嶋	ま	キ	写	阪	読	ボ	フ	ラ	イ	ツ	弱	向	囚	ろ	育	テ
あ	ソ	画	ン	芸	芸	ル	カ	ー	ロ	会	出	側	ホ	ふ	場	圧
報	る	レ	ぼ	グ	能	ト	ト	ん	芸	化	外	だ	ヌ	カ	合	ヌ
狙	モ	こ	じ	く	だ	安	ラ	ス	く	ル	観	ま	ハ	砂	だ	ヱ
通	読	ヒ	と	進	嶋	ク	ッ	ミ	ト	ア	リ	日	ホ	ル	ょ	カ
お	勧	め	し	ま	す	場	ク	意	ノ	ニ	ン	の	れ	摘	多	ス
で	ゃ	役	歩	べ	摘	ぎ	つ	ぎ	場	辞	ゴ	阪	本	ゃ	結	や
選	鼓	舞	割	写	ソ	ツ	退	サ	室	ヌ	辞	安	然	重	ホ	セ

Puzzle 51

、	せ	や	無	報	む	育	ル	ク	読	投	ま	本	退	ペ	連	弱
ニ	何	今	結	誕	チ	室	て	む	出	ヌ	室	歩	解	ン	絡	チ
ン	ひ	後	じ	会	生	合	弱	ソ	摘	ひ	愛	き	私	だ	先	き
ジ	サ	た	に	族	家	の	数	半	過	ょ	や	選	通	向	ろ	能
ン	安	し	摘	レ	精	百	出	読	投	ざ	応	権	ぼ	論	ニ	狙
育	砂	応	嶋	っ	ヌ	ラ	ノ	群	れ	マ	重	ろ	ん	摘	ゃ	愛
く	ラ	カ	囚	愛	妊	然	写	ま	ス	シ	ニ	社	所	ホ	会	ソ
砂	コ	セ	ス	ょ	ホ	ト	チ	つ	圧	ン	金	解	応	ラ	セ	京
だ	合	無	ぎ	海	ぐ	ク	ト	方	結	テ	ホ	て	ソ	話	モ	摘
戦	略	登	能	狙	京	写	ょ	ッ	覧	ろ	開	無	ト	困	難	な
ゅ	だ	セ	精	し	つ	報	選	じ	ケ	阪	ニ	ど	ン	百	京	ゃ
ラ	辞	ド	お	所	ま	も	ざ	っ	応	ャ	も	化	メ	練	習	は
解	ソ	論	豊	ラ	だ	砂	レ	圧	安	結	ジ	ュ	ー	ス	向	育
エ	狙	ス	か	支	配	的	な	ぎ	テ	ド	ー	ネ	モ	レ	報	囚
本	登	辞	な	ド	暫	ヌ	ひ	だ	チ	ろ	ま	せ	で	べ	り	れ

ジュース
ペン
モーメント
ジャケット
過半数の
戦略
練習は
レモネード
マシン
の家族に
、ニンジン
連絡先
誕生の
群れ
豊かな
した後
育て
困難な
支配的な
今後

Puzzle 52

退	解	意	含	ひ	解	泥	辞	や	ル	ヒ	ひ	資	合	ニ	だ	登
合	開	で	場	ま	セ	だ	選	読	休	金	然	開	源	京	ま	退
テ	値	の	態	お	れ	ら	重	ニ	暇	能	心	臓	っ	歯	通	だ
阪	れ	故	労	度	ぐ	け	辞	再	は	日	明	サ	ぼ	磨	ま	応
所	ゅ	ス	働	意	ヱ	の	ル	論	ノ	る	場	チ	室	き	れ	会
ク	ル	ト	を	ル	ヌ	乏	ま	も	ぼ	ひ	ざ	れ	ニ	粉	ぎ	っ
、	カ	リ	フ	ラ	ワ	ー	解	安	方	べ	ぐ	暫	権	進	次	の
乏	選	写	る	キ	話	っ	コ	ろ	テ	化	歩	る	退	辞	化	故
ん	ぐ	嶋	っ	ャ	カ	ス	然	砂	砂	レ	社	意	ゃ	む	再	嶋
ス	失	ど	進	ロ	ナ	サ	ょ	室	セ	レ	や	会	し	も	れ	投
雑	わ	妊	で	ッ	リ	再	ょ	加	る	比	較	お	安	ぐ	開	解
誌	れ	ホ	嶋	ト	ア	ク	チ	ょ	ク	意	ぐ	覧	じ	べ	百	通
の	た	ぎ	ル	ー	結	通	話	利	ど	る	話	コ	安	ハ	場	ゅ
百	嶋	ホ	し	コ	ノ	ラ	ス	益	き	コ	砂	リ	故	私	育	む
ヌ	ひ	く	セ	弱	狙	百	ざ	場	つ	ス	糖	サ	ニ	コ	る	画

含まれ
砂糖
キャロット
心臓
雑誌の
態度
次の
泥だらけの
休暇は
利益
歯磨き粉
労働を
資源
失われた
比較
明日は
、カリフラワー
カナリア
値の
コート

Puzzle 53

ぎ	ゃ	ふ	ぎ	だ	権	ん	て	ル	く	む	向	し	ラ	社	カ	登
失	望	わ	私	つ	ヱ	ヌ	ヒ	応	囚	ょ	安	て	ソ	応	ク	ル
関	ス	ふ	ニ	ト	だ	絹	の	よ	う	な	全	い	開	ぎ	狙	ぐ
係	進	わ	ツ	画	ス	プ	リ	ン	グ	の	に	る	ぐ	ニ	ょ	何
の	せ	む	ラ	海	応	ゃ	ま	ス	や	特	き	ク	ょ	や	室	論
再	百	ひ	き	ス	然	嶋	も	ッ	暫	定	や	精	囚	精	圧	阪
ふ	室	巨	大	ひ	ル	ツ	ス	レ	乏	嶋	し	場	解	第	育	ク
京	読	ハ	乏	通	退	ル	投	化	っ	再	ト	で	ゃ	四	だ	能
エ	無	ヒ	影	き	海	ヱ	ま	登	ぐ	つ	だ	ニ	収	集	だ	カ
ド	エ	ト	響	読	無	選	ぽ	ぎ	私	ニ	本	囚	進	開	お	れ
む	ソ	ひ	す	合	乏	叔	人	嶋	ヱ	出	ス	ニ	ま	バ	育	故
ハ	ー	ド	る	二	意	ク	母	ロ	ア	リ	ー	ナ	嶋	ふ	ッ	む
写	ト	側	て	回	室	意	ひ	者	化	結	ク	写	摘	多	私	チ
室	報	無	解	ク	ぐ	山	合	ル	コ	モ	金	れ	ど	む	や	せ
会	ん	暫	私	暫	金	猫	も	ひ	多	て	乏	カ	摘	何	れ	ヱ

している
の特定
影響する
アリーナ
レッスン
失望
叔母者
ふわふわ
第四
バッチ
ハード
関係の
山猫
安全に
スプリング
巨大
収集
二回
人口
絹のような

Puzzle 54

す	サ	ニ	ぽ	ひ	無	解	登	と	れ	本	加	弱	弱	ニ	開	ょ
物	る	、	十	分	な	美	し	い	言	の	漠	砂	く	写	合	む
語	ひ	も	開	ぎ	愛	嶋	少	機	関	う	プ	愛	進	側	ぽ	チ
能	ソ	れ	の	開	側	も	然	ゃ	応	ん	ゃ	ロ	し	ば	し	ば
多	フ	古	代	と	合	開	乏	応	私	ニ	っ	狙	セ	方	語	ぐ
ニ	ァ	囚	私	事	実	調	査	の	何	結	ぎ	き	ふ	ス	っ	れ
結	解	ぼ	故	開	エ	ク	何	重	ふ	開	ふ	選	ど	阪	の	は
ニ	側	や	つ	る	ど	再	っ	多	芸	合	モ	通	ょ	く	論	い
合	ス	場	べ	応	京	辞	通	安	ホ	再	し	退	意	乏	エ	を
ざ	ツ	ん	妊	故	バ	場	ヱ	乏	無	多	歩	ニ	ん	画	故	が
て	権	つ	ん	方	タ	合	チ	サ	ふ	ひ	ヌ	故	ス	通	ひ	ジ
精	社	ぎ	室	能	フ	だ	銀	行	れ	囚	画	ヌ	ろ	私	合	ー
応	覧	阪	ヱ	だ	ラ	応	ひ	ニ	ょ	百	然	精	ぎ	私	モ	セ
リ	ド	ラ	話	囚	イ	る	摘	室	モ	暫	芸	シ	ャ	ン	プ	ー
進	無	登	ふ	妊	囚	ヱ	る	所	会	ハ	ク	テ	ま	暫	重	ソ

のプロセスの
ソファ
シャンプー
砂漠の
しばしば
ソーセージが
するものと
銀行
少し
物語
機関
古代
と言う
調査の
バタフライ
はいを
事実
美しい
語っ
、十分な

Puzzle 55

だ	登	能	側	ヌ	故	化	愛	圧	圧	本	デ	ス	ク	画	歩	パ
通	再	だ	む	ヌ	摘	ソ	開	圧	ぎ	力	ニ	ま	ヱ	チ	石	ン
む	っ	場	摘	ク	適	ょ	投	げ	縄	タ	マ	ネ	ギ	は	、	は
私	し	京	能	本	切	ク	鉱	山	ニ	も	育	権	モ	室	方	選
狙	然	ホ	ひ	て	な	ざ	カ	ヌ	ラ	多	会	報	ゅ	テ	て	暫
登	ク	海	ス	ヒ	リ	チ	ツ	モ	覧	れ	だ	れ	育	退	も	ろ
乏	リ	っ	激	合	場	然	阪	京	だ	ろ	天	論	圧	ヌ	弱	る
ヌ	ス	報	サ	怒	バ	ー	キ	や	応	会	使	狙	故	報	化	チ
べ	マ	き	無	ク	ゃ	ょ	ャ	室	ひ	読	む	ぼ	ふ	ぐ	お	能
ニ	ス	加	報	要	求	出	ッ	ょ	ヌ	月	曜	日	ク	ス	社	ゅ
愛	の	科	理	暫	ま	ゅ	プ	砂	ル	ま	弱	弱	で	べ	応	ヌ
し	よ	う	乏	ん	や	海	チ	ん	ソ	ゃ	芸	ひ	れ	退	再	る
向	モ	読	愛	れ	ょ	ツ	ホ	出	意	狙	ノ	つ	ひ	ぐ	だ	ニ
海	れ	ニ	ひ	ハ	ン	バ	ー	ガ	ー	解	る	能	画	再	ラ	ょ
無	ク	多	分	貢	献	ひ	ん	向	ク	る	れ	チ	所	覧	結	ざ

キャップ
要求
鉱山
バー
パン
天使
多分
デスク
適切な
タマネギは、
投げ縄
理科の
貢献
しよう
月曜日
石は
クリスマスの
ハンバーガー
圧力
激怒

Puzzle 56

社	妊	圧	芸	サ	室	故	話	火	阪	れ	権	ヱ	能	無	報	応
レ	育	シ	だ	も	加	無	写	傷	ク	摘	報	れ	加	無	ヌ	テ
ラ	権	能	ス	モ	ぎ	視	複	を	囚	海	ク	ス	加	向	進	合
引	む	も	再	テ	選	能	泳	雑	出	ル	ワ	ゴ	ン	ん	ト	百
っ	べ	無	れ	だ	ム	海	ぐ	読	な	ま	百	乏	権	覧	投	お
張	安	ヌ	暫	デ	カ	ム	ふ	選	故	コ	ス	き	応	覧	弱	せ
っ	結	合	話	ょ	辞	エ	れ	お	ゅ	退	で	本	読	側	意	ぼ
確	か	に	人	の	愛	ス	ル	、	リ	ン	ゴ	そ	を	権	ト	妊
も	画	辞	つ	日	、	ポ	テ	ト	が	段	階	の	介	進	ょ	ホ
故	歩	ぎ	応	休	画	精	せ	き	登	乏	ど	も	し	重	京	無
本	乏	だ	登	ニ	海	精	ひ	論	ざ	進	通	の	て	社	色	の
登	ぽ	嶋	歩	ゃ	ひ	所	ゅ	解	嶋	百	権	通	ク	カ	ん	だ
芸	レ	む	や	解	加	セ	ク	シ	ョ	ン	の	モ	向	ぼ	摘	ス
ツ	ヌ	ょ	ょ	重	れ	れ	解	関	リ	ょ	リ	ラ	暫	覧	ヒ	ニ
読	ス	重	開	エ	化	ス	場	連	応	モ	ニ	ク	ふ	応	カ	エ

引っ張っ
セクションの
を介して
、リンゴ
の階段が
確かに
無視
休日の
泳ぐ
ムカデ
関連
人の
ワゴン
カエル
複雑な
、ポテト
そのもの
システム
火傷を
色の

Puzzle 57

ょ	退	登	会	会	登	側	辞	薬	物	会	エ	ゃ	だ	ど	読	応
ツ	ト	摘	芸	所	意	社	多	ニ	方	ぎ	ょ	登	ス	年	金	歩
だ	京	通	セ	投	支	出	ヱ	安	無	サ	画	暫	減	少	セ	ぎ
社	閉	じ	込	め	る	エ	ピ	モ	本	化	故	チ	リ	阪	ひ	ニ
囚	画	ホ	愛	歩	育	ン	ン	ル	進	化	ト	せ	能	サ	ヌ	開
再	歩	囚	所	ト	行	ド	パ	ホ	エ	カ	ル	タ	ノ	ー	き	テ
ま	能	意	テ	エ	向	ウ	フ	ふ	退	て	再	マ	も	ビ	場	ろ
所	ト	ゅ	強	い	く	む	ォ	セ	所	ヱ	コ	ネ	や	ス	合	選
能	阪	結	ふ	っ	能	砂	ー	ク	材	ど	ふ	ギ	出	テ	セ	せ
ノ	に	お	存	開	狙	能	マ	シ	暴	料	レ	側	百	百	結	傾
し	十	意	続	だ	ホ	権	ン	ョ	開	力	塗	料	ま	ぼ	育	向
コ	分	ハ	読	百	室	側	ス	ン	室	ゃ	海	進	百	ヌ	ホ	が
投	な	圧	会	定	義	む	を	ぎ	ツ	化	論	合	ト	故	圧	然
進	論	ひ	重	セ	お	ド	て	向	権	方	囚	セ	狙	解	写	モ
ニ	お	金	方	社	私	能	ひ	画	ス	ホ	場	話	セ	然	ク	精

サービス
に十分な
エンドウ
塗料
ピン
タマネギ
閉じ込める
セクション
傾向が
少年
歩行
存続
支出
定義
薬物
パフォーマンスを
減少
強い
暴力
材料

Puzzle 58

飛行
管理します
クラウド
ウサギは
社会的
アームチェア
ガチョウ
基金
柔軟な
学ぶ
立派
ビート
フェンス
提出します
崩壊の
摩耗
行い
市場の
適格
破壊

何	選	フ	ぼ	場	解	ル	向	砂	っ	ろ	摘	ク	ど	ま	モ	で
重	再	ェ	っ	金	ヱ	む	基	適	格	ま	レ	ラ	ぼ	市	れ	立
ひ	ぎ	ン	ヱ	や	社	会	的	金	崩	壊	の	ウ	柔	ラ	場	派
行	い	ス	進	場	も	加	レ	多	ビ	破	せ	ド	軟	弱	精	の
飛	ヌ	ツ	ツ	何	安	ノ	ル	ゃ	写	ー	退	辞	な	ま	退	精
だ	金	加	ヌ	側	乏	囚	弱	き	も	再	ト	ソ	砂	ひ	コ	る
無	多	合	故	通	狙	コ	ヒ	ゅ	っ	や	圧	海	ガ	会	論	き
開	重	管	理	し	ま	す	ア	ー	ム	チ	ェ	ア	チ	ヌ	話	合
摩	耗	ぎ	せ	ヱ	ヒ	提	出	し	ま	す	モ	辞	ョ	社	芸	ひ
摘	ト	応	通	辞	ニ	辞	狙	所	ん	は	ギ	サ	ウ	登	む	ぼ
応	だ	ハ	ヌ	応	無	金	ぎ	権	ま	合	ト	暫	読	れ	方	む
ク	ざ	ツ	通	投	ト	リ	ろ	ホ	所	金	コ	も	報	ぽ	話	論
セ	学	ニ	だ	乏	せ	何	ゅ	論	お	ん	京	ト	べ	選	解	意
だ	ぶ	ょ	砂	く	ト	ク	せ	私	多	歩	せ	お	意	せ	合	囚
愛	ぎ	歩	く	応	ク	向	狙	っ	無	無	れ	サ	っ	ヱ	レ	覧

Puzzle 59

何	化	ん	歩	論	弱	発	生	昇	ク	だ	ク	精	る	百	サ	育
ど	リ	ぼ	フ	ォ	ー	ク	モ	給	育	グ	ソ	ロ	ろ	話	サ	ょ
、	応	乏	会	ト	ニ	モ	ヱ	の	摘	レ	ひ	合	ッ	話	む	ニ
会	山	む	所	投	バ	る	画	ん	辞	ー	れ	暫	し	ク	圧	る
だ	囚	狙	応	ニ	ろ	だ	妊	モ	話	暫	ヌ	写	歓	迎	を	ヱ
能	ぼ	嶋	れ	べ	っ	ま	せ	覧	ゅ	ソ	ひ	ツ	っ	ス	さ	せ
モ	ー	テ	ル	カ	バ	ー	が	結	結	能	意	訪	写	や	惨	能
退	ゅ	画	通	き	向	ひ	ひ	ゃ	退	暫	ヌ	問	何	社	悲	ぽ
も	ヱ	長	囚	ぼ	無	選	ニ	野	ょ	画	画	京	リ	狙	ま	弱
ト	達	成	い	出	じ	ど	だ	心	ノ	ド	報	ょ	囚	ゅ	サ	合
話	し	て	ブ	レ	ン	ド	だ	応	ス	タ	ッ	フ	選	安	精	画
与	え	る	レ	リ	れ	ぎ	私	だ	ま	ゃ	お	登	ニ	乏	ど	だ
ろ	リ	辞	精	ソ	お	せ	意	だ	再	ぐ	告	白	を	室	や	本
ひ	ク	ラ	テ	ざ	重	百	退	む	べ	ひ	チ	場	ク	ド	ク	加
ス	ま	ぎ	ノ	っ	登	エ	ろ	精	し	ま	応	権	ぎ	ニ	本	結

野心
クロック
与える
訪問
、山
長い
バニー
昇給の
悲惨さを
フォーク
歓迎を
モーテル
話して
ブレンド
発生
達成
グレー
スタッフ
カバーが
告白を

Puzzle 60

リアライズ
下降
ソーダ
小麦粉
簡単
民俗
ベルで
理由
ポニー
タスクの
の影が
モック
叫びは、
弱い
ランプ
エンド
キャンペーン
終了し
血液
細かい

タ	海	や	ふ	会	ス	写	小	ぎ	嶋	ツ	合	ヌ	場	終	ポ	ラ
ヒ	ス	再	ゅ	べ	の	影	が	麦	論	だ	き	せ	っ	了	ニ	ン
下	降	ク	ッ	モ	れ	弱	場	弱	粉	叫	び	は	、	し	ー	プ
ん	開	登	の	辞	出	べ	ス	い	か	細	血	も	話	っ	せ	ス
論	理	ベ	ル	で	チ	ぎ	能	ソ	出	て	液	ノ	つ	囚	会	歩
じ	囚	由	ホ	通	ソ	ノ	べ	ー	化	カ	ぎ	登	育	重	登	摘
海	つ	摘	コ	ぐ	場	暫	方	ダ	安	民	せ	多	ツ	愛	愛	だ
も	安	る	ょ	囚	ま	も	ひ	モ	場	俗	っ	場	化	ょ	辞	応
選	解	京	だ	モ	ひ	狙	狙	ク	ょ	ぎ	場	エ	ン	ド	芸	室
ト	ク	妊	故	簡	ヱ	ぽ	安	ぎ	っ	セ	意	場	ー	ょ	だ	む
じ	ヌ	乏	本	単	ま	ホ	テ	む	れ	ラ	安	何	ぺ	リ	側	ツ
芸	覧	ノ	て	妊	つ	狙	話	登	ま	精	エ	故	ン	ア	カ	阪
ぐ	読	愛	ぽ	む	会	写	や	ラ	っ	芸	む	能	ャ	ラ	報	で
能	ド	開	ソ	登	ふ	ト	投	故	画	ク	意	ホ	キ	イ	砂	ひ
応	応	で	べ	能	ヱ	加	摘	ク	て	く	阪	写	ハ	ズ	ぼ	然

Puzzle 61

然	ヌ	ホ	摘	や	ク	リ	経	ク	側	延	ほ	う	れ	ん	草	精
リ	お	多	ど	狙	砂	コ	雪	済	だ	期	乏	論	モ	圧	て	チ
、	だ	ぼ	ヒ	っ	ん	だ	の	嶋	を	作	成	し	ヌ	社	議	場
マ	摘	む	進	歩	乏	金	コ	ク	能	適	用	ノ	今	っ	ま	論
ウ	だ	コ	圧	嶋	退	ク	ー	ざ	機	ク	ひ	ヌ	乏	や	応	話
ス	海	く	解	ト	乏	ノ	ト	ぎ	ゃ	ざ	ぎ	辞	暫	む	く	リ
の	覧	プ	登	写	摘	レ	を	京	話	ニ	ラ	報	ど	愛	ぎ	応
読	ク	ロ	ハ	私	だ	ラ	囚	病	気	の	イ	チ	暫	ラ	ヱ	お
安	決	セ	ト	で	だ	会	ヌ	マ	ウ	ス	タ	デ	ー	タ	の	甘
ハ	定	ス	圧	室	ぎ	方	安	ス	場	覧	ー	場	暫	歩	辞	い
社	完	登	き	る	応	ヒ	方	覧	画	結	ト	愛	向	だ	権	ゅ
開	璧	ひ	覧	嶋	開	画	っ	向	ょ	ニ	ノ	開	側	ス	リ	く
弱	囚	ま	愛	ゃ	然	百	リ	だ	ふ	っ	て	モ	何	ま	画	合
カ	ル	阪	だ	応	ゅ	リ	ゃ	ゅ	ト	精	ニ	化	覧	無	能	ハ
金	ひ	選	レ	ょ	ふ	て	て	退	い	つ	で	も	つ	サ	愛	側

、マウスの
機能を
データの
コートを
プロセス
甘い
病気の
議論
雪の
いつでも
ライター
ほうれん草
決定
マウス
完璧
今や
経済を
延期
適用
作成し

Puzzle 62

自体
ヘア
高価な
惑星
看護師
デザイン
境界
を通じて
知っていた
いった
穏やかに
全体に
ピッグ
パーティーは、
栄養素
反対
パイナップル
カテゴリ
ラッシュを
腐っ

パ	全	体	に	デ	合	愛	ラ	っ	覧	ひ	重	圧	自	ま	へ	社
ー	ヌ	話	話	ザ	能	ル	プ	ッ	ナ	イ	パ	サ	体	看	ア	ょ
テ	ま	れ	れ	イ	カ	テ	ゴ	リ	シ	ょ	向	き	場	ヱ	護	ゅ
ィ	出	何	能	ン	て	ニ	所	選	社	ュ	ス	つ	ざ	多	化	師
ー	つ	ト	退	サ	ぐ	む	圧	で	狙	結	を	無	ぼ	ク	摘	ヱ
は	も	を	ト	何	惑	ヌ	話	せ	摘	高	価	な	ク	摘	結	嶋
、	ぽ	通	ル	チ	星	ソ	ニ	意	ぼ	ひ	ろ	エ	ょ	嶋	セ	ょ
無	ド	じ	囚	サ	通	開	登	投	狙	ヒ	サ	退	ぼ	リ	ゃ	再
た	い	て	っ	知	暫	登	ス	暫	栄	い	っ	た	方	本	ド	辞
故	べ	お	腐	結	再	ま	何	弱	海	養	穏	や	か	に	し	ょ
き	登	サ	せ	チ	く	ざ	ソ	モ	反	対	素	画	ニ	嶋	故	ょ
ま	ク	安	重	合	弱	弱	側	故	し	レ	開	ぎ	や	ゃ	読	ラ
じ	ピ	百	し	合	弱	レ	歩	エ	場	芸	ノ	ゃ	金	摘	ハ	ふ
ま	ッ	だ	ヌ	っ	テ	場	ニ	解	む	テ	故	所	ひ	退	ト	登
場	グ	境	界	選	コ	重	む	ト	ぐ	ま	で	ろ	無	ハ	き	芸

Puzzle 63

、	ひ	リ	ひ	摘	だ	故	室	私	ぽ	ノ	解	報	ハ	コ	ひ	ヱ
つ	比	エ	ょ	ニ	故	本	カ	つ	描	く	ド	進	場	コ	だ	ヌ
ぎ	精	較	方	別	の	論	ヒ	合	安	ニ	ラ	リ	だ	ア	能	芸
目	百	芸	熱	妊	阪	ヒ	故	ス	ド	論	グ	乏	ス	報	ツ	安
が	社	京	本	帯	合	投	ぽ	で	ド	ハ	ワ	だ	べ	ホ	ヱ	写
覚	コ	ぎ	れ	報	歩	ゅ	能	ニ	だ	ド	ー	レ	グ	狙	妊	社
め	写	報	サ	ぐ	ニ	歩	ぎ	場	シ	社	ズ	や	ド	つ	ク	ひ
た	ク	ク	合	ス	弱	む	劇	側	ョ	ど	ぼ	選	ツ	足	む	セ
妊	っ	リ	エ	金	退	レ	的	ぎ	ッ	乏	自	転	車	の	が	ホ
ぎ	精	ッ	ニ	れ	役	て	く	読	ク	シ	歩	芸	ハ	き	室	む
ぼ	コ	プ	コ	出	員	む	ぐ	所	ぎ	ェ	安	歩	っ	痛	再	妊
多	故	バ	タ	ー	の	雪	だ	る	ま	ア	ニ	応	だ	い	合	計
京	モ	狙	ど	写	学	妊	向	ホ	ツ	ま	べ	進	結	じ	ま	ぐ
ヌ	ヱ	合	能	圧	大	乏	レ	く	阪	画	方	権	場	歩	つ	圧
む	覧	コ	ト	っ	能	論	チ	加	再	モ	登	っ	通	ぐ	ぐ	べ

クリップ
ドラグワーズ
熱帯
別の
自転車の
描く
バター
足が
劇的
痛い
グレード
合計
ショック
、比較
役員の
目が覚めた
ココア
大学の
シェア
雪だるま

Puzzle 64

幸運
ホイール
悲しい
避難
捧げる
ドラム
吸血鬼
種類の
ネイティブ
発音を
干しぶどう
鉛筆の
流体
ボローを
最高の
に沿って
大きな
でもない
横に振りました
冒険的

能	会	歩	レ	加	最	ょ	ト	む	登	コ	っ	せ	ょ	本	室	金
歩	だ	ど	ま	写	ぎ	高	退	覧	も	阪	画	社	狙	方	私	ざ
ク	嶋	阪	ト	退	摘	百	の	類	種	ノ	京	ネ	百	ぐ	向	ひ
ボ	ひ	吸	冒	険	的	干	多	重	摘	ル	ー	イ	ホ	ド	ハ	鉛
ロ	所	血	妊	チ	た	し	ま	り	振	に	横	テ	結	避	ゅ	筆
ー	重	鬼	社	サ	モ	ぶ	嶋	ヱ	っ	権	精	ィ	側	難	悲	の
を	に	ト	エ	私	向	ど	阪	ぎ	所	乏	つ	ブ	ツ	せ	し	ろ
音	ぽ	沿	ぐ	側	向	う	京	妊	ト	ヒ	ぽ	出	権	ヒ	い	話
発	ひ	画	っ	ソ	で	読	ょ	む	応	く	論	ゃ	流	育	な	圧
で	権	側	ド	て	ま	覧	も	圧	エ	所	芸	ヱ	体	阪	も	京
ひ	然	囚	ラ	ん	モ	ヒ	っ	海	れ	ひ	投	ど	ま	む	で	リ
ぽ	ト	退	ム	芸	ま	解	選	場	ヒ	ヒ	ド	乏	論	場	ク	能
ょ	投	ゅ	カ	妊	ょ	登	妊	精	じ	ソ	捧	安	再	妊	ヒ	ろ
大	き	な	ニ	狙	セ	写	歩	然	ま	乏	退	げ	能	愛	故	百
京	登	幸	運	話	権	嶋	出	っ	き	解	報	読	る	弱	読	ぐ

Puzzle 65

解	ツ	お	読	や	能	改	だ	ま	ド	芸	チ	ふ	ひ	っ	く	し
意	ゅ	ハ	ょ	リ	弱	善	化	ふ	進	ラ	タ	ニ	べ	解	愛	サ
お	モ	投	む	加	く	ド	ス	ニ	報	ヌ	イ	ク	イ	テ	ベ	ス
結	サ	摘	育	登	安	ス	通	じ	論	結	だ	バ	レ	能	囚	通
チ	場	摘	覧	せ	き	ま	摘	重	ぼ	ニ	お	ホ	ー	ス	セ	解
結	無	精	む	電	退	ヌ	再	あ	ま	り	に	も	タ	権	私	進
意	ヌ	ホ	む	気	レ	ク	リ	エ	ー	シ	ョ	ン	エ	ル	れ	暫
話	結	合	ト	ぎ	場	権	ニ	セ	圧	論	辞	抱	き	し	め	乏
精	安	ん	て	京	阪	モ	ス	ジ	退	多	必	加	囚	ょ	圧	つ
ま	む	取	故	ふ	ト	ッ	ポ	ー	ィ	テ	見	加	育	ニ	向	ト
ニ	コ	引	摘	ホ	た	め	ー	ケ	覧	ニ	辞	狙	ヌ	ニ	化	べ
ド	投	応	ニ	ス	方	コ	ツ	結	安	修	ド	ど	チ	っ	報	ヌ
場	ス	ク	ラ	ブ	ク	弱	は	合	ノ	理	本	チ	っ	金	覧	標
ク	写	ゅ	ぐ	ま	場	私	、	加	社	を	化	ま	京	っ	通	準
読	愛	サ	ハ	金	だ	然	妊	ク	化	故	覧	室	ツ	や	合	セ

抱きしめ
ため
必見
あまりにも
テイク
レクリエーション
標準
修理を
ホタル
結合
取引
改善
ティーポット
スポーツは、
イタチ
電気
スクラブ
ドライバー
クレス
ケージ

Puzzle 66

芸	重	エ	芸	ル	て	見	チ	ろ	モ	セ	む	ヒ	金	に	加	、
砂	愛	覧	ラ	投	ル	つ	ば	干	応	無	て	無	サ	従	ま	適
ひ	ざ	囚	れ	モ	加	け	投	っ	ス	ヒ	何	モ	れ	っ	ツ	切
出	本	場	せ	て	覧	ま	ヌ	む	ぼ	セ	も	ト	加	て	写	な
ク	場	会	解	ゃ	じ	す	投	退	ぎ	意	せ	政	府	ス	ノ	加
然	ぐ	政	治	重	ふ	ク	論	合	圧	ヌ	ツ	所	お	ゅ	読	カ
解	ぼ	ひ	結	社	電	読	写	だ	エ	覧	通	ラ	妊	ん	方	べ
重	思	進	ろ	弱	百	話	ぎ	つ	然	作	室	ニ	圧	さ	向	覧
本	重	っ	リ	ス	ト	考	ま	阪	カ	ら	ゃ	故	通	な	れ	育
嶋	室	い	っ	ぱ	い	辞	え	っ	ー	れ	ク	結	読	み	取	り
ぎ	意	会	本	ど	だ	投	ぽ	ま	ル	た	チ	妊	乏	ト	ク	開
覧	む	つ	葉	ま	せ	然	無	進	す	ス	妊	方	結	辞	カ	囚
コ	ノ	育	を	向	狙	ロ	ッ	ク	通	セ	画	登	で	歩	圧	然
食	べ	る	ス	で	歩	る	ふ	ハ	圧	ヒ	ヌ	囚	ふ	れ	ひ	故
解	狙	加	京	権	べ	ヌ	エ	阪	ヌ	チ	ぐ	私	故	ラ	向	せ

読み取り
考えます
見つけます
葉を
作られた
みなさん
に従って
、適切な
いっぱい
干ばつ
政府
方向
政治
リスト
ロック
何も
カール
電話
思っ
食べる

Puzzle 67

ざ	本	っ	室	ソ	選	応	っ	ホ	然	登	ぽ	写	意	っ	芸	開
所	話	や	ソ	所	ヒ	で	論	ゃ	だ	会	ひ	加	ク	じ	ヒ	高
む	エ	権	ヒ	乏	場	ヌ	タ	フ	な	ニ	ヌ	辞	や	モ	遠	さ
構	築	金	融	て	覧	妊	ク	芸	ク	ん	京	安	モ	や	く	を
ひ	所	チ	室	れ	合	能	ト	つ	じ	つ	百	育	最	近	暫	れ
も	然	話	芸	弱	退	ょ	誰	愛	然	砂	や	モ	チ	ニ	リ	汚
能	圧	セ	べ	参	加	狙	か	結	選	金	圧	暫	摘	化	だ	再
リ	嶋	ぎ	歩	照	ク	私	の	応	る	応	話	ヌ	読	や	育	阪
ん	ク	所	開	応	場	ノ	ム	ろ	応	も	ラ	く	画	圧	話	私
ゃ	ッ	経	験	の	ろ	乏	ラ	ソ	合	ろ	ハ	辞	多	画	写	セ
る	チ	ヌ	芸	庫	ニ	セ	グ	ひ	退	ド	私	合	応	ト	ゃ	多
ト	ス	ヱ	レ	蔵	る	ン	ロ	へ	ぼ	開	投	致	ビ	場	ぽ	論
ヒ	ラ	グ	会	冷	多	社	プ	進	ゅ	ニ	せ	命	ス	ー	海	応
育	プ	乏	リ	ク	ヱ	化	権	再	お	む	ぽ	的	会	合	チ	っ
あ	り	が	た	い	こ	と	に	弱	意	ネ	ギ	な	お	ん	ろ	の

最近
クモ
タフな
ネギ
プログラムの
金融
経験の
致命的な
プラスチック
構築
高さを
ありがたいことに
ヘロン
参照
ビーチの
誰かの
遠く
汚れを
冷蔵庫の
スグリ

Puzzle 68

多	ツ	リ	妊	本	っ	通	ろ	暫	ん	写	サ	ぼ	乏	開	サ	砂
く	メ	も	故	で	ラ	ト	登	ぎ	ぎ	ヒ	ト	京	ニ	始	ル	権
ヌ	京	カ	ク	ゅ	ツ	圧	応	れ	権	ぽ	所	ド	阪	ぎ	圧	投
重	出	モ	ニ	狙	重	、	標	準	的	な	ラ	権	進	囚	ヒ	狙
ソ	チ	ひ	エ	ッ	妊	は	よ	り	多	く	の	ホ	せ	リ	ソ	ノ
弱	再	読	再	カ	ク	デ	読	ラ	然	だ	ル	投	っ	改	然	会
ド	話	ソ	レ	意	ふ	ィ	加	権	登	が	リ	重	愛	革	応	ざ
ト	ろ	結	読	を	ト	プ	セ	ー	タ	ン	イ	摘	選	の	彼	本
ン	ひ	精	場	ヒ	セ	ロ	ヱ	て	狙	ジ	だ	ょ	蜂	の	川	会
ウ	ク	ぼ	ソ	育	所	マ	妻	の	妊	ン	所	応	ヌ	ま	砂	何
タ	ー	ひ	キ	ス	圧	ぐ	だ	ー	進	エ	無	化	サ	プ	砂	嶋
圧	ゃ	ル	れ	サ	エ	ト	ヌ	ダ	だ	べ	進	ニ	ス	ッ	せ	通
ょ	ト	っ	の	エ	む	合	だ	ー	レ	ト	ス	金	ぎ	ロ	カ	論
ト	結	だ	輸	っ	結	登	テ	リ	ひ	妊	も	方	権	ャ	歩	ー
弱	レ	ろ	入	囚	ょ	ハ	暫	安	ひ	せ	加	き	芸	ギ	リ	ざ

は、
妻の
ディプロマ
キス
インターセプトを
エンジンが
ギャロップ
サッカー
ウールの
メカニック
、標準的な
開始
タウント
より多くの
改革の
蜂の
川の
輸入
彼の
リーダーの

Puzzle 69

出	開	ょ	ま	論	精	ヌ	応	方	向	デ	ィ	レ	ク	タ	ー	ミ
投	て	投	ロ	れ	化	モ	海	で	コ	ン	パ	ク	ト	側	囚	ッ
社	き	何	バ	画	妊	何	も	せ	カ	ョ	会	エ	私	ス	ひ	シ
習	ニ	っ	解	能	レ	選	室	ん	ん	シ	ス	開	出	ク	れ	ョ
慣	能	故	写	ぎ	方	パ	パ	く	化	ッ	圧	ル	ヌ	阪	解	ン
む	解	エ	本	数	え	る	安	結	っ	カ	る	室	論	嶋	出	会
モ	セ	解	お	ス	だ	登	開	返	化	ス	具	室	場	レ	愛	モ
出	ア	ん	嶋	応	結	ハ	私	信	モ	ィ	体	権	画	写	愛	阪
応	ル	ク	く	ト	き	歩	む	も	写	デ	的	モ	ヌ	圧	論	で
セ	ろ	ん	テ	つ	ふ	応	加	精	の	夏	な	準	の	下	に	解
不	注	意	な	ィ	ひ	ス	化	権	ツ	し	お	し	備	有	罪	無
嶋	論	話	竜	っ	ブ	砂	ヒ	乏	ょ	結	精	だ	嶋	ぐ	京	合
ふ	ト	れ	が	故	進	な	論	れ	囚	摘	ぎ	権	故	ド	ょ	せ
ラ	ホ	写	解	き	読	側	レ	辞	狙	て	砂	ス	ポ	ー	ツ	の
開	然	芸	れ	て	然	社	乏	ス	ん	無	ふ	る	チ	ボ	だ	テ

方向ディレクター
もの
竜が
パパ
ロバ
具体的な
アクティブな
の下に
ボード
スポーツの
準備
返信
不注意な
数える
習慣
ミッション
ディスカッション
夏の
有罪
コンパクト

Puzzle 70

、キツネ
鍬を
人間
知識を
候補
空気
コンピュータ
自主的な
エージェント
の中で
プラム
多くの
フィクション
近い
教室
生息地
昨年
ワーム
パターン
親切

の	中	で	ぽ	ス	ス	き	ツ	ス	ひ	ニ	空	再	嶋	知	人	間
阪	通	ヱ	セ	ぽ	エ	き	し	ニ	ぽ	ツ	気	室	っ	能	識	や
辞	合	出	再	ソ	精	投	ヌ	近	い	通	狙	ク	コ	本	ル	を
っ	カ	歩	ク	側	読	フ	ホ	ま	出	進	再	再	ざ	辞	場	妊
辞	登	サ	報	む	摘	ィ	登	何	話	カ	囚	ぎ	ぽ	応	然	ヱ
エ	ー	ジ	ェ	ン	ト	ク	ま	だ	れ	会	読	教	出	所	ゃ	狙
囚	社	ふ	側	ろ	写	シ	ざ	だ	親	く	ク	室	多	ぐ	る	鍬
ざ	無	て	ゃ	開	ゃ	ョ	だ	向	切	加	開	応	化	だ	百	を
解	妊	ど	通	ニ	応	ン	れ	多	カ	、	ニ	意	何	ニ	ひ	ど
昨	年	私	テ	報	で	覧	モ	く	ゃ	ラ	キ	私	だ	む	タ	多
だ	室	精	狙	ワ	通	登	多	の	レ	合	話	ツ	パ	タ	ー	ン
能	れ	つ	摘	妊	ー	場	れ	精	ひ	ぎ	京	っ	ネ	ぽ	ュ	む
本	ゃ	嶋	能	つ	何	ム	自	主	的	な	生	息	地	報	ピ	狙
重	権	リ	ひ	妊	ょ	ラ	権	ぎ	摘	ょ	百	ま	ニ	狙	ン	チ
サ	覧	リ	ル	ベ	ル	プ	ぽ	安	候	補	ぽ	ひ	ま	ひ	コ	歩

Puzzle 71

も	ぎ	ざ	選	狙	選	ぼ	開	お	の	維	持	す	る	す	述	記
芸	ょ	き	応	ツ	せ	ま	お	ク	ウ	近	写	れ	ょ	紹	囚	ひ
ぎ	つ	写	所	ぼ	べ	ニ	所	ろ	ド	ス	く	話	も	介	ぽ	会
ひ	育	重	京	ぐ	っ	乏	ん	ざ	ン	ス	本	に	退	嶋	賢	故
育	ヒ	砂	乏	歩	背	の	高	い	ィ	画	ノ	証	ま	ハ	く	く
お	ニ	京	ま	ハ	ざ	ト	社	ょ	ウ	く	ク	拠	事	件	ぐ	無
覆	べ	会	砂	囚	む	て	ヌ	ヱ	高	速	な	は	る	ス	然	側
能	っ	意	金	囚	圧	芸	合	精	ょ	京	重	ぽ	歩	砂	テ	お
チ	ま	つ	ゃ	ハ	ひ	然	ん	報	海	育	慎	ぼ	画	ラ	セ	だ
ト	だ	で	チ	ょ	ひ	狙	む	嶋	ぽ	ヱ	加	現	開	合	モ	ル
摘	て	テ	だ	ニ	ソ	弱	話	驚	然	百	京	代	、	で	の	、
通	常	の	ド	精	ヒ	応	ろ	ホ	き	つ	っ	登	投	結	モ	公
然	ツ	向	暫	レ	海	室	っ	カ	写	む	ひ	社	資	ド	安	共
損	圧	芸	加	無	レ	覧	ゅ	レ	ぐ	ぼ	き	社	愛	む	ふ	多
失	ニ	執	行	ぽ	圧	リ	応	嶋	本	ヌ	ヌ	ラ	嶋	ど	ソ	セ

証拠は
慎重な
ウィンドウの
執行
記述する
賢く
現代
、公共
損失
紹介
維持する
通常の
の近くに
、投資
背の高い
事件
覆っ
ので、
驚き
高速な

Puzzle 72

コンパニオン
女性
パセリ
壊れた
プレイヤー
先のとがった
しようと
ボール
結婚は
叔父
個別の
深刻
単位を
服は
隠します
レター
ケフィア
となっ
行動
剛性の

っ	ス	ゃ	愛	ざ	芸	摘	安	ま	き	結	阪	ひ	ス	個	ヌ	ホ
安	場	摘	方	画	ゅ	ハ	き	側	応	婚	芸	化	社	別	ょ	ど
し	ぎ	何	ざ	重	ス	ヌ	と	化	辞	は	ハ	砂	応	の	辞	投
れ	や	だ	叔	出	ク	出	ス	な	結	故	読	ク	ニ	再	ゃ	ド
場	行	動	父	じ	女	の	読	ス	っ	ホ	ル	ヒ	ん	ク	服	コ
囚	ヌ	隠	し	ま	す	性	プ	レ	イ	ヤ	ー	タ	レ	覧	選	は
愛	テ	弱	モ	エ	ニ	剛	ハ	コ	通	京	ボ	投	砂	暫	モ	権
や	解	応	お	ハ	ニ	囚	権	ン	退	ょ	ま	合	権	モ	ソ	リ
狙	選	ド	ど	ヱ	ぎ	阪	せ	パ	ろ	ル	せ	合	モ	ル	し	ノ
ょ	べ	ぐ	レ	社	壊	れ	た	ニ	覧	囚	ニ	ニ	摘	く	よ	安
ケ	フ	ィ	ア	深	刻	て	っ	オ	育	精	ぎ	化	ソ	べ	う	ひ
嶋	ぽ	通	ま	ふ	育	っ	が	ン	会	パ	画	阪	ん	ょ	と	単
コ	写	乏	ル	ク	ぎ	結	と	写	で	セ	読	方	暫	ざ	ま	位
ス	レ	ニ	弱	カ	芸	ト	の	権	で	リ	京	く	退	開	じ	を
安	チ	じ	せ	弱	辞	ぎ	先	チ	ぼ	ゅ	セ	べ	社	ゅ	合	ク

Puzzle 73

側	忙	幸	せ	妊	退	ぺ	ゅ	望	へ	映	画	契	ぽ	解	百	ぎ
登	し	笑	阪	守	る	イ	圧	遠	リ	ラ	室	約	て	暫	読	進
本	い	愛	い	き	進	ン	ス	鏡	多	却	ジ	化	ど	本	カ	私
ノ	ス	ろ	ヱ	芸	多	ト	入	ん	場	下	き	カ	コ	ヱ	囚	妊
覧	阪	ひ	登	話	会	覧	力	囚	せ	向	あ	ハ	く	っ	投	安
何	通	ま	イ	退	ざ	ノ	は	重	ヒ	だ	な	ル	ぽ	呼	ひ	加
フ	ォ	ロ	ー	ニ	く	妊	覧	じ	加	セ	た	ニ	ろ	吸	本	せ
カ	ス	嶋	ボ	ュ	ス	故	弱	選	っ	重	ゃ	カ	サ	選	京	会
怒	ぽ	多	ウ	ー	暫	選	だ	阪	ゃ	れ	百	エ	し	結	ス	カ
く	っ	買	カ	ス	モ	ソ	せ	百	報	側	重	ヌ	合	ニ	報	む
ょ	ノ	て	ヌ	ょ	ま	も	ろ	故	化	向	ス	結	京	れ	池	の
せ	重	ツ	い	き	出	き	場	権	私	通	登	テ	囚	ク	権	ぎ
モ	読	ド	多	る	オ	オ	ヤ	マ	ネ	コ	ス	選	ぐ	写	論	ツ
モ	場	加	お	芸	加	だ	応	ソ	側	っ	会	開	進	暫	側	愛
だ	ぽ	ゃ	歩	ラ	読	ょ	む	ぐ	嶋	リ	意	何	ま	囚	ノ	ハ

笑い
望遠鏡
あなた
買っ
守る
契約
池の
却下
カウボーイ
フォロー
ペイント
呼吸
幸せ
ヘラジカ
オオヤマネコ
入力は
映画
ニュース
忙しい
怒っている

Puzzle 74

ズボン
引き出し
、パートナーの
タオル
が可能な
兵士
外部
ピアノ
チャレンジ
アセンブリ
マイル
ラダー
結婚式
怖がっ
ローブ
運動
コミュニティは
誕生日
種を
シンク

ラ	ダ	ー	ニ	本	海	ト	安	ゅ	ソ	ょ	シ	チ	ャ	レ	ン	ジ
だ	べ	開	囚	ろ	じ	セ	ハ	側	ハ	ま	ン	れ	兵	ク	ヌ	ゃ
、	パ	ー	ト	ナ	ー	の	化	圧	種	を	ク	だ	ル	士	モ	ニ
報	引	コ	コ	進	ヱ	ぼ	ト	故	ト	選	ノ	ま	出	愛	話	精
む	育	き	ハ	つ	開	重	モ	エ	私	っ	通	金	も	タ	チ	所
何	乏	社	出	ド	然	る	向	登	レ	方	む	結	砂	オ	ヒ	会
ニ	ど	方	妊	し	せ	お	論	芸	だ	阪	然	ゅ	側	ル	イ	マ
海	ト	ロ	ー	ブ	や	阪	圧	ぼ	お	で	お	応	ス	結	ょ	選
で	エ	重	弱	選	私	摘	写	ろ	私	ぼ	く	だ	が	婚	っ	ヒ
意	じ	ま	お	ゅ	モ	ひ	百	レ	多	外	ま	テ	可	式	加	ぼ
ノ	読	ん	テ	ふ	怖	何	コ	ぽ	っ	部	無	加	能	ク	開	し
ア	セ	ン	ブ	リ	が	通	ぐ	解	れ	再	何	ヒ	な	意	側	ぐ
ピ	ス	ソ	ボ	応	っ	カ	多	解	だ	ぽ	ど	エ	話	精	向	で
応	出	百	て	ズ	然	っ	ノ	む	摘	方	場	ヌ	運	動	進	ぼ
社	登	誕	生	日	コ	ミ	ュ	ニ	テ	ィ	は	側	ホ	ニ	ヌ	ざ

Puzzle 75

ト	海	海	機	室	乏	エ	る	ク	ふ	お	せ	く	妊	登	プ	モ
私	話	論	ま	能	ル	レ	圧	妊	チ	や	ば	べ	応	ソ	ッ	弱
ど	然	故	だ	嶋	は	再	ま	ク	投	何	辞	あ	ト	リ	シ	ル
ひ	能	ヱ	歩	再	む	、	嶋	信	頼	性	の	場	ち	き	ュ	ー
辞	権	お	ツ	セ	せ	セ	ょ	チ	加	海	退	し	べ	ゃ	歩	ル
べ	結	応	圧	解	で	歌	だ	ヒ	ゃ	ぼ	実	用	的	な	ん	で
ぼ	精	レ	じ	チ	や	う	面	応	ノ	覧	金	故	化	私	で	ソ
出	結	話	安	や	く	退	白	間	合		ア	メ	リ	カ	の	写
ル	べ	京	ソ	何	摘	投	い	違	芸	ソ	社	く	囚	ク	サ	ゅ
サ	写	何	れ	方	ひ	室	く	っ	ど	で	然	会	た	ま	ま	ノ
能	ど	砂	能	魅	力	る	て	囚	発	エ	ク	報	重	じ	サ	ウ
れ	暫	れ	て	金	ぎ	阪	囚	精	会	揮	狙	ク	カ	っ	だ	ハ
百	通	エ	故	も	っ	ハ	意	場	暫	選	辞	阪	何	覧	退	ウ
反	映	無	弱	故	海	販	売	せ	論	ス	私	報	雪	玉	圧	の
応	ホ	ー	ル	ド	乏	化	サ	ク	出	ス	作	り	を	だ	多	本

まだ
魅力
間違っ
歌う
ホールド
実用的な
おばあちゃん
販売
ノウハウの
アメリカの
反映
たまま
プッシュ
雪玉
発揮
信頼性の
ルール
面白い
作りを
機能は、

Puzzle 76

妊	じ	ニ	ゅ	ひ	意	ど	合	話	ま	育	第	お	れ	愛	モ	登
だ	囚	退	砂	加	暫	場	然	無	し	だ	三	し	私	き	化	開
だ	狙	側	エ	て	テ	会	ヌ	会	ニ	ま	阪	ト	室	ふ	解	し
圧	ひ	芸	多	妊	る	ツ	ふ	砂	投	、	し	ひ	誤	権	化	べ
権	カ	話	ぽ	黒	ヱ	安	じ	る	登	阪	読	た	コ	差	チ	ニ
む	む	登	芸	い	精	摘	ラ	ル	開	ぎ	バ	阪	む	何	故	リ
せ	に	縫	本	体	れ	セ	応	リ	安	る	ッ	重	っ	ヒ	く	ぎ
化	静	て	製	セ	何	む	れ	ス	冬	の	ト	力	阪	意	ハ	ゅ
だ	か	宗	教	的	な	ふ	解	ピ	ツ	も	ウ	開	会	然	ぐ	き
の	で	本	応	選	所	ハ	ニ	ザ	天	気	ゃ	歩	摘	ろ	権	る
耳	や	砂	ぎ	ト	論	応	ぎ	弱	妊	側	シ	登	百	だ	で	コ
が	重	安	能	む	無	ひ	摘	覧	金	応	だ	乏	百	精	権	精
お	ぎ	本	ニ	自	ヒ	会	芸	無	ぐ	っ	ハ	じ	き	砂	の	や
出	ひ	登	安	身	通	ニ	狙	意	ホ	嶋	っ	報	本	リ	然	画
海	を	育	ト	が	応	覧	ゃ	せ	本	だ	ま	モ	場	も	無	辞

冬の
ピザ
リス
自身が
誤差
天気
第三
、まだ
宗教的な
バット
黒い
海を
の耳が
シャウト
砂の
に静かで
本体
縫製
話しました
重力

Puzzle 77

合	ニ	ぐ	阪	ぐ	せ	側	や	本	、	故	ス	本	化	何	ぎ	摘
サ	ン	結	社	ス	故	加	嶋	ま	最	郷	テ	ん	場	社	通	ひ
ひ	ジ	冷	蔵	庫	ど	再	ぐ	精	後	ぎ	応	ひ	嶋	覧	ま	ま
だ	ン	白	い	場	ん	摘	サ	退	の	前	以	圧	画	す	ぐ	に
能	ノ	摘	て	砂	と	だ	側	登	プ	狙	愛	私	だ	ひ	精	退
き	登	ハ	登	妊	ほ	呼	登	き	ッ	再	デ	本	化	場	阪	ぐ
ざ	結	歩	安	ソ	だ	然	ば	ょ	マ	だ	意	ィ	退	風	船	話
ヌ	ト	お	ニ	ぎ	歩	意	ヌ	れ	む	権	囚	辞	ナ	ク	っ	て
宣	所	ぼ	百	で	愛	精	話	無	る	囚	然	ニ	ト	ー	レ	プ
ハ	言	ツ	無	砂	ぎ	べ	何	じ	結	向	覧	ん	ル	ホ	報	選
バ	退	男	合	権	意	出	エ	だ	論	じ	登	ふ	だ	結	ラ	側
ッ	参	の	百	レ	権	ぽ	ヒ	京	出	芸	論	ぼ	ひ	レ	ろ	砂
ジ	加	圧	だ	精	合	妊	結	じ	輝	き	加	ソ	レ	選	覧	ろ
ヌ	す	責	任	レ	愛	ト	チ	妊	結	れ	せ	乏	結	話	ニ	能
ク	る	本	嶋	安	開	ル	投	コ	側	セ	ル	側	向	き	登	室

参加する
冷蔵庫
プレート
以前の
バッジ
責任
男の
輝き
ホーク
すぐに
白い
ほとんど
宣言
、最後の
故郷
ディナー
マップの
ニンジン
と呼ばれる
風船

Puzzle 78

平野
サンドキャッスル
おそらく
部門
削り
ドッグ
いつか
様々な
歴史
壊した
蚊を
アプローチを
マーカー
週の
スケートを
人気の
怒ら
ギフト
時間
シネマ

海	故	応	チ	ニ	テ	化	レ	ゃ	せ	ん	精	百	も	だ	ア	暫
覧	ク	室	い	能	ラ	育	読	化	れ	カ	ス	ニ	ソ	チ	プ	ト
ニ	ル	登	モ	つ	進	私	ル	ス	ッ	ャ	キ	ド	ン	サ	ロ	私
芸	乏	覧	百	所	か	芸	ひ	読	ケ	安	ニ	ト	京	レ	ー	暫
話	だ	再	ぼ	権	所	ゅ	ヌ	論	っ	ー	室	蚊	を	っ	チ	だ
ト	ふ	加	マ	ー	カ	ー	ド	ん	ま	所	ト	ま	ハ	ト	を	ん
べ	お	能	ぽ	覧	然	ト	ッ	シ	む	し	フ	を	時	再	っ	話
会	ぎ	ル	壊	権	ヒ	合	グ	ネ	方	応	ギ	安	間	歴	史	ヒ
じ	削	り	し	る	ク	論	愛	マ	ぐ	場	人	ニ	ろ	ノ	嶋	サ
ま	く	ぎ	た	話	会	合	ゃ	摘	部	門	気	ヌ	暫	リ	愛	覧
も	リ	安	私	辞	や	ヌ	怒	カ	退	側	の	ゅ	化	私	ん	歩
れ	百	故	百	ト	出	く	ら	そ	お	選	週	リ	様	々	な	能
能	ん	応	セ	意	重	権	育	海	平	歩	育	ひ	登	育	ノ	化
カ	ル	方	ぼ	ゅ	ノ	し	ク	圧	ド	野	ど	囚	じ	チ	ソ	ぎ
お	エ	結	テ	ホ	ス	ど	論	つ	ひ	歩	ざ	多	チ	退	ま	弱

Puzzle 79

せ	解	、	は	係	関	の	者	有	所	無	べ	チ	く	る	進	摘
ぐ	狙	室	圧	リ	ト	問	会	サ	狙	ゅ	何	阪	つ	ん	敷	く
ゅ	集	化	ま	躊	躇	題	ガ	ひ	せ	登	じ	愛	ヱ	多	然	ぎ
退	砂	計	ト	ツ	応	に	ま	ラ	進	セ	ト	る	阪	ス	っ	通
ニ	結	加	イ	っ	ヒ	ト	き	む	ス	覧	だ	も	お	ぐ	選	ょ
故	ぼ	や	ル	ビ	チ	交	ド	安	登	海	弱	向	工	覧	ひ	歩
ヱ	大	狙	カ	ジ	解	っ	渉	ゃ	ぎ	京	開	選	選	育	ク	ス
報	声	本	の	ョ	社	狙	弱	ゃ	嶋	育	モ	向	金	写	唯	ひ
だ	京	読	本	ン	ド	何	合	進	投	安	故	無	サ	故	一	故
参	加	し	て	く	狙	べ	砂	進	ょ	て	応	妊	精	し	の	ぐ
ひ	オ	登	じ	室	ヌ	ド	氷	の	で	百	側	だ	る	で	セ	砂
リ	フ	セ	く	故	ク	ニ	ト	急	に	ど	れ	ル	フ	ラ	グ	ヌ
報	ハ	ろ	愛	ヱ	化	ん	ろ	っ	出	ま	何	ブ	セ	ヌ	ひ	っ
ょ	暫	故	押	ス	お	ル	ゃ	レ	狙	れ	本	ダ	ン	グ	ル	ニ
モ	権	れ	下	や	報	室	乏	読	リ	所	権	合	狙	方	向	ま

イルカの
オフ
参加して
ダブル
大声
押下
の関係は、
氷の
唯一の
フラグ
敷く
の問題に
ビジョン
所有者の
集計
躊躇
ガラス
急に
交渉
ダングル

Puzzle 80

尊	重	出	で	フ	だ	室	ま	画	睡	る	ざ	ゅ	ス	ト	ま	精
弱	解	セ	報	ま	ィ	投	ハ	ス	眠	ラ	ノ	じ	ベ	ト	ク	ぽ
投	れ	て	圧	京	ソ	ギ	ヌ	多	阪	れ	ク	乏	室	ラ	ヌ	合
無	ス	む	京	京	ひ	サ	ュ	ホ	歩	ラ	れ	重	ソ	ホ	べ	ひ
暫	応	多	能	ょ	偉	ウ	狙	ア	ろ	ど	テ	く	辞	っ	カ	解
く	社	だ	サ	ぎ	話	業	っ	加	む	嶋	ロ	ぐ	る	読	ク	応
ル	ト	く	選	き	ざ	ハ	の	曇	ら	せ	る	論	ひ	要	ひ	狙
ク	ジ	ラ	読	だ	海	て	ゃ	ニ	ん	海	チ	ド	加	因	報	開
ひ	で	む	エ	海	ょ	ゅ	嶋	投	る	エ	で	何	ヌ	が	百	カ
多	ょ	ニ	ヌ	起	動	高	貴	な	心	熱	結	む	ノ	出	く	く
て	ひ	ト	サ	コ	暫	お	ぐ	だ	何	ク	レ	稼	ぐ	場	精	べ
や	ハ	む	ヌ	ラ	写	真	ろ	方	っ	れ	ク	ひ	ヌ	ぽ	多	ま
ヒ	ス	ハ	育	ニ	も	乏	王	子	の	ル	ヒ	ア	ょ	重	会	ま
靴	出	通	も	れ	場	じ	ん	ド	ヌ	ふ	コ	再	私	写	ヒ	ド
ぐ	下	阪	芸	化	生	き	て	き	ソ	フ	ト	を	定	住	ノ	進

テロ
ソフトを
フィギュア
偉業の
写真
王子
定住
起動
高貴な
熱心な
曇らせる
靴下
生きて
ウサギ
尊重
クジラ
要因が
睡眠
アヒルの子
稼ぐ

Puzzle 81

ラ	芸	ト	ヌ	囚	く	ル	ふ	ク	を	う	緊	急	ニ	き	ょ	投
ノ	登	ラ	会	権	登	ぎ	し	ょ	語	奪	な	阪	故	登	所	阪
だ	ー	ブ	多	砂	じ	権	囚	選	言	お	う	り	開	テ	だ	開
て	般	ル	正	確	な	側	距	所	ヌ	辞	海	カ	声	所	結	レ
ニ	的	の	ふ	ぽ	ょ	再	離	エ	減	ら	す	私	ラ	の	し	ニ
し	な	羊	乏	ぐ	絶	対	解	コ	加	会	ひ	カ	イ	ソ	投	っ
本	ラ	登	無	話	ス	っ	場	所	写	お	圧	然	ラ	ド	ヒ	む
お	で	愛	再	ツ	ぼ	セ	ス	場	砂	ス	ゃ	し	ッ	社	お	投
の	伝	統	的	な	再	本	つ	然	ス	ヒ	摘	く	ク	ホ	ル	囚
解	乏	ふ	室	本	側	ブ	っ	能	会	辞	う	ク	レ	イ	ジ	ー
ア	ン	テ	ィ	ー	ク	ミ	ル	ズ	や	ゅ	ま	っ	砂	れ	ホ	ゃ
私	多	無	き	写	ぐ	ッ	場	ー	囚	側	く	無	ざ	ヒ	選	権
る	海	妊	ラ	つ	カ	ク	辞	チ	権	ゃ	歩	暫	計	ろ	ざ	き
だ	し	せ	ぎ	む	登	ス	ラ	ヱ	金	合	モ	故	算	登	っ	本
ル	ぎ	ろ	精	だ	ま	む	ど	っ	む	レ	て	ソ	機	投	や	だ

言語を
一般的な
チーズ
アンティーク
ミックス
うまく
を奪う
減らす
ライラック
ブルー
トラブルの
うなり声の
計算機
絶対
緊急
羊の
クレイジー
距離
の伝統的な
正確な

Puzzle 82

与えられた
先の
ます
月面
椅子
ペットの
を失う
トランク
貿易
ファーマー
グレープ
フクロウ
カスタム
参照してください
怒っ
量る
クライ
に失敗
待機
シート

無	グ	レ	ー	プ	画	テ	権	暫	登	画	何	応	読	お	む	サ
ハ	椅	子	京	合	狙	投	与	え	ら	れ	た	安	出	ぐ	量	る
ょ	ぐ	ト	月	れ	コ	辞	ま	然	フ	ょ	狙	ツ	ぽ	む	読	て
結	然	テ	砂	面	弱	ろ	く	重	ァ	場	だ	辞	読	ひ	多	セ
カ	安	リ	ヌ	会	出	方	ヌ	れ	ー	ス	嶋	ま	通	ニ	場	覧
ス	ぎ	囚	ル	ニ	ぎ	ニ	ぐ	を	マ	ぐ	ク	ト	場	能	故	ゅ
タ	嶋	辞	や	フ	ク	ロ	ウ	失	ー	の	先	ラ	社	で	だ	圧
ム	セ	だ	ト	開	ホ	金	ぽ	う	ざ	ト	ー	シ	イ	ゅ	怒	っ
嶋	ょ	登	室	に	失	敗	砂	囚	ま	ッ	ラ	ま	方	囚	ん	私
ぽ	辞	カ	エ	ニ	加	ぼ	妊	投	す	ぺ	話	ン	然	ヌ	ソ	私
本	私	ひ	方	ま	故	ニ	ん	ょ	ク	側	画	っ	ク	ホ	ぼ	待
囚	ぼ	狙	せ	登	ま	っ	ふ	じ	写	じ	方	京	ひ	登	ヌ	機
ホ	カ	で	参	照	し	て	く	だ	さ	い	ス	向	っ	側	ひ	ヒ
覧	阪	ひ	れ	ト	海	場	化	百	ヌ	ま	ト	っ	阪	リ	覧	ぎ
能	ヱ	論	ヒ	ま	ヌ	ひ	ゅ	し	能	退	出	貿	易	エ	サ	ぼ

Puzzle 83

阪	開	投	の	こ	。	多	場	も	ラ	ン	チ	ト	登	効	跳	登
社	ト	や	家	レ	ド	ロ	ッ	プ	ハ	し	ざ	化	重	果	ん	室
ひ	育	金	ラ	乏	コ	明	確	化	ク	ス	若	二	重	の	だ	ヌ
向	む	解	本	解	で	ー	ひ	故	ゅ	向	っ	い	出	社	く	ク
ひ	ふ	ぎ	意	ふ	ヒ	ベ	ド	ど	場	れ	ゅ	二	安	ス	て	し
だ	応	合	も	合	ん	二	ぼ	が	重	レ	ヌ	ひ	ク	コ	り	き
ん	重	だ	無	権	く	ぐ	囚	報	ん	せ	ヌ	れ	故	れ	っ	べ
チ	き	囚	だ	フ	転	サ	ン	ド	イ	ッ	チ	ト	ぽ	洗	ひ	読
馬	の	京	妊	口	送	、	パ	ス	の	教	授	ス	百	浄	本	意
社	ひ	退	ぐ	ー	加	ク	組	れ	結	ド	ド	ど	阪	ク	ょ	歩
京	登	る	モ	ト	ふ	出	読	み	二	所	画	つ	阪	れ	故	開
ぼ	ょ	外	国	育	囚	ヌ	べ	ゃ	合	だ	妊	お	二	り	ょ	海
多	ス	化	出	無	側	出	る	摘	だ	わ	衝	突	無	百	確	立
結	覧	応	投	ゃ	ぎ	暫	ヱ	室	重	意	せ	阪	愛	写	辞	無
れ	モ	二	画	る	読	登	ひ	リ	ひ	ラ	故	っ	退	き	む	室

若い
明確化
確立
外国
。この
効果の
家の
フロート
のレコードが
、パスの
洗浄
教授
サンドイッチ
組み合わせ
ランチ
馬の
転送
ドロップ
跳んだ
衝突

Puzzle 84

多	ひ	テ	方	だ	何	ヒ	ク	所	ろ	二	暫	金	進	投	百	じ
れ	故	コ	ハ	ゅ	ヱ	本	ょ	ざ	解	不	ろ	弱	め	綿	金	べ
だ	ク	ト	ス	ス	む	や	通	室	ク	適	ざ	を	る	を	向	む
登	お	阪	ま	登	通	ク	ぎ	や	じ	切	狙	明	開	技	や	室
摘	エ	カ	ソ	能	二	噴	火	む	ゃ	な	多	る	登	競	む	応
砂	リ	ル	私	登	っ	登	コ	む	精	ひ	ょ	く	聞	上	二	向
ヱ	ド	ウ	フ	ク	セ	本	会	悲	も	ち	ろ	ん	の	陸	ろ	何
退	愛	ボ	っ	れ	サ	乏	阪	惨	重	ょ	ぐ	力	出	し	ひ	圧
嶋	ど	妊	百	愛	弱	ょ	多	な	明	賢	プ	じ	レ	乏	リ	嶋
ト	登	再	ん	む	然	て	開	ヒ	ハ	合	歩	ッ	摘	読	狙	妊
海	開	解	ざ	ぽ	論	ス	だ	弱	二	お	っ	せ	リ	会	育	だ
む	退	サ	コ	ズ	再	エ	ス	チ	ン	ウ	ラ	ブ	レ	ー	ク	ヌ
百	も	き	向	ー	十	年	を	だ	ス	く	解	恐	れ	マ	ュ	ス
ょ	本	ふ	暫	ポ	ヒ	精	本	芸	加	だ	で	エ	つ	ン	リ	チ
退	能	室	投	し	芸	ー	安	ヒ	再	ト	話	二	だ	ハ	や	で

十年を
不適切な
コーヒー
を明るく
進める
賢明な
綿を
ボウル
ポーズ
チューリップ
もちろんの
陸上競技を
聞く
エルフ
ブレーク
ブラウン
ハンマー
恐れ
噴火
悲惨な

Puzzle 85

ト	っ	ラ	き	ニ	エ	無	応	意	ク	し	方	ぐ	乏	キ	せ	ト
化	重	チ	ゃ	何	在	庫	ぼ	方	芸	ヌ	サ	べ	精	ュ	ょ	摘
れ	ト	側	ニ	無	雨	ま	愛	ト	ぎ	精	開	ふ	だ	ウ	内	部
ま	金	な	き	好	の	ラ	囚	セ	お	実	精	せ	ト	リ	嶋	ド
解	ハ	囚	だ	ぐ	ル	カ	囚	囚	れ	陽	行	や	応	ん	し	る
ニ	阪	だ	で	や	ど	エ	方	弱	ゅ	気	解	応	噴	水	話	愛
所	通	ク	っ	権	ツ	能	場	圧	私	乏	エ	む	ょ	ょ	く	写
ま	、	次	レ	応	で	料	理	を	ド	ツ	化	会	せ	ニ	や	ろ
ふ	開	年	ア	ネ	モ	ネ	温	ソ	ょ	ヒ	出	む	ソ	無	乏	ろ
本	る	コ	齢	ニ	ホ	き	度	進	ぽ	写	ソ	狙	ど	ク	弱	結
狙	金	ス	ぎ	・	ニ	ど	も	や	食	用	ど	海	何	ハ	忠	海
サ	嶋	ト	ニ	圧	育	ニ	ん	で	く	ス	ホ	ゃ	芸	し	実	で
ま	会	の	ぽ	空	ホ	ろ	ク	き	て	れ	ニ	育	解	ヌ	な	囚
写	モ	ま	阪	社	洞	ハ	ー	フ	も	本	ゅ	画	ヱ	ヌ	ょ	ノ
し	芸	だ	応	京	や	ふ	マ	ヌ	ツ	化	ま	ラ	本	感	の	ハ

キュウリ
忠実な
コストの
空洞
、年齢・
ハーフ
内部
雨の
マーク
実行
料理を
陽気
温度
アネモネ
年次
の好きな
噴水
在庫
感の
食用

Puzzle 86

応	ス	ヌ	る	ぼ	お	合	お	て	ト	弱	ツ	応	意	楽	重	愛
画	報	能	せ	意	辞	で	ド	ょ	ニ	投	多	ひ	セ	し	謝	感
遠	い	カ	ー	ド	の	生	芝	レ	ぽ	ク	ぽ	論	再	ま	ス	ド
退	再	写	て	登	て	側	海	ょ	せ	然	多	通	狙	加	ヒ	ス
分	割	し	登	育	べ	会	安	ニ	ぐ	ル	会	ド	囚	権	故	ど
会	ノ	読	故	ざ	す	会	話	ぽ	画	室	ソ	で	ノ	側	応	会
お	場	狙	合	ま	の	弱	ゅ	ハ	場	場	故	論	い	ら	い	ら
結	摘	歩	辞	芸	ゃ	結	ょ	も	暫	室	ボ	能	場	て	進	ざ
温	度	計	な	チ	登	数	バ	イ	ク	の	カ	ト	安	せ	所	ル
エ	投	ん	ヌ	性	何	々	、	て	暫	だ	狙	お	ル	歩	ま	多
恩	赦	ぎ	精	む	質	が	会	緑	南	て	い	る	エ	ニ	故	場
砂	故	無	阪	重	ク	を	い	願	部	の	ヒ	ッ	ト	能	じ	ゅ
く	解	話	ク	辞	リ	リ	場	多	ニ	む	で	退	能	応	論	精
コ	や	退	で	ひ	ヒ	向	意	ヌ	弱	結	化	私	ニ	ょ	多	海
辞	ひ	レ	百	権	リ	社	ト	百	側	レ	向	故	ゃ	狙	ル	き

楽しま
バイクの
会話
な性質を
恩赦
のヒット
分割
、緑
のすべての
ボトル
温度計
カードの
感謝し
南部
遠い
芝生の
ている
数々が
いらいら
願いを

Puzzle 87

き	レ	ぎ	弱	会	ハ	も	京	覧	論	れ	ひ	安	再	ツ	ぼ	結
ソ	だ	狙	辞	写	ゅ	ゅ	ラ	っ	場	結	だ	ニ	ふ	ス	ニ	テ
覧	ホ	ラ	ベ	化	ま	妊	精	ぼ	ニ	話	圧	ひ	ょ	ト	ス	ぎ
お	ぼ	ト	能	本	ざ	愛	ホ	き	ク	ぼ	つ	ぎ	摘	ソ	っ	通
サ	囚	も	弱	歩	権	ざ	つ	ぽ	話	画	室	チ	乏	む	テ	ツ
っ	ま	だ	退	ニ	限	セ	場	会	隣	選	芸	ヌ	芸	阪	読	だ
リ	ヱ	投	ノ	ゅ	を	み	し	憎	人	カ	芸	も	ざ	育	パ	ひ
従	業	員	は	の	可	能	な	歩	べ	場	退	ソ	級	所	ー	ま
本	芸	サ	方	ロ	ヌ	妊	で	覧	シ	ニ	ス	ふ	上	ノ	ス	ヌ
通	当	術	カ	メ	ラ	て	芸	き	ー	博	物	館	の	ッ	ニ	む
ょ	嶋	に	デ	ヒ	だ	樹	皮	ま	ン	タ	ゃ	ト	見	ト	ッ	コ
む	応	覧	ィ	セ	や	ひ	エ	む	向	モ	プ	っ	意	応	プ	ぐ
ク	辞	投	テ	選	む	報	金	ん	む	ヌ	読	コ	金	て	レ	表
無	べ	ぼ	ー	登	テ	何	ト	ぎ	ょ	や	故	芸	リ	ふ	重	す
ダ	ー	ク	ル	無	側	ぽ	ま	話	然	ぐ	ろ	つ	ま	へ	で	て

本当に
ダーク
意見の
パースニップ
憎しみを
ノット
ディテール
樹皮
ロの
芸術
従業員は
隣人
の可能な
表す
の上級
博物館の
カメラ
権限を
シーン
ヘリコプター

Puzzle 88

検出
と思います
売り手
コーチの
カワウソ
範囲を
ストリーム
独立性を
の足
愛情の
同一
病院の
メイク
最大の
教師
シリーズ
スノーフレーク
軽自動車
カップケーキ
ささげる

メ	ろ	教	独	同	一	範	と	ソ	開	で	ひ	阪	精	て	然	ヌ
イ	海	師	立	く	写	囲	む	思	暫	ろ	カ	お	レ	ド	進	ソ
ク	じ	エ	性	ヒ	意	を	ニ	側	い	金	通	ッ	ド	無	室	っ
ぎ	さ	て	を	だ	ト	も	進	ま	て	ま	解	売	プ	ゅ	ヌ	っ
も	さ	選	て	阪	ん	ホ	ホ	囚	シ	ク	す	り	合	ケ	検	出
む	げ	ヒ	愛	意	開	多	何	阪	ど	リ	百	手	の	チ	ー	コ
っ	る	弱	覧	く	テ	っ	歩	方	多	病	ー	社	大	コ	故	キ
砂	場	摘	ト	ま	退	本	結	場	っ	院	お	ズ	最	じ	レ	れ
話	つ	退	無	ノ	育	ま	ど	育	ょ	の	カ	ワ	ウ	ソ	っ	開
ム	室	だ	だ	選	妊	方	ひ	く	て	情	覧	れ	ひ	ま	リ	歩
ー	論	し	る	弱	ぼ	圧	ん	ぽ	せ	愛	進	登	無	安	サ	じ
リ	読	じ	然	ょ	所	ト	登	化	ぽ	応	ク	弱	軽	出	京	話
ト	社	だ	ハ	重	れ	ふ	安	方	圧	ス	場	阪	自	の	覧	カ
ス	ノ	ー	フ	レ	ー	ク	社	ニ	せ	ょ	本	ぎ	動	足	進	暫
開	ょ	投	報	ヌ	べ	場	ノ	ゅ	応	妊	テ	て	車	無	能	ヒ

Puzzle 89

危	る	っ	風	重	っ	ト	登	王	れ	せ	ス	晴	ょ	ニ	再	何
く	険	向	呂	画	エ	応	金	ニ	室	簡	ケ	れ	ド	嶋	だ	ど
妊	ホ	性	論	貴	ど	撤	る	じ	故	素	ル	た	辞	所	カ	海
ヒ	乏	ひ	を	族	ホ	方	回	ま	も	化	ト	弱	ぐ	釣	り	は
登	ふ	金	嶋	の	囚	写	ふ	結	無	ふ	ン	レ	狙	阪	じ	ぐ
ゅ	つ	芸	囚	重	乏	京	ト	場	ひ	ぎ	ー	タ	ス	社	嶋	歩
ふ	覧	ぎ	ぎ	ニ	乏	ヌ	ょ	っ	コ	リ	ス	ス	て	場	ヌ	辞
提	供	阪	ホ	加	て	る	エ	っ	進	狙	本	ハ	乏	ゃ	ど	私
所	ぽ	チ	で	選	本	ラ	れ	何	モ	れ	進	進	だ	ニ	妊	選
ト	暫	選	ス	向	ど	加	重	安	だ	ニ	七	ド	権	る	私	会
愛	情	ょ	ゅ	ま	通	く	育	安	ラ	へ	の	ニ	ぽ	ぐ	ぐ	れ
親	愛	な	る	何	愛	だ	砂	べ	ゅ	の	故	囚	て	じ	本	だ
ソ	何	表	現	結	向	む	応	レ	話	写	べ	れ	ラ	圧	ひ	ハ
テ	で	ソ	精	場	む	権	ま	れ	着	用	し	出	モ	ひ	だ	ど
ぎ	も	れ	加	ニ	ま	だ	ヒ	、	実	際	に	だ	意	テ	論	ク

着用し
への
愛情
王室
提供
簡素化
撤回
七の
晴れた
釣りは
貴族の
、実際に
レタス
危険性を
風呂
何でも
スケルトン
親愛なる
表現
スター

Puzzle 90

カメ
前に
関連付ける
バッグ
アドバイスを
ビュー
フィル
緩い
ハリネズミ
ホット
のサイクルの
気に入った
送っ
最も
他人に
実験
エッジ
中間の
コンテンツ
デイジー

ホ	合	実	験	ラ	能	化	妊	ニ	出	ト	送	阪	コ	ク	ノ	ハ
ッ	写	を	覧	何	京	ぽ	京	暫	妊	ぐ	た	っ	入	に	気	リ
ト	ぎ	ス	ま	化	ま	ソ	意	む	方	デ	イ	ジ	ー	ド	ノ	ネ
の	サ	イ	ク	ル	の	関	連	付	け	る	化	ッ	百	む	私	ズ
京	サ	バ	ま	進	ス	緩	ス	ぼ	サ	ス	ま	エ	登	て	ト	ミ
ニ	応	ド	育	場	権	登	い	っ	む	ょ	し	会	ぎ	無	開	れ
ニ	お	ア	歩	中	歩	れ	論	ヒ	れ	ヒ	安	コ	ラ	百	だ	ツ
や	ト	論	育	間	ニ	社	辞	べ	向	加	投	れ	ゅ	本	く	ニ
辞	何	京	無	の	ス	出	せ	べ	ん	っ	コ	私	登	チ	他	カ
モ	ノ	だ	重	ぎ	ヒ	囚	せ	多	し	報	サ	芸	狙	ト	人	メ
コ	バ	ッ	グ	ざ	フ	ビ	ュ	ー	方	安	ぎ	ヒ	辞	し	に	前
ン	社	何	投	だ	む	ィ	ヌ	出	方	セ	方	エ	嶋	多	本	ヌ
テ	最	エ	歩	意	し	狙	ル	場	ノ	っ	ラ	妊	セ	囚	芸	ゃ
ン	も	育	ゅ	ヌ	ハ	解	っ	重	化	エ	テ	登	愛	狙	つ	れ
ツ	何	登	応	ニ	て	画	ま	ノ	ぽ	せ	ル	セ	だ	き	ぎ	育

Puzzle 91

読	囚	も	ス	ゃ	お	に	ひ	ク	圧	故	選	れ	画	だ	解	ス
阪	驚	時	ま	プ	論	後	可	能	投	登	辞	罰	す	る	能	ワ
お	異	ぽ	々	ト	リ	の	モ	愛	ハ	読	ノ	投	カ	結	海	ン
然	的	遊	ト	ラ	ム	ン	場	北	写	社	れ	お	側	意	ホ	精
ト	な	び	然	海	社	パ	グ	極	レ	だ	登	芸	レ	も	ホ	ぽ
画	ざ	心	砂	私	登	ゅ	サ	は	写	乏	進	ひ	ト	レ	せ	ま
暫	チ	無	合	で	む	登	ル	る	会	私	ト	権	る	多	ニ	ツ
応	れ	所	権	っ	ぎ	精	本	ヌ	む	キ	ク	だ	っ	場	精	退
る	選	精	無	リ	退	圧	育	む	ど	サ	ッ	購	入	写	ょ	ニ
で	向	ラ	能	乏	ヌ	る	レ	安	れ	ぎ	ネ	チ	ゃ	進	だ	ろ
再	む	私	選	テ	ン	ト	囚	ハ	ン	グ	が	意	ン	百	何	登
や	妊	ニ	レ	ル	場	チ	ツ	幅	狙	化	社	海	ゃ	無	私	ス
し	ソ	ク	社	ろ	ニ	ス	無	広	ぐ	ホ	ぽ	ゅ	ん	私	無	狙
チ	ェ	ー	ン	思	い	出	さ	権	ツ	ど	て	テ	ソ	退	カ	本
相	互	作	用	ソ	ニ	乏	カ	退	ノ	ぐ	側	報	ツ	れ	向	ル

スワン
驚異的な
テント
思い出さ
トラム
ネック
チェーン
パンの
購入
罰する
北極
キッチン
の後に
時々
スプリングは
ハングが
可能
相互作用
幅広
遊び心

Puzzle 92

リ	意	何	報	セ	決	方	覧	チ	テ	読	所	圧	京	無	ル	ル
側	ざ	テ	っ	ス	め	室	報	れ	歩	私	じ	権	安	意	砂	で
ふ	ぽ	ト	金	町	ま	結	カ	れ	ホ	重	ヒ	ピ	ー	ス	ど	ろ
ぽ	ぼ	ど	妊	の	す	文	字	ク	本	む	ニ	京	ニ	ク	こ	ド
写	コ	ニ	妊	ニ	チ	チ	意	圧	何	登	弱	エ	ぐ	無	で	ぽ
ス	テ	ー	ト	メ	ン	ト	壁	ゃ	私	会	嶋	重	量	室	も	ゅ
ヌ	読	ス	金	ひ	イ	キ	を	論	開	レ	ぐ	故	っ	コ	ー	ル
ミ	ル	ク	何	ぎ	ワ	合	ト	草	原	本	ヌ	男	ぼ	海	辞	報
靴	を	ゃ	ド	き	れ	再	応	ッ	圧	方	被	っ	性	ざ	会	論
く	き	テ	海	京	ス	開	ソ	れ	ャ	ク	害	社	無	は	育	故
安	社	重	退	ヒ	画	重	ろ	乏	場	キ	者	べ	妊	せ	ぽ	ど
ん	全	ぎ	故	ん	歩	ハ	応	ク	故	所	ろ	て	ク	室	応	世
チ	レ	が	結	辞	ろ	リ	社	秩	私	進	べ	海	ろ	ツ	ド	紀
愛	画	チ	カ	ざ	ノ	れ	通	序	チ	金	愛	の	て	い	つ	に
辞	応	合	覧	報	れ	金	本	ヌ	何	権	お	っ	っ	ゃ	応	は

世紀には
秩序
キャットキン
草原
重量
についての
町の
ピース
ステートメント
靴を
ミルク
決めます
被害者
文字
安全が
ワイン
男性は
どこでも
コール
壁を

Puzzle 93

せ	向	ょ	オ	ヱ	多	ラ	む	二	狙	退	室	レ	エ	ょ	む	場
ろ	登	む	ー	タ	ー	ク	ス	合	れ	京	農	家	通	ス	医	く
お	弱	ゅ	ト	ヌ	加	辞	私	出	方	も	権	コ	ホ	サ	は	療
ガ	本	レ	バ	摘	ノ	だ	れ	ソ	ざ	金	む	も	金	む	さ	愛
っ	ン	ひ	イ	多	お	ふ	っ	多	嶋	ス	通	再	無	で	み	通
ま	モ	ダ	圧	約	私	ル	社	長	の	出	金	所	ぼ	加	ハ	し
ホ	レ	ノ	ー	だ	束	イ	ヌ	ろ	海	だ	会	乏	尋	ね	だ	応
愛	辞	ょ	ト	権	ス	タ	ン	プ	ッ	テ	ス	会	方	ぐ	せ	百
何	ス	れ	ハ	精	レ	ス	ハ	嶋	側	無	ょ	進	阪	ハ	加	妊
ク	ぎ	辞	ど	ホ	ド	摘	だ	セ	テ	っ	状	ク	ク	見	弱	育
ぽ	だ	権	つ	ニ	ニ	ハ	く	ひ	読	ん	況	向	会	て	ぎ	辞
く	ド	妊	無	も	ぐ	じ	ひ	ピ	結	読	ヱ	っ	き	会	イ	鉛
場	ヱ	自	ゃ	画	る	ス	ど	ー	権	コ	で	ク	ト	ょ	べ	筆
せ	や	身	応	ぎ	っ	囚	ル	マ	ニ	金	応	ま	つ	ひ	ン	じ
ぎ	育	の	ふ	ぎ	解	再	コ	ン	だ	暫	ろ	だ	ぐ	所	ト	ヌ

ステップ
スタンプ
自身の
鉛筆
ピーマン
ドレス
スクーター
状況
尋ね
社長の
医療
約束
オートバイ
農家
レモン
ガンダー
イベント
見て
はさみ
スタイル

Puzzle 94

ま	出	砂	チ	ト	百	リ	ク	ト	権	エ	ひ	向	合	ブ	だ	く
論	れ	チ	ゃ	話	む	ス	て	の	鼻	ン	検	査	せ	ル	囚	写
ル	加	ハ	金	百	金	ク	愛	コ	つ	ド	加	芸	ル	ー	精	報
受	意	辞	側	側	く	通	再	セ	狙	ウ	応	場	ぼ	ム	ノ	退
お	け	ア	ク	シ	ョ	ン	度	海	会	豆	代	ぎ	で	で	応	写
カ	会	入	ハ	絶	滅	れ	、	京	狙	は	替	聞	き	ま	す	読
場	を	い	れ	き	ス	ヌ	な	っ	し	通	ぎ	ス	ク	れ	ホ	側
し	ぼ	私	重	ク	本	ク	ん	的	私	多	重	投	私	こ	れ	っ
摘	安	論	論	妊	摘	画	選	室	和	ヒ	ス	写	登	、	無	エ
だ	む	せ	応	ク	再	や	ょ	セ	れ	平	テ	通	場	暫	ざ	砂
モ	し	ス	ニ	歩	ク	ま	愛	嶋	ソ	れ	ィ	ソ	狙	コ	安	エ
ひ	権	画	何	べ	多	百	ホ	ざ	つ	プ	ッ	ト	ど	ぼ	っ	ぐ
ひ	ト	サ	ホ	ト	遠	ど	ツ	応	金	嶋	ク	通	室	妊	重	や
話	ホ	出	少	数	征	ツ	ト	開	ん	海	は	る	ん	連	ト	重
覧	出	れ	権	や	写	場	ひ	っ	読	歩	、	ゅ	ル	囚	邦	加

きれいを
連邦
なっ
検査
トップ
平和的な
の鼻
少数
絶滅
聞きます
エンドウ豆は
スティックは、
、これまで
アクション
リスク
再度、
ブルーム
受け入れ
遠征
代替

Puzzle 95

意	結	ド	ド	方	進	ゅ	芸	く	社	再	ょ	狙	ト	ヒ	の	安
だ	じ	パ	社	百	百	だ	暫	ん	べ	読	安	海	覧	ん	生	お
然	む	イ	べ	批	能	ろ	画	妊	場	何	結	向	ぽ	本	産	投
ま	育	ロ	ま	判	ド	阪	カ	ツ	ざ	だ	手	追	求	当	加	る
戻	ゃ	ッ	へ	を	投	て	暫	京	無	ス	続	き	加	の	満	登
社	り	ト	ッ	れ	権	て	応	の	何	応	き	報	せ	ら	た	カ
ク	意	弱	ド	ぎ	べ	ふ	し	ニ	友	は	の	れ	ド	ら	さ	芸
重	ル	所	画	育	ド	て	ヱ	選	ラ	人	ヱ	ふ	ふ	つ	苦	然
く	安	っ	チ	学	進	ニ	向	テ	ヌ	レ	の	弱	て	テ	し	で
ょ	予	想	摘	結	術	ス	エ	ホ	ひ	て	妊	摘	ヌ	モ	み	退
利	用	可	能	な	だ	的	何	だ	圧	ひ	無	考	案	読	も	摘
登	安	ど	方	ソ	出	本	ゅ	キ	ウ	イ	応	モ	っ	ラ	画	開
に	通	会	ニ	ぽ	摘	ス	砂	む	ニ	チ	ニ	ホ	室	も	応	意
自	せ	ひ	安	き	応	解	選	論	ぐ	登	じ	で	登	弱	ゅ	愛
信	ス	っ	加	報	乏	リ	べ	圧	場	海	阪	べ	ト	投	せ	砂

の友人の
本当の
学術的
戻り
べイ
利用可能な
苦しみ
の生産
ヘッド
つららの
人は
パイロット
批判を
に自信
キウイ
手続きの
満たさ
追求
予想
考案

Puzzle 96

増加
記事は
使用
ワニ
チーム
御馳走
品揃え
管理
権限
、したがって
愚かな
災害が
目の
スウェーデン人の
洪水
不安
条件
バスケット
ケトル
乾燥

写	海	む	育	ぐ	本	無	ろ	チ	条	件	暫	品	揃	え	レ	サ
だ	も	写	ヒ	ニ	ク	合	無	ー	多	辞	話	ス	テ	べ	出	ぼ
ス	じ	開	話	結	ド	会	む	ム	解	再	レ	阪	ゃ	モ	し	退
ウ	ゃ	セ	目	の	加	嶋	サ	テ	愛	所	ゃ	お	場	砂	重	ぼ
ェ	不	安	ト	ソ	登	合	っ	セ	せ	向	ハ	室	応	向	海	乾
ー	ケ	御	馳	走	所	チ	ゃ	じ	ノ	ス	ル	ぽ	き	ク	ス	燥
デ	ト	側	で	だ	だ	ぽ	ニ	や	ゃ	室	ニ	投	室	セ	む	ひ
ン	ル	ド	せ	れ	や	囚	ヱ	ヒ	囚	通	チ	お	む	出	本	ま
人	能	私	バ	ざ	れ	合	ス	ホ	権	限	ツ	私	ぐ	阪	セ	結
の	京	摘	つ	ス	登	ぽ	ひ	せ	災	ま	や	報	多	ろ	加	進
ま	方	ぽ	結	だ	ケ	ト	管	理	害	化	摘	妊	安	っ	ろ	べ
結	だ	お	記	ル	妊	ッ	て	っ	が	た	し	、	圧	ソ	洪	金
弱	愚	室	事	愛	方	安	ト	セ	側	じ	砂	画	り	辞	ス	水
乏	ト	か	は	ワ	報	じ	報	妊	覧	ま	所	故	ニ	っ	多	増
加	や	や	な	ニ	ハ	ょ	ゃ	使	用	ニ	妊	ホ	暫	場	ざ	加

Puzzle 97

ぎ	読	ゅ	囚	開	能	じ	く	論	や	阪	セ	解	嶋	ス	ヱ	応
愛	海	登	ヱ	ぐ	れ	ま	登	ひ	っ	本	圧	登	ょ	ホ	愛	ス
私	ル	ニ	ク	ざ	チ	ま	社	会	き	て	ク	報	嶋	権	ヱ	ク
ト	ど	金	砂	ハ	ど	乏	ヌ	サ	ッ	カ	ー	に	場	ト	出	百
コ	読	選	監	視	応	ソ	ぽ	海	輸	出	場	報	弱	ト	不	ト
ひ	方	て	重	ょ	し	ア	化	投	お	ゅ	覧	だ	ク	然	思	喜
イ	ン	デ	ッ	ク	ス	ー	歩	弁	護	士	を	最	初	の	議	ん
レ	テ	ゅ	通	阪	や	テ	ど	読	ス	バ	化	エ	社	ひ	に	で
ス	だ	故	芸	ニ	精	ィ	ク	ッ	リ	ト	ッ	占	め	る	思	し
ト	ル	成	京	進	や	ス	選	出	登	無	ー	タ	ぎ	も	う	何
ラ	芸	功	ト	意	ぎ	ト	投	私	ス	ウ	ラ	ブ	の	向	ら	ス
ン	カ	チ	場	金	レ	登	開	乏	進	だ	っ	だ	多	京	投	う
リ	合	だ	暖	炉	の	っ	ん	ゃ	ひ	画	ゃ	ま	影	れ	能	だ
ぎ	多	も	圧	砂	き	く	ト	妊	無	登	選	読	響	せ	ゅ	再
報	私	場	育	ど	解	じ	ふ	ヒ	本	暫	選	セ	開	る	る	論

占める
まま
弁護士を
影響
もらう
ストーブ
成功
不思議に思う
レストラン
トリック
喜んで
アーティスト
バッタの
輸出
インデックス
最初の
ブラウス
サッカーに
暖炉の
監視

Puzzle 98

陪審員を
中程度の
バス
臆病
ノイズ
前方
ワームは
凍結
資本
コンパクトな
混乱
感じた
空腹の
ライン
相手
何か
、経済
時計
持っているが、
ステイ

圧	ノ	し	故	ん	ぽ	再	く	結	歩	狙	前	方	時	ヌ	社	し
嶋	ト	イ	場	解	れ	登	加	ル	能	海	凍	結	し	計	ド	ひ
相	登	テ	ズ	サ	何	ぎ	エ	レ	愛	サ	ゃ	通	結	室	コ	芸
手	お	ス	権	ハ	ラ	セ	登	狙	ょ	辞	妊	解	き	チ	出	社
ぼ	社	き	場	進	弱	ょ	多	摘	話	臆	き	ひ	ゅ	ぼ	解	会
然	登	ソ	加	ひ	阪	重	つ	ひ	ゅ	病	ス	陪	ス	出	所	ラ
れ	進	ど	エ	バ	加	ル	ラ	イ	ン	方	ヌ	審	感	れ	暫	ぼ
混	乱	合	愛	ス	持	っ	て	い	る	が	、	員	何	じ	投	だ
海	多	れ	コ	所	室	暫	論	モ	ざ	再	ひ	を	か	場	た	多
登	ス	ろ	ン	ひ	妊	室	ス	投	写	向	本	る	中	程	度	の
精	暫	つ	パ	ヌ	故	セ	側	む	退	む	ひ	百	砂	ょ	っ	腹
セ	チ	投	ク	金	ク	意	所	加	囚	無	ワ	ー	ム	は	ま	空
ぎ	場	く	ト	合	砂	金	解	ざ	然	お	社	圧	ヌ	私	や	ハ
加	ぎ	ヱ	な	方	る	資	本	ふ	、	経	済	コ	報	ま	ニ	ざ
退	解	通	っ	ヱ	む	出	む	然	故	ょ	チ	加	投	ト	サ	っ

Puzzle 99

テ	し	く	つ	育	金	つ	狙	側	ど	ふ	だ	っ	エ	ソ	レ	っ
写	百	ぎ	選	犬	ク	阪	リ	嶋	べ	向	社	ニ	出	無	モ	ゃ
故	て	写	ニ	の	真	エ	お	意	能	テ	ぐ	弱	覧	弱	つ	能
然	通	ん	論	ま	ス	似	エ	通	ヒ	ニ	向	本	っ	ゃ	リ	レ
然	べ	安	狙	ざ	通	弱	ル	ー	ツ	ス	無	再	ょ	ホ	ぽ	ヱ
コ	ス	テ	モ	セ	向	意	ヒ	女	ル	権	登	自	ぎ	ぼ	ミ	応
ん	ぎ	暫	ト	芸	解	で	嶋	だ	の	検	索	動	ざ	く	ズ	し
セ	歩	論	ト	ゅ	じ	ゅ	コ	場	愛	子	阪	ど	く	れ	ネ	応
脂	肪	合	ヒ	ツ	ス	ト	テ	キ	ス	ト	の	公	メ	モ	リ	ヌ
ト	ニ	ろ	乏	つ	ツ	だ	エ	ょ	加	ス	ス	園	ル	権	ガ	ょ
選	圧	れ	ス	誇	覧	重	ク	ド	ラ	イ	ブ	エ	ツ	く	ト	砂
つ	ニ	何	育	り	調	ト	む	然	登	も	然	妊	ウ	ざ	小	ろ
ひ	ま	覧	故	選	理	も	囚	て	エ	社	ス	加	や	る	麦	投
し	て	く	だ	さ	い	は	、	写	話	れ	瞳	複	砂	意	る	ん
選	ひ	百	っ	圧	セ	所	ト	テ	本	弱	の	雑	力	つ	だ	側

スツール
自動
犬の
ウエスト
脂肪
複雑
テニス
公園
検索
調理
女の子の
トガリネズミ
メモリ
瞳の
テキスト
真似
してくださいは、
小麦
ドライブ
誇り

Puzzle 100

ひ	阪	選	故	重	海	重	投	、	選	能	向	ヌ	中	央	狙	摘
ま	論	化	ニ	ズ	シ	岸	ド	す	砂	登	サ	や	所	ょ	お	き
セ	ン	チ	ピ	ー	ド	マ	育	で	取	ら	イ	ん	選	キ	ヌ	せ
新	聞	意	ぎ	ポ	所	ん	ウ	に	嶋	結	リ	る	多	ャ	添	コ
愛	リ	想	仮	の	達	私	チ	マ	く	ふ	ン	視	妊	ン	付	て
む	海	選	挙	ヌ	場	登	合	ん	る	ノ	グ	ク	カ	ド	妊	選
し	れ	ヌ	室	辞	精	然	然	セ	弱	コ	モ	阪	圧	ル	選	ょ
加	覧	乏	ク	エ	ヒ	だ	も	無	ヒ	能	圧	ク	ざ	京	読	側
ゅ	ハ	愛	む	ホ	歩	ド	ラ	嶋	ド	ょ	ぐ	っ	ひ	進	ニ	せ
歩	狙	モ	だ	愛	ひ	ょ	う	き	嶋	社	本	ぎ	ク	阪	私	ツ
ス	ペ	ー	ス	加	き	モ	ホ	場	エ	摘	き	だ	き	加	ク	ト
ミ	登	ひ	れ	ぎ	ラ	出	能	論	カ	重	社	投	ひ	囚	多	多
ソ	ス	ヌ	ぎ	社	ニ	ざ	本	ろ	ソ	ひ	ス	や	ぽ	本	ス	卵
能	画	安	タ	つ	リ	側	ヒ	む	妊	ろ	ツ	覧	写	然	狙	の
ツ	覧	だ	食	ヌ	私	ニ	ぼ	せ	っ	ル	安	ニ	ヒ	ざ	阪	く

ミス
サイリング
キャンドル
のポーズ
卵の
取ら
夕食
センチピード
スペース
シマウマ
海岸
添付
私達の
の仮想
新聞
中央
、すでに
選挙
ひょう
視力

Puzzle 101

適	嶋	百	れ	て	成	っ	カ	ヌ	ま	む	ム	合	ま	覧	応	つ
テ	用	ろ	化	ん	暫	熟	登	キ	ャ	リ	ー	ザ	ラ	ブ	ト	む
セ	サ	す	ス	だ	結	愛	通	コ	チ	向	コ	リ	ト	ス	会	れ
ヒ	ル	話	る	ぎ	ひ	奇	精	も	ひ	ス	ま	論	れ	囚	っ	秘
か	芸	や	歩	ょ	報	妙	方	愛	所	会	ツ	じ	ル	ツ	育	書
ら	る	て	ソ	カ	ホ	な	権	ひ	ス	向	再	画	画	画	ヌ	お
の	進	選	だ	再	ゃ	ぐ	安	再	化	ニ	だ	的	地	理	ぎ	ひ
法	育	ま	べ	完	っ	き	ホ	ホ	狙	ル	応	所	カ	乏	む	ス
輝	む	嶋	能	エ	全	む	所	嶋	ル	る	ラ	ホ	ひ	ょ	会	歩
き	レ	可	能	な	再	に	ひ	砂	ま	育	ま	森	林	は	危	チ
は	ニ	で	囚	所	再	モ	ど	モ	ハ	っ	だ	ひ	ぼ	百	険	ク
、	持	っ	て	更	新	る	ょ	通	ソ	き	再	て	進	ょ	な	エ
京	何	ニ	写	ま	ノ	で	故	ゅ	囚	無	チ	芸	側	っ	レ	だ
読	社	つ	再	れ	出	エ	合	ゅ	精	料	っ	投	選	ツ	つ	ゃ
再	仕	事	を	摘	ツ	ソ	権	社	愛	の	下	ぎ	れ	化	応	然

キャリー
秘書
無料の
奇妙な
適用する
成熟
からの
法の
森林は
仕事を
下の
危険な
持って
完全に
更新
輝きは、
ブラザー
可能な
的地理
コーム

Puzzle 102

暫	何	会	ホ	で	れ	る	ぐ	ぐ	離	ょ	ざ	ま	嶋	っ	声	芸
む	ニ	阪	無	だ	む	本	保	て	れ	ラ	し	ゃ	会	ラ	を	然
チ	エ	キ	ス	パ	ー	ト	棚	持	退	く	じ	一	覧	演	出	リ
意	嶋	レ	ぐ	っ	場	し	お	キ	ャ	ビ	ン	目	ぎ	奏	し	弱
投	陸	上	競	技	愛	す	る	応	る	側	通	ト	無	意	ノ	エ
子	羊	ん	開	の	信	頼	写	私	登	レ	投	ニ	囚	論	べ	ル
ブ	ぎ	ニ	ニ	怖	室	暖	能	ま	芸	ホ	歩	む	テ	嶋	せ	コ
ぐ	ラ	ラ	ぎ	恐	ノ	か	辞	ヒ	乏	向	無	れ	ん	チ	化	ゅ
て	摘	シ	百	開	だ	い	テ	京	画	ラ	ニ	再	登	き	京	能
む	向	ぽ	日	曜	日	し	意	育	退	き	所	応	合	海	ふ	通
化	嶋	場	せ	だ	テ	嬉	や	応	話	安	海	っ	会	写	応	お
応	百	摘	っ	ま	阪	っ	投	囚	チ	安	ラ	き	加	妊	べ	ん
ひ	た	い	け	合	妊	く	記	念	弱	応	育	乏	辞	無	ノ	百
話	エ	ま	ん	テ	写	ん	ル	サ	ス	砂	し	能	社	ぼ	弱	開
リ	ひ	ゅ	る	読	歩	摘	ど	弱	私	乏	側	論	通	芸	登	ぎ

キャビン
たい
保持
の信頼
記念
声を出し
暖かい
陸上競技
日曜日
恐怖の
ブラシ
離れ
子羊
愛する
エキスパート
嬉しい
演奏
せっけん
本棚
一目

Puzzle 103

再	グ	マ	ざ	ハ	い	ゃ	だ	カ	ヌ	ニ	多	方	暫	側	合	ょ
何	ン	ト	ミ	重	ヒ	る	歩	ト	能	だ	退	ニ	向	ぼ	嶋	安
て	ニ	場	セ	加	一	弱	よ	だ	ト	ぐ	室	囚	乏	つ	ぎ	私
ペ	ー	ジ	の	ろ	般	化	開	う	お	菓	子	を	話	だ	報	必
側	レ	リ	場	退	な	も	暫	テ	だ	博	物	館	キ	ノ	コ	要
く	ト	私	ミ	異	な	る	円	形	謝	罪	ぽ	応	カ	ト	向	が
然	の	分	自	ァ	ぎ	狙	ぎ	故	歩	ぎ	覧	会	る	し	京	あ
せ	夢	写	ト	ル	フ	通	サ	海	巻	ソ	ひ	開	ぐ	意	ニ	り
セ	の	愛	れ	ル	ニ	金	摘	べ	き	合	ス	ふ	ぽ	ょ	レ	ま
、	つ	ゃ	弱	ひ	ひ	ぎ	無	砂	戻	ぎ	れ	や	再	応	歩	す
ヒ	シ	重	て	ぎ	方	ひ	れ	で	し	結	囚	ひ	故	ニ	リ	れ
サ	場	カ	ニ	ヌ	バ	ナ	ナ	ハ	ょ	合	報	弱	投	阪	ス	芸
本	ぎ	エ	セ	を	超	え	て	時	の	写	ろ	退	ふ	応	本	べ
カ	る	阪	べ	会	側	化	ド	ぽ	金	社	弱	ざ	れ	ま	重	く
チ	コ	ぎ	育	選	化	妊	所	ぼ	だ	サ	登	金	話	ゃ	京	ソ

マグ
いるようだ
巻き戻し
円形
、シカ
バナナ
謝罪
博物館キノコ
を超えて
ミトン
時の
ファミリー
お菓子を
必要があります
一般な
の夢の
自分の
のトレーニング
異なる
ページの

Puzzle 104

っ	化	む	軍	画	き	中	一	人	で	来	る	正	結	果	は	エ
治	火	ひ	事	ヌ	ヌ	合	心	ひ	ゃ	無	ん	圧	式	圧	何	ぼ
世	災	ヌ	テ	報	話	ニ	何	向	し	ヒ	ク	育	解	に	最	良
を	囚	だ	摘	退	り	で	む	百	ょ	海	化	ょ	テ	む	社	応
ド	セ	社	チ	く	れ	権	嶋	私	出	ツ	ょ	ニ	ヒ	摘	権	ょ
ト	ぽ	場	カ	く	ル	じ	乏	歯	ブ	ラ	シ	ハ	報	ぐ	圧	意
し	結	ぐ	精	無	暫	方	方	重	退	ラ	ラ	百	京	ク	何	安
ニ	囚	通	側	ヌ	方	ト	ス	ホ	ょ	チ	室	報	育	場	多	所
ク	京	れ	ケ	ア	の	保	証	テ	ヲ	ス	ヲ	き	暫	テ	何	ド
会	本	本	だ	し	ハ	ろ	キ	ふ	ィ	唐	辛	子	を	コ	ひ	解
安	化	つ	っ	選	ト	ふ	ャ	出	阪	一	れ	乏	覧	ひ	ニ	側
夜	明	け	の	ぎ	ニ	ニ	リ	鋭	せ	囚	ル	モ	ヲ	よ	ょ	権
れ	ヒ	ぐ	砂	ヌ	ぐ	ぐ	ア	い	カ	つ	せ	出	テ	こ	芸	百
ニ	所	ひ	ニ	深	ヲ	ょ	じ	能	ル	化	社	金	ぐ	妊	ょ	所
セ	ホ	カ	通	い	じ	然	コ	ヌ	ヌ	カ	で	カ	方	辞	ト	ひ

キャリア
火災
唐辛子を
結果は
保証
スティール
ホスト
深い
一人で
軍事
歯ブラシ
来る
夜明けの
治世を
正式に
中心
ケアの
ひよこ
鋭い
最良

Puzzle 105

レ	エ	チ	狙	ろ	生	ニ	地	妊	ろ	場	ヌ	る	れ	狙	選	多
し	故	所	ヒ	ゅ	囚	ま	何	域	辞	論	故	動	画	ニ	合	じ
ぐ	写	く	権	ニ	ト	ソ	れ	レ	乏	阪	摘	物	暫	ト	ニ	ク
ニ	れ	サ	場	方	エ	開	論	写	多	登	ひ	、	開	ソ	能	ツ
ぽ	だ	む	話	安	糖	は	モ	歩	画	重	精	ひ	無	登	ぐ	ラ
く	チ	レ	ベ	ル	を	し	し	多	っ	ぎ	ー	キ	ス	ク	ル	解
れ	ろ	ぼ	室	歩	病	子	の	ぎ	室	覧	シ	ょ	場	ト	む	エ
ク	ベ	然	安	セ	皿	ヌ	牛	エ	ク	セ	リ	ッ	ト	ル	ひ	ス
驚	か	せ	ま	し	た	狙	水	ぼ	辞	ソ	ポ	、	開	砂	だ	ケ
ツ	京	ス	ゅ	逮	捕	サ	ぽ	つ	育	選	ニ	出	常	む	コ	ー
故	ヱ	選	リ	ろ	安	ふ	多	れ	ヌ	ラ	く	ク	乏	に	ソ	プ
ニ	所	私	ル	ひ	所	写	も	る	芸	弱	ツ	ブ	ロ	ッ	ク	は
ぐ	き	ホ	き	政	府	の	会	ぎ	ひ	年	の	百	く	応	出	投
ひ	お	ヒ	金	出	多	精	っ	京	ニ	ペ	ア	再	ひ	く	現	育
化	し	開	チ	ぽ	本	ぽ	ト	故	弱	ぎ	っ	無	愛	退	ろ	ひ

驚かせました
ペア
エクセリットル
水牛の
子の
糖は
出現
レベルを
年の
エスケープは
政府の
生まれ
病皿
、常に
ブロック
逮捕
地域
ポリシー
スキー
動物、

Puzzle 106

キジ
発見しました
可能性の高い
傾斜
勇敢な
シナモン
バーストを
オフィス
マニュアル
撮影
動詞
シャワー
センドを
今夜は
コミットメント
理由を
食べて
ダンスの
リリース
予約

予	約	で	囚	お	ノ	も	報	ノ	何	阪	発	ニ	テ	ヒ	阪	ど
結	安	芸	側	話	し	所	安	場	る	ス	見	芸	何	カ	ぎ	ホ
場	化	乏	や	応	育	ふ	画	然	写	室	し	ラ	ぼ	シ	京	海
ヱ	報	ト	向	側	ル	所	セ	ン	ド	を	ま	ホ	囚	ャ	画	も
百	だ	ハ	乏	覧	マ	や	登	ゅ	応	ょ	し	論	理	ワ	モ	だ
合	つ	報	ょ	レ	ニ	今	ざ	場	セ	本	た	ま	由	ー	摘	画
写	摘	ぎ	摘	食	ュ	ニ	夜	能	通	囚	だ	画	を	リ	や	無
砂	合	多	退	ベ	ア	む	可	は	勇	化	ド	ラ	出	リ	ド	ス
権	動	詞	通	て	ル	ト	能	芸	敢	ぽ	ぎ	論	権	ー	進	合
コ	ミ	ッ	ト	メ	ン	ト	性	シ	な	ホ	意	っ	バ	ス	歩	安
ニ	ぼ	ル	や	で	む	ょ	の	ナ	オ	フ	ィ	ス	ー	傾	斜	キ
無	登	加	画	撮	影	意	高	モ	ぎ	ニ	論	の	ス	ン	ダ	ジ
嶋	安	ラ	化	辞	せ	退	い	ン	て	進	画	通	ト	だ	エ	ニ
写	ノ	芸	ん	乏	っ	室	れ	愛	阪	本	じ	ま	を	選	覧	ょ
チ	百	辞	ス	報	場	っ	画	ト	海	ニ	ス	進	開	っ	応	し

Puzzle 107

も	乏	進	嶋	ま	セ	画	囚	ぽ	囚	化	テ	コ	ど	ひ	ホ	方
れ	ぼ	ル	出	故	ぎ	カ	社	つ	ま	せ	ヌ	弱	ラ	ヒ	ん	狙
ハ	覧	か	む	向	方	テ	て	精	ヱ	ク	ツ	ヌ	画	お	ヱ	多
ス	意	百	故	ー	ル	ガ	ン	カ	百	て	解	進	ょ	丁	寧	な
海	出	登	嶋	ァ	登	ド	ひ	く	れ	室	モ	き	だ	側	会	麗
リ	故	嶋	ス	フ	ホ	方	リ	つ	ぎ	京	や	ひ	だ	応	ざ	華
能	能	で	ヌ	オ	私	本	ル	登	結	ひ	何	ゅ	精	ヌ	お	だ
加	意	圧	心	の	・	ド	場	む	ト	会	ド	ト	ぼ	再	圧	べ
権	退	ひ	再	応	ド	安	何	ク	再	通	楕	ツ	タ	金	権	ん
ニ	も	安	か	サ	ン	ッ	だ	百	む	故	円	ス	ク	ッ	ボ	ぐ
ノ	化	く	な	京	ウ	ツ	べ	話	ぽ	、	形	ざ	シ	ラ	再	弱
っ	送	ら	り	ヌ	サ	出	コ	答	え	は	の	買	ー	然	ヌ	重
ひ	ゅ	開	社	ぎ	れ	れ	む	ゲ	ぎ	月	選	海	い	ょ	ま	む
チ	論	ニ	登	ヱ	私	や	辞	ー	古	満	ん	ど	退	金	カ	ど
ん	ぎ	ひ	し	消	防	士	の	ム	ぎ	い	だ	ぼ	会	安	ホ	だ

のオファー
かむ
丁寧な
サウンド・
消防士の
カンガルー
買い
かなり
古い
選んだ
タクシー
楕円形の
ベッドの
送ら
華麗な
心の
満月は、
ボックス
ゲーム
答えは

Puzzle 108

個人
、過去
祖先
ゴブリン
バレンタイン
ポータブル
評決
、脚
クッカー
先生の
画像
星が
アプローチ
誰かに
贈り物
シングル
有名
キツネ
復帰
休憩

ふ	通	く	ド	画	何	妊	バ	レ	ン	タ	イ	ン	復	っ	む	海
ど	ヒ	っ	ヱ	本	リ	ル	重	チ	無	ク	ま	会	帰	コ	ひ	ざ
れ	妊	休	辞	芸	重	べ	愛	だ	応	ッ	ぐ	サ	画	ぐ	覧	覧
ゅ	シ	憩	多	多	じ	精	報	る	だ	カ	ス	無	祖	論	だ	弱
せ	場	ン	ぼ	場	じ	て	精	出	れ	ー	だ	の	生	先	登	加
場	ハ	ソ	グ	室	写	私	お	場	然	室	セ	安	ノ	せ	モ	愛
弱	ぐ	解	狙	ル	ブ	タ	ー	ポ	テ	金	ぼ	れ	百	圧	コ	重
然	摘	ろ	報	テ	有	、	写	登	ぐ	レ	ア	プ	ロ	ー	チ	私
多	ニ	論	き	れ	名	過	ひ	加	ル	出	弱	砂	お	ト	金	個
ソ	ハ	応	だ	社	つ	去	ヒ	で	室	場	贈	り	物	報	や	人
ふ	ル	向	ラ	能	ぼ	ん	暫	コ	誰	ヌ	登	私	無	ど	育	精
重	ぽ	ド	つ	嶋	ホ	だ	画	像	か	ざ	れ	再	合	だ	所	ぐ
意	海	や	っ	狙	ょ	辞	ソ	ひ	に	ト	砂	っ	登	ゅ	ソ	場
キ	ツ	ネ	話	育	報	百	だ	く	、	星	が	報	ぎ	ひ	ぽ	化
能	ぐ	ぽ	ゴ	ブ	リ	ン	ニ	所	進	脚	チ	評	決	阪	つ	ル

Puzzle 109

方	会	ま	ぎ	包	何	多	無	れ	能	登	育	無	ニ	ニ	百	登
多	同	ニ	ん	む	レ	側	何	通	常	安	だ	テ	エ	弱	覧	も
方	自	じ	ク	多	登	故	ゅ	ク	っ	て	画	ひ	だ	選	ま	テ
ひ	身	べ	ヱ	歩	退	ゅ	無	べ	開	だ	金	論	多	登	場	ふ
ニ	は	選	渡	、	は	ア	デ	イ	ア	側	覧	サ	登	ふ	然	結
ょ	解	ハ	し	退	合	イ	モ	モ	嶋	向	ぎ	ど	愛	コ	カ	る
会	読	室	ま	ラ	む	リ	登	つ	囚	阪	ぐ	こ	京	結	辞	海
ひ	モ	ナ	す	何	配	ス	生	姜	を	ま	芸	ぐ	つ	歩	能	加
ん	ラ	ス	イ	コ	布	能	結	愛	雹	結	ヌ	本	ひ	話	ド	ぼ
ゅ	モ	し	れ	フ	す	所	読	愛	ぎ	だ	会	ク	む	愛	ル	ひ
精	結	つ	百	百	る	で	読	権	海	京	圧	故	モ	緑	や	所
モ	タ	ソ	百	応	き	権	ニ	話	だ	囚	ス	ク	分	、	芸	乏
ゃ	ー	ひ	モ	ま	セ	開	場	ル	ク	化	ト	読	子	粒	コ	だ
無	キ	覧	然	ク	存	彼	女	は	ア	ラ	ー	ト	の	て	百	モ
ヌ	ー	安	接	続	論	在	安	ク	ど	っ	く	然	側	ヌ	能	も

どこ
分子の
自身は
アラート
ナイフ
アイリス
包む
同じ
存在
渡します
緑、
粒子
彼女は
雹を
配布する
ターキー
接続
生姜を
アイデアは、
通常

Puzzle 110

オープン
地理
花の
大規模な
の代わりに
機会
大根
突然
ネイル
ネギを
フィット
男が
フィードの
プレス
ホール
歯科医は
行わ
黄色
ヒマワリ
知恵

然	向	ひ	も	再	ぎ	ト	海	再	ま	っ	所	百	ひ	ノ	ク	会
社	本	ス	ま	所	き	然	チ	多	き	解	や	覧	ク	だ	開	ま
砂	フ	ィ	ッ	ト	画	ネ	ヱ	芸	多	精	会	ん	意	だ	ん	ニ
解	砂	ど	ス	て	だ	イ	本	せ	砂	進	ヱ	ぐ	て	ゅ	応	ょ
オ	チ	地	サ	く	ノ	ル	だ	く	再	の	き	向	何	話	ろ	場
選	ー	理	突	然	ニ	ー	暫	機	重	ひ	代	狙	男	サ	出	応
ス	レ	プ	リ	京	や	ホ	海	会	嶋	く	然	わ	が	室	場	ホ
ま	ひ	ぽ	ン	セ	砂	論	ヒ	マ	ワ	リ	で	重	り	向	歯	砂
意	何	妊	愛	ひ	し	能	化	故	囚	な	模	規	大	に	科	ヱ
芸	ニ	フ	ィ	ー	ド	の	所	読	私	化	写	カ	解	根	医	だ
結	べ	レ	話	べ	黄	ま	ひ	れ	応	辞	ニ	ホ	所	所	は	通
通	乏	解	行	わ	色	じ	じ	ヌ	セ	安	べ	狙	然	ひ	私	ひ
応	何	セ	て	レ	精	場	通	本	ゅ	解	ぽ	ゃ	知	恵	辞	て
ょ	ぼ	私	お	精	花	の	ん	合	海	化	チ	加	ひ	論	つ	結
ネ	ギ	を	コ	私	セ	室	お	く	ス	砂	選	退	ニ	お	っ	も

Puzzle 111

選	チ	戦	争	き	ゃ	ニ	危	場	、	ル	摘	ま	大	私	社	囚
に	対	し	て	化	く	コ	開	機	最	砂	京	ひ	学	乏	選	報
書	き	込	み	何	覧	金	調	エ	近	加	囚	応	院	能	む	話
お	き	べ	芸	エ	ニ	ホ	進	整	応	妊	精	れ	ひ	ヒ	ラ	多
ノ	側	ひ	進	ク	ニ	ゃ	ス	ラ	愛	ま	選	セ	解	や	ひ	然
、	業	界	を	命	阪	開	百	ス	ひ	ひ	ょ	ソ	無	ヌ	ニ	応
暫	イ	ふ	ひ	き	向	む	む	ど	摘	ス	独	立	場	意	っ	社
合	レ	ン	ロ	プ	エ	ゅ	解	ト	雄	鶏	の	化	セ	ク	む	、
べ	プ	登	テ	だ	嶋	カ	レ	精	場	貴	ま	カ	応	ろ	っ	急
ル	意	ス	コ	リ	登	ヒ	金	や	会	重	芸	砂	キ	だ	だ	速
話	画	ク	悲	コ	ジ	ん	応	ハ	ニ	ト	故	モ	ュ	所	チ	に
は	解	ノ	鳴	だ	ど	ェ	く	選	ぽ	ニ	砂	べ	ウ	私	テ	故
せ	場	ひ	ヒ	ヌ	写	応	ン	ざ	て	や	ひ	社	リ	海	応	ま
ぐ	場	精	場	室	妊	ク	画	ト	出	歩	で	や	を	お	会	ぼ
摘	暫	ツ	ヒ	画	会	ト	摘	い	な	は	で	れ	だ	ぎ	化	嶋

業界を
戦争
調整
雄鶏の
、最近
書き込み
大学院
悲鳴
独立
命を
キュウリを
プレイ
危機
ではない
貴重
エプロン
、急速に
に対して
、インテリジェントな
話は

Puzzle 112

医師が
燃やしました
サル
スチール
ヤギは、
タイガー
ネット
のいずれか
さようなら
原因
納屋
ペース
スリップ
維持
防止
失礼な
世代
ディスターブを
条件が
サーブ

条	圧	サ	れ	セ	ひ	重	ど	ス	リ	ッ	プ	退	っ	ス	ト	安
ヌ	件	ル	ー	チ	ス	ん	ト	お	ス	ト	燃	所	化	モ	能	権
だ	加	が	金	歩	狙	ド	れ	ま	き	ぐ	安	や	ぎ	し	だ	圧
覧	多	カ	れ	タ	ニ	会	進	権	失	コ	精	れ	し	登	論	医
エ	読	能	所	イ	む	ス	ツ	ょ	礼	加	ノ	だ	を	ま	圧	師
ネ	ッ	ト	テ	ガ	く	論	ぽ	ヌ	な	さ	サ	ー	ブ	防	し	が
原	っ	何	愛	ー	然	退	ゃ	む	砂	よ	つ	っ	ー	止	写	た
因	ぐ	登	論	場	く	セ	ニ	ト	ヌ	う	育	る	タ	育	然	ハ
百	然	ト	芸	だ	で	リ	だ	進	モ	な	場	ニ	ス	社	ぼ	育
く	話	ょ	コ	の	い	ず	れ	か	因	ら	ク	く	ィ	ヒ	で	く
ト	ヤ	ギ	は	、	暫	ど	ゃ	通	っ	ざ	ぽ	弱	デ	私	ゅ	ニ
話	報	退	精	意	世	本	妊	お	然	で	場	つ	選	砂	テ	ス
故	維	場	写	ぐ	代	方	写	摘	社	百	っ	方	く	ペ	ー	ス
ゃ	持	つ	投	論	辞	ゃ	側	暫	無	加	画	ヌ	ソ	で	ニ	納
解	ぼ	ク	つ	進	れ	登	退	阪	ク	ノ	っ	レ	だ	ひ	無	屋

Puzzle 113

キ	ャ	ン	デ	ィ	む	ル	セ	で	側	ヌ	応	ぐ	合	む	ト	削
側	故	で	せ	ん	だ	彼	故	ぎ	圧	ク	品	海	テ	本	い	除
論	ル	狙	京	場	砂	ら	ゃ	ツ	ざ	育	種	何	リ	チ	薄	を
摘	ょ	ト	マ	ト	ル	の	魚	む	通	て	育	ぼ	友	野	生	て
デ	ュ	ー	テ	ィ	場	報	場	本	囚	歩	て	テ	ぽ	人	選	私
弱	じ	ケ	無	る	ぎ	ひ	ボ	開	カ	ゃ	リ	海	ホ	む	が	ど
ラ	エ	ス	乏	ス	故	る	ー	て	っ	画	ろ	ソ	側	辺	ゅ	京
セ	圧	会	も	ク	セ	ニ	ト	ラ	権	べ	弱	論	ニ	く	読	結
つ	化	合	ハ	モ	ひ	辞	エ	論	海	ウ	エ	ス	タ	ン	故	俳
社	楽	育	で	だ	辞	重	会	室	話	方	コ	室	ニ	ヌ	妊	優
写	芸	し	ゅ	だ	芸	モ	利	点	摘	ぽ	本	む	囚	方	ニ	海
会	場	無	む	愛	ク	ざ	然	ヱ	側	ツ	っ	通	き	ク	ざ	海
て	選	京	覧	怠	惰	な	ひ	座	京	登	然	私	ぽ	京	会	結
る	ふ	ツ	む	応	む	れ	海	ニ	っ	や	ま	嶋	だ	芸	セ	ど
ソ	本	ル	エ	所	ホ	ド	ノ	化	モ	登	ど	話	社	権	ひ	れ

魚の
楽しむ
野生
キャンディ
トマト
友人が
側辺
削除を
薄い
ウエスタン
利点
除い
彼らの
ボート
デューティ
座っ
品種
怠惰な
スケート
俳優

Puzzle 114

研究
空は
いる
郵便配達
バンズ
回避する
結論の
世紀は
関心
理解
プッシュを
フォーカス
バスケットボールの
当事者は
レポート
フェンシング
ギュッ
基本的な
迅速
株式

ど	精	暫	私	再	ひ	ニ	圧	ぎ	読	コ	も	結	育	研	カ	覧
弱	バ	ス	ケ	ッ	ト	ボ	ー	ル	の	プ	っ	意	ソ	究	ヌ	レ
ん	回	避	す	る	い	囚	ゅ	ま	や	圧	ッ	ぽ	郵	便	配	達
画	じ	出	ツ	フ	ェ	ン	シ	ン	グ	ょ	つ	シ	ぼ	空	基	ト
ひ	辞	能	退	然	ス	ろ	し	側	つ	ド	論	ひ	ュ	は	本	む
ひ	ル	読	阪	投	覧	カ	レ	故	ぎ	ヌ	む	多	バ	を	的	ま
ひ	画	っ	べ	ま	レ	ポ	ー	ト	能	加	通	化	ン	モ	な	ホ
百	応	で	加	囚	論	サ	レ	ォ	く	育	リ	投	ズ	ス	暫	べ
迅	速	室	せ	ノ	弱	ぽ	ひ	ヒ	フ	だ	じ	ソ	セ	ま	画	能
化	だ	本	レ	圧	会	ス	テ	ぎ	能	く	進	理	解	ひ	も	ニ
サ	退	覧	コ	故	方	ラ	ょ	私	れ	話	結	世	室	方	ま	ニ
登	側	ヌ	ノ	ヒ	で	関	摘	安	ク	通	論	紀	っ	ょ	進	ろ
狙	能	お	る	ノ	だ	芸	心	ふ	加	つ	の	は	者	事	当	室
ギ	ュ	ッ	株	式	所	き	多	サ	報	論	無	百	狙	解	ぼ	京
話	育	ぎ	論	何	ニ	暫	ス	摘	ざ	ス	暫	ぐ	話	ハ	ラ	ヌ

Puzzle 115

子	供	ス	場	応	く	ざ	ペ	曇	乏	イ	せ	妊	社	囚	阪	じ
せ	れ	主	重	嶋	ひ	合	ッ	り	嶋	登	レ	場	ぽ	育	ハ	て
然	故	要	画	合	必	育	ト	サ	然	辞	つ	ー	場	弱	ふ	能
覧	選	な	育	登	ず	会	む	能	狙	サ	つ	ニ	サ	む	だ	投
だ	ヒ	コ	選	画	ま	ス	ホ	ぐ	写	だ	じ	っ	何	ー	く	き
や	や	チ	ん	ト	出	出	ざ	カ	っ	解	報	レ	ス	き	話	ゃ
コ	ま	合	ち	る	海	化	方	じ	ヱ	カ	ノ	進	社	ぎ	エ	話
ヱ	方	権	ゃ	あ	ヌ	砂	狙	む	意	ス	だ	振	進	成	サ	ス
結	芸	、	う	の	ぼ	障	ふ	阪	百	百	加	る	読	長	通	故
く	サ	特	ま	沢	ギ	害	ぎ	投	ゅ	ク	圧	舞	金	を	全	ぎ
イ	だ	定	テ	光	故	サ	イ	ト	ぐ	囚	画	う	ニ	ウ	体	ろ
つ	ー	の	ひ	ト	カ	ゲ	ウ	注	意	深	い	弱	ど	ョ	モ	だ
む	む	グ	合	メ	ガ	ネ	話	ソ	阪	ト	場	ゅ	京	チ	ゅ	狙
退	所	社	ル	ぽ	ぽ	カ	重	加	登	コ	リ	弱	エ	ガ	テ	テ
報	故	ぐ	何	能	ヒ	登	る	狙	だ	ど	選	退	場	ま	登	ま

ウサギの
全体
トカゲ
イーグル
注意深い
、特定の
子供
成長を
振る舞う
ペット
主要な
イレーサー
メガネ
障害
曇り
ちゃう
光沢のある
必ず
ガチョウを
サイト

Puzzle 116

想定
ヘビ
慎重に
延期を
簡単な
週末は、
狩猟
ピンク
乗り心地を
感情の
紳士
採用
専門家の
名詞
経験
教育
王冠の
検索が
サイズ
ドレイク

カ	ゃ	化	む	妊	登	側	ひ	私	ヌ	化	安	阪	覧	る	だ	週
覧	べ	じ	再	歩	開	選	社	も	ひ	方	コ	っ	エ	き	ひ	末
簡	ぐ	て	感	情	の	家	門	専	海	ド	レ	イ	ク	ん	ふ	は
ょ	単	だ	乏	や	冠	ス	画	ニ	芸	合	故	投	無	権	加	、
ピ	サ	な	進	乏	王	検	索	が	育	つ	つ	投	場	想	無	ク
ン	ま	権	エ	レ	ホ	砂	ハ	応	む	テ	ト	む	何	き	定	れ
ク	採	だ	読	結	海	化	読	海	エ	ソ	砂	教	育	ラ	ふ	海
で	用	場	重	ハ	話	報	ツ	故	退	私	く	開	会	応	狙	つ
む	慎	重	に	解	登	れ	加	京	ふ	私	意	べ	ろ	ょ	嶋	嶋
重	れ	ヒ	延	ど	囚	通	べ	っ	ひ	ツ	ひ	チ	ホ	ツ	百	ク
ま	だ	本	所	期	や	ぎ	退	ま	多	ぽ	カ	だ	ヱ	ざ	ょ	だ
ん	だ	る	精	名	を	地	心	り	乗	愛	紳	合	ょ	登	論	狩
ド	囚	然	登	詞	選	ク	リ	ょ	進	っ	士	ヱ	経	ヘ	ビ	猟
京	歩	会	ょ	弱	ょ	方	ざ	れ	カ	ツ	ド	応	験	チ	ん	向
せ	ル	報	サ	イ	ズ	報	れ	ぐ	だ	暫	論	ょ	歩	ホ	然	ん

Puzzle 117

利	用	可	能	金	振	ク	な	ど	カ	と	私	本	ク	金	社	フ
屋	外	で	同	向	る	開	利	う	ヌ	同	愛	ゅ	ス	私	ょ	ラ
話	辞	読	意	京	ざ	社	便	む	よ	様	ひ	報	カ	モ	育	ッ
つ	ひ	い	し	貧	退	て	ス	ニ	き	の	ス	レ	ッ	ジ	ひ	ト
妊	し	方	ま	無	然	れ	む	能	ふ	や	れ	話	ロ	ソ	む	だ
く	話	ソ	て	場	弱	ト	ニ	方	ゅ	も	加	レ	ク	解	乏	砂
ヌ	通	能	ト	ど	育	化	歩	育	ゅ	安	辞	応	ル	読	ぽ	応
再	意	嶋	囚	場	こ	や	ヒ	通	べ	応	操	タ	ー	ン	を	エ
乏	覧	会	結	何	室	か	ょ	ハ	だ	モ	応	作	プ	ニ	球	段
社	百	ヒ	つ	ぐ	出	ゃ	ツ	れ	む	サ	ヒ	安	辞	ぎ	地	落
会	ろ	再	通	囚	お	退	ろ	ソ	登	社	砂	コ	狙	ソ	開	無
解	再	加	ヌ	愛	愛	ナ	報	ル	ス	ハ	権	ル	ト	重	芸	多
れ	合	ゅ	だ	芸	ラ	ッ	モ	ゅ	登	向	ぼ	レ	読	セ	画	覧
モ	妊	む	所	愛	ぽ	ト	ふ	ニ	エ	ひ	せ	通	登	然	加	ふ
レ	イ	ヴ	ン	結	ん	重	京	ヌ	リ	阪	何	芸	チ	場	っ	権

貧しい
のような
クロッカス
振る
ナット
フラット
屋外で
同意し
プール
便利な
操作
地球を
と同様の
段落
利用可能
スレッジ
ターンを
どこか
レイヴン
社会

Puzzle 118

より
応答
地域を
植物
公式
努力の
スライド
の入り口
ノートブック
は決して
実行に
プロパティが
申し訳ありません
優しく
紫色の
行動を
急いで
の有害が
石炭
スニフ

だ	嶋	画	ヌ	申	く	実	辞	ヌ	ト	ぎ	進	努	む	る	だ	ぎ
投	コ	通	歩	画	し	弱	行	テ	出	応	場	力	急	い	で	テ
権	や	ひ	ゅ	ホ	優	訳	モ	に	ロ	り	入	の	ぼ	安	京	だ
ぽ	セ	ホ	歩	登	阪	登	あ	ま	本	行	ル	色	サ	能	阪	モ
ド	カ	ぼ	場	所	摘	多	ハ	り	ぐ	動	レ	紫	室	画	ク	場
レ	公	チ	本	ょ	権	ル	ヌ	よ	ま	を	ス	だ	お	応	場	何
れ	式	く	話	ヱ	る	海	セ	ま	辞	せ	ル	チ	育	写	じ	モ
ノ	報	カ	社	ク	重	は	む	百	植	ホ	ん	精	ょ	育	ま	圧
弱	ー	ト	く	再	京	決	ん	ぼ	物	の	有	害	が	サ	だ	育
ス	ト	ト	ふ	通	石	し	側	カ	ホ	愛	ヌ	妊	ィ	弱	セ	ス
ニ	だ	投	ブ	ヌ	炭	て	コ	ょ	ス	意	ふ	画	テ	ス	然	ニ
だ	写	百	リ	ッ	ツ	ょ	ゅ	辞	ラ	ヒ	ヱ	京	パ	ツ	場	フ
ぐ	退	ス	レ	開	ク	ヌ	ノ	ヱ	イ	ふ	選	通	ロ	ス	テ	ぎ
京	報	っ	テ	百	私	っ	金	育	ド	開	方	芸	プ	覧	く	も
京	地	域	を	弱	選	応	答	摘	ホ	海	無	応	画	権	私	も

Puzzle 119

つ	カ	妊	お	テ	ゼ	囚	退	愛	写	さ	開	ゅ	京	暫	じ	通
覧	社	ふ	結	投	サ	ブ	権	つ	ド	さ	ホ	ざ	所	社	れ	テ
計	ゅ	カ	ノ	会	登	囚	ラ	乏	つ	や	芸	ス	覧	チ	精	百
投	算	ラ	化	側	安	ニ	囚	方	ヌ	か	ぐ	で	写	解	や	開
ヒ	嶋	ス	ス	社	ひ	だ	意	ド	妊	な	需	愛	ヱ	リ	百	精
ニ	方	の	太	カ	で	や	ゅ	む	ス	定	要	ホ	む	化	狙	ヱ
ト	ノ	プ	字	加	レ	ク	ま	向	ぐ	安	を	プ	登	側	ソ	ニ
れ	砂	ン	っ	愛	カ	室	報	金	場	不	感	ロ	増	能	進	安
ひ	乏	ラ	ツ	ベ	リ	マ	イ	ラ	プ	弱	精	ジ	殖	ん	歩	ぐ
ゅ	て	所	海	つ	ブ	自	由	ん	退	社	ク	ェ	選	ろ	ん	も
民	だ	帽	子	セ	ー	ホ	エ	ざ	登	金	写	ク	進	安	っ	所
報	間	応	ゅ	ヌ	摘	本	場	れ	所	結	サ	ト	ろ	精	応	場
ざ	期	場	始	め	る	方	ぎ	せ	登	場	ヌ	は	ヌ	海	写	写
食	器	棚	ろ	方	せ	化	覧	狙	ぼ	育	話	ど	コ	ど	る	通
海	ホ	化	ま	ト	登	ニ	リ	妊	開	向	ニ	ふ	重	複	多	ょ

ゼブラ
期間
始める
ささやかな
増殖
太字
カラスの
プロジェクトは
自由
重複
計算
カリブー
ランプの
プライマリ
民間
需要を
食器棚
帽子
不安定な
感を

Puzzle 120

せ	無	い	る	内	育	ひ	ざ	所	の	ク	通	表	ヌ	歩	投	本
だ	本	る	然	部	考	え	ま	す	で	会	学	示	瞳	ニ	通	囚
エ	ス	よ	セ	せ	故	結	結	多	、	乏	ル	さ	ラ	の	ノ	多
ニ	で	う	レ	キ	ド	画	ハ	や	出	お	ゅ	れ	じ	む	ト	覧
や	き	だ	べ	摘	ュ	ス	ざ	芸	読	ト	っ	る	る	通	側	ク
ド	化	多	ル	海	応	リ	ヒ	や	ま	動	も	ト	く	宣	言	ょ
何	れ	ト	を	通	つ	投	テ	リ	べ	ざ	作	セ	ぐ	精	摘	む
だ	バ	ゴ	ル	ー	度	ん	囚	ィ	話	ス	登	画	登	然	ル	サ
む	ー	ー	ー	所	嶋	や	ワ	イ	ヤ	ー	ギ	ル	ネ	エ	ろ	セ
読	ス	ル	メ	だ	ぎ	狙	合	報	結	ひ	会	圧	出	ク	ひ	重
摘	ト	ゃ	ひ	通	ひ	場	ゅ	阪	ニ	だ	話	ん	歩	し	暫	れ
場	を	ヱ	摘	お	砂	せ	安	っ	エ	ひ	多	せ	せ	再	安	解
投	て	論	化	妊	多	き	通	ぼ	弱	ド	チ	ト	会	ぐ	然	れ
ア	ク	テ	ィ	ブ	ひ	歩	し	無	む	つ	通	ど	パ	ト	京	砂
く	圧	画	セ	カ	狙	育	読	む	ま	ヌ	嶋	ひ	ン	て	乏	レ

ゴール
セキュリティ
ワイヤー
エネルギー
カブ
動作
メールを
一度
通学
表示される
アクティブ
パン
考えます
ので、
宣言
内部
瞳の
いるようだ
レベルを
バーストを

Puzzle 121

ぎ	が	最	サ	連	想	さ	せ	ま	す	本	出	っ	ょ	ニ	精	だ
悲	可	悪	登	ウ	報	ク	ぎ	ス	私	や	写	二	登	出	卵	投
惨	能	歩	摘	ノ	ン	報	ざ	ト	チ	ェ	イ	ス	ク	先	に	開
な	な	ろ	貿	じ	ロ	ド	ふ	ロ	サ	ツ	せ	登	ぎ	話	生	投
権	難	ぼ	易	ト	ヘ	合	・	べ	解	結	化	ホ	意	積	噴	の
限	困	ラ	写	ク	ソ	論	然	リ	論	っ	場	京	合	極	意	水
る	ろ	セ	も	く	重	ふ	所	ー	ど	金	ト	ゅ	ク	的	暫	カ
ぼ	だ	論	妊	ハ	京	で	ひ	臆	エ	出	私	二	京	な	ソ	ヱ
ひ	通	お	二	ろ	写	砂	モ	病	重	本	ひ	や	む	金	然	ツ
む	育	ス	再	安	モ	向	ド	者	ク	安	ま	き	嶋	ラ	海	茶
然	無	ス	じ	結	ふ	方	無	能	金	ひ	っ	愛	ん	ひ	芸	色
の	商	用	き	ク	ハ	も	登	べ	意	能	百	側	ソ	登	ド	の
側	多	解	む	所	ド	れ	ゅ	ひ	ま	安	ど	弱	選	き	エ	ス
ゅ	応	暫	乏	場	ゅ	る	所	ぐ	ょ	で	だ	サ	登	結	ざ	ン
む	っ	唯	一	の	ひ	退	だ	妊	通	場	エ	や	報	辞	ノ	ダ

卵に
連想させます
ストロベリー
チェイス
臆病者
積極的な
の商用
茶色の
最悪
困難な
ヘロン
が可能な
唯一の
貿易
悲惨な
噴水
権限
ダンスの
サウンド・
先生の

Puzzle 122

バルコニー
子猫
達し
ヒョウ
来た
無意味な
人形
必要
アヒル
イベントを
第四
ビート
の中で
単位を
感の
七の
実験
ブラザー
ネット
いる

何	歩	海	重	通	チ	芸	妊	人	百	狙	二	囚	っ	チ	や	画
画	二	本	二	第	四	の	中	で	形	バ	ル	コ	ニ	ー	ヌ	無
ヱ	む	私	セ	論	私	感	む	リ	育	私	画	会	嶋	セ	だ	意
っ	だ	二	ろ	レ	せ	せ	安	故	れ	ド	権	結	っ	っ	だ	味
つ	る	百	せ	ひ	カ	カ	無	ゅ	阪	必	能	論	場	じ	解	な
ヒ	ョ	ウ	私	読	社	登	応	選	精	要	れ	ク	ヌ	百	出	ク
サ	摘	暫	乏	じ	ノ	故	ぐ	愛	達	所	い	ぎ	二	ま	歩	ハ
二	登	応	芸	ヱ	二	会	社	登	し	応	る	ぐ	ろ	単	チ	だ
ょ	実	験	応	向	投	ま	で	開	弱	ヌ	ラ	サ	選	ス	位	ぎ
合	登	応	ハ	解	読	狙	ネ	ッ	ト	ー	ビ	論	カ	じ	嶋	を
子	ハ	べ	二	本	七	の	京	来	た	ト	能	ホ	意	ぎ	ル	ト
く	猫	海	せ	愛	何	再	暫	ア	ヒ	ル	っ	投	所	ス	っ	ン
べ	側	出	京	ブ	ラ	ザ	ー	百	セ	ハ	ぽ	解	も	ソ	だ	べ
無	多	乏	ろ	じ	二	応	砂	側	べ	ラ	ゅ	つ	ひ	砂	ヒ	イ
だ	重	ル	歩	れ	で	ソ	本	ド	き	故	重	選	多	ゃ	エ	囚

Puzzle 123

ひ	話	サ	ぐ	キ	ヌ	フ	摘	ス	っ	読	妊	巻	き	戻	し	の
ト	ど	ポ	御	ャ	ツ	ォ	読	沸	ー	、	最	後	の	登	ニ	問
サ	摘	ー	馳	リ	ト	ー	何	騰	百	プ	砂	百	来	通	私	題
話	ヒ	ト	走	ア	摘	カ	解	歩	れ	ド	・	育	将	サ	ル	に
出	ぽ	を	場	ろ	退	ス	兵	士	空	加	育	ろ	再	現	レ	ス
に	対	し	て	コ	カ	通	多	ノ	洞	ど	ス	摘	覧	だ	在	故
無	て	育	囚	お	出	無	ホ	だ	応	れ	解	育	つ	圧	再	室
論	先	論	所	ス	だ	囚	化	レ	乏	っ	開	乏	化	ト	ド	何
信	て	の	安	エ	投	ソ	加	き	社	ぎ	モ	故	愛	ヌ	ホ	ニ
号	て	通	と	ホ	故	私	百	っ	意	ひ	結	し	弱	砂	ヌ	ま
妊	話	ろ	ラ	が	モ	て	多	ト	出	ノ	ょ	き	嶋	能	辞	妊
痛	い	セ	画	芸	っ	ツ	囚	能	コ	話	ヒ	キ	ガ	エ	ル	歩
ス	権	歩	れ	論	画	た	サ	ハ	開	覧	歩	ラ	チ	ベ	テ	れ
れ	応	ハ	金	融	ク	百	ヌ	れ	ヒ	ょ	側	ド	解	会	ー	む
テ	リ	化	論	ぼ	話	読	て	ん	権	き	暫	進	覧	方	モ	結

信号
サポートを
沸騰
スープ・
ヒキガエル
将来の
現在
モーテル
痛い
金融
先のとがった
兵士
、最後の
の問題に
空洞
御馳走
巻き戻し
キャリア
に対して
フォーカス

Puzzle 124

その
捕捉
オーディション
少なくとも
文化
巨大な
プルを
退屈
得て
との間で
、最近の
必要と
の厚さの
戦略
基金
惑星
クレイジー
調整
ボート
トマト

ん	ト	ホ	そ	開	本	意	じ	ヒ	ク	惑	方	ラ	社	ツ	場	エ
っ	化	権	れ	の	近	最	、	場	レ	調	星	圧	囚	室	っ	ひ
重	社	ホ	然	オ	退	報	百	安	イ	整	話	妊	ト	ニ	嶋	れ
テ	だ	進	摘	ー	で	開	ニ	出	ジ	側	能	ソ	ひ	巨	故	ヱ
ろ	る	く	ニ	デ	し	テ	ホ	ト	ー	ボ	ま	能	戦	大	摘	出
歩	だ	む	し	ィ	話	っ	芸	マ	で	ぼ	れ	会	略	な	ニ	合
カ	進	だ	重	シ	テ	出	会	ト	間	ひ	方	所	権	ソ	基	金
ぐ	百	べ	乏	ョ	狙	ニ	退	屈	の	厚	さ	の	プ	ル	を	合
然	権	画	登	ン	画	場	本	ひ	と	ぐ	退	チ	多	退	ツ	ト
加	育	れ	だ	ひ	再	捕	捉	弱	ひ	方	文	化	場	レ	テ	場
ク	コ	話	海	ぼ	ど	ヱ	リ	辞	ノ	然	室	出	ざ	狙	砂	ど
登	カ	ヌ	歩	登	芸	登	ぽ	登	せ	ハ	再	ぐ	む	テ	れ	ニ
テ	多	場	テ	私	ゅ	所	阪	ろ	ヌ	得	ひ	私	リ	読	ぼ	る
チ	ざ	京	応	応	べ	や	ど	ま	ん	ノ	て	ぎ	ハ	必	要	と
ハ	コ	所	辞	ス	も	応	少	な	く	と	も	精	能	モ	ひ	向

Puzzle 125

ノ	が	ク	ッ	ェ	チ	だ	関	や	チ	し	ヒ	い	の	気	病	応
ひ	多	ょ	ロ	れ	セ	ん	連	み	な	さ	ん	つ	民	下	で	結
満	た	す	ニ	ッ	暫	再	ク	安	暫	辞	く	で	国	場	に	べ
リ	れ	ひ	せ	ツ	ク	加	阪	テ	ィ	ー	チ	も	ク	解	ぽ	や
無	応	ニ	ぐ	ス	ひ	覧	安	ま	ニ	社	だ	育	百	む	ろ	選
ル	側	辞	砂	だ	会		ア	メ	リ	カ	の	わ	し	暫	ラ	ク
失	礼	な	加	暫	権	ニ	レ	故	ど	ラ	ヌ	再	ト	安	グ	ラ
修	正	応	ょ	ソ	ク	ル	向	環	然	論	ト	場	意	ょ	レ	ブ
報	ヒ	育	解	室	ス	圧	ト	境	モ	歩	ぎ	れ	チ	だ	ー	の
ぎ	れ	育	囚	何	退	会	れ	の	モ	海	せ	覧	京	嶋	ド	歩
る	お	ル	セ	モ	報	ス	合	海	ン	多	ス	や	ニ	お	ト	写
ヌ	通	読	何	退	ど	タ	暫	辞	チ	パ	退	レ	狙	多	ツ	場
お	精	ニ	く	レ	ハ	ッ	乏	応	ホ	ょ	じ	何	合	乏	意	論
集	計	会	っ	社	辞	フ	ゃ	ぎ	加	だ	退	画	ひ	ゃ	能	ぎ
ド	ル	無	辞	退	圧	選	辞	ど	出	っ	重	圧	阪	海	れ	ヱ

しわの
国民の
修正
ティーチ
満たす
クラブの
チェックが
環境の
関連
スタッフ
クロック
いつでも
病気の
グレード
みなさん
の下に
アメリカの
集計
パンの
失礼な

Puzzle 126

ぐ	ど	飛	行	怒	ら	含	ふ	ツ	カ	べ	登	ぼ	ぐ	弁	退	ょ
論	育	ぽ	エ	ホ	カ	ス	ま	応	だ	お	ツ	囚	私	護	じ	む
ま	ひ	軍	ニ	ラ	全	体	に	囚	ろ	ま	覧	弱	ひ	士	て	圧
社	せ	重	事	イ	写	無	嶋	サ	ぼ	ソ	ツ	れ	ぐ	を	権	ニ
モ	ク	む	ニ	タ	向	リ	ろ	精	応	ふ	砂	会	チ	モ	リ	歩
植	無	も	何	ー	ま	エ	れ	画	百	っ	ぎ	ク	画	ド	コ	ひ
物	安	多	ま	キ	だ	く	室	サ	百	つ	カ	歩	ま	妊	嶋	つ
ふ	ヒ	て	化	ス	リ	む	だ	ヱ	ひ	百	樹	暖	炉	社	意	開
招	待	方	ス	せ	ツ	崩	壊	の	ヘ	ッ	ド	皮	脅	会	多	れ
も	投	安	通	読	ふ	だ	ま	乏	通	む	ひ	阪	威	的	ん	だ
ホ	愛	星	が	テ	ド	百	ハ	ろ	画	ひ	れ	写	を	ホ	ざ	き
に	空	歩	ど	結	ま	チ	辞	れ	て	む	弱	出	エ	社	ク	く
ヌ	し	む	百	ス	本	論	会	べ	ク	は	、	ソ	つ	向	論	ど
ょ	ぽ	応	ょ	場	れ	在	暫	応	応	ひ	報	応	京	登	ヌ	チ
覧	進	意	ま	社	私	庫	ヌ	室	ま	ヌ	化	ク	く	ま	だ	囚

含ま
に空
暖炉
脅威を
招待
崩壊の
社会的
飛行
ライター
全体に
は、
怒ら
在庫
樹皮
ヘッド
弁護士を
軍事
スキー
星が
植物

Puzzle 127

旅	組	の	ひ	し	心	故	会	ノ	こ	再	応	ぼ	化	本	本	ヌ
行	み	カ	ツ	む	ド	の	ょ	ハ	ぎ	と	ク	リ	ス	マ	ス	の
カ	合	ッ	故	室	ま	性	だ	ノ	モ	べ	が	だ	管	応	囚	通
砂	わ	プ	だ	無	応	剛	休	社	階	下	百	多	理	ふ	て	安
無	せ	ル	歩	弱	合	狙	だ	日	進	ゃ	ぎ	今	い	コ	む	誇
ト	話	し	結	ろ	ト	私	弱	モ	の	場	登	日	多	妊	権	り
も	ゅ	む	ょ	リ	化	ス	む	応	チ	会	社	の	報	き	ぎ	阪
ト	ゃ	れ	ゃ	阪	芸	向	進	き	選	コ	ぐ	砂	芸	ま	テ	ま
べ	社	ス	登	意	私	権	再	ヒ	所	能	安	れ	囚	ま	ン	ク
ル	、	優	れ	た	セ	限	お	マ	も	室	テ	て	っ	読	ト	出
ト	室	せ	応	歩	乏	を	能	ワ	ト	ツ	ぎ	ク	通	ツ	側	ト
暫	歌	う	演	奏	サ	く	能	リ	サ	だ	ぽ	ニ	然	育	ホ	ぐ
ゅ	ニ	芸	く	だ	ソ	ニ	側	ホ	ト	ぽ	安	暫	れ	論	て	ト
チ	応	ゅ	セ	妊	ひ	摘	画	ゃ	ぎ	む	所	ク	ん	セ	ぎ	て
ぎ	べ	エ	向	ラ	ク	ひ	お	摘	社	イ	レ	ー	サ	ー	だ	ぐ

ことが多い
のカップル
旅行
ベルト
階下
、優れた
今日の
クリスマスの
休日の
剛性の
歌う
組み合わせ
権限を
テント
管理
誇り
演奏
心の
ヒマワリ
イレーサー

Puzzle 128

ショットが
変位
を過ごした
マイナーの
かわいい
ドール
クレードル
認識
拡張する
物語
キス
深刻
アンティーク
噴火
の足
売り手
苦しみ
粒子
歯科医は
オープン

ょ	解	深	投	ざ	ク	弱	キ	や	テ	し	選	社	ニ	ス	れ	チ
応	リ	刻	だ	報	方	レ	ス	側	ヌ	囚	歩	ぼ	権	結	退	ス
海	論	ま	か	わ	い	い	ー	れ	選	投	物	論	ぽ	だ	ヌ	社
応	写	ア	ン	テ	ィ	ー	ク	ド	金	京	語	を	過	ご	し	た
て	つ	側	の	足	ソ	方	応	圧	ル	き	も	ろ	室	チ	私	報
売	ン	プ	ー	オ	海	ろ	出	応	ー	ざ	だ	然	進	レ	ど	狙
り	ソ	じ	ナ	応	加	ヱ	ぎ	て	ド	ス	能	む	精	摘	ぎ	ひ
手	ま	れ	イ	で	む	ド	ク	ま	ざ	ぼ	苦	ホ	べ	む	多	権
場	育	だ	マ	社	噴	火	ん	歯	能	で	し	砂	ス	嶋	方	で
ヌ	ト	妊	せ	エ	れ	合	向	科	ド	ぼ	み	べ	ド	ぎ	意	囚
会	シ	ョ	ッ	ト	が	レ	再	医	向	本	っ	ニ	話	権	砂	私
弱	ヱ	精	加	拡	張	す	る	は	意	ニ	カ	応	ソ	登	砂	レ
然	ぼ	意	能	進	阪	登	ニ	登	ゃ	読	レ	だ	ハ	多	ヒ	通
進	ヒ	応	ま	妊	ょ	私	狙	粒	ぐ	認	ホ	つ	変	百	砂	れ
む	登	側	れ	妊	愛	投	辞	開	子	識	囚	ょ	海	位	話	場

Puzzle 129

で	化	弱	ニ	ふ	暫	む	コ	っ	ヌ	コ	じ	男	所	最	大	の
開	砂	暫	ソ	妊	コ	ニ	百	妊	っ	話	ぐ	応	性	報	ま	セ
重	ぎ	じ	ロ	ビ	ン	何	だ	つ	ろ	ぼ	な	う	よ	の	こ	、
ぼ	っ	投	圧	ぎ	ク	故	チ	カ	芸	無	ニ	覧	ふ	生	出	コ
育	故	本	ニ	囚	ま	加	社	読	み	取	り	に	歩	学	ス	ハ
せ	何	せ	む	ふ	育	だ	カ	だ	ん	海	写	る	ぎ	精	空	社
登	る	す	用	適	ク	セ	エ	コ	ふ	ぐ	化	ょ	っ	本	気	囚
妊	妊	る	よ	強	打	ろ	ル	ニ	乏	場	ホ	芸	無	ト	登	百
登	登	非	り	き	本	解	投	バ	ス	ケ	ッ	ト	ボ	ー	ル	進
ト	ト	難	多	き	育	合	ひ	ク	ノ	安	壊	語	砂	ニ	カ	て
故	ふ	ょ	く	ろ	ぎ	レ	ビ	ュ	ー	チ	し	っ	室	せ	安	ハ
だ	芸	ソ	の	ぐ	何	ま	会	海	愛	ト	た	リ	べ	私	だ	本
っ	話	ょ	ン	ト	ク	ま	ゃ	て	辞	多	事	件	何	テ	ひ	ん
何	む	ホ	ウ	然	ス	育	ス	っ	本	安	エ	べ	合	ラ	出	て
向	方	れ	ダ	多	本	コ	論	然	側	権	出	ニ	き	応	海	応

する非難
強打
トーク
ロビン
、このような
バスケットボール
読み取りに
男性の
学生の
レビュー
ダウンの
語っ
カエル
より多くの
空気
事件
壊した
コストの
最大の
適用する

Puzzle 130

消え
昨日
ストア
後に
実際に
となって
ほうれん草
まだ
量る
洗浄
忠実な
会話
本棚
自分の
、脚
アイデアは、
ナイフ
雄鶏の
利用可能
地域を

安	洗	ゃ	だ	場	地	ア	ト	ス	再	実	利	金	つ	チ	室	化
ぎ	浄	ぎ	き	む	域	イ	ぐ	サ	意	際	つ	用	ぽ	能	社	解
然	能	選	ソ	エ	を	デ	圧	何	本	に	だ	っ	可	ま	話	だ
圧	妊	多	ド	弱	報	ア	ノ	ヌ	棚	暫	後	辞	ぽ	能	だ	ニ
つ	育	ス	嶋	ん	権	は	サ	だ	合	選	モ	カ	ぎ	進	砂	ト
弱	ニ	選	む	と	多	、	弱	じ	ク	開	ハ	覧	ぎ	コ	ぼ	出
再	能	テ	所	な	会	話	ヌ	リ	向	開	安	出	で	ま	テ	で
金	芸	ゃ	ん	っ	忠	実	な	摘	解	歩	阪	し	出	だ	乏	ス
っ	場	室	テ	て	多	ぎ	だ	ラ	や	ゃ	写	、	脚	し	加	場
阪	ド	し	ソ	多	ぐ	重	画	せ	場	弱	ナ	場	ス	結	べ	会
む	場	ろ	愛	モ	嶋	ニ	向	ニ	登	重	リ	イ	ぼ	ニ	く	レ
て	ぽ	自	ほ	う	れ	ん	草	育	れ	ス	画	話	フ	て	ま	カ
テ	ん	分	だ	報	消	所	化	ス	ク	ノ	安	ツ	ス	論	海	写
応	出	の	鶏	雄	え	無	故	量	る	昨	日	百	意	ま	阪	ツ
投	カ	ぎ	読	ニ	精	ぐ	覧	応	然	応	ル	読	進	チ	投	お

Puzzle 131

論	無	ト	場	京	モ	き	テ	テ	ト	意	通	京	育	ぼ	育	化
期	待	本	ぎ	場	で	芸	解	ス	精	ぼ	罰	す	る	二	報	ネ
つ	フ	ィ	ル	ム	ド	カ	重	ニ	エ	再	っ	ヱ	れ	社	ソ	イ
る	つ	柔	軟	な	論	圧	ま	権	ヌ	モ	方	ハ	ぺ	つ	ゃ	ル
べ	コ	く	暴	安	き	砂	稼	能	狙	京	阪	愛	再	ッ	意	や
取	引	む	で	力	れ	多	ぐ	ヌ	京	カ	ぼ	応	セ	ひ	ト	投
コ	む	向	き	ひ	い	圧	っ	ク	だ	二	ノ	ぎ	向	る	歩	の
サ	ヌ	方	弱	ラ	を	ま	ひ	意	解	く	ス	乏	ぼ	側	ラ	て
重	て	ひ	ラ	登	側	開	再	く	本	方	論	向	育	報	ま	い
登	リ	て	跳	私	多	だ	辞	解	ト	ひ	ひ	砂	ル	ざ	ヌ	つ
能	ざ	場	ん	剣	テ	ー	ブ	ル	愛	圧	方	小	麦	粉	の	に
ト	ラ	歩	だ	パ	ー	ス	ニ	ッ	プ	む	歩	重	圧	ょ	靴	お
ス	エ	ハ	ひ	加	む	ビ	ス	再	ス	登	む	百	開	圧	辞	ル
二	忘	れ	っ	ひ	ヌ	ー	れ	画	歩	ろ	退	モ	サ	ク	然	故
精	ひ	摘	報	向	も	サ	ヱ	権	二	で	ヱ	論	ホ	場	ス	ル

つつく
靴の
小麦粉の
カニ
フィルム
期待
剣テーブル
忘れ
暴力
サービス
柔軟な
取引
稼ぐ
ペットの
跳んだ
パースニップ
罰する
についての
きれいを
ネイル

Puzzle 132

ア	ド	育	ひ	注	場	妊	合	シ	化	ク	圧	精	応	ハ	ニ	ル
写	セ	せ	ヌ	弱	意	リ	ク	ャ	れ	囚	暫	カ	無	ぎ	場	レ
開	れ	ン	ー	リ	ク	深	っ	ワ	見	ク	ッ	ク	だ	ぎ	再	社
ゃ	ろ	選	ブ	く	場	覧	い	ー	つ	登	ぎ	ホ	愛	ヒ	ス	側
芸	ま	投	ス	リ	育	読	社	が	け	モ	や	本	嶋	覆	っ	ソ
ヌ	画	会	き	モ	ぽ	権	無	ぎ	ま	カ	ー	テ	ン	登	ス	ひ
狙	嶋	だ	二	方	ル	ル	ょ	る	す	止	禁	育	場	ラ	然	る
運	ば	ノ	百	む	登	し	で	登	べ	育	加	会	読	ク	輝	だ
然	ぐ	ん	意	し	レ	ス	だ	も	摘	リ	て	妊	室	妊	き	ぐ
加	選	ハ	ク	権	合	ひ	ふ	テ	れ	加	ス	ヌ	側	セ	む	ぎ
ノ	加	ク	出	退	な	何	サ	写	場	何	テ	嶋	じ	ヱ	じ	圧
ひ	お	愛	無	お	性	チ	ェ	ッ	ク	レ	向	エ	出	喜	モ	弱
古	、	正	確	な	質	制	限	だ	合	お	ク	通	版	ん	ダ	ま
セ	代	進	多	百	を	っ	登	社	高	ル	く	報	ぽ	化	ー	投
応	報	解	嶋	つ	べ	む	囚	妊	い	だ	辞	多	ょ	加	ク	安

クリーン
喜ん
出版
運ば
高い
、正確な
シャワーが
クック
制限
チェック
禁止する
カーテン
古代
見つけます
覆っ
アセンブリ
輝き
な性質を
ダーク
注意深い

Puzzle 133

育	出	所	ア	論	場	サ	圧	お	向	所	お	解	応	だ	精	っ
ニ	テ	る	ナ	ト	能	ひ	ツ	っ	経	カ	摘	ぐ	ま	選	コ	安
る	ク	ソ	グ	囚	き	ひ	歩	本	済	育	投	権	狙	ま	ー	安
摘	ラ	ニ	マ	ト	ラ	ブ	ル	の	を	ハ	っ	ど	レ	能	ナ	暫
ぎ	ス	応	ュ	ニ	ヒ	ス	ド	こ	テ	ク	ノ	ロ	ジ	ー	ー	ハ
応	の	応	き	ー	高	価	な	。	カ	ノ	本	や	安	れ	ひ	多
っ	ニ	ヌ	開	投	ス	ト	プ	レ	イ	ド	応	妊	室	論	ま	ょ
通	所	京	ニ	き	解	精	ざ	ざ	じ	レ	ざ	ト	海	ヌ	オ	べ
ラ	ぎ	れ	結	解	海	登	解	論	ク	辞	ト	べ	加	育	プ	登
登	ド	摘	開	ボ	京	囚	囚	重	読	論	む	ノ	む	ど	シ	い
き	喜	効	果	の	ー	安	出	砂	ハ	な	ニ	チ	ヱ	何	ョ	つ
話	ん	誰	阪	圧	ま	ル	狙	再	化	ニ	的	ニ	狙	ヒ	ン	か
解	で	か	だ	囚	写	開	辞	砂	解	存	ど	統	ク	退	ひ	ん
雨	ト	に	所	ゅ	乏	砂	だ	カ	所	続	進	退	伝	安	結	解
の	ニ	コ	何	ぼ	し	登	室	嶋	多	べ	イ	ル	カ	の	む	も

テクノロジー
コーナー
アナグマ
オプション
クラスの
存続
経済を
高価な
ボール
ニュース
いつか
イルカの
の伝統的な
トラブルの
効果の
。この
雨の
喜んで
誰かに
プレイ

Puzzle 134

ハ	だ	百	に	所	読	む	報	曇	登	ゃ	論	ヌ	画	登	歩	カ
京	っ	ぎ	沿	ス	嶋	安	意	ら	む	画	京	ヱ	れ	読	ソ	ラ
加	ヌ	出	っ	ギ	ラ	イ	ヒ	せ	合	進	応	ぼ	写	場	阪	報
嶋	ヌ	無	て	故	レ	イ	ポ	る	開	ひ	多	能	ス	レ	ニ	れ
る	ニ	楽	し	む	辞	て	ド	ス	百	だ	ヱ	し	ウ	愛	登	く
ス	プ	ー	ン	ヌ	べ	ま	ク	本	ト	し	加	摘	ェ	ト	ざ	む
愛	読	所	ド	仕	合	カ	ッ	プ	金	の	登	ク	ー	応	ゃ	何
会	ゃ	選	ぽ	事	通	ク	ラ	ッ	シ	ュ	能	し	デ	再	論	退
阪	コ	ー	ル	を	信	ざ	ソ	開	進	ろ	サ	リ	ン	ハ	ろ	室
選	故	き	き	明	ひ	ス	合	べ	開	ざ	能	退	人	ニ	能	ヌ
ト	精	通	登	確	沈	ど	ろ	き	ょ	な	能	可	の	間	時	多
ホ	べ	ぎ	会	な	ノ	黙	だ	加	カ	き	投	無	ー	も	ぎ	退
も	多	能	ま	テ	ノ	通	を	持	っ	て	圧	社	ダ	ラ	京	何
ひ	何	ソ	応	ゅ	ス	エ	だ	て	ゅ	嶋	ん	ニ	ー	リ	重	て
歩	歩	通	コ	写	ミ	ュ	ー	ジ	カ	ル	ニ	お	リ	ぐ	進	再

沈黙を
時間の
カップ
ミュージカル
明確な
スプーン
通信
ポストの
ヒイラギ
クラッシュ
に沿って
リーダーの
曇らせる
の可能な
コール
スウェーデン人の
持って
仕事を
楽しむ
スライド

Puzzle 135

出	ハ	能	ハ	ぼ	覧	ひ	ス	と	カ	写	ゃ	選	写	写	論	リ
側	社	年	っ	ぼ	振	つ	向	同	し	ま	圧	ノ	再	レ	ぎ	京
芸	ひ	の	私	囚	る	ま	意	様	ど	チ	側	ラ	ゃ	ツ	ヌ	辞
圧	ド	く	進	本	舞	セ	っ	の	サ	ソ	ジ	ャ	ン	プ	が	暫
ん	辞	多	加	聞	う	狙	報	泳	暫	っ	べ	ょ	嶋	所	辞	何
カ	場	保	せ	き	む	百	は	ロ	ぐ	阪	出	ひ	結	サ	ょ	ひ
ん	個	人	証	ま	送	ん	何	愛	ー	意	セ	圧	れ	向	ぐ	通
て	ノ	砂	く	す	ら	ぼ	も	狙	百	カ	再	合	乏	お	ま	芸
弱	セ	ぎ	室	世	っ	読	ク	セ	通	論	ル	き	パ	進	愛	ス
社	ぎ	京	ひ	代	ミ	ル	ク	社	出	摘	投	ふ	イ	ぎ	ま	進
囚	向	投	ぎ	目	む	む	モ	ざ	金	サ	ひ	金	ロ	報	登	ぎ
ボ	ー	ダ	ー	が	ま	女	応	ヒ	多	京	つ	ド	ッ	ウ	ま	京
写	ぼ	覧	だ	覚	再	王	向	ま	室	側	化	加	ト	社	れ	む
ツ	で	ぎ	解	め	写	の	ゴ	チ	イ	解	む	解	金	ま	乏	合
故	ス	ぽ	ぽ	た	ド	む	ニ	ト	場	通	愛	応	登	報	る	れ

ウッド
ボーダー
ジャンプが
女王の
は何も
イチゴの
ローカル
泳ぐ
目が覚めた
多くの
ミルク
聞きます
パイロット
保証
年の
送ら
個人
世代
振る舞う
と同様の

Puzzle 136

状況を
オプションの
スカート
ポット
示唆して
ものを
認める
なし
ホッケー
座って
モンスター
回復が
破壊
ソーダ
冷蔵庫の
ビジョン
文字
ノイズ
センドを
曇り

画	ま	ツ	状	示	唆	し	て	ニ	投	だ	ス	ふ	嶋	認	お	テ
ス	登	乏	嶋	況	ス	な	っ	セ	も	く	カ	解	れ	め	画	室
モ	ン	ス	タ	ー	を	画	座	ン	ポ	ダ	ー	ソ	じ	る	る	や
て	る	暫	ま	権	場	故	ひ	ド	画	ッ	ト	ノ	イ	ズ	ホ	し
だ	ノ	覧	ノ	ゅ	解	れ	ホ	を	ろ	弱	ト	も	意	ラ	百	だ
報	報	登	む	ま	チ	側	ッ	京	せ	百	弱	曇	の	庫	蔵	冷
破	囚	ラ	ま	つ	ク	権	ケ	ノ	ホ	き	場	り	ン	を	ヌ	会
壊	然	場	京	権	ヌ	会	ー	ツ	て	で	だ	ぼ	ョ	合	暫	ざ
て	再	ル	ホ	で	妊	歩	だ	ク	ニ	ソ	ひ	テ	シ	砂	報	摘
リ	む	ぽ	嶋	選	暫	ド	ょ	覧	愛	育	場	て	プ	育	ハ	報
む	っ	ラ	百	摘	て	向	退	然	ト	ニ	所	き	オ	論	回	加
重	狙	選	ニ	室	囚	安	乏	ス	ド	海	合	所	話	っ	復	モ
き	コ	愛	意	加	っ	京	お	権	海	本	ビ	ジ	ョ	ン	が	ヌ
百	ふ	ト	乏	私	囚	再	再	社	ス	育	ゅ	百	ひ	多	登	芸
や	ま	場	進	出	ぐ	ス	文	字	覧	ひ	側	写	合	ゅ	多	応

Puzzle 137

芸	ノ	不	海	ぼ	決	能	ふ	圧	包	む	エ	む	で	ゼ	セ	加
れ	せ	適	ビ	ニ	ト	定	ょ	画	も	だ	摘	ど	ホ	リ	ト	セ
守	応	切	ッ	芸	妊	ク	じ	し	ク	ツ	通	退	圧	ー	る	ル
ノ	る	な	ト	ぐ	百	ニ	チ	暫	エ	無	ホ	故	ス	海	ヱ	通
方	い	定	ク	ス	側	意	論	精	本	ま	ト	て	然	ん	読	常
れ	て	安	カ	登	ソ	べ	意	会	ぽ	ひ	育	社	べ	投	じ	む
歩	え	不	場	京	精	退	ホ	お	投	向	通	ぽ	ノ	ヌ	ラ	れ
場	考	故	き	ゅ	育	阪	室	ニ	ヒ	も	芝	ス	サ	圧	ま	べ
べ	と	応	重	故	出	摘	で	グ	解	私	生	隠	圧	感	動	を
れ	サ	れ	せ	寝	応	ト	重	レ	か	ほ	の	ふ	す	ぐ	ト	論
本	る	室	応	室	出	社	い	ー	だ	ク	だ	側	ス	何	チ	辞
レ	き	私	話	の	受	け	入	れ	せ	摘	分	通	ヒ	ス	せ	ひ
む	論	て	故	砂	砂	カ	阪	お	や	き	析	報	論	ふ	じ	結
ま	応	れ	ょ	選	タ	オ	ル	連	む	応	所	多	ん	室	ま	ホ
ル	解	写	報	故	安	ょ	モ	邦	ょ	会	解	通	ょ	チ	読	ト

重い
隠す
寝室の
感動を
ゼリー
のほか
と考えている
分析
ビット
グレー
決定
守る
タオル
不適切な
芝生の
受け入れ
連邦
通常
包む
不安定な

Puzzle 138

フ	テ	ど	ト	ぽ	室	ろ	化	エ	暖	む	ざ	合	写	ぐ	妊	通
む	ラ	こ	ラ	話	私	多	出	応	炉	ん	も	弱	京	レ	圧	ひ
を	甘	イ	ッ	選	画	ツ	お	ホ	の	開	ス	ニ	本	ツ	お	セ
人	い	話	ク	べ	無	ゃ	金	ぼ	ざ	画	れ	読	場	む	進	悲
大	ょ	私	側	テ	だ	ぐ	ド	ゃ	ふ	室	ラ	本	合	お	解	し
、	比	較	く	室	覧	写	私	合	べ	ん	結	ス	ひ	歩	選	い
ヒ	ー	人	で	シ	ン	プ	ル	な	ヌ	読	る	ょ	ひ	ょ	も	ス
報	結	退	摘	重	ト	精	進	方	テ	コ	ぼ	登	化	画	意	ス
ょ	顧	ふ	無	向	ル	ト	安	検	海	ト	ノ	ヌ	ツ	会	カ	エ
圧	ノ	客	ふ	故	ケ	せ	登	出	定	規	は	解	ブ	権	が	ゅ
ク	ハ	っ	ヌ	レ	ス	サ	場	辞	ト	れ	干	覧	育	ロ	ド	ス
だ	だ	む	サ	海	論	精	ス	チ	ー	ム	ば	方	ん	む	ー	写
安	無	し	ク	ニ	登	し	圧	エ	ロ	む	つ	側	て	合	コ	進
覧	無	圧	べ	き	出	論	ラ	く	フ	無	場	選	写	ク	レ	ひ
金	何	退	何	多	き	む	話	多	山	猫	ツ	摘	社	報	の	ソ

顧客
、大人を
シンプルな
スチーム
定規は
ブロー
トラック
フライ
山猫
甘い
、比較
悲しい
干ばつ
のレコードが
フロート
検出
スケルトン
暖炉の
一人で
どこ

Puzzle 139

サ	す	も	ょ	ト	進	ラ	ょ	多	育	ニ	妊	れ	狙	砂	ど	し
だ	じ	る	無	然	権	読	権	っ	乏	ニ	報	投	テ	ニ	じ	私
本	当	に	も	イ	ン	タ	ー	セ	プ	ト	を	プ	ラ	ム	経	場
画	乏	ド	ょ	の	語	単	育	つ	能	も	除	精	ル	ょ	済	向
ル	コ	ふ	開	社	と	セ	ス	開	ヱ	応	削	ハ	リ	弱	結	サ
ぎ	開	嶋	登	会	カ	画	ト	ひ	重	ニ	ク	妊	百	ソ	ハ	会
ツ	解	人	お	故	本	シ	ブ	ハ	ゃ	レ	エ	ト	ヌ	チ	育	覧
セ	応	の	ス	っ	ん	京	ー	ニ	出	場	だ	だ	阪	ト	も	て
読	ひ	テ	私	意	話	百	ロ	ン	ラ	裁	判	官	ト	ク	ニ	し
ヒ	む	意	ヱ	社	再	向	グ	チ	カ	室	百	ク	セ	し	妊	サ
場	ド	ぎ	も	で	芸	ぎ	で	っ	ぐ	多	ぎ	加	方	会	説	得
囚	ハ	嶋	弱	結	ル	京	ノ	愛	や	ょ	落	れ	ひ	チ	ヒ	京
ぼ	る	情	再	エ	ゅ	だ	覧	ク	論	ヌ	ち	所	ぎ	く	意	ふ
レ	本	報	度	た	と	き	に	ヌ	読	暫	た	ド	レ	イ	ク	暫
ょ	ニ	お	、	入	植	者	が	カ	モ	選	ノ	っ	む	合	方	つ

入植者が
会社の
経済
裁判官
説得
情報
たときに
落ちた
グローブ
単語の
育て
するものと
人の
インターセプトを
プラム
シーン
本当に
再度、
削除を
ドレイク

Puzzle 140

ソ	失	ぐ	加	暫	ま	読	ひ	再	数	時	々	退	ヒ	再	精	多
写	わ	出	て	然	ひ	ト	写	ツ	リ	々	然	ク	ぎ	て	画	本
阪	れ	圧	じ	エ	ニ	も	金	ひ	れ	ヱ	が	も	ッ	合	ツ	場
向	た	出	ま	ク	狙	歩	乏	ス	歩	無	溝	摘	の	カ	イ	ス
芸	ぼ	カ	無	選	加	ひ	開	し	暫	ハ	ニ	選	櫛	の	ー	つ
の	ガ	イ	ド	ラ	イ	ン	は	、	圧	育	向	育	室	も	ぽ	モ
論	摘	ぎ	れ	ぼ	私	ニ	ク	記	事	は	嶋	ド	故	の	ぎ	然
多	場	れ	も	多	結	安	砂	話	ツ	合	能	ん	ひ	そ	安	だ
安	で	社	リ	圧	育	出	ま	だ	読	っ	る	囚	出	む	ぽ	ひ
で	ま	ま	歩	く	ど	合	す	ま	し	力	協	レ	合	無	私	ツ
ヌ	ト	妊	だ	っ	チ	京	室	応	ふ	っ	応	ス	カ	ノ	ラ	覧
芸	摘	き	狙	ク	愛	コ	辞	弱	変	ヌ	ま	ポ	砂	っ	報	だ
雹	を	き	ゃ	退	歩	躊	躇	ゃ	更	レ	ん	ン	論	乏	ク	ソ
重	き	ハ	精	エ	応	開	計	算	機	ー	れ	ス	レ	ク	百	エ
ニ	本	じ	本	も	出	故	摘	無	囚	ス	登	の	父	故	だ	セ

変更
父の
レース
スイカ
溝が
ものの
のガイドラインは、
協力します
レスポンスの
櫛の
失われた
そのもの
躊躇
計算機
ます
数々が
時々
記事は
クッカー
雹を

Puzzle 141

無	応	投	む	ブ	ざ	く	京	ぐ	だ	て	歩	お	く	芸	カ	辞
嶋	だ	れ	場	ラ	、	ぎ	方	何	応	砂	会	ん	摘	ホ	リ	ニ
意	摘	ひ	嶋	ッ	適	快	セ	室	狙	本	し	辞	せ	ぎ	フ	ヌ
チ	ろ	ド	サ	ク	切	故	彼	リ	リ	結	つ	ノ	れ	投	ラ	や
ヱ	多	リ	ト	ゃ	な	だ	ら	ソ	て	妊	読	チ	写	ヱ	ワ	嶋
選	択	す	る	れ	敵	砂	再	育	進	お	能	結	だ	ノ	ー	サ
ヒ	ふ	精	ゅ	ざ	素	解	ト	れ	ハ	エ	砂	ド	圧	ま	ヌ	百
ぎ	ス	精	精	通	ブ	ラ	シ	臆	ど	燃	場	会	て	コ	ソ	安
じ	投	む	だ	化	も	乏	精	ト	病	や	辞	提	出	し	ま	す
出	ん	ル	何	京	ぎ	れ	ょ	ノ	ニ	し	テ	阪	囚	今	介	ノ
能	ハ	進	ホ	嶋	ゃ	本	望	結	む	ま	言	語	を	後	化	を
投	狙	再	ふ	ク	合	側	遠	ヌ	解	し	結	出	無	ゅ	や	エ
カ	テ	ひ	じ	ト	向	解	鏡	ヌ	ま	た	巨	阪	退	ぽ	画	ゃ
ゅ	育	百	合	場	ゅ	化	れ	ニ	ウ	ズ	ラ	大	ツ	話	狩	猟
重	ト	狙	ベ	ル	通	応	ぐ	つ	ゲ	ー	ム	明	日	は	精	ヱ

選択する
ウズラ
カリフラワー
快適
ブラック
彼ら
素敵な
今後
明日は
巨大
を介して
提出します
、適切な
望遠鏡
言語を
臆病
ブラシ
ゲーム
燃やしました
狩猟

Puzzle 142

大型トラック
クロウ
ガソリン
なくなっ
フィート
濃縮
雇用
ちょっと
バッチ
野心
看護師
もの
自身が
要因が
被害者
ステップ
真似
保持
レイヴン
地球を

砂	私	ト	通	重	ぎ	重	私	看	能	社	ド	方	ゅ	退	ク	向
暫	海	権	カ	百	ツ	加	ツ	護	自	故	ひ	ふ	結	べ	ロ	ょ
だ	ょ	辞	安	コ	会	方	砂	師	身	室	ひ	で	話	場	ウ	結
ハ	阪	真	も	ま	ょ	本	開	エ	が	ヌ	フ	ィ	ー	ト	結	レ
ニ	ハ	似	ガ	の	ふ	阪	ク	ノ	ニ	ぐ	ド	圧	芸	チ	論	だ
カ	妊	場	ソ	て	れ	バ	ッ	チ	っ	ぎ	会	乏	だ	ソ	結	も
歩	開	重	リ	ラ	阪	嶋	ラ	所	お	阪	リ	ツ	育	れ	重	ざ
解	金	ふ	ン	ヴ	イ	レ	ト	開	愛	意	ト	地	濃	ク	結	レ
だ	せ	摘	て	ヒ	っ	ざ	型	圧	ニ	何	方	球	縮	解	応	む
本	重	育	応	被	害	者	大	ひ	ニ	海	側	を	ス	ょ	だ	登
保	持	ス	テ	ッ	プ	カ	話	モ	つ	投	出	選	登	意	エ	エ
ま	ゅ	要	圧	ふ	室	方	再	ち	ょ	っ	と	ゃ	お	ス	通	辞
じ	エ	ド	因	乏	本	ル	だ	ソ	ヱ	な	選	囚	画	サ	っ	ぽ
ゅ	砂	れ	セ	が	ん	ょ	意	ト	海	く	ツ	雇	結	っ	野	心
ぽ	ん	進	だ	狙	摘	ヒ	向	狙	所	な	登	る	用	多	投	加

Puzzle 143

き	て	調	じ	登	べ	育	進	阪	金	だ	加	化	る	モ	ハ	砂
砂	話	れ	べ	ょ	動	運	社	暫	し	社	で	だ	話	覧	応	能
レ	予	解	安	る	物	重	せ	座	話	投	精	ゃ	愛	解	室	通
ラ	約	コ	ニ	来	園	ニ	投	っ	し	金	ラ	ど	ぐ	画	ヌ	だ
狭	い	む	だ	む	の	期	半	四	ま	る	日	ボ	ウ	ル	れ	む
コ	ミ	ュ	ニ	テ	ィ	は	、	砂	し	ニ	チ	の	側	権	ゅ	然
ニ	リ	辞	場	セ	ゅ	重	応	ヒ	た	応	何	や	だ	合	乏	も
ぎ	ざ	や	結	っ	愛	金	エ	圧	通	ヌ	だ	っ	し	ラ	多	結
カ	ー	ペ	ッ	ト	ど	モ	モ	ゃ	愛	金	ラ	囚	会	嶋	ス	ょ
し	加	ろ	画	重	ぎ	ド	オ	コ	ジ	ョ	責	ヌ	狙	ニ	進	れ
退	ス	れ	ニ	無	進	化	ク	チ	ど	ぎ	任	場	っ	所	も	安
ハ	何	エ	報	出	じ	囚	応	タ	チ	結	社	京	急	ス	ス	や
阪	解	砂	金	砂	会	場	育	イ	ー	バ	ッ	ク	い	ゃ	ぽ	モ
コ	故	権	ハ	登	歩	権	社	ニ	化	方	ソ	っ	で	ト	監	ス
写	ト	く	ざ	方	ま	ス	れ	安	ク	結	ド	テ	サ	ク	視	ざ

バック
ドクター
動物園の
オコジョ
コミュニティは、
カーペット
狭い
四半期の
調べる
日の
イタチ
運動
話しました
責任
ボウル
監視
来る
予約
座っ
急いで

Puzzle 144

ライオン
実行します
万人の
役割
バター
ボローを
コンパクト
叔父
発揮
ディナー
以前の
部門
晴れた
代替
の鼻
ストーブ
感じた
輝きは、
配布する
薄い

場	む	ぼ	ト	ヌ	役	割	カ	サ	囚	ゃ	ざ	ホ	報	ヌ	ざ	合
砂	進	故	然	ホ	化	進	私	ひ	輝	ニ	安	妊	能	論	摘	感
ス	ト	ー	ブ	じ	ぼ	じ	ホ	ト	き	育	私	室	レ	セ	暫	じ
ハ	ク	タ	叔	レ	チ	ド	進	ひ	は	画	っ	サ	圧	社	嶋	た
で	パ	バ	父	ぼ	せ	権	ど	会	、	写	精	ニ	や	芸	ル	れ
ぎ	ン	辞	だ	向	サ	ひ	ノ	応	意	投	海	砂	本	重	だ	晴
ク	コ	砂	ル	れ	向	ぎ	芸	画	合	ひ	ラ	ト	読	囚	開	む
方	ト	カ	れ	砂	モ	重	合	ニ	ま	以	開	レ	多	狙	ま	論
の	鼻	ょ	解	ぐ	然	写	ニ	ソ	何	弱	前	実	行	し	ま	す
金	ぐ	ニ	ク	論	ん	ょ	れ	エ	代	替	発	の	人	万	歩	っ
暫	所	ラ	イ	オ	ン	ク	せ	摘	出	解	育	揮	ま	ニ	ソ	読
ボ	合	む	権	ル	阪	ま	て	部	覧	ヒ	私	ょ	薄	れ	ぼ	お
芸	ロ	配	布	す	る	狙	選	門	ハ	る	囚	ホ	い	も	育	ニ
だ	ま	ー	ナ	ィ	デ	や	ハ	ツ	妊	嶋	サ	っ	砂	本	何	ふ
リ	ト	ニ	を	弱	社	然	所	ラ	て	ぼ	摘	妊	ぎ	レ	だ	権

Puzzle 145

故	セ	ぼ	覧	ツ	砂	品	の	子	分	能	ク	て	ブ	コ	ぐ	応
せ	写	ニ	れ	ソ	能	開	給	歩	覧	エ	コ	ざ	ル	意	ク	場
ひ	場	海	ぎ	エ	不	化	昇	意	リ	だ	狙	ニ	ー	っ	れ	ク
方	ル	愛	ク	ハ	注	チ	ニ	圧	ま	じ	論	て	べ	つ	然	圧
通	ざ	写	ぼ	ヌ	意	む	ラ	育	場	ひ	っ	テ	ル	芸	ヌ	ひ
無	チ	ぐ	も	場	な	場	テ	学	校	の	れ	ス	だ	海	画	だ
チ	レ	百	ゅ	囚	弱	開	帽	ざ	っ	論	乏	ト	ッ	ナ	ま	ヌ
べ	ー	所	コ	測	高	級	子	ク	室	う	失	を	つ	だ	ぐ	私
百	重	ズ	多	定	通	阪	金	ひ	合	ど	ク	符	解	ぎ	も	ひ
だ	辞	開	合	べ	重	モ	紹	介	話	だ	ソ	能	号	ツ	ニ	出
衝	突	ヒ	画	ひ	シ	会	方	許	写	ト	ざ	嶋	私	場	ラ	投
応	ラ	報	せ	然	ぼ	ー	せ	し	場	写	ざ	通	金	故	方	乏
教	会	の	私	愛	ル	ょ	ズ	開	ょ	ツ	で	圧	ぎ	所	所	れ
行	い	ま	会	も	無	開	化	ン	進	登	ゅ	向	暫	ク	加	で
き	出	無	せ	加	海	出	れ	芸	ひ	む	ト	ヒ	場	方	ひ	エ

教会の
測定
高級
テストを
符号
ブルーベル
シーズン
学校の
許し
品の
行い
昇給の
不注意な
紹介
チーズ
を失う
衝突
分子の
ナット
帽子

Puzzle 146

ト	コ	だ	カ	れ	会	べ	ゃ	イ	ン	タ	ビ	ュ	ー	シ	ネ	マ
リ	ン	室	ヌ	モ	通	退	結	ラ	ル	ー	テ	ィ	デ	む	妊	ト
ッ	ト	コ	ヌ	個	別	の	布	社	エ	睡	ェ	ろ	応	ろ	カ	カ
ク	ラ	故	権	セ	ひ	ぽ	登	の	だ	眠	カ	チ	砂	圧	然	何
写	ス	阪	ソ	合	摘	方	所	お	ク	ひ	権	ど	サ	結	て	ス
ボ	ト	故	ひ	コ	話	向	ウ	ど	乏	ノ	再	百	故	ク	も	ハ
ー	は	嶋	ぼ	セ	開	し	サ	し	論	化	ト	精	れ	化	ろ	れ
ド	、	砂	画	場	ま	開	ギ	選	権	や	写	れ	ト	れ	本	読
ヱ	退	テ	き	し	も	論	て	ホ	セ	本	つ	ま	砂	で	せ	重
デ	ー	タ	が	市	場	の	コ	っ	登	ト	ピ	ッ	ク	ソ	ざ	故
コ	ー	ム	京	話	ぎ	話	話	意	っ	タ	ヱ	無	ど	本	場	覧
チ	向	覧	ょ	セ	退	ょ	ヒ	ニ	ゅ	ヤ	フ	然	登	ヌ	論	チ
ぼ	ト	や	多	ひ	応	ス	応	金	選	ギ	い	な	少	ヌ	ヌ	金
弱	圧	れ	ニ	ヌ	や	重	ク	応	ト	、	経	済	だ	百	ス	方
モ	精	ス	ト	ふ	会	サ	っ	ル	私	私	多	海	妊	精	応	芸

データが
インタビュー
コントラストは、
布の
トピック
少ない
ヤギ
市場の
方向
タフな
ボード
個別の
シネマ
睡眠
ウサギ
ディテール
チェーン
トリック
、経済
コーム

Puzzle 147

ぎ	ク	原	画	乗	話	ぎ	る	や	辞	妊	ま	辞	表	面	選	満
合	ウ	因	像	算	嶋	ド	出	む	報	む	乏	投	エ	ま	ん	月
ド	弱	エ	が	ぎ	育	海	私	登	れ	画	光	沢	の	あ	る	は
ヌ	ひ	所	ス	社	意	海	サ	話	進	ゃ	ド	砂	色	暫	も	、
化	ス	ど	ぎ	ト	合	安	だ	コ	意	く	コ	再	芸	じ	ょ	ざ
報	だ	る	デ	結	場	会	ト	じ	合	ざ	応	ト	道	ぐ	ツ	サ
サ	ん	つ	ザ	出	コ	ふ	愛	む	本	開	通	故	徳	乏	ヌ	ふ
ウ	私	出	イ	セ	ハ	教	師	故	ひ	下	の	サ	的	ふ	何	ま
ニ	サ	お	ン	エ	応	妊	ふ	サ	読	ょ	ル	金	な	ゃ	だ	出
れ	阪	ギ	場	ひ	サ	ょ	も	ひ	安	重	れ	応	エ	ラ	ク	ニ
側	モ	退	は	択	選	レ	タ	ー	ょ	含	方	ふ	化	サ	登	つ
嶋	権	歩	果	辞	だ	退	合	ま	ド	も	め	サ	ニ	歩	し	ざ
登	ヌ	ぎ	結	ひ	権	重	弱	ぎ	レ	ル	リ	れ	報	方	ニ	所
何	解	覧	読	弱	ふ	本	私	登	崩	壊	京	解	だ	て	報	場
合	乗	っ	ハ	タ	ネ	ズ	ミ	ぎ	合	然	ツ	ょ	ニ	方	方	ニ

崩壊
乗算
ハタネズミ
画像が
含め
道徳的な
表面
乗っ
選択は
色の
ウサギは
デザイン
レター
教師
ウエスト
下の
結果は
満月は、
原因
光沢のある

Puzzle 148

精度
機能
ポンドが
動物は
サングラス
他の
オブジェクトを
起こります
承認
、山
理由
ドライバー
クモ
服は
グレープ
ブラウン
軽自動車
インデックス
時計
脂肪

起	登	合	嶋	ぎ	多	理	由	し	狙	サ	て	エ	写	コ	オ	だ
承	こ	ょ	ひ	辞	サ	登	室	ハ	ツ	安	ン	む	ツ	画	ブ	っ
選	認	り	ク	モ	き	進	金	だ	ラ	ま	ろ	グ	辞	側	ジ	イ
社	話	セ	ま	覧	ソ	脂	肪	弱	愛	ひ	だ	き	ラ	能	ェ	ン
百	重	ヱ	合	す	時	計	ソ	無	ス	化	社	合	ヒ	ス	ク	デ
ク	ヌ	ヒ	ヒ	場	合	カ	ド	ヒ	サ	話	ひ	向	だ	し	ト	ッ
お	登	ひ	嶋	ト	ょ	結	せ	テ	覧	チ	ノ	機	動	ヌ	を	ク
ぽ	る	む	ド	ラ	イ	バ	ー	ブ	ラ	ウ	ン	能	物	ポ	向	ス
化	通	百	お	カ	服	エ	阪	て	本	辞	て	場	は	ン	乏	ラ
ど	グ	ぐ	論	セ	は	つ	ヒ	モ	て	っ	出	ク	、	ド	ひ	ゃ
何	レ	ろ	結	乏	も	解	向	軽	自	動	車	ん	山	が	お	育
て	ー	登	室	歩	じ	社	暫	然	や	他	ろ	通	社	サ	ろ	因
ニ	プ	嶋	側	室	能	精	ト	ひ	砂	の	ツ	然	ツ	場	む	多
ソ	安	ま	ど	話	ニ	度	ニ	覧	だ	通	選	ヒ	く	れ	む	れ
ぐ	ヌ	登	通	ぼ	て	モ	暫	報	権	ツ	安	ド	乏	室	で	エ

Puzzle 149

ひ	ア	論	重	ク	弱	側	狙	ト	オ	廊	向	育	む	モ	覧	カ
私	ホ	ド	ニ	出	然	テ	ゅ	所	オ	下	可	能	性	の	高	い
っ	む	ン	バ	然	ニ	ぽ	ぺ	し	ヤ	コ	多	室	場	選	ノ	し
ぽ	両	タ	開	イ	テ	ぎ	リ	ア	マ	精	れ	重	出	芸	ニ	楽
圧	方	ス	精	ノ	ス	ク	海	じ	ネ	や	モ	テ	も	ょ	も	ラ
歩	の	チ	方	や	ぼ	を	由	理	コ	報	圧	れ	っ	所	ろ	ス
ろ	会	画	方	き	ト	ん	歯	登	精	阪	通	れ	再	投	応	阪
論	芸	暫	重	私	リ	れ	ラ	ブ	報	ル	ょ	海	別	話	愛	ツ
向	ひ	ニ	通	意	開	て	れ	ト	ラ	な	敵	素	の	ビ	ー	ル
ク	見	つ	け	ニ	ぎ	ふ	写	場	ど	シ	向	精	ト	セ	送	信
コ	再	結	ス	サ	ひ	選	再	リ	ま	し	洗	濯	れ	ニ	じ	場
側	登	圧	画	育	ト	画	何	む	が	成	長	の	金	室	つ	コ
摘	権	結	で	エ	だ	決	定	を	百	作	金	囚	開	ス	嶋	ま
ド	会	ま	ょ	つ	ん	魔	合	ゃ	写	ど	ニ	場	通	お	も	ど
嶋	ヌ	ヒ	ぼ	ゃ	囚	女	ク	ト	乏	エ	ひ	ゃ	ぎ	芸	ざ	応

決定を
送信
ビール
両方の
洗濯
楽しい
見つけ
廊下
魔女
スタンド
が成長の
の素敵な
作成し
別の
オオヤマネコ
アドバイスを
歯ブラシ
ペア
理由を
可能性の高い

Puzzle 150

結	、	存	ヒ	ク	登	れ	っ	つ	ス	応	ト	方	ニ	能	場	ク
ぎ	標	在	ぼ	じ	結	ざ	囚	何	ん	さ	写	場	合	だ	私	写
ツ	準	政	府	金	妊	む	だ	狙	化	さ	せ	海	進	生	息	地
ホ	的	安	ま	向	リ	ト	感	情	の	げ	キ	れ	雪	玉	方	ホ
い	な	れ	し	も	か	チ	ヌ	投	百	る	ざ	ジ	誰	か	の	囚
所	気	つ	チ	阪	ま	ュ	投	ん	選	き	会	多	海	を	場	ひ
リ	陽	愛	ら	サ	歩	ー	画	妊	る	や	せ	む	ひ	命	子	供
つ	ル	然	乏	ら	っ	ブ	私	京	暫	投	妊	チ	る	ク	阪	や
る	ハ	登	ふ	出	の	冷	蔵	庫	無	ニ	ス	応	る	ど	だ	れ
私	だ	ラ	ス	育	ツ	例	外	コ	ソ	会	摘	覧	ハ	登	何	し
ぐ	ラ	ょ	ラ	ゅ	百	ソ	ヒ	コ	カ	ノ	多	進	ゅ	ま	ス	圧
無	話	し	っ	所	意	ハ	報	リ	テ	レ	ド	ク	無	ぎ	テ	エ
解	せ	本	乏	画	ざ	ざ	ぐ	報	ゴ	ょ	ょ	ス	故	ざ	イ	登
チ	エ	て	能	写	読	狙	囚	ざ	リ	ヌ	京	開	る	ゃ	で	圧
写	く	ゅ	結	ニ	サ	乏	て	モ	レ	る	む	退	ト	退	む	海

かもしれない
チューブ
例外
陽気な
カテゴリ
政府
誰かの
、標準的な
生息地
雪玉
海を
冷蔵庫
ささげる
つららの
ステイ
キジ
存在
命を
子供
感情の

Puzzle 151

サ	私	無	て	セ	き	弱	だ	ハ	デ	ィ	プ	ロ	マ	し	サ	る
海	進	レ	料	ゅ	キ	改	革	の	ら	れ	こ	方	合	ド	イ	だ
砂	暫	ノ	セ	の	や	ュ	ツ	だ	い	然	通	だ	会	リ	ズ	私
ポ	リ	シ	ー	者	芸	リ	リ	ニ	ら	安	で	ベ	ル	ン	ょ	百
側	場	芸	進	加	合	ニ	社	テ	い	暫	投	ル	権	ク	ル	せ
安	ろ	ソ	結	参	ゃ	歩	愛	ス	ィ	海	室	仕	結	リ	重	所
妊	ス	ひ	て	百	や	画	砂	く	ひ	を	二	上	ノ	応	カ	側
京	圧	セ	ひ	ぎ	精	ぼ	ひ	故	ト	京	だ	げ	む	モ	ぽ	レ
論	歴	史	背	の	高	い	ゅ	れ	カ	コ	ノ	る	重	操	ゅ	投
ホ	復	妊	し	ム	ろ	お	ひ	選	無	ー	リ	重	テ	作	や	ス
本	退	帰	芸	ゴ	ヱ	ぼ	圧	社	場	ト	二	再	金	京	ゅ	投
ひ	側	で	カ	し	社	ぼ	進	ツ	海	百	側	故	応	場	弱	っ
ひ	ひ	画	だ	消	戦	る	ゃ	側	れ	モ	だ	金	始	ホ	何	投
ぎ	会	故	所	育	略	無	だ	無	明	確	化	故	め	解	リ	む
お	む	本	ヌ	ス	は	で	解	解	て	む	故	合	る	ろ	読	お

参加者の
ドリンク
セキュリティを
仕上げ
消しゴムの
これらの
戦略は
コート
改革の
ディプロマ
背の高い
歴史
明確化
いらいら
無料の
ポリシー
復帰
サイズ
操作
始める

Puzzle 152

進	百	る	報	ク	や	乏	ゃ	ヌ	側	結	暫	愛	の	信	頼	じ
応	ス	多	二	方	る	お	ド	し	嶋	ヌ	摘	金	夢	て	ノ	写
海	方	画	再	開	説	本	ア	社	多	何	ト	セ	の	ジ	ー	ペ
ぎ	妊	海	権	ぎ	砂	明	権	読	リ	海	私	退	彼	チ	狙	ノ
だ	登	所	場	れ	化	ま	重	ひ	砂	ぽ	ク	ヒ	海	む	ホ	暫
ト	二	事	実	ト	エ	だ	結	然	だ	育	権	ハ	方	カ	進	ル
加	狙	ゅ	圧	芸	べ	む	多	精	故	ス	社	だ	囚	然	無	ラ
べ	応	応	森	リ	リ	話	ふ	側	ぎ	タ	ひ	お	レ	通	チ	レ
嶋	ひ	ラ	林	ラ	私	じ	開	レ	ょ	イ	れ	ク	ぎ	ノ	側	ろ
故	ツ	ク	は	し	ホ	ー	だ	阪	論	ル	く	能	海	怒	ゅ	テ
選	解	決	多	何	ひ	ト	部	む	モ	の	日	曜	火	っ	応	絵
能	る	二	エ	京	魚	場	開	の	話	ヱ	じ	妊	お	て	二	筆
化	ダ	ぼ	覧	チ	の	向	向	向	士	テ	歩	や	を	い	ゃ	て
モ	ブ	安	っ	投	海	応	し	ぼ	選	防	ぎ	囚	見	る	満	足
乏	ル	い	出	乏	れ	で	エ	ヌ	セ	金	消	画	て	ゅ	く	れ

説明
安い
スタイルの
一部の
満足
ドア
火曜日の
を見て
絵筆
解決
事実
彼の
怒っている
ダブル
森林は
の信頼
ページの
の夢の
消防士の
魚の

Puzzle 153

ゃ	乏	ノ	の	ソ	ロ	・	る	通	何	し	読	ざ	リ	然	リ	弱
ゅ	社	ま	ク	リ	所	狙	も	ヌ	摘	覧	故	場	ゃ	百	ょ	む
再	だ	で	ハ	ツ	解	ろ	無	む	読	嶋	圧	権	カ	通	然	乏
写	私	知	ピ	ア	ノ	む	合	出	囚	登	ざ	多	だ	芸	ひ	せ
進	歩	っ	張	っ	引	砂	ハ	妊	登	京	応	何	っ	読	人	も
探	何	て	能	テ	れ	安	の	真	許	容	ク	砂	せ	愛	間	投
ス	索	い	向	多	安	ス	質	力	コ	私	コ	つ	ド	方	ス	安
辞	次	た	所	場	所	て	物	投	努	エ	ふ	摘	ぼ	場	意	ニ
ヱ	の	ま	側	重	く	ぎ	れ	ぎ	肖	像	論	芸	ま	解	加	し
ょ	き	写	し	ヱ	ス	妊	ぽ	ホ	カ	っ	退	ぎ	意	登	本	ぐ
辞	権	囚	ド	ス	コ	女	性	の	方	室	応	れ	コ	カ	画	百
サ	相	手	ん	ク	写	海	セ	ス	京	解	ふ	も	何	登	写	ぎ
ぐ	百	れ	読	イ	練	習	は	ヌ	百	圧	室	セ	ま	論	海	ざ
ツ	話	想	定	ラ	応	話	ノ	き	合	歩	ヌ	金	ひ	乏	く	カ
コ	ン	パ	ク	ト	な	何	然	ぎ	通	ク	モ	歩	つ	意	愛	レ

物質の
真の
女性の
まで
のソロ・
トライ
肖像
許容
探索
練習は
次の
引っ張っ
知っていた
人間
ピアノ
砂の
相手
コンパクトな
想定
努力の

Puzzle 154

っ	む	セ	本	重	砂	ド	ニ	カ	重	合	ラ	室	丁	写	じ	せ
激	怒	ま	ド	昨	年	モ	論	論	登	ラ	方	や	寧	百	ひ	ナ
ト	ぽ	会	モ	サ	応	投	ょ	コ	論	せ	ゅ	加	な	凍	結	レ
ょ	ぎ	ヌ	き	せ	き	写	百	ひ	ヌ	ニ	弱	開	せ	ツ	嶋	ー
、	芸	話	ラ	登	ヌ	だ	所	ニ	で	話	育	セ	幸	本	ざ	タ
ラ	キ	圧	阪	解	コ	冗	チ	ゅ	ツ	嶋	ま	ょ	も	能	ぼ	ー
ン	チ	ツ	ニ	だ	意	談	ソ	ひ	議	場	ソ	同	最	選	合	じ
ダ	も	干	ネ	レ	ハ	結	ろ	だ	応	論	ツ	意	ぐ	多	重	レ
ム	つ	し	妊	き	話	っ	意	登	く	ま	論	し	ゅ	方	芸	る
意	リ	ぶ	ル	ヒ	コ	せ	進	砂	ふ	ト	報	コ	ま	退	芸	重
天	使	ど	で	き	る	よ	う	、	ざ	意	歩	ひ	テ	レ	重	何
京	合	う	歩	話	京	嶋	無	市	ざ	や	図	ぼ	応	ぐ	だ	海
ド	然	阪	方	乏	圧	再	ヒ	民	べ	会	む	す	嶋	投	私	解
精	コ	の	関	係	は	、	段	ソ	妊	向	急	に	る	ハ	く	ス
進	リ	選	愛	簡	単	退	落	読	ひ	エ	ニ	ラ	読	ま	乏	ハ

最も幸せな
ナレーター
意図する
ランダム
、市民
冗談
できるよう
激怒
天使
簡単
議論
干しぶどう
昨年
、キツネ
急に
の関係は、
凍結
丁寧な
段落
同意し

Puzzle 155

ウ	ド	育	乏	フ	育	結	読	読	ろ	ト	開	サ	ま	会	能	室
ム	ー	ル	ブ	リ	っ	故	ソ	じ	ょ	開	京	ル	私	だ	ソ	ざ
投	リ	ル	狙	ー	ひ	意	側	サ	方	ろ	育	進	ニ	結	私	応
合	ブ	論	の	ジ	レ	じ	百	ニ	ク	ツ	ノ	使	摘	コ	写	も
エ	ト	ひ	会	ア	登	囚	コ	ン	テ	ン	ツ	い	だ	チ	ス	砂
た	か	っ	議	再	摘	サ	ド	育	だ	ろ	う	捨	加	マ	ノ	加
芸	だ	ひ	百	方	む	向	進	所	チ	だ	囚	て	精	ウ	だ	辞
し	ま	画	っ	ル	ゅ	て	ク	本	ふ	開	覧	室	ク	ス	リ	ベ
学	生	合	開	テ	能	で	海	安	育	圧	論	フ	京	だ	ヱ	社
ひ	ぽ	ク	場	だ	愛	故	画	百	ピ	ザ	ひ	ラ	出	チ	だ	投
化	王	ひ	化	レ	精	ニ	精	阪	ひ	ふ	京	グ	応	レ	選	退
圧	ふ	室	場	化	モ	る	ゅ	金	向	ル	芸	き	ニ	ひ	応	場
ぐ	バ	イ	ソ	ン	場	ネ	石	炭	ド	話	ひ	ニ	く	応	話	会
ひ	会	側	加	加	再	つ	ー	結	所	ヒ	ひ	育	ぐ	反	ぎ	化
再	権	ざ	む	ツ	ヱ	コ	チ	ド	、	ポ	テ	ト	通	映	弱	選

たかっ
バイソン
学生
だろう
使い捨て
フリージア
会議
ブリード
レモネード
、ポテト
マウス
ウールの
反映
ピザ
フラグ
王室
コンテンツ
ブルーム
リスク
石炭

Puzzle 156

雨量
ウェイク
ショート
、再利用可能なを
緊張
孤独な
シナリオ
ホップ
スペルチェック
フェレット
セクション
閉じ込める
メカニック
ルール
人気の
若い
聞く
チューリップ
ヘリコプター
フィット

ノ	ド	コ	社	ン	ョ	シ	ク	セ	ス	芸	だ	っ	ヘ	論	、	加
ぼ	加	応	愛	登	ル	ナ	ヱ	緊	開	ツ	ヒ	く	リ	も	再	メ
ド	つ	芸	孤	ゃ	ー	リ	乏	張	だ	人	気	の	コ	ヌ	利	カ
読	ソ	意	覧	独	ル	オ	側	っ	ス	ウ	歩	論	プ	ふ	用	ニ
意	読	百	ど	ぽ	な	れ	若	い	っ	ペ	ェ	出	タ	権	可	ッ
ざ	サ	海	ぼ	意	雨	ぎ	ス	ま	通	ヱ	ル	イ	ー	む	能	ク
や	る	ド	ぎ	暫	量	チ	ュ	ー	リ	ッ	プ	チ	ク	阪	な	写
レ	む	ヒ	投	シ	ョ	ー	ト	ニ	能	だ	ソ	再	ェ	ト	を	精
能	進	お	し	エ	芸	ヱ	ッ	意	妊	化	再	多	プ	ッ	ホ	る
コ	故	意	ま	だ	阪	て	レ	ぎ	権	ん	読	ヱ	チ	ィ	ク	無
ひ	セ	社	ク	れ	し	京	ェ	ひ	ぽ	モ	ホ	テ	社	フ	囚	チ
ま	育	社	然	所	コ	弱	フ	く	報	側	だ	ろ	圧	だ	も	論
砂	ょ	チ	ざ	出	登	れ	聞	リ	ス	登	意	モ	場	弱	ふ	ひ
ひ	意	リ	べ	開	カ	応	く	モ	っ	海	海	ク	ノ	レ	解	権
ひ	ト	し	化	ん	ど	ど	登	ヒ	ニ	ノ	多	閉	じ	込	め	る

Puzzle 157

狙	場	画	結	ゃ	サ	ト	狙	ラ	ぎ	弱	ざ	数	の	開	何	ス
ス	テ	ー	シ	ョ	ン	弱	報	少	数	退	ぎ	べ	へ	退	ぼ	進
だ	ろ	登	っ	ラ	モ	本	愛	ド	コ	無	芸	ハ	の	ル	育	ク
能	エ	ツ	だ	成	レ	く	コ	ク	レ	せ	読	ぼ	終	阪	や	京
ぼ	ツ	サ	モ	熟	れ	権	登	無	阪	ス	ひ	話	了	結	ん	ひ
場	百	画	っ	室	出	通	で	も	な	い	ぎ	摘	し	会	じ	覧
リ	ニ	報	化	歩	私	知	何	だ	ひ	安	エ	意	ま	ラ	べ	通
ス	無	応	ニ	方	腐	っ	結	だ	何	ひ	金	ぎ	論	チ	れ	読
室	多	向	ぼ	ま	陸	関	与	合	所	ル	育	歩	ト	カ	ク	登
ぐ	し	砂	ま	再	ひ	上	ホ	摘	彼	理	写	ゃ	で	場	失	ま
ど	結	写	摘	リ	結	結	競	精	女	解	ヌ	百	ょ	会	望	ょ
百	能	で	や	ざ	金	で	だ	技	は	し	の	後	ろ	に	出	ろ
ハ	く	ぼ	ツ	読	べ	カ	エ	セ	を	て	う	解	せ	会	ど	テ
話	阪	ツ	出	写	能	フ	ァ	ミ	リ	ー	ニ	ま	精	ヌ	っ	向
会	本	所	ぽ	ぼ	通	ヌ	る	だ	出	だ	い	ら	く	ま	も	じ

ステーション
の後ろに
通知
くらい
関与
理解して
数の
失望
終了し
腐っ
でもない
結合
うまく
陸上競技を
への
レモン
少数
成熟
ファミリー
彼女は

Puzzle 158

ブック
子供の
行為の
懸念
追加し
ヘルプ
セロリ
しばしば
熱帯
ホタル
販売
様々な
ファーマー
ハンマー
従業員は
決めます
重量
スツール
プッシュを
フラット

従	業	員	は	海	読	金	話	し	加	追	ぽ	へ	セ	ソ	砂	無
圧	ん	べ	ノ	然	ぽ	本	然	ば	出	ゅ	読	ル	タ	ホ	ま	場
ニ	ざ	妊	側	安	れ	ニ	室	し	様	々	な	プ	ク	ゅ	ク	歩
画	方	ル	写	懸	ざ	べ	ぽ	ば	退	ル	結	重	方	応	登	ス
ど	じ	セ	モ	る	念	無	室	乏	ぎ	じ	結	量	る	ぽ	ヌ	つ
ょ	ゅ	ロ	レ	向	リ	百	ゅ	べ	室	結	ひ	ス	て	ノ	方	合
ん	登	リ	権	愛	だ	進	画	ト	ル	精	ま	然	ツ	ク	解	ど
通	ぐ	摘	弱	然	乏	も	ふ	社	ヒ	ひ	チ	ヌ	室	ー	ん	熱
ソ	所	販	売	フ	然	じ	応	社	ト	ょ	場	ク	嶋	マ	ル	帯
ニ	海	狙	だ	ラ	ゃ	覧	む	ぼ	ヌ	暫	読	ど	登	ー	ひ	選
ニ	読	開	応	ッ	モ	れ	ハ	退	開	く	愛	側	会	ァ	だ	狙
阪	ブ	ッ	ク	ト	む	ぽ	ン	行	安	子	供	の	っ	フ	サ	合
プ	ッ	シ	ュ	を	向	じ	マ	室	為	ん	ゃ	ソ	つ	登	サ	会
覧	私	嶋	や	金	登	ぼ	ー	モ	ぎ	の	決	め	ま	す	画	ク
本	歩	ゃ	画	セ	海	然	エ	コ	無	ゃ	室	場	会	画	セ	べ

Puzzle 159

ま	囚	防	止	れ	報	サ	ス	ろ	子	然	ド	辞	ス	せ	ニ	妊
チ	ょ	細	阪	ぎ	南	だ	お	ヱ	供	カ	エ	室	登	合	通	辞
サ	べ	か	せ	チ	部	だ	ひ	ま	た	向	コ	芸	術	だ	所	ヌ
ヌ	ル	い	結	ッ	ざ	意	ょ	や	ち	プ	社	嶋	暫	ろ	て	ト
ぐ	だ	ト	応	プ	く	ひ	写	る	は	化	ッ	コ	ツ	論	応	加
場	京	ツ	投	読	化	ク	ハ	投	だ	暫	ぎ	シ	テ	ょ	社	サ
べ	ざ	再	べ	、	ラ	圧	だ	実	旅	行	の	カ	ュ	愛	ひ	つ
テ	乏	ラ	多	マ	ジ	も	再	用	イ	ン	ス	タ	ン	ト	が	砂
ニ	だ	権	意	ウ	オ	ひ	ヌ	的	愛	加	サ	京	弱	ソ	ニ	海
京	圧	芸	無	ス	ょ	ゅ	ぼ	な	定	規	の	ッ	砂	真	七	論
じ	狙	ど	る	の	故	ノ	ヱ	ホ	ヌ	カ	時	で	カ	実	面	ク
阪	く	重	京	っ	オ	サ	到	ス	て	ょ	ス	応	サ	ー	鳥	も
退	退	ぎ	意	ろ	ぽ	レ	着	ト	レ	話	チ	お	ま	育	の	金
ひ	ぽ	話	ひ	応	ぎ	歩	ン	故	多	ホ	再	出	だ	辞	ノ	だ
ト	本	無	べ	だ	ヱ	ま	テ	ジ	金	愛	重	読	レ	読	応	ひ

子供たちは
到着
七面鳥の
ラジオ
インスタントが
チップ
真実
定規の
旅行の
オレンジ
細かい
、マウスの
サッカー
プッシュ
実用的な
南部
芸術
時の
ホスト
防止

Puzzle 160

れ	辞	阪	む	証	明	す	る	反	私	百	合	ク	っ	育	ニ	論
ょ	精	ト	辞	ぎ	故	れ	本	応	精	ト	ふ	意	ょ	ノ	話	ド
百	ひ	ド	摘	せ	レ	ト	方	は	結	写	ソ	ク	む	ヌ	む	ろ
皮	膚	室	妊	重	ヌ	ニ	精	権	む	ま	ー	選	百	せ	ぽ	囚
だ	囚	登	せ	ハ	退	驚	然	能	多	チ	セ	重	解	ま	損	歩
ツ	ー	ル	の	す	ま	き	で	が	と	こ	ー	ツ	ハ	も	失	む
ヌ	圧	ぎ	重	だ	ス	海	カ	サ	ヱ	嶋	ジ	多	ス	意	る	ツ
ホ	ろ	合	だ	受	好	京	ナ	継	大	摘	が	読	も	っ	応	ノ
マ	ー	テ	の	信	辞	む	リ	続	ゃ	き	ツ	応	ろ	コ	登	ろ
阪	だ	ク	ニ	ん	再	だ	ア	応	弱	ひ	な	的	和	平	ひ	っ
ス	会	安	ま	ひ	意	ク	場	ヌ	ク	重	社	ヱ	安	再	選	ソ
投	囚	重	ノ	ト	阪	ぎ	の	ト	レ	ー	ニ	ン	グ	ス	や	芸
乏	ノ	意	き	芸	然	側	て	登	ゴ	選	や	ペ	境	界	ニ	ん
進	べ	暫	進	ク	む	つ	カ	お	ム	報	ト	ま	結	ニ	ぎ	ヌ
囚	ニ	ぎ	側	ん	モ	出	ラ	何	セ	能	本	ツ	何	お	む	向

証明する
ゴム
皮膚
ツールの
ことができます
受信
反応は
継続
のテーマ
好む
ペン
カナリア
ソーセージが
境界
大きな
驚き
損失
ホーク
平和的な
のトレーニング

Puzzle 161

騎	能	開	無	ど	辞	ひ	ろ	ま	ス	ヒ	ヲ	安	標	ニ	日	解
私	士	っ	権	ぎ	や	ぐ	ま	ざ	ド	ひ	解	歩	準	て	差	重
ぎ	せ	は	ネ	ギ	を	囲	範	痛	ゃ	覧	ニ	コ	定	義	し	結
カ	ー	ド	の	投	モ	場	っ	み	コ	能	故	ハ	ぎ	論	摘	コ
圧	土	チ	解	再	カ	ニ	妊	つ	応	も	ぐ	選	退	調	査	の
多	結	地	意	結	室	会	室	ぐ	ホ	お	ヌ	ト	化	話	ニ	き
愛	チ	コ	の	多	育	ト	暫	写	辞	せ	チ	多	石	ヌ	せ	重
む	覧	ろ	ニ	解	加	場	だ	セ	歩	カ	っ	ま	は	圧	読	コ
本	向	故	暫	摘	て	阪	嶋	覧	ト	ー	ラ	ア	シ	テ	開	故
や	れ	辞	社	ひ	ヲ	ソ	京	場	無	ル	退	民	ン	イ	ど	ろ
レ	嶋	室	砂	ス	て	フ	じ	ん	多	コ	能	間	グ	ク	ざ	写
歩	応	ハ	登	出	ス	ァ	故	育	嶋	会	圧	海	ル	ょ	き	ヲ
が	、	じ	歩	歩	無	向	暫	む	安	開	多	向	し	ど	く	合
れ	登	妊	選	れ	じ	私	室	ざ	ょ	進	催	選	投	ぎ	ひ	ト
し	然	加	海	解	故	リ	通	報	投	て	ト	ま	れ	ヲ	芸	安

カモを
土地の
痛み
騎士は
が、
開催
日差し
調査の
ソファ
石は
定義
標準
テイク
カール
カードの
範囲を
シングル
アラート
ネギを
民間

Puzzle 162

一緒に
シーケンス
正を
膝を
必要な
雑誌の
材料
クラウド
小麦粉
ありがたいことに
ミッション
マーカー
ブレーク
のすべての
町の
キャンドル
正式に
渡します
バスケットボールの
カリブー

カ	能	カ	解	私	ス	ど	所	ト	チ	妊	モ	だ	登	登	っ	会
だ	っ	ふ	リ	ひ	ン	レ	側	ヒ	っ	芸	む	社	側	ニ	リ	画
町	の	ク	モ	ブ	ケ	故	愛	チ	多	れ	社	ド	無	応	ヌ	お
ぎ	て	投	む	ク	ー	何	ド	所	む	キ	解	ノ	ぐ	必	要	な
ホ	べ	ぼ	ク	っ	シ	も	る	育	通	ニ	ャ	ぽ	弱	し	あ	テ
ま	す	サ	開	ホ	ん	論	向	乏	っ	加	ぽ	ン	サ	話	り	エ
圧	の	し	ょ	読	ニ	権	登	ざ	暫	重	や	ホ	ド	ト	が	乏
登	テ	ん	芸	ソ	ソ	正	投	一	緒	に	妊	本	ウ	ル	た	進
ど	ク	つ	ふ	ょ	カ	ょ	を	合	ゅ	式	話	室	ラ	チ	い	写
渡	し	ま	す	ょ	方	結	膝	弱	摘	正	ひ	ホ	ク	っ	こ	故
ぽ	ス	や	マ	も	写	話	論	リ	じ	故	ぽ	登	ー	ニ	と	砂
テ	化	意	ー	ミ	ッ	シ	ョ	ン	ヌ	く	雑	ノ	レ	方	に	重
能	摘	ぎ	カ	ク	ヌ	社	材	き	嶋	ス	誌	チ	ブ	小	麦	粉
ヒ	海	権	ー	カ	だ	乏	料	能	っ	く	の	辞	合	セ	社	登
バ	ス	ケ	ッ	ト	ボ	ー	ル	の	加	社	ト	ひ	ハ	ヲ	ぎ	ス

Puzzle 163

乏	嶋	ろ	選	投	通	く	ル	精	妊	私	読	方	弱	側	退	ヌ
せ	ニ	故	多	投	ぽ	ツ	乏	多	金	の	妊	報	出	ル	金	覧
場	ど	登	室	出	摘	サ	能	囚	京	プ	ー	ル	グ	再	精	写
っ	退	カ	摘	必	見	略	語	ド	育	ロ	安	摘	れ	恩	赦	だ
本	ニ	乏	芸	は	っ	囚	通	私	む	セ	妊	意	深	れ	摘	愛
っ	論	ス	ル	囚	い	ト	ん	通	ど	ス	ー	ケ	い	ニ	芸	多
覧	場	学	覧	会	民	を	結	出	テ	の	サ	投	ク	登	海	意
ニ	れ	術	ざ	や	俗	海	テ	金	登	ル	ぐ	多	精	ど	登	ぎ
応	ぽ	的	ノ	写	側	楕	円	形	の	画	投	ニ	画	応	じ	セ
買	い	会	ニ	化	じ	ス	ど	場	だ	ぐ	芸	ざ	週	故	う	レ
ふ	無	開	ぎ	ラ	再	ゅ	画	バ	る	ニ	カ	ッ	ト	の	な	ゃ
カ	メ	ラ	リ	ダ	百	芸	退	ツ	ス	ク	ッ	ボ	ハ	室	り	べ
ホ	ゅ	エ	弱	ー	応	場	ブ	ラ	ウ	ス	妊	し	重	精	声	妊
乏	サ	エ	せ	芸	故	ハ	レ	話	リ	海	で	む	ス	所	の	解
ゃ	も	本	暫	加	カ	狙	暫	だ	百	ル	狙	百	ぎ	む	エ	も

グループ
カット
略語
ケース
はいを
のプロセスの
民俗
必見
ラダー
週の
うなり声の
恩赦
カメラ
学術的
ブラウス
バス
深い
ボックス
楕円形の
買い

Puzzle 164

スプレッド
回避
あたりの
明らかに
現実
キリンの
リソース
クマは、
確かに
傾向が
ポニー
誤差
進める
表す
本当の
影響
鋭い
エプロン
ヤギは、
理解

あ	傾	進	画	影	だ	ぽ	じ	通	安	や	解	所	本	進	だ	ラ
た	向	め	せ	テ	響	理	解	報	ニ	ス	ニ	ど	ソ	摘	ヌ	表
り	が	る	テ	ざ	っ	ん	芸	ト	海	妊	ヤ	ぎ	向	ク	論	す
の	ポ	ニ	ー	つ	妊	ひ	応	故	砂	京	ギ	ざ	ヒ	ま	再	乏
当	何	辞	せ	読	ス	ヌ	き	合	多	加	は	ひ	セ	ふ	ゃ	ヱ
本	キ	リ	ン	の	ハ	ヌ	登	重	し	加	、	は	マ	ク	阪	狙
歩	百	ろ	ド	む	し	会	だ	百	論	ひ	ま	ニ	む	ニ	京	ク
ヱ	ゃ	ヌ	ル	ス	私	ホ	金	ハ	室	故	開	所	む	読	場	せ
権	金	モ	話	側	ト	リ	ざ	て	チ	っ	金	だ	故	ハ	向	向
ぽ	現	鋭	い	覧	合	れ	れ	コ	金	場	私	ざ	誤	差	も	開
明	実	で	意	ゃ	海	ヒ	私	ス	結	じ	本	故	じ	む	ょ	ヱ
や	ら	お	っ	無	ク	進	故	リ	ぎ	意	っ	む	せ	合	開	投
歩	退	か	コ	む	京	安	阪	ソ	多	リ	多	私	室	通	ス	ヌ
登	つ	弱	に	か	確	つ	お	ー	場	ホ	回	く	ま	通	ニ	阪
弱	何	写	化	ド	ッ	レ	プ	ス	つ	チ	ル	避	エ	プ	ロ	ン

Puzzle 165

ノ	ホ	ヒ	ふ	登	再	ド	や	ぺ	ょ	ぎ	で	話	お	本	狙	社
に	辞	妊	選	ぽ	だ	ス	登	ッ	ひ	ス	ホ	ラ	進	ま	向	ろ
カ	十	進	応	ふ	開	っ	報	ト	読	権	ょ	方	ラ	写	応	ヱ
ウ	テ	分	登	貢	セ	ラ	結	何	オ	ひ	話	乏	読	歩	ゃ	っ
ボ	辞	ヌ	な	献	レ	ク	る	ょ	オ	フ	ィ	ク	シ	ョ	ン	完
ー	チ	囚	開	故	古	ひ	せ	選	カ	や	狙	ド	べ	囚	ぼ	壁
イ	能	芸	画	囚	い	ス	ラ	靴	ミ	砂	資	ヌ	何	権	嶋	ま
読	ニ	で	方	し	テ	ポ	ズ	を	の	精	格	会	だ	き	カ	圧
る	や	退	無	退	サ	ー	べ	ま	化	ゅ	を	再	エ	ち	社	サ
論	ニ	や	ホ	愛	ク	ツ	リ	ヌ	海	本	師	ニ	べ	ん	ソ	辞
然	だ	エ	ノ	進	む	は	ー	表	摘	教	護	辞	ふ	と	選	投
覧	ク	感	を	て	京	、	加	ス	現	室	看	チ	社	ス	安	然
弱	ク	ロ	妊	開	海	ヌ	結	摘	能	せ	ヒ	し	セ	く	リ	だ
妊	セ	ン	ス	ッ	レ	ト	ラ	ス	権	ト	私	登	登	嶋	ゃ	き
つ	ら	ら	ホ	ト	加	話	だ	歩	精	れ	所	囚	ぼ	育	だ	育

資格を
クロス
つらら
きちんと
看護師を
ラズベリー
オオカミの
レッスン
貢献
に十分な
完璧
スポーツは、
教室
フィクション
カウボーイ
表現
靴を
古い
ペット
感を

Puzzle 166

意	テ	停	レ	チ	砂	投	べ	京	辞	方	ヒ	つ	圧	ツ	く	ぽ
っ	ハ	止	退	ェ	ぽ	ひ	謙	虚	な	安	論	テ	ぽ	ヒ	登	ニ
シ	ャ	ワ	ー	ア	ラ	ん	き	ぎ	圧	む	登	ス	何	ひ	報	ヌ
ボ	リ	ュ	ー	ム	摘	ぽ	嶋	レ	せ	エ	弱	ろ	ニ	ス	き	コ
テ	解	本	セ	会	お	精	ま	ゅ	ノ	じ	テ	き	ひ	応	せ	ょ
故	ド	ラ	無	報	ニ	狙	精	ぎ	ひ	っ	軍	ニ	サ	ゅ	側	べ
熱	側	論	し	つ	ま	し	せ	何	で	登	危	隊	ポ	ぼ	解	じ
ブ	く	狙	報	室	リ	モ	も	ゃ	合	ニ	険	海	ー	じ	く	辞
レ	開	す	じ	会	ま	ノ	お	コ	サ	進	性	ノ	ト	芸	何	ニ
ン	ト	無	る	退	ん	愛	ノ	専	レ	る	を	ょ	破	嶋	本	ぼ
ド	愛	幅	ワ	ひ	カ	無	ま	門	場	故	画	だ	壊	の	影	が
百	覧	広	ー	乏	囚	弱	ひ	家	く	エ	壁	だ	す	場	く	ヒ
向	採	場	ム	ト	最	登	然	の	叔	父	は	、	る	結	ラ	乏
乏	用	れ	は	ハ	写	も	通	話	私	会	や	コ	ス	だ	場	だ
や	オ	フ	ィ	ス	ス	育	ソ	で	京	ひ	百	ど	ス	ゃ	チ	エ

壁画を
ボリューム
破壊する
チェア
熱くする
サポート
停止
叔父は、
謙虚な
軍隊
ブレンド
の影が
危険性を
最も
幅広
ワームは
シャワー
オフィス
専門家の
採用

Puzzle 167

百	向	を	る	ツ	論	歩	金	る	英	で	ト	暫	妊	芸	京	ひ
芸	お	ム	結	お	論	摘	ど	応	摘	語	ひ	愛	ノ	ど	だ	会
ス	ノ	ー	フ	レ	ー	ク	応	安	話	ド	セ	摘	加	社	ク	話
セ	し	ア	ニ	ノ	ク	だ	海	場	選	択	し	方	能	で	退	側
化	ラ	の	ょ	化	リ	愛	ニ	辞	画	っ	囚	再	じ	レ	ヌ	し
所	ゃ	近	応	進	ッ	室	だ	ン	ク	ろ	多	ラ	ょ	ヌ	く	阪
覧	読	く	テ	ざ	プ	重	阪	権	ジ	登	や	多	辞	ろ	リ	む
ル	ソ	に	前	応	再	て	解	ス	歩	ン	話	す	ツ	ぼ	安	社
ピ	ー	ロ	グ	ラ	ひ	嶋	応	じ	ス	故	シ	ョ	ー	モ	き	何
ソ	ト	ィ	、	ニ	ン	ジ	ン	ょ	ぎ	投	無	砂	ル	意	結	で
で	ン	む	テ	ぽ	ふ	ク	っ	る	本	コ	何	結	フ	多	私	ざ
囚	ロ	ヌ	ラ	ス	開	サ	場	加	化	や	テ	ト	本	何	解	テ
せ	フ	だ	モ	ぐ	ト	ハ	出	無	食	べ	る	だ	再	投	社	摘
ク	摘	無	場	然	向	論	ど	ん	投	寛	大	セ	応	コ	ろ	報
驚	か	せ	ま	し	た	く	カ	向	り	ろ	べ	て	ル	精	で	ど

英語
グロー
アームを
寛大
フロント
ショー
ソート
ピル
話す
フルーツ
選択し
、ニンジン
クリップ
食べる
の近くに
ニンジン
スノーフレーク
前に
スティール
驚かせました

Puzzle 168

上記
含まれて
一定の
ヤード
リード
余裕が
注が
輸入
数える
記述する
コミュニティは
アヒルの子
綿を
北極
秩序
陸上競技
画像
大規模な
危機
主要な

育	秩	れ	主	要	な	コ	側	能	再	囚	摘	進	ル	含	ゅ	嶋
る	無	序	向	読	む	ツ	ミ	場	ド	で	セ	余	権	ま	ど	ょ
れ	ニ	ま	ス	ま	投	ぎ	ヌ	ュ	ス	ツ	サ	裕	場	れ	進	ソ
っ	出	ろ	大	北	解	ぎ	ト	再	ニ	阪	れ	が	も	て	ト	通
再	私	ま	規	極	ア	ヒ	ル	の	子	テ	陸	上	競	技	ま	ソ
ト	テ	何	模	愛	安	ひ	化	ぎ	金	本	ィ	暫	写	安	嶋	る
再	覧	読	な	ツ	意	ラ	安	ル	注	が	だ	は	ま	故	ざ	セ
応	金	だ	覧	阪	ぼ	弱	れ	だ	辞	だ	精	む	狙	圧	ニ	せ
ふ	ヱ	社	つ	開	サ	く	リ	テ	加	ト	再	べ	応	ー	レ	読
サ	ニ	ヤ	お	妊	登	故	危	セ	画	ぐ	だ	乏	摘	定	じ	カ
化	ス	ー	多	ト	摘	じ	機	ク	数	画	像	会	ょ	の	登	砂
し	記	ド	覧	綿	芸	愛	権	や	え	せ	上	摘	ス	応	然	ょ
解	述	金	べ	を	乏	ス	ヒ	育	る	だ	記	輸	社	百	ょ	レ
っ	す	リ	ー	ド	ゅ	場	ト	ヌ	話	べ	写	愛	入	ニ	セ	ざ
応	る	も	む	暫	側	お	モ	む	ざ	然	狙	読	覧	ノ	弱	ト

Puzzle 169

高	何	話	芸	て	フ	に	っ	く	テ	金	ス	退	べ	精	ひ	解
出	貴	ラ	家	ゃ	ォ	向	能	レ	コ	エ	ぎ	愛	京	妊	コ	ハ
側	百	な	育	は	ー	け	乏	再	ハ	き	せ	じ	狙	会	化	せ
ル	作	ら	れ	た	ク	て	エ	圧	論	乏	れ	解	ス	ラ	暫	だ
意	ま	所	お	登	選	入	だ	場	だ	べ	進	本	で	れ	て	画
覧	場	だ	意	方	嶋	力	狙	出	側	ル	む	チ	辞	結	お	ニ
囚	ま	芸	だ	だ	ん	は	金	故	リ	エ	だ	ラ	私	謎	の	コ
ど	サ	ぐ	あ	覧	暫	会	ド	セ	権	ぼ	向	方	お	登	ツ	モ
方	つ	せ	多	な	能	能	お	カ	私	応	だ	だ	本	解	ー	画
れ	ナ	合	ま	い	た	で	結	百	芸	弱	故	ろ	嶋	室	ポ	ゅ
ホ	ビ	ひ	権	ん	ニ	ぽ	投	っ	体	結	ス	妊	意	じ	ス	ル
テ	ゲ	有	選	覧	っ	安	を	分	自	ラ	出	妻	ラ	ス	向	コ
だ	ー	料	れ	っ	ハ	っ	菜	出	動	化	解	の	故	ひ	ニ	進
ょ	ト	然	通	ニ	登	く	野	摘	車	ス	キ	ル	何	ろ	ニ	ヌ
ニ	プ	ロ	パ	テ	ィ	が	ヌ	ざ	の	つ	室	通	や	ア	イ	ド

家は
有料
スキル
ナビゲート
自分を
自動車の
アイ
謎の
野菜を
に向けて
フォーク
自体
作られた
妻の
スポーツの
入力は
あなた
高貴な
たい
プロパティが

Puzzle 170

所	笑	愛	阪	れ	海	合	ノ	規	サ	狙	精	ラ	辞	も	再	登
ル	っ	砂	サ	で	嶋	権	辞	制	ホ	向	室	ヌ	弱	サ	だ	場
ツ	た	囚	水	権	く	ん	会	を	囚	心	く	阪	っ	芸	方	ラ
エ	応	話	泳	再	ぐ	論	ノ	囚	砂	ま	配	ニ	ま	ゅ	ざ	や
画	投	化	妊	乏	れ	き	報	だ	妊	能	ニ	解	進	ク	向	精
何	百	つ	愛	読	、	ニ	社	ソ	社	安	安	全	に	重	暫	報
ト	マ	向	べ	ま	ぎ	こ	ゃ	場	ヌ	権	ぐ	京	ク	エ	ぐ	セ
本	イ	ニ	モ	化	狙	き	こ	ホ	正	報	ま	乏	む	向	投	る
精	ル	歩	室	べ	ド	進	ヌ	で	方	ソ	ク	ま	阪	ニ	む	典
砂	ヌ	ぎ	金	ス	新	し	い	解	形	コ	で	芸	報	無	京	型
テ	話	多	ゅ	ん	会	私	て	乏	の	警	ツ	ラ	ハ	登	育	的
進	お	ノ	嵐	多	育	狙	愛	む	て	告	砂	彼	モ	室	も	な
し	ヱ	安	の	無	遠	征	ラ	イ	ラ	ッ	ク	ら	減	少	状	エ
フ	ォ	ロ	ー	ロ	ス	本	安	ク	写	ろ	ヌ	の	子	の	女	況
コ	ぼ	く	せ	ク	場	化	ヒ	サ	覧	退	ノ	ホ	狙	本	む	ク

水泳
典型的な
嵐の
、ここで
警告
規制を
スロー
正方形の
新しい
心配
笑った
安全に
減少
フォロー
マイル
ライラック
状況
遠征
女の子の
彼らの

Puzzle 171

ず	必	、	読	モ	弱	画	ソ	多	妊	パ	リ	ょ	の	蜂	ざ	選
砂	や	す	べ	囚	安	囚	出	社	エ	レ	セ	砂	電	暫	の	キ
ぐ	出	べ	熾	烈	な	の	ト	故	ル	ル	べ	リ	話	ト	ヌ	ャ
ひ	ヌ	て	ざ	競	出	育	ホ	向	場	意	フ	基	維	ハ	通	ッ
社	登	の	論	争	ク	話	し	囚	無	暫	し	本	持	私	室	チ
覧	写	本	ぼ	結	辞	で	で	弱	解	ぎ	投	的	投	ト	登	カ
愛	テ	リ	ル	ツ	社	む	室	ス	応	ヒ	き	な	方	合	っ	ょ
ラ	権	ヌ	も	本	合	覧	つ	話	二	摘	ん	歩	応	権	だ	ざ
権	登	育	暫	ひ	ド	ソ	れ	ぐ	だ	コ	ぎ	乏	れ	合	多	報
き	ゴ	大	丈	夫	加	応	ま	場	故	コ	合	社	砂	京	化	だ
ド	ン	グ	リ	曲	線	ま	精	開	ス	圧	モ	ー	メ	ン	ト	じ
き	リ	報	能	私	本	お	室	妊	ク	通	や	応	開	育	投	多
エ	、	考	え	る	ひ	ハ	ど	ト	リ	モ	だ	ょ	し	発	見	れ
弱	選	私	砂	ひ	ど	ゃ	だ	お	ツ	動	詞	狙	ハ	論	ぽ	だ
ゃ	向	二	む	ト	ト	合	写	真	故	化	エ	歩	で	ひ	っ	社

熾烈なの
競争
、必ず
曲線
キャッチ
の電話
大丈夫
ドングリ
考える
、すべての
発見
モーメント
、リンゴ
蜂の
パセリ
写真
エルフ
動詞
維持
基本的な

Puzzle 172

多	所	覧	ル	進	ア	ル	ん	囚	芸	摘	論	無	ソ	の	し	デ
ま	所	百	ヌ	ス	歩	ー	ス	状	態	方	投	方	退	価	じ	ー
何	チ	お	て	嶋	海	チ	テ	摘	故	通	側	化	阪	値	京	タ
ぎ	ハ	そ	だ	を	ゃ	ス	再	ィ	姉	妹	何	再	妊	を	画	の
減	く	ら	ラ	チ	応	ソ	摘	登	ス	所	却	加	能	ゃ	サ	狙
ぐ	ら	く	パ	ー	テ	ィ	ー	は	、	ト	下	の	簡	素	化	登
ど	レ	す	室	ロ	百	ま	ク	せ	嶋	ト	合	だ	せ	再	室	然
報	故	報	画	プ	ま	む	弱	向	二	囚	応	イ	カ	約	海	社
辞	れ	む	カ	ア	乏	所	っ	し	社	ハ	べ	だ	嶋	束	相	カ
開	ヌ	妊	も	ぎ	で	無	ま	報	ス	二	退	退	れ	社	互	話
然	し	リ	ヌ	ひ	男	性	は	応	画	結	食	お	場	二	作	ざ
モ	会	暫	権	二	解	ク	ょ	む	も	方	つ	器	ノ	化	用	っ
ふ	っ	ソ	ヌ	教	金	海	多	乏	ハ	っ	化	砂	棚	ノ	れ	お
も	進	加	レ	授	妊	加	で	正	し	い	悪	ひ	ぐ	ひ	テ	場
ク	話	写	合	や	ん	投	京	方	れ	重	芸	乏	テ	金	何	妊

の価値を
イカ
状態
悪い
の簡素化
姉妹
正しい
データの
パーティーは、
却下
アプローチを
おそらく
減らす
教授
相互作用
男性は
約束
アーティスト
スチール
食器棚

Puzzle 173

れ	ょ	ひ	側	多	ハ	画	合	社	れ	く	つ	精	ぎ	れ	加	覧
リ	ア	ラ	イ	ズ	を	進	精	ソ	嶋	だ	開	ひ	ど	ヱ	ツ	ヌ
出	乏	つ	つ	重	ニ	ニ	圧	っ	故	ふ	報	出	テ	で	意	じ
セ	前	能	故	摘	ラ	ド	だ	辞	ヱ	ノ	レ	精	登	お	ん	ひ
ラ	再	方	偉	業	の	レ	だ	室	き	愛	方	退	ろ	ど	ひ	ヌ
合	方	ニ	狙	ざ	摘	ス	応	安	開	会	て	ク	ヌ	社	因	歩
私	私	私	ク	嶋	社	百	ヌ	て	再	塗	芸	だ	ト	多	ヌ	ウ
ょ	能	コ	ノ	ヒ	嶋	方	維	乏	ま	る	百	っ	カ	画	重	ォ
ひ	エ	ン	傷	つ	い	た	持	支	任	つ	、	阪	加	ト	芸	ー
摘	金	パ	歩	権	ょ	社	す	援	命	ル	通	ま	能	朝	京	ク
退	も	ニ	行	能	結	ゅ	る	結	機	応	金	通	だ	ツ	の	能
化	話	オ	ょ	側	調	精	リ	安	能	論	圧	怖	れ	応	日	ヌ
安	欲	ン	っ	覧	理	ぎ	だ	多	を	ハ	場	が	ふ	室	曜	つ
再	求	て	ま	き	妊	重	む	ょ	能	カ	画	っ	ど	ざ	水	ツ
摘	精	ニ	ん	投	ヌ	出	故	ト	カ	ゲ	ま	妊	話	ク	摘	ヌ

ウォーク
傷ついた
朝の
塗る
任命
支援
リアライズを
水曜日の
欲求
歩行
機能を
維持する
コンパニオン
怖がっ
、まだ
偉業の
ドレス
前方
調理
トカゲ

Puzzle 174

も	て	ム	妊	ど	ハ	メ	チ	所	話	れ	ひ	ヌ	用	ぼ	加	の
マ	ネ	ー	ジ	ャ	ロ	ッ	チ	有	だ	室	ぐ	無	品	権	べ	よ
投	利	リ	進	の	ー	セ	ト	者	圧	応	む	ニ	の	く	乏	う
ヌ	点	ク	き	生	羊	ー	ウ	の	ぎ	モ	お	海	腹	形	式	な
ぎ	カ	ス	読	産	画	ジ	ャ	き	砂	リ	カ	ゃ	空	進	覧	故
重	場	ニ	プ	応	有	く	シ	ョ	ッ	ク	だ	暫	論	ド	ざ	コ
く	重	テ	嶋	リ	名	て	報	場	摘	つ	選	所	く	出	る	結
会	砂	エ	だ	シ	ン	完	ク	べ	海	登	モ	写	む	チ	京	ゅ
多	画	エ	ソ	リ	弱	グ	全	ろ	ホ	向	乏	ホ	覧	嶋	向	海
ゃ	何	安	ト	ー	や	ょ	コ	に	ク	む	ス	テ	画	投	読	話
ん	し	も	ヱ	ズ	ス	ま	結	摘	だ	エ	解	乏	モ	ニ	ょ	ど
私	ひ	側	じ	ソ	ょ	ひ	コ	ヌ	ん	妊	ス	室	く	暫	方	育
ノ	海	つ	ぽ	ラ	応	乏	ー	然	べ	砂	っ	セ	ぼ	き	つ	カ
れ	選	む	カ	投	画	リ	ス	れ	会	ぎ	て	レ	る	化	だ	金
ま	応	ふ	ク	ヱ	登	妊	レ	ヌ	ょ	サ	場	結	れ	摘	む	加

メッセージ
形式
用品の
クリーム
ハロー
マネージャ
コース
スプリング
ショック
シャウト
所有者の
羊の
シリーズ
の生産
空腹の
テニス
完全に
有名
利点
のような

Puzzle 175

バ	ろ	テ	金	ア	カ	ウ	ン	ト	を	葉	、	ク	だ	ゃ	話	何
、	イ	れ	然	ィ	む	弱	嶋	第	方	を	最	安	ロ	覧	無	狙
ブ	ょ	オ	論	フ	ク	ょ	ス	ツ	三	ひ	終	ホ	場	ッ	ヒ	意
ロ	で	向	レ	ケ	能	興	奮	愛	も	意	的	芸	加	れ	カ	ニ
ッ	い	報	ラ	ッ	ぎ	気	だ	か	何	ル	な	阪	写	ぽ	通	ス
コ	買	つ	ひ	く	ト	に	芸	か	私	ょ	権	解	砂	プ	ヒ	私
リ	の	上	級	ス	辞	入	金	し	行	動	ワ	ー	ム	ロ	リ	合
ー	辞	ト	だ	囚	場	っ	百	ベ	ッ	ド	男	が	っ	グ	読	話
じ	っ	読	も	海	だ	た	側	登	だ	ざ	室	ル	故	ラ	社	何
も	無	本	二	所	ト	ゃ	故	二	ぎ	通	室	ヱ	ヌ	ム	コ	カ
ょ	登	乏	テ	ぎ	社	ゅ	し	通	れ	ヒ	つ	結	写	の	ベ	所
本	重	れ	嶋	権	ろ	合	登	ス	精	じ	海	意	れ	選	し	ニ
場	解	サ	投	ふ	登	加	覧	ん	ヌ	加	ソ	選	場	優	し	く
ま	ル	ま	無	ろ	画	ょ	モ	延	期	ス	側	や	論	ふ	育	む
ツ	ど	合	ど	き	む	海	ひ	ソ	だ	て	だ	囚	ク	読	レ	サ

、ブロッコリー
の買い
かかし
アカウントを
ベッド
、最終的な
興奮
バイオレット
延期
葉を
プログラムの
ワーム
行動
ケフィア
第三
の上級
気に入った
男が
クロッカス
優しく

Puzzle 176

ク	進	退	妊	多	投	方	ゃ	覧	れ	乏	キ	ヌ	海	開	投	社
進	ょ	っ	二	京	っ	選	登	進	ツ	海	エ	ャ	ホ	む	つ	ド
捗	報	進	話	ま	通	ま	意	登	報	ラ	ン	っ	ビ	場	選	ん
状	辞	レ	ん	権	管	嶋	ソ	ぐ	再	し	ジ	謝	ト	ン	ウ	タ
況	進	ヱ	ヌ	ゅ	理	百	通	ヒ	ょ	合	ン	罪	選	ア	ヌ	砂
を	ぎ	寿	命	光	を	の	観	察	て	暫	が	下	降	ク	私	だ
ル	ぽ	ま	ゅ	ニ	ト	重	置	側	会	砂	側	歩	ル	テ	金	歩
加	妊	育	し	結	る	要	く	き	方	論	話	ふ	応	ィ	カ	無
サ	ヒ	会	室	ド	っ	な	所	読	だ	サ	ぎ	ま	庭	ビ	思	ヌ
バ	ー	室	意	通	育	多	く	の	こ	と	を	品	の	テ	っ	話
外	観	リ	ン	ゴ	シ	ー	ル	で	方	登	ま	種	チ	ィ	側	ま
ニ	ょ	開	妊	ぼ	お	れ	ぎ	ル	出	ま	む	だ	写	の	妊	場
ク	ク	方	進	選	弱	二	囚	ぐ	解	覧	妊	ヌ	重	権	海	ク
化	方	ろ	だ	ん	も	出	妊	リ	ゅ	ク	ひ	重	側	嬉	し	い
レ	ヱ	れ	カ	写	き	ひ	き	再	辞	側	側	場	ツ	加	ク	し

アクティビティの
寿命光
観察
シール
置く
多くのことを
の重要な
管理を
庭の
進捗状況を
外観リンゴ
バー
下降
思っ
タウント
エンジンが
嬉しい
キャビン
謝罪
品種

Puzzle 177

場	多	ヌ	ド	応	能	多	権	愛	セ	せ	ぎ	所	ふ	病	皿	ヱ
ド	然	私	再	故	向	だ	だ	つ	化	歩	ふ	覧	だ	だ	ソ	じ
ノ	画	だ	コ	然	っ	権	む	応	ヒ	や	砂	応	ヱ	ど	ひ	テ
べ	私	お	ス	ノ	テ	画	位	置	が	記	化	ぎ	百	写	狙	私
ニ	私	て	乏	愛	カ	金	摘	き	嶋	ソ	念	ひ	も	出	暫	会
分	割	圧	場	退	バ	っ	で	不	お	菓	子	を	登	写	摘	向
お	辞	百	能	通	タ	弟	登	思	ヌ	ク	ひ	ク	混	無	退	読
デ	イ	ジ	ー	ひ	フ	ぎ	を	議	ど	場	ぎ	育	ド	乱	ん	暫
本	モ	ま	シ	金	ラ	故	解	に	セ	百	育	ク	画	安	愛	読
ヱ	狙	か	ク	海	イ	安	ふ	思	権	妊	ト	マ	意	重	嶋	ハ
場	会	ら	タ	退	結	ひ	れ	う	残	し	プ	ッ	リ	ト	ス	故
見	通	の	場	所	ソ	陪	審	員	を	辞	は	プ	ー	ケ	ス	エ
て	常	ざ	無	ラ	ソ	て	ル	つ	ぐ	出	ニ	は	む	ス	ひ	ま
狙	の	画	乏	写	で	の	ー	ナ	ト	ー	パ	、	ニ	育	ろ	ク
せ	つ	再	化	ド	精	レ	覧	合	何	ソ	弱	く	然	む	ニ	進

弟を
マップは、
位置が
ストリップ
残し
バタフライ
通常の
、パートナーの
分割
デイジー
見て
不思議に思う
混乱
陪審員を
からの
記念
お菓子を
病皿
エスケープは
タクシー

Puzzle 178

ガス
塗料は
笑える
コヨーテ
分母の
循環
トウモロコシの
ポテト
ジュース
バニー
今や
高さを
作りを
フィギュア
恐れ
のヒット
レタス
壁を
輸出
ペース

加	輸	で	ホ	進	向	セ	作	ク	芸	ろ	ポ	百	セ	社	能	暫
歩	出	砂	暫	お	本	ガ	り	権	出	ひ	京	テ	ー	ヨ	コ	ラ
ょ	ま	ニ	選	画	ク	ス	を	壁	出	ク	報	て	ト	レ	タ	ス
圧	芸	化	ひ	阪	モ	合	さ	解	ん	ゅ	退	セ	ッ	阪	お	お
ペ	ー	ス	テ	砂	嶋	ぎ	高	ク	ぐ	ト	ぽ	れ	ヒ	摘	投	も
精	報	ラ	ラ	故	海	芸	多	通	っ	ょ	チ	ど	の	安	ん	カ
場	室	ヒ	投	ニ	選	辞	合	笑	モ	覧	登	だ	ぎ	意	囚	育
ゃ	ど	ま	歩	コ	ニ	応	く	え	っ	サ	ハ	加	精	分	ゅ	多
会	ざ	で	塗	料	は	愛	今	る	く	ト	恐	れ	投	お	母	だ
ぐ	じ	ツ	読	ざ	会	て	や	ヌ	つ	ウ	フ	ィ	ギ	ュ	ア	の
多	読	む	側	然	テ	ト	レ	退	ぎ	モ	つ	ル	ん	ぎ	ま	所
再	読	ゃ	ひ	妊	エ	ソ	ゃ	ヌ	ク	ロ	ハ	テ	選	ジ	乏	ノ
も	画	乏	向	ス	バ	向	多	歩	通	コ	登	方	ぎ	ュ	重	摘
登	安	化	安	循	環	ニ	合	京	ひ	シ	能	海	ホ	ー	囚	べ
ょ	覧	歩	ざ	む	っ	れ	ー	意	ぎ	の	応	権	通	ス	解	故

Puzzle 179

ア	登	チ	医	能	ラ	合	ぎ	歩	ヱ	登	ぐ	し	海	場	歩	合
圧	イ	ヌ	師	ニ	笑	方	ト	ふ	だ	写	愛	せ	結	テ	ハ	権
百	室	デ	が	育	つ	い	再	重	所	ぐ	会	摘	ぎ	ぐ	向	ヌ
、	退	じ	ン	ま	結	愛	ニ	ギ	フ	ト	て	場	、	ひ	安	で
ぎ	よ	妊	通	テ	せ	出	定	ぎ	て	じ	フ	オ	グ	贈	り	物
ニ	ホ	り	カ	退	ィ	ょ	特	応	で	解	ラ	故	ラ	れ	だ	オ
狙	れ	狙	良	ソ	解	テ	の	友	人	の	グ	重	ン	砂	側	ウ
多	ぐ	京	故	い	選	狙	ィ	阪	ク	右	メ	ふ	ド	て	写	ム
チ	適	用	属	し	く	テ	妊	場	囚	も	ン	モ	デ	む	場	る
ざ	じ	テ	応	何	開	ニ	る	て	チ	所	ト	ぎ	ス	レ	ド	ア
も	エ	ま	応	再	て	エ	報	ク	し	サ	愛	向	ク	権	能	私
ぎ	ゅ	話	阪	暫	方	き	ト	だ	ヒ	ヌ	ト	出	ヱ	ロ	バ	お
退	応	海	方	歩	百	ル	安	ん	ニ	然	レ	愛	だ	べ	や	砂
ト	辞	エ	出	ぎ	登	画	本	京	ミ	ル	暫	方	狙	ろ	側	向
乏	し	報	ド	話	何	応	で	だ	摘	視	カ	所	圧	お	や	ぼ

、グランド
属し
、より良い
ミル
右の
アイデンティティ
フラグメント
オウム
アドレス
の特定
デスク
適用
ロバ
笑い
ギフト
オフ
の友人の
視力
贈り物
医師が

Puzzle 180

土曜日に
読ん
ことができる
ネットワーク
希望
カブトムシ
ピッグ
ドラグワーズ
ダングル
テロ
シート
もちろんの
持っているが、
センチピード
異なる
一般な
リリース
休憩
世紀は
期間

百	合	ト	ネ	化	再	写	歩	む	こ	テ	ハ	囚	ひ	モ	故	育
異	ヱ	、	ッ	ぽ	芸	加	世	安	と	ロ	開	場	ド	弱	お	辞
だ	な	が	ト	ー	シ	く	紀	ょ	が	社	何	ヌ	ー	ク	ル	弱
多	般	る	ワ	ハ	乏	し	は	ヱ	で	向	出	通	ピ	ッ	グ	コ
ノ	ー	い	ー	希	能	弱	狙	じ	き	チ	ト	ま	チ	方	ン	ど
ぽ	ヱ	て	ク	結	望	会	も	登	る	開	べ	チ	ン	ょ	ダ	室
ょ	テ	っ	サ	報	ト	会	土	曜	日	に	ぼ	ん	セ	ス	摘	退
テ	る	持	出	ひ	乏	れ	多	カ	場	合	私	読	百	ド	ぎ	せ
乏	場	囚	能	金	報	む	リ	ブ	応	し	ラ	結	摘	ラ	ひ	読
べ	ノ	海	テ	暫	故	多	権	ト	チ	暫	歩	海	お	グ	圧	ん
ト	で	嶋	ま	ぎ	む	ろ	エ	ム	妊	ヌ	チ	重	ハ	ワ	京	む
ヱ	ク	嶋	ハ	通	ひ	意	期	シ	ゃ	辞	開	私	京	一	休	ス
弱	ふ	砂	リ	リ	ー	ス	べ	間	辞	ク	ニ	ゃ	側	ズ	憩	ん
ソ	や	ホ	ゃ	サ	投	モ	む	ク	ざ	ソ	ヒ	も	応	き	ハ	ぼ
圧	テ	ろ	進	登	話	海	も	ち	ろ	ん	の	て	圧	暫	ク	チ

Puzzle 181

自	圧	化	拒	に	ま	ヒ	バ	ノ	話	ょ	向	話	本	百	歩	ニ
権	身	嶋	否	も	識	グ	ン	リ	ム	ツ	タ	カ	ハ	き	ざ	何
だ	モ	の	私	か	多	別	を	界	業	選	ニ	何	ど	歩	加	き
っ	重	親	開	か	お	権	す	で	ん	ょ	く	出	ラ	再	私	弱
ヱ	応	の	ニ	わ	モ	ソ	登	る	弱	登	れ	京	ぐ	登	る	ん
コ	じ	機	登	ら	憎	し	み	を	場	サ	ク	海	自	安	コ	ニ
お	論	行	や	ず	ク	無	妊	モ	登	側	重	応	然	ソ	れ	ハ
合	ぼ	飛	で	、	応	阪	や	投	開	リ	お	ホ	能	る	覚	え
ゅ	ぼ	写	リ	能	ド	ス	モ	変	て	ょ	じ	だ	嶋	ニ	サ	登
紳	士	ト	ラ	ム	ニ	ぎ	砂	数	ひ	れ	ル	然	ぼ	写	ニ	芸
海	ス	だ	ひ	エ	ス	ソ	所	ト	し	百	て	も	メ	囚	意	テ
ト	ま	レ	海	ざ	で	ん	れ	意	し	ぽ	妊	弱	愛	ガ	ぎ	室
ス	コ	ア	囚	カ	じ	せ	ま	ま	準	備	が	で	き	て	ネ	私
室	ぐ	む	読	ぎ	何	報	ひ	テ	や	コ	百	れ	だ	進	芸	京
ニ	然	セ	室	て	弱	ゅ	だ	ヌ	話	や	ヒ	く	せ	開	囚	む

の親の
飛行機の
拒否
バンを
準備ができて
変数
リング
覚え
自然
カタツムリ
スコア
識別する
にもかかわらず、
憎しみを
トラム
自身の
まま
業界を
メガネ
紳士

Puzzle 182

ブドウ
停止して
語彙
動き
アリ
愚か者の
タッチをし
コイン
鼓舞
影響する
ネギ
最近
参加する
ポーズ
十年を
可能
追求
、常に
政府の
同じ

安	ト	覧	む	何	登	ニ	退	無	ぼ	ひ	投	写	意	ろ	画	ろ
読	ド	会	方	ん	参	で	能	報	ゃ	ぽ	エ	論	暫	ひ	意	報
レ	れ	せ	ヌ	金	語	加	京	ょ	歩	ニ	ょ	可	能	ハ	育	私
覧	然	鼓	ぐ	ノ	彙	ぐ	す	登	社	も	ひ	登	カ	ぽ	ク	話
安	ハ	舞	コ	重	ぎ	タ	ふ	る	故	ざ	百	ソ	囚	再	ヒ	ゅ
や	つ	エ	せ	イ	だ	ッ	権	追	方	エ	ソ	私	嶋	写	モ	投
チ	画	退	カ	芸	ン	チ	ク	ブ	求	精	登	じ	通	っ	阪	モ
歩	ネ	加	ひ	チ	芸	を	ド	ド	ポ	ー	ズ	ろ	重	ろ	ト	ハ
故	ギ	ニ	コ	場	ろ	し	ス	ウ	開	ツ	る	乏	ぎ	ト	芸	摘
モ	金	無	ノ	れ	ニ	本	ひ	ょ	報	摘	停	ろ	本	精	京	ニ
合	安	愚	か	者	の	同	報	む	だ	ざ	止	カ	最	近	影	だ
ノ	ゃ	ひ	本	解	リ	じ	ソ	ひ	ア	ヱ	し	政	府	の	響	で
摘	場	だ	再	開	金	ひ	囚	だ	リ	十	て	レ	方	側	す	権
加	化	ニ	進	応	お	百	応	ひ	て	年	ま	側	動	き	る	通
、	常	に	ヌ	お	登	狙	だ	ひ	だ	を	ト	く	選	進	せ	側

Puzzle 183

安	能	開	だ	金	場	辞	く	ヌ	じ	精	収	ス	囚	も	愛	て
む	重	所	意	レ	本	本	ヌ	出	ヒ	嶋	集	ワ	ス	グ	リ	無
ス	方	セ	ホ	私	ひ	合	ぎ	写	ヒ	写	ド	ン	エ	写	ろ	方
ニ	論	ー	や	て	ポ	忘	れ	て	し	ま	っ	た	天	チ	進	出
ひ	き	タ	所	リ	だ	ケ	方	圧	キ	押	下	砂	国	辞	モ	ク
れ	ろ	ー	あ	る	こ	と	ッ	加	ウ	エ	登	囚	の	や	京	ん
精	っ	パ	イ	ナ	ッ	プ	ル	ト	イ	ん	て	っ	母	結	百	応
ラ	ゃ	摘	き	む	選	ぎ	セ	べ	精	何	カ	ひ	叔	応	芸	べ
能	む	側	故	ろ	ハ	画	合	弱	も	再	ド	じ	大	学	院	通
ツ	会	っ	ラ	っ	写	何	所	然	ハ	れ	ぽ	ひ	加	合	る	辞
引	用	然	だ	育	ゃ	ソ	妊	場	だ	覧	狙	開	ょ	場	友	解
結	リ	ひ	き	ゃ	重	辞	京	ひ	ニ	ソ	生	を	通	じ	て	人
妊	も	多	狙	ん	圧	お	ぼ	多	せ	能	姜	応	歩	ぼ	応	意
つ	ス	も	っ	覧	ひ	金	く	登	映	ん	を	理	修	写	ど	ニ
側	ぎ	阪	再	化	育	レ	く	開	場	画	安	開	能	ひ	場	ス

引用
ポケット
セーター
叔母の
友人
天国の
忘れてしまった
あること
収集
エンド
パイナップル
を通じて
修理を
スグリ
映画
押下
スワン
キウイ
生姜を
大学院

Puzzle 184

チ	べ	だ	退	ま	囚	示	つ	向	ま	安	応	再	候	場	圧	芸
や	ー	ビ	と	ヒ	化	し	私	通	れ	登	ま	ラ	補	ぼ	囚	通
コ	画	ム	ー	思	ぎ	て	意	ノ	弱	も	だ	添	論	何	教	じ
て	嶋	開	コ	嶋	う	い	加	愛	不	ト	加	付	じ	ソ	え	投
ど	る	話	お	リ	ぽ	ま	方	ひ	安	育	テ	私	海	だ	リ	権
ド	登	ょ	投	所	ぎ	す	嶋	登	定	育	再	ゅ	レ	コ	話	ょ
ヌ	れ	応	ス	べ	阪	登	弱	労	働	を	成	分	で	応	圧	ひ
応	ぎ	ぎ	れ	ぎ	ニ	妊	阪	ふ	ま	っ	ぐ	重	ま	れ	方	私
ひ	室	ラ	京	登	阪	む	ホ	群	月	の	達	私	む	む	室	通
意	お	百	ぼ	で	テ	歩	か	れ	ず	い	の	外	開	然	本	さ
阪	チ	開	弱	ひ	ひ	論	論	ゅ	ひ	ク	値	を	ピ	ン	暫	よ
ひ	報	た	め	阪	テ	向	砂	狙	読	ん	ト	化	金	進	論	う
登	ス	る	意	開	意	む	ス	金	乏	ト	社	出	テ	せ	、	な
合	ス	砂	ふ	っ	報	読	ひ	ゃ	解	海	コ	ふ	嶋	開	公	ら
っ	京	重	ぎ	出	ぎ	百	私	妊	読	ト	本	読	読	お	共	ヒ

ベビー
不安定
外を
月の
教え
成分
だと思う
示しています
群れ
値の
労働を
ピン
ため
候補
、公共
チーム
私達の
添付
さようなら
のいずれか

Puzzle 185

温	優	砂	ん	囚	や	や	ス	カ	ラ	ス	の	芸	出	砂	ル	話
度	し	論	報	芸	辞	ヒ	ニ	ド	合	ク	験	ス	ひ	き	京	所
論	い	報	ど	ド	開	ひ	歩	育	ス	ま	経	故	ん	カ	ト	カ
権	っ	ク	圧	れ	契	結	ゅ	リ	ト	重	ハ	愛	エ	海	場	だ
だ	側	金	ょ	辞	約	婚	セ	意	覧	や	無	セ	つ	暫	ラ	ひ
所	ふ	ぼ	っ	ク	投	式	圧	ト	ク	す	サ	辞	だ	む	場	ソ
ヒ	ミ	れ	砂	論	嶋	ひ	て	ツ	血	さ	モ	じ	解	ハ	で	ま
ぎ	む	ラ	ズ	ラ	大	サ	画	も	液	博	応	ょ	つ	安	嶋	私
ふ	せ	だ	ー	ダ	ニ	根	然	投	向	物	社	ょ	画	圧	る	弱
ぽ	向	リ	ポ	投	イ	ク	画	ひ	じ	館	合	的	地	理	ぼ	チ
芸	ろ	京	の	圧	だ	ビ	チ	外	国	の	ル	ろ	エ	コ	る	べ
無	管	理	し	ま	す	ょ	ン	ろ	摘	画	化	暫	安	生	暫	弱
カ	ラ	何	む	ぎ	嶋	私	ラ	グ	べ	検	登	テ	だ	産	く	ソ
刑	務	所	ヌ	セ	方	ヌ	ょ	会	覧	索	べ	重	覧	方	ま	し
る	セ	お	嶋	権	砂	ニ	京	お	っ	が	加	乏	ぐ	暫	摘	カ

ミラー
やすさ
生産
ダイビング
刑務所
優しい
管理します
血液
経験の
契約
結婚式
ランチ
外国
温度
博物館の
のポーズ
的地理
大根
検索が
カラスの

Puzzle 186

両親
シャツ
の植物
一致する
武器の
平均
警官
常駐を
警察
マネー
ています
車両
の家族に
最高の
宗教的な
すぐに
先の
アネモネ
中間の
関心

通	警	お	レ	も	ク	て	応	ア	ソ	だ	っ	安	摘	ま	ヱ	の
ま	官	く	育	で	場	出	投	ー	ネ	マ	再	ハ	ぐ	せ	ス	植
場	海	ソ	乏	だ	モ	登	レ	ぼ	話	モ	所	カ	チ	ツ	ど	物
囚	何	む	芸	で	ラ	だ	写	砂	選	歩	ネ	京	ど	ひ	開	通
退	芸	ニ	妊	し	側	室	ク	報	阪	関	心	車	ス	っ	ぼ	ク
宗	教	的	な	読	ド	ニ	だ	ツ	登	故	室	両	ぽ	精	ニ	砂
場	ク	精	警	ラ	ぼ	ノ	ぐ	ヱ	ヌ	側	ひ	ス	ふ	囚	る	ト
シ	画	エ	察	べ	の	先	の	間	中	ひ	話	然	読	れ	っ	狙
ャ	最	高	の	一	乏	家	き	方	っ	常	ろ	き	砂	ヱ	暫	社
ツ	海	ス	進	致	平	均	族	れ	じ	無	駐	辞	ニ	だ	ニ	テ
ホ	読	で	会	す	ま	い	て	に	っ	せ	覧	を	百	報	サ	多
暫	選	故	っ	る	両	親	し	ぐ	モ	ぎ	覧	ゅ	る	ふ	芸	登
や	ル	ぼ	応	ょ	社	側	金	す	芸	権	画	エ	ソ	ど	つ	権
ト	ド	出	き	加	ゃ	ゃ	チ	武	器	の	投	摘	社	所	ぽ	ラ
然	き	ひ	再	せ	じ	ぼ	海	本	モ	チ	モ	ス	ゃ	摘	や	読

Puzzle 187

能	強	い	私	ろ	何	・	親	ニ	権	場	こ	ろ	ド	ひ	ル	単
私	画	芸	金	ざ	出	ろ	ビ	切	応	開	狙	解	妊	場	ツ	な
重	砂	私	ひ	む	京	精	レ	ジ	安	場	報	金	だ	論	モ	る
ガ	チ	ョ	ウ	を	ぽ	ま	れ	ト	ネ	リ	ー	ク	側	辺	私	る
構	ふ	ソ	話	期	リ	ニ	覧	ッ	社	ス	出	狙	ま	ヱ	ニ	多
造	テ	辞	覧	延	育	ま	然	ェ	話	故	応	社	故	京	エ	乏
会	再	っ	囚	場	ト	ひ	安	ウ	金	芸	論	乏	愛	つ	進	乏
然	祖	母	条	件	が	同	様	の	ド	ー	ィ	フ	京	多	退	乏
合	妊	む	ク	ん	ふ	金	嶋	結	私	出	ろ	報	阪	精	乏	場
エ	ク	セ	リ	ッ	ト	ル	読	出	ヱ	ス	ニ	加	場	ょ	方	歩
ベ	画	ひ	ま	今	リ	覧	側	ど	妊	摘	風	呂	意	権	ゃ	き
愛	安	何	ド	芸	夜	解	ょ	べ	側	能	ヱ	ろ	む	摘	む	つ
も	故	お	サ	海	弱	は	百	リ	読	て	ト	ぽ	海	ス	退	ぎ
頻	繁	に	る	故	論	暇	社	ニ	報	む	じ	ニ	お	画	お	結
多	リ	ス	ト	ゅ	れ	休	所	加	れ	室	ょ	っ	通	や	だ	ス

頻繁に
同様の
リーク
のウェット
・ビジネス
構造
祖母
単なる
休暇は
強い
リスト
親切
風呂
エクセリットトル
今夜は
フィードの
条件が
側辺
ガチョウを
延期を

Puzzle 188

ま	ー	弱	つ	海	バ	嶋	防	側	で	退	プ	ロ	セ	ス	ク	新
カ	タ	精	ん	モ	ン	ぐ	出	衛	チ	ニ	ま	場	だ	ミ	リ	聞
論	ス	秘	書	ひ	ズ	ト	登	ひ	登	乏	育	狙	ま	ト	ッ	ぐ
海	ニ	、	特	定	の	話	ぼ	歩	む	ク	セ	合	ひ	つ	プ	ノ
ル	フ	狙	会	ソ	ゅ	障	投	然	囚	つ	重	ト	無	モ	が	然
合	セ	会	ラ	る	百	害	砂	社	選	れ	退	百	ツ	方	登	多
っ	解	社	辞	進	薬	画	京	サ	弱	ソ	ニ	場	所	故	リ	ょ
投	乏	ろ	摘	つ	覧	物	慎	砂	芸	ソ	話	選	故	芸	報	囚
精	レ	む	で	ホ	通	ょ	ぎ	重	っ	応	解	出	嶋	レ	報	精
ぽ	ジ	ぎ	で	ぎ	解	る	囚	も	に	り	ま	あ	芸	コ	ス	投
華	ス	だ	結	登	ま	ラ	ニ	ぐ	ヌ	ぎ	通	だ	ょ	登	チ	げ
麗	ト	ノ	通	ろ	レ	ど	コ	レ	ス	だ	画	け	レ	登	て	縄
な	を	ラ	せ	れ	ニ	加	開	加	精	ヒ	て	で	れ	報	話	投
カ	化	嶋	サ	室	ツ	ろ	ヒ	向	囚	ソ	安	進	ト	お	で	ど
ド	登	ノ	ゅ	ま	出	ろ	出	登	長	い	リ	や	ホ	ー	ル	ド

だけで
レジストを
クリップが
防衛
投げ縄
薬物
長い
プロセス
あまりにも
ホールド
スター
新聞
ミス
秘書
華麗な
バンズ
障害
、特定の
慎重に
スニフ

Puzzle 189

せ	開	ろ	ク	ぐ	論	阪	弱	で	多	場	む	災	写	だ	選	リ
と	思	い	ま	す	ひ	ス	レ	会	合	れ	な	害	に	ひ	ト	ト
だ	会	ぎ	家	サ	ン	ド	キ	ャ	ッ	ス	ル	が	静	場	エ	故
再	所	ふ	具	本	お	ば	あ	ち	ゃ	ん	フ	ふ	か	じ	ヌ	し
ガ	コ	小	麦	ロ	ー	ブ	ヒ	ク	モ	っ	ラ	ぎ	で	ス	ノ	然
ン	ひ	ょ	チ	エ	ん	砂	ク	側	エ	何	カ	場	ぎ	敵	の	ヌ
ダ	リ	阪	阪	再	狙	ぎ	き	や	ど	ス	の	て	べ	す	ア	ま
ー	エ	ッ	ジ	場	金	ト	カ	囚	弱	ホ	チ	多	セ	ハ	ケ	画
む	ょ	年	次	ょ	成	能	話	ぼ	故	ニ	ー	生	乏	だ	金	進
重	だ	進	然	結	る	長	ニ	権	狙	ま	ビ	摘	き	ま	ツ	覧
ニ	芸	し	京	ひ	ょ	読	を	サ	ッ	カ	ー	に	私	て	べ	妊
愛	故	投	精	カ	権	ク	最	ハ	だ	ト	べ	故	モ	も	ク	方
も	話	だ	故	選	弱	ょ	京	良	会	ニ	囚	阪	阪	育	ひ	だ
金	金	ん	ニ	会	れ	退	ト	く	化	本	芸	再	れ	権	多	ヒ
室	圧	会	何	ひ	ま	や	エ	方	ヱ	っ	登	ゃ	ま	芸	歩	カ

のカラフルな
家具
すべての
敵の
ビーチの
ローブ
おばあちゃん
に静かで
サンドキャッスル
生きて
年次
と思います
エッジ
ガンダー
災害が
サッカーに
小麦
最良
ケアの
成長を

Puzzle 190

ひ	テ	発	ふ	ル	私	ラ	側	摘	ソ	お	辞	選	カ	ょ	向	ク
話	然	生	ひ	場	京	ハ	育	多	せ	ハ	社	ぽ	れ	歩	愛	百
安	ょ	退	レ	幸	運	覧	ひ	れ	改	善	複	雑	ス	ヌ	ど	ウ
選	ゅ	覧	故	モ	れ	ひ	退	再	リ	ょ	阪	乏	ぽ	て	し	サ
ふ	安	れ	雪	だ	る	ま	方	も	意	だ	ラ	ソ	モ	意	だ	ギ
で	ょ	会	サ	ド	加	ト	砂	辞	進	ル	意	写	育	ク	側	の
ス	本	結	も	イ	ゅ	会	リ	狙	歩	ぎ	ト	再	れ	ぎ	通	ニ
お	れ	応	然	ボ	愛	れ	ノ	選	多	む	応	ぎ	弱	摘	読	阪
権	化	息	子	の	的	目	ヒ	ニ	だ	ぽ	再	セ	る	ス	つ	だ
れ	能	能	ヒ	ト	方	阪	意	論	ぎ	私	室	話	ク	ま	レ	海
話	結	を	ン	ー	タ	特	別	な	し	狙	ツ	話	む	ス	ク	せ
レ	は	だ	開	レ	、	す	で	に	ん	た	ポ	ー	タ	ブ	ル	ょ
登	京	リ	き	コ	拡	だ	圧	向	辞	ひ	ひ	場	ニ	歩	ふ	ヌ
れ	て	ひ	応	ョ	場	張	室	応	テ	リ	側	ぐ	回	れ	方	意
弱	愛	化	ド	チ	ト	芸	ゅ	ど	セ	ス	リ	イ	ア	嶋	ク	阪

のボイド
息子の
した
チョコレートの
特別な
拡張
目的の
二回
発生
雪だるま
幸運
改善
リス
複雑
、すでに
ポータブル
アイリス
話は
ウサギの
ターンを

Puzzle 191

ゃ	所	で	ぐ	然	能	て	ソ	辞	ぽ	能	で	る	検	然	コ	ぎ
会	ど	怠	惰	な	囚	べ	シ	マ	ウ	マ	ひ	く	登	討	じ	ル
乏	し	論	ツ	サ	能	食	き	ハ	だ	狙	ニ	ヌ	愛	投	し	ま
ょ	方	妊	権	意	結	事	精	ど	ド	テ	側	ホ	ぼ	ど	会	ぎ
製	っ	囚	応	ん	暫	ぎ	圧	が	あ	り	画	二	応	上	応	ヌ
造	む	ま	テ	ゅ	ょ	加	百	室	開	方	会	ぽ	だ	故	昇	サ
方	チ	む	愛	退	ヌ	じ	方	ホ	ま	ラ	エ	金	権	砂	出	る
ノ	ス	ぽ	ド	ラ	ム	画	側	ヱ	ざ	芸	合	京	論	ゃ	チ	ぎ
阪	ゃ	化	つ	ル	覧	摘	し	側	き	退	会	つ	故	れ	ゅ	解
ル	ぽ	声	を	出	し	ぐ	れ	出	現	二	向	ヌ	避	難	方	加
ミ	イ	ラ	せ	無	最	終	的	に	は	思	ょ	チ	二	電	車	ろ
海	ス	リ	ツ	し	進	ラ	ド	報	ょ	い	リ	阪	投	ひ	百	ツ
登	項	ニ	乏	通	ざ	百	妊	れ	れ	出	チ	重	明	然	レ	ホ
妊	阪	目	投	モ	重	隠	し	ま	す	さ	化	つ	日	手	社	べ
海	歩	弱	れ	ぽ	再	ト	き	登	愛	だ	重	レ	場	の	精	ド

手の
食事
項目
最終的には
ミイラ
があり
検討し
明日
製造
上昇
電車
ドラム
避難
隠します
思い出さ
シマウマ
声を出し
出現
食べて
怠惰な

Puzzle 192

を	ツ	解	骨	研	究	乏	カ	論	シ	だ	き	ぎ	弱	暫	登	ホ
ク	弱	選	ひ	折	京	応	論	ヱ	ッ	女	報	速	ク	非	要	ニ
ス	ト	リ	ー	ト	ク	故	進	方	ト	性	も	ぐ	迅	常	求	ト
デ	れ	育	所	接	弱	重	く	く	歩	意	進	ぎ	ノ	に	レ	ヱ
き	愛	権	嶋	続	サ	ろ	ス	金	重	重	社	困	ょ	砂	べ	ぐ
ノ	圧	ア	覧	セ	登	向	テ	サ	二	進	所	ら	ボ	む	ぼ	育
エ	ー	ジ	ェ	ン	ト	理	論	開	ハ	ぼ	ツ	ぎ	デ	育	化	摘
ス	有	し	て	シ	場	阪	だ	歩	歩	ぐ	く	や	ィ	ス	結	ト
レ	利	化	京	退	権	じ	歩	ト	育	る	応	意	参	照	ま	権
ッ	な	加	コ	ド	愛	ス	芸	だ	応	結	リ	ヒ	金	画	ル	レ
ジ	き	画	然	も	登	ま	権	ヌ	ぎ	室	登	愛	ノ	結	テ	向
海	ま	ん	狙	安	ヒ	つ	向	も	ろ	ヌ	精	べ	ワ	二	べ	る
ま	読	ど	社	二	何	摘	だ	達	成	し	ま	す	リ	ぐ	進	ラ
場	然	っ	だ	で	テ	弱	チ	狙	妊	ク	ゅ	し	本	合	側	何
ヌ	ヌ	ド	ど	ス	金	退	弱	ゃ	だ	摘	囚	ゃ	ぐ	れ	通	せ

達成します
困ら
シット
に迅速
非常に
ボディ
骨折
デスクを
理論
ストリート
有利な
要求
シェア
参照
エージェント
女性
ワニ
接続
研究
スレッジ

Puzzle 193

化	権	ゃ	然	月	囚	選	せ	嶋	ト	ソ	安	か	な	り	開	ぎ
囚	だ	抱	加	曜	リ	結	つ	結	ひ	愛	精	報	テ	加	室	ま
海	満	き	話	日	な	否	定	的	な	ト	向	ぎ	発	つ	ど	嶋
囚	た	し	マ	ー	ク	加	ょ	精	写	場	テ	圧	見	る	妊	ん
合	さ	め	男	の	ひ	金	ゃ	覧	解	論	チ	ぐ	し	ヌ	故	所
精	会	応	出	ホ	重	テ	解	読	安	向	覧	だ	ま	聞	狙	解
圧	チ	出	ぎ	ド	ひ	写	妊	覧	サ	ぽ	何	て	し	ぼ	い	ヌ
ド	ロ	ッ	プ	ラ	化	辞	歩	精	ヱ	し	ま	ま	た	何	会	て
ラ	出	ょ	開	投	応	百	解	セ	海	お	方	お	登	乏	リ	っ
暫	ウ	ざ	応	ト	側	嶋	ひ	育	ニ	も	金	博	つ	乏	狙	が
評	コ	ン	ヒ	結	ト	多	カ	や	画	ニ	コ	物	嶋	必	ず	た
き	決	囚	ド	ヌ	て	だ	ヌ	夕	食	ツ	登	館	エ	乏	写	し
ツ	応	ノ	共	テ	精	読	ホ	ニ	通	ゃ	場	キ	狙	ル	加	、
セ	結	ぐ	通	化	ス	選	ヒ	精	っ	じ	覧	ノ	も	モ	覧	だ
プ	ラ	ス	チ	ッ	ク	で	モ	だ	明	確	に	コ	っ	京	カ	ょ

明確に
ラウンド
共通
な否定的な
聞いて
月曜日
抱きしめ
プラスチック
たまま
男の
ドロップ
マーク
満たさ
、したがって
夕食
博物館キノコ
発見しました
かなり
評決
必ず

Puzzle 194

ホ	れ	も	テ	パ	き	登	セ	サ	場	ふ	だ	応	会	お	通	ひ
お	ホ	だ	ラ	報	ワ	覧	ゅ	エ	狙	知	識	を	向	登	ヌ	通
退	エ	キ	嶋	で	合	ー	ホ	ヒ	カ	囚	、	ヱ	ン	エ	や	狙
辞	開	ュ	ろ	論	計	応	の	場	ク	ひ	キ	れ	シ	室	セ	ソ
も	百	ー	登	コ	ト	然	目	自	ゅ	ぐ	ャ	お	マ	グ	写	ろ
重	通	ピ	ゃ	報	加	れ	ニ	動	選	つ	べ	占	民	主	的	な
ニ	意	ッ	じ	っ	れ	方	阪	画	カ	リ	ツ	選	め	ど	所	ど
ニ	ざ	ド	ツ	覧	テ	ひ	芸	登	ぐ	ア	出	狙	登	る	ソ	結
ぐ	セ	ド	ラ	精	登	む	会	テ	つ	ラ	芸	席	阪	重	ま	ょ
ニ	登	本	加	料	ト	暫	室	ト	砂	イ	サ	ぽ	ゃ	ク	意	進
く	写	砂	芸	理	応	く	バ	ッ	グ	ズ	イ	リ	合	故	だ	投
ツ	ぐ	化	ト	を	ま	ト	ひ	ケ	だ	報	ク	実	会	会	カ	必
ひ	ツ	ヒ	て	カ	百	プ	ッ	ロ	ャ	ギ	リ	行	乏	辞	モ	死
ふ	権	で	ぎ	圧	側	チ	権	ぎ	テ	暫	ン	に	ノ	ょ	カ	私
セ	乏	ヒ	っ	で	安	ノ	写	コ	辞	私	グ	妊	再	百	ぽ	摘

必死
、キャベツ
ロケット
サイクリング
キューピッド
民主的な
パワーの
出席
マシン
リアライズ
合計
ギャロップ
知識を
料理を
バッグ
目の
占める
自動
マグ
実行に

Puzzle 195

だ	ニ	囚	ハ	ニ	フ	く	無	ト	ク	読	ヌ	場	ソ	有	夏	合
阪	登	ぎ	だ	ん	ょ	ェ	コ	多	嶋	再	テ	も	芸	す	の	ヌ
の	オ	フ	ァ	ー	無	だ	ン	モ	嶋	能	テ	だ	ヌ	る	ロ	海
れ	セ	ふ	百	チ	ひ	コ	不	シ	く	サ	芸	っ	ゃ	解	ホ	開
進	歩	ぼ	合	圧	ょ	セ	安	っ	ン	し	開	ぽ	室	ニ	ょ	多
ニ	ぐ	権	む	歩	何	モ	ゅ	ぐ	ヱ	グ	何	チ	ヱ	せ	愛	ヒ
そ	り	京	海	金	狙	砂	ニ	投	る	つ	む	範	囲	内	れ	阪
暫	社	バ	サ	通	サ	ク	安	じ	芸	登	だ	む	本	質	的	な
解	阪	開	レ	れ	ふ	つ	何	ひ	芸	愛	妊	応	ソ	ひ	ど	ス
ひ	金	ル	し	ン	ヱ	ス	達	成	テ	ラ	合	ホ	し	か	し	が
つ	じ	退	ク	ッ	タ	ア	タ	ヱ	ニ	注	意	ヌ	辞	ひ	鉛	花
ヒ	化	む	育	結	海	イ	側	ン	レ	健	登	っ	き	化	筆	囚
ク	精	ぎ	ょ	れ	ゅ	阪	ン	向	プ	康	覧	退	安	ん	所	京
れ	ヌ	ヌ	ざ	き	も	故	エ	故	展	示	を	傷	火	砂	覧	ル
多	っ	ひ	妊	嶋	論	何	登	歩	だ	場	無	所	っ	ニ	無	登

そり
花が
有する
アタック
しかしが
健康
本質的な
範囲内
注意
展示を
火傷を
達成
夏の
ロの
鉛筆
スタンプ
不安
のオファー
バレンタイン
フェンシング

Puzzle 196

推定
バン
裁判所
早い
問題
悲劇的な
疲れ
ベル
誕生の
パフォーマンスを
カバーが
待機
を明るく
ハングが
安全が
かむ
、過去
ターキー
ではない
タイガー

私	セ	っ	ざ	ぎ	が	全	安	場	ひ	ハ	を	解	本	誕	ヱ	開
ラ	嶋	だ	む	圧	ベ	グ	狙	海	側	バ	明	や	場	生	っ	ハ
場	ク	パ	フ	ォ	ー	マ	ン	ス	を	ン	る	辞	摘	の	ひ	セ
何	れ	サ	タ	イ	ガ	ー	ル	ハ	ニ	場	く	カ	バ	ー	が	お
で	は	な	い	早	ニ	キ	弱	き	圧	阪	解	っ	退	ぎ	写	く
サ	コ	的	百	ク	場	ー	私	ル	ヒ	る	で	無	ニ	ょ	ぎ	ゃ
裁	乏	劇	ソ	も	乏	タ	場	推	会	通	圧	れ	レ	ハ	弱	海
ク	判	悲	育	じ	や	報	ノ	定	ニ	ツ	砂	ど	弱	ゅ	お	せ
再	ニ	所	歩	サ	ク	問	題	ト	投	ょ	無	カ	ぐ	開	ノ	写
嶋	ぎ	ヌ	ひ	場	で	ニ	リ	論	歩	テ	写	、	ひ	嶋	ま	ょ
ょ	か	む	何	だ	金	開	ヒ	権	れ	ゃ	精	過	ツ	砂	弱	ぎ
ル	選	側	ま	ぎ	百	登	能	べ	合	ニ	加	去	れ	写	側	選
エ	乏	ソ	モ	待	機	加	モ	だ	ル	リ	化	場	き	ヌ	出	ょ
愛	ク	コ	モ	レ	疲	ニ	ゃ	写	ぎ	金	る	ぽ	だ	合	育	ひ
も	む	権	合	覧	れ	だ	ぼ	歩	京	も	何	辞	登	退	ク	き

Puzzle 197

セ	歩	報	場	ビ	だ	ケ	ち	た	ヌ	加	何	写	ニ	関	応	だ
所	ッ	覧	つ	ー	暫	ー	ゃ	く	だ	合	無	だ	海	連	覧	ふ
ソ	結	ト	ニ	ル	ぎ	キ	う	さ	感	謝	を	ろ	選	付	だ	サ
ク	お	ゅ	を	の	店	の	方	ん	ぎ	写	ざ	も	室	け	写	狙
る	話	ゃ	進	子	ふ	化	ト	の	然	覧	る	ノ	写	る	や	ニ
阪	登	ク	リ	帽	つ	辞	無	囚	ル	報	だ	価	格	レ	場	も
妊	囚	向	ゅ	選	故	イ	退	覧	登	報	ラ	何	何	論	ぽ	登
き	食	用	し	社	ぼ	ン	ざ	登	社	て	ょ	ヌ	芸	っ	ま	だ
て	何	リ	ヱ	解	ホ	チ	ル	覧	投	し	ん	カ	画	テ	ぐ	ホ
熱	心	な	チ	退	対	が	ぼ	チ	ざ	ま	バ	チ	進	セ	通	応
ひ	社	所	セ	セ	進	象	ス	凝	ニ	っ	ハ	ッ	ト	覧	パ	多
せ	読	ク	ラ	ト	ニ	ホ	処	視	妊	た	話	通	ジ	ベ	ウ	フ
れ	つ	妊	ホ	サ	も	ろ	理	だ	選	何	私	ツ	歩	ク	ダ	ィ
本	ど	ス	ス	向	っ	私	合	っ	せ	合	京	ひ	何	能	ー	ル
場	ぼ	ス	リ	ぎ	加	会	テ	ク	能	っ	本	暫	応	暫	合	れ

店の
ケーキの
インチが
たくさんの
感謝を
価格
セットを
てしまった
パウダー
対象
凝視
処理
ビールの
帽子の
バッジ
熱心な
食用
フィル
関連付ける
ちゃう

Puzzle 198

暫	だ	ス	登	結	多	乏	ま	オ	コ	場	せ	狙	近	最	、	海
む	や	解	故	る	ト	安	ラ	ー	コ	信	向	方	重	京	イ	本
つ	ん	む	ト	ひ	登	室	写	ト	ア	ょ	頼	然	ル	ド	ン	通
チ	辞	ニ	出	や	チ	本	ル	バ	ょ	能	恐	性	場	ぎ	テ	ソ
愛	覧	社	ト	ヌ	精	ガ	出	イ	盗	ん	怖	エ	の	嶋	リ	る
せ	然	ぎ	れ	向	ン	チ	ッ	キ	忙	応	の	分	部	私	ジ	ド
百	ヌ	室	向	ヱ	モ	ョ	ヒ	ツ	し	報	長	責	読	覧	ェ	金
ヌ	つ	愛	話	ま	お	ウ	歩	然	い	解	社	任	本	ヌ	ン	京
故	ド	加	ひ	ふ	ふ	ぽ	状	態	の	係	関	あ	組	織	ト	画
せ	ニ	ふ	権	ベ	ク	無	シ	し	話	む	方	る	リ	海	な	話
弱	き	方	投	ク	通	ヱ	む	リ	重	ょ	ざ	通	ん	ス	チ	ぎ
安	囚	ノ	話	重	ぽ	読	ぼ	ざ	ー	タ	ー	ク	ス	資	ひ	っ
与	え	ま	し	た	応	も	ん	加	セ	ズ	だ	歩	退	写	本	室
重	ぼ	ひ	暫	リ	側	開	ぎ	ひ	だ	ぽ	は	ふ	じ	ス	ろ	も
だ	選	摘	エ	ニ	辞	圧	金	ツ	場	ツ	投	く	画	ト	や	通

シリーズは
組織
責任ある
与えました
状態の
盗ん
部分の
関係の
ガチョウ
ココア
忙しい
信頼性の
キッチン
オートバイ
社長の
スクーター
資本
恐怖の
、インテリジェントな
、最近

Puzzle 199

縫	製	ト	合	本	ょ	海	る	エ	む	ニ	ど	ど	可	ジ	ヱ	ヱ
暫	て	ヌ	京	ん	体	場	嶋	ク	ン	ぽ	シ	レ	能	ャ	三	角
報	私	社	育	だ	画	社	私	場	安	ド	ム	ス	な	ケ	ょ	本
方	京	質	問	を	加	意	ク	ぐ	辞	ぎ	ウ	狙	砂	ッ	乏	チ
加	囚	能	も	結	囚	社	辞	側	じ	本	ト	豆	画	ト	歯	ぼ
じ	精	ざ	ハ	や	重	能	話	ひ	ど	エ	ン	側	は	し	磨	海
再	育	室	ン	ド	ド	報	登	解	ス	育	テ	暫	き	っ	き	む
ぼ	暫	本	バ	解	読	弱	し	話	本	選	故	ニ	私	テ	粉	重
し	く	能	ー	サ	京	で	じ	ク	摘	ソ	る	む	場	モ	の	も
ホ	能	通	ガ	く	論	を	奪	う	然	退	孤	で	京	コ	け	ス
ぎ	摘	本	ー	議	論	の	む	ざ	ふ	方	立	乏	ひ	る	ら	ト
れ	ょ	応	だ	何	ひ	ウ	ひ	ニ	ま	場	ひ	ル	向	砂	だ	リ
蚊	応	ゃ	重	読	百	ォ	何	で	も	笑	ぽ	だ	ト	テ	泥	ー
を	投	百	選	海	能	ッ	話	ヌ	ひ	安	顔	阪	ツ	カ	っ	ム
歩	画	っ	や	ソ	ぐ	チ	ー	ロ	プ	ア	お	ゅ	ろ	乏	乏	も

笑顔
孤立
議論の
テントウムシ
質問を
歯磨き粉の
三角
ウォッチ
ジャケット
泥だらけの
ハンバーガー
縫製
本体
蚊を
を奪う
ストリーム
何でも
エンドウ豆は
可能な
アプローチ

Puzzle 200

良い
冷たい
、小数点
ボクシング
波の
ベース
カー
利益
電話
政治
読み取り
外部
ソフトを
参照してください
陽気
愛情の
エキスパート
シナモン
スリップ
株式

ま	波	安	重	ょ	エ	シ	コ	画	阪	育	ス	何	だ	覧	ま	場
ス	の	報	も	圧	キ	ナ	ト	再	ス	写	ヌ	ニ	何	や	ど	む
ヱ	リ	金	通	ド	ス	モ	室	ヒ	側	ト	解	圧	能	ラ	る	圧
重	応	ッ	ス	サ	パ	ン	読	み	取	り	て	室	室	読	意	ヱ
ぼ	し	む	プ	し	ー	カ	だ	多	ひ	狙	弱	ボ	ク	シ	ン	グ
読	ひ	然	弱	電	ト	向	乏	カ	ふ	れ	れ	百	ぼ	む	ホ	然
無	カ	エ	結	話	化	レ	重	場	し	ん	覧	ヌ	写	愛	ソ	、
写	暫	陽	っ	だ	ふ	嶋	然	だ	ど	然	意	だ	重	情	フ	小
意	レ	ヌ	気	方	っ	室	ん	場	れ	社	囚	ル	解	の	ト	数
レ	モ	育	ざ	コ	結	応	ひ	じ	ん	写	嶋	ひ	加	投	を	点
ぼ	リ	安	ぎ	ろ	ル	論	解	ニ	写	ス	側	投	開	京	ト	ベ
株	政	治	多	合	ハ	意	合	コ	無	海	愛	ハ	冷	た	い	ー
摘	式	参	照	し	て	く	だ	さ	い	ろ	テ	開	し	摘	良	ス
百	ニ	外	応	ろ	応	読	ょ	百	化	し	再	然	再	妊	ク	妊
ニ	歩	部	本	能	ゅ	辞	重	会	き	せ	何	利	益	ゅ	応	ろ

Puzzle 201

て	歩	ア	円	コ	ー	チ	の	軌	道	覧	ス	乏	む	ラ	所	画
で	だ	ー	故	形	京	社	ん	私	何	ヒ	テ	ノ	遅	つ	多	ホ
お	弱	ム	ク	海	ん	ソ	れ	む	ド	側	ー	応	い	弱	ス	海
見	え	チ	ぽ	ょ	ぼ	再	意	サ	解	狙	ト	重	ま	歩	タ	エ
ど	意	ェ	画	開	ヒ	場	興	ま	室	説	メ	叫	た	リ	イ	く
き	て	ア	登	社	ソ	化	味	ホ	能	ニ	ン	び	解	場	ル	劇
通	ヒ	報	サ	百	応	育	深	能	ヌ	方	ト	は	ヌ	も	写	的
権	通	ト	ぎ	ニ	然	阪	い	愛	ぎ	狙	を	、	ハ	選	進	険
摘	ぎ	側	取	向	故	海	ひ	ふ	歩	ひ	報	会	ヌ	歩	重	冒
応	っ	だ	定	ら	ぐ	多	精	京	れ	育	く	開	て	所	テ	緩
精	退	私	住	ル	進	ニ	テ	阪	能	育	加	ひ	ぐ	む	ィ	い
ひ	ぐ	安	き	通	ク	ク	ド	べ	も	読	加	多	し	歩	ー	る
ぐ	く	る	ソ	無	ぽ	ラ	ハ	嶋	ひ	無	せ	温	度	計	ポ	も
ク	リ	ヌ	ょ	ヌ	ひ	嶋	る	覧	進	コ	セ	阪	ヒ	き	ッ	砂
っ	権	所	故	ゅ	ひ	合	ゅ	歯	磨	き	粉	る	ぐ	狙	ト	ハ

ステートメントを
軌道
興味深い
見え
また
解説
遅い
歯磨き粉
アームチェア
叫びは、
劇的
冒険的
ティーポット
定住
温度計
コーチの
緩い
スタイル
取ら
円形

Puzzle 202

の	ニ	致	て	歩	開	投	無	辞	方	き	る	読	場	辞	っ	や
ル	代	方	命	砂	ホ	キ	準	備	ヌ	覧	退	せ	ま	ヱ	ょ	人
グ	話	わ	ひ	的	多	ツ	弱	ビ	ュ	ー	い	ぽ	芸	コ	室	ロ
ィ	結	い	り	論	な	ネ	ノ	く	精	だ	っ	選	ょ	ン	方	ゃ
ウ	ょ	く	精	に	囚	確	エ	狙	画	ホ	ぱ	想	像	ド	犬	の
ド	ひ	つ	本	チ	ふ	テ	正	加	サ	意	い	歩	暫	ル	再	ニ
紛	争	か	ま	チ	砂	糖	社	ろ	っ	化	ぎ	多	分	の	方	能
方	解	の	だ	場	摘	再	セ	金	阪	妊	開	ゅ	向	通	ょ	摘
で	開	ま	場	ト	し	論	登	覧	金	何	私	ク	然	チ	ょ	ゅ
飛	だ	ひ	加	ぽ	ゃ	場	所	画	写	ゅ	写	コ	ニ	ぐ	写	ま
行	れ	覧	ド	開	れ	私	嶋	弱	ょ	砂	応	ゃ	読	ク	何	囚
機	芸	側	読	ル	投	場	危	進	百	重	だ	権	サ	ソ	ゼ	ロ
を	ツ	リ	ー	所	合	っ	険	ラ	リ	然	登	室	ゃ	ょ	圧	カ
画	読	ざ	再	べ	む	能	な	ぐ	場	や	結	ぽ	ソ	応	何	で
カ	ヒ	ツ	摘	ゅ	ど	精	ス	れ	ひ	ひ	歩	ぎ	セ	ド	何	ホ

いくつかの
ウィグルの
コンドルの
ツリー
紛争
飛行機を
想像
ゼロ
砂糖
人口
多分
いっぱい
致命的な
準備
正確な
ビュー
犬の
危険な
キツネ
の代わりに

Puzzle 203

通	応	応	論	室	出	せ	乾	所	ノ	開	方	レ	じ	登	だ	狙
ヌ	ヱ	ま	や	砂	精	弱	燥	く	音	楽	向	比	開	ょ	て	や
ト	側	金	摘	歩	ツ	京	重	精	ふ	ス	デ	室	較	む	応	答
何	ス	ぎ	ふ	開	海	キ	ャ	ロ	ッ	ト	ィ	意	感	触	側	ょ
テ	合	話	れ	選	ひ	摘	私	エ	選	セ	レ	重	ク	所	意	意
結	室	ひ	再	コ	ざ	話	合	能	ド	セ	ク	室	む	側	化	流
ヌ	壊	金	意	ひ	ノ	安	つ	っ	ひ	ひ	タ	出	ニ	ぽ	て	体
室	れ	囚	で	便	サ	進	多	っ	他	加	ー	私	ホ	ハ	き	じ
登	た	で	モ	阪	利	然	ト	私	人	安	ハ	ン	ド	ル	ク	画
然	報	つ	し	囚	砂	な	解	現	に	ル	加	登	テ	ア	解	モ
ミ	出	摘	ボ	権	出	論	登	代	投	能	ぽ	画	っ	イ	く	退
百	ト	歩	ル	く	む	金	ぼ	出	る	出	ス	む	ス	ラ	ガ	ス
べ	本	ン	ト	ヱ	権	る	意	金	権	ル	ホ	精	や	ト	乏	ヌ
ん	不	足	写	カ	れ	能	し	雑	用	ゃ	せ	話	報	ヌ	ト	で
ニ	ぽ	レ	側	化	ひ	レ	リ	名	詞	テ	コ	育	サ	ぼ	投	社

感触
雑用
不足
トライアル
音楽
ハンドル
ボルト
比較
キャロット
流体
方向ディレクター
現代
壊れた
ガラス
他人に
乾燥
ミトン
名詞
便利な
応答

Puzzle 204

新鮮
ビタミン
膨大
子犬
ムーン
クレヨン
論文の
製品の
割り当て
ビルドを
テディ
別れの
実行している
ムカデ
キャンペーン
遊び心
トガリネズミ
ゴブリン
どこか
ランプの

膨	大	カ	応	何	子	犬	狙	ま	芸	意	場	モ	実	遊	精	精
ど	こ	か	投	ソ	ム	辞	む	通	応	精	ま	ひ	行	び	辞	話
精	会	再	ク	セ	カ	ぼ	エ	ニ	選	京	セ	砂	し	心	チ	む
セ	場	応	囚	ィ	デ	テ	覧	れ	ハ	本	登	ツ	て	ふ	む	育
ニ	ど	育	摘	通	つ	圧	ニ	囚	ク	レ	ヨ	ン	い	加	ぐ	方
ゴ	ブ	リ	ン	ー	ペ	ン	ャ	キ	新	鮮	し	ト	る	て	登	妊
ろ	ど	場	ビ	れ	側	ー	ま	ツ	ま	場	論	ガ	チ	解	然	話
砂	論	無	投	ル	弱	ム	通	画	別	く	文	リ	ま	コ	弱	ょ
ヌ	精	セ	ド	話	ド	ス	出	所	登	れ	の	ネ	ノ	愛	囚	ス
だ	ふ	室	だ	ぽ	て	を	愛	ビ	解	ぎ	の	ズ	っ	圧	や	画
ニ	応	っ	ス	再	圧	チ	弱	タ	覧	っ	品	ミ	ヌ	サ	ぐ	結
ど	テ	ラ	ド	ク	ヌ	割	ひ	ミ	ル	っ	製	む	解	ヒ	せ	テ
何	て	ふ	だ	ょ	ろ	私	り	ン	っ	お	ヒ	芸	ぎ	会	開	乏
ひ	し	弱	京	ょ	暫	退	室	当	ま	レ	ょ	化	サ	化	ぐ	エ
狙	ラ	ン	プ	の	む	退	側	ヌ	て	辞	ょ	ょ	場	報	ろ	ト

Puzzle 205

権	ろ	会	意	ク	話	お	応	じ	ヌ	重	ケ	エ	む	使	用	成
論	だ	阪	ょ	ろ	ス	母	海	ま	せ	ま	百	ト	安	本	読	果
タ	マ	ネ	ギ	ふ	ト	さ	開	呼	吸	も	ヱ	ニ	ル	眠	い	レ
故	せ	弱	会	る	無	ん	ブ	ロ	ッ	ク	で	退	ざ	カ	白	入
進	し	無	開	妊	進	ク	ん	場	嶋	阪	ノ	ヱ	解	べ	登	場
ろ	精	室	ヌ	社	話	モ	ひ	画	妊	暫	辞	応	ん	然	場	レ
む	ニ	精	圧	出	何	き	出	モ	読	圧	暫	医	弱	ざ	読	ざ
れ	だ	っ	所	覧	エ	ま	砂	ス	だ	お	る	写	療	社	摘	セ
具	ツ	辞	ヌ	エ	ソ	テ	ヌ	金	だ	論	し	む	セ	然	応	方
体	選	選	銀	行	、	ひ	っ	進	ニ	ク	っ	論	然	権	ぎ	弱
的	ク	れ	ホ	だ	非	る	も	つ	れ	チ	ヌ	て	ス	ひ	ど	要
な	会	ド	論	私	常	ク	れ	ゃ	ょ	砂	屋	砂	ゅ	ん	然	因
ぐ	ニ	歩	覧	モ	に	方	進	権	然	話	外	読	っ	ん	砂	応
ヌ	場	加	き	怒	向	や	じ	ひ	選	然	で	ヌ	っ	ヱ	向	開
ょ	ツ	モ	中	央	っ	エ	圧	つ	ほ	ぼ	辞	権	ぽ	ひ	ソ	ニ

ほぼ
成果
入場
要因
、非常に
もつれ
眠い
お母さん
銀行
タマネギ
具体的な
呼吸
白い
怒っ
医療
ケトル
使用
中央
ブロック
屋外で

Puzzle 206

開発
獲得
サイ
メインが
取っ
その後、
方法
の物理的な
臭い
お勧めします
大学の
遠く
高速な
賢く
の耳が
敷く
王子
緊急
カメ
悲鳴

獲	得	ざ	コ	金	カ	開	る	能	む	高	ぎ	ろ	登	ト	何	所
弱	写	精	カ	無	も	発	ニ	ソ	ニ	速	結	せ	弱	ツ	で	ゃ
エ	応	嶋	所	芸	進	っ	加	ひ	安	な	的	理	物	の	チ	お
ヌ	無	ヌ	ヒ	ょ	ク	ル	エ	モ	ぎ	メ	ヌ	賢	ド	能	権	弱
加	解	重	そ	私	ク	レ	で	ぎ	ぎ	イ	カ	く	ヌ	て	再	ヒ
ざ	ど	京	然	の	論	れ	通	ま	芸	ン	れ	遠	ぽ	開	海	応
私	重	合	投	れ	後	モ	王	子	場	が	耳	の	進	ゅ	結	れ
京	サ	イ	大	学	の	、	方	く	応	暫	応	ニ	結	然	つ	ト
も	ぼ	合	多	悲	鳴	エ	乏	法	エ	お	勧	め	し	ま	す	ヌ
場	然	ハ	リ	重	囚	ゅ	ト	き	セ	カ	臭	安	も	し	モ	ク
お	結	重	エ	阪	解	論	ま	で	室	き	い	ょ	側	カ	る	ヌ
故	阪	登	て	開	べ	つ	ょ	ニ	話	精	ひ	ス	て	解	サ	無
方	阪	れ	出	お	つ	ク	だ	多	だ	場	登	緊	ゃ	ト	敷	囚
む	方	ツ	報	能	方	多	サ	し	ぎ	も	リ	急	能	ぼ	く	ツ
取	っ	ニ	ょ	応	加	ぽ	狙	登	論	故	ノ	カ	私	結	カ	ひ

Puzzle 207

多	摘	ス	ホ	画	キ	故	し	進	む	ヌ	ろ	京	社	私	簡	狙
故	し	サ	ク	合	ゃ	だ	化	金	能	無	開	阪	ク	論	素	て
や	だ	だ	ン	百	リ	ヌ	阪	報	合	や	然	ヱ	石	ぼ	化	本
金	報	何	ピ	ド	ー	ハ	ト	京	本	写	側	ト	鹸	ニ	意	ょ
ツ	引	き	出	し	イ	向	ホ	弱	ホ	ト	焼	本	阪	京	お	ぐ
だ	れ	解	阪	話	砂	ッ	京	合	リ	ー	く	私	通	だ	メ	側
ま	本	金	圧	安	嶋	ニ	チ	解	金	ポ	ル	登	れ	ぽ	モ	し
場	出	ヌ	曜	話	囚	特	ン	支	独	レ	私	私	本	っ	リ	ヱ
ヱ	金	ス	精	日	通	に	イ	配	立	れ	化	応	辞	ょ	ぽ	ツ
投	多	故	ひ	海	の	冬	ヱ	的	性	応	セ	べ	側	社	ス	無
狙	ぎ	き	重	側	川	ぽ	ト	な	を	セ	結	お	覧	だ	カ	ヌ
場	て	っ	所	愛	本	重	ノ	つ	私	ト	ゃ	チ	も	く	テ	ヱ
場	ひ	芸	精	れ	芸	ソ	辞	登	っ	ヌ	れ	阪	っ	解	れ	む
レ	摘	ま	狙	ひ	む	合	ヌ	ハ	ハ	ひ	カ	だ	弱	い	緑	結
選	入	力	し	て	テ	海	ん	だ	む	じ	ょ	重	む	ゅ	、	だ

金曜日の
特に
入力して
焼く
石鹸
インチ
支配的な
弱い
川の
引き出し
冬の
サンドイッチ
独立性を
簡素化
メモリ
キャリー
緑、
ホール
レポート
ピンク

Puzzle 208

特定
船を
趣味
のり
立っていました
誰の
バージョン
ペニー
検査の
ホテル
している
ワゴン
訪問
ハーフ
ワイン
ピーマン
プレス
サーブ
当事者は
行動を

安	エ	弱	ス	ハ	京	嶋	ょ	故	読	ぎ	行	ま	辞	ノ	海	カ
多	っ	訪	問	ー	百	ニ	ニ	摘	重	ホ	動	写	ワ	イ	ン	モ
ぐ	多	ド	場	フ	乏	だ	レ	ス	然	投	を	ツ	論	サ	ゴ	レ
ょ	開	っ	写	社	ゅ	出	エ	ニ	ハ	ぽ	結	故	り	話	ワ	故
カ	ヒ	ょ	エ	意	も	通	テ	妊	ヒ	百	ぎ	ぐ	誰	の	通	ヌ
結	ざ	チ	妊	ヒ	出	ぐ	ル	歩	き	ヒ	ひ	つ	ク	覧	し	ヱ
嶋	む	特	定	リ	権	だ	ぽ	船	ざ	出	ざ	モ	ひ	ど	ニ	だ
カ	読	進	妊	エ	安	場	報	を	ま	愛	ょ	ひ	京	能	安	化
場	カ	ど	た	し	ま	い	て	っ	立	権	報	ホ	権	圧	室	ろ
妊	プ	意	ゃ	て	場	加	ょ	妊	ル	然	レ	テ	安	っ	社	向
バ	ブ	レ	室	い	ニ	ひ	ハ	ペ	開	お	海	ル	妊	エ	ひ	場
画	ー	方	ス	る	側	ぎ	検	ニ	れ	モ	ホ	ノ	だ	私	摘	ざ
ょ	サ	ジ	当	事	者	は	査	ー	ぽ	ぼ	ク	っ	育	で	お	論
ノ	摘	レ	ョ	育	乏	ろ	の	通	覧	退	お	育	何	側	弱	ク
ぐ	弱	ぽ	だ	ン	マ	ー	ピ	暫	百	ょ	砂	サ	チ	趣	味	れ

Puzzle 209

登	ル	検	索	る	だ	狙	育	き	ツ	無	ゅ	チ	む	砂	通	ぎ
ぽ	リ	化	ホ	れ	む	私	再	ん	覧	阪	ぎ	多	ヒ	む	ク	現
社	権	ス	室	ス	向	解	べ	進	投	ぐ	き	重	お	ょ	ル	在
れ	写	嶋	て	し	加	参	ヌ	投	っ	ひ	ハ	で	ト	条	ひ	の
ぽ	応	阪	っ	社	登	投	っ	戦	争	編	集	ど	私	件	本	釣
ノ	ニ	摘	従	歩	エ	ぎ	ひ	る	セ	通	圧	方	ト	論	ヱ	り
ふ	ー	横	に	振	り	ま	し	た	ど	っ	写	ろ	再	側	進	は
転	送	ト	チ	重	出	ど	ヌ	乏	サ	ニ	ホ	む	囚	精	ぼ	ル
っ	方	意	ブ	権	砂	ト	ざ	チ	芸	く	ぐ	再	テ	開	ト	つ
ク	ざ	主	張	ッ	故	辞	ニ	ょ	圧	多	ニ	ル	論	覧	コ	き
ゅ	会	っ	ア	叔	ク	ク	ひ	囚	テ	も	退	や	歩	側	ヌ	然
ト	ニ	ぎ	ト	母	ひ	テ	ト	狙	ぽ	話	圧	多	覧	摘	だ	出
は	さ	み	ミ	者	ラ	芸	リ	投	リ	狙	育	ニ	場	ク	ゅ	所
ラ	イ	ブ	ッ	て	圧	合	妊	ニ	ぎ	解	公	開	機	側	圧	出
意	ょ	ふ	ク	会	写	じ	の	仮	想	海	だ	式	故	関	力	カ

現在の
ライブ
主張
編集
アトミック
叔母者
機関
圧力
横に振りました
に従って
参加して
転送
釣りは
はさみ
条件
検索
の仮想
戦争
ノートブック
公式

Puzzle 210

スペルの
バンワード
観点
面積は
条約
単に
音声
脅威
立派
ウィンドウの
月面
キュウリ
スプリングは
マニュアル
自身は
キュウリを
紫色の
の入り口
プライマリ
ささやかな

ラ	ス	き	ウ	く	ラ	加	リ	ク	立	退	だ	お	面	場	選	出
ヌ	育	ヒ	ス	ィ	ハ	ん	や	ひ	派	囚	ヌ	ざ	ぎ	積	芸	や
ド	く	覧	ん	ざ	ン	条	約	単	に	ヒ	せ	嶋	社	ニ	は	画
海	ト	ヒ	ざ	サ	ホ	ド	の	入	り	口	音	声	故	本	グ	コ
辞	紫	っ	側	ヱ	む	ル	ウ	ゃ	ひ	ニ	ひ	っ	ヌ	精	ン	ス
や	社	色	バ	ン	ワ	ー	ド	の	ぽ	ぽ	観	合	応	室	リ	合
き	コ	進	の	ぽ	ニ	応	れ	ル	っ	囚	点	ヌ	れ	テ	プ	京
脅	威	テ	く	無	む	ど	室	ペ	リ	ス	自	つ	出	私	ス	エ
覧	っ	ク	育	し	や	れ	応	ス	ホ	育	身	で	さ	阪	方	阪
コ	安	も	結	本	出	チ	愛	月	面	エ	は	を	さ	ド	安	応
囚	報	嶋	摘	場	ル	む	っ	プ	ラ	イ	マ	リ	や	ひ	無	テ
マ	ニ	ュ	ア	ル	き	ツ	コ	側	つ	ク	て	ウ	か	ト	芸	ぽ
キ	ュ	ウ	リ	方	っ	愛	何	写	し	て	ょ	ュ	な	然	ょ	ひ
狙	モ	ニ	応	金	ぐ	論	モ	べ	芸	社	退	キ	向	モ	通	ソ
出	覧	金	何	所	場	ど	ぎ	し	芸	方	ス	重	ホ	退	ル	加

Puzzle 211

自	画	フ	ノ	少	登	ゅ	も	貧	困	を	ア	リ	ー	ナ	方	社
主	国	ク	報	年	メ	カ	再	画	通	む	ハ	で	京	加	キ	ぽ
的	家	ロ	カ	精	所	デ	モ	化	私	開	海	や	ソ	権	百	ー
な	ゃ	ウ	ぎ	エ	阪	る	ィ	論	乏	方	む	本	レ	弱	社	ぐ
っ	画	解	進	ニ	場	場	で	ア	付	随	開	然	き	ニ	や	で
権	ぎ	ツ	ト	場	メ	む	能	何	場	京	べ	嶋	ど	解	中	心
事	ふ	だ	場	ん	イ	ヌ	力	写	愛	ホ	だ	ひ	エ	解	納	屋
業	の	異	な	る	ク	ど	は	て	ひ	ま	っ	だ	画	く	ど	圧
論	応	芸	応	出	リ	ピ	ー	ト	で	べ	ト	ゅ	ク	育	ノ	ク
芸	重	百	重	ぐ	ぐ	圧	ノ	く	き	せ	百	ょ	だ	ホ	化	モ
ニ	大	側	ク	ト	サ	乏	ょ	歩	安	化	ハ	乏	ド	ふ	権	ド
ト	ド	声	重	乏	る	ス	圧	解	レ	乏	く	チ	出	ク	辞	も
社	読	ト	っ	無	ツ	ニ	話	く	ス	ヒ	登	京	む	ヱ	尋	応
ハ	合	応	報	セ	合	ツ	ニ	い	っ	た	弱	画	ど	だ	ね	ぼ
何	ぼ	社	画	芸	精	写	暫	ぐ	応	登	ホ	ヱ	く	写	だ	ひ

リピート
メディア
キー
の異なる
でき
国家
能力は
貧困を
事業
付随
アリーナ
少年
いった
自主的な
大声
フクロウ
メイク
尋ね
中心
納屋

Puzzle 212

戦いの
祖父
緩やかな
一種
ハムスター
キリン
ダイジェスト
高速道路の
超高層
ソース
塗料
結婚は
間違っ
コーヒー
ピース
草原
成功
選挙
傾斜
書き込み

戦	ふ	狙	再	せ	ざ	カ	る	投	論	じ	ス	て	レ	多	安	ヱ
い	草	原	書	ト	側	室	側	ヌ	暫	歩	や	じ	読	ド	読	結
の	狙	る	嶋	き	ニ	だ	ド	開	海	ダ	イ	ジ	ェ	ス	ト	間
ル	囚	重	キ	通	込	高	速	道	路	の	れ	ど	ヌ	合	所	違
海	所	ま	つ	リ	阪	み	私	ソ	ー	ス	き	進	る	ト	ヒ	っ
き	圧	傾	阪	囚	ン	然	私	カ	タ	だ	ぎ	ょ	向	ニ	祖	側
っ	進	斜	百	重	退	だ	つ	私	ス	ノ	む	ラ	報	で	父	し
応	場	ホ	報	開	る	重	ス	選	ム	ぐ	し	意	ぎ	話	ょ	結
ピ	ー	ス	ト	ひ	芸	ふ	進	ぼ	ハ	ょ	室	開	ど	育	応	論
ス	安	本	べ	だ	応	結	婚	は	選	で	成	ス	然	や	一	種
場	登	重	登	ヌ	ゃ	向	無	も	百	挙	功	解	会	む	論	ソ
る	進	れ	登	緩	選	っ	ス	論	重	塗	報	ん	ど	べ	チ	ニ
お	ラ	所	ホ	や	て	ぎ	だ	ニ	っ	料	ぐ	進	安	加	出	せ
せ	ク	京	精	か	コ	ー	ヒ	ー	囚	権	安	ソ	画	結	写	も
お	し	報	安	な	辞	ま	ぼ	芸	何	き	ひ	ニ	囚	超	高	層

Puzzle 213

進	や	カ	、	ノ	結	社	ふ	ょ	無	愛	ぎ	室	応	リ	ッ	プ
れ	ま	ふ	カ	圧	ば	じ	ホ	る	摘	だ	愛	ト	ラ	社	高	能
ク	楽	ょ	リ	出	カ	然	ん	阪	砂	ヌ	ソ	モ	読	し	度	加
社	し	ょ	フ	ま	化	ベ	精	も	ニ	再	ひ	暫	通	金	ツ	リ
暖	ま	だ	ラ	ラ	育	ル	暫	ル	お	で	無	退	場	学	阪	ト
会	か	ざ	ワ	っ	与	論	砂	歩	ニ	私	狙	で	百	ぶ	歩	無
テ	む	い	ー	ざ	え	安	話	ツ	場	登	せ	加	ま	解	ス	会
ょ	だ	黒	種	を	ら	の	ト	ラ	ン	ク	お	阪	ハ	ト	ド	議
砂	通	画	ド	太	れ	ぎ	有	簡	単	な	テ	砂	歩	画	き	は
方	子	ニ	許	字	た	ラ	ろ	害	私	ク	通	レ	場	暫	レ	ふ
や	の	重	可	れ	せ	ぎ	ク	ゃ	が	進	応	場	読	ド	電	気
百	方	愛	ま	ニ	し	重	む	応	つ	ま	画	何	阪	せ	郵	砂
ハ	場	ク	だ	社	ヒ	ざ	向	じ	妊	ま	カ	弱	ツ	出	便	れ
投	む	社	解	モ	退	所	金	投	む	ょ	通	然	ぐ	写	配	選
ざ	票	金	ざ	安	ツ	結	摘	ツ	室	カ	っ	写	解	チ	達	無

会議は
結ば
許可
リップ
投票
高度
、カリフラワー
学ぶ
電気
種を
黒い
トランク
与えられた
楽しま
暖かい
子の
郵便配達
簡単な
の有害が
太字

Puzzle 214

アクセス
ました
豊富な
彼女の
透明
ナツメグ
正確に
評価
スイング
、個々の
絹のような
鉱山
話して
描く
池の
魅力
、年齢・
愛情
ひょう
地理

百	安	で	ア	写	方	で	選	ま	っ	登	ぼ	精	っ	エ	阪	無
れ	投	ド	ク	育	所	囚	し	し	重	開	愛	多	登	私	っ	し
本	百	レ	セ	話	れ	ま	加	た	む	側	ヒ	じ	本	向	画	暫
き	写	ひ	ス	豊	富	な	エ	ぎ	ノ	権	ト	ホ	ス	覧	場	加
愛	私	評	ヌ	育	テ	化	側	報	セ	セ	ゅ	重	イ	く	サ	妊
エ	情	価	ド	れ	ク	報	阪	退	写	ツ	ふ	京	ン	エ	ざ	何
透	ニ	出	ゃ	論	ノ	ノ	る	っ	る	ひ	話	話	グ	メ	ツ	ナ
明	鉱	山	本	べ	歩	化	モ	無	側	ょ	れ	ゅ	し	進	妊	能
圧	く	出	ク	ざ	報	ス	社	ヌ	ぼ	も	で	ょ	狙	て	会	投
摘	ト	エ	然	魅	ど	だ	き	き	ト	所	精	論	サ	ふ	投	ヌ
カ	京	ん	ひ	ル	カ	無	側	摘	サ	絹	の	よ	う	な	チ	れ
も	百	会	ニ	応	・	齢	年	、	正	彼	池	む	べ	歩	芸	投
嶋	ひ	精	覧	チ	ホ	所	砂	個	確	女	社	き	ぼ	向	だ	む
本	ひ	ニ	ト	写	描	地	理	々	に	の	テ	ひ	ょ	う	ヒ	ツ
だ	く	海	ざ	ヒ	く	百	ま	の	意	会	チ	多	百	室	く	く

Puzzle 215

セ	ル	利	用	可	能	な	海	チ	っ	百	解	サ	化	京	じ	ん
の	ス	報	ト	コ	妊	る	室	ゃ	機	つ	ま	先	や	コ	無	視
階	場	無	囚	重	ト	ヱ	ツ	エ	会	む	夕	焼	け	の	ヌ	ホ
段	弱	も	コ	チ	多	暫	だ	嶋	育	ぼ	投	ク	選	ざ	妹	所
が	加	捧	ニ	エ	ぐ	化	論	囚	ス	阪	鳥	ツ	む	し	読	を
ホ	再	だ	げ	ま	開	本	開	解	ぼ	ぐ	ノ	の	画	再	ツ	ょ
選	む	て	て	る	つ	ホ	し	チ	歩	お	セ	応	乏	会	ょ	摘
ん	再	チ	開	つ	ん	重	ク	チ	話	狙	公	園	き	サ	登	き
だ	故	応	選	市	話	百	べ	ス	話	ル	ん	ド	海	お	だ	べ
妊	セ	チ	摘	民	、	出	エ	結	社	れ	報	ツ	ト	写	再	エ
ま	批	判	を	の	さ	ふ	応	都	市	を	適	ひ	ふ	芸	加	テ
何	無	貸	化	摘	ら	カ	登	じ	も	ニ	格	妊	ク	重	複	る
っ	ぽ	し	ま	だ	に	ニ	場	む	圧	加	妊	だ	阪	れ	ひ	モ
ニ	本	ま	私	ト	の	な	い	育	つ	結	ラ	ホ	ぐ	加	ぼ	だ
せ	解	す	応	再	ひ	ホ	然	ヒ	ド	ヌ	ざ	登	応	論	っ	出

鳥の
妹を
市民の
夕焼けの
都市を
のない
、さらに
貸します
つま先
セル
無視
の階段が
適格
捧げる
批判を
利用可能な
公園
選んだ
機会
重複

Puzzle 216

、完全な
教会
スカーフ
キャベツ
予測
クールな
整理
ファーム
全体の
エクスプレス
最大
支出
執行
ヘラジカ
隣人
、これまで
勇敢な
友人が
教育
プロジェクトは

教	育	ソ	安	ょ	ゅ	権	ゅ	側	リ	教	会	執	ス	ゃ	場	サ
重	ゃ	は	ヒ	カ	然	意	で	弱	く	ニ	海	行	カ	結	進	選
整	理	ト	ひ	摘	解	登	選	じ	カ	安	っ	ハ	ー	最	大	愛
へ	ん	ク	精	じ	ク	投	リ	社	私	圧	進	辞	フ	精	モ	育
所	ラ	ェ	ク	ツ	通	論	ス	阪	ゃ	側	応	安	フ	ァ	ー	ム
応	ヒ	ジ	つ	だ	ぐ	ヒ	チ	だ	ル	愛	結	論	安	向	百	能
辞	カ	ロ	カ	芸	ラ	レ	写	ノ	く	ろ	結	テ	だ	私	ド	意
ス	レ	プ	ス	ク	エ	ヌ	育	だ	ス	登	ひ	何	本	っ	も	れ
ク	隣	が	く	歩	意	室	ま	側	る	ゅ	だ	ソ	ゃ	ぎ	支	出
ー	本	人	写	画	登	海	じ	む	せ	写	写	エ	通	ニ	画	せ
ル	嶋	友	側	く	キ	場	ま	ぐ	チ	会	百	ホ	本	圧	進	再
な	敢	勇	合	能	ャ	私	ヒ	応	や	ぼ	っ	解	セ	ヱ	妊	カ
、	完	全	な	っ	べ	ろ	辞	ょ	愛	画	ク	再	選	砂	砂	や
ぎ	ホ	く	や	予	ツ	百	応	全	体	の	、	こ	れ	ま	で	コ
摘	ょ	覧	ク	ぐ	測	社	れ	百	く	再	砂	ヱ	京	ヱ	室	阪

Puzzle 217

妊	通	嶋	ざ	ニ	ラ	ギ	で	ぎ	暫	ヱ	セ	合	ぼ	多	暫	精
精	化	れ	ま	迅	結	ッ	ュ	せ	ん	等	ク	暫	解	ざ	少	し
登	百	ト	壮	速	狙	金	シ	ッ	阪	し	シ	私	ひ	ド	モ	社
ひ	ん	会	ホ	大	方	エ	本	ュ	画	い	ョ	ぐ	場	退	き	海
ど	然	れ	側	更	新	ま	ハ	然	を	し	ン	時	間	故	登	方
能	応	き	摘	進	ヱ	応	ニ	合	迎	れ	の	京	百	進	ど	ざ
ぎ	ホ	選	百	カ	つ	リ	登	ぎ	歓	然	家	く	ハ	れ	ぎ	ク
化	ヱ	覧	然	育	会	だ	ラ	ニ	レ	精	ぼ	ぐ	リ	ひ	カ	結
芸	じ	き	摘	ヒ	妊	出	然	ま	一	だ	ヱ	報	ネ	所	テ	画
応	方	応	弱	解	歩	ゃ	し	意	目	ク	ゃ	ニ	ズ	ヌ	ル	加
加	多	写	ド	ス	能	ク	向	レ	ラ	精	写	愛	ミ	結	で	祖
向	選	暫	ノ	ツ	ひ	ラ	然	場	ニ	報	編	を	ヌ	投	つ	先
ふ	ゃ	っ	ッ	覧	砂	イ	ニ	加	砂	リ	テ	登	金	論	芸	や
ひ	っ	ト	ト	モ	突	然	で	だ	ホ	イ	ー	ル	論	ょ	精	ふ
進	ハ	ヒ	カ	ラ	ス	っ	何	だ	精	狙	登	狙	歩	海	ス	然

カラス
壮大
編を
等しい
少し
セクションの
歓迎を
ラッシュを
ホイール
時間
クライ
家の
ノット
ハリネズミ
更新
一目
祖先
突然
迅速
ギュッ

Puzzle 218

の	カ	る	多	家	っ	買	加	出	レ	方	カ	ひ	ヌ	精	ひ	っ
ス	ポ	ン	ジ	重	賃	っ	だ	コ	ク	ッ	ネ	ふ	乏	重	妊	砂
パ	ひ	場	摘	能	狙	の	筆	鉛	リ	ハ	だ	摘	加	多	無	ぎ
、	ゅ	侵	歩	食	応	登	投	せ	エ	ひ	ひ	ス	砂	何	だ	ゅ
ヒ	投	ハ	略	品	イ	ニ	て	お	ー	チ	む	解	選	進	ヌ	せ
進	レ	阪	向	意	意	一	百	ニ	シ	せ	コ	砂	狙	長	愛	側
摘	ス	平	和	故	ス	サ	グ	結	ョ	気	ぎ	歩	報	さ	精	日
報	ぽ	多	ま	パ	パ	話	ハ	ル	ン	候	応	く	然	が	育	時
ぎ	圧	歩	意	っ	金	画	結	イ	京	モ	選	京	カ	お	近	計
ま	ざ	加	ん	本	ス	エ	っ	ダ	き	権	多	む	だ	所	い	話
摘	ソ	テ	ニ	れ	ろ	モ	歩	コ	精	だ	重	ど	ド	ツ	出	ぐ
百	話	阪	側	多	ぎ	ベ	ヌ	ロ	何	ソ	べ	せ	会	だ	妊	ゅ
交	渉	登	所	ま	何	芸	モ	ク	ク	会	慎	重	な	椅	ぐ	ま
百	つ	意	海	所	本	阪	ク	っ	京	ぽ	育	ざ	ひ	子	覧	ラ
阪	摘	多	ス	権	乏	話	結	ス	ト	安	投	覧	摘	ス	百	投

家賃の
日時計
食品
気候
侵略
クロコダイル
スポンジ
長さが
平和
鉛筆の
レクリエーション
パパ
近い
慎重な
買っ
交渉
椅子
、パスの
ネック
イーグル

Puzzle 219

故	だ	能	し	ふ	方	カ	ル	ひ	お	ラ	ク	だ	解	ニ	砂	チ
ゃ	し	よ	う	通	乏	ト	ぼ	ル	ト	ボ	能	多	圧	だ	エ	べ
再	む	多	愛	選	く	ド	て	嶋	ン	ク	ヌ	合	ひ	然	向	リ
お	明	き	ぐ	ハ	芸	話	再	暫	ボ	然	報	精	安	ヱ	ス	ト
合	う	ら	も	画	る	ラ	ま	サ	話	リ	サ	ド	し	登	せ	ゅ
多	場	退	か	卵	の	ぼ	っ	投	モ	阪	イ	れ	て	合	く	育
摘	写	ノ	ぽ	に	リ	量	ド	故	ど	だ	ト	場	く	然	む	選
狙	育	京	意	っ	す	の	夜	ホ	所	合	精	ふ	だ	ぼ	コ	何
向	花	ひ	お	写	社	る	な	愛	親	お	化	ス	さ	写	じ	投
ゃ	お	の	側	投	圧	能	辞	レ	本	応	竜	が	い	っ	、	せ
ラ	育	故	ツ	ク	多	ツ	き	む	せ	通	ゃ	開	は	ど	十	進
コ	然	ん	ト	テ	ハ	所	ぽ	乏	っ	ホ	ソ	ひ	、	弱	分	百
ア	ク	シ	ョ	ン	レ	乏	彼	れ	ぼ	ひ	ヌ	結	貴	や	な	本
ぼ	摩	、	私	ひ	百	ビ	女	ぽ	応	ス	ス	芸	重	ツ	で	ト
ひ	耗	緑	べ	嶋	ソ	論	辞	投	覧	室	囚	じ	ヱ	く	ざ	開

トンボ
量の
明らかにする
夜の
彼女
テレビ
、十分な
しよう
摩耗
竜が
ボトル
、緑
親愛なる
アクション
もらう
してくださいは、
卵の
花の
貴重
サイト

Puzzle 220

について
保存
目に見える
野球
制御を
精神
ソリューションを
メンバーの
埃っぽい
ハリケーンが
した後
証拠は
チャレンジ
ドッグ
靴下
農家
人は
バスケット
サイリング
夜明けの

ト	所	く	ト	所	ハ	る	保	レ	レ	ハ	ゃ	ふ	ニ	っ	っ	ル
ひ	っ	出	人	は	砂	リ	存	ヌ	画	靴	下	サ	砂	狙	っ	暫
レ	ょ	ど	重	安	応	選	ケ	れ	べ	写	読	イ	砂	ノ	退	レ
チ	ャ	レ	ン	ジ	ひ	方	写	ー	精	せ	ろ	リ	場	場	場	ク
投	ヱ	れ	の	ス	妊	ツ	ざ	ざ	ン	だ	選	ン	安	ヌ	応	ノ
ソ	リ	ュ	ー	シ	ョ	ン	を	御	制	が	ニ	グ	証	き	精	コ
夜	ト	応	バ	ス	だ	報	登	べ	妊	ホ	ノ	ふ	バ	拠	投	場
ハ	明	愛	ン	や	埃	ひ	ぼ	ょ	囚	ド	ッ	グ	ス	乏	は	ス
チ	エ	け	メ	だ	っ	ど	ゅ	画	社	読	再	し	ケ	ド	読	だ
ド	覧	百	の	意	ぽ	ぎ	ひ	ヒ	お	囚	ぎ	た	ッ	ド	ぎ	登
で	じ	通	農	家	い	ろ	ひ	ク	加	し	京	後	ト	精	る	ツ
進	ツ	ろ	に	つ	い	て	目	に	見	え	る	つ	合	神	何	百
ま	も	ニ	れ	場	ヱ	加	ス	く	愛	圧	暫	話	育	ぐ	百	ド
コ	加	室	し	ス	せ	モ	べ	退	妊	弱	ソ	ヒ	エ	化	む	育
阪	ヱ	野	球	応	方	重	ん	能	ゅ	狙	ス	ト	所	エ	モ	ひ

Puzzle 221

キ	ャ	ッ	プ	金	コ	登	ゅ	画	側	つ	出	モ	ひ	ラ	エ	つ
画	歩	所	妊	投	ー	ん	だ	砂	ふ	も	チ	ス	よ	場	だ	嶋
論	ひ	乏	ひ	ぽ	ト	ま	愛	ノ	べ	画	故	ヱ	こ	愛	無	金
乏	れ	重	結	モ	を	ド	ど	ひ	ヱ	ク	海	く	私	ふ	登	応
ゃ	狙	ホ	べ	暫	、	は	子	の	女	ヌ	ひ	増	ラ	ン	プ	ヌ
ニ	チ	も	開	囚	ぽ	急	弱	写	再	囚	だ	加	芸	だ	論	ク
ラ	ェ	戻	り	無	ト	写	速	ざ	ラ	故	ク	社	ト	進	だ	金
ツ	リ	安	意	つ	応	敗	失	に	リ	芸	じ	ど	ヱ	ヌ	狙	ク
辞	ー	方	結	嶋	報	む	登	解	ぎ	暫	ゃ	ぐ	ヌ	ク	摘	会
加	ひ	モ	ツ	ろ	ス	画	ソ	能	阪	加	る	プ	会	投	ノ	応
ス	ケ	ー	ト	を	も	む	ゃ	ヒ	む	モ	安	私	レ	ル	室	嶋
ホ	ハ	せ	ヒ	音	行	わ	コ	せ	モ	意	ま	ざ	弱	ー	弱	ひ
エ	ー	年	エ	発	ぎ	合	愛	嶋	読	幸	せ	な	逮	捕	ト	だ
社	ド	だ	間	ス	ル	辞	で	応	エ	ニ	多	ぐ	カ	ス	タ	ム
会	砂	選	故	場	で	向	ろ	つ	ラ	ぼ	画	場	育	暫	権	ヒ

チェリー
女の子は、
幸せな
年間
ハード
キャップ
ランプ
コートを
発音を
プレート
スケートを
に失敗
カスタム
戻り
増加
ひよこ
逮捕
行わ
、急速に
社会

Puzzle 222

マ	ょ	ク	ぎ	エ	ヌ	ヌ	、	シ	カ	絶	テ	阪	ゅ	む	つ	ト
選	イ	ア	ク	テ	ィ	ブ	な	読	論	対	ツ	ゃ	む	多	覧	覧
ぼ	場	グ	ン	キ	ー	ワ	京	投	芸	室	多	ス	ス	安	暫	で
ゃ	合	く	レ	ス	室	使	意	通	全	ト	ん	て	話	京	室	ひ
足	つ	ひ	ゃ	ー	重	用	出	妊	員	て	妊	多	砂	囚	じ	投
ま	が	実	行	愛	シ	は	し	方	の	乏	き	カ	ょ	所	ひ	結
投	き	ひ	通	だ	ス	ョ	ル	お	ん	ゅ	選	ヌ	本	ソ	ま	ク
午	ま	読	多	っ	や	弱	ン	ぼ	ゃ	だ	っ	ぎ	加	ホ	金	で
写	後	っ	テ	家	誕	生	日	・	ち	側	べ	意	解	ス	阪	意
会	京	開	故	族	覧	ヌ	話	画	い	ク	報	本	辞	く	狙	む
べ	海	多	弱	退	リ	室	無	コ	じ	ぽ	ぼ	解	本	覧	ひ	出
ツ	弱	社	だ	報	シ	会	ヌ	乏	お	弱	側	悲	惨	さ	を	弱
結	論	結	芸	乏	ェ	つ	お	お	ハ	っ	通	し	チ	京	砂	狙
モ	お	経	験	ト	ル	れ	ひ	金	向	適	切	な	応	覧	摘	ス
金	タ	ス	ク	の	ド	ル	ー	ィ	フ	ヌ	余	り	が	報	結	お

全員の
フィールドの
午後
マイグレーション・
使用は
家族
おじいちゃんの
余りが
シェル
ワーキング
適切な
悲惨さを
タスクの
足が
アクティブな
誕生日
絶対
実行
、シカ
経験

Puzzle 223

サ	社	場	覧	っ	囚	セ	勧	誘	を	ざ	ど	ク	ぼ	弱	し	場
ぎ	ょ	意	き	権	て	ぎ	写	レ	挿	生	ま	れ	患	者	だ	や
ニ	画	せ	方	登	社	辞	ぐ	ニ	入	選	を	進	ニ	ょ	複	報
開	き	っ	サ	弱	ホ	辞	所	開	し	ど	チ	超	歩	ゅ	雑	百
ニ	だ	ク	通	退	ど	阪	ろ	ぎ	所	ゃ	ョ	ス	え	方	な	乏
社	ス	化	場	て	向	ひ	登	加	べ	ハ	コ	ぼ	ス	て	技	論
ぎ	だ	ょ	ト	ニ	ニ	金	弱	送	っ	ひ	レ	バ	ナ	ナ	術	ろ
開	画	ぼ	ょ	画	ぎ	方	結	結	ニ	論	ー	向	ノ	摘	精	む
む	ブ	海	ク	ハ	登	ゃ	だ	果	ゃ	ル	ト	ス	キ	テ	で	芸
覧	故	ラ	イ	オ	ン	の	囚	無	室	投	ス	じ	囚	ソ	妊	精
応	れ	狙	ク	妊	話	だ	妊	意	ラ	育	せ	ト	ラ	ク	芸	社
圧	週	所	所	ス	開	お	金	通	朝	食	ヒ	出	ス	歩	論	リ
ょ	末	ヒ	テ	然	敬	エ	ぐ	百	ハ	俳	優	べ	阪	社	じ	ろ
社	は	作	成	弱	セ	遠	ひ	方	出	阪	ぼ	コ	社	ル	故	郷
解	、	愛	嶋	む	再	ゃ	然	精	退	チ	ふ	れ	会	所	ど	育

ライオンの
敬遠
患者
朝食
チョコレート
技術
結果
勧誘を
作成
挿入し
複雑な
スクラブ
故郷
送っ
テキスト
を超えて
バナナ
生まれ
俳優
週末は、

Puzzle 224

ょ	出	応	コ	も	た	ら	し	た	る	の	論	ヌ	無	願	愛	ゅ
精	何	応	キ	レ	解	室	暫	る	ヒ	赤	れ	ん	故	育	い	ど
通	登	エ	ャ	所	ク	子	羊	重	開	ち	ス	ニ	モ	だ	き	を
解	ヱ	何	ン	側	ッ	ト	ル	囚	退	ゃ	能	意	本	ざ	べ	ニ
ょ	ょ	ま	プ	ゃ	ロ	社	嶋	画	べ	ん	側	ま	ヒ	セ	ぎ	重
ゃ	ツ	読	ラ	っ	べ	ひ	お	エ	ハ	の	ウ	ハ	ウ	ノ	る	権
向	私	囚	結	退	金	妊	話	室	だ	再	ソ	ト	チ	所	育	解
エ	論	っ	示	社	滅	写	ソ	圧	ツ	論	育	お	洞	エ	で	多
だ	読	論	し	阪	び	ヌ	が	ラ	エ	場	会	ト	窟	側	場	ニ
画	多	開	た	サ	る	百	豊	存	め	っ	た	に	投	法	定	応
側	愛	オ	べ	イ	が	乏	か	読	在	だ	行	く	シ	権	ハ	も
ニ	ょ	妊	だ	進	、	ど	な	だ	サ	百	所	で	ン	退	権	コ
ま	精	も	社	囚	社	ヒ	つ	進	ん	ゃ	じ	ル	ク	ー	サ	ト
多	重	加	故	意	覧	ぼ	結	ツ	投	ひ	ニ	べ	乏	画	開	ひ
場	砂	再	加	れ	故	側	囚	開	ぎ	画	ぎ	意	育	ク	出	登

の赤ちゃんの
法定
キャンプ
コレクト
もたらした
示した
滅びるが、
が存在
サークル
めったに
行く
洞窟
オベイ
豊かな
ベルで
ロック
シンク
ノウハウの
願いを
子羊

Puzzle 225

投	ペ	ノ	愛	ひ	し	き	セ	モ	登	解	向	ぼ	妊	詳	リ	育
意	イ	ひ	消	摘	然	妊	意	ど	こ	で	も	ホ	だ	細	リ	つ
ニ	ン	ひ	ぐ	防	ぎ	通	百	暫	投	弱	乏	暫	育	は	金	私
応	ト	投	登	安	士	レ	圧	選	読	だ	だ	無	チ	、	ベ	テ
て	ツ	ふ	ょ	場	ス	ド	摘	報	暫	じ	ヒ	重	溶	ぼ	論	所
ま	登	お	グ	ホ	確	無	ヘ	ン	金	む	意	要	融	つ	カ	ぐ
レ	ス	ト	ラ	ン	能	立	ま	む	場	場	て	な	狙	だ	弱	辞
チ	ャ	ン	ス	ノ	キ	基	本	ひ	ま	ヱ	ひ	ト	よ	り	っ	精
っ	合	能	反	然	合	ッ	芸	だ	無	種	類	の	モ	ぎ	ニ	辞
京	論	選	対	ぎ	ゅ	読	ト	ひ	摘	く	ゅ	私	ク	ホ	ゅ	結
京	ニ	多	ぎ	ラ	れ	結	し	ス	せ	セ	世	暫	登	解	金	嶋
砂	ラ	カ	ツ	芸	ヒ	る	辞	所	精	妊	紀	ひ	摘	せ	ヱ	ク
ぐ	ニ	レ	カ	ン	ガ	ル	ー	開	通	ト	に	妊	退	る	向	ニ
黄	色	圧	場	京	む	く	応	芸	ホ	、	は	ト	ッ	ミ	サ	無
ハ	芸	ト	せ	芸	ト	芸	何	通	り	ぎ	投	ざ	れ	ホ	愛	ひ

防ぐ
詳細は、
ヘン
基本
重要な
溶融
消防士
サミットは、
ストッキング
チャンス
反対
種類の
ペイント
確立
どこでも
世紀には
レストラン
カンガルー
黄色
より

Puzzle 226

スノードロップ
ドライバ
荒野
病気
百頭の
水分を
カブトムシが
過半数の
含まれ
と言う
砂漠の
構築
ミックス
ている
の後に
奇妙な
愛する
地域
スケート
野生

精	重	解	進	ド	ス	ホ	砂	が	百	故	阪	ま	多	ぼ	狙	百
解	ク	室	ひ	ラ	ク	ケ	妊	シ	水	分	を	再	金	野	生	ヒ
だ	嶋	合	む	イ	ッ	応	ー	ム	再	モ	ト	向	応	結	圧	所
ラ	進	含	サ	バ	ミ	圧	ふ	ト	摘	れ	妊	ひ	安	結	読	ト
ス	写	ま	も	開	荒	や	チ	ブ	ク	開	ょ	過	て	ゅ	私	社
病	気	れ	ス	ど	登	野	狙	カ	チ	登	の	半	ざ	ま	何	ニ
摘	レ	圧	会	重	摘	て	室	ぎ	重	会	後	数	構	築	ど	愛
社	方	ひ	加	安	レ	だ	解	だ	私	登	に	の	や	カ	乏	す
ス	ノ	ー	ド	ロ	ッ	プ	地	奇	妙	な	化	ホ	ぎ	社	サ	る
ん	開	無	ソ	て	精	べ	域	ス	と	砂	意	結	っ	本	ぎ	い
百	阪	選	る	ょ	嶋	本	ぽ	本	言	漠	リ	読	テ	つ	ホ	て
室	頭	コ	多	ハ	方	結	芸	報	う	の	所	セ	何	ょ	意	芸
読	ぐ	の	出	ヌ	ひ	チ	ニ	海	再	セ	向	ど	私	っ	嶋	ぐ
べ	ぐ	れ	解	場	暫	ホ	選	ざ	砂	然	ょ	化	ツ	ヌ	向	レ
暫	ょ	室	京	ひ	れ	精	何	応	百	ぎ	カ	サ	辞	ま	ク	ひ

Puzzle 227

ろ	レ	せ	幸	育	、	実	際	に	能	コ	囚	ぽ	ノ	や	っ	ヱ
む	私	ツ	せ	解	べ	多	ク	ク	応	ひ	ゅ	育	向	通	ス	セ
圧	火	ヌ	何	ぎ	向	選	ま	ト	く	ニ	ん	し	フ	ホ	何	ツ
ク	カ	災	だ	ひ	話	お	れ	所	ど	向	だ	よ	ェ	化	話	弱
じ	安	ツ	て	無	専	い	セ	登	画	ト	合	う	ン	サ	ど	退
調	リ	芸	ニ	ノ	門	し	ぎ	ト	ス	場	ト	と	ス	進	起	で
査	不	規	則	な	の	い	重	選	芸	乏	ま	育	を	だ	何	動
海	っ	論	ト	せ	ゃ	結	ニ	だ	資	再	愛	乏	ク	好	応	暫
で	画	ょ	ス	権	再	育	ク	応	能	源	も	む	カ	奇	ぼ	砂
テ	写	て	テ	ぐ	エ	本	ノ	出	自	由	べ	イ	ニ	心	阪	会
ド	ク	ブ	ィ	テ	イ	ネ	狙	狙	有	罪	と	な	っ	旺	多	意
そ	ら	す	ッ	ま	論	京	ク	ホ	選	ラ	て	っ	開	盛	ニ	金
解	ヌ	摘	ク	カ	れ	な	っ	場	ぎ	合	て	写	く	ス	暫	お
覧	ル	つ	は	ぽ	ひ	サ	ス	つ	ハ	っ	私	化	話	方	で	ニ
ト	ひ	方	、	ニ	ぐ	合	ヌ	芸	や	れ	ど	無	室	じ	や	登

そらす
おいしい
専門の
調査
フェンスを
不規則な
好奇心旺盛
資源
ネイティブ
有罪
となっ
しようと
幸せ
起動
、実際に
スティックは、
なっ
ベイ
火災
自由

Puzzle 228

論	ネ	オ	や	意	論	ぎ	通	登	エ	科	ぎ	ぐ	加	愛	側	ひ
平	ク	ー	ぎ	で	や	ふ	つ	環	境	学	進	私	話	ぎ	合	精
野	タ	プ	妊	ド	ひ	ヌ	る	弱	ク	者	暫	リ	ラ	む	社	せ
リ	イ	ナ	報	つ	ひ	報	芸	側	覧	ヌ	ソ	応	狙	ざ	ヌ	写
っ	ラ	ー	ざ	じ	ヌ	何	ょ	会	ぎ	化	京	登	結	知	ぎ	や
ぽ	ざ	ッ	辞	画	王	暫	ニ	芸	お	ノ	ー	ト	ド	ら	ぽ	何
ぎ	ラ	側	ク	る	冠	同	一	個	人	は	計	算	投	ゅ	ま	何
エ	ぎ	嶋	ス	ス	の	ぎ	辞	場	テ	然	ス	話	ま	ツ	だ	需
阪	ニ	会	ク	ニ	ホ	ぽ	レ	ル	ふ	ホ	ッ	ト	む	第	能	要
登	応	会	側	出	ょ	重	阪	合	ま	ゅ	登	ヒ	テ	ぼ	十	を
だ	囚	開	私	ヒ	報	チ	ヌ	だ	無	て	ト	ど	ソ	囚	乏	チ
ヌ	ょ	写	ド	回	避	す	る	く	ヒ	暫	京	無	投	然	べ	写
結	ラ	ラ	ラ	キ	ャ	ン	デ	ィ	社	合	応	ま	方	意	し	論
所	合	ラ	イ	ぐ	本	し	然	愛	ぽ	ょ	歩	嶋	で	攻	話	お
も	ま	金	ブ	ラ	つ	犯	罪	だ	ク	室	会	方	ょ	れ	撃	芸

ノート
犯罪
知ら
リラックス
ネクタイ
第十
個人は
攻撃
オープナー
科学者
環境
平野
同一
ホット
ドライブ
キャンディ
回避する
王冠の
需要を
計算

Puzzle 229

伴	ま	ノ	ニ	愚	ヘ	ッ	ジ	通	穏	何	然	る	室	ト	選	ゃ
モ	う	出	然	や	か	覧	注	ツ	や	む	方	ヌ	室	ッ	ま	私
ぎ	ト	ぼ	コ	進	つ	な	ぐ	辞	か	ホ	京	進	べ	プ	ハ	暫
赤	選	や	ま	社	話	ま	能	撤	に	モ	安	私	歩	画	く	覧
ち	セ	精	場	応	だ	無	ひ	回	登	退	妊	む	っ	結	れ	応
ゃ	ひ	ー	タ	ス	マ	阪	話	何	ド	む	ニ	登	応	て	私	個
ん	能	ゴ	ー	ス	ト	品	質	タ	方	で	ル	多	む	読	覧	人
の	セ	ス	ュ	選	レ	ト	報	レ	投	話	応	ヱ	サ	ん	本	的
愛	進	エ	ピ	レ	摘	ぽ	愛	ン	選	通	嶋	ぼ	退	圧	ハ	に
芸	れ	ニ	ン	何	側	化	化	ト	応	ぎ	ぎ	場	嶋	第	ツ	応
京	ソ	私	コ	お	め	で	と	う	応	ヒ	の	初	最	六	チ	れ
退	応	モ	ヌ	方	通	む	ニ	場	所	ぐ	経	意	ル	阪	本	れ
ソ	サ	開	重	論	ふ	化	場	ト	だ	ま	路	ニ	選	ソ	へ	ぎ
選	多	然	れ	再	報	然	報	砂	摘	ぽ	愛	無	リ	ぶ	ア	ぎ
レ	選	阪	画	通	権	芸	登	ひ	阪	ぽ	っ	ニ	カ	ド	セ	結

マスター
品質
ゴースト
選ぶ
伴う
ヘッジ
第六
タレント
赤ちゃんの
個人的に
注ぐ
おめでとう
の経路
穏やかに
ヘア
コンピュータ
撤回
トップ
愚かな
最初の

Puzzle 230

ト	レ	出	ト	メ	妊	加	ニ	ヌ	ぽ	だ	ざ	芸	能	だ	多	バ
一	般	的	な	ジ	る	辞	然	所	話	重	後	ク	結	妊	何	ル
む	だ	狙	退	ゃ	育	コ	愛	出	故	カ	ぼ	で	再	百	多	ー
せ	ぼ	ハ	場	ー	じ	エ	ろ	向	登	ト	ヱ	ハ	し	ツ	ろ	ン
ニ	加	歩	カ	て	場	ハ	場	能	む	ニ	嶋	エ	百	だ	私	タ
嶋	購	入	ト	で	く	ま	ニ	ト	読	再	能	だ	だ	ぎ	む	ス
連	絡	先	愛	乏	ん	ざ	摘	覧	べ	モ	場	レ	権	チ	貴	エ
チ	ハ	ょ	ソ	所	せ	社	ル	方	レ	京	弱	話	側	せ	族	ウ
ル	海	登	動	ど	心	臓	ホ	劇	っ	写	画	阪	写	ト	の	ヱ
せ	カ	精	機	阪	ふ	全	会	社	場	れ	ル	告	白	を	ぼ	ぎ
ぎ	ワ	摘	の	ト	化	体	て	し	決	は	べ	役	員	の	カ	ん
ス	ウ	応	で	サ	ほ	と	ん	ど	習	摘	レ	で	ク	安	ヌ	無
ペ	ソ	化	通	っ	ぼ	投	ま	安	慣	室	本	育	安	精	ぐ	再
ー	無	実	ぼ	何	場	百	ひ	辞	コ	報	結	お	圧	モ	ノ	所
ス	応	芸	証	摘	ふ	何	百	辞	安	通	場	ヌ	退	て	や	ラ

後で
動機の
バルーン
劇場は
実証
メジャー
連絡先
心臓
告白を
役員の
習慣
ほとんど
一般的な
カワウソ
貴族の
購入
スペース
ウエスタン
全体
は決して

Puzzle 231

重	ヌ	二	世	所	場	開	精	つ	デ	コ	れ	ろ	読	囚	百	化
べ	再	応	界	く	結	む	お	モ	ィ	ミ	む	摘	ま	無	所	然
道	ツ	室	ズ	の	連	続	し	た	ス	ッ	画	ヒ	応	論	投	ょ
室	を	海	出	ボ	ょ	ょ	察	巧	カ	ト	合	阪	嶋	芸	知	恵
阪	る	ろ	百	暫	ン	だ	観	妙	ッ	メ	暫	砂	だ	二	会	だ
多	ト	加	社	応	ー	出	画	な	シ	ン	ツ	圧	ノ	だ	出	結
ル	社	嶋	権	ま	タ	何	化	進	ョ	ト	能	海	て	ひ	妊	論
芸	阪	む	モ	故	パ	砂	し	暫	ン	セ	栄	や	リ	向	重	の
タ	イ	ト	ル	ト	必	要	が	あ	り	ま	す	養	問	う	だ	プ
せ	化	話	つ	百	ヌ	精	報	セ	能	ホ	重	能	素	し	ヱ	ッ
ヒ	所	ト	化	ク	ク	二	所	妊	ソ	モ	ひ	ひ	重	暫	ょ	マ
無	保	写	ト	ろ	し	場	リ	海	岸	チ	金	ル	だ	ぐ	安	解
権	ち	登	安	弱	む	圧	多	無	二	砂	ヒ	京	る	再	ソ	海
増	ま	ク	阪	合	ツ	暫	ル	進	ツ	方	氷	ざ	何	通	ま	狙
殖	す	ラ	ん	ぎ	開	ど	歩	ぐ	ク	京	の	多	エ	側	投	セ

世界
巧妙な
観察し
道を
タイトル
問う
の連続した
保ちます
栄養素
ディスカッション
パターン
ズボン
マップの
氷の
海岸
必要があります
コミットメント
知恵
結論の
増殖

Puzzle 232

医学
ハイライト
、風の
砂の城は、
国際
生物学
スケジュール
それぞれ
デリケートな
システム
モック
、投資
面白い
遠い
検査
中程度の
離れ
動物、
水牛の
サル

阪	向	ス	で	ツ	阪	て	も	や	圧	ヌ	ハ	イ	ラ	イ	ト	歩
応	っ	ひ	解	化	れ	登	所	ょ	応	阪	再	砂	海	チ	せ	無
シ	ゃ	応	ゅ	動	ゅ	京	写	退	覧	ノ	ク	の	度	程	中	妊
ス	る	圧	学	物	生	何	方	つ	、	ろ	側	城	ど	サ	だ	解
テ	き	ク	医	、	重	て	ク	モ	場	投	チ	は	テ	ル	ス	ょ
ム	進	ル	読	れ	ハ	ス	弱	、	ッ	ぼ	資	、	ツ	歩	ょ	チ
デ	リ	ケ	ー	ト	な	ト	論	風	能	ク	二	覧	解	意	コ	て
退	出	エ	京	ュ	合	暫	エ	の	べ	ホ	安	や	ょ	ヌ	エ	テ
暫	ん	百	進	面	ジ	ス	し	ぼ	通	っ	じ	読	嶋	摘	権	だ
ク	安	覧	応	白	化	ケ	故	退	多	ソ	で	写	ハ	囚	二	覧
そ	れ	ぞ	れ	い	遠	ょ	ス	砂	ぽ	京	本	だ	ぐ	ク	ヌ	む
だ	ヒ	テ	ト	狙	ざ	加	レ	向	む	二	水	や	ぎ	ぎ	社	二
だ	モ	百	阪	っ	妊	場	ス	暫	ノ	本	牛	し	論	進	育	む
て	む	エ	解	ス	開	国	ひ	も	ぽ	エ	の	私	覧	離	検	査
ぎ	狙	チ	チ	つ	摘	際	ノ	ツ	ス	意	る	化	安	れ	論	っ

Puzzle 233

ド	し	に	危	険	な	モ	ホ	む	リ	賢	る	ニ	何	論	合	進
画	も	方	投	テ	ひ	モ	ゅ	ニ	て	ホ	明	ょ	会	開	本	開
ス	砂	弱	ど	応	読	化	辞	方	嶋	応	ま	な	ス	ぎ	歩	狙
ひ	登	サ	結	ト	圧	再	ま	ひ	く	撮	摘	ざ	提	供	た	ん
ニ	能	芸	ベ	ソ	で	ひ	摘	ホ	囚	影	つ	む	ヘ	ド	い	ひ
論	っ	も	、	ッ	海	育	報	洪	水	ヱ	会	も	ハ	ビ	と	ぽ
ク	だ	ひ	っ	向	ド	し	テ	故	唐	だ	暫	進	エ	合	考	ク
ル	育	乏	話	歩	ー	の	き	動	辛	圧	海	チ	嶋	金	え	砂
場	ょ	重	ス	ン	ェ	フ	摘	で	子	ょ	出	海	セ	ひ	て	で
応	ひ	力	権	キ	シ	圧	ぽ	ヱ	を	開	だ	き	無	ぽ	い	応
室	ひ	本	ヌ	チ	お	開	然	故	サ	セ	の	じ	合	コ	し	妊
ょ	ト	ル	報	ゃ	ぽ	乏	覧	画	ク	乗	り	心	地	を	貧	ド
ハ	金	海	っ	ク	ぽ	ホ	も	お	ジ	覧	や	応	再	妊	ぎ	社
ソ	ぎ	意	つ	登	金	安	写	論	ラ	画	い	能	ひ	ひ	精	お
画	お	精	リ	ひ	エ	ン	ド	ウ	ト	せ	思	嶋	コ	育	だ	再

動きの
に危険な
チキン
も、
思いやりの
シェード
たいと考えてい
エンドウ
フェンス
重力
クジラ
賢明な
提供
洪水
唐辛子を
撮影
ベッドの
乗り心地を
ヘビ
貧しい

Puzzle 234

予	想	狙	ゃ	持	摘	ソ	ゃ	ぎ	レ	や	ろ	多	ノ	し	お	ぼ
摘	方	ツ	ん	け	っ	せ	砂	場	ポ	ひ	室	論	っ	応	デ	歩
バ	ッ	タ	の	ド	化	て	だ	ペ	ー	ク	手	続	き	の	ュ	加
グ	る	退	ク	ッ	ノ	写	い	テ	ト	ホ	辞	べ	私	登	ー	応
乏	ラ	海	イ	覧	ヌ	会	側	た	は	ク	も	ぎ	進	京	テ	テ
結	摘	フ	バ	ヒ	ひ	圧	乏	っ	、	ろ	も	ク	進	む	ィ	砂
加	京	る	加	乏	覧	海	権	出	れ	ぎ	じ	会	社	応	ょ	ぎ
ょ	と	乏	乏	場	読	驚	異	的	な	ル	ク	を	所	む	結	再
ゅ	呼	場	選	機	百	ゅ	ニ	テ	読	ル	だ	越	ひ	も	コ	だ
権	ば	ゃ	ド	通	能	歩	辞	精	読	鍬	を	え	通	何	海	本
意	れ	開	精	ク	れ	は	セ	歩	ス	合	方	百	圧	か	合	育
故	る	ス	ふ	乏	話	サ	、	登	ま	や	き	育	写	輸	送	故
ニ	弱	向	っ	む	ケ	ー	ジ	ろ	狙	ぽ	権	ん	だ	ヌ	能	精
通	会	権	選	再	も	ホ	ろ	ル	ル	加	海	金	ぐ	や	京	ツ
ぐ	っ	ク	ょ	通	も	芸	阪	カ	ニ	ク	読	再	合	だ	ょ	ひ

輸送
グラフ
レポートは、
ノック
クーペ
を越え
持っていた
ケージ
何も
鍬を
機能は、
と呼ばれる
バイクの
驚異的な
予想
手続きの
バッタの
何か
せっけん
デューティ

Puzzle 235

ブ	む	出	嶋	精	結	き	む	ひ	レ	通	セ	ル	尊	重	吸	品
む	ル	る	論	ろ	ニ	ス	テ	ー	ト	メ	ン	ト	じ	百	血	揃
ド	ひ	ー	安	京	し	ノ	ヒ	能	だ	阪	汚	ド	無	ル	鬼	え
本	弱	ぼ	暫	じ	辞	だ	百	権	妊	せ	れ	権	ゃ	だ	ス	覧
ニ	摘	辞	化	ク	チ	ツ	乏	ソ	じ	ひ	を	れ	レ	べ	海	ぎ
論	報	ヌ	辞	向	育	む	私	愛	雪	の	パ	フ	ィ	ン	お	再
ぐ	海	ま	ひ	ぎ	社	方	芸	愛	育	べ	育	ホ	辞	レ	や	意
側	読	ト	結	く	ま	エ	故	故	距	速	ク	ニ	投	エ	登	見
タ	マ	ネ	ギ	は	、	独	立	不	離	い	ひ	レ	解	妊	ク	の
ツ	退	ク	無	報	ま	ツ	進	可	育	ト	百	ヌ	ス	本	開	お
ぎ	暫	ひ	ぼ	チ	ト	突	風	視	解	海	ヌ	べ	ス	コ	何	ニ
れ	ノ	チ	圧	試	行	ぽ	百	の	っ	覧	私	金	で	砂	ト	日
ソ	砂	阪	れ	じ	嶋	投	化	選	用	嶋	ニ	囚	場	進	お	曜
辞	化	ラ	ニ	能	ぼ	天	ひ	て	語	投	育	向	場	セ	通	日
っ	加	テ	だ	ざ	ま	ま	気	つ	集	読	芸	圧	ゅ	ひ	ノ	で

突風
パフィン
速い
用語集
試行
不可視の
タマネギは、
雪の
吸血鬼
クレス
汚れを
天気
尊重
距離
ブルー
意見の
ステートメント
品揃え
日曜日
独立

Puzzle 236

削除
結婚
スペル
おなじみ
、グレー
カバ
フリッパー
テープ
ラクダ
発言
奪う
叫んだ
態度
自転車の
法の
治世を
答えは
ディスターブを
除い
申し訳ありません

サ	能	ヌ	写	む	歩	プ	ク	レ	る	ツ	奪	場	む	ソ	歩	ル
カ	削	フ	リ	ッ	パ	ー	再	解	安	っ	う	画	く	も	発	言
バ	除	辞	私	ク	ぎ	テ	ふ	歩	や	暫	ひ	阪	エ	通	べ	っ
向	モ	ト	故	登	何	権	や	セ	話	自	会	ニ	ま	ツ	ノ	チ
お	な	じ	み	べ	通	ソ	ま	ま	読	能	転	治	世	を	京	多
暫	画	読	で	ぼ	っ	せ	ま	申	所	百	ホ	車	モ	通	応	ク
弱	読	ラ	ど	む	ニ	精	ま	し	ス	ス	き	読	の	ス	ペ	ル
ク	ゅ	室	登	安	ス	れ	ヌ	訳	ん	叫	社	ツ	選	き	金	論
重	エ	論	ホ	く	重	っ	ぐ	あ	て	ん	海	や	ま	乏	を	ん
写	答	態	度	投	る	室	意	り	ラ	だ	退	き	ょ	嶋	ブ	結
場	せ	え	じ	コ	だ	ぐ	私	ま	ク	だ	応	、	グ	レ	ー	婚
辞	選	じ	は	砂	愛	室	ヌ	せ	ダ	モ	所	ノ	ヌ	ひ	タ	京
育	カ	辞	ヱ	弱	乏	会	ゃ	ん	阪	で	ぎ	ソ	海	京	ス	能
ハ	会	側	べ	話	退	合	弱	法	の	除	解	嶋	登	通	ィ	然
場	室	ま	ぎ	報	ヱ	レ	合	報	て	だ	い	カ	結	セ	デ	ニ

Puzzle 237

ヌ	カ	重	リ	ょ	だ	モ	精	投	私	お	れ	サ	弱	ニ	ひ	無
ニ	ッ	ス	リ	っ	能	れ	意	む	阪	っ	加	通	側	金	再	歩
乏	プ	安	ラ	バ	手	配	読	ま	ノ	テ	海	圧	ヱ	ヒ	狙	セ
私	ケ	ラ	ブ	む	ッ	向	本	私	ヌ	狙	通	論	囚	ラ	レ	多
愛	ー	ろ	イ	廃	液	ト	話	ヌ	ど	精	再	ざ	れ	カ	ろ	チ
妊	キ	話	ラ	ン	証	キ	ャ	ッ	ト	キ	ン	ぐ	エ	然	ヱ	ひ
無	出	ゲ	歩	べ	拠	辞	砂	ど	っ	ま	ス	ヌ	通	や	進	て
進	乏	場	ー	る	通	小	な	百	ヒ	レ	む	囚	ニ	ホ	金	ド
れ	ラ	だ	ト	ト	む	さ	き	ヌ	空	ふ	わ	ふ	わ	ひ	ニ	べ
ヒ	芸	側	ま	だ	は	な	好	室	は	だ	ソ	ホ	選	ニ	し	ま
ふ	ラ	ぽ	絶	滅	糖	、	の	サ	イ	ク	ル	の	チ	ょ	ハ	再
ラ	多	ま	進	ま	論	出	院	も	阪	ヒ	京	ツ	ぼ	委	員	会
ト	リ	出	通	ひ	向	摘	病	だ	化	ル	解	れ	っ	画	ょ	権
レ	芸	し	ゅ	ス	囚	モ	ひ	ひ	お	開	ク	ぼ	登	じ	暫	方
削	り	イ	ベ	ン	ト	開	暫	ツ	れ	再	ニ	ょ	ぎ	だ	る	で

ライブラリ
証拠
廃液
ゲートは、
小さな
手配
委員会
ふわふわ
バット
削り
の好きな
カップケーキ
病院の
のサイクルの
キャットキン
イベント
絶滅
ライン
糖は
空は

Puzzle 238

法的には
病院
ワールド
依存
割り込み
ひどい
うち
計画
吸収
欺く
美しい
シャンプー
理科の
開始
返信
馬の
感謝し
着用し
に自信
プール

ひ	カ	コ	百	ょ	退	法	精	退	金	ぎ	カ	べ	む	辞	精	ひ
う	何	進	レ	私	レ	的	欺	く	開	ぽ	化	ニ	開	金	ひ	写
エ	ち	ぎ	話	進	社	に	レ	ぎ	始	故	計	画	読	狙	登	読
ク	チ	コ	進	側	ど	は	セ	で	ス	ひ	権	ひ	ニ	リ	れ	る
シ	ャ	ン	プ	ー	感	謝	し	お	通	暫	ぎ	モ	依	存	安	ツ
何	無	何	意	能	加	ぎ	用	愛	覧	何	再	写	れ	乏	何	重
ざ	も	合	ツ	や	ヌ	ょ	着	ぼ	画	サ	結	本	精	読	歩	重
だ	再	じ	ひ	ど	い	ワ	エ	病	ょ	会	退	コ	れ	ょ	阪	会
ス	覧	お	っ	乏	む	加	ー	室	院	ハ	返	故	ニ	退	社	狙
ツ	だ	摘	私	側	話	百	圧	ル	ヱ	ざ	信	自	に	ょ	ま	だ
美	し	い	社	登	ひ	割	だ	ー	ド	ヌ	化	辞	し	ひ	サ	ん
無	論	乏	社	コ	ひ	り	開	プ	ヱ	乏	ス	ま	ク	応	ぎ	圧
ス	弱	っ	投	ヌ	海	込	理	科	の	ノ	砂	退	妊	故	進	進
通	退	金	ま	弱	何	み	ラ	ニ	馬	や	京	ホ	吸	収	登	む
ル	で	所	私	方	だ	無	狙	方	ぼ	歩	育	画	も	モ	エ	ソ

Puzzle 239

暫	ふ	ド	圧	重	報	ヒ	ど	場	エ	ぐ	レ	多	嶋	愛	ぼ	囚
じ	無	ノ	ラ	だ	ゃ	私	合	側	む	暫	べ	ざ	ゃ	本	だ	開
芸	ぐ	し	べ	精	ベ	ソ	ク	リ	方	ル	進	金	カ	私	ぎ	ヌ
ク	ノ	ん	読	ト	場	話	子	供	た	ち	は	テ	重	せ	無	解
ゃ	暴	ツ	精	モ	ラ	愛	ふ	ス	ニ	登	個	別	の	だ	け	で
化	力	ぽ	加	ブ	レ	ン	ド	ニ	会	や	親	愛	な	る	故	ト
方	っ	き	ぼ	デ	チ	ソ	チ	べ	ニ	ろ	ひ	登	シ	ェ	ル	ど
結	ま	画	暫	鳥	ィ	金	本	解	テ	ル	ぎ	育	進	京	金	サ
せ	く	妊	せ	社	の	ス	出	暫	れ	ん	ト	進	ひ	加	百	ハ
私	退	埃	ひ	覧	ヌ	加	タ	相	互	作	用	何	モ	乏	カ	ホ
歯	側	て	っ	持	ト	ッ	ペ	ー	カ	ス	砂	だ	ま	弱	応	お
磨	結	意	重	ぽ	ニ	何	、	ぎ	ブ	故	論	妊	む	ト	開	故
き	論	京	ト	本	い	な	は	で	ツ	を	れ	余	り	が	歩	圧
粉	ス	ツ	ー	ル	モ	ゅ	び	無	写	海	化	れ	サ	百	ょ	所
の	ん	だ	ボ	ふ	嶋	辞	叫	モ	る	論	辞	ス	話	圧	出	愛

ボート
暴力
持って
カーペット
個別の
海を
スツール
子供たちは
ブレンド
相互作用
だけで
ではない
歯磨き粉の
叫びは、
鳥の
親愛なる
埃っぽい
シェル
余りが
ディスターブを

Puzzle 240

演奏
オープン
売り手
雄鶏の
まだ
期待
ビジョン
ウェイク
雑誌の
お菓子を
フラグメント
ワイン
エクスプレス
発音を
全員の
複雑な
専門の
カワウソ
道を
バイクの

フ	ラ	グ	メ	ン	ト	ぐ	る	意	能	精	道	全	故	ま	囚	リ
ト	ニ	狙	ヌ	だ	ヌ	ゅ	通	れ	ょ	ひ	を	員	投	私	狙	ぐ
開	く	ひ	テ	ん	写	カ	モ	ル	ヱ	セ	子	の	鶏	雄	れ	ん
会	多	ス	だ	砂	育	化	も	故	圧	ふ	菓	門	所	所	ん	意
進	退	ざ	ト	側	ニ	結	オ	ソ	ツ	囚	お	専	ぎ	覧	ま	暫
れ	っ	ノ	ク	ス	ゅ	ツ	ー	場	セ	ス	加	ま	チ	報	レ	辞
ハ	し	発	だ	選	ス	レ	プ	ス	ク	エ	カ	だ	ど	阪	で	く
妊	ド	覧	音	む	精	ト	ン	ワ	イ	ン	ワ	る	ス	圧	会	ひ
バ	イ	ク	の	を	ヌ	ツ	結	ど	精	向	ウ	画	ソ	辞	室	ク
雑	誌	の	ビ	応	サ	れ	愛	ニ	ツ	ぐ	ソ	む	ラ	圧	応	乏
チ	や	育	向	ジ	ど	て	複	む	お	論	だ	圧	無	じ	結	故
弱	ひ	ょ	重	ぎ	ョ	ん	雑	ク	で	権	ょ	お	通	ク	ツ	百
登	囚	カ	演	狙	開	ン	な	れ	も	お	ノ	論	乏	期	待	覧
登	方	場	京	奏	売	り	手	重	側	ク	ぎ	側	方	出	ス	ド
ウ	ェ	イ	ク	多	ヌ	ト	ノ	じ	阪	報	覧	ぎ	進	も	阪	育

Puzzle 241

だ	話	報	重	ピ	ト	ょ	き	囚	砂	ヌ	き	ま	カ	ー	っ	京
ハ	化	ス	ヌ	ー	バ	結	ぼ	ひ	ん	愛	ツ	画	画	般	野	じ
私	ド	ヱ	き	マ	ス	室	の	ゃ	ハ	ク	リ	ー	ン	的	生	家
金	百	ド	ひ	ン	ケ	そ	プ	ヱ	チ	ン	無	ド	ホ	な	テ	具
ざ	民	主	的	な	ッ	ら	ロ	る	ょ	も	マ	ル	阪	も	話	へ
ス	暫	狙	ろ	も	ト	す	セ	ツ	て	っ	人	ー	中	央	阪	の
ん	ト	能	社	方	向	何	ス	弱	側	合	間	ワ	ド	エ	だ	て
せ	ふ	リ	ひ	京	再	化	の	エ	百	で	だ	精	ク	歩	ふ	べ
ん	ツ	合	ッ	論	嶋	化	ょ	で	ひ	安	ぽ	ラ	だ	室	狙	す
る	ざ	意	囚	プ	ヌ	ひ	結	ん	ク	安	京	乏	ノ	妊	然	、
み	せ	エ	ト	っ	画	レ	化	く	ル	だ	っ	ぽ	所	せ	エ	辞
べ	な	選	べ	ス	囚	ト	話	京	社	無	ト	方	進	ょ	合	ホ
本	暫	さ	海	っ	開	悲	し	い	リ	会	弱	チ	セ	ニ	読	ゅ
ハ	ぎ	ょ	ん	ょ	本	リ	ク	場	く	本	だ	重	百	ん	ハ	き
ス	論	海	投	つ	ス	再	弱	ト	ふ	ク	登	観	点	レ	タ	ー

みなさん
クリーン
悲しい
レター
人間
への
ハンマー
のプロセスの
、すべての
ストリップ
家具
民主的な
中央
ピーマン
観点
バスケット
野生
そらす
一般的な
ワールド

Puzzle 242

きれいを
調べる
ルール
スポーツは、
アイ
ネットワーク
、公共
のウェット
忙しい
部分の
緩い
論文の
屋外で
呼吸
緑、
支配的な
カスタム
豊かな
奇妙な
遠い

ぽ	ょ	狙	し	側	屋	歩	社	豊	京	辞	何	ル	れ	方	乏	、
遠	い	ス	ラ	暫	外	安	っ	か	む	、	は	ツ	ー	ポ	ス	公
報	ぼ	カ	ゅ	ニ	で	だ	話	な	ぐ	コ	本	本	も	ル	ひ	共
本	阪	ス	ラ	緩	登	然	ア	リ	コ	退	ニ	ヌ	通	ひ	で	育
摘	覧	タ	を	い	れ	き	イ	ネ	ぎ	進	ル	本	京	ゅ	だ	ヌ
し	育	ム	ス	ひ	無	安	て	読	ッ	サ	む	チ	忙	だ	多	所
所	カ	る	愛	登	ぽ	ト	出	ふ	じ	ト	リ	百	し	緑	場	多
覧	解	進	だ	報	応	ヌ	テ	お	芸	レ	ワ	嶋	い	、	話	登
室	カ	解	結	再	ス	加	だ	報	会	ぎ	ぼ	ー	方	選	ト	百
通	応	百	れ	ろ	奇	む	摘	砂	選	ど	弱	写	ク	化	呼	吸
論	社	方	リ	芸	選	妙	れ	ト	阪	報	退	ホ	海	き	ハ	ホ
文	阪	何	だ	く	お	ゃ	な	的	配	支	ク	重	愛	調	べ	る
の	分	部	本	ゅ	登	通	社	ま	ス	通	き	ふ	ヱ	育	権	嶋
れ	圧	側	ひ	の	ウ	ェ	ッ	ト	阪	て	ぼ	合	カ	私	投	き
ル	チ	応	ホ	れ	ト	ぼ	開	場	じ	能	解	ひ	カ	側	る	ハ

Puzzle 243

テ	狙	囚	安	キ	横	歯	磨	き	粉	多	カ	カ	嶋	無	ル	マ
ニ	ク	モ	ヱ	ュ	覧	に	所	退	乏	ニ	化	投	ハ	愛	ス	ー
コ	圧	や	通	ー	誰	っ	振	だ	応	ク	出	会	ぎ	京	む	カ
ポ	辞	多	場	ピ	か	応	ど	り	投	し	テ	テ	金	選	会	ー
ー	ク	ト	化	ッ	の	王	女	場	ま	覧	ソ	ざ	ク	ニ	場	ぎ
タ	結	ふ	摘	ド	ル	ム	ー	ン	歩	し	ス	タ	ッ	フ	乏	ソ
ブ	砂	結	海	ハ	グ	マ	も	育	セ	ト	た	覧	モ	血	液	応
ル	セ	辞	ゃ	画	ィ	ツ	室	べ	選	お	っ	摘	解	阪	れ	ヌ
多	故	つ	つ	乏	ウ	カ	重	通	社	読	が	レ	金	多	方	故
ん	ぽ	だ	砂	海	ま	モ	っ	育	ク	意	と	て	ス	歩	退	ニ
む	ヒ	冷	た	い	報	ま	識	チ	能	会	の	サ	ヒ	画	ニ	向
る	進	ノ	や	狙	る	ぽ	別	場	砂	ピ	先	ア	じ	何	覧	や
退	報	歩	地	域	カ	登	す	ス	ゃ	レ	ル	じ	リ	報	む	だ
シ	ー	ズ	ン	モ	ホ	ツ	る	カ	き	ま	結	読	お	ざ	写	ん
ま	ト	る	海	話	弱	ん	画	弱	育	ト	論	つ	ぐ	開	や	っ

先のとがった
スタッフ
女王の
シーズン
誰かの
マーカー
ピル
識別する
アリ
血液
ポータブル
マグ
キューピッド
冷たい
歯磨き粉
ウィグルの
ムーン
横に振りました
地域
モック

Puzzle 244

じ	も	フ	ア	リ	じ	解	無	通	ヌ	権	読	所	っ	解	結	退
話	だ	ァ	ク	応	ノ	暫	ぽ	て	京	れ	だ	嶋	だ	写	ル	ラ
故	論	ー	テ	休	ス	ざ	ノ	ク	っ	ひ	摘	だ	だ	結	セ	乏
権	ク	ム	ィ	ひ	憩	明	海	だ	だ	ぽ	解	む	重	ひ	ゅ	無
二	狙	故	ビ	ろ	所	確	辞	し	つ	だ	重	化	阪	囚	べ	海
テ	場	テ	テ	ま	れ	な	ガ	ソ	リ	ン	解	ク	投	報	写	モ
話	投	ホ	ィ	意	論	今	カ	バ	投	投	ト	ま	べ	ど	ま	サ
じ	て	れ	の	査	調	日	摘	方	ぽ	テ	ウ	ん	ホ	京	登	の
て	ス	し	通	出	報	の	で	論	砂	ク	モ	る	や	本	嶋	よ
誤	差	れ	ま	妊	選	狙	出	囚	暫	グ	ロ	お	ふ	芸	弱	う
報	安	歩	む	っ	ょ	シ	ぐ	ミ	ト	ン	コ	私	お	ラ	ぽ	な
弱	サ	ょ	つ	後	た	し	ゃ	っ	サ	ビ	シ	ド	ぽ	意	百	精
選	だ	技	も	ヌ	し	つ	砂	ワ	ル	イ	の	登	所	登	出	れ
摘	海	術	海	だ	ま	精	狙	場	ー	ダ	ひ	ま	故	退	ゃ	ゃ
ほ	と	ん	ど	信	号	結	ろ	ク	ゴ	ぽ	ん	進	側	報	開	所

ゴール
信号
今日の
明確な
ガソリン
調査の
誤差
シャワー
のような
アクティビティの
トウモロコシの
休憩
ダイビング
てしまった
ミトン
ファーム
した後
技術
ほとんど
カバ

Puzzle 245

ょ	ヒ	読	じ	写	エ	無	分	じ	論	開	ヌ	レ	何	だ	彼	精
百	芸	み	ド	ト	し	ル	子	ホ	ト	れ	ホ	ポ	ょ	狙	女	危
ト	む	取	囚	も	ハ	場	の	じ	囚	ニ	イ	ー	ボ	ウ	カ	機
妊	記	り	ぎ	芸	ス	ぐ	歩	レ	故	安	暫	ト	退	登	論	海
ま	念	応	っ	む	本	何	狙	本	ポ	せ	側	ニ	通	側	投	ス
ル	圧	場	明	ら	か	に	ク	る	ど	ー	ツ	せ	芸	ぼ	場	京
阪	退	応	チ	安	ゃ	室	本	ぐ	写	ビ	ト	歩	ト	せ	ニ	合
写	ぎ	ざ	化	ル	報	相	手	つ	ど	べ	多	は	話	契	約	カ
百	ふ	ス	ニ	ニ	精	ニ	オ	ホ	応	ク	ヌ	医	、	阪	嶋	歩
愛	ノ	ツ	ド	場	本	モ	ニ	プ	百	囚	私	科	ニ	ヒ	ぎ	囚
ノ	ゅ	の	い	ず	れ	か	阪	だ	シ	ょ	実	歯	ょ	ろ	ド	阪
ニ	ま	通	サ	イ	ト	読	ソ	方	愛	ョ	ざ	行	愛	友	海	故
ぼ	サ	弱	辞	も	権	安	報	ニ	ヌ	向	ン	歩	に	人	同	開
所	登	ド	ツ	化	き	妊	会	ト	モ	暫	ふ	向	ぽ	が	じ	だ
や	セ	ホ	歩	き	チ	私	エ	ぐ	っ	だ	覧	側	登	ノ	ん	ょ

歯科医は
オプション
分子の
相手
明らかに
カウボーイ
危機
歩行
記念
同じ
のいずれか
ベビー
契約
実行に
読み取り
レポート
友人が
サイト
彼女
レポートは、

Puzzle 246

クリスマスの
目が覚めた
ボード
送信
正式に
民俗
鋭い
支援
視力
バンを
ポケット
ピン
ミラー
障害
盗ん
愛情の
量の
何か
答えは
計画

る	安	ト	だ	暫	摘	精	ま	故	だ	で	ヒ	海	民	俗	ラ	権
計	覧	報	つ	リ	ぼ	開	ヌ	写	ボ	ー	ド	ミ	ひ	社	覧	ぎ
画	ゃ	育	場	エ	能	百	ぽ	も	育	で	ゃ	ラ	進	ド	く	辞
ク	リ	ス	マ	ス	の	送	通	ふ	結	ひ	解	ー	ざ	ニ	サ	解
カ	カ	せ	話	何	暫	信	結	む	登	安	加	や	ニ	ソ	く	精
ピ	ン	ま	妊	ニ	進	ふ	ク	話	お	故	育	き	っ	っ	ょ	多
何	か	ふ	ん	弱	べ	て	話	ポ	ケ	ッ	ト	芸	場	や	本	合
何	故	力	読	覧	っ	芸	読	通	ぽ	愛	ゅ	ゅ	通	ま	圧	乏
れ	ざ	重	ん	リ	方	読	解	ひ	多	室	情	百	故	報	む	ヌ
出	登	ス	れ	登	権	乏	ス	登	阪	圧	砂	の	側	通	ド	っ
ト	金	弱	合	乏	し	ょ	画	ょ	ヌ	カ	再	量	ス	む	然	阪
育	ツ	ひ	画	鋭	る	障	支	バ	ゃ	私	ク	選	リ	暫	意	摘
ノ	方	投	ニ	い	囚	害	正	援	ン	視	力	サ	答	ゃ	室	論
所	本	ん	テ	ク	場	海	式	場	お	を	だ	ノ	え	ト	ひ	く
安	ふ	弱	盗	ん	レ	投	に	目	が	覚	め	た	は	じ	暫	応

Puzzle 247

再	砂	京	て	百	嶋	だ	、	場	選	安	レ	場	話	ト	つ	私
向	ホ	る	っ	カ	何	っ	パ	意	の	ほ	か	化	意	能	解	せ
与	ニ	む	芸	ひ	育	だ	ス	写	ぐ	ど	登	や	ひ	ホ	ひ	囚
ろ	え	進	本	方	加	だ	の	向	ま	カ	登	つ	登	検	、	山
意	む	ら	精	砂	ぎ	む	テ	結	弱	ト	ぎ	方	選	索	ニ	や
も	室	て	れ	つ	フ	く	種	類	の	サ	化	べ	じ	が	弱	登
室	故	ト	ニ	た	登	ラ	お	ノ	金	ン	ル	ト	権	場	ざ	何
嶋	ひ	っ	責	任	あ	る	イ	迅	ろ	グ	っ	重	嶋	れ	ソ	本
じ	再	だ	海	だ	ク	だ	狙	速	金	ラ	レ	ト	ぼ	き	ヌ	本
合	エ	愛	ツ	何	ト	近	い	所	賢	ス	カ	コ	安	ち	ノ	っ
写	ニ	出	コ	ス	ト	の	ひ	進	明	ヌ	論	ッ	コ	ん	ニ	然
両	方	の	乏	愛	セ	サ	狙	ニ	な	全	完	、	ト	と	金	べ
本	写	ゃ	社	患	ヌ	で	ょ	む	も	化	場	重	選	圧	画	だ
ノ	百	進	化	者	き	ト	無	き	の	通	知	会	れ	百	ひ	合
芸	れ	覧	だ	つ	場	辞	ラ	解	の	歩	ん	場	れ	私	応	退

コストの
のほか
フライ
ものの
、山
サングラス
両方の
通知
カット
きちんと
検索が
責任ある
与えられた
、完全な
迅速
、パスの
近い
患者
種類の
賢明な

Puzzle 248

京	む	ん	ド	重	て	乏	ノ	チ	解	何	っ	金	も	ヒ	ぎ	出
化	ぎ	芸	場	ぎ	い	ざ	加	方	摘	ニ	暫	権	で	登	金	然
ま	狙	退	ト	月	何	勇	選	投	能	ん	だ	ツ	レ	側	だ	っ
ビ	タ	ミ	ン	曜	ょ	セ	敢	ヒ	に	故	ふ	解	じ	ド	私	嶋
じ	歩	百	解	日	応	権	応	な	静	ろ	ホ	る	重	出	完	璧
し	投	再	話	ふ	引	ソ	私	故	か	化	方	応	朝	ヒ	能	ホ
ブ	ル	ー	ベ	ル	用	ノ	テ	る	で	劇	ヌ	写	の	妊	百	っ
弱	解	阪	室	社	方	ょ	ま	嶋	歩	場	し	コ	雪	摘	然	話
批	判	を	室	も	つ	会	許	し	サ	は	ツ	応	薬	選	覧	愛
ふ	チ	摘	応	百	ス	ふ	趣	結	歩	故	ひ	安	物	ぎ	ニ	向
エ	ク	し	ヱ	ど	ぎ	ル	味	向	ホ	も	だ	ラ	っ	ト	選	ょ
れ	テ	ニ	進	ど	選	投	重	ど	サ	方	意	開	ょ	ざ	海	写
ヱ	何	本	発	見	ニ	回	海	狙	ひ	本	弱	ホ	投	金	論	ヌ
語	ひ	腐	ス	応	ニ	エ	向	選	報	も	室	ょ	百	向	ぎ	所
場	彙	っ	や	ょ	ひ	辞	権	ヱ	て	る	化	重	、	特	定	の

重い
許し
ブルーベル
腐っ
完璧
発見
朝の
語彙
引用
、特定の
薬物
に静かで
二回
月曜日
ビタミン
趣味
批判を
勇敢な
劇場は
雪の

Puzzle 249

辞	だ	重	ク	ゅ	安	コ	金	ト	本	べ	貧	カ	砂	加	犬	多
意	暫	ひ	覧	ト	結	私	乏	ヌ	ラ	場	ー	し	読	細	の	何
ト	社	ト	や	嶋	嶋	方	ょ	出	レ	ニ	ネ	ス	い	か	話	量
ー	ろ	ホ	化	セ	ざ	む	ラ	権	然	モ	マ	解	向	い	尊	重
ィ	べ	満	月	は	、	販	側	ふ	も	阪	応	会	む	ト	読	応
フ	ざ	ラ	や	方	室	売	だ	論	ひ	ニ	ふ	コ	ふ	ぎ	覧	ラ
ェ	モ	無	側	き	本	れ	平	ク	モ	方	チ	ゅ	加	チ	選	ト
ン	囚	て	だ	登	ヌ	れ	暫	和	な	方	ラ	ど	ス	ひ	だ	愛
ス	投	っ	暫	故	室	正	を	読	的	ざ	室	権	む	京	然	っ
を	ゃ	乏	べ	て	権	ま	ぽ	乏	主	な	と	れ	投	票	合	る
ヌ	本	愛	ょ	京	リ	通	ツ	ト	自	同	呼	チ	読	阪	京	砂
ド	カ	ー	ル	読	ト	セ	読	退	向	様	ば	応	や	本	ょ	ス
選	合	む	阪	だ	育	応	論	れ	投	の	れ	通	ス	も	ふ	場
合	育	登	る	ラ	安	モ	べ	進	コ	く	る	る	ホ	つ	ぼ	化
登	ぎ	退	べ	能	退	ょ	ル	精	話	ゃ	お	側	ノ	応	精	ざ

フィート
満月は、
クモ
重量
販売
細かい
平和的な
カール
正を
マネー
同様の
ベル
ベース
犬の
自主的な
投票
フェンスを
貧しい
と呼ばれる
尊重

Puzzle 250

ゅ	ソ	所	画	サ	読	偉	フ	ま	っ	場	辞	つ	べ	れ	金	コ
延	ボ	ク	シ	ン	グ	業	ニ	ィ	や	欺	ノ	道	徳	的	な	レ
期	無	摘	進	場	合	の	弱	ぎ	ク	ビ	く	ト	ょ	多	ニ	ク
ニ	登	本	ぽ	フ	ゅ	登	お	育	ッ	シ	ュ	狙	思	百	む	ト
登	合	選	場	ロ	方	ゅ	ヌ	囚	タ	愛	ョ	ー	い	笑	く	ク
嶋	連	絡	先	ン	ろ	京	嶋	画	ア	場	き	ン	出	開	報	ょ
ソ	嶋	歩	ざ	ト	所	せ	ま	ひ	や	進	写	リ	さ	歩	エ	因
ゅ	カ	ヌ	ニ	ゅ	ト	私	ク	意	や	レ	愛	キ	ぐ	多	ク	ニ
何	で	も	最	社	ょ	ニ	つ	芸	報	方	合	多	ょ	覧	ラ	何
京	エ	っ	良	結	果	育	報	チ	ひ	加	ラ	つ	リ	北	極	せ
側	ツ	ん	ヱ	ス	て	て	弱	せ	て	圧	ル	っ	権	百	リ	暫
摘	せ	退	無	む	っ	進	故	も	小	麦	粉	の	れ	応	乏	安
摘	解	金	ど	芸	ど	む	私	し	結	ヌ	嶋	ヱ	ニ	出	狙	ど
場	妊	ヱ	ヌ	写	ど	飛	行	や	狙	じ	本	ハ	き	芸	べ	辞
ヱ	ヱ	画	つ	投	話	選	化	ヌ	所	ラ	加	報	権	ふ	カ	本

飛行
小麦粉の
道徳的な
フィクション
フロント
北極
偉業の
延期
笑い
最良
思い出さ
アタック
何でも
ボクシング
ビュー
キリン
結果
コレクト
連絡先
欺く

Puzzle 251

愛	カ	故	ぼ	ド	レ	辞	開	ょ	精	ク	海	ぐ	応	登	退	真
応	ハ	リ	し	覧	ス	意	ぐ	何	だ	お	ク	ろ	だ	ニ	暫	似
画	ノ	然	ブ	圧	ポ	コ	側	コ	応	百	ろ	ト	ル	し	再	モ
ノ	然	辞	合	ー	ン	ー	シ	登	ネ	か	阪	ゃ	投	然	ド	ひ
側	圧	故	だ	リ	ス	摘	写	出	ク	ハ	な	き	ま	ふ	精	登
っ	お	れ	ツ	圧	の	暫	睡	眠	タ	暫	カ	り	能	ょ	電	三
れ	コ	ぐ	本	圧	料	食	べ	る	イ	育	選	お	ん	意	話	角
お	し	ス	自	論	無	チ	場	ド	ゅ	じ	故	加	読	ぽ	お	阪
阪	通	開	動	応	ん	然	登	ぼ	エ	戦	ヒ	れ	っ	多	だ	登
通	論	退	車	ラ	登	重	向	セ	サ	略	私	歩	ケ	フ	ィ	ア
ぽ	ニ	化	の	百	ニ	ぼ	弱	妊	ッ	れ	ラ	プ	し	摘	解	側
っ	カ	囚	ツ	弱	ふ	ニ	論	合	カ	精	応	ク	ッ	ラ	イ	ラ
圧	ひ	ど	い	ト	ぐ	芸	ク	金	ー	で	通	ー	本	シ	チ	ふ
ク	嶋	モ	合	場	ひ	ぼ	ヱ	セ	に	ク	乏	ダ	交	渉	ュ	ス
進	ソ	し	ぎ	ヱ	ぎ	ぐ	結	所	結	ろ	加	通	だ	覧	権	金

戦略
ダーク
シーン
レスポンスの
真似
睡眠
無料の
プッシュ
カリブー
食べる
自動車の
ライラック
ケフィア
サッカーに
かなり
三角
電話
交渉
ネクタイ
ひどい

Puzzle 252

病気の
軍事
イチゴの
布の
色の
行為の
ラジオ
損失
定義
コース
常駐を
投げ縄
製品の
もつれ
尋ね
、年齢・
鉛筆の
侵略
故郷
ライオンの

育	れ	軍	事	出	ド	侵	略	だ	で	狙	ヌ	摘	京	セ	重	ク
鉛	筆	の	ふ	リ	も	ま	読	ゃ	方	リ	っ	ょ	化	つ	本	ざ
ニ	ん	リ	砂	再	ひ	常	モ	ト	ク	ひ	芸	き	き	百	化	多
れ	選	歩	画	育	ぼ	駐	ソ	場	病	気	の	ン	オ	イ	ラ	進
狙	チ	イ	チ	ゴ	の	を	ツ	色	応	弱	為	ル	ジ	む	ト	も
読	辞	ゅ	無	ひ	弱	モ	暫	の	せ	ぐ	行	辞	ラ	結	ぎ	っ
応	画	進	コ	ー	ス	再	ク	ょ	っ	場	故	郷	ょ	嶋	く	加
覧	狙	ろ	ス	ざ	ス	画	、	海	報	ニ	写	尋	狙	サ	登	暫
ひ	ツ	育	つ	金	ト	化	年	ニ	愛	定	ニ	ト	ね	乏	ま	写
狙	ひ	阪	退	応	る	ツ	齢	投	製	ひ	義	き	ト	ぽ	ニ	通
せ	ま	然	ぼ	合	辞	然	・	ニ	品	精	セ	ど	れ	投	ホ	読
ニ	囚	や	ク	ま	砂	ド	ぼ	故	の	ふ	ゃ	読	解	げ	損	失
進	ま	社	る	再	ク	摘	応	狙	じ	ハ	進	芸	ト	縄	画	読
登	ゅ	っ	ハ	歩	れ	乏	辞	布	ニ	ニ	れ	化	く	も	つ	れ
ニ	ニ	結	狙	れ	っ	ぎ	れ	む	の	通	テ	ル	弱	ょ	安	ぽ

Puzzle 253

く	ふ	ふ	ケ	精	ゃ	仕	ひ	登	ニ	透	方	画	ま	重	会	意
本	ー	ガ	ー	バ	ン	ハ	事	ホ	だ	明	歩	覧	れ	ヒ	室	乏
一	般	な	ジ	熾	烈	な	の	を	バ	レ	ン	タ	イ	ン	場	で
カ	無	コ	ラ	だ	ろ	圧	形	ぽ	含	セ	も	私	む	ク	側	所
場	狙	圧	ッ	ぐ	リ	無	方	進	ま	ぐ	ッ	動	き	の	ス	所
解	セ	ク	シ	側	囚	お	正	ん	れ	た	ん	ト	ッ	ビ	ょ	囚
応	ソ	だ	ュ	所	室	囚	ヒ	ラ	っ	か	し	カ	を	退	写	ニ
っ	退	百	を	摘	し	る	せ	モ	ス	っ	れ	妊	嶋	テ	圧	ヌ
も	向	じ	ぼ	芸	っ	方	リ	入	力	は	ヌ	カ	ニ	場	セ	ク
狙	読	テ	登	解	遅	応	れ	囚	改	乏	嶋	ヌ	ス	覧	カ	く
ろ	リ	モ	立	ま	い	阪	し	応	革	意	だ	辞	出	出	テ	ル
退	ス	テ	派	応	海	し	ホ	テ	の	ざ	通	リ	会	ハ	リ	写
故	ハ	リ	安	ふ	京	ん	ぎ	モ	カ	れ	阪	ぼ	て	れ	ど	ス
ク	地	応	摘	重	ニ	サ	ポ	ー	ト	を	て	応	室	意	弱	精
ど	ぎ	理	百	っ	ぎ	金	本	妊	読	む	登	ハ	再	れ	サ	チ

サポートを
仕事を
ビット
改革の
たかっ
入力は
正方形の
熾烈なの
一般な
バレンタイン
セットを
ハンバーガー
遅い
立派
地理
透明
ラッシュを
含まれ
動きの
ケージ

Puzzle 254

ド	報	カ	ス	せ	カ	て	ホ	ま	登	傷	シ	ノ	減	ら	す	で
能	安	辞	場	エ	ま	ひ	砂	読	家	つ	ゃ	ど	ッ	ニ	結	だ
、	過	去	ざ	ヌ	能	恐	れ	囚	族	い	ウ	緩	権	ク	重	暫
権	チ	芸	ド	ど	お	ヱ	ん	私	生	た	ト	や	登	イ	通	ス
ま	ヒ	っ	ド	安	ひ	ゃ	ニ	重	き	だ	ざ	か	チ	レ	ふ	再
だ	精	応	ま	く	ル	所	精	選	て	だ	場	な	る	ド	登	投
だ	能	ひ	所	歩	ひ	ゅ	ス	お	会	妊	ラ	実	ゃ	ス	キ	む
く	意	投	ニ	も	出	ひ	ぎ	会	京	能	で	忠	っ	チ	ス	芸
能	ノ	方	覧	場	摘	向	育	辞	出	阪	ヒ	精	ト	弱	れ	解
愛	ヌ	育	ゅ	し	重	論	圧	解	ノ	ノ	場	解	精	ぼ	金	ゃ
圧	多	で	投	会	せ	無	ト	安	ざ	辞	通	画	登	百	っ	登
所	選	応	金	カ	れ	弱	ト	空	弱	方	権	に	論	私	再	私
て	い	る	の	影	が	基	会	噴	は	嶋	サ	た	場	ス	ニ	ヱ
ぎ	痛	ク	ニ	覧	ヒ	本	登	安	水	ち	ょ	っ	と	無	る	歩
合	つ	向	狙	ハ	論	意	ぼ	ま	ル	百	暫	め	加	き	れ	論

噴水
痛い
キス
忠実な
ドレイク
ちょっと
の影が
減らす
傷ついた
シャウト
恐れ
生きて
、過去
緩やかな
家族
めったに
基本
ている
ノック
空は

Puzzle 255

多	失	チ	ス	ソ	ソ	芸	砂	ょ	し	辞	で	エ	継	重	モ	何
く	望	チ	ー	ィ	テ	ロ	ト	ク	応	辞	ん	単	続	せ	精	妊
の	所	然	妊	エ	暫	ク	だ	も	、	嶋	ド	重	に	ミ	乏	ド
こ	ク	ヌ	ニ	加	百	ヌ	精	ふ	さ	所	妊	多	覧	ズ	社	ニ
と	せ	合	き	故	然	ス	ス	ょ	ら	私	だ	サ	ク	ネ	ゅ	ル
を	サ	ニ	所	側	リ	モ	ニ	選	に	れ	話	カ	ナ	リ	ア	ス
っ	む	本	棚	お	ょ	側	写	何	そ	退	報	解	テ	ハ	海	イ
ホ	観	察	し	安	ど	摘	化	ぼ	り	読	安	海	向	く	ふ	カ
再	百	話	べ	て	嶋	向	何	歩	む	覧	エ	退	っ	ょ	会	無
ト	愛	ハ	れ	テ	ま	る	ん	、	故	暫	場	読	ヱ	。	ニ	辞
町	の	故	て	だ	囚	ぼ	巻	市	だ	る	拒	否	制	ク	こ	ま
登	ん	私	ヌ	ガ	ラ	ス	き	民	っ	カ	京	ト	会	御	ぼ	の
リ	む	べ	ろ	無	所	ぐ	戻	る	お	リ	画	解	意	ニ	を	乏
何	狙	論	れ	で	写	つ	し	モ	阪	コ	れ	開	っ	ス	ニ	狙
ド	話	っ	芸	乏	進	ヌ	て	出	囚	再	ぎ	ク	画	権	囚	ひ

巻き戻し
ティーチ
本棚
。この
スイカ
、市民
失望
カナリア
継続
町の
多くのことを
テロ
拒否
そり
ガラス
単に
、さらに
ハリネズミ
制御を
観察し

Puzzle 256

無意味な
しわの
粒子
後に
ペットの
カニ
生息地
ドリンク
旅行の
確かに
あたりの
があり
波の
特定
野球
個人は
リラックス
ゴースト
それぞれ
奪う

だ	だ	加	む	阪	安	無	き	覧	カ	結	ド	個	っ	く	後	ホ
ぐ	ゴ	ス	芸	あ	話	意	画	出	ざ	開	リ	弱	人	話	に	芸
登	ー	ぐ	加	た	故	味	応	ニ	ル	意	ン	何	摘	は	か	乏
ぎ	ス	ハ	の	り	ひ	な	れ	も	囚	モ	ク	登	覧	芸	確	ハ
が	ト	ク	ト	の	歩	ゅ	報	何	サ	ょ	退	ぐ	粒	囚	出	妊
あ	ヌ	重	ッ	野	球	で	愛	奪	写	選	っ	ん	読	子	っ	ル
り	ま	嶋	ペ	ラ	ハ	で	精	う	ホ	ん	テ	ぎ	論	お	る	ト
チ	る	レ	辞	選	リ	生	息	地	ス	社	登	愛	れ	ラ	ド	リ
る	重	カ	ク	応	だ	辞	だ	ニ	ど	会	百	権	育	阪	安	ヱ
だ	海	ニ	ヌ	ま	砂	ト	通	ヌ	向	も	エ	ん	チ	無	エ	旅
ヌ	チ	ヌ	も	ぼ	特	定	加	安	退	ひ	れ	向	出	投	ト	行
場	く	写	応	進	圧	何	ぎ	そ	阪	カ	権	っ	ソ	ひ	ま	の
リ	権	安	ざ	場	ル	ノ	ノ	れ	ひ	セ	解	ま	む	ク	安	わ
再	モ	論	方	画	妊	ょ	ぎ	ぞ	選	社	て	し	っ	砂	弱	し
ノ	ニ	京	ニ	本	ク	波	の	れ	金	ひ	ホ	進	社	ク	会	所

Puzzle 257

犯	罪	ょ	覆	乏	登	合	レ	精	応	っ	選	ハ	、	後	の	そ
然	ぎ	ま	せ	っ	な	ラ	ヒ	む	ヌ	嶋	話	協	再	進	ポ	妊
弱	独	立	性	を	で	テ	権	加	進	ゃ	場	む	力	コ	ー	ひ
温	ス	ろ	ヱ	通	だ	っ	化	じ	ふ	レ	登	ょ	ゃ	し	ズ	ゃ
リ	度	縫	ニ	や	ク	向	開	だ	出	ド	し	意	能	方	ま	ぼ
ひ	私	製	ょ	会	ニ	ろ	始	覧	ひ	む	阪	海	ヒ	場	コ	す
ハ	合	も	だ	海	ゅ	信	囚	ニ	覧	で	方	選	ざ	室	ぎ	ぼ
ノ	ニ	ル	摘	リ	ふ	頼	や	囚	し	精	ス	エ	ノ	だ	摘	阪
ッ	ト	ス	タ	ン	ド	性	チ	ャ	レ	ン	ジ	画	ヌ	ツ	も	多
ト	べ	だ	も	ぐ	ー	の	ん	ろ	ち	も	せ	画	モ	だ	読	ド
む	ま	本	弱	実	ピ	ノ	妊	ヒ	ト	ん	ぽ	サ	ク	き	愛	む
で	出	投	コ	際	チ	結	成	覧	ド	モ	再	圧	ノ	バ	せ	辞
ょ	囚	テ	海	に	ン	ス	功	せ	ト	ヒ	金	き	つ	ッ	も	ょ
方	ト	進	ひ	愛	セ	ハ	ム	ス	タ	ー	る	狙	ょ	タ	ぽ	安
ま	リ	む	覧	ょ	妊	ぎ	本	側	写	化	解	化	ひ	の	ト	百

実際に
覆っ
協力します
スタンド
センチピード
もちろんの
のポーズ
温度
信頼性の
縫製
その後、
独立性を
成功
ハムスター
ノット
チャレンジ
なっ
犯罪
バッタの
開始

Puzzle 258

モ	大	ニ	れ	阪	ア	プ	せ	意	し	く	妊	応	む	合	ク	ん
場	型	故	ヱ	私	ン	登	ロ	サ	選	モ	キ	能	囚	ノ	進	ま
き	ト	阪	意	側	テ	ゃ	進	ジ	愛	権	応	ャ	ろ	だ	ト	金
押	ラ	て	ソ	セ	ィ	だ	故	妊	ェ	辞	ス	着	ビ	金	ま	ス
下	ッ	絶	対	会	ー	ホ	ま	チ	側	ク	化	用	ハ	ン	強	い
つ	ク	ぎ	や	加	ク	再	だ	阪	ょ	故	ト	し	退	許	容	乏
く	ヌ	報	ど	ま	て	安	ょ	権	辞	チ	ぽ	は	ツ	辞	ぐ	方
ひ	愛	百	ト	摘	所	選	画	ホ	じ	ん	ろ	写	話	ト	重	っ
ク	サ	ー	ビ	ス	ん	ク	結	合	圧	画	ろ	何	向	投	ヌ	ゃ
命	ま	意	製	妊	摘	出	ド	だ	然	リ	ス	弱	ル	金	ホ	京
を	そ	の	造	ヒ	ソ	ノ	っ	ラ	ス	能	ト	故	テ	所	ヌ	ま
だ	ト	乏	ん	故	精	私	登	読	ム	囚	重	っ	サ	れ	ど	覧
い	っ	た	重	ま	る	リ	ツ	砂	圧	乾	燥	私	側	ひ	砂	何
た	く	ニ	弱	収	集	話	証	拠	ま	ょ	ゃ	育	っ	再	ょ	本
投	チ	ュ	ー	リ	ッ	プ	囚	本	室	報	だ	合	ぎ	ひ	退	化

その
アンティーク
サービス
大型トラック
命を
許容
チューリップ
たい
キャビン
押下
収集
強い
ドラム
製造
乾燥
いった
プロジェクトは
絶対
証拠
着用し

Puzzle 259

モ	ツ	乏	ト	投	摘	重	側	ん	合	意	お	選	登	ヌ	ざ	専
無	む	れ	ン	や	ソ	再	だ	レ	本	圧	カ	ノ	し	出	通	門
育	ょ	む	ボ	化	写	然	む	マ	精	神	や	す	さ	ク	ょ	家
応	ホ	私	論	し	て	安	方	ッ	ベ	維	持	す	る	ー	選	の
ス	ん	っ	向	病	百	チ	ぐ	プ	芸	話	寝	進	ニ	ペ	側	花
ド	ク	タ	ー	気	怖	が	っ	の	逮	ル	本	室	め	京	ト	ス
ベ	ヌ	ど	合	ぽ	海	セ	退	ン	百	捕	ひ	話	の	る	レ	論
学	術	的	ろ	囚	テ	テ	無	ョ	所	方	ま	て	ゅ	百	愛	レ
通	ト	圧	京	阪	セ	ゃ	所	シ	減	れ	覧	チ	投	写	ど	結
愛	れ	海	だ	向	育	ニ	社	ク	少	や	れ	圧	ニ	も	阪	歩
く	合	ま	室	意	方	ド	社	セ	海	権	写	ニ	摘	無	向	投
だ	会	ヌ	セ	無	む	る	っ	ヱ	だ	れ	登	エ	ネ	ル	ギ	ー
っ	ニ	登	も	合	安	じ	る	だ	登	ク	ざ	阪	ヌ	お	辞	育
ス	ノ	ー	ド	ロ	ッ	プ	再	阪	何	ス	ト	ひ	通	ま	登	ト
覧	ニ	ひ	エ	ヱ	場	く	ひ	読	開	狙	本	ぎ	セ	ツ	ふ	ル

エネルギー
寝室の
ドクター
学術的
進める
専門家の
減少
怖がっ
維持する
やすさ
圧力
セクションの
花の
トンボ
精神
逮捕
病気
スノードロップ
マップの
クーペ

Puzzle 260

考案
ヘロン
靴の
効果の
躊躇
画像が
理由
魚の
フリージア
サッカー
カメラ
考える
叔母の
不安定
アイリス
参加して
貸します
生まれ
バナナ
バルーン

場	き	サ	育	へ	ク	嶋	や	辞	貸	化	向	や	セ	進	や	ス
ふ	意	ル	る	ロ	囚	サ	無	本	話	し	む	応	京	ベ	ソ	圧
出	ソ	読	意	ン	ひ	つ	チ	ニ	精	所	ま	摘	論	会	開	ろ
故	何	ニ	ホ	エ	や	チ	ろ	結	社	し	ま	す	だ	ル	登	圧
叔	選	登	合	ヒ	ク	私	乏	き	登	歩	ヌ	本	考	え	る	リ
母	化	摘	然	ひ	画	ぼ	つ	っ	選	ヒ	登	き	再	き	画	投
の	魚	カ	ニ	効	話	方	嶋	覧	ス	ハ	ど	重	参	バ	像	ラ
生	ま	れ	多	果	本	精	カ	メ	ラ	躊	覧	能	加	ナ	が	ょ
加	サ	室	ラ	の	ア	イ	リ	ス	ヌ	っ	躇	然	し	ナ	リ	海
ツ	側	百	投	写	つ	バ	も	ぎ	開	る	摘	報	て	方	ま	ん
意	れ	ド	ゅ	歩	開	ル	海	っ	会	不	私	嶋	覧	重	ん	ア
解	ぎ	ハ	妊	社	れ	ー	靴	の	ス	れ	安	っ	っ	だ	く	ジ
理	ト	ヒ	ス	育	ぎ	ン	ま	も	場	考	応	定	サ	ッ	カ	ー
由	会	や	読	再	ソ	ぐ	応	乏	妊	案	ぽ	覧	応	応	ぎ	リ
エ	意	歩	砂	論	ル	摘	故	し	金	チ	ヱ	多	重	方	ふ	フ

Puzzle 261

何	化	て	私	重	場	ひ	妊	検	シ	む	っ	私	場	む	れ	ヱ
ニ	会	む	何	で	れ	ょ	ぐ	索	ョ	ニ	ぽ	べ	て	ぎ	安	本
お	能	チ	じ	チ	囚	ど	だ	読	ー	育	育	育	京	ん	に	ト
保	ん	ス	テ	ブ	ラ	シ	圧	写	ト	故	ぎ	だ	で	ド	ろ	応
重	存	ソ	報	乏	エ	海	方	ぼ	っ	結	ク	狙	重	金	後	然
解	ト	ざ	関	係	の	重	ヒ	故	ざ	選	多	加	モ	羊	の	ぎ
っ	暫	側	ン	意	チ	権	ク	育	ホ	つ	選	ヒ	ー	タ	ス	マ
輝	摘	レ	ジ	チ	歩	ス	も	で	て	べ	ビ	レ	テ	暖	室	エ
ヒ	き	室	ン	囚	だ	結	ス	ホ	情	リ	ニ	読	ル	意	か	ノ
覧	覧	は	ニ	場	教	え	開	ど	報	辞	れ	応	じ	れ	摘	い
ひ	方	海	、	看	護	師	会	登	意	ぐ	ど	ど	百	ひ	嶋	除
故	む	ニ	社	精	側	化	ラ	弱	歩	能	つ	社	て	再	論	む
ぼ	海	無	狙	彼	の	友	人	の	チ	何	解	論	場	ゃ	応	写
ニ	ひ	歩	ふ	女	達	ス	ラ	弱	ま	モ	ぎ	応	話	無	き	ま
精	で	解	セ	は	私	ふ	ス	育	辞	や	育	進	写	レ	ざ	ょ

モーテル
情報
ブラシ
看護師
輝きは、
ショート
彼女は
の後ろに
、ニンジン
羊の
の友人の
私達の
教え
関係の
検索
暖かい
テレビ
保存
マスター
除い

Puzzle 262

貿易
第四
空洞
関連
見つけます
ディナー
トピック
雨量
懸念
実用的な
スプレッド
アーティスト
葉を
読ん
秘書
キツネ
引き出し
ボトル
しよう
ハリケーンが

ト	応	て	て	投	ノ	ぎ	暫	第	ま	重	デ	無	報	セ	じ	精
覧	室	だ	む	歩	側	ク	エ	四	れ	コ	ニ	ィ	報	海	ル	京
化	ノ	進	れ	葉	を	ヌ	ぎ	場	ぽ	重	室	ト	ナ	応	囚	べ
ヌ	愛	関	ヌ	覧	ツ	論	せ	読	ヌ	サ	芸	ピ	ス	ー	エ	暫
安	多	連	ク	ス	プ	レ	ッ	ド	ん	モ	ツ	ッ	し	出	き	引
暫	ヒ	じ	無	貿	易	モ	ん	ク	室	て	方	ク	よ	ひ	ノ	ヱ
し	百	安	ぽ	ぎ	進	ひ	ぽ	暫	ふ	多	無	ア	う	ひ	開	ぎ
砂	応	ひ	つ	話	ド	ハ	リ	ケ	ー	ン	が	ー	ボ	ト	ル	ニ
精	多	む	ク	秘	辞	コ	実	権	画	暫	選	テ	エ	権	る	多
嶋	ル	き	ニ	書	愛	愛	お	用	ん	解	お	ィ	ゃ	化	っ	能
通	愛	重	登	百	摘	っ	ニ	応	的	セ	ぽ	ス	ツ	空	洞	重
見	つ	け	ま	す	海	ラ	雨	ホ	き	な	ク	ト	コ	ぽ	選	論
覧	ん	選	解	ニ	辞	狙	量	キ	む	阪	論	出	ぎ	重	き	ト
精	ゅ	報	ま	摘	画	妊	つ	ツ	き	お	モ	コ	モ	懸	ど	チ
ト	妊	ぎ	無	ょ	ツ	暫	投	ネ	だ	モ	場	多	カ	念	結	れ

Puzzle 263

ア	コ	選	応	カ	し	だ	加	ょ	ニ	だ	多	ク	お	囚	意	再
ラ	の	ー	ハ	ソ	摘	解	ゅ	ニ	ル	社	何	ー	狙	レ	モ	ル
ー	り	語	ト	室	エ	ふ	べ	レ	ど	で	通	ル	化	べ	嶋	カ
ト	や	っ	ど	を	ス	て	観	べ	こ	維	持	な	ヱ	ヱ	覧	応
急	い	で	砂	海	ケ	囚	阪	察	サ	応	重	ふ	セ	読	場	金
ツ	思	必	要	多	ー	ひ	ラ	ょ	や	妊	登	場	ニ	れ	む	ま
る	ス	ょ	し	て	プ	右	の	ニ	ツ	せ	ょ	動	べ	ル	や	ニ
摘	嶋	弱	開	べ	は	室	砂	ヱ	モ	化	狙	物	っ	ょ	辞	ゃ
登	妊	ツ	送	っ	乏	カ	漠	登	ま	登	て	は	ぼ	阪	ソ	火
ソ	ー	ダ	ヱ	重	愛	登	の	む	つ	キ	能	社	ク	然	化	災
動	詞	ゃ	権	画	ゅ	ぎ	チ	て	結	ャ	京	応	故	権	嶋	愛
妊	だ	ノ	論	ゃ	ど	狙	妊	精	エ	ン	ろ	ひ	焼	故	む	ひ
く	モ	チ	ヌ	室	ヒ	ハ	辞	ニ	モ	ド	っ	お	ゃ	く	ざ	能
き	く	囚	ニ	投	く	ぎ	ょ	阪	ド	ル	阪	べ	ヌ	海	れ	方
嶋	レ	セ	再	覧	ホ	精	安	安	ラ	ド	も	妊	サ	じ	論	方

必要
語っ
ソーダ
どこ
急いで
動物は
アラート
キャンドル
維持
動詞
観察
エスケープは
右の
焼く
クールな
コートを
送っ
砂漠の
火災
思いやりの

Puzzle 264

嶋	ス	れ	砂	進	む	ゅ	ゅ	ヱ	ト	リ	ピ	ー	ト	ひ	重	場
ク	ケ	無	ヱ	選	チ	画	テ	れ	対	京	ク	退	お	弱	所	ょ
重	ー	報	ぼ	合	っ	阪	べ	写	ト	象	ー	ぎ	外	ハ	ぎ	報
砂	ト	意	場	化	ど	セ	規	場	ふ	側	緒	芸	国	ハ	ざ	ひ
何	を	ス	ク	ー	タ	ー	制	ハ	ひ	登	に	ぽ	場	ぎ	せ	エ
だ	迎	ス	で	通	く	安	を	だ	ス	だ	故	許	報	ク	じ	で
応	歓	泳	ぐ	ト	も	き	選	論	コ	弱	愛	可	論	べ	阪	妊
ス	、	ブ	ロ	ッ	コ	リ	ー	暫	ア	嶋	だ	ふ	歴	阪	ク	ぐ
む	プ	安	べ	ひ	会	ブ	再	選	ゃ	合	だ	場	投	史	社	応
し	し	リ	の	鼻	ト	ン	通	応	意	囚	海	合	安	ホ	投	ぼ
ニ	愛	コ	ン	ゅ	れ	セ	し	狙	所	も	砂	応	ゅ	テ	側	報
登	れ	退	イ	グ	登	ア	ろ	ょ	安	じ	ふ	応	じ	画	チ	選
方	論	ひ	ラ	場	は	チ	京	ホ	ろ	ト	ょ	ク	開	無	べ	モ
れ	会	覧	使	用	削	化	本	権	ヱ	圧	覧	る	サ	嶋	重	ト
向	乗	算	私	ソ	り	カ	レ	本	妊	ヒ	登	向	画	ぎ	ノ	砂

アセンブリ
泳ぐ
の鼻
乗算
歴史
一緒に
規制を
、ブロッコリー
スコア
外国
対象
スクーター
使用
スプリングは
リピート
許可
歓迎を
スケートを
ライン
削り

Puzzle 265

タ	ク	シ	ー	国	ゃ	ル	む	民	集	計	本	合	惑	ど	乏	ク
レ	登	ラ	ふ	民	辞	ホ	る	間	論	進	ト	社	お	星	結	ニ
ま	る	ハ	ル	の	ヱ	退	ヱ	だ	所	む	然	ょ	ぐ	ぽ	化	暫
っ	ニ	ひ	ラ	ん	安	ト	ー	カ	ス	ペ	ル	芸	場	ト	阪	読
ょ	覧	加	会	ノ	開	応	せ	ど	自	会	べ	退	摘	モ	権	コ
ひ	京	場	摘	多	む	雹	狙	嶋	身	や	辞	退	結	権	出	会
れ	進	妊	無	ど	れ	を	ラ	ス	が	ゃ	摘	ノ	ひ	通	囚	画
育	ニ	乏	ぎ	砂	本	マ	摘	精	ク	百	世	紀	に	は	力	能
退	じ	せ	レ	乏	暫	シ	歩	ぎ	側	ぼ	百	育	で	姉	場	愛
会	室	安	符	お	然	ン	む	室	覧	囚	本	結	輸	送	妹	ホ
ひ	っ	通	号	ソ	べ	キ	ぎ	砂	本	私	出	投	歩	定	住	テ
ス	砂	通	投	や	お	ト	市	ま	ひ	何	カ	ぐ	ぎ	精	私	ス
っ	レ	向	所	廃	し	ッ	ぐ	場	解	ヌ	退	社	応	囚	ト	ト
社	チ	反	映	液	本	ャ	ま	金	の	芸	解	ラ	モ	論	本	圧
所	会	画	く	開	ク	キ	登	合	退	阪	加	ド	応	再	工	登

惑星
集計
国民の
スカート
雹を
自身が
符号
市場の
反映
民間
姉妹
タクシー
マシン
定住
能力は
世紀には
輸送
スペル
キャットキン
廃液

Puzzle 266

壊した
トラブルの
スプーン
回復が
落ちた
ポリシー
破壊する
フォロー
エンド
ガンダー
手の
な否定的な
関連付ける
スタイル
人口
ボルト
ブロック
銀行
隣人
俳優

俳	ス	ろ	権	化	エ	辞	ニ	能	覧	お	室	阪	む	ソ	合	意
優	ソ	人	っ	お	ま	ょ	ヒ	会	退	狙	覧	室	解	話	愛	ノ
重	再	口	な	否	定	的	な	ニ	意	ス	能	加	カ	画	結	圧
論	ス	報	登	私	ル	ど	お	ょ	退	ト	タ	画	っ	読	乏	登
京	化	手	の	阪	海	関	ソ	レ	ノ	ラ	暫	イ	ト	圧	ニ	本
重	再	で	く	ハ	阪	ラ	連	ん	ど	ブ	隣	社	ル	ホ	摘	場
開	く	チ	セ	読	ん	写	っ	付	ヒ	ル	人	本	ボ	ト	銀	行
レ	応	ト	ぎ	っ	嶋	ょ	ひ	ゅ	け	の	サ	ス	し	通	ニ	べ
き	ソ	ひ	ぐ	で	何	ク	通	ツ	ク	る	る	私	プ	退	ゅ	れ
回	復	が	ル	覧	ざ	意	登	圧	し	す	開	芸	ぎ	ー	ド	ま
だ	テ	ス	ノ	ツ	投	投	意	妊	ょ	壊	だ	ど	で	シ	ン	弱
だ	出	何	加	む	加	社	ク	安	何	破	ド	フ	室	リ	エ	然
ク	妊	ヒ	話	壊	し	た	ヱ	ク	弱	べ	ニ	ォ	圧	ポ	金	ツ
話	ガ	ン	ダ	ー	ト	ち	通	コ	ぽ	ク	ッ	ロ	ブ	話	く	ス
テ	無	重	ノ	精	百	落	ハ	ひ	チ	ス	通	ー	ヱ	権	ク	つ

Puzzle 267

で	ぐ	コ	だ	進	ふ	だ	つ	ツ	も	実	メ	ク	や	ひ	再	向
ひ	も	べ	セ	歩	ツ	投	ろ	テ	側	行	再	ッ	む	て	再	ニ
だ	ヌ	な	室	チ	ク	ジ	ラ	レ	応	し	ク	バ	セ	故	提	エ
退	百	ま	い	圧	ャ	暫	ク	れ	ニ	て	室	ラ	だ	ー	供	ド
好	奇	心	旺	盛	を	ン	ー	タ	っ	い	苦	し	み	合	ジ	ヒ
会	ょ	サ	ヌ	ヌ	ぐ	ス	ス	現	代	る	る	だ	出	ひ	報	じ
画	ま	加	ょ	ん	っ	な	う	よ	の	絹	加	ぽ	多	応	会	京
ク	マ	は	、	ひ	ま	社	画	進	ボ	つ	ホ	多	囚	画	ひ	百
ゅ	ド	進	進	だ	強	キ	ウ	イ	イ	ひ	ニ	ソ	写	乏	側	れ
弱	辞	ニ	所	辞	打	て	開	ス	ド	べ	意	た	く	さ	ん	の
べ	退	京	暫	ま	ぼ	狙	ニ	リ	側	意	愛	百	場	ヒ	応	生
チ	ヱ	読	ヌ	摘	開	で	写	応	ぽ	ん	悲	ひ	場	レ	社	芝
チ	応	私	京	開	リ	ニ	ぎ	場	能	無	惨	む	側	れ	ト	ラ
く	私	乏	ま	報	ト	話	れ	ト	マ	ト	さ	京	暫	摘	せ	加
登	加	ぼ	ル	だ	ヌ	ま	ノ	本	だ	だ	を	投	辞	応	海	写

トマト
苦しみ
強打
芝生の
バック
でもない
クマは、
メッセージ
キウイ
ターンを
のボイド
たくさんの
現代
実行している
絹のような
悲惨さを
チャンス
好奇心旺盛
提供
クジラ

Puzzle 268

、	こ	れ	ま	で	カ	室	カ	チ	ょ	本	話	会	目	テ	能	タ
室	む	所	ぼ	報	ひ	向	登	タ	百	だ	悪	ニ	に	フ	ぎ	ス
側	ス	モ	ソ	室	摘	ゅ	ま	解	ツ	化	会	い	見	ィ	向	ク
芸	ん	ぎ	画	っ	通	ソ	重	ル	乏	ム	乏	チ	え	ル	サ	の
開	権	ニ	画	あ	示	し	た	ク	む	ぽ	リ	ま	る	ム	覧	圧
カ	加	ヒ	ん	る	ル	ヌ	ヌ	ぎ	室	ま	ラ	故	嶋	進	写	場
解	ク	エ	側	こ	圧	弱	会	加	ぎ	の	チ	チ	読	ぐ	方	ひ
パ	ン	た	め	と	ツ	妊	会	開	歩	士	レ	ょ	だ	能	ゅ	ん
社	金	コ	弱	辞	エ	ヌ	ま	阪	砂	防	つ	コ	外	部	て	暫
室	お	れ	や	じ	応	登	京	歩	ぎ	消	場	私	ー	登	き	だ
や	ス	出	れ	砂	む	だ	ど	重	ひ	カ	画	ヒ	コ	ド	で	ひ
ま	コ	出	っ	阪	化	会	れ	ん	で	安	画	陽	気	な	が	然
歯	ブ	ラ	シ	テ	登	社	精	ぎ	権	ひ	保	持	ニ	能	備	つ
ひ	怒	っ	お	無	ぼ	く	だ	然	故	ま	ひ	む	ひ	可	準	多
ニ	コ	ひ	っ	ゅ	ク	芸	方	リ	エ	愛	ツ	能	て	ヌ	妊	ク

パン
フィルム
のレコードが
保持
歯ブラシ
陽気な
消防士の
悪い
カタツムリ
準備ができて
あること
ため
可能な
外部
怒っ
、これまで
目に見える
タスクの
示した
サル

Puzzle 269

ゅ	場	ト	つ	海	、	し	パ	ラ	ベ	ク	ッ	ニ	カ	メ	能	は
の	連	続	し	た	グ	加	フ	ふ	ン	方	妊	ニ	ー	金	ぼ	、
せ	無	写	っ	ひ	ラ	お	ォ	ツ	然	プ	ス	ヒ	ド	被	コ	読
登	ラ	芸	ド	ぽ	ン	圧	ー	ハ	熱	結	の	理	の	時	害	場
海	精	ハ	ク	ふ	ド	圧	マ	ぐ	心	ホ	れ	解	ラ	ざ	の	者
ん	ベ	ル	で	ぼ	ウ	ド	ン	エ	な	ス	嶋	し	ラ	愛	ニ	ひ
ニ	ど	グ	社	セ	辞	覧	ス	妊	ぐ	ト	摘	て	イ	投	テ	ヌ
ま	出	ン	ま	ヌ	ざ	解	を	弱	囚	サ	お	だ	ブ	ノ	海	ぽ
ヌ	場	シ	読	化	辞	話	安	登	で	で	覧	や	ラ	つ	所	海
読	セ	重	合	ヱ	阪	せ	ド	妊	ざ	ま	タ	金	リ	て	場	読
サ	セ	ひ	ヌ	ド	ひ	砂	ハ	安	写	ま	ウ	ハ	ょ	せ	ふ	ト
室	っ	ド	リ	ざ	レ	ノ	話	む	ん	だ	ン	テ	ん	然	囚	圧
ヌ	ん	て	つ	本	イ	ん	チ	金	モ	何	ト	金	加	精	だ	故
フ	ィ	ギ	ュ	ア	ヴ	再	ど	圧	や	ぎ	ぐ	ヌ	ホ	チ	エ	然
ま	辞	京	ク	多	ン	圧	む	で	七	の	リ	や	ラ	ん	ぎ	ま

七の
は、
レイヴン
被害者
メカニック
理解して
ホスト
時の
シングル
カードの
タウント
フィギュア
、グランド
パフォーマンスを
熱心な
ランプの
ベルで
の連続した
エンドウ
ライブラリ

Puzzle 270

誰かに
ウッド
燃やしました
役割
を失う
学校の
下の
まで
物質の
が、
、パートナーの
コイン
外を
エージェント
早い
ガチョウ
面積は
太字
選んだ
ベイ

ト	ト	所	芸	コ	だ	面	ノ	、	コ	選	ょ	も	リ	ノ	れ	ぎ
ま	意	室	早	所	モ	積	ヌ	パ	ょ	イ	読	学	画	狙	覧	べ
会	所	応	い	リ	し	は	じ	ー	辞	写	ン	校	物	質	の	下
ス	せ	進	能	き	ノ	れ	ソ	ト	ぎ	能	や	の	本	所	ガ	っ
き	ト	せ	暫	無	安	退	向	ナ	ヱ	っ	ヒ	ょ	砂	開	チ	ホ
た	ま	出	ス	ベ	イ	レ	っ	ー	ヒ	方	弱	応	社	権	ョ	ニ
し	ゅ	っ	芸	嶋	セ	芸	ぎ	の	だ	安	ク	ス	ざ	選	ウ	チ
ま	意	安	歩	ひ	れ	摘	ハ	エ	ヌ	場	モ	太	狙	じ	然	ど
し	で	嶋	論	ウ	ッ	ド	報	嶋	だ	ど	ゅ	つ	字	重	暫	ゅ
や	解	育	場	く	ニ	精	外	ざ	サ	辞	カ	カ	誰	だ	が	、
燃	ぼ	む	セ	愛	う	失	を	海	故	応	応	カ	か	画	所	愛
室	結	重	て	社	再	ま	で	ぐ	コ	コ	登	ま	に	ク	っ	応
役	圧	ベ	エ	ー	ジ	ェ	ン	ト	出	選	ん	だ	ぎ	精	暫	何
割	ヒ	会	場	む	開	ド	ラ	進	投	じ	精	ん	側	ど	ヌ	ど
結	能	ク	意	ク	ま	ま	っ	安	ス	出	安	ぎ	安	砂	側	愛

Puzzle 271

投	見	ぐ	き	ソ	ス	テ	ィ	ー	ル	カ	チ	画	コ	摘	モ	ぽ
ヒ	つ	っ	む	弱	カ	辞	安	ひ	ク	ノ	バ	ド	嶋	て	砂	能
エ	け	乏	金	会	ラ	ざ	無	ド	結	だ	ド	ー	向	る	話	ゅ
ソ	ゅ	き	コ	読	む	ゃ	く	ル	で	レ	だ	ネ	が	ト	く	読
じ	ク	画	ツ	ホ	場	芸	合	嶋	ひ	開	ン	モ	レ	エ	ひ	だ
向	摘	れ	チ	属	し	ス	有	じ	投	ホ	ク	レ	圧	く	ヌ	ぼ
ぐ	く	撮	ゃ	芸	討	き	登	す	じ	多	ス	だ	弱	辞	登	退
場	加	意	影	出	検	心	臓	ニ	る	何	御	馳	走	本	体	摘
辞	選	る	ク	ぼ	能	ハ	ヒ	お	ヒ	弱	百	応	ヌ	京	く	て
ゃ	ゅ	応	合	合	砂	退	ハ	摘	モ	ま	研	じ	典	型	的	な
再	ニ	ゃ	能	社	も	狙	読	を	通	愛	究	応	向	選	退	ス
お	ト	豊	富	な	ポ	ス	ト	の	比	ざ	エ	モ	合	医	学	室
る	ま	ぼ	囚	ヒ	ホ	写	ス	も	較	カ	出	ヌ	阪	加	私	セ
ぎ	ゅ	ひ	だ	カ	登	応	エ	写	加	室	暫	つ	ぎ	退	ツ	会
ま	ぎ	芸	出	ま	金	き	ウ	狙	だ	ハ	ょ	れ	進	合	ト	多

御馳走
ポストの
ものを
ウエスト
見つけ
レモネード
レモン
スティール
典型的な
属し
検討し
研究
有する
カバーが
本体
比較
豊富な
心臓
医学
撮影

Puzzle 272

に沿って
モンスター
帽子
データが
森林は
次の
に十分な
軍隊
曲線
アカウントを
天国の
両親
口の
問題
要因
賢く
船を
夜明けの
農家
予想

夜	本	ト	ニ	ド	然	場	無	問	ニ	私	加	方	エ	ホ	ま	画
明	嶋	ス	論	む	ろ	応	金	権	題	れ	登	ソ	ハ	ク	方	帽
け	ゅ	辞	せ	無	ヱ	場	べ	ひ	圧	カ	や	向	ま	開	圧	子
の	弱	覧	応	て	っ	沿	に	サ	狙	だ	む	で	ょ	っ	覧	ゃ
口	天	ホ	精	向	ひ	応	十	つ	ル	合	ろ	場	ど	べ	開	摘
合	然	国	応	報	場	ス	分	ニ	向	ょ	ト	だ	ア	ひ	ぐ	ク
海	ろ	再	の	船	を	ド	な	ぐ	開	選	せ	安	カ	選	ホ	カ
ソ	ん	カ	応	ひ	ん	ひ	報	エ	場	百	然	ト	ウ	る	だ	ぎ
室	ラ	だ	て	加	育	然	お	応	弱	ー	タ	ス	ン	モ	ょ	側
ス	歩	て	選	要	ぎ	選	ゃ	ル	ド	覧	歩	権	ト	農	家	写
れ	森	林	は	因	ょ	ぎ	解	せ	ぎ	ソ	画	次	を	デ	故	ひ
や	能	砂	ぼ	ぐ	登	カ	サ	っ	ク	ひ	ラ	能	の	ー	エ	金
向	だ	論	圧	結	お	両	ぼ	京	解	ぎ	京	賢	通	タ	応	ざ
室	ゅ	予	論	軍	隊	親	ょ	チ	ぎ	だ	囚	く	っ	が	阪	カ
曲	線	想	芸	権	場	ん	私	投	だ	だ	ヌ	囚	進	し	ヒ	場

Puzzle 273

で	室	多	向	ひ	も	向	場	ト	百	だ	育	連	ホ	も	エ	再
子	猫	百	ヱ	歩	加	権	加	て	登	阪	テ	想	イ	ベ	ン	ト
れ	ト	ヌ	結	選	暫	ふ	読	ハ	読	室	ニ	さ	解	リ	ー	ク
つ	ぎ	画	ぼ	阪	場	い	ら	い	ら	ヒ	ヒ	せ	つ	高	進	ヌ
エ	ホ	通	テ	場	コ	ヌ	ト	テ	論	お	阪	ま	重	価	ひ	金
コ	ト	ノ	囚	向	社	辞	加	れ	れ	社	登	す	通	な	き	ゅ
会	ろ	む	ヌ	歩	砂	会	化	る	安	ひ	圧	ト	ピ	弱	ド	ぽ
通	応	通	社	ろ	画	本	方	ま	安	ど	方	芸	ア	き	コ	ク
コ	私	ゃ	精	会	男	が	べ	の	乗	芸	向	ど	ノ	歩	合	で
ヤ	室	ど	囚	だ	む	読	む	て	り	ト	ヒ	っ	側	多	も	意
室	ギ	ど	出	コ	第	じ	ノ	べ	心	百	愛	出	囚	登	ふ	報
私	方	は	れ	ど	三	ゃ	嵐	す	地	べ	合	む	向	ろ	ス	開
で	ス	員	、	シ	再	で	ぎ	の	を	ポ	ニ	敬	ヌ	通	ラ	論
応	ト	業	圧	ハ	ョ	意	応	院	理	ー	ニ	遠	る	側	っ	本
ト	歩	従	も	ト	妊	ー	カ	病	管	ズ	む	海	ど	ラ	っ	レ

連想させます
子猫
高価な
方向
いらいら
ピアノ
従業員は
のすべての
ヤギは、
ショー
嵐の
男が
第三
管理を
ポーズ
リーク
敬遠
乗り心地を
イベント
病院の

Puzzle 274

ス	ノ	リ	ス	も	精	何	ざ	化	側	じ	私	む	再	過	海	ゃ
ぺ	む	ヌ	ア	、	ヒ	結	乏	ク	辞	社	社	解	ひ	半	精	登
ル	選	乏	通	ラ	ル	だ	つ	室	ク	軽	自	動	車	数	ト	ぽ
の	ド	編	集	ょ	イ	ヌ	側	乏	論	暫	出	多	ゃ	の	ぐ	向
愛	ラ	読	ク	能	会	ズ	ク	ル	投	ノ	テ	高	ス	歩	ク	ハ
や	育	れ	ク	化	ソ	重	ト	応	だ	痛	み	速	ク	応	権	能
ぽ	選	加	合	よ	り	多	く	の	む	を	出	な	せ	幸	も	最
ト	砂	ヌ	場	画	ざ	戻	歩	ざ	選	ト	つ	セ	れ	海	室	ソ
ど	画	チ	登	弱	じ	じ	だ	方	弱	フ	ク	ロ	ウ	妊	投	無
ヌ	投	っ	つ	チ	し	結	レ	ス	何	ソ	ひ	化	然	化	ヒ	登
慎	重	な	ぐ	ス	ェ	国	家	何	し	選	応	所	お	ニ	ゅ	投
報	南	だ	投	ペ	レ	ー	エ	解	方	ひ	ト	覧	ヌ	進	会	出
画	部	れ	カ	ー	れ	リ	ン	っ	ヌ	再	ホ	精	ぎ	京	ま	で
百	れ	知	ら	ス	リ	れ	ツ	応	応	登	ス	エ	ま	ぼ	ス	場
ノ	テ	ニ	ス	ゃ	暫	進	ゃ	選	ニ	ニ	画	ク	金	弱	ゃ	結

より多くの
チェーン
軽自動車
最も幸せな
南部
痛み
テニス
リアライズ
ソフトを
高速な
編集
スペルの
フクロウ
国家
慎重な
戻り
過半数の
知ら
スペース
も、

Puzzle 275

ょ	メ	干	ク	し	摘	サ	所	投	意	多	ヌ	ま	第	サ	写	セ
れ	ガ	ば	ざ	ラ	金	ニ	し	ぎ	ソ	何	て	リ	六	ク	せ	ど
覧	ネ	つ	暫	ク	ウ	ふ	れ	ゃ	思	っ	て	百	画	重	ホ	ょ
ょ	お	愛	芸	社	私	ド	リ	ぐ	ル	セ	出	ぎ	何	論	場	ツ
く	ラ	暫	ル	壁	画	を	だ	ク	選	っ	ス	っ	安	応	阪	砂
覧	加	応	加	妊	合	辞	歩	崩	ゅ	ニ	弱	し	ラ	ン	チ	エ
故	辞	っ	ぐ	セ	ス	ひ	写	壊	選	じ	摘	再	ぐ	本	ま	む
ろ	歩	ク	ぎ	火	シ	ッ	ト	に	き	と	た	コ	ニ	ふ	モ	ん
論	向	リ	ざ	き	曜	阪	場	退	る	セ	し	場	る	用	語	集
向	精	ッ	ど	ぼ	社	日	社	ホ	む	し	ま	て	テ	っ	側	私
ゃ	ひ	プ	も	リ	室	弱	の	通	社	だ	し	囚	い	退	チ	ノ
精	化	が	故	ぎ	ヱ	能	彼	私	ひ	辞	見	る	覧	る	ッ	応
出	カ	っ	圧	通	方	歩	重	モ	私	意	発	ヱ	で	ト	プ	通
ヱ	ょ	百	写	ヒ	ヱ	っ	解	決	歩	ぐ	阪	絶	滅	京	砂	ニ
加	話	応	読	チ	受	け	入	れ	ニ	京	ホ	所	ス	加	解	圧

受け入れ
干ばつ
たときに
崩壊
彼の
解決
火曜日の
チップ
クラウド
壁画を
思っ
メガネ
ランチ
クリップが
シット
発見しました
している
第六
用語集
絶滅

Puzzle 276

に対して
基金
オーディション
招待
測定
他の
ビール
マウス
スペルチェック
ファミリー
驚かせました
スロー
空腹の
延期を
、したがって
ゴブリン
マニュアル
愛情
有罪
フリッパー

芸	れ	つ	サ	妊	お	フ	ト	測	所	ん	テ	室	嶋	選	ソ	登
狙	ス	ぼ	場	嶋	意	む	リ	定	辞	ひ	マ	多	何	読	覧	リ
ま	ぺ	再	招	待	ぎ	阪	カ	ッ	暫	解	所	ニ	権	海	空	砂
も	ル	ク	私	結	京	選	き	ハ	パ	会	だ	ソ	ュ	向	腹	側
リ	チ	結	社	ニ	ン	ョ	シ	ィ	デ	ー	オ	登	ま	ア	の	他
ト	ェ	ど	ツ	阪	リ	登	ビ	ー	ル	ト	ニ	金	精	ス	ル	の
京	ッ	コ	コ	ト	ブ	る	室	べ	進	ハ	歩	進	ホ	コ	ロ	投
愛	ク	画	で	ま	ゴ	百	ぎ	ぎ	ツ	、	ト	セ	で	有	本	ー
情	精	じ	だ	だ	ノ	進	っ	出	ぼ	し	精	化	リ	罪	重	リ
ヌ	愛	む	報	ヌ	無	ょ	何	本	ざ	た	し	ま	せ	か	驚	ミ
ひ	マ	ウ	ス	延	ぐ	カ	論	ま	何	が	き	囚	ス	ヒ	社	ァ
ノ	覧	側	弱	期	安	セ	加	ス	ひ	っ	ゃ	ひ	ぎ	投	ぐ	フ
ノ	画	ん	砂	を	基	金	側	む	ク	て	し	対	に	会	セ	て
ぎ	や	リ	登	投	室	加	ス	だ	テ	金	ょ	ひ	室	ま	お	ニ
ス	精	方	ん	ク	出	通	加	ん	じ	っ	ス	ホ	エ	登	本	ま

Puzzle 277

ぽ	結	解	サ	京	範	を	見	て	考	の	ゃ	ド	ボ	く	ト	狙
む	安	嶋	向	ン	ヱ	囲	噴	火	え	後	れ	マ	ー	テ	の	多
狙	歩	だ	ク	結	ド	ど	を	場	ま	に	狙	覧	ダ	、	民	ル
乏	囚	会	く	ニ	レ	キ	化	ラ	す	弱	だ	れ	ー	再	市	通
ト	覧	京	登	も	ざ	結	ャ	読	ソ	覧	ド	だ	ル	利	ぎ	解
ソ	ぎ	お	ひ	合	歩	阪	ク	ッ	ミ	ト	ア	世	界	用	ど	妊
加	本	ト	故	ツ	ト	弱	レ	読	ス	室	ブ	辞	ど	可	加	ろ
ひ	ゃ	含	ま	れ	て	ホ	ー	ル	ド	ル	ー	チ	ス	能	然	話
狙	ひ	海	方	安	権	防	私	れ	カ	ク	ロ	っ	も	な	ゃ	リ
く	通	リ	解	金	ニ	止	私	加	ギ	育	グ	だ	百	を	芸	摘
出	ラ	解	秩	進	ょ	退	摘	チ	テ	ャ	ま	ま	く	ホ	べ	サ
ぎ	じ	海	序	精	ル	投	ト	べ	チ	く	ロ	ま	き	て	ひ	摘
ひ	っ	場	側	故	無	セ	ニ	海	登	芸	ラ	ッ	論	無	ぼ	重
応	圧	本	も	所	辞	ル	精	ヒ	選	百	お	画	プ	ど	ハ	論
ヌ	場	怒	ら	能	ソ	チ	写	再	コ	会	場	お	嶋	室	ん	百

考えます
怒ら
噴火
ボーダー
グローブ
を見て
、再利用可能なを
防止
のテーマ
範囲を
秩序
含まれて
スチール
ホールド
サンドキャッスル
ギャロップ
アトミック
市民の
の後に
世界

Puzzle 278

ろ	サ	れ	結	バ	側	つ	ゅ	然	ル	エ	だ	選	ニ	し	じ	参
解	だ	化	方	ー	エ	阪	ル	ニ	阪	キ	壊	れ	た	も	サ	加
る	ス	映	百	ス	じ	阪	つ	ぐ	し	ス	ん	ハ	摘	ゅ	ノ	者
コ	投	選	画	ト	精	能	読	化	重	パ	弱	ト	ル	級	上	の
し	合	砂	ひ	を	阪	応	精	達	っ	ー	側	開	所	化	ト	ミ
ド	ニ	能	ノ	囚	い	ホ	向	成	ょ	ト	、	投	資	ま	テ	カ
ト	じ	加	本	百	つ	せ	沈	し	れ	能	ツ	サ	ヌ	ふ	セ	オ
乏	ヌ	向	話	論	か	ぐ	黙	ま	選	っ	開	べ	ス	多	合	オ
芸	テ	嶋	ト	ニ	選	解	を	す	故	っ	金	選	く	セ	能	摘
サ	ー	ブ	執	ラ	海	無	応	画	ハ	精	ス	私	く	エ	ヱ	き
加	辞	ロ	行	チ	愛	私	れ	意	ク	化	ヒ	カ	リ	ぐ	ハ	ソ
本	退	会	ハ	で	阪	セ	囚	場	れ	ン	ソ	イ	バ	ぎ	ろ	れ
物	語	ド	ぐ	安	安	い	ぎ	歩	ハ	狙	の	ム	ラ	グ	ロ	プ
ん	ん	向	登	結	ば	ト	ラ	ク	加	ル	狙	れ	ぽ	ギ	論	無
登	会	お	写	報	百	乏	カ	っ	狙	ぎ	ト	意	側	こ	だ	多

バーストを
物語
いつか
ヒイラギ
沈黙を
参加者の
安い
バイソン
オオカミの
ハロー
の上級
プログラムの
映画
達成します
エキスパート
壊れた
サーブ
結ば
執行
、投資

Puzzle 279

あ	化	ヌ	登	少	べ	重	画	加	ふ	加	で	能	囚	海	投	結
な	百	も	ニ	し	ぎ	意	ざ	登	投	っ	方	ゅ	ょ	ツ	写	ス
た	結	ホ	読	場	ぽ	見	ひ	ゅ	方	ぽ	合	育	コ	結	ぽ	テ
写	ガ	ス	ス	コ	覧	の	コ	、	囚	サ	海	れ	覧	百	所	イ
せ	社	ふ	ょ	ま	ぎ	男	性	は	暇	休	決	進	き	ノ	む	軌
し	出	ざ	だ	登	っ	化	退	ギ	開	ニ	め	砂	く	場	室	道
範	ラ	会	ホ	ホ	ハ	論	応	ネ	ろ	ま	ま	ひ	精	や	通	重
愛	囲	囚	精	ル	せ	ふ	場	マ	ル	安	す	安	セ	意	れ	ゃ
ル	安	内	話	覧	ま	話	独	タ	故	く	退	会	進	ホ	運	会
ツ	れ	摘	ハ	多	ト	ぐ	ラ	立	お	な	じ	み	側	ん	ば	ラ
ツ	百	ん	れ	多	場	重	ヱ	ハ	ー	フ	っ	ま	暫	ょ	論	権
ツ	選	合	権	せ	ヱ	進	説	得	レ	画	ぼ	ニ	キ	ト	意	で
意	ノ	狩	猟	能	く	っ	ゃ	室	グ	れ	狙	所	多	ー	歩	話
退	チ	朝	権	覧	阪	ク	故	話	権	開	出	写	ソ	写	ざ	再
ホ	室	食	砂	社	通	エ	摘	投	金	加	囚	ハ	私	圧	ぼ	ル

運ば
グレー
説得
狩猟
ステイ
決めます
あなた
男性は
ガス
休暇は
範囲内
軌道
ハーフ
キー
少し
朝食
独立
意見の
タマネギは、
おなじみ

Puzzle 280

沸騰
環境の
量る
な性質を
今後
怒っている
簡単
ピザ
のトレーニング
ゴム
壁を
ジュース
デスクを
共通
占める
午後
シンク
より
貴族の
結論の

芸	コ	ノ	っ	精	だ	辞	狙	リ	解	海	グ	登	占	再	ヒ	ス
ニ	む	方	ニ	能	ぐ	せ	ゅ	ひ	ヒ	シ	ン	ク	め	化	応	退
チ	ニ	ハ	も	ス	進	能	芸	で	会	エ	ニ	妊	る	私	能	ド
ト	ヒ	エ	べ	沸	合	ラ	ぐ	愛	ど	画	ー	ピ	ザ	ふ	ハ	ぎ
量	る	ト	ろ	騰	暫	エ	ざ	ル	化	私	レ	報	化	応	無	会
じ	い	結	論	の	ま	ラ	ニ	き	ト	ヌ	ト	き	ニ	ろ	ド	ぎ
京	て	精	百	も	海	室	砂	ざ	コ	出	の	化	ハ	お	ん	ジ
ひ	っ	嶋	会	安	レ	ひ	ぎ	共	通	今	後	き	エ	乏	ろ	ュ
圧	怒	ニ	ニ	進	ク	会	側	ど	な	化	再	故	き	む	ざ	ー
て	だ	レ	カ	ぎ	ト	ぼ	ニ	じ	ゴ	性	金	ょ	応	加	よ	ス
貴	族	の	コ	セ	投	で	化	話	つ	ム	質	午	後	ド	り	話
ソ	も	ゃ	多	カ	海	合	簡	環	境	の	報	を	ク	ス	デ	化
ヒ	ク	じ	会	応	ヒ	開	化	単	会	て	ヒ	壁	画	ソ	摘	妊
テ	ま	安	社	愛	重	む	場	ふ	ひ	ツ	サ	れ	ど	で	狙	ク
く	し	セ	投	嶋	登	カ	権	れ	お	側	安	妊	ひ	お	ソ	べ

Puzzle 281

再	砂	画	ヒ	ひ	ゃ	ニ	圧	乗	て	エ	し	能	乏	ニ	意	ぐ
ゅ	意	狙	れ	キ	ふ	ペ	通	っ	ト	モ	囚	登	ょ	っ	ひ	多
ぽ	選	チ	ヌ	つ	ガ	ア	ノ	つ	海	ス	も	摘	ト	だ	精	圧
側	ひ	ベ	応	ド	ま	エ	ニ	登	む	ぽ	ぎ	辞	再	だ	何	ス
ホ	ブ	登	も	セ	出	登	ル	応	本	ト	ヒ	変	数	き	解	登
ソ	ッ	芸	レ	合	セ	囚	論	ひ	ソ	つ	ま	摘	会	解	状	態
芸	ク	ラ	辞	摘	速	い	く	通	圧	機	能	無	ク	ぼ	ス	ニ
愛	ま	や	ソ	結	ゅ	レ	側	せ	話	ソ	ヒ	進	る	加	ふ	ぐ
レ	ク	て	シ	ム	ウ	ト	ン	テ	阪	摘	サ	論	ど	ぐ	ヌ	ま
進	ま	通	ク	ェ	ツ	摘	登	魔	ホ	納	屋	ソ	ぽ	側	ホ	き
精	ク	場	キ	ジ	ー	圧	ホ	合	女	黄	色	つ	選	社	弱	テ
オ	フ	ィ	ス	ヌ	ル	ド	ノ	場	せ	ひ	ハ	レ	権	む	無	開
ひ	ニ	ヱ	い	る	フ	側	ぐ	選	写	ハ	結	ヒ	ぐ	ゃ	育	化
百	ぽ	場	弱	芸	加	ぐ	ひ	だ	真	意	旅	ぎ	ん	ど	歩	話
化	室	ド	ま	妊	ヒ	ド	社	ル	写	だ	行	ニ	ん	芸	条	約

いる
ヒキガエル
旅行
乗っ
機能
ペア
魔女
キジ
ブック
オフィス
フルーツ
写真
状態
変数
テントウムシ
条約
納屋
黄色
シェード
速い

Puzzle 282

嶋	妊	モ	叫	ソ	妊	出	ゅ	チ	だ	モ	テ	白	楽	通	ゅ	投
画	ラ	歩	ん	ゃ	ち	あ	ば	お	圧	圧	ざ	い	し	て	会	エ
金	能	ん	だ	ド	ぎ	子	る	ゅ	ニ	ぎ	き	海	む	ニ	ソ	ハ
ク	場	ざ	砂	開	私	覧	羊	も	モ	読	然	覧	無	で	加	応
っ	会	ひ	再	安	応	っ	ぼ	登	ぎ	ふ	ウ	サ	ギ	意	ド	写
モ	転	送	む	れ	多	覧	合	歩	モ	結	ぼ	し	海	ト	ラ	無
リ	投	む	京	追	ク	ド	ざ	開	る	だ	ヌ	意	ノ	カ	イ	能
ゼ	合	こ	ヌ	求	辞	付	ミ	ッ	シ	ョ	ン	濃	縮	ゲ	ブ	方
話	ロ	ま	と	っ	お	随	結	会	入	植	者	が	基	本	的	な
再	ゅ	ト	育	が	再	ひ	で	ろ	応	く	だ	能	室	向	ん	ま
つ	場	レ	暫	ま	で	憎	し	み	を	社	っ	ま	ソ	乏	れ	だ
ひ	ぽ	ド	リ	私	む	き	く	ヌ	っ	ク	レ	ス	所	ま	方	れ
べ	る	む	権	ま	ま	出	ま	む	ぼ	京	ラ	く	て	ぼ	登	く
カ	投	ニ	権	ハ	写	じ	精	す	ニ	ト	選	ぐ	ひ	愛	ト	向
テ	ク	ヌ	囚	ぐ	選	て	ノ	方	法	し	場	解	ぐ	だ	ふ	出

楽しむ
入植者が
濃縮
ウサギ
ことができます
ミッション
基本的な
トカゲ
憎しみを
追求
おばあちゃん
ゼロ
白い
方法
転送
付随
子羊
ドライブ
クレス
叫んだ

Puzzle 283

場	話	応	合	育	妊	ど	セ	ゃ	百	狙	ぎ	ヌ	権	ゅ	セ	辞
狙	金	金	加	ぐ	囚	ぐ	能	れ	重	て	む	応	私	投	百	ま
む	曜	や	社	安	摘	き	本	ん	何	べ	出	再	チ	ラ	む	ひ
話	日	興	何	選	れ	多	る	安	る	れ	ヱ	歩	暫	所	機	カ
友	の	向	味	チ	社	安	男	性	の	生	誕	ぎ	狙	や	能	ツ
人	だ	む	百	深	ま	だ	結	合	砂	本	裁	ひ	嶋	し	を	テ
百	膝	、	場	女	い	室	ぎ	セ	ぽ	読	判	ゃ	私	ょ	進	キ
カ	を	適	べ	再	の	能	き	室	意	芸	所	っ	ど	ま	ほ	ス
べ	向	切	意	ふ	ど	子	阪	フ	ト	ト	む	て	安	通	ぼ	ト
む	画	な	つ	べ	覧	阪	の	ェ	暫	ニ	感	チ	れ	摘	じ	本
て	努	ス	話	辞	愛	解	歩	ン	本	く	触	金	ラ	ノ	室	お
弱	力	く	ど	圧	だ	暫	取	ス	く	や	登	場	ひ	て	応	再
圧	の	持	っ	て	い	た	人	引	ス	覧	弱	ひ	ぎ	ゅ	会	愛
じ	覧	写	ま	方	ヌ	芸	は	ぎ	暫	む	応	選	再	意	社	芸
結	権	安	ぎ	つ	資	源	投	ニ	登	登	側	挙	投	だ	解	嶋

男性の
取引
、適切な
努力の
膝を
女の子の
機能を
友人
誕生の
裁判所
興味深い
感触
ほぼ
金曜日の
選挙
人は
テキスト
資源
フェンス
持っていた

Puzzle 284

ク	退	ス	ヌ	意	ウ	妊	き	化	お	権	読	覧	海	乏	出	方
ル	私	ノ	っ	ん	エ	ゃ	ろ	ふ	ホ	解	ろ	ま	多	応	ざ	砂
エ	阪	ー	ろ	謎	ス	れ	弱	で	応	ホ	れ	再	ニ	ド	ひ	ん
む	リ	フ	ト	の	タ	応	本	モ	重	辞	ぼ	到	セ	ド	レ	阪
ト	お	レ	破	男	ン	海	利	用	可	能	な	だ	着	応	セ	登
砂	糖	ー	壊	退	ひ	向	む	ト	ク	ソ	の	感	っ	与	え	る
能	報	ク	狙	ざ	っ	靴	を	ゅ	登	チ	ぽ	買	ど	ハ	渡	報
摘	開	私	出	む	ツ	投	話	ホ	何	だ	室	危	い	ひ	し	解
私	ヒ	何	ラ	安	ノ	弱	う	通	ニ	ょ	狙	故	険	本	ま	ホ
ツ	阪	ま	所	ま	ぐ	解	な	ル	プ	ン	シ	ク	セ	性	す	加
お	ゃ	写	開	テ	話	ソ	り	通	ソ	サ	意	ツ	ラ	ル	を	セ
安	覧	乏	る	芸	囚	写	声	ク	星	ょ	ま	本	ト	妻	画	化
然	お	ょ	暫	論	ト	き	の	京	が	ク	応	野	ぎ	の	選	室
ニ	写	報	お	安	ク	ク	ょ	百	場	ぼ	応	心	覧	嶋	チ	ざ
暫	出	登	サ	ド	私	い	く	つ	か	の	サ	向	応	む	再	投

与える
感の
星が
破壊
シンプルな
野心
到着
渡します
うなり声の
靴を
危険性を
スノーフレーク
妻の
謎の
の買い
男の
砂糖
いくつかの
利用可能な
ウエスタン

Puzzle 285

ア	狙	サ	海	投	通	乏	推	精	会	ト	話	重	通	モ	く	暫
ェ	イ	読	芸	京	写	ぐ	定	ト	嶋	嶋	し	読	画	だ	れ	登
シ	ク	デ	暫	テ	重	解	つ	暫	ニ	登	ま	ル	ツ	ツ	応	リ
て	選	ふ	ン	無	ト	嶋	場	場	ノ	海	し	せ	論	然	ぽ	ひ
リ	妊	乏	芸	テ	私	ひ	ス	っ	側	故	た	芸	暫	ト	む	所
愛	ぎ	ス	摘	少	ィ	ラ	じ	サ	ま	ス	ゅ	ぐ	ミ	ッ	ク	ス
リ	応	ス	開	な	多	テ	セ	ー	タ	ー	弱	む	マ	ポ	れ	ク
四	半	期	の	い	狭	ょ	ィ	ど	る	エ	評	決	イ	ゼ	ょ	ゅ
か	も	し	れ	な	い	洞	っ	何	明	日	ふ	弱	グ	ま	リ	リ
権	読	進	災	害	が	窟	場	ひ	ふ	る	ど	室	レ	だ	ラ	ー
取	ら	何	ヌ	論	再	を	お	き	出	ノ	百	ぽ	ー	圧	ラ	ニ
結	チ	ど	場	チ	む	ム	エ	摘	囚	つ	ひ	て	シ	圧	リ	芸
出	投	所	乏	だ	ェ	ー	画	妊	ヌ	登	ヱ	チ	ョ	っ	コ	ひ
き	る	力	通	海	ぎ	ア	っ	百	ホ	私	育	モ	ン	ラ	報	向
ク	画	ニ	安	開	側	選	で	ニ	投	ヱ	ふ	通	・	応	退	ク

ポット
ゼリー
話しました
四半期の
狭い
少ない
かもしれない
チェア
アームを
アイデンティティ
セーター
災害が
明日
シェア
評決
推定
取ら
マイグレーション・
洞窟
ミックス

Puzzle 286

退屈
文化
インデックス
カテゴリ
消しゴムの
ヘルプ
買い
ニンジン
ロバ
の家族に
武器の
小麦
女性
超高層
評価
ロック
サークル
重要な
スティックは、
起動

リ	っ	嶋	化	出	ニ	消	出	超	故	ラ	ざ	だ	ク	べ	読	ト
意	ゃ	ド	意	力	通	し	化	高	っ	ひ	ぼ	エ	ぽ	ニ	買	い
無	囚	ル	ゃ	画	多	ゴ	砂	層	リ	ホ	っ	向	カ	ン	無	ク
ク	エ	化	砂	無	ゅ	ム	安	京	て	論	選	ス	じ	ジ	ニ	退
応	の	お	登	嶋	文	の	弱	コ	コ	ひ	私	テ	方	ン	然	開
ぽ	家	ひ	摘	京	化	カ	テ	ゴ	リ	私	百	ィ	ロ	バ	出	も
摘	族	社	場	ひ	ヱ	だ	投	方	辞	イ	プ	ッ	ス	然	ニ	せ
て	に	化	ヒ	応	チ	私	起	向	方	ン	ル	ク	ー	サ	応	妊
ス	ク	ヌ	ホ	京	写	で	安	動	テ	デ	へ	は	だ	ツ	登	ひ
暫	ょ	武	応	べ	海	結	で	開	登	ッ	選	、	退	海	故	投
セ	本	ノ	器	加	ヱ	金	カ	写	ぎ	ク	ッ	ロ	応	百	方	モ
意	ノ	所	場	の	だ	能	ぽ	重	無	ス	ニ	所	ヌ	会	ヌ	囚
チ	小	ヒ	リ	妊	解	画	暫	べ	要	レ	室	ハ	っ	ま	方	妊
報	麦	サ	っ	歩	精	意	女	応	評	な	コ	合	ぼ	出	退	屈
モ	じ	進	選	ト	金	乏	性	読	価	セ	ど	権	つ	投	エ	化

Puzzle 287

の	ソ	解	芸	コ	暫	場	し	無	し	必	ル	ひ	マ	通	開	エ
通	代	で	き	ん	ニ	育	つ	ぐ	ル	場	要	ム	ー	リ	ト	ス
公	園	わ	ツ	決	む	ろ	圧	テ	じ	圧	嶋	が	ク	ひ	ょ	う
通	話	ざ	り	定	ま	京	育	囚	産	生	の	っ	あ	カ	応	セ
暫	ク	合	私	に	む	解	選	も	ト	ょ	物	出	暫	り	所	百
て	ト	ニ	退	ラ	ボ	ミ	ル	妊	故	ゅ	理	能	側	解	ま	ト
っ	ぽ	だ	化	サ	ロ	読	タ	ょ	金	加	的	ニ	加	歩	意	す
然	囚	歩	多	論	ー	達	ホ	嶋	ス	所	な	辞	コ	ま	写	ょ
出	だ	で	ソ	読	を	し	乏	合	ヱ	や	多	ま	ツ	る	暫	リ
多	現	つ	登	ょ	ク	ノ	通	行	動	所	サ	会	嶋	レ	ト	ヒ
ソ	ー	セ	ー	ジ	が	テ	し	話	し	て	ふ	乏	ゅ	べ	金	場
囚	じ	っ	ク	ホ	ひ	意	ま	で	ニ	ラ	方	だ	ニ	ル	ホ	金
ソ	べ	ひ	読	ざ	ど	つ	安	れ	会	ツ	多	ろ	ま	を	ょ	ざ
て	ひ	重	応	テ	出	セ	圧	能	所	室	能	登	写	故	セ	話
ぎ	っ	ト	所	開	登	ス	レ	ッ	ジ	テ	ー	プ	安	摘	ぎ	向

レベルを
達し
決定
ボローを
ホタル
ソーセージが
の生産
行動
ミル
出現
スレッジ
マーク
ストリーム
の代わりに
の物理的な
ひょう
話して
公園
必要があります
テープ

Puzzle 288

ふ	阪	っ	お	社	当	チ	ろ	意	選	ツ	暫	カ	の	オ	育	権
故	安	て	向	出	事	ヱ	解	ウ	ォ	ー	ク	阪	カ	オ	写	参
再	カ	歩	ひ	乏	者	嶋	安	会	劇	的	場	ス	ラ	ヤ	話	加
ド	き	私	れ	っ	は	私	結	写	ル	選	ト	能	フ	マ	ま	す
チ	論	モ	れ	精	狙	何	む	嶋	ま	シ	然	登	ル	ネ	ヌ	る
ツ	囚	く	ソ	て	ぼ	き	応	進	嶋	れ	ョ	チ	な	コ	べ	ふ
ふ	だ	モ	ま	ん	報	ま	愛	ぼ	応	応	選	ッ	選	歩	も	読
ハ	ぐ	ヱ	ブ	ラ	ウ	ス	申	応	海	海	多	イ	ト	ー	ソ	サ
話	ン	狙	だ	ス	ぼ	エ	し	選	コ	砂	京	ド	ル	が	政	府
退	だ	ド	ラ	登	で	地	訳	海	社	愛	じ	ン	大	学	の	ソ
ぐ	再	リ	ル	イ	社	域	あ	多	海	圧	ひ	サ	応	暫	真	ホ
き	て	ク	退	芸	オ	を	り	っ	ル	会	意	狙	ド	じ	ニ	何
ぽ	ツ	ひ	海	ク	リ	ン	ま	庭	バ	イ	オ	レ	ッ	ト	ラ	ゅ
愛	カ	ド	育	カ	写	る	せ	の	サ	サ	ソ	ポ	ニ	ー	ソ	ク
安	る	精	む	応	覧	ろ	ん	ヱ	話	能	ホ	歩	ゃ	無	砂	投

ショットが
地域を
ライオン
オオヤマネコ
政府
真の
ブラウス
ポニー
ソート
ウォーク
バイオレット
庭の
参加する
のカラフルな
劇的
ハンドル
大学の
サンドイッチ
当事者は
申し訳ありません

Puzzle 289

育	再	ふ	ざ	材	乏	摘	べ	ど	予	約	何	食	つ	ま	育	選
る	ニ	応	チ	料	ん	想	お	ゅ	合	テ	安	べ	ヌ	論	化	ヌ
ス	れ	ラ	失	ス	ニ	像	だ	精	ょ	で	出	て	ヱ	れ	ク	ぎ
ド	カ	エ	礼	ポ	ト	室	側	妊	話	弱	所	ド	遠	コ	登	暫
化	ブ	金	な	ン	必	要	と	ま	ニ	ツ	ソ	フ	ァ	く	歩	カ
ツ	ト	制	水	ジ	っ	や	写	選	暫	ハ	ド	安	っ	覧	ふ	る
意	ム	限	牛	ま	室	お	ヌ	セ	モ	で	能	ょ	ろ	故	狙	金
エ	シ	ぼ	の	弱	ヌ	応	安	コ	ホ	テ	や	ぎ	ひ	場	ラ	歩
プ	っ	狙	覧	ト	歩	セ	心	配	ク	チ	写	歩	ヌ	化	会	ノ
覧	ー	し	阪	本	摘	ま	レ	覧	む	ぼ	選	摘	重	能	囚	阪
化	だ	ル	ー	イ	ホ	す	ヒ	京	だ	ク	ス	故	ょ	ヒ	も	暫
場	エ	ひ	だ	ょ	登	読	ノ	ろ	安	室	ん	ゃ	社	ぐ	モ	応
摩	ヒ	ょ	ス	阪	所	ト	写	場	ム	カ	デ	所	素	敵	な	ラ
ぽ	耗	輸	入	し	じ	結	チ	せ	阪	解	ク	阪	ひ	ど	故	囚
む	社	つ	れ	ま	報	何	だ	ソ	辞	コ	で	登	乏	ニ	っ	る

必要と
失礼な
制限
ます
素敵な
予約
ソファ
材料
輸入
心配
カブトムシ
食べて
想像
ムカデ
遠く
ホイール
スポンジ
摩耗
水牛の
プール

Puzzle 290

戦	選	海	昨	彼	ん	無	ぎ	妊	側	加	ま	水	分	を	冬	ラ
覧	略	っ	年	再	ら	ニ	つ	れ	海	砂	ソ	・	ロ	ソ	の	論
コ	お	は	退	私	て	の	自	転	車	の	ヱ	ざ	れ	れ	ら	百
コ	ぐ	紀	ハ	場	読	進	ニ	会	歩	チ	読	コ	ニ	論	ら	何
モ	テ	世	加	場	ょ	っ	エ	暫	ぼ	ど	解	プ	選	む	つ	退
ク	れ	方	誰	と	ソ	エ	ン	レ	て	ゃ	重	ラ	イ	ミ	所	お
っ	登	登	の	モ	言	画	ド	本	お	が	シ	ム	ト	ブ	カ	ま
重	場	砂	多	重	金	う	ウ	改	ぽ	で	通	百	海	百	頭	の
ソ	ラ	私	無	リ	リ	き	豆	善	べ	選	ト	ニ	会	ひ	嶋	嶋
読	ひ	ま	ぎ	話	退	解	は	然	室	会	場	レ	ぼ	応	ヌ	ひ
応	ょ	ニ	無	ニ	嶋	故	加	せ	ニ	進	ヱ	ゃ	ハ	妊	育	ス
開	開	通	じ	退	せ	側	ニ	育	ニ	花	然	嶋	ぐ	精	解	レ
乏	ソ	無	愛	ド	ソ	れ	意	コ	再	が	応	自	由	ス	ヒ	ヱ
る	応	音	読	妊	ぐ	圧	ノ	む	し	私	結	向	合	何	ス	お
て	通	声	向	る	歩	登	ひ	ハ	せ	意	海	っ	圧	方	ヌ	開

プラム
つららの
戦略は
のソロ・
昨年
彼らの
世紀は
改善
ミイラ
花が
エンドウ豆は
冬の
誰の
音声
と言う
カブトムシが
水分を
百頭の
自由
自転車の

Puzzle 291

京	画	む	ぽ	ニ	れ	土	る	っ	乏	れ	ノ	安	ホ	暫	ぎ	ト
弱	カ	会	化	囚	応	ツ	曜	報	デ	故	せ	ぎ	じ	べ	ざ	読
愛	室	ア	プ	ロ	ー	チ	を	日	ぎ	ィ	ス	タ	イ	ル	の	妊
場	室	ニ	ラ	だ	報	権	私	コ	に	ツ	プ	ス	投	妊	ま	向
側	権	ヱ	登	読	無	私	や	海	石	し	ト	ロ	グ	ロ	ー	だ
開	モ	覧	私	ヌ	く	写	テ	退	突	鹸	ん	育	マ	ト	ニ	芸
ひ	や	ど	っ	ぎ	せ	読	ひ	ざ	風	ぎ	話	む	む	や	乏	の
阪	エ	ノ	本	然	登	解	む	チ	テ	退	せ	囚	ギ	話	ぽ	夢
チ	ェ	イ	ス	忘	れ	ニ	論	所	ひ	退	ル	歩	フ	覧	進	の
膨	大	社	つ	ト	能	ハ	ま	セ	ふ	所	意	ホ	ト	画	ヌ	態
コ	ミ	ッ	ト	メ	ン	ト	ニ	モ	れ	だ	ヒ	べ	ッ	ヒ	ホ	状
側	だ	ノ	ぐ	ド	ぼ	る	て	阪	故	故	海	愛	ィ	エ	ま	じ
キ	ュ	ウ	リ	を	ぼ	愛	ふ	通	エ	砂	レ	ク	フ	プ	レ	ょ
や	し	本	愛	人	ク	然	写	保	カ	会	出	辞	て	ロ	ざ	せ
会	む	多	合	形	略	語	室	証	阪	ト	開	論	向	ン	覧	重

チェイス
人形
忘れ
保証
ディプロマ
の夢の
スタイルの
フィット
略語
エプロン
グロー
アプローチを
ギフト
土曜日に
状態の
膨大
石鹸
キュウリを
コミットメント
突風

Puzzle 292

応	論	精	辞	ヌ	私	退	べ	せ	歩	ヱ	愛	ハ	開	夜	の	乏
選	重	テ	で	開	ラ	乏	だ	雪	芸	応	も	ぽ	嶋	側	じ	何
笑	え	る	ひ	登	ク	リ	側	玉	砂	ラ	登	妊	セ	選	ホ	べ
モ	囚	ア	本	エ	し	ろ	故	嶋	エ	れ	ヱ	読	暫	投	乏	社
ト	だ	ェ	だ	圧	ゃ	ゃ	だ	場	コ	登	乏	ホ	ひ	ふ	本	室
ナ	だ	チ	階	下	へ	画	博	合	ノ	権	ょ	解	ざ	じ	ぎ	ゅ
で	レ	ム	ト	報	ビ	向	進	物	キ	場	開	サ	社	私	ろ	て
ド	ま	ー	レ	グ	、	エ	再	ヌ	館	ニ	ゅ	七	エ	や	ツ	チ
コ	ラ	ア	タ	ひ	ニ	お	モ	加	物	の	ど	面	方	退	べ	無
弱	や	イ	本	ー	ニ	ぺ	れ	ま	博	圧	再	鳥	恩	赦	だ	リ
ひ	阪	ゅ	バ	投	ま	単	位	を	員	審	陪	の	室	む	る	ヌ
チ	ュ	ー	ブ	れ	ぐ	乏	セ	ド	く	コ	室	進	ま	愛	社	方
囚	多	れ	写	や	意	会	ふ	せ	能	社	セ	ヌ	摘	狙	歩	し
妊	テ	出	妊	せ	圧	だ	ゅ	然	高	安	ふ	歩	登	ヌ	愛	論
フ	ィ	ー	ル	ド	の	数	え	る	い	く	投	し	所	じ	阪	ん

単位を
階下
高い
雪玉
チューブ
ナレーター
七面鳥の
恩赦
数える
陪審員を
笑える
博物館の
博物館キノコ
アームチェア
ペニー
夜の
フィールドの
ドライバ
ヘビ
、グレー

Puzzle 293

イ	向	精	き	読	ひ	機	ざ	入	挿	地	正	確	な	の	圧	ヌ
ン	フ	ァ	ー	マ	ー	ょ	会	場	入	ろ	球	ラ	ウ	ン	ド	探
チ	ラ	ふ	ま	ヌ	解	退	化	せ	し	側	ソ	を	ド	ウ	結	索
が	グ	愛	ス	や	ふ	だ	サ	読	服	サ	登	重	ブ	ダ	方	ヌ
ヌ	摘	ざ	ま	出	ヌ	循	環	囚	ス	は	修	理	を	天	し	退
投	ス	ぼ	ニ	カ	無	っ	ょ	安	ヒ	て	ぎ	室	合	気	何	モ
ゃ	覧	多	ニ	ょ	だ	芸	ヌ	ヌ	ぼ	カ	応	無	社	百	眠	い
海	然	ニ	辞	砂	会	や	ル	歩	応	ん	加	故	権	乏	阪	解
結	警	官	加	ヒ	投	ひ	百	合	乏	も	ド	芸	加	阪	登	加
っ	ヌ	だ	読	話	嶋	権	海	ま	囚	故	せ	ソ	通	場	覧	っ
再	セ	で	ょ	通	解	向	芸	所	応	金	ひ	本	然	ふ	ヌ	て
ひ	ろ	読	ヒ	リ	故	る	出	ょ	ヌ	ぼ	話	百	囚	ノ	ぼ	ま
満	た	す	っ	合	や	ル	故	テ	嶋	ひ	方	ト	狙	解	結	ゅ
社	応	ま	安	退	ぎ	進	も	ソ	リ	コ	ヌ	や	妊	圧	ニ	ょ
合	チ	ト	進	だ	ハ	だ	意	弱	コ	ー	ヒ	ー	れ	話	エ	ぎ

満たす
ダウンの
地球を
服は
探索
ファーマー
循環
ブドウ
修理を
警官
ラウンド
インチが
正確な
眠い
入場
コーヒー
機会
挿入し
グラフ
天気

Puzzle 294

表示される
についての
来る
精度
ドア
説明
丁寧な
凍結
ラズベリー
余裕が
本質的な
川の
検査の
ソース
夕焼けの
ドッグ
プレート
年間
勧誘を
割り込み

検	査	の	覧	応	ラ	リ	権	ヱ	ド	ソ	精	合	レ	ヱ	本	無
暫	多	ル	ド	ゃ	ヒ	読	合	方	ぼ	ッ	度	開	き	ト	ぐ	化
ハ	ク	写	ぼ	ア	タ	焼	け	の	川	能	グ	出	む	ヌ	ス	室
無	割	能	ろ	だ	だ	レ	芸	て	故	凍	ぎ	ざ	コ	再	エ	ぽ
ざ	り	て	る	砂	じ	ル	べ	い	じ	結	レ	退	ぎ	側	ヌ	弱
余	込	開	写	投	解	嶋	芸	つ	登	会	室	無	応	乏	ょ	写
裕	み	丁	寧	な	精	き	ト	に	き	ホ	加	ざ	カ	登	解	愛
が	ニ	ひ	ヌ	的	で	海	妊	社	ど	も	ひ	プ	レ	ー	ト	ヌ
表	能	結	応	質	多	レ	社	ざ	会	む	ノ	ろ	選	リ	登	ト
示	ヌ	ク	し	本	来	ゃ	っ	権	登	論	能	何	海	べ	し	ぼ
さ	応	テ	ひ	ょ	圧	る	会	む	ツ	ひ	会	ヱ	意	ズ	会	暫
れ	方	ん	ひ	ぼ	多	勧	誘	を	写	登	報	っ	モ	ラ	ス	写
る	社	ょ	報	リ	レ	ソ	ヒ	話	ド	ク	嶋	ぎ	し	ゃ	室	場
砂	歩	じ	説	明	砂	ー	ク	じ	報	ょ	圧	ど	応	ヒ	方	ニ
ク	加	だ	狙	ノ	解	ス	つ	ん	も	写	サ	で	年	間	ひ	再

Puzzle 295

ふ	の	き	続	手	ま	ヒ	ぎ	サ	む	ル	進	い	報	ス	に	読
緊	急	価	リ	投	っ	画	退	多	場	べ	ニ	つ	医	し	も	カ
報	っ	怠	値	ト	砂	応	何	覧	ハ	ド	囚	で	療	サ	か	る
能	ル	惰	権	を	室	ニ	無	安	ど	乏	金	も	ヒ	ど	か	現
ク	話	な	辞	ド	る	モ	京	方	方	ス	ト	カ	場	合	わ	在
育	サ	ト	ぎ	ル	コ	ル	せ	社	京	ろ	投	解	合	進	ら	ヌ
ぎ	加	ン	本	ビ	合	読	然	投	暫	ス	ツ	退	意	べ	ず	ぎ
ん	ホ	ェ	京	登	じ	結	私	増	も	で	コ	圧	故	重	、	ハ
妊	や	ジ	場	私	ト	部	門	加	と	な	っ	て	阪	話	応	て
む	写	リ	辞	報	消	だ	や	結	く	か	ソ	セ	場	ラ	多	ょ
や	方	テ	ド	登	金	防	出	ひ	な	愚	ノ	投	進	向	弱	私
返	信	ン	ス	ソ	て	サ	士	精	少	る	セ	読	加	私	摘	ド
ひ	ろ	イ	ル	タ	本	応	ぎ	結	ひ	写	ふ	側	ソ	ろ	ツ	通
出	て	、	弱	所	ー	ろ	社	貴	重	巨	大	覧	圧	会	然	画
開	ひ	応	れ	ニ	無	圧	お	京	加	化	ス	摘	ろ	能	重	ト

現在
少なくとも
いつでも
となって
巨大
部門
の価値を
にもかかわらず、
スター
怠惰な
、インテリジェントな
ビルドを
医療
緊急
貴重
増加
消防士
愚かな
手続きの
返信

Puzzle 296

で	ゅ	ひ	無	ハ	セ	意	ろ	育	ヒ	オ	私	具	話	ツ	塗	ノ
お	故	最	場	解	阪	結	宣	ホ	ニ	べ	ひ	投	体	海	料	て
ひ	お	お	悪	お	ん	ろ	言	芸	べ	イ	と	し	ニ	的	は	ょ
ヌ	ロ	場	読	コ	然	弱	画	く	ト	カ	の	べ	愛	ス	な	側
摘	ー	百	重	ー	動	作	コ	ー	ト	ま	間	私	だ	通	所	く
む	カ	退	ろ	ナ	ひ	所	ま	要	因	が	で	ド	弱	ド	圧	ま
ニ	ル	重	せ	ー	乏	し	結	チ	ー	ズ	陸	退	声	て	っ	私
私	ド	開	じ	つ	っ	結	シ	所	室	海	上	重	を	注	ぐ	ニ
ク	ハ	ト	セ	金	ゃ	ひ	ネ	狙	れ	画	競	ぎ	出	だ	ラ	報
話	べ	ニ	能	レ	解	応	マ	ラ	ょ	乏	技	せ	し	む	金	ソ
ヒ	ざ	ぼ	摘	所	お	や	権	べ	つ	ヌ	摘	レ	ク	側	覧	ト
育	結	育	出	弱	先	芸	砂	無	辞	場	加	会	サ	っ	ヒ	論
テ	歩	再	ろ	レ	じ	生	ラ	読	ヌ	側	本	モ	室	再	報	京
応	多	レ	暫	ょ	読	ニ	の	在	現	場	金	ホ	ゅ	ニ	ひ	っ
ろ	テ	だ	ひ	よ	こ	て	月	方	化	私	ま	囚	っ	ス	芸	画

宣言
動作
先生の
最悪
との間で
コーナー
ローカル
要因が
チーズ
シネマ
コート
陸上競技
塗料は
月の
声を出し
具体的な
現在の
ひよこ
オベイ
注ぐ

Puzzle 297

リ	ゅ	結	応	出	ス	が	ト	ン	タ	ス	ン	イ	ク	ス	退	ふ
ア	ひ	ク	グ	ル	ー	プ	々	現	実	妊	だ	じ	無	私	写	む
ラ	合	カ	意	安	ュ	ン	故	数	応	異	な	る	レ	出	ど	、
イ	海	退	乏	ょ	ニ	ャ	む	育	通	コ	ろ	も	で	暫	ス	経
ズ	精	画	方	応	然	ジ	せ	ト	再	じ	解	権	写	ノ	ざ	済
を	圧	っ	だ	ノ	の	場	ン	ー	タ	パ	側	権	ど	お	圧	登
能	話	論	圧	ぎ	子	供	き	レ	圧	結	ド	妊	ツ	合	辞	弱
狙	海	事	も	選	帽	ひ	ハ	何	オ	ツ	狙	リ	社	阪	場	ハ
結	ニ	業	合	重	画	摘	ま	ょ	テ	芸	重	出	不	き	通	何
婚	謙	虚	な	ヱ	ぽ	っ	サ	権	ど	再	モ	せ	思	故	進	場
意	圧	結	だ	重	ぽ	つ	ょ	故	も	故	薄	再	議	ス	意	応
ょ	進	応	や	能	芸	妹	側	所	だ	圧	い	き	に	ヌ	だ	む
ぎ	再	登	レ	ど	ひ	を	つ	つ	く	も	や	る	思	側	所	場
ノ	乏	ぽ	海	然	結	ス	ん	ク	阪	ヌ	登	ニ	う	ゅ	意	ヌ
ク	ぐ	精	だ	く	権	再	安	や	京	カ	じ	金	る	暫	応	権

つつく
ニュース
ジャンプが
数々が
薄い
、経済
子供
オレンジ
インスタントが
グループ
現実
謙虚な
リアライズを
不思議に思う
異なる
帽子の
事業
妹を
パターン
結婚

Puzzle 298

き	竜	が	ふ	っ	金	摘	ひ	摘	サ	読	剣	ヌ	ニ	ぼ	方	機
ひ	だ	や	愛	場	る	ニ	会	暫	モ	サ	テ	写	歩	サ	ひ	関
コ	ン	テ	ン	ツ	穏	ニ	出	カ	育	却	ー	京	向	退	ょ	写
登	ト	凝	視	摘	ろ	や	ル	ハ	論	下	ブ	ざ	砂	し	っ	場
ヒ	狙	論	ょ	海	海	登	か	狙	ぎ	崩	ル	作	ら	れ	た	狙
意	場	ひ	ス	安	ト	登	れ	に	ふ	壊	紹	介	応	ん	狙	だ
し	れ	辞	室	る	ノ	エ	ろ	し	む	の	阪	通	せ	囚	っ	京
だ	ば	話	ク	や	ぼ	ス	ゼ	圧	ぽ	ま	ぼ	コ	ぽ	解	能	サ
合	権	し	私	も	ー	ル	ブ	サ	暫	ク	故	だ	話	コ	や	ど
く	ス	会	ば	き	然	く	ラ	バ	ス	ケ	ッ	ト	ボ	ー	ル	ノ
覧	選	ぶ	カ	レ	ヱ	応	ぽ	精	化	モ	側	セ	ス	合	百	ヌ
弱	ぎ	も	解	所	ニ	れ	ん	リ	弱	会	解	ま	ト	ツ	ニ	画
残	ク	ニ	話	つ	弱	愛	解	ス	グ	重	だ	ん	ニ	ぽ	だ	ょ
し	彼	女	の	再	ノ	合	本	通	ど	ン	分	母	の	退	精	弱
方	論	ス	ぼ	退	化	結	解	ニ	場	論	ド	故	開	き	ゃ	ヱ

ゼブラ
崩壊の
バスケットボール
剣テーブル
紹介
コンテンツ
しばしば
作られた
ドングリ
却下
残し
分母の
リス
凝視
機関
彼女の
竜が
穏やかに
選ぶ
ブルー

Puzzle 299

社	特	行	わ	多	バ	も	だ	つ	私	っ	場	話	芸	る	ヌ	狙
べ	ひ	別	登	長	ス	タ	レ	だ	ク	無	出	で	出	カ	側	化
だ	む	場	な	い	ケ	摘	だ	つ	も	動	物	、	で	ラ	カ	テ
ホ	休	阪	カ	ニ	ッ	然	ん	っ	嶋	多	読	ハ	リ	ス	精	再
ん	百	日	責	任	ト	故	ト	ン	メ	ト	ー	テ	ス	の	実	化
安	合	京	の	テ	ボ	昇	給	の	側	べ	れ	ひ	ク	蜂	行	投
何	む	コ	ブ	ハ	ー	ク	安	ト	権	海	海	写	会	私	ト	ろ
ニ	話	京	ラ	退	ル	弱	ホ	摘	海	本	リ	再	ト	所	側	写
む	登	ヌ	ク	ひ	の	ま	ソ	何	し	阪	ノ	意	ク	も	ひ	サ
心	ま	れ	覧	む	く	ひ	安	弱	ぎ	ょ	ぽ	海	ド	私	化	モ
つ	の	権	砂	ス	登	ソ	つ	方	私	ぽ	進	ヌ	っ	や	金	れ
た	い	と	考	え	て	い	チ	ホ	だ	リ	何	ル	レ	私	百	意
前	方	然	も	ト	し	ス	モ	だ	育	つ	安	投	ト	砂	れ	ふ
ろ	場	権	金	洪	止	ソ	室	育	圧	ぎ	ノ	ひ	結	嶋	解	ソ
加	重	ひ	れ	水	停	ふ	私	話	ニ	で	ハ	重	圧	ホ	ニ	れ

クラブの
心の
休日の
責任
昇給の
リスク
バスケットボールの
蜂の
前方
レタス
停止して
カラスの
長い
特別な
行わ
実行
動物、
洪水
たいと考えてい
ステートメント

Puzzle 300

画	ひ	く	る	て	阪	ひ	陸	不	ク	ツ	仕	応	安	イ	応	ふ
ク	登	ひ	っ	ヒ	テ	ざ	上	規	ゃ	室	上	妊	安	ン	圧	圧
お	嶋	ょ	な	つ	デ	金	競	則	ぽ	写	げ	の	む	タ	し	ク
や	だ	ル	ブ	ど	ィ	愛	技	な	加	ス	っ	下	ふ	ビ	側	室
サ	テ	カ	ィ	論	も	エ	を	て	い	ま	す	に	話	ュ	出	だ
ゃ	む	ジ	テ	ん	有	れ	辞	ざ	て	目	退	登	も	ー	コ	ぎ
フ	ォ	ー	ク	然	名	む	阪	疲	れ	的	定	ざ	ょ	チ	妊	ス
重	れ	ュ	ア	コ	ょ	開	や	暫	や	の	規	ょ	開	狙	何	る
ひ	ょ	ミ	円	形	嶋	だ	ニ	ド	投	合	の	出	ソ	し	結	育
生	産	ヌ	解	ヌ	私	リ	ょ	狙	読	ひ	を	過	ご	し	た	ス
ま	ソ	ヱ	読	ヒ	合	つ	ぽ	重	じ	む	ソ	何	退	っ	社	室
再	稼	ぐ	つ	ト	ハ	圧	て	石	育	ょ	ツ	ょ	囚	登	開	ぼ
然	お	場	で	エ	合	ま	権	側	炭	く	ょ	芸	読	だ	く	京
結	ホ	論	ひ	加	て	エ	側	ん	ま	ふ	写	芸	金	ヱ	ツ	問
加	辞	場	ソ	阪	然	ょ	べ	化	ク	つ	ニ	会	ひ	摘	側	う

の下に
を過ごした
稼ぐ
ミュージカル
インタビュー
仕上げ
石炭
陸上競技を
定規の
フォーク
有名
生産
ています
目的の
疲れ
円形
テディ
アクティブな
不規則な
問う

Puzzle 301

ド	出	ぽ	ぐ	場	デ	写	ス	ベ	カ	ツ	場	意	選	委	れ	っ
ヱ	乏	テ	故	応	ザ	じ	投	お	っ	し	、	シ	カ	員	る	モ
ソ	だ	て	エ	向	イ	ベ	ル	ぐ	ヒ	然	本	再	簡	会	ツ	ト
愛	狙	通	写	社	ン	金	重	複	無	ぎ	ど	も	素	妊	む	弱
能	狙	社	ろ	ニ	再	ぎ	ヱ	カ	登	芸	ま	べ	化	何	能	し
然	芸	ル	ル	む	覧	だ	ひ	ハ	ト	海	ヘ	ラ	ジ	カ	故	か
、	最	近	で	囚	っ	多	個	私	愛	愛	セ	摘	ハ	無	カ	し
は	側	れ	社	投	も	看	人	せ	せ	合	ぎ	ハ	退	ぎ	金	が
プ	む	側	ぎ	チ	き	護	ヌ	弱	画	意	ざ	金	サ	古	論	金
ッ	何	っ	弱	海	所	師	弱	解	登	ル	ざ	ク	て	ポ	い	場
マ	ド	ひ	場	く	彼	を	ひ	だ	せ	砂	向	も	精	圧	ー	論
ウ	ク	ラ	本	報	ら	ぎ	本	ニ	解	ル	ゅ	辞	カ	ニ	登	ト
マ	は	さ	み	開	所	そ	サ	ヌ	リ	ツ	て	頻	ド	べ	能	る
シ	ふ	百	愛	エ	ヌ	暫	お	退	故	暫	セ	繁	ホ	ヒ	れ	出
ク	リ	ー	ム	ツ	テ	写	話	コ	何	選	乏	に	当	本	お	モ

個人
本当に
彼ら
デザイン
古い
看護師を
サポート
おそらく
クリーム
マップは、
頻繁に
シマウマ
しかしが
、最近
簡素化
はさみ
重複
ヘラジカ
、シカ
委員会

Puzzle 302

単	語	の	突	し	を	明	る	く	オ	プ	シ	ョ	ン	の	ど	通
意	話	チ	然	論	ひ	話	も	本	育	ヌ	ざ	ひ	ト	だ	場	モ
エ	芸	ー	ク	も	弱	カ	れ	ツ	む	ニ	セ	ょ	ひ	ま	む	ざ
復	帰	コ	室	方	ノ	メ	ー	ル	を	で	摘	リ	嶋	方	覧	ふ
ヌ	育	ソ	権	だ	向	れ	サ	接	然	海	る	多	れ	れ	レ	摘
写	で	愛	権	ス	精	場	ぎ	続	側	ん	も	だ	通	何	ク	応
室	社	ニ	投	方	ヒ	な	要	重	の	覧	れ	ゃ	ノ	開	リ	リ
社	選	ノ	や	場	表	本	求	選	無	育	百	圧	し	セ	エ	加
開	ソ	弱	ヒ	ト	面	ホ	む	エ	乏	っ	芸	乏	狙	暫	ー	投
積	極	的	な	ぎ	ー	解	し	チ	重	ヌ	ー	平	野	ノ	シ	ま
ょ	辞	ノ	本	会	選	ク	ろ	ヒ	登	つ	じ	人	故	だ	ョ	社
退	精	論	ゃ	解	登	覧	再	ス	重	再	芸	精	で	暫	ン	解
だ	暫	百	じ	ニ	然	本	ツ	画	ク	阪	応	登	芸	進	し	ん
ぎ	囚	ふ	サ	テ	化	ク	て	ト	ぎ	ラ	ネ	ッ	ク	話	カ	ブ
だ	応	百	暫	ゅ	記	事	は	論	ス	安	ブ	ヌ	芸	側	ソ	ツ

メールを
カブ
積極的な
トーク
オプションの
一人で
単語の
記事は
表面
復帰
の重要な
接続
要求
を明るく
コーチの
突然
ネック
レクリエーション
スクラブ
平野

Puzzle 303

ト	人	気	の	せ	辞	ブ	ツ	ぎ	狙	で	結	ド	を	歩	狙	茶
写	阪	砂	解	再	ス	リ	整	理	ト	開	狙	方	通	京	然	色
摘	ヒ	重	だ	意	ヱ	ー	、	最	後	の	乏	じ	じ	ク	報	の
然	カ	テ	グ	や	コ	ド	ス	海	狙	テ	ひ	る	て	進	方	モ
安	ぎ	因	ン	く	ミ	ヱ	コ	会	何	や	百	方	だ	登	選	ス
ろ	重	ど	キ	ス	ュ	レ	変	位	化	ノ	ク	退	む	お	室	ノ
ク	ッ	カ	ー	ょ	ニ	ゃ	芸	ア	所	何	多	加	影	ゃ	れ	っ
少	数	っ	ワ	ォ	テ	安	ぼ	ク	権	む	原	詳	も	響	社	つ
じ	社	せ	ニ	だ	ィ	安	楽	セ	や	暫	狙	因	細	セ	す	せ
覧	ヱ	狙	芸	応	は	コ	し	ス	じ	べ	社	ぐ	阪	は	暫	る
安	ホ	投	親	切	暫	振	い	黒	ふ	嶋	応	所	カ	多	、	権
覧	っ	れ	ぎ	ぎ	ぎ	る	ど	こ	で	も	意	ノ	私	登	じ	リ
レ	ス	場	や	チ	ん	舞	ツ	お	ヒ	解	金	ヱ	圧	合	ホ	ぎ
ざ	阪	せ	カ	ひ	コ	う	モ	重	能	だ	社	む	ぐ	多	く	覧
っ	精	安	百	囚	会	る	社	ニ	阪	投	場	投	方	っ	ト	退

茶色の
、最後の
変位
振る舞う
クッカー
原因
楽しい
ブリード
人気の
少数
コミュニティは
影響する
を通じて
親切
黒い
アクセス
整理
ワーキング
どこでも
詳細は、

Puzzle 304

ワイヤー
兵士
プルを
禁止する
コール
ブラック
光沢のある
ドライバー
オブジェクトを
学生
大根
聞いて
鉛筆
注意
待機
与えました
タマネギ
傾斜
戦いの
ディスカッション

禁	止	す	る	向	コ	百	し	で	ス	レ	大	タ	注	ド	退	モ
テ	通	然	ふ	覧	ニ	兵	ツ	ド	る	解	根	マ	意	ラ	論	ハ
選	重	ょ	退	愛	じ	て	士	プ	ル	を	ニ	ネ	ノ	イ	学	ふ
ヌ	リ	故	で	ト	登	通	嶋	本	妊	ク	ホ	ギ	つ	バ	生	報
狙	ツ	だ	投	セ	育	開	セ	ぼ	室	会	も	っ	だ	ー	育	退
ク	結	摘	合	で	化	だ	コ	テ	レ	権	合	再	加	向	光	場
応	ぽ	ぎ	て	き	精	乏	ー	ひ	安	待	機	ょ	側	ふ	沢	っ
レ	解	ニ	ホ	ハ	っ	っ	ル	ひ	傾	ル	通	意	チ	ド	の	せ
開	嶋	阪	で	場	エ	き	ゃ	テ	斜	ブ	ぽ	ヱ	聞	の	あ	社
ラ	デ	ィ	ス	カ	ッ	シ	ョ	ン	能	ラ	無	ぎ	り	い	る	で
鉛	や	ょ	砂	進	出	ツ	じ	ひ	与	ッ	ふ	退	京	戦	て	ひ
ノ	筆	写	ょ	べ	向	む	ニ	向	え	ク	暫	ニ	安	ホ	ス	弱
オ	ブ	ジ	ェ	ク	ト	を	多	覧	ま	場	れ	だ	社	ょ	話	精
応	ま	通	選	ょ	ま	狙	場	も	し	能	ぐ	せ	社	論	百	ヌ
る	狙	何	出	れ	も	写	開	エ	た	ワ	イ	ヤ	ー	つ	ツ	育

Puzzle 305

ぐ	む	無	投	て	ひ	っ	感	場	権	ヱ	き	会	ぼ	嶋	辞	ょ
所	ひ	弱	く	ふ	何	然	チ	謝	セ	ど	ゅ	読	ハ	き	投	だ
コ	囚	れ	安	や	む	ま	ラ	囚	し	っ	出	る	圧	合	下	室
ル	囚	進	息	写	読	暫	カ	エ	べ	ぐ	論	じ	ヱ	狙	降	応
ひ	ソ	ょ	子	育	カ	ぐ	ぎ	ゅ	室	ル	む	ヒ	結	ソ	妊	ラ
面	白	い	の	ょ	暫	ツ	何	だ	リ	故	も	コ	や	送	応	答
ぼ	ヌ	砂	レ	最	も	狙	だ	化	ル	摘	京	安	精	ら	ク	か
登	弱	然	ノ	ソ	座	っ	て	だ	っ	ヌ	イ	タ	チ	嶋	乏	ら
、	個	々	の	ハ	選	大	権	狙	ヌ	ろ	出	デ	で	安	ス	の
ゅ	ス	ク	ホ	ド	ク	声	砂	ハ	レ	き	じ	ィ	退	テ	精	コ
再	ヒ	お	含	能	通	戦	争	ニ	タ	ニ	出	テ	ょ	芸	る	ン
ヱ	っ	ト	ま	ん	ニ	ょ	読	き	側	ネ	セ	ー	セ	ょ	じ	ド
妊	ス	ト	リ	ー	ト	ヱ	む	く	モ	レ	ズ	ル	し	摘	セ	ル
エ	む	再	ヌ	加	ホ	嶋	ぎ	ラ	コ	ー	ム	ミ	せ	じ	く	の
べ	し	重	多	歩	ド	論	歩	進	百	私	バ	ル	側	ざ	ん	画

含ま
送ら
座って
イタチ
コーム
ディテール
ハタネズミ
最も
下降
バー
からの
息子の
ストリート
コンドルの
応答
戦争
大声
、個々の
面白い
感謝し

Puzzle 306

の	ド	ッ	べ	ヒ	芸	っ	ヒ	ひ	出	安	ス	ト	セ	摘	ト	解
仮	ラ	愛	出	投	芸	選	カ	も	だ	通	む	に	卵	ぼ	結	芸
想	グ	登	金	進	ど	ソ	結	た	受	優	し	く	会	投	合	京
通	ワ	ひ	ひ	妊	芸	ニ	コ	ら	妊	信	ろ	近	金	ぎ	狙	コ
ぼ	ー	阪	リ	解	ざ	ぎ	ツ	し	進	シ	ホ	の	情	感	ろ	ツ
画	ズ	ニ	通	カ	ヒ	進	ざ	た	無	ナ	応	ド	む	ホ	ス	応
ニ	側	ス	場	暫	ま	リ	だ	画	合	リ	ニ	方	ロ	ホ	テ	ル
ゅ	ざ	だ	意	ホ	安	育	ホ	ニ	ぽ	オ	安	重	や	ッ	れ	叔
ソ	結	話	側	覧	化	し	化	エ	安	所	場	る	む	サ	プ	父
れ	お	本	ラ	だ	ヌ	解	ハ	ニ	べ	再	乏	再	べ	れ	弱	は
ス	開	だ	ン	ぽ	ル	報	無	読	ラ	ひ	し	私	能	論	ト	、
行	い	安	ダ	コ	社	退	故	ぽ	辞	室	通	重	カ	砂	ざ	私
報	ゅ	も	ム	多	分	囚	て	登	ワ	ぎ	や	多	セ	退	応	京
労	働	を	ま	応	ょ	選	解	写	ゃ	ニ	ワ	ー	ム	は	ニ	写
室	加	雇	用	っ	摘	妊	ヌ	ぼ	権	登	ヌ	レ	レ	囚	る	べ

卵に
雇用
行い
感情の
ランダム
シナリオ
受信
ワームは
叔父は、
の近くに
優しく
ベッド
ドラグワーズ
労働を
ワニ
ドロップ
多分
ホテル
の仮想
もたらした

Puzzle 307

応	報	重	百	れ	ニ	加	グ	ン	リ	ク	イ	サ	モ	向	論	て
れ	加	場	権	楽	し	ま	レ	反	ぐ	む	だ	ク	妊	ろ	む	で
化	金	チ	京	ょ	チ	来	ー	応	写	加	ク	セ	会	セ	私	暫
読	ニ	所	金	精	間	た	ド	は	社	精	妊	ざ	ふ	ド	ノ	の
ニ	ぎ	れ	モ	乏	ニ	違	出	意	身	無	ゅ	本	ふ	ぐ	加	カ
だ	ノ	ハ	で	応	や	加	っ	れ	し	自	ト	や	む	ヌ	読	ッ
リ	所	精	き	に	結	も	社	チ	イ	ヌ	覧	ト	ヱ	食	育	プ
退	で	せ	ろ	空	京	登	報	ル	べ	ゃ	じ	ひ	ト	弱	器	ル
だ	妊	ヱ	ド	室	場	ヱ	応	ナ	ン	海	画	ト	ゃ	ニ	応	棚
昨	日	鼓	ひ	ゃ	ニ	せ	唯	イ	ト	ふ	ろ	セ	阪	ま	お	レ
き	ノ	舞	金	レ	育	ス	ー	フ	を	然	意	べ	加	化	加	話
む	ふ	側	ざ	じ	嶋	だ	の	乏	て	ざ	ニ	解	ふ	何	だ	応
ゅ	話	海	廊	下	ヱ	社	だ	社	囚	弱	く	ひ	っ	ク	ょ	選
本	ツ	向	合	計	操	れ	側	意	ツ	応	ニ	出	狙	ホ	だ	安
私	ト	通	ま	砂	作	写	金	歩	阪	サ	学	ぶ	暫	ひ	芸	応

唯一の
イベントを
来た
グレード
に空
のカップル
ナイフ
昨日
廊下
操作
反応は
食器棚
鼓舞
合計
サイクリング
自身は
でき
間違っ
楽しま
学ぶ

Puzzle 308

ビート
する非難
守る
オコジョ
感じた
叔父
ホップ
選択し
ヤード
コヨーテ
目の
ロケット
カー
良い
祖先
食品
、緑
を超えて
同一
環境

ル	開	嶋	ふ	カ	せ	だ	ろ	良	い	ド	だ	ま	ょ	守	ヒ	し
ぎ	通	ひ	ゃ	妊	妊	弱	ト	く	乏	ヌ	ゅ	側	ま	ホ	る	ニ
無	ヌ	ヒ	エ	登	ぎ	百	も	覧	ぐ	ヱ	ぼ	暫	ぎ	ッ	通	き
ょ	場	祖	先	ど	選	進	退	ま	む	ひ	狙	再	エ	プ	ト	ヌ
や	れ	も	愛	応	ク	ど	叔	父	ヤ	嶋	囚	金	育	お	サ	阪
精	百	私	力	投	ド	だ	登	ん	ー	ょ	辞	ビ	く	む	写	や
ハ	せ	チ	エ	つ	無	ス	ト	ん	ド	き	ソ	ー	解	読	開	私
ひ	進	能	無	を	覧	モ	場	ヱ	お	だ	通	ト	ッ	ケ	ロ	コ
選	ョ	暫	何	超	解	故	能	ヒ	話	圧	重	方	妊	覧	登	ヌ
サ	択	ジ	向	え	ス	嶋	重	芸	環	ど	ス	だ	ん	ど	食	所
合	ス	し	コ	て	す	る	非	難	境	っ	ざ	感	じ	た	品	サ
れ	ぎ	モ	ヨ	オ	ゃ	し	じ	ホ	狙	本	ク	ハ	ぎ	室	や	方
愛	目	の	ー	故	ヒ	論	、	ド	ホ	ひ	せ	カ	ー	弱	コ	だ
む	モ	摘	テ	く	ソ	レ	緑	ヒ	同	ど	ホ	ニ	私	重	本	も
覧	テ	合	ょ	モ	嶋	私	辞	阪	ー	ス	進	登	登	ふ	向	ょ

Puzzle 309

ヌ	ま	モ	ざ	野	京	せ	く	ト	ホ	べ	だ	ろ	ノ	能	摘	室
入	ホ	妊	も	菜	進	ブ	む	ま	ド	私	芸	お	王	小	さ	な
力	重	論	む	を	モ	ー	メ	ン	ト	暫	お	め	読	冠	第	十
し	知	っ	て	い	た	ロ	精	摘	む	ひ	セ	で	私	圧	の	砂
て	ハ	ん	合	ぎ	砂	社	ぐ	砂	安	ま	ぎ	と	ざ	だ	ハ	モ
私	ざ	サ	せ	砂	だ	ク	応	覧	だ	ヒ	れ	う	ク	私	く	側
冗	ま	で	ま	っ	二	囚	も	ろ	覧	ょ	し	ヌ	ギ	ュ	ッ	ド
談	私	ノ	ま	セ	け	ゃ	読	圧	権	ぐ	論	報	ひ	化	ゅ	重
ぐ	辞	コ	エ	ト	テ	ん	さ	母	お	開	ク	安	ハ	ス	弱	ど
れ	ヌ	ょ	選	暫	や	ひ	っ	ざ	ニ	通	チ	芸	出	投	治	ド
合	覧	ひ	つ	狙	ニ	せ	な	ヒ	せ	方	ク	ハ	ぽ	れ	世	や
ペ	ー	ジ	の	雪	支	出	し	ょ	応	ま	れ	ひ	ゅ	安	を	せ
ふ	所	も	チ	ん	だ	多	暫	で	ま	本	く	通	解	社	ふ	も
社	解	っ	ー	セ	圧	る	き	で	が	と	こ	ヌ	摘	多	話	私
ソ	ノ	育	ビ	っ	写	ス	ま	コ	砂	レ	狙	ト	登	ヌ	ラ	無

なし
ページの
知っていた
冗談
野菜を
モーメント
ことができる
ローブ
ビーチの
雪だるま
お母さん
入力して
支出
ギュッ
王冠の
第十
おめでとう
せっけん
治世を
小さな

Puzzle 310

暖炉
聞きます
明確化
意図する
採用
ボリューム
記述する
高貴な
の電話
エンジンが
忘れてしまった
成分
のオファー
かむ
ケーキの
店の
もらう
確立
ベッドの
何も

妊	応	意	化	意	摘	結	ボ	ゃ	の	キ	ー	ケ	の	セ	再	能
だ	ぼ	能	確	立	室	ぼ	か	リ	ぎ	電	方	ふ	オ	だ	会	ぽ
高	貴	な	明	ょ	ん	ル	む	ぎ	ュ	結	話	ヒ	フ	っ	セ	ヌ
意	然	無	も	ら	う	覧	も	論	重	ー	じ	て	ァ	ク	つ	く
エ	ン	ジ	ン	が	投	画	合	再	記	百	ム	再	ー	ク	暖	ヌ
き	重	室	登	投	ふ	だ	ニ	多	だ	述	せ	チ	お	ま	炉	嶋
ツ	モ	方	京	進	ノ	チ	べ	ヌ	歩	テ	す	ま	き	聞	べ	エ
サ	し	ひ	育	ヌ	開	辞	妊	覧	ふ	ヱ	会	る	リ	じ	チ	海
向	ヌ	ひ	解	何	せ	ヒ	カ	無	ツ	暫	採	す	や	ぽ	乏	然
ぎ	ぐ	て	合	も	報	ス	店	の	ド	レ	用	図	読	リ	合	ょ
ソ	育	ホ	精	論	何	側	ヒ	所	京	画	む	意	だ	向	愛	向
退	登	京	ヌ	ま	精	ヱ	覧	れ	忘	れ	て	し	ま	っ	た	つ
く	報	ょ	ぎ	歩	本	狙	歩	妊	京	場	ど	る	合	成	分	ぽ
画	テ	囚	応	レ	出	出	論	登	ぐ	所	出	写	リ	レ	本	登
だ	出	ベ	ッ	ド	の	む	金	で	安	覧	然	ど	愛	覧	ひ	ニ

Puzzle 311

読	百	ぐ	嶋	ん	せ	ス	ぽ	モ	ツ	セ	っ	側	通	選	ゅ	明
れ	ゃ	だ	所	ト	通	辞	ま	だ	ま	ん	ハ	報	ヌ	サ	結	確
る	精	ょ	カ	ト	ベ	方	応	囚	き	故	ト	ぽ	ニ	ツ	ホ	に
ド	レ	ス	ろ	故	ル	狙	開	読	ゃ	愛	結	退	も	弱	然	再
覧	と	圧	私	進	何	室	リ	進	ニ	ス	ツ	幸	運	話	ん	ベ
教	会	の	京	方	ス	経	ラ	然	会	本	ケ	ヱ	育	辞	登	チ
然	嶋	だ	も	ツ	室	験	ぼ	ま	妊	ょ	愛	ジ	水	泳	エ	い
ぐ	ひ	ぽ	権	る	愛	の	ク	カ	脚	品	の	ヱ	ュ	ト	登	っ
摘	ひ	辞	ひ	精	す	ひ	開	囚	、	警	釣	カ	弱	ー	ク	ぱ
海	モ	も	シ	魅	力	ス	で	阪	リ	告	り	だ	か	タ	ル	い
ソ	く	セ	ル	ョ	会	ニ	ツ	再	ン	れ	は	無	わ	イ	意	何
読	育	防	覧	狙	ッ	や	合	選	ゴ	何	暫	ま	い	ラ	進	サ
ろ	や	衛	暫	ま	ヌ	ク	チ	ョ	コ	レ	ー	ト	い	や	ふ	る
場	故	何	ハ	場	ク	何	金	圧	コ	安	覧	ク	進	解	ん	所
ツ	っ	ド	摘	然	ツ	セ	京	論	ょ	せ	モ	ろ	れ	場	室	応

ライター
かわいい
、脚
するものと
品の
教会の
警告
水泳
、リンゴ
ドレス
ショック
経験の
防衛
幸運
明確に
いっぱい
釣りは
魅力
チョコレート
スケジュール

Puzzle 312

アクティブ
通学
カーテン
削除を
セクション
シーケンス
前に
欲求
ピッグ
大学院
添付
成長を
に迅速
価格
社長の
特に
バンワード
買っ
パパ
保ちます

ス	出	摘	ヱ	成	金	ぼ	ス	ピ	前	に	保	乏	ク	ト	愛	応
リ	話	ス	登	長	ふ	ン	せ	ッ	登	ク	サ	ち	嶋	ド	無	ふ
摘	ま	報	進	を	買	ョ	ク	グ	ぎ	再	ひ	側	ま	ノ	意	ス
む	金	ヌ	社	嶋	っ	シ	ー	ケ	ン	ス	応	ど	阪	す	論	き
嶋	歩	ひ	ま	長	モ	ク	大	ニ	ひ	乏	ハ	る	ぼ	ホ	だ	所
ひ	セ	合	ざ	化	の	セ	学	バ	ン	ワ	ー	ド	コ	れ	リ	化
向	権	選	欲	求	登	場	院	論	テ	ゃ	故	で	解	選	ト	サ
結	ス	ヱ	ニ	解	ヌ	も	ア	登	ー	嶋	室	だ	権	だ	つ	京
投	育	し	退	ニ	モ	百	ク	選	カ	っ	登	サ	応	弱	金	ト
海	辞	権	リ	進	通	学	テ	摘	辞	辞	結	ベ	ノ	パ	故	削
チ	応	し	方	金	社	能	ィ	乏	愛	て	む	ク	加	く	パ	除
能	選	応	ど	暫	権	阪	ブ	応	価	格	応	ょ	お	ク	ク	を
ま	ざ	ゅ	権	ヒ	ハ	き	投	ヒ	も	ょ	愛	む	む	精	多	る
ト	ル	だ	読	狙	ざ	せ	読	コ	阪	に	迅	速	れ	添	登	サ
結	解	ソ	応	応	モ	妊	特	に	ニ	嶋	暫	写	通	付	ろ	意

Puzzle 313

同	私	エ	ト	砂	ト	ぎ	っ	応	エ	べ	だ	れ	暖	意	無	芸
実	意	た	ス	ど	ホ	摘	む	発	揮	ハ	だ	ニ	炉	摘	だ	側
京	証	し	ツ	べ	圧	ま	関	側	ぎ	に	ゅ	べ	の	先	応	ス
妊	開	ま	エ	サ	て	も	心	応	ク	つ	ク	ぽ	常	百	つ	海
資	通	室	お	狙	だ	の	簡	素	化	い	し	話	通	ヒ	ひ	ト
本	ぼ	ゅ	き	サ	ざ	だ	ゅ	再	化	て	阪	お	ラ	だ	ヒ	ス
応	加	京	っ	エ	方	だ	結	果	は	べ	ヒ	安	歩	側	ニ	合
ハ	飛	ラ	登	場	モ	退	進	加	し	せ	ざ	ヌ	向	ぽ	ょ	海
エ	き	行	加	社	ハ	き	キ	室	ょ	所	も	ス	し	て	ひ	論
ぎ	ニ	ク	機	海	安	愛	ャ	ゅ	京	サ	画	ひ	ど	サ	む	ぽ
ま	阪	ぐ	チ	を	ル	グ	ン	ダ	も	の	ひ	や	加	ゃ	れ	ひ
シ	退	ん	ニ	人	拡	張	デ	ど	む	育	ぽ	辞	阪	コ	も	ク
ャ	て	も	ト	大	だ	ニ	ィ	海	り	ん	方	摘	権	会	っ	ま
ツ	場	ま	し	、	な	く	な	っ	く	歩	所	通	解	圧	レ	ニ
エ	チ	囚	ハ	ぼ	っ	ま	や	ル	ハ	報	何	チ	囚	サ	場	然

暖炉の
、大人を
もの
なくなっ
発揮
結果は
同意し
の簡素化
通常の
ダングル
関心
先の
シャツ
拡張
資本
飛行機を
ました
について
キャンディ
実証

Puzzle 314

ツ	ぎ	本	化	お	囚	ラ	ぼ	歩	弱	何	読	さ	ブ	れ	れ	モ
す	古	代	ひ	囚	っ	ぎ	カ	論	も	サ	み	よ	ス	レ	ン	テ
故	べ	結	ト	芸	阪	方	セ	ヱ	ゃ	テ	取	う	ト	ど	ー	ひ
画	嶋	て	ぼ	ぎ	ラ	ひ	ド	能	合	囚	り	な	能	精	ぺ	ク
告	白	を	の	ざ	選	ま	弱	つ	辞	れ	に	ら	ソ	べ	ン	登
ト	本	だ	ひ	身	能	選	れ	ス	ど	満	足	論	金	ラ	ャ	阪
報	加	食	ス	エ	自	暫	ぎ	ニ	や	出	画	ル	ラ	も	キ	登
ク	選	事	ツ	ど	妊	つ	退	む	乏	セ	お	ひ	じ	ノ	愛	教
つ	安	報	リ	弱	や	加	カ	京	カ	リ	応	囚	れ	べ	せ	室
ょ	ょ	辞	ー	投	会	退	ど	側	モ	然	重	力	登	サ	ひ	暫
株	百	深	ハ	然	意	モ	つ	ひ	ト	ぎ	能	だ	写	加	私	ゃ
式	シ	い	権	本	乏	阪	側	加	レ	ス	ト	ラ	ン	ヨ	レ	ク
ノ	ー	テ	ィ	ー	ポ	ッ	ト	で	っ	チ	ェ	ッ	ク	登	読	れ
安	ル	出	も	出	海	砂	育	き	再	結	ク	囚	ニ	ス	然	ヌ
ニ	乏	レ	だ	や	芸	ノ	囚	ト	ク	ひ	ざ	私	重	加	圧	だ

読み取りに
古代
チェック
満足
ブレーク
深い
教室
シール
自身の
さようなら
すべての
食事
株式
ティーポット
ツリー
キャンペーン
クレヨン
レストラン
告白を
重力

Puzzle 315

ノ	だ	投	進	れ	や	モ	サ	ヌ	暫	じ	重	ク	ト	ル	権	多
ー	愛	然	ぐ	壮	、	れ	然	リ	画	囚	ル	構	会	や	置	持
ト	ゅ	カ	登	大	社	ま	ど	笑	意	退	れ	造	風	能	く	っ
ブ	ベ	モ	芸	登	ク	ひ	だ	っ	好	む	故	故	ド	呂	投	て
ッ	ス	を	ク	芸	登	会	側	た	つ	百	だ	じ	ぽ	ヒ	向	い
ク	海	し	ク	開	私	ホ	報	む	エ	愛	社	無	ぼ	所	場	る
歩	エ	サ	開	話	退	場	所	、	こ	こ	で	ノ	サ	覧	だ	が
く	登	投	選	ょ	ろ	ひ	再	セ	は	フ	ェ	レ	ッ	ト	お	、
ニ	多	解	育	候	補	ト	チ	退	ラ	係	て	の	好	き	な	ま
監	視	狙	能	ハ	ソ	だ	セ	能	ぎ	合	関	ス	ん	ク	画	囚
ノ	化	じ	結	だ	ぎ	ど	ニ	嶋	歩	ヱ	会	の	遠	征	話	方
ヌ	何	ヌ	ま	て	進	歩	ど	れ	し	し	だ	理	解	加	コ	ク
金	ぽ	登	ド	ひ	り	る	サ	読	選	テ	京	画	意	む	圧	ヌ
然	室	ま	化	ラ	モ	も	ツ	圧	弱	囚	ま	つ	や	ハ	圧	ひ
話	海	再	ひ	画	妊	タ	ッ	チ	を	し	ス	キ	ー	乏	妊	ハ

スキー
監視
の関係は、
フェレット
好む
カモを
理解
遠征
笑った
、ここで
、まだ
置く
持っているが、
タッチをし
候補
風呂
構造
ノートブック
壮大
の好きな

Puzzle 316

ストロベリー
カエル
喜ん
曇り
衝突
グレープ
存在
大きな
に向けて
位置が
動き
単なる
プラスチック
を奪う
流体
最大
日時計
ストッキング
となっ
デューティ

位	置	が	場	ニ	乏	ひ	画	べ	画	ニ	合	ぎ	存	だ	ス	ホ
ノ	精	ょ	ひ	出	リ	ド	加	会	進	砂	ル	歩	在	本	ト	ニ
動	流	せ	セ	場	む	画	に	や	最	大	大	き	な	進	ロ	じ
き	体	ツ	エ	て	暫	登	ト	向	む	再	向	側	意	読	ベ	ぎ
ソ	だ	加	社	場	つ	暫	せ	弱	け	本	応	然	つ	し	リ	ハ
無	狙	百	っ	精	愛	ク	れ	本	ゃ	て	グ	向	む	ク	ー	っ
再	っ	本	場	会	ス	圧	ヌ	多	る	つ	レ	る	何	く	コ	通
じ	海	所	れ	進	を	奪	う	ヌ	囚	ラ	ー	も	ゅ	っ	ヒ	応
ぎ	ま	投	れ	本	カ	ぼ	プ	歩	能	れ	プ	日	育	然	じ	砂
だ	ひ	圧	や	圧	だ	ぽ	ラ	開	会	投	し	時	私	論	ん	論
ょ	ヌ	グ	ン	キ	ッ	ト	ス	コ	ニ	カ	き	計	開	む	登	乏
加	む	衝	突	と	る	ゃ	チ	ト	曇	り	喜	化	む	ひ	テ	ニ
デ	ュ	ー	テ	ィ	な	読	ッ	能	ス	社	海	ん	開	じ	論	ツ
側	出	多	っ	だ	単	っ	ク	精	レ	べ	リ	選	合	阪	京	嶋
ひ	重	画	退	リ	モ	コ	エ	辞	ど	所	カ	エ	ル	投	能	狙

Puzzle 317

画	選	ヌ	社	ざ	論	ノ	安	ハ	ん	教	会	ヱ	ヌ	話	ベ	ク
社	ハ	リ	会	話	登	で	ゅ	合	権	だ	登	ノ	ケ	囚	が	重
結	加	む	的	歩	社	育	テ	く	ま	化	選	ど	ひ	ア	耳	乏
解	愛	能	所	場	方	退	砂	き	つ	摘	ょ	合	っ	ゃ	の	場
方	加	ク	加	結	し	ヌ	画	の	チ	カ	重	ド	重	応	視	重
ツ	ぼ	覧	圧	っ	ツ	阪	願	サ	で	紳	士	多	話	読	可	ニ
ー	写	ぐ	リ	話	論	阪	い	嶋	結	、	退	ス	サ	多	不	意
ル	む	嶋	し	ソ	む	登	を	解	ゅ	く	圧	摘	イ	出	方	だ
の	応	ひ	側	嶋	ー	祖	父	か	か	し	明	く	リ	ぽ	向	ど
弱	砂	方	選	名	あ	ス	話	ソ	狙	開	日	ヒ	ン	読	ぎ	せ
写	選	ニ	れ	詞	ま	辞	無	大	丈	夫	は	き	グ	ホ	ま	ヒ
阪	ハ	安	ル	投	り	ヱ	嶋	つ	だ	カ	ギ	金	む	報	ヱ	写
向	ん	ま	モ	ぐ	に	画	出	だ	ょ	海	サ	加	っ	歩	ひ	向
応	だ	ニ	ラ	き	も	ト	ソ	脂	ぎ	写	ウ	ぼ	精	ヘ	ン	エ
囚	弱	だ	私	リ	重	っ	出	肪	ラ	ノ	ベ	モ	ノ	ひ	ヒ	カ

ので、
社会的
明日は
ウサギは
脂肪
ツールの
リソース
大丈夫
かかし
紳士
あまりにも
ケアの
名詞
の耳が
祖父
教会
サイリング
願いを
ヘン
不可視の

Puzzle 318

応	ニ	で	ふ	だ	論	む	ヱ	都	方	覧	せ	モ	だ	だ	阪	参
写	重	多	レ	写	ラ	ぼ	テ	市	コ	写	場	ト	本	チ	っ	照
ふ	覧	ク	会	チ	側	報	シ	を	辞	会	登	ヌ	百	辞	ぼ	し
ス	せ	テ	く	進	愛	ぎ	ゃ	削	チ	弱	然	出	ヱ	社	ヒ	て
じ	、	ト	ゃ	覧	ヒ	芸	ワ	除	ひ	く	選	セ	ひ	多	化	く
解	標	ス	摘	愛	ワ	ベ	ー	リ	ャ	キ	圧	ニ	セ	論	ド	だ
ニ	準	べ	金	サ	ゴ	歩	が	だ	再	チ	加	だ	る	げ	さ	さ
話	的	ツ	ヒ	ル	ン	ふ	室	ラ	ふ	社	リ	何	エ	笑	写	い
精	な	投	所	妊	ど	方	話	無	ヌ	暫	ー	ニ	狙	応	顔	な
再	会	エ	ま	ソ	解	京	金	む	ょ	や	ダ	室	ク	ル	私	の
国	際	応	京	で	ヒ	る	論	ソ	私	砂	ー	表	妊	態	度	池
っ	ひ	ぎ	然	ク	退	歩	私	摘	出	画	の	現	ど	だ	お	ラ
ニ	き	所	ツ	サ	然	化	ろ	百	故	芸	年	サ	だ	乏	ろ	じ
バ	合	話	し	リ	何	っ	優	し	い	重	百	つ	応	権	ぽ	う
ま	ス	セ	合	ぼ	ぽ	ラ	砂	弱	う	ち	む	重	ヌ	故	弱	室

シャワーが
リーダーの
年の
ささげる
、標準的な
だろう
バス
表現
優しい
笑顔
参照してください
キャリー
ワゴン
池の
のない
都市を
国際
態度
削除
うち

Puzzle 319

ぎ	加	む	し	進	登	リ	会	し	レ	リ	つ	能	摘	退	警	ラ
進	セ	む	百	退	や	海	ヱ	能	カ	金	サ	側	嶋	じ	察	し
摘	ヱ	て	ふ	ス	再	ツ	育	る	っ	ふ	ク	ル	ぎ	ま	お	場
て	会	所	故	会	出	圧	出	覧	登	圧	で	ラ	ダ	ク	開	む
ツ	ょ	再	リ	京	ぽ	多	ル	ざ	ぎ	だ	コ	ぎ	イ	登	発	覧
ノ	ク	金	圧	ま	や	応	ど	っ	ス	ホ	ト	再	ジ	ホ	弱	応
登	登	育	選	ふ	ひ	せ	ぎ	読	室	テ	れ	ぎ	ェ	る	テ	ざ
、	無	無	せ	お	ろ	辞	ぼ	解	辞	ト	ッ	ょ	ス	場	二	室
ど	こ	通	ゅ	ぎ	弱	私	エ	安	ま	ピ	意	プ	ト	ふ	本	っ
開	や	の	む	事	ま	ど	ひ	む	ニ	ン	ョ	ジ	ー	バ	ぽ	暫
ホ	ネ	週	よ	実	金	ク	ぽ	在	庫	ク	ッ	ロ	ク	っ	冷	選
ス	イ	せ	向	う	ヒ	も	不	安	ニ	ラ	話	資	側	ツ	蔵	き
金	ル	ツ	登	ゃ	な	要	主	百	て	室	退	ぐ	格	ヌ	庫	圧
登	ま	多	王	ち	結	重	む	ろ	砂	故	お	報	つ	を	の	せ
レ	ゃ	狙	室	キ	ャ	ン	プ	解	ノ	ー	ト	ト	ぎ	報	京	ふ

クロック
在庫
、このような
ネイル
冷蔵庫の
ステップ
事実
王室
週の
資格を
主要な
警察
不安
ちゃう
開発
ピンク
バージョン
ダイジェスト
キャンプ
ノート

Puzzle 320

リ	コ	狙	科	レ	ク	サ	ス	リ	化	ゅ	ん	ニ	ひ	火	ヒ	妊
開	レ	方	学	っ	ひ	ぎ	ク	再	覧	ス	や	チ	京	傷	ハ	応
嶋	ニ	だ	者	の	伝	統	的	な	読	テ	重	カ	意	を	解	ヒ
然	で	海	ろ	ツ	ヒ	読	囚	権	ク	何	ト	通	何	通	歩	乏
ス	モ	投	ろ	む	愛	再	狙	の	異	な	る	雨	の	常	阪	無
ひ	ざ	む	本	権	ま	お	然	ぐ	安	気	愛	故	れ	登	開	む
ふ	登	然	む	ヌ	出	無	ろ	リ	ょ	だ	に	囚	家	写	ん	室
イ	ン	チ	ー	ロ	プ	ア	故	だ	リ	テ	的	入	サ	賃	ノ	論
リ	ー	ド	ど	加	ト	意	社	ニ	出	ょ	人	百	っ	ふ	の	れ
マ	話	ル	何	結	サ	セ	囚	リ	く	き	個	ド	じ	た	暫	紛
イ	ス	結	安	ヌ	ア	ロ	合	進	ろ	圧	雑	用	会	レ	ド	争
ラ	開	ル	ク	ラ	じ	リ	通	セ	て	ゅ	テ	退	ぼ	ス	育	場
プ	ン	ラ	意	ニ	ボ	ラ	ャ	然	ニ	サ	じ	セ	ラ	精	応	歩
だ	ド	砂	乏	テ	デ	写	ホ	キ	っ	ん	ラ	能	ス	エ	妊	ざ
土	地	の	故	だ	ィ	や	芸	登	ょ	セ	乏	妊	阪	ハ	や	ヌ

キャリア
雨の
の伝統的な
通常
セロリ
土地の
リード
気に入った
ボディ
火傷を
アプローチ
紛争
雑用
インチ
プライマリ
の異なる
家賃の
ランプ
科学者
個人的に

Puzzle 321

宗	る	レ	私	室	カ	閉	ま	ヌ	乏	だ	妊	側	タ	ゃ	べ	ニ
ざ	教	向	ビ	加	権	じ	っ	む	っ	ホ	つ	ろ	ー	無	カ	ヌ
摘	ヌ	的	画	ュ	摘	込	ク	権	ホ	阪	ヱ	安	キ	加	ろ	室
き	出	ハ	な	カ	ー	め	ツ	重	ク	ぽ	出	ゃ	ー	ん	ぎ	ス
だ	ヌ	育	ニ	れ	故	る	お	べ	覧	だ	ス	狙	む	芸	選	様
何	レ	金	お	歩	ま	ろ	ぎ	社	ス	画	合	ま	百	読	ヒ	々
結	安	ニ	く	ス	意	だ	ゅ	ぽ	ろ	再	愛	ど	れ	多	で	な
ヌ	精	れ	ス	論	ん	甘	ボ	ー	ル	ド	重	チ	恐	万	人	の
て	む	金	写	や	ニ	い	所	ぎ	も	辞	ょ	ニ	怖	写	ト	や
ょ	だ	ん	故	覧	結	登	ホ	ひ	ホ	場	っ	合	の	投	圧	っ
ゅ	側	場	場	カ	べ	ぽ	も	ツ	場	故	適	ひ	テ	イ	ク	応
中	妊	て	登	解	場	ぎ	ペ	イ	ン	ト	格	パ	の	素	敵	な
心	愚	か	者	の	ス	側	安	場	リ	能	て	フ	機	バ	ヒ	お
消	最	大	の	だ	登	応	だ	百	退	ク	ニ	ィ	行	開	ニ	摘
像	故	く	阪	海	む	方	ニ	圧	故	暫	応	ン	飛	ど	サ	ー

最大の
レビュー
ボール
甘い
万人の
の素敵な
肖像
閉じ込める
様々な
テイク
バニー
飛行機の
愚か者の
宗教的な
ターキー
恐怖の
中心
適格
ペイント
パフィン

Puzzle 322

育	ぎ	さ	ハ	靴	下	社	っ	む	ぎ	ト	ア	精	ト	ン	レ	タ
ヌ	て	さ	く	通	通	会	ツ	っ	無	暫	イ	報	応	辞	囚	イ
場	ま	や	モ	応	出	る	ゃ	ま	狙	ニ	デ	ニ	加	ぽ	百	ガ
つ	ニ	か	リ	レ	芸	適	用	停	止	ぼ	ア	暫	コ	ま	せ	ー
海	退	な	だ	ー	く	会	意	登	カ	コ	は	囚	ト	愛	ま	し
満	た	さ	試	致	ぐ	多	結	レ	応	る	、	ゃ	だ	出	ま	合
投	や	ぎ	行	す	芸	じ	会	弱	ま	社	ク	リ	選	報	私	ト
ツ	方	育	能	る	コ	セ	画	方	囚	レ	ー	暫	レ	乏	ト	だ
だ	金	能	ょ	故	砂	ど	き	囚	ょ	ど	暫	部	ヱ	金	暫	ょ
だ	辞	百	ノ	ひ	社	阪	セ	場	向	く	砂	結	の	権	写	ヱ
暫	圧	阪	海	社	場	サ	ヌ	愛	に	自	信	む	ぎ	ツ	弱	合
暫	ヌ	ま	む	覧	む	ろ	故	海	ノ	退	通	じ	公	砂	テ	む
無	芸	何	ス	お	無	ス	ニ	ニ	き	通	ん	私	意	式	登	ょ
天	本	っ	意	せ	ヒ	場	距	離	阪	ふ	予	喜	ん	で	愛	囚
使	摘	然	む	ヒ	場	所	フ	ラ	ッ	ト	測	結	ヌ	妊	だ	ひ

アイデアは、
喜んで
育て
一部の
天使
フラット
停止
適用
まま
一致する
満たさ
タイガー
公式
ささやかな
予測
靴下
タレント
距離
試行
に自信

Puzzle 323

見	て	出	れ	側	っ	や	じ	用	し	て	く	だ	さ	い	は	、
ツ	愛	れ	版	辺	ト	退	通	品	故	べ	テ	お	ヱ	し	所	だ
ス	ウ	ェ	ー	デ	ン	人	の	の	然	報	圧	本	通	妊	サ	カ
ぼ	百	ス	で	海	テ	も	体	む	ん	進	所	業	ぎ	何	通	暫
ど	ょ	側	る	、	方	画	全	あ	覧	安	摘	界	っ	狙	能	ニ
く	れ	ま	ゃ	は	ど	室	合	り	ソ	ヌ	囚	を	然	話	阪	チ
も	や	選	私	城	健	康	リ	が	加	む	ツ	じ	故	ヌ	安	セ
マ	イ	ナ	ー	の	加	っ	モ	た	ニ	百	社	応	て	海	ス	捕
多	べ	ぎ	退	砂	ひ	開	私	い	場	エ	輝	だ	ル	ラ	京	捉
ス	進	育	意	重	せ	私	読	こ	ヒ	セ	き	故	辞	っ	何	狙
芸	サ	サ	し	合	向	嶋	ヌ	と	応	出	テ	写	や	ニ	カ	っ
辞	せ	歩	せ	ツ	論	ぐ	画	に	投	芸	テ	海	調	ぎ	金	セ
ょ	む	ニ	ゅ	ょ	き	重	ヌ	準	結	場	阪	ざ	無	査	出	ニ
ル	む	卵	ツ	せ	狙	応	暫	本	備	弱	所	芸	ヌ	れ	ク	阪
出	し	の	日	し	コ	権	れ	れ	ま	会	だ	阪	だ	教	授	妊

捕捉
テント
マイナーの
輝き
出版
スウェーデン人の
日の
ありがたいことに
教授
用品の
見て
業界を
側辺
健康
準備
全体の
卵の
してくださいは、
調査
砂の城は、

Puzzle 324

場	も	報	画	コ	退	ん	ぽ	覧	嶋	何	故	き	ま	嶋	ト	場
ぐ	応	サ	抱	き	し	め	ぎ	多	ょ	レ	だ	写	側	ゅ	砂	じ
向	応	ト	ぐ	嶋	摘	セ	場	編	を	ヱ	ょ	意	方	砂	会	べ
ヱ	再	然	く	て	選	困	論	囚	ま	ろ	ひ	弱	じ	応	論	ネ
ス	向	側	く	多	ょ	ら	る	セ	砂	結	ぽ	側	ヌ	精	ざ	ツ
っ	ぽ	ル	然	ト	だ	ょ	所	海	故	投	無	登	場	合	ん	キ
ヌ	歩	ト	意	ょ	ん	た	ま	ま	コ	ン	ト	ラ	ス	ト	は	、
テ	開	唐	レ	レ	私	の	乏	囚	ヱ	選	会	ヒ	摘	ル	議	ト
ひ	だ	辛	権	話	然	ぎ	階	ま	向	リ	ク	ロ	ス	べ	会	登
選	ヒ	子	ラ	ヒ	ス	ル	贈	段	フ	ロ	ー	ト	中	間	の	囚
行	択	を	れ	化	の	ラ	り	意	が	社	ひ	方	サ	ゃ	ホ	れ
べ	く	は	む	だ	問	然	物	ょ	注	関	与	百	故	圧	多	し
権	所	で	ス	ふ	題	京	き	合	芸	所	む	砂	や	意	コ	せ
ハ	せ	ん	チ	ニ	に	砂	妊	本	故	重	で	選	ル	だ	応	っ
ニ	レ	ソ	荒	野	京	方	方	テ	進	む	る	権	や	然	砂	ヒ

の問題に
ベルト
フロート
コントラストは、
選択は
、キツネ
関与
クロス
注が
贈り物
中間の
困ら
たまま
抱きしめ
会議は
の階段が
編を
行く
荒野
唐辛子を

Puzzle 325

ぽ	弱	ヒ	カ	場	じ	能	解	ひ	金	歩	ク	テ	ひ	嶋	ひ	歩
ざ	モ	ヒ	ヌ	ぎ	本	ソ	狙	む	室	論	ひ	愛	ぎ	京	然	せ
場	ソ	ゅ	ゅ	ぎ	べ	ニ	愛	会	サ	ド	ぐ	投	る	ょ	出	も
側	故	再	ど	チ	乏	妊	阪	ょ	ヌ	報	レ	ド	何	ツ	成	私
結	婚	式	ろ	出	読	べ	応	サ	報	ヌ	じ	セ	写	も	熟	れ
結	ハ	、	よ	り	良	い	選	室	育	話	チ	画	ク	ょ	何	モ
コ	加	キ	セ	摘	出	幅	広	ん	ひ	エ	ェ	出	ト	る	カ	育
話	報	リ	競	争	阪	狙	私	じ	キ	画	リ	ニ	レ	ニ	所	ニ
種	開	ン	ソ	辞	ゃ	再	父	の	ょ	ュ	ー	合	王	子	エ	重
暫	を	の	選	画	だ	ま	応	歩	然	し	ウ	境	界	ミ	っ	足
回	ウ	全	体	摘	向	ひ	読	ふ	開	だ	然	リ	ま	ス	ん	が
避	ョ	へ	ょ	報	何	乏	社	む	圧	ラ	ツ	精	権	ト	社	再
す	チ	ス	ッ	開	せ	れ	リ	ん	ヌ	ヱ	会	登	投	愛	エ	出
る	ガ	囚	じ	ジ	ブ	ロ	ー	だ	ト	能	論	教	ぼ	出	ル	嶋
何	化	ニ	レ	サ	化	エ	嶋	ヒ	応	エ	権	育	海	で	化	乏

ブロー
父の
成熟
境界
キリンの
幅広
競争
、より良い
結婚式
ガチョウを
ミス
王子
キュウリ
種を
教育
チェリー
足が
回避する
ヘッジ
全体

Puzzle 326

インターセプトを
失われた
洗濯
ヘリコプター
数の
ペット
熱くする
画像
話は
理論
夕食
少年
高度
スイング
クライ
カラス
経験
購入
システム
法の

ゅ	ふ	報	歩	ト	熱	く	す	る	ど	ド	愛	百	安	権	本	選
何	ぼ	も	読	ペ	無	購	室	夕	話	は	話	画	ん	ル	会	し
洗	濯	ト	ニ	ッ	ヌ	れ	入	食	グ	ぎ	る	像	無	る	所	リ
嶋	海	結	を	ト	プ	セ	ー	タ	ン	イ	少	会	然	る	ぎ	出
つ	開	お	法	ま	ヒ	く	ぎ	モ	イ	ん	年	写	ド	方	だ	弱
覧	っ	無	べ	の	開	じ	本	だ	ス	く	能	海	報	で	る	く
話	会	ハ	じ	数	砂	ホ	阪	て	ラ	カ	ざ	選	私	も	む	場
結	サ	加	高	ニ	所	会	ょ	ま	カ	ま	合	失	し	京	エ	ト
ょ	意	報	度	妊	っ	応	く	ク	チ	ぼ	ラ	わ	理	や	経	も
ヘ	リ	コ	プ	タ	ー	多	ま	ド	ひ	砂	解	れ	解	論	験	安
や	話	加	ヌ	コ	セ	ぼ	愛	芸	海	せ	開	た	る	モ	権	ス
能	金	じ	阪	だ	側	登	ゅ	つ	故	ぼ	お	シ	ス	テ	ム	サ
圧	モ	圧	で	ク	ラ	イ	退	る	ま	会	金	べ	所	む	報	ぐ
る	出	画	愛	や	選	意	ん	れ	チ	育	ニ	金	ぽ	解	ぎ	れ
選	ぼ	ト	話	ひ	じ	再	ま	レ	ヱ	せ	じ	海	む	多	場	無

Puzzle 327

合	百	ク	選	せ	サ	っ	向	ヱ	京	向	な	ト	ク	パ	ン	コ
歌	ヒ	て	ひ	べ	レ	重	ヌ	ク	ヒ	ぎ	分	ラ	ト	向	二	意
精	う	ア	っ	多	方	じ	化	応	鍬	ホ	十	ッ	ラ	歩	摘	安
出	ト	ヒ	や	む	エ	退	で	ホ	金	を	、	ク	ム	せ	暫	化
ぼ	合	ル	ゃ	カ	新	鮮	ヱ	ぼ	サ	謝	読	育	通	辞	画	エ
本	会	出	通	リ	暫	化	だ	育	読	感	ぐ	意	百	ク	で	ょ
出	能	だ	リ	フ	ゃ	ウ	ぽ	場	私	む	百	場	ヱ	ス	ル	結
進	退	パ	ヱ	ラ	進	ョ	ズ	ぼ	二	能	ざ	無	し	ヌ	テ	レ
囚	何	イ	権	ワ	弱	ヒ	テ	ラ	金	融	で	安	つ	ヒ	エ	所
ヌ	結	ロ	て	ー	開	乏	く	場	ツ	望	発	ひ	む	テ	退	摘
二	金	ッ	瞳	辞	暫	妊	弱	場	加	遠	言	ひ	暫	ス	レ	ヱ
チ	割	ト	の	べ	暫	き	し	っ	ヌ	鏡	は	決	し	て	ゅ	ラ
登	り	囚	結	選	海	ぐ	側	れ	報	ヱ	ヌ	側	私	二	計	算
話	当	ホ	ヒ	読	写	れ	海	故	所	て	ざ	場	金	応	意	ヒ
加	て	エ	ス	む	コ	ま	ふ	ま	リ	会	ヒ	愛	出	ひ	無	本

瞳の
アヒル
ヒョウ
金融
歌う
パイロット
トラック
望遠鏡
カリフラワー
ウズラ
コンパクトな
トラム
感謝を
割り当て
新鮮
、十分な
計算
は決して
鍬を
発言

Puzzle 328

悲惨な
臆病者
カップ
タオル
スチーム
のガイドラインは、
ポンドが
孤独な
緊張
石は
アヒルの子
任命
病皿
可能
パワーの
ココア
トランク
クロコダイル
女の子は、
撤回

本	ヌ	ポ	ク	芸	ハ	の	開	可	ス	チ	ー	ム	無	ょ	ク	ス
く	囚	ン	ロ	辞	歩	ー	ガ	能	重	孤	ソ	方	論	ょ	囚	も
ト	加	ド	コ	ん	ぼ	ワ	安	イ	二	囚	独	然	ふ	臆	皿	二
進	チ	が	ダ	緊	会	パ	ア	ス	ド	ド	再	な	惨	悲	病	ひ
ク	む	ヌ	イ	張	愛	コ	ヒ	撤	回	ラ	だ	も	会	ま	加	者
セ	故	囚	ル	ひ	だ	む	ル	海	ひ	解	イ	エ	ホ	コ	べ	精
報	セ	ル	論	会	嶋	も	の	砂	意	辞	写	ン	百	登	る	ぼ
も	海	コ	つ	れ	室	開	子	場	ス	カ	ッ	プ	は	て	解	重
阪	愛	報	狙	ん	阪	安	解	退	ょ	無	側	任	命	、	ト	砂
だ	百	精	故	る	読	重	故	て	ふ	室	二	モ	読	ょ	ラ	女
ゅ	加	覧	二	だ	ス	報	権	ノ	れ	ゅ	む	安	意	ぎ	ン	の
ス	石	は	ツ	コ	圧	ト	ヒ	加	ラ	ぎ	権	ひ	登	ス	ク	子
ぐ	弱	重	ま	乏	カ	れ	べ	金	向	だ	ぎ	ょ	本	ひ	セ	は
ゅ	だ	ヒ	精	進	辞	ド	お	セ	退	無	阪	せ	ス	多	つ	、
つ	ル	っ	ど	チ	ど	開	場	摘	じ	海	タ	オ	ル	コ	コ	ア

Puzzle 329

合	ク	ゃ	登	写	ひ	化	て	社	言	む	ょ	不	ヒ	セ	然	じ
報	テ	暫	エ	セ	ホ	ラ	ボ	ウ	ル	語	歩	安	く	暫	ま	再
退	ま	芸	テ	応	塗	お	海	何	っ	進	を	定	京	し	ん	摘
ラ	百	投	本	妊	ぼ	る	む	ん	応	圧	写	な	京	バ	ッ	ト
ざ	つ	ぼ	暫	ラ	選	乏	砂	ハ	論	結	蚊	摘	再	加	ひ	ス
む	き	リ	安	論	て	れ	だ	報	リ	写	を	や	し	歩	投	話
話	ぎ	ヌ	で	狙	再	ヌ	場	ト	出	化	識	む	辞	嶋	ぎ	つ
じ	ふ	ぎ	べ	応	の	日	曜	水	場	側	知	ヌ	自	じ	ハ	社
機	能	は	、	多	ぽ	親	バ	ン	ズ	だ	海	む	体	砂	っ	安
所	有	者	の	ク	剛	性	の	検	ニ	報	し	ホ	ぐ	し	金	ド
愛	つ	権	ク	ド	ラ	再	度	出	チ	摘	カ	結	糖	冒	無	ぎ
安	論	写	室	意	室	選	程	ト	カ	解	故	室	は	険	百	ん
く	多	ツ	圧	金	だ	摘	中	ど	ソ	ぎ	応	ニ	ル	的	ぎ	や
せ	ク	ひ	ぼ	囚	加	カ	解	ゃ	だ	ざ	だ	っ	無	愛	京	論
カ	、	風	の	骨	折	ま	解	ク	ヌ	ぎ	ヌ	ろ	リ	ル	ま	ぼ

剛性の
不安定な
検出
言語を
ボウル
自体
水曜日の
塗る
所有者の
の親の
バンズ
骨折
知識を
蚊を
冒険的
中程度の
、風の
機能は、
糖は
バット

Puzzle 330

セキュリティ
イルカの
櫛の
提出します
クロウ
バター
議論
フラグ
、マウスの
ラダー
マイル
十年を
有利な
ステートメントを
致命的な
不足
しようと
氷の
のサイクルの
手配

ス	ヱ	ソ	投	解	再	ぽ	ス	む	退	ソ	ょ	加	阪	セ	ラ	ラ
ん	テ	て	摘	リ	開	暫	登	応	重	グ	む	私	モ	キ	ゃ	ニ
化	百	ー	く	応	有	利	な	話	ニ	ラ	ダ	ー	イ	ュ	話	歩
ゃ	ベ	タ	ト	話	写	ク	的	ノ	側	フ	場	や	ル	リ	投	櫛
も	ひ	バ	投	メ	ス	ロ	命	ト	選	ぎ	退	っ	カ	テ	マ	の
再	金	合	ゃ	ヌ	ン	ウ	致	歩	ク	論	も	退	の	ィ	イ	べ
進	ス	ク	精	テ	能	ト	ぼ	ド	暫	ス	合	私	弱	っ	ル	む
愛	手	覧	セ	育	金	画	を	ふ	氷	の	の	サ	イ	ク	ル	の
き	配	弱	圧	ソ	側	会	年	つ	ぐ	ス	ホ	ハ	意	選	ぐ	ょ
ト	登	リ	再	っ	歩	ま	十	重	弱	ウ	投	カ	チ	セ	ま	だ
阪	と	ヒ	サ	つ	合	議	ヌ	ス	ぎ	マ	場	能	ニ	む	写	べ
れ	れ	う	ヌ	応	何	ろ	論	妊	ど	、	重	ソ	ヌ	ド	覧	お
べ	ハ	阪	よ	権	多	何	故	だ	ヌ	で	出	ぎ	多	結	加	ん
カ	再	提	出	し	ま	す	弱	乏	向	不	足	育	解	ゃ	ヱ	ろ
せ	砂	ヌ	論	ろ	ス	ふ	ス	じ	応	ス	べ	出	ニ	ひ	ラ	む

Puzzle 331

向	ょ	ゅ	所	合	需	ツ	ろ	化	論	で	会	投	れ	摘	会	愛
ト	社	エ	れ	じ	要	無	モ	必	見	場	ヌ	や	画	ど	百	ふ
エ	る	じ	側	解	を	砂	レ	、	お	ス	育	ま	し	乏	ぼ	画
砂	し	き	ん	権	紫	リ	出	非	き	然	レ	ま	っ	登	退	ょ
ひ	む	ん	権	阪	ル	色	無	常	れ	コ	登	方	ト	画	ド	ニ
ま	だ	ぐ	所	暫	意	結	の	に	応	本	レ	乏	応	誇	権	く
ス	ラ	イ	ド	ソ	ト	ヒ	向	所	暫	幸	も	ヒ	ス	ひ	り	解
囚	べ	京	ろ	弱	チ	リ	ょ	選	囚	せ	ニ	ど	サ	ま	化	っ
だ	写	愛	読	摘	嶋	結	応	ぼ	本	な	読	ゃ	ん	愛	ど	ヌ
投	チ	故	べ	退	育	弱	私	シ	ャ	ン	プ	ー	一	定	の	ク
バ	タ	フ	ラ	イ	事	件	応	進	百	必	妊	サ	ト	投	園	ラ
海	投	ニ	ヒ	ヌ	む	論	ざ	で	ヌ	ず	ス	ー	リ	リ	物	ス
興	奮	せ	セ	て	乏	証	ヌ	ニ	ク	エ	ざ	レ	ん	ざ	動	の
側	ニ	だ	ょ	芸	結	だ	拠	場	然	愛	側	イ	鉱	室	モ	っ
ハ	ぎ	に	従	っ	て	故	む	は	ぽ	ひ	辞	摘	山	ひ	結	辞

イレーサー
誇り
事件
クラスの
スライド
動物園の
必見
一定の
興奮
バタフライ
リリース
必ず
、非常に
に従って
紫色の
鉱山
証拠は
幸せな
需要を
シャンプー

Puzzle 332

干	し	ぶ	ど	う	ア	モ	ぎ	無	覧	ト	せ	投	加	摘	コ	無
く	愛	ス	カ	ッ	ロ	ク	組	織	バ	ッ	グ	結	セ	ぼ	退	話
意	チ	テ	再	安	チ	応	シ	出	投	カ	ど	合	ぎ	ま	る	狙
ふ	し	登	百	ぎ	ク	ぐ	テ	ョ	室	投	通	脅	威	を	ニ	エ
然	ホ	ひ	然	ひ	応	暫	写	ゃ	ン	解	金	意	芸	摘	無	カ
プ	ロ	セ	ス	セ	ひ	故	登	む	応	ゃ	ニ	嶋	場	百	ニ	退
ノ	テ	進	ひ	開	く	ょ	砂	ソ	ま	芸	画	ハ	場	写	ま	ぽ
ク	ど	金	ょ	故	ハ	方	室	む	エ	室	結	っ	知	恵	代	出
出	む	解	む	ス	ト	加	項	然	ぎ	ヒ	む	て	報	暫	替	パ
ク	ま	れ	愛	ぎ	本	方	目	カ	摘	然	せ	ざ	通	方	何	ー
も	砂	ま	ク	然	エ	読	金	ハ	チ	ぽ	ま	れ	出	ひ	芸	ス
だ	と	思	う	側	無	覧	画	ハ	ア	結	ニ	貢	獲	て	摘	ニ
ヌ	ん	ぐ	せ	条	件	が	室	安	ネ	動	ノ	ニ	献	得	ふ	ッ
ハ	覧	故	合	ハ	ぎ	ひ	ろ	育	モ	機	開	報	多	出	選	プ
音	楽	投	ひ	百	せ	ひ	結	エ	ネ	の	ス	く	ソ	ふ	ゅ	重

得て
脅威を
パースニップ
代替
干しぶどう
結合
貢献
クロッカス
だと思う
アネモネ
条件が
プロセス
項目
バッグ
組織
音楽
獲得
アクション
動機の
知恵

Puzzle 333

証	遊	び	心	避	所	を	の	と	キ	ニ	方	塗	ヱ	育	開	所
ざ	明	加	っ	難	狙	介	ヒ	思	ッ	海	乏	料	せ	く	多	だ
嶋	意	す	巨	大	な	し	ッ	い	チ	向	海	ぐ	開	ぽ	砂	覧
無	ひ	だ	る	囚	ホ	て	ト	ま	ン	て	写	っ	写	チ	社	オ
ヒ	顧	オ	ー	プ	ナ	ー	本	す	選	所	無	エ	チ	だ	ド	ー
エ	客	通	べ	場	ょ	無	ノ	ウ	ハ	ウ	の	ン	パ	嶋	つ	ト
ト	ひ	嶋	サ	も	乏	ぼ	妊	コ	リ	覧	様	ト	能	応	レ	バ
画	場	ろ	も	砂	ハ	ま	サ	レ	ス	再	同	話	ツ	何	向	イ
ニ	多	ト	芸	ニ	き	裁	イ	ト	ト	ょ	と	私	本	む	ぎ	無
所	ろ	向	海	退	阪	ょ	判	開	だ	報	退	乏	ス	所	読	囚
写	金	歩	場	安	便	利	な	官	話	ノ	ツ	ヒ	だ	く	ざ	場
ヌ	ト	化	精	開	だ	私	要	だ	砂	暫	然	て	や	狙	だ	安
話	百	ぎ	向	囚	ク	ゃ	必	進	ト	レ	ぽ	報	ぎ	多	加	れ
通	百	ニ	リ	通	だ	重	論	レ	だ	し	ド	せ	ト	ラ	結	だ
ふ	ひ	育	退	報	安	本	ツ	弱	チ	て	ぼ	ぽ	ゃ	き	ざ	会

巨大な
パンの
と同様の
顧客
裁判官
を介して
証明する
必要な
のヒット
リスト
と思います
避難
オートバイ
キッチン
便利な
遊び心
サイ
塗料
ノウハウの
オープナー

Puzzle 334

場	陽	驚	ひ	て	想	ハ	多	化	ク	ぎ	ニ	チ	週	セ	ん	ト
ク	気	異	結	ノ	定	追	加	し	ク	ょ	摘	応	ょ	末	金	テ
年	結	的	モ	訪	べ	ひ	る	チ	囚	報	ゃ	弱	ひ	ぎ	は	ポ
次	方	な	ぎ	問	報	登	ス	ツ	離	れ	場	せ	ト	輸	出	、
向	ハ	側	覧	ぎ	ス	嶋	本	所	出	じ	ヌ	安	ク	登	れ	度
故	ん	ヌ	ぎ	加	所	ラ	ぎ	応	だ	ソ	レ	論	シ	応	精	再
れ	私	テ	ヌ	ぎ	べ	本	ト	結	ツ	育	出	妊	リ	応	ょ	カ
ヌ	ソ	ま	ょ	ト	加	私	ク	ま	ヌ	だ	選	サ	ー	ヱ	意	京
ル	の	経	路	再	ひ	読	ス	リ	ッ	プ	ア	通	ズ	選	妊	ツ
お	ニ	テ	写	ハ	ん	時	通	分	き	私	リ	結	ゅ	覧	む	進
チ	だ	お	本	当	の	だ	間	安	割	写	ー	カ	所	乏	愛	曇
京	ょ	意	投	ヒ	だ	摘	く	の	育	会	ナ	場	く	む	会	ら
カ	海	だ	出	カ	百	育	し	ま	進	く	場	読	画	ソ	せ	せ
ラ	応	嶋	多	ド	会	囚	京	し	し	ぎ	所	弱	応	ク	ニ	る
っ	ひ	ふ	せ	攻	撃	ひ	投	画	ひ	も	コ	ヱ	ク	退	ざ	芸

曇らせる
時間の
再度、
想定
、ポテト
追加し
本当の
シリーズ
分割
輸出
年次
スリップ
陽気
訪問
アリーナ
週末は、
攻撃
の経路
離れ
驚異的な

Puzzle 335

開	れ	ホ	ろ	ニ	ぎ	フ	私	ヌ	お	故	風	向	き	話	若	、
サ	ニ	狙	進	重	や	ォ	し	ろ	ぎ	い	ヌ	船	コ	能	い	急
祖	母	無	報	砂	も	一	投	ヒ	摘	ホ	し	金	む	嶋	ま	速
ヒ	選	だ	場	ク	ノ	カ	だ	写	会	ク	ニ	い	モ	ょ	ざ	に
ラ	写	ひ	ド	臭	い	ス	っ	の	中	で	ふ	わ	ふ	わ	嶋	だ
ク	チ	社	進	開	む	百	方	何	故	圧	開	ド	退	ク	結	場
妊	ェ	進	化	場	京	弱	つ	多	歩	リ	報	れ	無	所	ニ	ド
お	ッ	登	金	能	ま	囚	何	再	摘	結	れ	ひ	し	百	ょ	だ
通	ク	開	ぐ	ク	ル	場	ル	向	ス	ひ	精	ょ	う	っ	読	場
ゅ	が	カ	ッ	プ	ケ	ー	キ	退	サ	選	ド	摘	ま	せ	リ	百
チ	登	選	品	ん	社	ジ	ド	モ	暫	だ	ス	通	く	し	ヱ	ゃ
ツ	む	通	揃	能	会	ロ	投	コ	ミ	ュ	ニ	テ	ィ	は	、	れ
ヱ	む	ヌ	え	再	育	ノ	っ	ぽ	ま	登	場	出	聞	合	き	覧
圧	場	ゃ	京	化	安	ク	側	囚	デ	ー	タ	の	く	解	ニ	ざ
愛	ニ	安	セ	ヱ	写	テ	社	応	れ	安	セ	き	ツ	寛	大	コ

風船
の中で
フォーカス
チェックが
ドール
テクノロジー
コミュニティは、
聞く
若い
うまく
寛大
データの
祖母
臭い
社会
、急速に
おいしい
品揃え
カップケーキ
ふわふわ

Puzzle 336

会	だ	ク	阪	栄	養	素	権	モ	ラ	応	ニ	乏	エ	ヤ	妊	再
歩	開	結	っ	ク	ク	ツ	る	故	リ	し	権	だ	化	ギ	ス	覧
歩	り	向	育	乏	ろ	リ	金	ゲ	応	ク	っ	退	ゅ	む	権	開
方	報	ル	何	る	阪	写	ぽ	ー	き	話	れ	コ	論	精	く	然
ベ	ト	リ	エ	応	読	話	会	ム	暫	本	だ	ヌ	読	ヌ	る	妊
選	レ	チ	ッ	ャ	キ	故	覧	社	何	ょ	ニ	も	ス	ゅ	室	私
社	テ	摘	ジ	れ	種	一	度	辞	の	敵	権	る	ヒ	加	芸	出
や	だ	狙	だ	ヌ	ネ	イ	テ	ィ	ブ	ワ	ー	ム	だ	所	せ	精
サ	セ	愛	多	せ	再	や	サ	む	ぼ	ざ	ひ	向	レ	サ	だ	ニ
で	ぐ	ぎ	狙	ハ	ド	テ	通	結	婚	は	登	歩	覧	ひ	ん	レ
ツ	登	圧	然	本	コ	多	室	カ	結	狙	ル	キ	ス	カ	写	ッ
登	重	然	リ	権	芸	カ	ひ	ホ	ッ	ケ	ー	っ	む	投	ょ	ス
起	こ	り	ま	す	し	辞	会	自	サ	能	ホ	れ	じ	解	暫	ン
じ	せ	百	レ	意	っ	た	投	合	分	応	ひ	ど	む	サ	多	向
べ	ろ	ょ	話	ヒ	し	辞	ゅ	海	べ	を	い	は	多	狙	登	ひ

一度
ホッケー
会社の
ゲーム
ヤギ
起こります
はいを
レッスン
自分を
スキル
キャッチ
ワーム
エッジ
敵の
した
ホール
結婚は
一種
ネイティブ
栄養素

Puzzle 337

真	実	っ	論	エ	社	ク	ス	デ	ひ	ニ	ツ	ひ	社	モ	無	く
ハ	ー	ド	サ	場	む	ク	プ	だ	ょ	百	だ	む	ス	場	結	辞
解	解	サ	ウ	ン	ド	・	リ	出	暫	テ	ホ	解	結	多	ろ	弁
ド	重	本	側	チ	向	空	ン	読	退	応	ぎ	精	達	成	べ	護
カ	乏	摘	海	再	キ	気	グ	別	ツ	愛	て	会	ま	退	れ	士
形	式	最	海	く	妊	ン	れ	ぐ	れ	り	ふ	社	論	囚	ク	を
海	権	近	ス	故	圧	ソ	つ	連	選	の	て	ぐ	モ	暫	ざ	ょ
論	ニ	柔	ル	芸	能	暫	リ	ぎ	邦	砂	の	弱	所	所	ツ	覧
ヌ	ニ	軟	退	出	ひ	ラ	ま	ソ	じ	む	意	応	能	ヌ	愛	読
ニ	ん	な	ま	ル	応	ヌ	応	弱	結	金	ふ	弱	場	方	室	退
所	だ	サ	結	所	合	重	狙	ハ	混	き	貧	困	を	京	読	場
多	お	化	安	応	方	社	登	選	乱	選	ヌ	ク	開	百	ヒ	ょ
写	砂	応	重	ス	無	選	論	海	合	ク	覧	百	京	ろ	チ	圧
阪	弱	金	テ	フ	ィ	ル	っ	歩	お	弱	感	ク	ツ	ま	読	だ
ぎ	摘	ざ	進	べ	サ	無	モ	ろ	合	ヱ	を	ク	乏	論	だ	せ

サウンド・
弁護士を
空気
柔軟な
連邦
砂の
真実
感を
スプリング
形式
混乱
デスク
最近
達成
フィル
別れの
のり
貧困を
ハード
チキン

Puzzle 338

の商用
ほうれん草
アナグマ
認める
可能性の高い
ペース
覚え
スワン
スグリ
チーム
値の
フィードの
安全が
危険な
、カリフラワー
セル
カンガルー
タイトル
生物学
日曜日

報	認	弱	側	ク	百	投	阪	百	覧	ク	ぎ	危	開	ク	ぎ	無
場	め	ニ	乏	乏	海	乏	然	再	ま	海	育	チ	険	る	も	ホ
故	る	乏	ラ	セ	然	覚	え	フ	ィ	ー	ド	の	応	な	む	ト
再	つ	、	エ	ル	側	選	写	ヌ	れ	だ	ど	ぎ	ニ	話	妊	百
然	つ	テ	カ	だ	カ	生	コ	リ	論	ま	方	弱	化	も	ル	能
歩	砂	投	て	リ	弱	物	ん	べ	海	可	弱	ほ	う	れ	ん	草
タ	イ	ト	ル	グ	フ	学	妊	論	ざ	能	話	っ	る	然	ゅ	ク
ア	ナ	グ	マ	ス	暫	ラ	方	育	日	性	育	方	ゃ	本	も	べ
解	安	全	が	砂	っ	報	ワ	だ	曜	の	ぺ	金	多	向	開	ハ
私	べ	セ	ま	コ	だ	せ	っ	ー	日	高	ム	ー	チ	社	れ	愛
ス	室	セ	れ	む	囚	権	だ	だ	ヌ	い	じ	ル	ス	然	所	む
写	所	私	暫	ト	安	故	で	弱	化	室	化	ガ	ク	リ	ま	ょ
チ	ふ	カ	ク	ぐ	報	ひ	方	値	ざ	画	ツ	ン	ワ	ス	画	画
京	進	ニ	乏	カ	京	用	商	の	画	ぎ	再	カ	ソ	本	ぎ	育
だ	多	ニ	方	ろ	ま	通	報	テ	し	リ	セ	つ	カ	せ	モ	加

Puzzle 339

の	チ	リ	画	む	ぐ	室	方	覧	ヱ	ぎ	っ	摘	ト	ん	圧	話
赤	選	電	車	寿	ト	砂	ニ	ヱ	ト	無	ざ	応	愛	ぎ	ひ	れ
ち	ノ	ざ	も	命	然	は	何	も	ま	向	室	砂	百	つ	狙	ヱ
ゃ	ニ	重	ニ	光	選	コ	解	開	ぎ	ぎ	解	暫	ク	の	れ	ス
ん	て	乏	フ	何	安	全	に	ん	パ	イ	ナ	ッ	プ	ル	出	ケ
の	お	本	ェ	プ	ッ	シ	ュ	を	結	ゃ	ツ	摘	多	ー	ミ	ー
し	テ	合	ン	ふ	や	囚	テ	問	消	育	サ	ぎ	権	ウ	会	ト
英	ぎ	せ	シ	ビ	ー	ル	の	質	精	え	報	砂	応	れ	ニ	ヒ
語	化	開	ン	ょ	権	場	狙	芸	キ	囚	然	や	テ	ひ	乏	ベ
ツ	狙	つ	グ	故	ぽ	ス	進	精	群	ャ	ひ	ス	デ	ゃ	応	登
登	ぎ	コ	っ	サ	だ	選	精	退	れ	金	べ	開	リ	だ	ニ	ま
だ	く	圧	然	圧	や	ト	む	れ	何	ス	テ	ツ	ケ	ト	平	応
妊	論	場	ゃ	歩	も	嶋	画	退	妊	ヱ	権	ク	ー	ク	均	妊
し	故	幸	せ	選	圧	ニ	重	ソ	愛	圧	再	加	ト	モ	だ	妊
ど	ま	選	ソ	ヱ	海	重	だ	き	精	重	ニ	然	な	ぎ	て	登

消え
ミルク
は何も
ウールの
プッシュを
英語
安全に
寿命光
パイナップル
群れ
平均
電車
フェンシング
ビールの
質問を
キャベツ
の赤ちゃんの
スケート
幸せ
デリケートな

Puzzle 340

重	ひ	精	習	慣	含	め	弱	や	的	地	理	人	し	も	砂	覧
摘	セ	じ	話	金	ょ	応	重	ウ	ひ	ス	物	植	の	妊	嶋	進
や	ま	安	社	で	覧	ぼ	覧	ォ	ぼ	歩	れ	ス	く	ま	ぽ	ヌ
報	ニ	方	ど	解	ん	砂	海	ッ	チ	写	金	っ	多	っ	摘	乏
所	場	ド	社	側	む	ク	だ	チ	京	ニ	ト	側	べ	や	ク	ソ
レ	登	ょ	サ	妊	ひ	ニ	ま	も	ス	場	話	れ	く	安	ノ	サ
レ	場	や	ぎ	暫	砂	ま	し	覧	ダ	ノ	論	ス	き	方	チ	京
ル	ス	ま	芸	エ	ニ	し	然	っ	ク	画	参	ヒ	通	も	ど	ょ
ひ	サ	ポ	覧	多	権	社	ろ	ト	ラ	イ	照	囚	タ	多	く	モ
故	カ	登	ー	ザ	ラ	ブ	選	チ	モ	ひ	何	決	フ	室	金	ト
学	場	ふ	セ	ツ	会	綿	権	限	レ	摘	む	定	な	ル	や	ざ
故	生	ト	カ	れ	の	を	だ	だ	乏	ど	ひ	を	解	無	ホ	ニ
ド	愛	の	モ	ツ	っ	べ	安	場	ツ	覧	エ	圧	ひ	ぎ	ル	退
私	ノ	ま	会	砂	標	能	側	コ	ソ	ょ	砂	写	ニ	ソ	ゅ	覧
投	リ	読	話	会	準	選	ヒ	マ	ワ	リ	だ	ヌ	ド	コ	読	カ

権限
ブラザー
ヒマワリ
学生の
会話
多くの
人の
タフな
含め
決定を
トライ
標準
綿を
スポーツの
的地理
の植物
参照
ウォッチ
習慣
ラクダ

Puzzle 341

ひ	乏	ゃ	将	が	ド	弱	レ	ト	室	モ	構	無	こ	れ	ら	の
覧	妊	し	き	来	存	ヌ	ジ	報	で	ト	出	築	化	能	本	然
百	ス	選	結	場	の	在	ス	ー	レ	ク	辞	通	信	囚	安	リ
ラ	愛	っ	然	応	ハ	開	ト	困	難	な	ょ	書	む	圧	結	社
方	所	ソ	ト	社	無	れ	を	お	芸	報	登	き	れ	ひ	場	ノ
サ	権	画	だ	ヌ	行	動	を	姜	生	ざ	能	込	圧	ぼ	状	レ
だ	百	ル	サ	ミ	ッ	ト	は	、	応	モ	気	み	ひ	無	況	ま
京	投	く	だ	て	解	セ	規	も	安	ぽ	候	開	し	ま	無	私
山	猫	驚	き	安	ク	む	定	ラ	投	通	む	精	覧	だ	ゃ	登
応	や	っ	摘	コ	登	ニ	会	嶋	む	ぎ	ラ	ぐ	話	社	側	再
も	ス	開	話	ノ	き	エ	ヱ	私	む	絵	筆	応	意	ゃ	む	側
、	最	近	の	ひ	む	カ	っ	だ	ニ	狙	っ	読	座	っ	然	育
ク	ど	画	れ	暫	ヒ	ひ	コ	ラ	所	じ	ん	ド	ひ	権	で	精
だ	登	画	ぼ	ろ	ぎ	ひ	権	何	ひ	だ	乏	重	精	べ	ハ	ざ
ょ	セ	場	む	場	ひ	じ	応	読	狙	金	意	ゃ	無	京	だ	コ

困難な
将来の
、最近の
通信
山猫
定規は
レース
座っ
これらの
絵筆
驚き
状況
生姜を
レジストを
行動を
書き込み
気候
が存在
サミットは、
構築

Puzzle 342

読	愛	ハ	ス	だ	ヌ	ヱ	罰	す	る	ひ	で	ヱ	の	つ	で	ヌ
ど	エ	ル	結	む	ぎ	ス	ー	プ	・	つ	ヌ	レ	信	る	歩	ひ
然	ル	だ	カ	ろ	暫	結	弱	ん	嶋	ろ	じ	再	頼	ク	狙	ぼ
加	フ	自	多	む	合	論	ク	ル	ノ	ト	完	側	金	ハ	ヱ	っ
論	辞	分	ょ	コ	本	ゃ	や	エ	愛	妊	全	故	弱	ニ	ニ	多
お	ラ	の	会	じ	京	ぐ	汚	ろ	辞	ト	に	常	、	精	ラ	ヒ
ニ	だ	ろ	権	ト	せ	ス	ょ	れ	ノ	ニ	開	向	ま	応	平	ド
ク	無	進	ホ	ス	阪	ょ	ト	ニ	を	政	府	の	ク	退	ラ	和
じ	ひ	お	て	私	ま	ヌ	せ	せ	ト	応	で	ヱ	百	ヒ	温	暫
悲	場	報	月	使	ヱ	読	無	ホ	進	ヌ	ル	開	覧	本	度	く
劇	ソ	精	面	い	き	覧	多	百	カ	ノ	囚	通	無	会	計	ニ
的	ど	ヒ	応	捨	芸	多	郵	私	ゅ	報	ふ	テ	圧	妊	砂	ヒ
な	ソ	ざ	登	て	ス	再	便	ク	覧	退	合	ひ	バ	回	や	テ
食	お	ツ	ス	開	サ	圧	配	話	通	加	ク	弟	ン	避	る	登
用	ニ	論	育	ょ	セ	チ	達	ソ	登	家	は	ぽ	を	室	通	だ

スープ・
自分の
罰する
の信頼
使い捨て
回避
家は
エルフ
完全に
弟を
政府の
、常に
悲劇的な
バン
食用
温度計
月面
郵便配達
平和
汚れを

Puzzle 343

ニ	ざ	画	嶋	れ	ヱ	認	芸	レ	だ	カ	ょ	品	多	ゅ	れ	テ
ク	ニ	読	セ	然	最	識	い	、	会	む	精	種	ツ	だ	権	海
精	社	百	場	き	複	初	高	必	じ	意	ス	ゃ	ニ	コ	登	通
圧	重	使	用	は	雑	話	の	ず	ぐ	深	刻	じ	圧	社	無	ひ
ょ	狙	ざ	妊	論	ひ	重	背	オ	て	進	退	再	っ	ル	通	画
本	摘	無	泥	だ	ら	け	の	フ	作	応	私	ク	ゅ	解	ぽ	ひ
影	響	視	コ	阪	退	ひ	長	選	成	ヌ	登	画	ツ	ソ	論	べ
登	無	ニ	ヒ	論	報	計	成	ツ	無	ぎ	ふ	ヱ	ク	ろ	精	つ
ラ	ま	て	狙	何	イ	時	が	だ	ソ	阪	セ	べ	ラ	社	多	ク
処	理	ざ	ゅ	狙	無	カ	々	摘	ひ	写	圧	っ	し	百	や	安
砂	ラ	再	だ	側	投	阪	モ	ま	会	ひ	ヒ	む	芸	芸	再	シ
モ	ど	モ	つ	ド	ょ	む	レ	権	私	コ	結	チ	ひ	側	社	リ
化	ま	場	ざ	再	テ	京	何	お	ヱ	ハ	室	本	ょ	ソ	ヱ	ー
辞	だ	ヱ	本	摘	つ	ふ	ニ	京	京	方	歩	ヱ	圧	嶋	能	ズ
立	っ	て	い	ま	し	た	会	権	辞	コ	故	ニ	側	多	妊	は

深刻
認識
時々
時計
が成長の
背の高い
影響
、必ず
イカ
品種
オフ
複雑
処理
シリーズは
泥だらけの
立っていました
無視
使用は
作成
最初の

Puzzle 344

っ	利	見	ト	愛	無	乏	カ	囚	し	再	場	し	で	摘	砂	画
、	益	砂	え	ひ	ス	報	ス	然	登	ひ	エ	芸	囚	晴	っ	安
話	小	応	ハ	お	精	登	ニ	ト	投	私	作	ツ	利	れ	囚	無
調	ひ	数	せ	れ	ヌ	開	フ	社	応	ぎ	成	話	点	た	室	れ
整	向	や	点	カ	ょ	ニ	権	ヌ	セ	激	し	精	レ	新	然	方
向	ど	場	カ	歩	暫	安	ヌ	場	コ	怒	ど	方	ニ	し	ぽ	ま
ス	ト	ー	ブ	出	辞	ト	ル	安	チ	ラ	こ	ニ	化	い	テ	エ
私	や	加	論	リ	ヒ	安	ニ	暫	き	ス	か	ス	妊	本	ニ	阪
然	金	場	ぼ	ト	京	ゅ	画	ル	の	方	ゅ	ゅ	示	唆	し	て
ツ	ノ	場	話	せ	出	ロ	ビ	ン	供	リ	摘	愛	ろ	ヒ	で	カ
通	摘	ょ	ニ	ト	も	ヌ	だ	っ	子	育	高	カ	モ	ニ	っ	ヌ
だ	弱	も	投	方	ド	解	ハ	つ	せ	犬	さ	話	ゃ	れ	阪	ソ
セ	ひ	向	ヒ	チ	写	れ	む	再	選	セ	を	故	ヱ	ざ	ゅ	通
ま	ろ	む	ぼ	や	病	権	つ	れ	ゃ	て	化	チ	加	愛	ハ	べ
ど	セ	何	ぽ	じ	院	で	自	然	溝	が	合	登	結	ノ	安	室

調整
ロビン
示唆して
溝が
ストーブ
晴れた
作成し
激怒
子供の
新しい
利点
高さを
自然
スニフ
利益
、小数点
見え
どこか
子犬
病院

Puzzle 345

私	や	所	芸	覧	愛	投	結	方	ニ	ド	セ	能	報	読	海	増
結	報	ト	ま	愛	権	側	結	ぎ	無	側	れ	退	ヘ	ッ	ド	殖
ホ	臆	病	化	権	会	お	ヌ	な	能	可	の	形	円	楕	嶋	コ
ー	ク	所	リ	ド	世	登	向	的	お	応	入	ん	カ	妊	所	ニ
ク	ノ	ノ	室	金	代	摘	ゅ	終	ソ	金	り	意	ぎ	本	愛	結
ラ	開	る	私	ヌ	圧	ク	ぽ	最	室	話	ロ	ト	だ	、	比	較
報	ク	ょ	っ	ル	社	テ	る	、	く	っ	ト	応	乏	つ	っ	ニ
カ	画	安	運	ソ	チ	ぎ	ト	リ	ど	ス	、	方	ふ	ど	コ	る
合	モ	場	動	重	ぼ	ど	ソ	コ	ニ	カ	ベ	キ	で	実	芸	私
モ	応	ナ	化	話	ヱ	ろ	話	会	ン	阪	ヒ	ん	ャ	つ	験	場
写	話	ッ	論	方	合	非	だ	会	弱	ピ	ま	再	歩	べ	方	ヌ
ニ	通	ト	モ	ょ	覧	常	摘	社	弱	い	ュ	ル	ク	ん	ツ	通
包	む	る	ぎ	っ	合	に	投	ざ	サ	ソ	ぽ	ー	ジ	イ	レ	ク
解	加	安	る	リ	無	ヌ	圧	場	だ	敷	く	ヱ	タ	選	所	せ
ツ	ヱ	モ	ヌ	ゃ	圧	レ	話	ぐ	所	ぐ	話	妊	リ	ど	ふ	権

実験
クレイジー
ヘッド
の可能な
世代
包む
、比較
臆病
運動
ナット
ホーク
楕円形の
、最終的な
非常に
、キャベツ
敷く
弱い
の入り口
コンピュータ
増殖

Puzzle 346

セ	だ	ネ	選	リ	お	や	重	京	ポ	テ	ト	乏	読	通	登	ソ
キ	加	で	ギ	無	応	ひ	ひ	選	囚	吸	だ	ソ	ニ	っ	合	芸
ュ	摘	ぼ	覧	を	化	ニ	金	歩	択	収	う	伴	て	サ	写	ざ
リ	会	ト	登	ド	ぽ	報	し	場	海	す	よ	ょ	合	室	狙	ス
テ	セ	や	で	ン	夏	ト	進	最	選	レ	る	ウ	サ	ギ	の	む
ィ	場	ぽ	ド	セ	の	方	場	狙	高	嶋	い	最	終	的	に	は
を	百	敗	プ	ゃ	無	読	き	通	然	の	覧	モ	不	注	意	な
ハ	故	失	レ	京	く	圧	金	せ	多	海	嶋	チ	ヌ	レ	投	だ
す	ぐ	に	ス	テ	芸	ソ	ト	快	レ	レ	べ	摘	テ	投	テ	私
場	会	む	何	話	解	脅	威	適	で	き	る	よ	う	ぐ	っ	出
ニ	何	囚	だ	ノ	ま	私	セ	カ	暫	妊	覧	ろ	辞	安	ソ	応
せ	る	ホ	画	開	向	ぎ	投	ひ	リ	モ	ニ	内	ぎ	ラ	退	ト
化	ぎ	私	合	カ	ひ	意	覧	写	ょ	話	ひ	部	ニ	退	ホ	乏
ど	結	場	ク	つ	ヌ	嶋	つ	ん	合	カ	ぎ	方	通	べ	応	論
圧	き	つ	れ	囚	チ	室	チ	合	ま	ハ	海	乏	モ	応	室	リ

いるようだ
内部
センドを
快適
選択する
不注意な
セキュリティを
できるよう
ネギを
ポテト
すぐに
最高の
ウサギの
最終的には
夏の
プレス
脅威
に失敗
伴う
吸収

Puzzle 347

重	ふ	側	ぽ	ミ	ズ	ネ	リ	ガ	ト	ス	テ	管	理	し	ま	す
サ	画	安	結	圧	れ	ボ	展	示	を	テ	ス	ニ	方	ふ	サ	ぼ
だ	出	画	ヌ	然	登	エ	ン	ト	で	ー	ト	百	報	進	辞	ニ
登	れ	乏	応	投	く	ニ	ル	選	て	シ	を	や	ヱ	ニ	ぎ	ひ
一	方	ぽ	海	ヱ	囚	安	ド	摘	砂	ョ	摘	読	じ	辞	ろ	カ
コ	目	合	ス	レ	ヱ	ぽ	ー	や	ぎ	ン	し	合	重	暫	合	辞
へ	本	ス	会	議	っ	む	レ	再	や	も	京	別	や	だ	退	選
阪	ア	ト	ス	コ	ン	パ	ク	ト	ひ	摘	ヒ	の	適	用	す	る
狙	ざ	写	吸	く	ぐ	金	応	狙	合	阪	む	ん	応	選	発	場
ろ	ふ	解	血	愛	ハ	選	ぎ	ど	結	ホ	ク	ゃ	ま	更	生	圧
ぼ	ル	所	鬼	き	き	ス	ん	読	ホ	ぐ	論	ち	ス	新	ゃ	意
っ	ろ	ゅ	金	ニ	場	だ	ル	砂	歩	摘	多	い	百	く	ぎ	応
お	所	描	せ	精	植	進	せ	解	べ	じ	社	じ	ス	所	金	弱
弱	画	く	ク	も	物	多	っ	ま	っ	進	囚	お	精	安	読	ニ
乏	社	じ	精	権	故	妊	ニ	ド	ヒ	ク	ふ	ス	て	や	ト	ひ

植物
クレードル
適用する
ストア
コンパクト
テストを
別の
会議
ステーション
管理します
発生
展示を
トガリネズミ
描く
一目
更新
おじいちゃんの
ヘア
ズボン
吸血鬼

Puzzle 348

も	ろ	歩	ろ	合	ゃ	テ	嶋	海	京	サ	砂	高	シ	解	登	カ
精	育	芸	ひ	側	私	コ	歩	安	ヌ	せ	本	速	ナ	会	暫	ヒ
隠	し	ま	す	反	対	開	ぺ	登	何	ク	れ	道	モ	私	お	む
プ	ロ	パ	テ	ィ	が	オ	ン	急	芸	じ	応	路	ン	約	コ	百
合	権	登	精	つ	ょ	話	ウ	に	パ	セ	リ	の	る	ラ	束	ひ
阪	私	場	ゅ	ニ	読	歩	テ	ム	ホ	ヌ	多	テ	狙	ド	ま	向
弱	精	だ	側	歩	ク	登	再	ク	化	加	出	百	投	向	も	金
京	ょ	進	捗	状	況	を	然	く	椅	子	ノ	ぎ	で	ラ	ス	能
歩	ハ	む	故	や	退	む	登	ら	解	ふ	百	ラ	阪	芸	コ	狙
変	更	っ	ひ	乏	ぼ	論	暫	い	何	ひ	結	合	ひ	社	権	登
応	権	通	方	暫	る	し	ょ	ま	社	開	つ	論	理	管	所	圧
ト	セ	選	退	室	多	ひ	サ	だ	報	乏	開	し	科	の	場	何
方	リ	ス	応	向	ヱ	妊	ぎ	開	登	や	海	応	の	精	足	ル
出	ぎ	安	レ	テ	場	多	辞	阪	ぐ	て	コ	ヒ	ネ	再	応	ま
お	ハ	妊	方	登	カ	カ	て	ル	の	特	定	再	ギ	希	望	む

管理
の足
変更
急に
くらい
ペン
プロパティが
パセリ
約束
進捗状況を
の特定
オウム
希望
ネギ
隠します
シナモン
高速道路の
椅子
反対
理科の

Puzzle 349

つ	育	も	メ	ホ	歩	ハ	重	愛	す	る	パ	ぐ	子	の	ょ	嶋
ふ	ま	所	ジ	ゃ	加	選	馬	の	テ	れ	ー	ん	れ	ウ	弱	ざ
室	海	先	ャ	育	場	登	ス	ル	む	き	テ	ま	芸	ド	ニ	海
投	ド	岸	ー	ぼ	し	ざ	依	レ	金	ト	ィ	ク	然	ン	安	ニ
取	合	ま	ヌ	っ	む	だ	存	モ	ク	開	ー	方	修	ィ	だ	側
コ	っ	室	も	画	ラ	ざ	何	愛	ト	ツ	は	覧	正	ウ	投	所
育	本	金	だ	精	社	精	狙	だ	側	だ	、	本	エ	ぎ	登	権
ひ	ソ	論	ラ	覧	弱	リ	サ	囚	ス	ぎ	ハ	嶋	ゅ	ヒ	再	百
む	無	エ	示	し	て	い	ま	す	、	優	れ	た	開	阪	加	応
ク	経	済	所	安	室	深	計	算	機	加	然	じ	サ	話	く	金
ア	ド	レ	ス	覧	れ	意	ん	圧	セ	ド	正	だ	ざ	ヌ	ゃ	読
ひ	報	嶋	重	然	ト	注	場	覧	合	海	し	ラ	無	ヒ	何	っ
ホ	モ	ゅ	芸	化	ょ	登	だ	登	ヌ	ヌ	い	弱	お	所	リ	ラ
暫	セ	チ	暫	モ	ス	作	り	を	リ	側	ぐ	ょ	京	読	べ	も
ラ	ダ	ブ	ル	て	ま	れ	結	ラ	れ	砂	ク	る	何	本	く	百

修正
、優れた
注意深い
経済
計算機
ダブル
パーティーは、
正しい
作りを
アドレス
示しています
取っ
ウィンドウの
子の
つま先
愛する
メジャー
海岸
馬の
依存

Puzzle 350

ま	箇	ょ	レ	ひ	場	ぎ	存	続	ぼ	退	く	覧	ヱ	ド	ヱ	覧
セ	単	方	べ	社	ノ	エ	ど	社	も	だ	女	ぎ	嶋	向	京	ど
室	な	向	む	だ	っ	じ	ぎ	ふ	開	ま	べ	性	暫	ろ	解	阪
チ	メ	デ	能	乏	出	の	厚	さ	の	砂	レ	結	の	開	退	サ
ョ	ン	ィ	ひ	ひ	話	何	っ	ソ	表	愛	ド	化	サ	で	車	両
コ	バ	レ	囚	ひ	所	文	字	リ	す	ふ	き	ぼ	れ	イ	報	自
レ	ー	ク	ひ	ヌ	ゅ	合	通	ュ	狙	べ	会	ル	室	化	ズ	動
ー	の	タ	本	だ	向	ヌ	応	ー	ス	ス	だ	権	意	精	ク	ヒ
ト	論	ー	だ	べ	乏	愛	カ	シ	マ	ネ	ー	ジ	ャ	る	ド	つ
の	ノ	む	場	嶋	ぽ	ぎ	メ	ョ	リ	ぽ	ジ	ざ	囚	お	場	百
場	樹	皮	を	越	え	ヌ	モ	ン	進	拡	モ	ビ	ル	レ	所	出
百	砂	テ	華	囚	然	サ	リ	を	レ	張	っ	ク	・	コ	ク	ツ
開	ソ	る	麗	画	ょ	だ	狙	っ	場	す	然	加	ソ	ざ	ぎ	ま
会	ぎ	ク	な	重	ク	報	レ	再	チ	る	せ	覧	ク	意	ル	エ
応	応	れ	ニ	ニ	方	応	く	コ	ノ	せ	じ	ょ	囚	ゅ	場	ど

の厚さの
樹皮
拡張する
存続
文字
サイズ
女性の
表す
マネージャ
車両
・ビジネス
華麗な
チョコレートの
自動
方向ディレクター
メモリ
簡単な
メンバーの
ソリューションを
を越え

Puzzle 351

不	狙	通	投	意	モ	ニ	む	乏	感	精	後	ろ	ぽ	じ	覧	海
適	歩	ゃ	ソ	ク	て	本	ょ	ょ	動	ド	バ	で	ふ	結	百	退
切	権	も	応	精	海	き	登	金	を	ょ	ッ	く	向	リ	応	せ
な	モ	選	つ	安	ま	ろ	登	ツ	合	向	ジ	ヱ	向	き	孤	立
ス	開	カ	登	精	ド	画	私	囚	エ	解	ナ	で	読	て	ぽ	結
出	ニ	ト	ル	せ	選	向	ヌ	っ	ク	説	摘	ツ	側	摘	ょ	応
メ	デ	ィ	ア	引	っ	張	っ	ク	セ	精	退	登	メ	会	ひ	側
ド	ニ	必	イ	ろ	の	傾	向	が	リ	ん	応	話	せ	グ	ぎ	ひ
つ	イ	死	ラ	ま	有	ヌ	加	重	ッ	弱	砂	覧	ス	っ	お	ぐ
ニ	ー	意	ト	芸	害	チ	る	で	ト	合	べ	段	リ	ン	グ	れ
歩	グ	話	ツ	今	が	ぽ	加	百	ル	エ	ま	落	ヌ	だ	百	然
ト	ル	私	故	や	ヌ	画	摘	リ	然	所	加	む	ひ	日	差	し
無	ふ	室	ん	ど	じ	ひ	れ	ル	然	ソ	ぼ	側	故	開	ハ	ざ
進	き	論	囚	加	ゅ	ソ	場	ひ	ニ	選	ょ	コ	報	今	夜	は
る	ク	ま	安	解	ヒ	論	京	リ	応	何	加	っ	権	安	ツ	ド

不適切な
感動を
引っ張っ
段落
日差し
傾向が
今や
リング
今夜は
エクセリットル
必死
バッジ
孤立
解説
トライアル
メディア
の有害が
ナツメグ
イーグル
後で

Puzzle 352

覧	嶋	く	ぐ	選	ト	室	バ	所	じ	嶋	開	分	百	る	ぽ	ま
方	レ	ニ	べ	百	ょ	方	ル	役	員	の	場	析	選	然	何	阪
れ	写	投	じ	チ	ぎ	つ	コ	ゃ	ス	ク	ゅ	ょ	摘	ク	ニ	出
せ	結	エ	歩	選	意	ハ	ニ	加	圧	組	ニ	乏	育	場	ル	狙
始	加	ル	精	ま	テ	に	ー	っ	て	み	会	る	結	リ	る	ま
安	め	く	ツ	圧	出	際	防	ぽ	私	合	ニ	応	芸	ヒ	れ	出
権	ノ	る	無	ぐ	報	実	ぐ	リ	ツ	わ	有	く	応	話	レ	覧
開	ツ	意	振	ぐ	っ	、	正	確	な	せ	料	ろ	ぐ	報	阪	重
催	だ	く	上	記	進	じ	き	室	テ	愛	テ	室	開	解	ヱ	ひ
弱	権	れ	進	お	弱	金	結	コ	む	教	金	ハ	っ	金	登	き
ヌ	意	論	や	謝	プ	レ	イ	ヤ	ー	師	ぽ	ひ	結	結	進	写
解	つ	ぼ	京	罪	ま	場	っ	じ	だ	エ	安	テ	辞	ニ	ク	会
話	れ	テ	私	長	コ	結	し	れ	然	ソ	弱	練	囚	狙	金	所
ヒ	お	騎	士	は	さ		ア	メ	リ	カ	の	習	し	画	然	芸
新	聞	ま	故	社	だ	が	会	ゅ	覧	芸	チ	は	コ	育	会	カ

プレイヤー
振る
バルコニー
アメリカの
組み合わせ
、正確な
分析
教師
始める
練習は
開催
騎士は
上記
有料
謝罪
新聞
長さが
防ぐ
、実際に
役員の

Puzzle 353

砂	ト	能	跳	ヌ	大	規	模	な	ド	ス	冷	蔵	庫	も	医	囚
摘	ッ	リ	故	ん	場	や	っ	カ	ぎ	カ	ゃ	ひ	通	阪	師	出
ト	プ	ッ	方	ヌ	だ	ん	ニ	能	ざ	ー	ク	き	本	で	が	狙
ー	リ	プ	ン	タ	ス	ろ	っ	歩	通	フ	解	ス	退	愛	む	意
ゲ	何	ッ	向	登	コ	ふ	応	く	覧	室	セ	つ	覧	だ	モ	京
ビ	だ	乏	ク	お	ま	進	モ	ト	ヱ	報	海	権	暫	摘	所	せ
ナ	ま	た	イ	砂	狙	出	ル	京	育	然	じ	狙	弱	圧	重	ぐ
べ	妊	て	メ	京	そ	化	投	ド	つ	退	っ	摘	場	ヌ	き	れ
無	デ	安	ニ	だ	の	ス	ン	ダ	何	報	芸	エ	摘	合	ラ	暫
ト	イ	ラ	イ	ハ	も	ツ	ょ	育	妊	電	カ	ひ	歩	ト	全	再
る	ジ	故	セ	ホ	の	能	き	て	ク	気	せ	論	意	話	体	出
ぽ	ー	例	っ	圧	サ	愛	再	も	所	ッ	歩	画	レ	育	に	会
社	応	外	覧	ど	ス	ス	画	再	権	ひ	ク	ツ	ひ	れ	ろ	進
場	社	て	ノ	精	報	愛	モ	覧	囚	ぐ	ま	ス	て	お	暫	む
圧	能	場	サ	安	ょ	登	海	ひ	精	ニ	権	所	ヌ	だ	て	ど

ダンスの
全体に
跳んだ
クック
そのもの
トリック
冷蔵庫
例外
大規模な
ナビゲート
デイジー
医師が
スタンプ
また
メイク
電気
リップ
スカーフ
トップ
ハイライト

Puzzle 354

多	レ	せ	化	話	報	本	権	本	レ	ケ	ー	ス	進	ハ	ニ	ひ
だ	投	じ	百	エ	ス	お	話	承	じ	き	論	何	れ	砂	囚	や
通	リ	育	ヌ	登	通	ひ	摘	ト	認	狙	せ	つ	ろ	嶋	解	解
が	せ	弱	悲	鳴	ん	つ	加	通	投	開	草	原	ヒ	ヌ	ツ	ド
ク	可	カ	応	ハ	通	登	登	出	京	室	歩	解	ま	狙	話	つ
プ	サ	能	ろ	ン	話	権	ニ	コ	ン	パ	ニ	オ	ン	写	す	ど
ッ	せ	本	な	グ	退	べ	選	む	お	方	る	場	嶋	だ	っ	っ
リ	ぎ	側	ゃ	が	モ	カ	メ	圧	選	何	然	権	画	弱	エ	無
ク	し	る	解	ぐ	れ	開	る	乏	能	場	ふ	辞	然	コ	出	ょ
ラ	ハ	所	故	ヌ	乏	し	す	検	ぎ	意	ぽ	適	、	す	で	に
ッ	ょ	加	ん	れ	正	確	に	査	方	画	妊	重	切	愛	所	人
シ	写	会	つ	意	ぎ	だ	か	慎	重	に	京	ゅ	投	な	テ	他
ュ	本	し	ら	化	ホ	金	ら	て	何	妊	つ	海	出	摘	金	解
社	選	成	ら	だ	合	む	明	覧	育	何	応	方	開	れ	辞	モ
砂	テ	果	サ	弱	れ	し	登	ゅ	ろ	き	ツ	ル	論	ん	加	ニ

が可能な
クラッシュ
承認
ケース
つらら
クリップ
話す
コンパニオン
慎重に
、すでに
ハングが
他人に
成果
悲鳴
カメ
草原
正確に
明らかにする
適切な
検査

Puzzle 355

ヱ	所	ツ	圧	嶋	阪	だ	ス	サ	外	芸	百	狙	ぼ	せ	ヒ	モ
ハ	写	ク	場	ぐ	囚	応	ト	セ	観	社	囚	ス	政	ょ	金	つ
京	応	登	っ	ト	む	レ	囚	通	リ	溶	ゅ	ス	治	権	サ	ラ
読	む	ふ	解	ヌ	故	エ	所	育	ン	融	だ	ホ	金	っ	芸	る
熱	帯	刑	務	所	退	投	ヌ	っ	ゴ	重	囚	ッ	社	出	む	き
メ	イ	ン	が	辞	ひ	愛	エ	場	故	カ	論	ト	カ	百	席	む
れ	安	然	配	布	す	る	金	っ	カ	応	暫	捧	げ	る	セ	む
れ	ハ	解	れ	れ	京	セ	嬉	登	辞	応	ド	ニ	ろ	百	囚	ど
圧	ふ	向	ニ	通	て	登	し	百	登	叔	弱	会	芸	ノ	期	お
セ	コ	金	ル	む	狙	ゅ	い	報	育	母	ト	ま	チ	術	間	ハ
画	多	権	く	ソ	芸	画	会	し	話	者	退	話	私	退	っ	育
ぐ	ひ	退	愛	向	登	セ	ヌ	場	美	ん	化	だ	然	く	ヌ	カ
投	ざ	登	摘	や	ヱ	ぽ	ピ	じ	何	き	等	し	い	終	ひ	然
セ	何	テ	も	乏	ひ	ハ	ー	に	危	険	な	ド	ざ	了	っ	ホ
育	歩	摘	ン	ト	ル	ケ	ス	ぽ	登	ハ	る	ヱ	ょ	し	ふ	れ

スケルトン
配布する
終了し
熱帯
芸術
嬉しい
外観リンゴ
期間
刑務所
出席
政治
メインが
叔母者
ピース
捧げる
等しい
溶融
ホット
に危険な
美しい

Puzzle 356

ことが多い
状況を
と考えている
隠す
バッチ
実行します
高級
理由を
ブルーム
小麦粉
調理
上昇
キャロット
ケトル
お勧めします
主張
家の
誕生日
法定
赤ちゃんの

い	多	が	と	こ	状	キ	ャ	ロ	ッ	ト	然	本	ス	ツ	ひ	だ
金	芸	無	考	ニ	会	況	ぼ	私	辞	ひ	べ	ト	ど	ヌ	ハ	多
ハ	解	海	え	退	無	応	を	結	弱	ラ	京	ど	本	ヱ	写	っ
話	く	芸	て	所	ぐ	エ	百	サ	だ	何	精	れ	投	や	せ	写
結	理	ひ	い	登	弱	加	高	金	妊	だ	く	ざ	も	ん	応	ぎ
ヌ	由	チ	る	ゃ	エ	セ	ニ	級	合	圧	ニ	囚	も	じ	話	安
誕	を	ゃ	コ	再	ろ	出	摘	京	ブ	登	お	勧	め	し	ま	す
生	ひ	結	私	圧	上	開	京	せ	ル	ん	ニ	ヌ	ゃ	ぐ	海	隠
日	法	定	ト	通	昇	側	も	ま	ー	室	写	ざ	じ	然	し	何
実	方	だ	話	京	然	応	主	ト	ム	小	麦	粉	ぼ	ニ	ツ	べ
行	妊	赤	育	育	く	む	張	ぐ	だ	ま	ケ	ス	る	バ	せ	本
し	ニ	ち	ひ	ょ	私	多	ソ	砂	歩	て	ト	だ	ふ	ぎ	ッ	百
ま	調	ゃ	進	ノ	て	カ	本	百	論	砂	ル	辞	投	ホ	金	チ
す	理	ん	ど	ふ	ぽ	サ	だ	家	の	ニ	覧	ょ	金	退	く	金
ひ	愛	の	社	れ	読	歩	ぎ	報	応	し	歩	べ	ひ	応	摘	だ

Puzzle 357

ま	京	開	時	何	ド	精	暫	ハ	巧	妙	な	ホ	べ	然	話	ニ
京	れ	阪	海	間	砂	通	ま	所	ど	砂	ょ	阪	ボ	ッ	ク	ス
チ	意	む	ヌ	結	何	べ	ひ	応	条	サ	ヱ	れ	合	ニ	れ	テ
ぽ	権	チ	ド	ホ	せ	ぐ	化	解	会	件	ひ	社	だ	話	ヒ	無
芸	ょ	精	ト	重	京	ク	ニ	ま	読	ク	せ	方	画	ょ	乏	芸
意	会	ニ	ぎ	テ	ふ	だ	重	ゃ	ト	っ	ひ	化	阪	百	向	ょ
化	ヌ	れ	だ	権	限	を	だ	ぐ	き	ひ	多	何	利	料	理	を
退	写	キ	ス	投	以	投	開	結	出	側	セ	ラ	用	ろ	ニ	済
百	だ	話	ャ	て	前	ゲ	ー	ト	は	、	開	イ	可	っ	権	経
ひ	弱	退	開	ッ	の	ソ	ダ	ッ	ン	ウ	ラ	ブ	能	ひ	ホ	登
ぎ	多	る	愛	モ	プ	愛	ウ	ネ	ぐ	ひ	っ	場	無	摘	結	精
議	む	ス	ょ	化	報	ど	パ	コ	無	再	解	ス	社	サ	品	質
論	皮	膚	じ	側	場	ノ	イ	ズ	ヱ	ス	場	き	摘	会	所	ゃ
の	だ	れ	ツ	海	だ	結	覧	ひ	育	画	ひ	進	歩	ハ	ま	加
む	会	本	意	リ	写	滅	び	る	が	、	テ	結	ひ	化	論	能

ネット
権限を
利用可能
経済を
ノイズ
以前の
ブラウン
皮膚
ボックス
料理を
パウダー
議論の
条件
ライブ
時間
キャップ
滅びるが、
品質
巧妙な
ゲートは、

Puzzle 358

家具
、特定の
フォロー
絹のような
のボイド
従業員は
ステイ
ピザ
セーター
自身は
保ちます
さようなら
バージョン
紛争
距離
トランク
ゲーム
自分の
刑務所
終了し

紛	私	多	ひ	ノ	登	保	画	歩	し	読	京	海	ス	再	投	せ
ス	争	ヌ	囚	ヌ	乏	ち	ヌ	解	家	ヱ	ク	も	テ	バ	フ	ピ
ド	イ	ボ	の	だ	然	ま	室	登	具	ふ	さ	っ	イ	ー	ォ	ザ
ヌ	圧	だ	分	応	ニ	す	ひ	ま	な	う	よ	の	絹	ジ	ロ	リ
解	ふ	て	自	る	社	し	無	読	退	無	う	ニ	ゅ	ョ	ー	何
向	ラ	お	刑	身	嶋	解	百	工	場	選	な	ひ	育	ン	サ	合
阪	れ	育	百	務	は	員	業	従	写	ス	ら	室	場	テ	何	距
話	話	写	れ	論	所	ド	コ	本	話	む	ス	セ	ノ	阪	だ	離
選	ぐ	向	暫	加	私	れ	終	海	化	ト	だ	ー	通	っ	登	進
だ	ト	会	べ	阪	し	意	了	や	向	ラ	ノ	タ	方	報	ぐ	室
応	解	権	然	ま	で	金	し	ソ	化	ン	愛	ー	ヌ	き	ゲ	暫
ニ	ノ	モ	き	愛	通	精	妊	だ	応	ク	む	権	退	選	ー	出
レ	権	ヌ	ひ	金	画	写	ヌ	レ	意	室	金	妊	解	ぎ	ム	海
会	べ	ス	、	特	定	の	ぐ	合	む	ニ	く	チ	ヱ	登	レ	登
ひ	金	場	権	だ	ヌ	向	む	べ	辞	海	ル	ス	る	ゃ	場	ざ

Puzzle 359

満	シ	芸	つ	育	し	方	愛	応	や	進	ス	ピ	ー	マ	ン	京
月	ナ	ラ	故	ぐ	ざ	愛	き	応	ホ	捗	エ	ぐ	写	チ	故	加
は	リ	合	チ	読	乏	ょ	育	妊	応	状	解	会	や	ぐ	ー	場
、	オ	て	本	ル	私	コ	登	本	ゅ	況	っ	妊	ぎ	退	室	ム
私	ヒ	ス	ノ	何	む	場	ル	多	ふ	を	ぺ	投	だ	ニ	場	ニ
無	ょ	ハ	投	ど	登	貢	ホ	歩	摘	分	イ	ぐ	多	同	様	の
登	じ	忘	れ	チ	多	百	献	権	摘	水	ン	ホ	ー	ル	ド	ひ
ホ	ド	話	プ	ラ	百	加	意	ぎ	も	だ	ト	金	精	方	リ	場
ヌ	退	ト	ラ	話	選	側	っ	育	あ	本	サ	場	モ	だ	ゃ	側
パ	パ	辞	イ	加	レ	ア	セ	ヌ	し	る	然	応	も	権	会	妊
靴	る	室	マ	狙	本	ク	他	人	に	一	こ	る	嶋	重	や	加
を	サ	ざ	リ	百	や	シ	金	辞	れ	般	乏	と	故	多	ヱ	雹
ど	も	海	ひ	ん	結	ョ	側	投	応	的	写	結	ヌ	登	エ	を
っ	圧	辞	嶋	ひ	解	ン	精	で	ヒ	な	貴	高	も	場	ト	歩
ス	ひ	ク	画	チ	覧	通	読	室	応	ん	し	ド	嶋	意	退	ん

一般的な
ピーマン
同様の
満月は、
雹を
あること
ホールド
靴を
水分を
忘れ
シナリオ
高貴な
パパ
プライマリ
ペイント
アクション
貢献
チーム
進捗状況を
他人に

Puzzle 360

カット
緩やかな
巻き戻し
その後、
トピック
砂漠の
スコア
でもない
方法
ています
優しく
シール
週の
リスト
デスク
フェンシング
どこか
溝が
後で
滅びるが、

ぎ	摘	ひ	芸	じ	ト	リ	ぎ	報	リ	妊	る	だ	社	つ	砂	緩
テ	摘	り	弱	権	ろ	ま	エ	ア	コ	ス	場	べ	ょ	話	漠	や
出	む	囚	愛	応	話	砂	ひ	ク	ッ	ピ	ト	場	狙	合	の	か
エ	投	ホ	ひ	ト	ま	だ	写	化	再	ク	弱	会	べ	暫	結	な
ト	ゃ	合	ぽ	退	会	意	乏	セ	砂	応	権	エ	く	ざ	能	週
方	つ	開	方	ま	セ	嶋	砂	場	じ	選	意	ド	ト	圧	解	の
法	せ	結	応	覧	圧	っ	べ	つ	ニ	ぎ	論	モ	セ	嶋	ん	暫
滅	加	で	画	む	も	フ	ェ	ン	シ	ン	グ	阪	応	結	ひ	ク
っ	び	セ	も	じ	す	じ	ニ	安	べ	だ	だ	画	育	カ	ど	む
む	退	る	ぐ	な	ま	論	ふ	覧	ヱ	サ	阪	ゃ	無	ッ	こ	応
デ	論	ひ	が	ま	い	ひ	開	育	ヌ	側	加	コ	モ	ト	か	ひ
ス	多	ド	溝	、	て	退	シ	ま	ヌ	写	ひ	巻	き	戻	し	ク
ク	後	で	べ	エ	ホ	エ	ー	つ	セ	ホ	ヱ	愛	覧	優	し	く
そ	の	後	、	ゃ	方	側	ル	ん	ニ	化	つ	チ	狙	芸	再	育
や	論	ひ	ヌ	セ	ま	る	エ	読	ふ	何	て	き	ぽ	ろ	暫	ル

Puzzle 361

だ	解	再	っ	読	応	ニ	や	室	幸	場	く	辞	ウ	結	出	社
向	論	無	能	無	や	読	百	阪	無	せ	べ	事	ー	ス	ぎ	海
本	ゅ	合	狙	っ	む	無	弱	圧	む	ツ	な	件	ル	応	お	囚
チ	ュ	ー	ブ	検	討	し	阪	百	辞	金	嶋	狙	の	フ	ゅ	じ
意	囚	だ	サ	つ	ル	ゅ	ソ	、	で	の	ト	レ	ー	ニ	ン	グ
摘	出	会	メ	ー	ル	を	阪	投	カ	画	せ	話	安	ス	イ	ノ
摘	ん	エ	ょ	百	や	だ	む	ク	相	ざ	ヱ	だ	ニ	ど	ワ	モ
れ	カ	ニ	ぽ	リ	解	ぐ	ト	セ	手	海	せ	も	百	チ	覧	所
ト	狙	弱	室	精	安	応	育	プ	歩	読	精	報	権	覧	ク	ょ
圧	む	砂	コ	弱	ノ	ひ	だ	ロ	ぽ	ツ	写	れ	だ	開	お	室
乏	投	回	ヒ	弱	ク	じ	向	パ	書	無	私	加	向	テ	金	も
罰	す	る	避	エ	場	ゅ	登	テ	ぽ	き	百	阪	育	っ	セ	覧
き	ル	く	む	ン	ス	ロ	ー	ィ	然	能	込	側	コ	画	ょ	ひ
ヒ	芸	ス	ふ	ド	ょ	登	囚	が	裕	余	精	み	在	庫	京	つ
ソ	然	や	だ	ウ	き	ニ	っ	場	チ	何	辞	じ	ゃ	ノ	育	報

ワイン
相手
カニ
エンドウ
検討し
スロー
のトレーニング
チューブ
余裕が
メールを
ので、
在庫
幸せな
事件
ウールの
書き込み
回避
罰する
スニフ
プロパティが

Puzzle 362

画	つ	然	能	然	っ	然	ク	重	い	し	新	ス	だ	ぼ	乏	つ
カ	登	ホ	応	権	辞	ラ	会	ニ	く	所	ょ	じ	阪	論	通	化
選	ゃ	ニ	意	歩	砂	ビ	ン	く	つ	か	ク	ク	画	ひ	で	ニ
や	室	振	る	舞	う	ー	摘	チ	か	む	賢	来	た	コ	き	ぎ
ホ	投	砂	話	論	つ	チ	囚	通	の	品	明	サ	お	テ	る	金
金	圧	ハ	ぎ	デ	再	の	ニ	ソ	育	写	な	場	圧	ヒ	よ	読
能	重	む	阪	れ	ィ	応	投	サ	出	ふ	応	テ	で	暫	う	持
選	所	ょ	ぼ	ぽ	ま	プ	れ	れ	ヒ	う	ま	く	サ	イ	ズ	っ
ど	ヱ	ど	ぎ	む	開	退	ロ	ざ	社	ふ	ひ	金	ん	ノ	ト	て
登	所	無	登	場	弱	ゅ	て	マ	精	故	ス	お	安	阪	ま	い
圧	嶋	重	ざ	狙	ひ	乏	京	被	害	者	ト	む	ク	ケ	辞	る
ソ	む	合	カ	権	ハ	ス	つ	ん	ろ	阪	ミ	ト	ン	ー	能	が
金	読	て	ん	だ	私	ざ	安	何	読	ょ	圧	ル	キ	ス	マ	、
ひ	れ	芸	室	妊	テ	場	き	海	つ	ビ	ュ	ー	ど	向	金	エ
画	歩	囚	ま	ぎ	ろ	ト	合	ク	多	金	ひ	ひ	ざ	ト	せ	ぼ

ミトン
賢明な
ビュー
被害者
ランチ
いくつかの
マーク
ディプロマ
振る舞う
来た
ビーチの
かむ
品の
持っているが、
うまく
スキル
新しい
できるよう
サイズ
ケース

Puzzle 363

応	登	ぽ	ニ	能	ス	所	精	会	オ	だ	く	ま	応	チ	し	ぼ
ル	裁	ア	ト	ミ	ッ	ク	権	ゅ	側	オ	向	、	む	所	て	応
妊	判	通	安	安	会	囚	ぐ	乏	結	写	ヤ	は	し	妊	く	で
だ	官	テ	ヌ	っ	側	重	妊	レ	ベ	ル	を	マ	辞	ヌ	だ	き
承	認	考	ぐ	論	ざ	意	妊	せ	ぎ	ま	金	ク	ネ	無	さ	能
	論	え	ニ	結	何	ぽ	加	狙	量	の	ル	ー	ビ	コ	い	ぐ
ゃ	ア	る	弱	海	得	百	ト	会	つ	人	レ	応	向	ノ	は	読
ひ	だ	メ	向	ヱ	砂	て	再	ベ	イ	ベ	ン	ト	を	キ	、	ク
お	む	育	リ	乏	群	合	や	ひ	場	ぎ	ト	ス	方	館	開	摘
ハ	ヒ	で	ま	カ	れ	ぎ	通	論	教	嶋	所	読	ぐ	物	囚	ス
ぎ	チ	妊	合	ニ	の	芸	解	読	会	る	ル	出	ヱ	博	ょ	チ
海	画	投	京	ん	社	頻	故	出	私	応	出	エ	結	写	く	ー
嶋	写	る	カ	て	ぽ	繁	ふ	だ	会	エ	ひ	ど	じ	ベ	能	ル
画	ス	ぐ	海	ま	だ	に	砂	ょ	出	開	重	っ	登	登	登	登
ん	ひ	ニ	れ	セ	ロ	リ	退	弱	妊	ん	登	ど	狙	暫	ぽ	ヌ

量の
考える
クマは、
アトミック
スチール
レベルを
オオヤマネコ
博物館キノコ
頻繁に
イベントを
教会
セロリ
してくださいは、
得て
裁判官
ビールの
群れ
人の
アメリカの
承認

Puzzle 364

鳥の
海を
そらす
引用
鉛筆の
空は
が、
軌道
申し訳ありません
参加する
本質的な
問う
兵士
、リンゴ
笑顔
機能は、
参照
含め
敷く
樹皮

ひ	お	機	意	狙	ド	圧	登	側	リ	ヌ	登	応	室	や	ま	ひ
ヌ	開	能	本	兵	士	通	無	通	引	照	ク	ト	つ	摘	海	意
金	室	は	コ	ス	れ	歩	る	ト	用	参	加	す	る	砂	話	ル
ぽ	ツ	、	が	む	ト	圧	ド	チ	る	ひ	ま	ら	ヌ	狙	愛	樹
写	テ	ろ	ス	む	所	妊	歩	摘	ゅ	軌	報	そ	ホ	通	ょ	皮
ひ	だ	ま	カ	ス	て	ぽ	通	だ	る	道	阪	ひ	育	精	ひ	チ
話	向	ス	私	ぼ	ど	故	育	鉛	せ	ろ	る	京	ニ	ざ	弱	ぎ
開	ひ	重	じ	ぎ	問	応	金	筆	申	し	訳	あ	り	ま	せ	ん
海	金	暫	狙	ニ	う	砂	ろ	の	し	笑	側	モ	解	コ	室	サ
サ	を	ぽ	多	や	ひ	金	登	鳥	モ	ト	顔	ぐ	ひ	で	ヌ	リ
、	リ	ン	ゴ	敷	く	妊	ニ	ど	金	話	ニ	ざ	解	応	海	権
向	妊	ぐ	意	ぼ	圧	ス	ス	本	結	社	っ	選	ク	私	故	ま
ス	ラ	写	き	ぎ	場	チ	場	質	場	も	含	精	ぎ	話	ろ	む
だ	ヒ	所	ス	っ	ベ	ニ	コ	的	ふ	ゅ	る	め	ス	ま	き	読
ド	投	れ	空	は	ゅ	室	何	な	歩	ス	能	ニ	囚	ひ	モ	ト

Puzzle 365

重	危	ヱ	囚	ひ	ク	囚	お	ソ	金	健	平	選	範	金	解	ろ
応	機	カ	登	ニ	ロ	論	め	ゅ	も	康	和	ヱ	囲	弱	結	辞
向	歩	退	き	海	コ	権	で	ル	暫	合	的	ぎ	を	安	場	ひ
嶋	写	側	ツ	嶋	ダ	妊	と	だ	退	ょ	な	だ	再	開	ニ	だ
加	ょ	論	然	弱	イ	ひ	う	ニ	解	ど	圧	応	登	百	育	何
ド	応	応	圧	い	ル	困	本	京	開	ク	選	だ	解	社	ク	っ
ノ	ホ	方	芸	買	読	砂	難	然	べ	ひ	読	ク	だ	だ	て	ょ
チ	加	重	話	の	愛	圧	ひ	な	ト	砂	ニ	辞	海	安	ニ	博
重	ソ	リ	精	セ	応	カ	乏	コ	ぎ	ッ	ソ	報	会	月	面	物
複	も	論	故	乏	選	ふ	海	ツ	本	再	ペ	コ	ス	く	多	館
報	海	芸	て	ぼ	発	見	読	ラ	投	ー	ガ	ー	バ	ン	ハ	の
ま	精	本	レ	ス	ト	ラ	ン	も	ゅ	リ	会	チ	カ	ふ	投	ホ
石	話	結	チ	側	所	ぽ	意	画	ニ	ツ	囚	の	側	故	暫	ろ
は	ひ	ソ	化	室	再	ろ	乏	通	サ	百	場	心	ク	ク	お	囚
お	覧	ぽ	ス	チ	ソ	ニ	場	多	て	ま	ど	ソ	登	だ	京	弱

カーペット
危機
発見
平和的な
ハンバーガー
範囲を
の買い
博物館の
心の
重複
コーチの
おめでとう
レストラン
ツリー
健康
クロコダイル
石は
困難な
月面
弱い

Puzzle 366

、すべての
目が覚めた
批判を
どこ
ビール
グローブ
レクリエーション
、緑
小さな
スキー
リード
の伝統的な
カラス
バンズ
しようと
項目
決定を
ブラザー
別の
検査

の	て	べ	す	、	報	し	ひ	ぽ	テ	カ	出	ビ	小	育	お	所
別	伝	サ	報	カ	セ	よ	エ	だ	リ	ふ	レ	ー	側	さ	重	エ
読	所	統	進	ラ	ゅ	う	無	ぐ	バ	嶋	ク	ル	項	ひ	な	会
重	っ	も	的	ス	だ	と	意	や	ン	画	リ	画	目	ど	ろ	社
目	歩	弱	ド	な	画	ス	精	れ	ズ	ツ	エ	決	く	こ	無	だ
が	だ	乏	砂	お	重	化	ん	ハ	開	再	ー	定	室	愛	ぽ	だ
覚	じ	写	ソ	べ	や	っ	私	れ	べ	コ	シ	を	し	し	芸	開
め	無	っ	モ	ゃ	私	解	私	く	テ	登	ョ	妊	故	結	無	せ
た	精	だ	ト	圧	狙	退	ざ	ハ	つ	リ	ン	砂	れ	ス	写	ヒ
エ	せ	ま	ゃ	き	カ	報	出	芸	ぐ	ー	ザ	ラ	ブ	キ	社	べ
ょ	辞	意	多	圧	化	ひ	ラ	化	ク	ド	ざ	狙	ー	ー	ト	多
乏	辞	ニ	カ	ざ	ろ	モ	所	も	ろ	カ	サ	し	ロ	覧	ル	精
無	意	ヱ	批	投	開	セ	権	ま	応	ク	ヌ	つ	グ	レ	検	し
ヱ	通	く	判	社	合	お	金	お	ん	っ	能	ヌ	サ	じ	、	査
育	ニ	覧	を	故	私	妊	ふ	権	ぼ	じ	ラ	狙	だ	ぐ	緑	む

Puzzle 367

ぼ	の	民	市	京	安	じ	向	れ	重	で	場	化	送	化	サ	便
多	友	ヱ	京	重	多	金	ぼ	結	ょ	写	エ	解	っ	本	ン	利
ト	人	権	エ	ろ	嶋	合	だ	ろ	然	ニ	ク	意	話	ゃ	グ	な
食	の	京	プ	人	は	所	ろ	辞	っ	愛	百	辞	選	ニ	ラ	ス
べ	合	だ	ロ	ニ	読	ソ	安	ざ	登	通	圧	特	別	な	ス	ロ
て	辞	能	ン	何	リ	み	囚	ト	能	ど	安	せ	何	臭	い	の
応	モ	エ	報	何	だ	暫	取	金	合	ぐ	る	開	サ	海	ひ	狭
サ	ノ	進	て	解	登	ょ	金	り	カ	モ	を	て	金	リ	チ	ま
ペ	写	ク	カ	選	乏	ぽ	故	れ	ク	サ	き	ス	ヒ	ま	ス	故
ニ	れ	ニ	結	金	ラ	モ	ぎ	金	ヌ	暫	ぎ	進	開	弱	画	退
ー	ク	妊	応	カ	登	ふ	ス	だ	狙	エ	ラ	ぐ	も	暫	本	能
意	芸	無	開	ト	、	比	較	愛	然	ぎ	ゃ	ま	投	解	芸	べ
も	の	の	無	意	味	な	第	歩	側	ヌ	れ	向	摘	カ	も	ぐ
コ	エ	登	写	じ	ラ	だ	無	十	砂	ゃ	で	せ	場	ふ	社	ヌ
報	し	ぽ	石	炭	ド	カ	重	金	ニ	砂	能	京	能	お	ぎ	コ

読み取り
サングラス
ものの
無意味な
の友人の
送っ
ロの
市民の
人は
狭い
食べて
エプロン
ペニー
特別な
石炭
第十
カモを
便利な
臭い
、比較

Puzzle 368

があり
理由
ハリケーンが
チャンス
比較
解決
資源
ホイール
彼らの
を過ごした
接続
コーム
鼓舞
の耳が
困ら
フラグ
オートバイ
の赤ちゃんの
包む
センドを

社	論	狙	ま	能	で	何	場	通	ょ	無	所	ド	登	ト	乏	ニ
く	通	エ	ひ	ひ	モ	投	加	囚	ぼ	で	ぽ	狙	ぽ	べ	ざ	暫
コ	ヌ	ん	カ	応	権	社	育	資	故	だ	だ	ゃ	圧	む	読	結
ー	包	の	赤	ち	ゃ	ん	の	阪	源	弱	画	写	能	覧	重	結
ム	む	会	ノ	ニ	金	し	覧	精	だ	化	る	ん	然	れ	意	ク
出	加	ド	ぼ	ま	報	ヌ	論	何	合	故	き	レ	ょ	ゅ	エ	だ
ど	セ	ょ	ド	だ	ニ	通	っ	弱	テ	ソ	ヌ	意	故	レ	育	お
安	ぽ	重	お	ぐ	私	ふ	ホ	応	ノ	ど	だ	き	私	ひ	話	然
セ	ン	ド	を	れ	論	ぎ	通	ど	ヌ	登	ざ	ぐ	き	ぼ	多	金
進	応	べ	が	ツ	を	過	ご	し	た	比	理	由	も	写	話	登
の	耳	が	ン	あ	ト	ニ	ク	結	話	較	歩	れ	芸	ノ	き	ろ
イ	バ	ト	ー	オ	り	つ	ざ	ヌ	化	阪	ハ	接	っ	ゃ	故	ヌ
側	も	ク	ケ	ヱ	困	ら	チ	ャ	ン	ス	通	愛	続	彼	ら	の
育	や	能	リ	き	ぎ	鼓	舞	側	ぼ	だ	ヱ	芸	ぼ	フ	ラ	グ
解	決	化	ハ	再	モ	場	べ	お	ホ	イ	ー	ル	ま	ニ	結	京

Puzzle 369

使	投	リ	ハ	リ	合	だ	合	ラ	れ	ス	ぼ	雑	誌	の	ラ	辞
ゃ	用	何	ス	ぎ	権	選	論	社	ホ	暫	や	乏	ホ	カ	イ	退
テ	ブ	は	読	プ	カ	登	ア	リ	加	ス	ラ	イ	ド	努	オ	ニ
キ	ュ	ー	ピ	ッ	ド	無	ペ	く	写	カ	合	だ	れ	摘	ン	チ
化	場	室	サ	ホ	ト	レ	多	応	ホ	ー	故	ろ	き	だ	の	何
ヒ	嶋	話	退	然	明	室	然	せ	応	ォ	る	ス	退	だ	暫	ヌ
ラ	ト	摘	エ	れ	開	ら	れ	ぐ	安	フ	室	ウ	サ	ギ	テ	っ
コ	ミ	ュ	ニ	テ	ィ	は	か	正	式	に	本	マ	ま	話	然	ぽ
ぎ	、	市	民	ハ	再	ょ	芸	に	く	然	ツ	ニ	進	だ	砂	ひ
応	選	多	ぎ	っ	ド	ニ	所	ょ	る	モ	権	室	ラ	ス	私	無
割	り	込	み	ニ	テ	結	多	場	狙	弱	嶋	ぎ	歩	進	囚	ま
向	能	読	論	退	ゃ	囚	再	ソ	再	選	ひ	ヌ	嶋	カ	む	嶋
れ	カ	チ	退	能	乏	で	ゅ	れ	ヱ	重	ト	何	ソ	ツ	だ	ス
覧	安	社	も	登	然	ス	や	だ	ル	ま	サ	ヒ	ひ	歩	加	再
驚	か	せ	ま	し	た	ス	ょ	ク	解	正	し	い	っ	精	写	ょ

雑誌の
キューピッド
アリ
明らかに
正式に
ライオンの
、市民
驚かせました
マウス
サーブ
ペア
ウサギ
努力の
割り込み
コミュニティは
ホップ
スライド
フォーカス
使用は
正しい

Puzzle 370

結	セ	ハ	リ	嶋	ヌ	モ	ル	愛	選	進	っ	ヱ	単	つ	合	エ
無	進	投	ン	金	モ	ト	コ	権	解	ハ	多	て	語	投	さ	だ
側	消	室	ノ	マ	メ	モ	リ	起	こ	り	ま	す	の	ヌ	さ	ぽ
む	し	楽	だ	ト	ー	パ	ス	キ	エ	冷	蔵	庫	向	解	げ	無
嶋	ゴ	ニ	画	乏	ヌ	論	本	所	ん	ラ	多	れ	海	開	る	だ
つ	ム	隠	す	論	砂	嶋	エ	育	ろ	ん	や	れ	ク	海	ノ	だ
応	の	乏	投	画	京	ト	摘	登	場	出	テ	故	レ	ヒ	登	る
で	防	カ	ヒ	叔	間	違	っ	向	ざ	的	足	が	ー	場	阪	結
く	ぐ	サ	コ	父	せ	辞	ニ	百	登	ぐ	地	嶋	ド	ト	ル	権
ぽ	カ	ッ	プ	ド	無	精	意	ト	能	つ	ぼ	理	ル	ぽ	摘	で
砂	ク	ケ	故	所	陪	ひ	だ	テ	多	嶋	退	っ	て	出	愛	ぎ
ま	ぎ	ひ	ト	ん	審	ろ	登	報	京	ゃ	暫	応	ょ	故	も	嶋
側	だ	阪	ぽ	ル	員	愛	べ	場	チ	場	ス	む	コ	ト	本	て
ソ	私	妊	化	応	を	ラ	応	阪	再	新	ト	室	加	能	再	ど
京	社	ひ	お	ス	ク	通	所	側	ど	聞	囚	意	育	私	意	む

ハンマー
エキスパート
楽しむ
消しゴムの
陪審員を
単語の
間違っ
叔父
ささげる
足が
カップ
起こります
的地理
クレードル
メモリ
防ぐ
新聞
冷蔵庫
ケトル
隠す

Puzzle 371

っ	返	信	化	だ	リ	ン	グ	で	論	ぼ	投	や	囚	く	ソ	安
境	界	応	進	合	て	く	再	場	何	乏	写	ス	処	理	海	ひ
も	権	覧	で	嶋	だ	だ	む	リ	画	育	歩	弱	意	だ	き	セ
論	解	エ	改	室	ょ	育	向	会	れ	社	ま	京	京	つ	ス	ホ
旅	行	の	善	カ	っ	サ	選	ヌ	ツ	ス	結	囚	だ	く	サ	ク
所	故	金	コ	狙	せ	や	ヌ	ヱ	弱	ニ	ト	レ	ぎ	二	化	場
ニ	サ	故	ヌ	だ	機	歩	然	ろ	向	安	ぎ	テ	も	回	ル	読
せ	ロ	嶋	側	ヒ	故	能	ひ	し	カ	ど	解	百	ょ	る	ス	愛
む	バ	れ	通	応	狙	き	リ	ひ	ざ	重	百	嶋	暫	ょ	私	エ
社	ぼ	解	弁	護	士	を	ブ	ヒ	ク	辞	ス	だ	べ	せ	ル	ヱ
ト	彼	育	ク	京	解	ル	む	レ	囚	再	解	悲	し	い	ニ	ク
結	ひ	の	会	リ	を	ト	プ	セ	ー	タ	ン	イ	素	敵	な	ヌ
然	化	さ	リ	話	金	イ	コ	京	ダ	ク	ボ	阪	ろ	登	金	能
ソ	画	厚	応	っ	ヌ	タ	ソ	ト	ー	所	ー	向	社	ふ	エ	れ
っ	で	の	ケ	ー	キ	の	金	だ	ボ	リ	ト	ト	安	投	テ	レ

ボート
悲しい
二回
旅行の
彼の
ボーダー
機能
ロバ
素敵な
改善
返信
ケーキの
ブレーク
境界
インターセプトを
弁護士を
タイトル
処理
の厚さの
リング

Puzzle 372

室	会	乏	会	芸	ま	通	学	会	し	キ	投	カ	ド	ヌ	っ	夜
ハ	歩	ヌ	ん	っ	登	金	覧	読	辞	ャ	乏	の	経	路	き	明
会	故	所	べ	加	ヒ	ぎ	画	ヌ	ぼ	ン	読	家	撤	回	ち	け
レ	ポ	ー	ト	は	、	キ	テ	じ	ラ	プ	フ	ェ	ン	ス	ん	の
選	っ	室	ド	権	て	ぼ	ガ	然	ひ	だ	写	ノ	ョ	摘	と	形
私	ハ	ん	チ	多	話	写	お	エ	デ	お	場	愛	シ	ざ	む	方
二	辞	、	ひ	ふ	阪	ヌ	ス	チ	ル	ィ	も	お	ィ	ま	た	正
お	暫	サ	十	感	動	を	ド	弱	方	れ	ナ	ゅ	デ	ト	二	結
故	無	エ	ょ	分	ク	ホ	加	ラ	選	化	暫	ー	ー	て	摘	百
圧	無	べ	話	愛	な	リ	ニ	き	ス	方	く	む	オ	歩	結	砂
ソ	カ	サ	ヒ	エ	登	セ	所	囚	重	登	ぎ	弱	話	ぎ	ょ	囚
ま	カ	故	退	読	べ	京	登	靴	質	問	を	多	百	砂	し	能
論	多	能	屈	社	ッ	ソ	セ	下	開	む	辞	方	ヒ	ド	ぎ	せ
ラ	海	場	狙	ぽ	ド	む	権	せ	妊	登	向	暫	圧	嶋	し	ク
ヌ	リ	辞	ス	場	の	結	ソ	何	レ	ゅ	応	話	暫	ぎ	ノ	ゃ

レポートは、
きちんと
正方形の
ディナー
夜明けの
オーディション
ヒキガエル
フェンス
退屈
ベッドの
通学
キャンプ
靴下
、十分な
撤回
の経路
質問を
感動を
また
家の

Puzzle 373

し	た	後	退	何	無	暫	ヌ	ス	ヒ	故	ざ	京	ま	と	話	だ
ょ	良	側	砂	お	場	ト	ノ	ハ	ケ	ゼ	ブ	ラ	で	な	覧	チ
ぼ	い	合	だ	社	論	も	圧	ん	応	ジ	編	ぎ	レ	っ	ヒ	ょ
れ	高	芸	摘	ス	精	で	進	選	ラ	論	ュ	集	ノ	て	ヱ	登
じ	の	話	ト	ソ	オ	フ	愛	報	お	ク	ン	ー	タ	パ	だ	合
ネ	性	ま	報	ひ	る	投	囚	無	お	海	コ	ナ	ル	ノ	コ	登
ギ	能	ん	っ	進	ニ	で	私	も	ひ	社	し	ー	ス	私	ト	画
ニ	可	ゅ	検	索	が	き	ヒ	ふ	レ	せ	セ	コ	セ	京	ス	投
権	ぽ	京	セ	権	育	圧	ぽ	論	ク	社	多	コ	暫	ヒ	論	再
ク	選	ラ	ッ	シ	ュ	を	場	っ	る	合	故	ハ	ま	ト	報	ハ
妊	ひ	ヌ	ス	阪	も	摘	テ	テ	コ	ニ	覧	芸	ツ	ま	通	金
自	社	コ	ラ	合	に	応	再	ド	場	嶋	ト	金	百	画	金	ヱ
主	摘	話	モ	モ	り	圧	コ	ク	摘	や	む	囚	囚	ろ	ク	ふ
的	横	に	振	り	ま	し	た	ヱ	退	向	現	ゃ	覧	加	む	写
な	ふ	エ	愛	加	あ	場	少	室	応	論	在	く	カ	ニ	欲	求

横に振りました
した後
検索が
自主的な
ラッシュを
まで
編集
少し
となって
現在
コーナー
パターン
ゼブラ
良い
スケジュール
欲求
あまりにも
可能性の高い
オフ
ネギ

Puzzle 374

子供たちは
個別の
モック
オプション
近い
コレクト
サッカーに
スプーン
発見しました
納屋
男性の
看護師を
カブ
、個々の
ベッド
日時計
需要を
条件が
レッスン
、カリフラワー

精	れ	、	ブ	ニ	ぎ	砂	愛	故	る	妊	ざ	登	ぎ	つ	通	多
故	に	ー	カ	ッ	サ	べ	然	場	ぼ	ゅ	加	オ	コ	ホ	解	む
ニ	ゃ	社	テ	リ	ゅ	選	阪	る	弱	京	レ	き	プ	レ	場	て
き	お	乏	権	摘	フ	ス	登	条	だ	ひ	歩	ハ	重	シ	ク	嶋
近	モ	ッ	ク	結	能	ラ	重	件	囚	っ	ざ	画	摘	嶋	ョ	ト
い	ふ	場	ょ	乏	ル	結	ワ	が	ス	投	場	し	報	開	ょ	ン
ぼ	乏	ぐ	ぐ	ト	で	で	ン	ー	プ	ス	日	ノ	精	っ	エ	ス
需	べ	圧	故	テ	ト	本	ス	所	画	加	時	看	護	師	を	ッ
要	故	歩	向	向	画	子	供	た	ち	は	計	だ	ヒ	育	っ	レ
を	、	個	々	の	べ	ッ	ド	し	納	狙	サ	室	狙	き	べ	個
応	む	向	写	本	ノ	セ	ぎ	ま	屋	阪	ト	ゅ	ニ	リ	ル	別
ラ	ニ	て	だ	男	投	リ	ょ	し	レ	レ	能	ヌ	コ	安	モ	の
ク	圧	進	ヌ	性	し	愛	精	見	ツ	ク	テ	然	コ	れ	摘	ト
ラ	京	コ	重	の	む	場	読	発	て	歩	ク	ル	辞	だ	ノ	ざ
精	摘	育	ノ	芸	ニ	ル	レ	開	開	故	登	や	る	画	モ	会

Puzzle 375

ア	ハ	方	ニ	ぎ	っ	れ	レ	ひ	ぽ	れ	歩	む	で	進	ド	っ
リ	ラ	京	っ	ゃ	む	ニ	ベ	ニ	武	つ	ノ	ノ	ド	論	辞	暫
ー	阪	精	ガ	お	ヌ	や	室	芸	ス	器	ソ	出	写	ゅ	サ	応
ナ	向	ま	ヌ	ソ	規	制	を	愛	砂	ヌ	の	謎	論	本	ぐ	因
に	対	し	て	キ	リ	妊	所	退	学	ス	百	だ	ぎ	話	室	応
ゅ	ぼ	で	京	場	ャ	ン	眠	い	ぶ	百	平	だ	登	セ	育	故
論	ろ	ク	合	ト	テ	ン	解	重	中	心	野	エ	ど	る	歩	か
選	多	く	の	こ	と	を	ド	シ	ャ	ツ	百	報	権	狙	ハ	な
私	阪	合	ぼ	会	因	加	妊	ル	せ	意	覧	ぎ	れ	ハ	乏	り
会	辞	海	結	因	与	カ	ン	ガ	ル	ー	摘	サ	せ	躊	ろ	だ
く	ど	チ	応	応	え	因	む	だ	嶋	で	カ	阪	安	躇	ヌ	乏
ラ	だ	出	圧	然	ま	重	何	ホ	暫	室	ニ	安	所	ま	ぎ	故
バ	ス	ケ	ッ	ト	し	画	ノ	方	ょ	安	選	権	セ	れ	専	登
ル	妊	ニ	意	開	た	選	エ	ホ	ひ	ぼ	お	ど	っ	愛	門	ク
ホ	く	向	暫	ど	ぎ	ざ	能	結	辞	然	登	応	モ	だ	の	辞

専門の
バスケット
ガソリン
重い
かなり
多くのことを
躊躇
キャンドル
規制を
に対して
謎の
武器の
眠い
平野
与えました
学ぶ
シャツ
中心
アリーナ
カンガルー

Puzzle 376

選	話	ヌ	安	に	ふ	通	む	所	や	れ	愛	ろ	れ	し	ひ	安
百	コ	側	通	全	つ	意	る	カ	辞	故	ル	合	辞	だ	ゅ	京
ニ	ヱ	ド	論	安	が	森	林	は	む	海	で	ヌ	ひ	ラ	海	応
砂	安	育	だ	論	ホ	サ	ま	セ	氷	ま	ソ	ト	本	ノ	ん	だ
ひ	論	ふ	ス	出	話	む	ぐ	安	の	無	話	開	ひ	加	覧	暫
メ	ッ	セ	ー	ジ	ぎ	ス	応	む	プ	選	海	化	ひ	合	ク	ど
阪	る	ノ	ュ	る	読	で	歩	セ	レ	ク	話	ょ	能	エ	ピ	ス
社	砂	る	ジ	し	ツ	場	ヌ	ぽ	イ	ゅ	だ	く	覧	ク	ア	も
く	も	写	嶋	や	だ	ト	合	多	ソ	狙	ひ	ひ	歩	ス	ノ	じ
暫	だ	向	ト	サ	ぎ	不	足	ヌ	写	故	去	室	乏	プ	無	辞
む	ホ	新	鮮	百	む	向	精	能	百	濃	過	登	論	レ	乏	ど
私	つ	ぎ	暫	む	レ	ま	狙	愛	摘	縮	、	能	休	ス	嶋	で
権	選	ヱ	所	阪	開	愛	て	因	ぎ	選	適	海	同	憩	き	場
画	方	登	覧	時	川	学	生	場	ス	レ	切	ゅ	じ	ハ	つ	投
て	れ	砂	応	々	応	の	ヤ	ギ	せ	ク	な	だ	登	何	ぐ	ス

プレイ
エクスプレス
休憩
同じ
、過去
メッセージ
森林は
ピアノ
ジュース
濃縮
、適切な
川の
学生
新鮮
氷の
不足
ヤギ
安全が
安全に
時々

Puzzle 377

再	登	ス	エ	暫	つ	ス	歩	シ	出	現	開	多	覧	場	観	察
セ	ニ	テ	ょ	育	報	サ	じ	リ	開	せ	チ	会	ク	画	写	ヱ
む	精	ッ	弱	ト	レ	ウ	ふ	ー	ル	最	大	の	教	多	エ	ヒ
テ	き	プ	ヒ	話	権	ン	ホ	ズ	ろ	ょ	コ	高	授	海	無	レ
現	代	乏	論	む	化	ド	解	は	結	ぽ	選	最	ょ	ク	場	合
然	ラ	ゃ	ヱ	ょ	ネ	・	ろ	話	化	ろ	ニ	写	テ	ヒ	チ	ハ
向	読	エ	じ	消	え	ッ	方	圧	ひ	だ	加	テ	京	ス	ぽ	ぽ
室	ル	加	ド	く	ス	て	ト	室	だ	お	く	場	多	ま	写	ソ
綿	を	再	ひ	お	エ	再	イ	ワ	ニ	嶋	会	ク	や	場	百	ツ
興	多	本	選	登	む	歌	故	ン	ー	サ	ど	応	合	ト	む	ニ
奮	む	エ	報	ド	エ	う	報	タ	チ	ク	海	結	ル	や	ス	っ
向	話	暫	金	ハ	砂	会	ニ	ス	つ	が	さ	長	金	ゅ	る	っ
サ	ニ	ス	ょ	嶋	ニ	金	む	ク	っ	だ	れ	ホ	通	テ	つ	ひ
ス	よ	で	ゃ	き	応	成	だ	の	歩	ひ	私	ま	開	ヒ	ニ	て
嶋	り	ま	す	登	ド	て	果	ょ	や	き	応	暫	囚	チ	ソ	ひ

ネットワーク
観察
現代
タスクの
より
出現
ます
インチが
ステップ
最大の
教授
歌う
興奮
サウンド・
消え
綿を
シリーズは
最高の
長さが
成果

Puzzle 378

ポータブル
のような
ボード
イチゴの
バッタの
乗っ
ヘルプ
宣言
コンドルの
ヤード
すべての
キャリー
個人的に
関与
発言
十年を
代替
パンの
解説
医師が

ス	ポ	ま	ト	ぽ	す	パ	ン	の	リ	個	暫	む	関	ヌ	ヌ	会
側	進	ー	権	話	ベ	ル	ル	ゴ	ク	人	選	ル	だ	与	辞	も
ハ	ょ	レ	タ	通	て	も	会	チ	ゃ	的	摘	ょ	コ	ド	ろ	ふ
ニ	報	リ	て	ブ	の	っ	再	イ	ひ	に	れ	ん	出	社	ク	覧
の	よ	う	な	結	ル	阪	乗	ょ	重	権	テ	応	何	チ	化	登
タ	何	ク	ト	加	ド	ぼ	っ	ひ	で	ひ	歩	ヌ	し	も	弱	だ
ッ	む	ヘ	し	ノ	ン	じ	ひ	暫	通	ふ	ボ	ー	ド	読	応	ル
バ	ど	ル	社	阪	コ	ク	ぽ	妊	辞	ま	ヒ	何	だ	辞	化	読
ヌ	場	プ	っ	暫	ド	然	能	解	ょ	摘	所	ツ	弱	ツ	ざ	京
キ	ャ	リ	ー	医	十	エ	ろ	ひ	ょ	能	権	エ	ト	海	海	ひ
ヌ	ラ	重	だ	師	年	ひ	金	論	ま	ひ	能	ト	し	発	言	宣
妊	セ	多	場	が	を	愛	む	だ	だ	ど	も	せ	ふ	ル	ょ	向
百	室	ヤ	ー	ド	し	ひ	画	何	投	向	何	だ	ぼ	ぐ	ノ	加
代	ひ	無	金	解	む	ぼ	ニ	ホ	退	ど	ぎ	京	会	嶋	応	ニ
サ	替	ぐ	圧	説	登	リ	る	再	芸	ど	ヱ	ノ	ひ	コ	暫	ニ

Puzzle 379

能	ニ	実	ぐ	重	投	論	安	キ	ソ	影	響	だ	芸	再	む	ニ
バ	連	邦	行	だ	ヌ	ハ	話	ュ	っ	お	ニ	応	テ	ニ	ス	ラ
ど	ル	論	安	し	場	意	し	ウ	べ	ぎ	ん	て	ひ	何	ス	ま
ド	退	コ	ひ	開	て	ニ	て	リ	く	モ	つ	ょ	読	方	進	ひ
パ	せ	ラ	ニ	室	妊	い	ソ	を	エ	ぎ	っ	歩	ネ	ク	タ	イ
ワ	ひ	写	ん	ー	覧	だ	る	ヌ	ン	チ	ノ	ひ	ま	イ	登	ゅ
ー	ぐ	報	金	故	べ	服	は	場	ジ	意	再	育	画	レ	故	登
の	カ	コ	ン	テ	ン	ツ	せ	ヒ	ン	ニ	室	腐	ニ	ド	場	所
登	ニ	出	ょ	応	化	セ	で	本	が	加	退	っ	登	で	ひ	合
安	ク	金	セ	何	ぽ	付	コ	ラ	登	開	多	ろ	レ	退	テ	ド
も	育	金	側	結	登	随	ょ	ス	同	愛	話	通	登	応	ツ	応
ト	コ	れ	場	会	応	化	サ	話	意	む	ふ	せ	登	む	ど	っ
場	だ	ろ	う	べ	投	カ	コ	ぼ	し	ひ	る	方	全	体	エ	阪
ゃ	ん	ゃ	ひ	る	意	つ	何	囚	辞	チ	会	ホ	ょ	れ	方	何
会	叫	で	ハ	開	歩	暫	べ	ノ	や	ク	ラ	ヌ	ハ	く	愛	摘

腐っ
ネクタイ
ドレイク
実行している
テニス
叫んだ
付随
話して
キュウリを
服は
コンテンツ
カー
エンジンが
同意し
だろう
全体
パワーの
連邦
影響
バルコニー

Puzzle 380

、	ク	で	ス	じ	重	場	関	ソ	き	退	画	サ	愛	重	で	あ
写	し	登	ト	阪	ふ	写	連	覧	ヒ	ク	権	ゅ	応	ダ	話	り
渡	ヌ	た	育	せ	レ	ハ	カ	ノ	投	方	や	愛	ヱ	ウ	砂	が
つ	し	ぎ	が	場	モ	故	応	室	ス	む	応	投	百	ン	ト	た
れ	ハ	ま	ヌ	っ	ン	成	功	ぎ	ラ	ヌ	ぎ	下	て	の	京	い
ぐ	ゅ	だ	す	せ	て	セ	ぐ	ひ	化	れ	所	降	ニ	利	ニ	こ
ど	京	向	ん	美	応	妊	阪	ん	側	囚	ん	画	カ	益	ク	と
ド	退	焼	ト	し	ニ	コ	で	故	ん	ぐ	加	ゅ	ウ	や	セ	に
育	ゃ	権	く	い	買	方	ん	コ	ド	明	確	化	ボ	安	ひ	乏
精	所	限	っ	ヌ	退	ざ	ヒ	論	解	退	つ	ク	ー	ト	ト	ク
論	エ	を	ル	ラ	ズ	ベ	リ	ー	ゅ	シ	室	ゃ	イ	結	ト	何
っ	の	家	族	レ	登	ぎ	無	お	ど	ナ	狙	場	社	乏	ぽ	ト
て	鼻	れ	ス	場	覧	て	ス	ふ	き	モ	然	妊	ど	金	画	ス
ト	く	ん	囚	多	金	じ	ふ	ニ	場	ン	ひ	加	ラ	合	話	辞
ろ	ぎ	ど	何	テ	方	ん	エ	然	覧	投	育	べ	べ	ゃ	ハ	ま

カウボーイ
家族
成功
関連
焼く
の鼻
レモン
、したがって
渡します
買い
ダウンの
ラズベリー
トーク
下降
明確化
ありがたいことに
利益
シナモン
美しい
権限を

Puzzle 381

進	ヱ	犯	ル	ム	本	っ	狙	権	金	ょ	て	地	暫	狙	べ	ろ
応	っ	罪	だ	ー	ょ	暫	開	れ	セ	育	解	ゃ	理	ス	っ	会
ヌ	再	読	ど	ン	弱	何	て	だ	ょ	再	故	乏	何	ひ	ひ	登
っ	ル	砂	や	画	重	サ	ひ	選	ソ	重	ト	ゅ	ゃ	や	覧	乏
っ	ょ	応	権	ド	レ	重	ぼ	レ	ぼ	の	ク	る	京	応	む	登
叔	父	は	、	動	機	の	ぎ	多	多	信	ッ	リ	阪	化	ト	意
ぽ	寛	ピ	ン	ク	覧	芸	て	ど	私	頼	ラ	圧	ー	化	進	む
ざ	側	大	育	レ	じ	ス	金	モ	摘	解	イ	テ	場	ン	登	進
ヒ	金	登	化	し	ぐ	退	人	ロ	写	べ	ラ	ょ	論	モ	海	っ
ヌ	育	報	論	論	応	進	応	セ	つ	べ	ク	役	基	モ	ひ	も
ょ	弱	愛	結	ノ	ん	私	ノ	意	覧	や	も	員	本	つ	出	京
意	退	金	ク	ラ	ッ	シ	ュ	へ	し	た	株	の	ポ	ス	ト	の
妊	狙	結	ハ	ス	迅	速	モ	ア	画	側	式	家	故	も	レ	だ
再	ツ	解	応	ル	方	ク	登	ル	囚	サ	リ	門	ょ	再	く	だ
む	む	チ	リ	ヒ	れ	覧	ホ	く	場	退	ク	専	ど	コ	ホ	き

クリーン
ムーン
迅速
ライラック
地理
基本
犯罪
専門家の
人口
ポストの
叔父は、
株式
ピンク
動機の
寛大
した
の信頼
ヘア
役員の
クラッシュ

Puzzle 382

バイクの
カナリア
関係の
コートを
賢く
連想させます
壁画を
条約
危険性を
現実
ミュージカル
クリーム
感謝し
カーテン
手配
を介して
栄養素
はいを
標準
複雑

カ	覧	ぽ	登	ニ	栄	ク	だ	写	出	ゅ	社	然	ク	ま	ヱ	然
ゅ	ー	関	係	の	養	ふ	も	弱	投	れ	圧	再	ア	リ	ナ	カ
ソ	手	テ	囚	ク	素	通	方	ゅ	く	だ	育	所	ま	ふ	ー	故
圧	配	ょ	ン	イ	危	ヌ	通	何	ょ	セ	開	つ	で	囚	ク	ム
レ	私	妊	ト	バ	険	だ	モ	側	っ	場	多	然	じ	重	ニ	て
ト	会	合	能	ど	性	だ	摘	む	応	ゃ	セ	む	む	ヒ	京	し
壁	画	を	通	ド	を	故	側	摘	ひ	化	開	登	で	故	ま	介
現	ク	結	ト	ト	愛	む	き	然	つ	ん	場	京	コ	ー	ト	を
実	ニ	ど	感	辞	レ	サ	ぽ	場	ヱ	嶋	歩	で	画	囚	ど	複
ミ	能	百	謝	で	多	お	辞	海	ざ	き	エ	安	故	ゃ	条	雑
会	ュ	じ	し	投	社	標	準	ヱ	能	論	ラ	ょ	ラ	画	約	会
安	ス	ー	じ	コ	化	ふ	モ	ゅ	ニ	し	ざ	多	ま	方	は	つ
場	チ	砂	ジ	リ	ゅ	し	ヌ	妊	モ	ド	室	ぐ	賢	く	い	芸
や	妊	社	出	カ	嶋	ス	ヌ	ル	選	ぎ	ゃ	だ	報	だ	を	ふ
進	セ	カ	場	し	ル	暫	退	圧	室	連	想	さ	せ	ま	す	多

Puzzle 383

室	場	ニ	合	ホ	や	応	お	悲	海	膝	れ	聞	乏	ド	れ	レ
バ	れ	意	だ	お	側	乏	ツ	惨	卵	安	を	き	愛	ク	芸	ぐ
ビ	ス	て	せ	登	加	ょ	ひ	さ	に	進	ニ	ま	ル	本	出	出
阪	ジ	ケ	故	し	ぼ	側	だ	を	然	だ	エ	す	く	重	じ	ろ
暫	無	ョ	ッ	が	ぼ	想	百	ざ	精	ひ	ソ	ソ	化	ざ	芸	べ
ひ	百	会	ン	ト	登	像	退	安	無	ス	何	解	ま	妊	ク	開
ド	ン	グ	リ	ッ	ボ	登	れ	ム	る	テ	ひ	開	サ	囚	報	辞
育	肖	像	ウ	ョ	画	ー	ひ	カ	突	ー	多	分	き	ひ	精	京
愛	愛	登	ュ	シ	加	社	ル	デ	風	ト	ぎ	芸	ヌ	ゅ	だ	加
ざ	ト	ツ	キ	だ	ゃ	向	ブ	む	場	メ	ヌ	ひ	ひ	ド	ぎ	つ
場	京	ま	意	べ	歩	ソ	ダ	囚	ヒ	ン	添	付	ひ	無	化	ラ
っ	再	乏	所	べ	画	モ	ぽ	側	ど	ト	で	育	百	む	通	リ
ひ	ラ	応	結	投	で	ゃ	っ	阪	て	を	嶋	結	ん	話	弱	し
ソ	ト	る	狙	っ	ソ	多	色	ま	も	乏	場	エ	む	ト	っ	再
せ	場	火	傷	を	っ	進	の	日	芸	精	ぽ	覧	ノ	レ	登	歩

ビジョン
色の
悲惨さを
膝を
ショットが
ムカデ
想像
突風
ドングリ
バスケットボール
多分
卵に
聞きます
添付
火傷を
肖像
日の
キュウリ
ステートメントを
ダブル

Puzzle 384

ま	ツ	レ	進	応	の	朝	ト	画	エ	ゲ	数	進	ヌ	貧	ひ	ぎ
リ	登	何	も	登	品	階	意	ニ	ぼ	ー	投	々	論	し	私	ど
テ	ス	ト	を	論	用	海	段	存	在	ト	コ	所	が	い	ひ	テ
側	ひ	セ	ん	ス	精	砂	ょ	が	で	は	登	ニ	能	悪	べ	場
マ	ー	カ	ー	獲	側	再	圧	ひ	阪	、	も	画	海	狙	ヌ	阪
結	れ	サ	ヌ	得	ス	ゅ	く	ゃ	歩	お	ヌ	方	場	投	れ	テ
テ	方	キ	ぎ	っ	ニ	歩	ヌ	弱	ど	ぼ	れ	ぼ	合	登	ら	囚
所	ヱ	リ	カ	セ	せ	特	定	テ	場	ま	摘	ラ	故	遅	い	砂
食	ベ	ン	ヒ	ぽ	所	べ	ざ	覧	辞	歩	ト	乏	弱	エ	ら	ひ
用	盗	ラ	重	写	ょ	む	む	ク	百	乏	写	選	じ	お	い	側
ソ	モ	ん	リ	場	ゃ	選	ろ	ラ	む	何	ラ	ざ	ト	嶋	圧	ょ
ヌ	私	き	リ	任	命	リ	ヌ	お	ヱ	論	て	暫	っ	論	ホ	ツ
阪	ざ	室	登	化	阪	ひ	ぎ	室	側	削	除	お	愛	結	砂	リ
ニ	論	ク	ハ	精	カ	砂	安	ざ	ツ	向	ソ	モ	報	論	ラ	む
し	辞	リ	側	退	安	意	覧	歩	ふ	ニ	ヌ	リ	じ	ラ	も	だ

マーカー
盗ん
朝の
貧しい
キリン
遅い
特定
悪い
いらいら
も、
数々が
存在
削除
用品の
の階段が
任命
獲得
食用
テストを
ゲートは、

Puzzle 385

ひ	開	て	や	海	合	弱	き	ア	警	ぐ	ク	ひ	日	ぺ	ぎ	阪
ホ	ぎ	だ	ニ	ぎ	然	つ	金	ク	察	ぐ	再	ぎ	曜	ー	く	ソ
合	加	社	然	進	重	場	ヌ	テ	ヌ	も	砂	歩	日	ジ	ゃ	合
コ	ラ	だ	ぎ	加	開	加	重	ィ	再	会	っ	合	ん	の	ヌ	金
安	ま	テ	ん	開	お	京	多	ビ	加	フ	学	加	結	冬	テ	権
愛	室	ぼ	リ	コ	京	モ	選	テ	ト	意	ラ	術	写	歩	ぐ	ラ
ふ	災	所	阪	ス	加	ふ	執	ィ	ツ	ニ	何	ッ	的	保	ヌ	ヌ
く	害	金	じ	ト	合	く	行	の	ま	リ	ヌ	ハ	ト	存	ジ	摘
向	が	お	ぐ	の	側	社	ま	習	ぼ	く	ま	ル	の	ラ	ャ	権
弱	っ	勧	リ	能	休	故	暫	慣	じ	お	解	通	り	だ	ン	解
き	し	め	じ	退	ト	暇	た	い	と	考	え	て	い	歩	プ	ど
ラ	サ	し	出	ぎ	レ	も	は	ゅ	ん	ぐ	ゃ	っ	開	写	が	写
覧	ヱ	ま	ざ	向	ト	テ	エ	ス	ヌ	金	せ	レ	開	じ	ヱ	論
る	れ	す	出	結	側	コ	結	出	ル	投	だ	精	エ	芸	べ	ひ
ソ	フ	ト	を	ュ	シ	ッ	プ	海	モ	愛	砂	無	ろ	ざ	セ	っ

アクティビティの
コストの
学術的
保存
ソフトを
執行
休暇は
災害が
冬の
ジャンプが
たいと考えてい
ページの
警察
フラット
行く
のり
日曜日
プッシュを
習慣
お勧めします

Puzzle 386

埃っぽい
地域
めったに
奪う
しわの
廃液
消防士の
役割
予想
愛情
ソート
戦略は
アクセス
座って
感情の
記述する
避難
状況
パーティーは、
文字

感	情	の	消	地	域	ま	べ	何	故	解	砂	ぽ	安	ま	場	通
く	も	わ	防	ゅ	弱	意	ス	役	割	ょ	海	だ	ヌ	ホ	ス	ニ
場	多	し	士	覧	ソ	所	避	難	ぐ	狙	ア	ク	セ	ス	っ	社
無	弱	金	の	砂	ー	ニ	愛	だ	ひ	弱	コ	場	ま	む	ヌ	百
ふ	然	ヌ	る	乏	ト	通	育	ひ	弱	ク	解	結	っ	ト	ろ	砂
芸	登	記	述	す	る	ヒ	向	ょ	だ	権	ヌ	京	読	モ	精	ひ
安	く	だ	ヒ	状	っ	ろ	て	ひ	能	じ	選	ヒ	せ	金	会	化
っ	海	ど	戦	況	弱	金	埃	っ	ぽ	い	ク	ふ	だ	ひ	何	本
や	金	安	略	ゃ	ヒ	き	ハ	ホ	座	ク	圧	れ	れ	お	乏	写
私	カ	暫	は	お	愛	ス	る	応	退	ゅ	場	コ	ソ	弱	話	つ
解	ぎ	画	文	字	情	パ	ー	テ	ィ	ー	は	、	向	ホ	む	妊
百	阪	写	権	応	む	ぎ	ま	乏	ど	本	狙	暫	ト	ツ	ひ	ス
報	ス	廃	多	れ	ヌ	め	っ	た	に	コ	圧	囚	く	ひ	つ	ト
写	ス	予	液	ニ	ふ	金	む	圧	し	故	き	阪	ょ	じ	私	何
奪	う	想	ょ	ぼ	ス	所	や	し	無	べ	サ	社	ヒ	き	ド	で

Puzzle 387

ま	ろ	ラ	精	場	ひ	私	せ	ひ	私	ボ	複	嶋	ラ	再	ニ	退
忘	れ	て	し	ま	っ	た	達	重	デ	ロ	雑	室	イ	応	選	ぐ
ク	レ	ヨ	ン	写	投	ゅ	摘	の	ィ	ー	な	ト	ブ	投	狙	加
社	ソ	つ	や	れ	会	ゅ	ニ	だ	テ	を	側	満	本	ク	ト	読
ど	育	ら	べ	画	ぎ	ぼ	だ	ざ	ー	権	ラ	ょ	足	運	ば	百
無	向	ら	育	進	ゅ	っ	ど	ょ	ル	ヌ	ヌ	ス	カ	ス	タ	ム
ヒ	む	ひ	阪	ど	ぼ	重	投	エ	オ	百	砂	ヒ	れ	し	出	愛
海	ぽ	場	論	嶋	育	ょ	権	む	タ	開	写	ヱ	海	話	化	再
開	精	海	読	ア	土	せ	ひ	阪	セ	レ	ぽ	し	側	百	社	く
楕	円	形	の	プ	だ	曜	や	ス	開	始	本	京	ヒ	サ	る	再
何	っ	サ	ヌ	ロ	意	話	日	よ	り	多	く	の	覧	重	ぽ	向
だ	出	だ	ス	ー	べ	解	き	に	嶋	ぎ	故	知	恵	通	圧	ゅ
リ	エ	再	ゃ	チ	き	れ	っ	か	狙	ク	圧	方	応	辞	室	合
べ	嶋	報	百	方	ク	圧	輝	や	権	お	向	ヒ	ヒ	ま	じ	だ
金	百	故	ツ	読	ん	ふ	き	穏	ぽ	登	所	ろ	精	ニ	だ	解

複雑な
カスタム
開始
私達の
より多くの
運ば
ボローを
土曜日に
穏やかに
ディテール
忘れてしまった
クレヨン
満足
アプローチ
輝き
タオル
知恵
楕円形の
つらら
ライブ

Puzzle 388

布の
スイカ
、ニンジン
おなじみ
ミル
精度
事業
、最後の
送ら
反応は
店の
適用
画像
女の子は、
緊張
訪問
ドール
認識
いるようだ
に危険な

画	ク	だ	読	ス	囚	弱	、	む	ス	イ	カ	モ	む	テ	写	ま
れ	像	社	適	用	コ	安	ニ	っ	ト	百	無	進	ル	ニ	だ	開
お	な	じ	み	結	だ	暫	ン	反	応	は	会	て	室	重	ホ	出
く	開	ツ	解	狙	だ	辞	ジ	ハ	通	セ	重	じ	解	ヱ	辞	摘
む	場	金	チ	辞	狙	精	ン	い	る	よ	う	だ	権	重	べ	室
結	海	写	ノ	セ	ど	精	ド	育	故	出	意	し	ざ	安	辞	カ
何	安	ざ	金	サ	セ	レ	ん	ク	海	退	選	加	登	訪	く	ぽ
じ	歩	ど	育	モ	芸	む	能	ス	ミ	ヱ	論	リ	海	問	意	化
選	ソ	エ	解	加	論	阪	囚	布	ル	ー	ド	レ	芸	画	本	本
結	ノ	緊	張	も	ぐ	然	応	の	後	最	、	故	ま	ル	本	ょ
再	開	エ	ヱ	嶋	認	サ	投	店	れ	ひ	は	も	じ	開	れ	に
摘	化	妊	方	何	覧	識	画	場	ょ	ふ	子	安	れ	砂	向	危
登	本	精	度	登	ク	何	で	ホ	辞	登	の	砂	再	ツ	も	険
チ	精	合	応	読	所	化	応	ヌ	然	送	女	ヒ	ヒ	事	ス	な
ょ	じ	っ	つ	辞	応	ヱ	ホ	愛	解	出	ら	ふ	乏	業	歩	読

Puzzle 389

然	覧	金	場	プ	ー	レ	グ	ラ	フ	ソ	セ	ざ	コ	精	お	ひ
ン	ょ	エ	コ	ぎ	多	ツ	意	向	故	破	壊	海	ニ	妊	ろ	歩
ー	で	報	ノ	能	混	画	見	会	本	登	レ	ス	前	に	ク	金
ペ	砂	む	ひ	ト	乱	何	の	再	明	日	は	場	ヌ	で	カ	ょ
ン	レ	与	私	嶋	ノ	出	覧	向	多	ょ	ケ	写	ふ	す	砂	向
ャ	愛	向	え	投	む	本	選	社	重	阪	ぽ	フ	圧	、	ぽ	レ
キ	ャ	ベ	ツ	ら	ニ	で	っ	ス	ひ	読	モ	む	ィ	じ	愛	化
し	よ	う	ど	チ	れ	ル	ラ	然	て	を	ズ	イ	ラ	ア	リ	投
ぎ	側	海	ニ	読	ゅ	た	ひ	ラ	ぐ	エ	社	ニ	報	京	ク	ハ
ニ	無	秩	序	論	ま	私	画	再	ヱ	ニ	竜	む	べ	ん	ヒ	何
摘	ど	ハ	安	セ	砂	っ	ゅ	て	せ	退	が	会	方	論	多	場
チ	所	つ	辞	嶋	砂	だ	サ	結	暫	進	む	本	登	て	ひ	ソ
べ	加	所	コ	選	阪	場	ニ	ニ	ソ	解	解	委	ま	妊	ヌ	テ
く	芸	百	だ	化	で	場	チ	ひ	応	次	合	員	ひ	ソ	野	る
っ	ぐ	出	リ	所	ノ	芸	出	生	ま	れ	の	会	私	合	球	金

与えられた
ケフィア
野球
生まれ
しよう
次の
秩序
意見の
破壊
グラフ
リアライズを
竜が
委員会
前に
キャンペーン
グレープ
明日は
混乱
キャベツ
、すでに

Puzzle 390

全員の
技術
欺く
レスポンスの
シーン
乗り心地を
妻の
アイデンティティ
帽子の
動物、
、まだ
ささやかな
喜んで
ペース
、必ず
選択する
存続
ナツメグ
分析
、正確な

意	選	ゅ	、	化	ま	モ	ぎ	さ	さ	や	か	な	シ	ホ	開	本
ぎ	択	ニ	必	ス	合	べ	写	ハ	っ	ょ	育	芸	ー	開	画	進
論	す	だ	ず	動	物	、	技	ナ	ツ	メ	グ	も	ン	レ	テ	意
弱	る	ま	分	ト	っ	ぎ	術	応	レ	ヒ	つ	ぎ	論	ス	方	ょ
チ	ラ	む	析	ス	場	何	モ	も	チ	ろ	ぼ	ニ	ソ	ポ	ア	存
会	ツ	カ	ク	や	ぽ	、	場	ト	、	む	出	登	ヒ	ン	イ	続
れ	画	ょ	ど	せ	ノ	ま	ぽ	チ	正	ク	話	選	れ	ス	デ	登
帽	論	乗	喜	ん	で	だ	場	チ	確	権	読	全	進	の	ン	ハ
子	ベ	ス	り	ト	じ	欺	く	ツ	な	進	故	ト	員	れ	テ	合
の	ゃ	れ	意	心	だ	テ	ん	コ	私	場	報	能	ぐ	の	ィ	ペ
っ	お	っ	弱	妻	地	京	辞	愛	弱	ょ	重	ふ	せ	向	テ	ー
ろ	海	場	室	ぎ	の	を	乏	ル	登	ぽ	砂	ょ	れ	ひ	ィ	ス
開	ソ	エ	ド	応	ど	解	ょ	精	エ	無	く	リ	応	ぎ	退	ヌ
ま	コ	ゃ	ひ	せ	れ	ベ	コ	ル	ひ	ル	カ	妊	ん	海	向	く
ふ	能	ま	テ	論	写	暫	ヌ	ニ	精	加	ぽ	権	ヌ	社	む	ゃ

Puzzle 391

ゅ	っ	る	何	権	開	開	ク	歩	お	し	テ	だ	ひ	通	本	シ
ま	室	暫	モ	選	ク	ク	ッ	ノ	ツ	意	ス	お	ひ	ざ	体	ン
サ	応	写	き	ル	話	ジ	ゃ	ぐ	本	退	海	然	育	歩	で	ク
ド	ぼ	多	ノ	ひ	覧	ラ	通	ょ	再	重	く	海	ぽ	ヌ	場	写
何	歩	じ	ク	ぐ	べ	ど	場	写	っ	安	ん	場	応	お	ふ	方
て	ス	べ	し	ホ	ょ	側	ヌ	ホ	私	社	覧	略	リ	ニ	ざ	能
読	テ	応	ざ	弱	っ	場	ヱ	京	ひ	辞	ラ	つ	語	っ	本	お
嶋	ィ	ニ	応	再	海	ひ	エ	じ	て	歩	開	報	ト	化	辞	ヒ
投	ッ	む	エ	エ	ぼ	せ	せ	チ	ひ	せ	ぽ	開	登	カ	砂	権
ツ	ク	多	進	向	ニ	衝	突	ー	ダ	ウ	パ	ぎ	弱	乏	ホ	ス
、	は	ト	ス	ラ	ト	ン	コ	ズ	砂	ヌ	ア	ー	ム	を	界	業
芸	、	だ	つ	べ	狙	ょ	修	ぎ	ぽ	然	金	世	紀	に	は	で
民	準	レ	ト	阪	故	然	ふ	理	せ	精	花	が	ぎ	向	話	て
間	重	備	の	サ	イ	ク	ル	の	を	戦	い	の	ー	ダ	ー	リ
む	権	阪	通	故	ク	ょ	ぼ	金	社	化	退	ん	方	ノ	や	圧

ノック
世紀には
民間
クジラ
本体
シンク
アームを
スティックは、
花が
略語
修理を
チーズ
戦いの
衝突
リーダーの
準備
業界を
コントラストは、
のサイクルの
パウダー

Puzzle 392

演奏
屋外で
連絡先
笑い
三角
故郷
カードの
物質の
高速な
野心
不規則な
目的の
大根
禁止する
合計
に向けて
おいしい
アナグマ
大規模な
キャップ

進	化	チ	ル	ニ	に	出	ク	ゅ	狙	応	退	お	い	し	い	ニ
向	チ	ト	だ	エ	向	レ	側	む	だ	暫	コ	画	ヒ	ホ	化	結
嶋	応	解	目	応	け	ヱ	辞	阪	し	退	妊	権	ょ	進	弱	解
囚	画	会	コ	的	て	テ	退	べ	て	キ	ゅ	精	だ	ぎ	る	報
無	然	で	ぐ	ひ	の	阪	む	化	本	ャ	重	べ	っ	何	ツ	れ
登	何	再	サ	ツ	所	側	金	画	ノ	ッ	連	絡	先	三	角	ラ
通	ひ	も	ニ	ニ	ヒ	解	禁	応	レ	プ	笑	い	し	ヱ	本	れ
場	方	摘	つ	退	場	嶋	止	ざ	権	べ	ぎ	や	る	だ	弱	て
投	権	嶋	べ	会	能	ツ	す	カ	ー	ド	の	演	奏	ソ	摘	選
屋	退	サ	ぼ	む	社	ト	る	せ	つ	圧	質	故	根	ト	投	権
多	外	ぎ	で	進	弱	ス	海	芸	野	ょ	物	郷	大	規	模	な
ハ	論	で	ひ	合	ア	ナ	グ	マ	心	リ	結	方	テ	進	べ	則
金	側	再	じ	意	計	選	セ	摘	意	登	重	結	登	愛	高	規
乏	ヒ	ぼ	私	ル	し	会	結	ス	退	ゃ	き	摘	ど	ざ	速	不
芸	ま	話	ク	投	ニ	エ	む	応	サ	権	ラ	ぽ	モ	ク	な	ざ

Puzzle 393

ま	生	物	学	キ	辞	ぎ	故	ひ	っ	重	権	て	ル	ハ	結	場
ま	最	良	キ	干	リ	何	安	選	テ	嶋	ニ	京	ろ	ン	お	弱
ヘ	ッ	ド	ャ	し	ひ	ン	チ	ざ	通	ま	モ	ひ	カ	グ	ひ	読
だ	れ	モ	ン	ぶ	海	化	の	合	ホ	ろ	愛	ハ	ー	が	ノ	カ
話	ゅ	応	デ	ど	だ	私	登	重	テ	砂	化	ぐ	ル	能	コ	読
だ	重	力	ィ	う	覧	リ	ス	発	会	チ	ョ	コ	レ	ー	ト	の
、	再	利	用	可	能	な	を	む	生	交	ぎ	砂	合	ト	れ	乏
れ	シ	ふ	き	く	ク	ブ	選	ょ	歩	渉	ク	れ	ニ	ホ	安	ニ
圧	ブ	ラ	ッ	ク	エ	ィ	ノ	結	嶋	安	ル	ツ	サ	登	チ	画
ょ	ぼ	圧	ブ	囚	だ	テ	室	く	化	ま	妊	れ	進	ま	ょ	レ
ス	阪	ヒ	ぎ	室	ノ	ク	む	開	登	ド	ぎ	大	丈	夫	ク	本
故	多	歩	ろ	場	意	ア	登	能	ニ	話	ノ	ろ	話	ょ	ゅ	故
個	人	は	妊	精	ゅ	京	本	覧	然	向	む	つ	ど	歩	ぐ	ひ
選	再	ニ	リ	だ	セ	エ	ド	ク	ひ	進	コ	開	リ	画	コ	ニ
阪	ス	レ	ぎ	チ	ゅ	登	側	っ	ノ	疲	れ	芸	意	報	む	乏

カール
最良
交渉
個人は
ブラシ
、再利用可能なを
アクティブな
疲れ
ブラック
キャンディ
重力
大丈夫
まま
キリンの
干しぶどう
生物学
ヘッド
発生
チョコレートの
ハングが

Puzzle 394

時	ニ	ド	私	阪	れ	無	ヱ	多	ド	覧	し	芸	お	ぼ	ト	重
だ	間	金	べ	ぐ	海	安	京	ス	ラ	ラ	ゅ	ソ	っ	応	ラ	加
れ	然	エ	圧	や	意	ト	写	ゅ	ム	ヌ	ラ	べ	場	も	イ	加
し	や	辞	意	っ	す	写	論	ド	き	で	化	然	乏	ニ	ア	ぎ
ぎ	重	ホ	応	チ	く	さ	愛	乏	配	布	す	る	話	ぎ	ル	で
ル	ま	向	開	何	ぎ	進	弱	熱	く	す	る	狙	金	リ	ェ	再
側	ハ	圧	意	重	解	意	ざ	ひ	描	画	故	然	会	海	シ	歩
て	合	力	愛	嶋	で	な	実	忠	覧	参	摘	の	怖	恐	摘	登
カ	ホ	ょ	っ	選	だ	故	行	権	ノ	照	ホ	後	ま	ょ	ホ	じ
暫	コ	多	カ	暖	阪	め	し	き	抱	し	べ	に	化	サ	セ	ド
社	合	サ	乏	場	か	愛	ま	ヌ	合	て	海	圧	セ	モ	ぎ	育
ス	応	側	や	芸	応	い	す	べ	ニ	く	ヌ	化	ど	確	か	に
オ	ブ	ジ	ェ	ク	ト	を	ノ	投	ホ	だ	登	覧	弱	無	ニ	方
ん	場	ク	無	ぽ	傾	向	が	進	ス	さ	室	カ	溶	融	で	ざ
合	話	化	ス	サ	壮	大	べ	ま	ぐ	い	芸	京	芸	ホ	っ	ょ

シェル
忠実な
確かに
ドラム
やすさ
暖かい
の後に
オブジェクトを
壮大
参照してください
恐怖の
抱きしめ
熱くする
描く
トライアル
傾向が
溶融
配布する
実行します
時間

Puzzle 395

多	サ	妊	読	英	リ	雪	小	ぽ	ー	エ	ニ	ツ	芸	ル	ん	結
プ	ッ	シ	ュ	語	覧	だ	だ	麦	種	つ	き	コ	退	ま	じ	ぽ
精	き	ょ	や	育	や	む	ル	る	粉	だ	芸	孤	立	鋭	ト	有
精	せ	応	ド	し	ぎ	京	ア	や	ま	の	ツ	ー	ポ	ス	い	料
無	ソ	会	だ	愛	愛	ド	ー	ワ	ン	バ	ニ	ス	ソ	で	痛	ぎ
加	ス	ド	ぽ	ひ	ル	ホ	テ	退	ひ	や	画	海	ぎ	登	再	モ
レ	話	じ	加	ぎ	重	ぼ	ィ	崩	教	っ	暫	本	然	だ	乏	ひ
砂	せ	退	投	作	覧	っ	ス	壊	会	オ	コ	ジ	ョ	多	ょ	向
し	方	然	ろ	成	お	通	ト	の	の	長	成	が	ス	っ	じ	コ
ク	チ	ょ	摘	コ	側	リ	社	て	ソ	カ	加	再	ド	ホ	ス	嶋
側	ぎ	じ	読	ト	ひ	モ	ま	ま	退	エ	く	報	百	ぼ	つ	ヌ
辞	ぼ	精	ス	ル	エ	て	御	馳	走	バ	延	会	ハ	選	ド	む
報	ど	や	向	出	ス	サ	側	ん	ヒ	ス	期	囚	ま	ヌ	ラ	向
解	ド	狙	海	加	投	私	育	ぎ	ラ	育	を	セ	だ	ゅ	会	っ
ス	芸	ふ	芸	ゅ	や	投	モ	む	権	つ	投	ぎ	ぐ	応	ト	再

鋭い
小麦粉の
プッシュ
痛い
アーティスト
御馳走
延期を
崩壊の
オコジョ
雪だるま
教会の
バンワード
バス
一種
英語
スポーツの
作成
が成長の
孤立
有料

Puzzle 396

道を
オープン
継続
のポーズ
回復が
国家
崩壊
占める
検査の
丁寧な
塗料は
ランダム
操作
飛行機を
フェレット
夏の
オウム
管理
の有害が
芸術

社	金	多	ト	暫	囚	安	で	の	囚	金	れ	場	辞	や	登	ひ
安	室	投	ろ	ラ	国	き	摘	ポ	然	愛	再	む	開	ゅ	進	阪
し	べ	れ	論	ン	家	ド	サ	ー	ニ	場	妊	じ	ソ	合	出	オ
丁	寧	な	道	ダ	本	能	占	ズ	飛	行	機	を	セ	通	っ	ウ
ド	弱	ぽ	を	ム	画	セ	め	る	っ	ラ	つ	ク	ぐ	ニ	お	ム
ド	ゃ	妊	化	ヌ	ト	化	る	然	所	然	芸	合	無	私	ひ	読
囚	ソ	私	海	社	ま	場	ぽ	回	復	が	害	有	の	ク	ぎ	エ
愛	ぎ	ぼ	ひ	ぎ	て	お	も	じ	カ	重	圧	妊	つ	継	ひ	ト
れ	ぎ	ク	側	だ	妊	ヱ	本	お	テ	画	だ	オ	阪	続	ヌ	画
れ	管	し	セ	ぐ	論	圧	摘	せ	テ	セ	芸	術	ー	む	応	塗
ひ	写	理	モ	金	ょ	愛	登	ょ	百	ざ	ぎ	ふ	選	プ	ひ	料
セ	再	し	摘	夏	出	辞	開	辞	育	結	操	金	ヒ	ツ	ン	は
ろ	ソ	ひ	ヒ	っ	の	フ	ェ	レ	ッ	ト	作	場	ょ	ざ	出	海
ニ	ヒ	弱	無	だ	査	金	ひ	や	覧	ょ	金	崩	壊	ぎ	ひ	妊
場	で	金	圧	で	検	や	登	お	ニ	き	何	ゅ	退	暫	べ	囚

Puzzle 397

で	ひ	意	登	ツ	ド	ハ	退	ニ	出	出	圧	つ	ぐ	歩	開	退
ラ	圧	お	ょ	ぼ	ぎ	会	く	も	多	ス	ラ	チ	ぐ	室	弱	ク
レ	側	論	小	麦	画	っ	た	ま	ま	ト	出	投	登	て	安	砂
投	る	登	べ	化	レ	登	ク	骨	折	リ	ソ	狙	百	金	写	ま
京	出	ま	ヌ	金	ま	れ	ト	ゅ	出	ッ	ル	ヌ	少	ぎ	コ	せ
べ	芸	結	っ	阪	場	海	退	む	狙	プ	再	化	な	出	じ	ひ
エ	ト	ソ	の	き	動	写	再	お	子	の	解	ホ	く	合	つ	コ
む	ゅ	だ	商	ょ	ニ	れ	所	目	向	品	覧	サ	と	レ	デ	妊
昇	給	の	用	故	海	だ	辞	に	通	製	で	ょ	も	ど	リ	約
ト	精	投	所	弱	れ	く	海	見	知	ス	せ	む	ぼ	だ	ケ	束
ホ	つ	ょ	じ	ク	ぼ	何	然	え	然	京	加	ツ	場	開	ー	再
ま	方	育	ス	ひ	モ	テ	ソ	る	で	囚	育	進	管	妊	ト	く
無	開	芸	弱	タ	コ	レ	ス	選	つ	モ	れ	リ	登	理	な	登
民	俗	弱	ホ	サ	ン	ビ	ソ	ス	ゃ	開	ラ	会	ざ	ト	を	再
で	覧	テ	テ	ぎ	再	ド	地	球	を	っ	っ	報	ヱ	ク	ス	ハ

ストリップ
民俗
通知
クモ
製品の
動きの
スタンド
テレビ
目に見える
管理を
小麦
地球を
少なくとも
昇給の
たまま
骨折
の商用
デリケートな
約束
子の

Puzzle 398

カバ
噴水
効果の
ボトル
スペル
シット
現在の
陸上競技を
選択し
暖炉
の好きな
クロック
家賃の
感謝を
巨大な
定規は
山猫
海岸
叔母者
スケルトン

巨	精	ぽ	化	現	能	ハ	出	家	画	暫	ど	テ	重	辞	解	選
大	海	岸	妊	在	本	べ	摘	賃	の	好	き	な	登	歩	ニ	択
な	会	化	室	の	し	開	カ	の	果	効	陸	上	競	技	を	し
ク	ロ	ッ	ク	暫	ツ	愛	ス	ト	愛	や	出	然	し	ひ	愛	ま
加	応	や	む	シ	ッ	ト	育	ル	辞	ン	ト	ル	ケ	ス	ペ	ル
れ	ク	ょ	く	室	ょ	ク	カ	能	エ	辞	室	結	通	ひ	進	ん
モ	ヌ	側	画	山	ぽ	嶋	ん	向	レ	も	る	室	せ	カ	ノ	だ
本	弱	れ	応	猫	叔	母	者	定	摘	育	ま	向	故	暫	応	ひ
方	海	ル	ぎ	ょ	ひ	選	何	ル	規	や	噴	ボ	ト	ル	ト	進
せ	無	れ	乏	ル	し	精	べ	く	き	は	水	ニ	摘	エ	然	圧
ふ	室	海	ド	摘	テ	登	故	っ	金	エ	方	カ	バ	覧	ひ	お
登	ゃ	愛	じ	っ	写	く	で	ひ	む	ん	砂	し	き	京	む	だ
ト	感	ツ	ど	ぎ	ょ	暫	場	じ	も	ク	て	登	や	写	ょ	故
ひ	ろ	謝	故	レ	無	嶋	コ	っ	私	だ	暖	然	何	ツ	報	嶋
歩	ヒ	ゅ	を	ハ	れ	ハ	だ	や	ゅ	室	お	炉	テ	妊	百	再

Puzzle 399

ス	ワ	ン	出	フ	暫	ハ	ろ	レ	せ	シ	怒	む	コ	コ	読	ぎ
ぽ	る	進	メ	リ	囚	辞	ト	ヒ	開	ス	ら	サ	エ	ミ	阪	解
圧	百	で	カ	ー	メ	イ	ン	が	摘	テ	ひ	向	ど	ッ	本	だ
で	所	温	ニ	ジ	て	嶋	囚	育	何	ム	芸	愛	ぎ	ト	く	京
テ	権	度	ッ	ア	精	阪	テ	ど	た	妊	重	っ	ヱ	メ	圧	愛
ん	休	多	ク	れ	合	室	リ	海	れ	何	暫	ぐ	読	ン	ヌ	だ
ヌ	ふ	日	ド	読	場	金	化	私	優	何	ぎ	本	所	ト	登	ソ
も	京	化	の	ス	立	詳	細	は	、	機	関	七	の	妊	覧	化
写	妊	に	ヒ	合	派	加	リ	写	っ	育	再	だ	リ	ろ	応	嶋
加	海	ト	迅	入	場	囚	意	だ	ま	セ	解	解	側	ヱ	意	ホ
セ	く	き	ふ	速	妊	開	何	妊	話	す	っ	無	モ	金	ホ	ざ
せ	ふ	何	ゅ	場	社	何	ハ	サ	世	サ	写	ト	乏	金	ゅ	ゴ
っ	加	ソ	ト	テ	弱	チ	サ	ぼ	重	界	投	コ	権	覧	ぽ	ム
進	写	れ	も	っ	も	ラ	ヱ	読	投	読	金	場	曲	砂	じ	ハ
ス	意	ょ	お	ょ	弱	ラ	ひ	狙	重	再	応	ト	線	し	セ	砂

立派
温度
フリージア
メカニック
七の
曲線
世界
怒ら
ゴム
コミットメント
入場
機関
休日の
詳細は、
に迅速
システム
スワン
、優れた
話す
メインが

Puzzle 400

測	で	登	ス	し	サ	精	ド	サ	所	き	モ	権	芸	ひ	ひ	ク
砂	定	エ	ク	ノ	弱	ぽ	重	ル	然	権	ょ	出	向	海	開	ニ
私	セ	安	サ	所	ー	ぐ	ド	ヒ	ひ	登	本	ょ	ぼ	登	ハ	ベ
覧	コ	話	っ	社	化	ド	会	ホ	京	モ	選	結	で	私	ゃ	洪
ト	ぎ	動	ラ	応	ホ	ニ	ロ	場	上	エ	狙	何	摘	や	ぎ	水
退	ぎ	リ	詞	入	植	者	が	ッ	昇	必	要	が	あ	り	ま	す
ヱ	に	意	ひ	れ	場	覆	っ	場	プ	ぽ	ざ	せ	つ	暫	ソ	故
ょ	静	ホ	で	摘	修	正	お	ぎ	セ	れ	っ	ベ	ノ	方	選	泳
結	か	ぎ	キ	ー	京	ま	ど	か	ら	の	チ	百	乏	応	室	ぐ
能	で	ろ	リ	ソ	多	進	画	ト	じ	方	育	て	何	開	京	ヱ
具	体	的	な	ク	待	合	嶋	ク	ニ	く	べ	会	ニ	唯	一	の
カ	ク	サ	ひ	コ	機	れ	ツ	退	無	百	ゃ	ひ	再	女	開	ツ
意	じ	多	ゃ	何	懸	側	ル	チ	ゃ	ラ	ク	ダ	読	の	ひ	芸
故	圧	写	故	再	念	何	ぐ	砂	ざ	む	ル	じ	社	子	覧	進
選	場	辞	ざ	然	砂	意	画	ノ	ハ	ト	芸	二	重	の	サ	応

に静かで
覆っ
スノードロップ
懸念
動詞
泳ぐ
測定
キー
入植者が
女の子の
必要があります
具体的な
洪水
待機
からの
唯一の
育て
ラクダ
修正
上昇

Puzzle 401

場	進	乏	登	お	カ	ト	結	阪	室	向	結	循	出	サ	剣	傷
余	り	が	ニ	ス	て	本	ガ	ひ	ひ	べ	レ	環	席	ッ	テ	つ
こ	ひ	ヌ	定	義	も	ぎ	ろ	リ	ト	再	ニ	開	ど	カ	ー	い
と	出	ん	社	妊	ヒ	サ	ぐ	喜	ネ	言	語	を	ひ	ー	ブ	た
が	で	狙	く	も	タ	圧	ニ	ん	ニ	ズ	モ	ゃ	ぼ	覧	ル	ヱ
で	ひ	無	ニ	妊	馬	レ	能	べ	ょ	重	ミ	芸	故	私	報	チ
き	ぽ	ソ	故	登	の	き	ン	べ	ふ	登	ホ	合	方	弱	ょ	維
ま	育	む	暫	場	値	価	ふ	ト	チ	ひ	ト	所	ノ	覧	候	持
す	カ	リ	モ	ょ	故	格	方	ニ	場	で	て	論	や	ド	補	再
ぎ	ハ	ろ	妊	ひ	重	ヌ	べ	社	カ	百	ど	て	出	ヱ	圧	ス
、	ろ	方	っ	と	呼	ば	れ	る	ソ	っ	能	開	無	選	る	れ
て	シ	ラ	場	加	ど	る	登	辞	側	再	然	れ	つ	ぎ	ま	つ
ゅ	ヱ	カ	嶋	囚	ラ	き	所	ひ	く	し	ぎ	多	解	せ	や	多
で	べ	歩	摘	使	ヱ	室	お	テ	乏	る	乏	ん	ル	海	写	ぼ
ス	暫	つ	ノ	用	多	ま	だ	加	暫	ス	登	ふ	エ	や	れ	ソ

余りが
と呼ばれる
定義
傷ついた
サッカー
維持
使用
ことができます
循環
剣テーブル
、シカ
価格
候補
喜ん
タレント
言語を
値の
トガリネズミ
馬の
出席

Puzzle 402

お	暫	話	然	登	然	ぎ	テ	、	会	場	画	食	芸	せ	血	ラ
愛	も	登	ニ	ヌ	だ	や	ょ	投	ハ	ひ	所	器	チ	れ	液	京
圧	ま	私	選	ょ	化	る	紹	資	テ	故	乏	棚	室	読	報	る
ノ	覧	妊	ま	出	阪	室	介	カ	読	ヌ	京	ど	ニ	コ	ノ	読
進	摘	ぽ	囚	化	レ	圧	ラ	ク	カ	カ	サ	チ	再	だ	ハ	ょ
ま	写	社	ニ	報	じ	論	ハ	ろ	コ	べ	ニ	論	ル	重	覧	ょ
投	成	熟	合	サ	コ	ふ	サ	報	報	ス	く	妊	所	摘	少	無
げ	管	理	し	ま	す	セ	場	覧	重	妊	論	ル	マ	グ	ヱ	数
縄	ぽ	ょ	開	催	妊	圧	じ	金	エ	っ	室	愛	ル	ド	圧	ク
弱	安	百	歩	化	選	コ	ノ	ト	ニ	ぎ	社	ス	報	だ	ジ	所
じ	敬	応	囚	論	開	で	チ	圧	社	画	リ	だ	ん	本	ャ	む
私	社	遠	本	チ	ざ	リ	ト	応	圧	摘	れ	て	故	テ	ケ	る
応	安	京	コ	ニ	摘	ヱ	ぽ	ギ	ラ	イ	ヒ	発	会	て	ッ	ダ
議	ぎ	ク	最	覧	レ	報	ぎ	画	イ	ニ	ラ	本	音	お	ト	ー
会	議	は	も	ひ	も	囚	何	ド	ン	ラ	グ	、	ぐ	を	お	ク

ジャケット
発音を
マグ
血液
ダーク
投げ縄
ライン
、グランド
敬遠
、投資
ヒイラギ
紹介
少数
最も
食器棚
会議は
成熟
管理します
会議
開催

Puzzle 403

セ	歩	ド	覧	百	る	に	砂	輸	ゃ	狙	歩	重	じ	ひ	通	場
つ	り	重	工	誰	の	も	て	無	入	開	育	べ	チ	妊	ホ	ニ
テ	加	停	退	室	車	か	ニ	せ	ク	開	サ	意	私	リ	弱	京
画	自	止	進	ぼ	転	か	狙	ニ	側	つ	応	せ	リ	精	っ	論
精	体	し	な	登	自	わ	論	調	権	ツ	作	ら	れ	た	ス	ょ
本	再	て	等	ぽ	だ	ら	ょ	理	オ	開	ふ	囚	ツ	応	育	砂
コ	解	ぎ	写	し	れ	ず	ラ	合	フ	て	写	て	つ	ト	要	テ
然	ヒ	阪	選	リ	い	、	イ	摘	ィ	通	多	ひ	て	読	因	リ
報	植	物	方	進	し	本	オ	ヱ	ス	ー	ペ	ス	何	論	が	で
雇	用	然	だ	乏	乏	芸	ン	っ	開	話	多	ニ	百	報	ひ	ツ
セ	妊	き	場	覧	金	登	凝	視	向	せ	セ	っ	化	モ	本	側
記	念	多	ど	退	ん	カ	側	向	曇	読	せ	ど	会	ひ	ヌ	ゅ
権	金	妊	コ	や	ト	場	て	ニ	狙	り	ひ	テ	ぎ	結	る	レ
お	菓	子	を	ど	レ	辞	会	側	ニ	ひ	進	嶋	ツ	ノ	ど	摘
登	ニ	じ	場	ク	歩	ハ	ひ	ト	開	ま	然	歩	ま	て	ヌ	ノ

お菓子を
記念
スペース
オフィス
ライオン
輸入
自転車の
誰の
にもかかわらず、
要因が
凝視
作られた
停止して
雇用
なし
曇り
自体
植物
等しい
調理

Puzzle 404

結果
軍事
絶対
姉妹
な否定的な
に十分な
他の
ゼロ
ウォーク
フィット
笑える
結婚
ホテル
特に
ペット
洗濯
絵筆
完全に
高級
皮膚

ツ	つ	百	ク	ヌ	ん	ぼ	ゼ	ロ	ニ	ク	出	向	側	ハ	画	社
ど	れ	セ	出	っ	摘	ス	コ	報	ぐ	登	く	ひ	き	嶋	無	何
だ	む	写	だ	解	ん	権	読	化	ノ	重	ん	ハ	ル	精	き	結
ょ	ざ	画	登	ラ	ノ	摘	投	海	ニ	応	ょ	愛	ま	妊	京	果
ノ	権	社	故	ま	完	お	べ	向	嶋	リ	画	解	安	読	ぐ	む
ニ	覧	ゃ	ス	ク	全	ふ	ホ	ニ	進	ニ	辞	セ	話	絶	対	じ
通	や	サ	応	論	に	特	に	ぎ	話	ぎ	ノ	ょ	画	ニ	ヌ	多
ん	ノ	レ	ニ	軍	ん	洗	む	辞	ウ	場	場	ぺ	く	ヒ	エ	セ
や	だ	育	く	事	話	退	濯	て	何	ォ	百	ッ	ど	弱	ふ	社
ひ	ホ	テ	ル	モ	結	所	再	進	テ	高	ー	ト	姉	妹	ヌ	本
な	否	定	的	な	婚	ヌ	登	チ	再	級	エ	ク	読	く	ノ	社
に	十	分	な	暫	再	ぽ	場	皮	乏	ぐ	ざ	絵	他	の	ひ	話
画	権	暫	っ	弱	ぼ	で	応	側	膚	だ	ニ	筆	る	京	む	ゃ
弱	で	私	方	フ	ィ	ッ	ト	応	だ	結	囚	側	京	権	化	ヒ
笑	え	る	ま	開	覧	る	方	写	く	室	芸	ゅ	社	暫	精	リ

Puzzle 405

ク	私	っ	進	国	コ	画	エ	ス	囚	む	化	ト	ょ	画	ぼ	論
ぼ	ヌ	所	ヒ	民	重	ど	ス	ホ	再	権	だ	ゅ	ノ	加	許	チ
セ	な	う	よ	の	こ	、	ケ	合	せ	ク	リ	ッ	プ	ワ	し	れ
妊	じ	虚	方	園	投	ハ	ー	能	バ	ッ	グ	戦	争	選	ゴ	ヌ
ツ	ニ	歩	謙	物	ハ	応	プ	写	ハ	ヌ	ト	セ	べ	ひ	開	ン
ょ	ヱ	ト	作	動	っ	ひ	は	天	デ	イ	ジ	ー	ル	重	ト	ぽ
ぎ	ク	だ	乏	ひ	乏	ん	ひ	国	乏	向	読	れ	ピ	解	ん	登
何	じ	意	ぽ	ぽ	リ	暫	ノ	の	ろ	圧	向	ク	愛	ぐ	芸	る
で	私	ま	せ	故	ゃ	然	本	画	選	サ	っ	読	ド	然	話	ソ
妊	し	ル	む	然	セ	読	ん	ゃ	ニ	百	ぐ	お	場	海	く	安
意	ツ	ま	ぎ	通	権	無	話	権	登	提	出	し	ま	す	ょ	し
ラ	私	方	安	解	海	お	選	暫	精	狙	出	京	だ	ま	暫	多
然	結	ト	所	ろ	ニ	私	読	吸	軍	隊	通	モ	ど	ひ	や	む
ニ	阪	権	く	精	セ	ん	応	血	ろ	選	る	ホ	ニ	圧	歩	覧
画	リ	話	ざ	ト	話	応	ス	鬼	応	く	シ	ネ	マ	海	べ	ふ

ピル
許し
読ん
エスケープは
国民の
天国の
軍隊
シネマ
動作
謙虚な
戦争
ワゴン
、このような
提出します
動物園の
バッグ
セル
吸血鬼
デイジー
クリップ

Puzzle 406

法的には
スプレッド
強打
フィルム
要因
チェーン
フリッパー
参加者の
ハーフ
機会
月の
レタス
シャワーが
冒険的
に従って
これらの
ストーブ
組み合わせ
トップ
ナビゲート

ス	ク	話	ぽ	リ	ル	弱	論	写	要	圧	ハ	ツ	ス	法	乏	多
ト	ン	場	冒	険	的	フ	ィ	ル	ム	因	セ	画	報	的	狙	て
ー	ー	れ	せ	ハ	参	加	者	の	月	会	て	っ	従	に	だ	む
ブ	ェ	ゲ	で	ー	じ	モ	テ	乏	化	側	だ	場	妊	は	社	も
て	チ	フ	ビ	フ	場	出	ソ	愛	権	故	論	室	ツ	ニ	レ	ク
本	室	リ	だ	ナ	機	ひ	化	能	ス	プ	レ	ッ	ド	む	応	だ
海	ソ	ッ	結	意	会	こ	れ	ら	の	ト	ッ	プ	む	向	レ	ヒ
歩	が	パ	圧	ニ	ニ	れ	権	百	ニ	チ	歩	れ	ょ	モ	ク	場
ぎ	加	ー	ル	て	ニ	レ	チ	海	リ	出	ニ	進	意	ラ	社	エ
摘	ぽ	ぎ	ワ	百	読	タ	べ	金	化	リ	チ	写	ツ	セ	応	ハ
私	能	登	ぽ	ゃ	摘	ス	ひ	ヌ	方	応	選	砂	応	っ	通	話
ハ	社	安	ノ	ぎ	シ	組	み	合	わ	せ	テ	ざ	れ	ろ	ひ	故
レ	ぼ	写	ぐ	ひ	レ	化	レ	育	ニ	故	投	ラ	ハ	ま	べ	安
金	ノ	方	妊	権	強	れ	報	再	ふ	向	ス	ヌ	再	愛	ゅ	テ
ま	圧	ゅ	モ	論	打	チ	登	解	ヱ	写	む	む	弱	や	ス	精

Puzzle 407

場	ノ	る	劇	安	社	ス	故	登	れ	相	ゃ	京	権	カ	退	進
安	ょ	チ	ぼ	場	ょ	し	ポ	ひ	ー	互	ニ	私	限	ゃ	京	摘
エ	写	ス	所	お	は	ス	歩	ン	ャ	作	画	追	ビ	タ	ミ	ン
話	会	ど	圧	無	化	ま	場	場	ジ	用	る	加	べ	れ	ク	弱
社	会	的	正	辞	辞	所	も	き	メ	ぼ	真	し	進	室	圧	ク
登	意	ク	確	サ	沈	黙	を	ょ	ヒ	囚	実	だ	温	海	ぐ	ま
サ	論	場	に	ヱ	ろ	期	待	解	チ	応	ニ	妊	度	サ	ル	し
カ	妊	側	ハ	ヌ	出	ツ	ラ	能	意	私	だ	私	計	ハ	き	リ
ま	む	弱	狙	投	通	化	京	ん	合	場	ヱ	海	サ	応	所	暫
ス	ま	ぐ	っ	ホ	圧	ク	金	向	つ	ニ	む	乏	報	摘	報	方
社	テ	ト	る	ぐ	ト	ク	せ	ソ	室	画	や	然	論	文	の	卵
ょ	っ	ー	シ	リ	ポ	だ	場	砂	加	ニ	リ	ニ	る	登	ん	応
ひ	室	ロ	シ	っ	ひ	重	ぽ	解	再	百	本	棚	然	嶋	ひ	登
ド	権	フ	ひ	ョ	解	要	狙	ま	ノ	登	歩	ツ	ふ	く	覧	ぎ
読	ひ	ゅ	ひ	話	ン	な	圧	む	摘	応	べ	報	ひ	ひ	ル	じ

相互作用
期待
論文の
劇場は
ビタミン
本棚
ポリシー
沈黙を
重要な
スポンジ
社会的
卵の
フロート
追加し
真実
権限
温度計
ステーション
メジャー
正確に

Puzzle 408

先のとがった
マスター
歓迎を
手の
準備ができて
グレー
魔女
持っていた
スノーフレーク
庭の
選ぶ
スクラブ
池の
の異なる
割り当て
クラスの
砂の
自然
ポテト
練習は

ス	持	っ	て	い	た	っ	が	と	の	先	ポ	む	コ	チ	応	ス
ク	開	ド	だ	応	エ	ス	権	画	手	ぎ	テ	れ	モ	室	再	だ
ラ	コ	覧	ざ	ド	ま	室	ク	砂	登	合	ト	っ	だ	く	何	多
ブ	ま	登	モ	マ	っ	ぐ	ラ	ふ	会	写	ょ	狙	ク	ゃ	論	だ
ひ	覧	方	話	室	ス	辞	ス	ヒ	ぽ	せ	ヱ	ソ	ト	自	然	化
ん	通	読	ん	ス	も	タ	の	ス	ノ	ー	フ	レ	ー	ク	庭	覧
ま	る	ト	方	ひ	登	べ	ー	準	備	が	で	き	て	レ	の	セ
論	な	チ	何	テ	ト	れ	ツ	論	ト	出	せ	ん	ツ	海	グ	ト
砂	異	報	側	む	れ	テ	所	る	育	ろ	ニ	も	再	芸	選	ぶ
私	の	場	愛	ぽ	ひ	セ	乏	だ	選	多	ニ	方	歓	ニ	ノ	ト
開	結	ひ	だ	応	然	安	方	写	向	登	せ	芸	迎	砂	金	だ
方	ざ	エ	ざ	ふ	ひ	ス	練	魔	女	割	辞	ヌ	を	れ	カ	開
サ	ニ	モ	能	ス	合	る	習	愛	弱	り	ツ	加	囚	歩	ソ	ざ
再	社	所	ろ	砂	社	き	は	ツ	芸	当	ハ	育	場	論	能	ラ
ク	池	の	ル	ス	む	ぽ	何	む	阪	て	ひ	せ	サ	せ	精	金

Puzzle 409

ヒ	ょ	ソ	歩	ょ	所	芸	場	ソ	チ	ダ	行	く	方	せ	投	だ
ド	再	モ	所	論	ゃ	お	ふ	ひ	ュ	イ	る	い	て	し	ハ	コ
マ	ニ	ュ	ア	ル	プ	ロ	セ	ス	ー	ジ	側	白	の	ク	ー	ホ
登	ヌ	ゅ	サ	ゃ	ニ	セ	狙	然	リ	ェ	ッ	金	な	金	ド	話
し	向	想	定	歩	を	明	る	く	ッ	ス	読	バ	い	ト	ん	所
金	ニ	解	ぎ	妊	場	ぎ	す	ひ	プ	ト	ち	ラ	ウ	ン	ド	ヌ
読	歩	ん	狙	方	歩	ぽ	用	何	や	何	ゃ	合	話	ニ	ク	無
会	べ	場	ソ	方	故	覧	適	ぎ	能	退	う	ょ	化	ま	リ	権
然	コ	ょ	き	意	開	暫	集	弱	く	写	育	ク	私	ゃ	ッ	リ
覧	ひ	砂	安	ス	だ	ル	ろ	計	ん	っ	百	権	ょ	解	プ	私
進	安	精	ニ	も	登	し	会	コ	サ	ぎ	ス	も	百	妊	が	だ
エ	ン	ド	ウ	豆	は	べ	妊	所	方	ヱ	登	然	場	く	加	く
せ	ぎ	ん	化	能	画	ラ	ろ	狙	海	狙	通	暫	リ	京	せ	話
ょ	所	必	要	ト	解	セ	開	応	っ	結	む	解	ノ	写	だ	ょ
だ	京	投	ル	ニ	ル	で	進	投	応	摘	ホ	方	レ	再	ぐ	京

チューリップ
必要
集計
している
クリップが
マニュアル
白い
エンドウ豆は
ラウンド
を明るく
行い
のない
ダイジェスト
ちゃう
プロセス
想定
ハード
ホーク
適用する
バッジ

Puzzle 410

ハリネズミ
苦しみ
陽気な
南部
クラウド
石鹸
ローカル
との間で
グループ
に空
食品
のオファー
社長の
の関係は、
購入
陽気
行動を
病院
、最終的な
赤ちゃんの

登	ス	会	ニ	多	私	に	空	の	社	覧	登	も	カ	ス	の	方
方	方	れ	ゃ	写	精	苦	場	オ	長	、	最	終	的	な	関	ホ
ク	ラ	ウ	ド	ロ	せ	し	ト	フ	の	無	じ	サ	ハ	京	係	ひ
ゅ	陽	気	な	ー	弱	み	多	ァ	ん	場	っ	ノ	リ	ト	は	ヌ
通	金	ま	ざ	カ	石	鹸	開	ー	ゃ	ひ	場	乏	ネ	私	、	写
ク	ト	プ	ー	ル	グ	解	無	ク	ち	く	進	エ	ズ	れ	投	モ
と	方	話	安	ざ	っ	行	南	部	赤	購	ひ	社	ミ	レ	故	ヌ
京	の	歩	結	ゃ	論	動	乏	写	囚	入	所	ひ	出	ニ	嶋	京
開	く	間	精	開	も	を	乏	金	ヱ	セ	何	本	何	私	側	ぽ
嶋	コ	所	で	陽	サ	リ	加	ル	リ	愛	登	ツ	会	レ	報	や
ヒ	無	ト	や	む	気	ヌ	画	応	サ	無	何	読	テ	多	テ	加
登	ま	っ	れ	囚	砂	開	暫	弱	砂	故	お	リ	べ	ト	ま	だ
歩	京	乏	精	ぐ	じ	囚	ク	室	解	ニ	通	ク	私	ろ	サ	ス
ヒ	ツ	選	解	ニ	病	故	ヌ	食	品	ぎ	話	チ	ソ	ニ	だ	話
ぐ	加	権	っ	ざ	ろ	院	芸	多	ホ	ん	権	無	ぎ	る	話	お

Puzzle 411

環	海	れ	ざ	金	登	妊	結	ト	暫	芸	興	チ	速	加	エ	っ
境	ス	れ	ヱ	進	妊	会	選	再	て	場	話	味	い	ス	ー	レ
の	ま	だ	ニ	論	め	室	登	多	主	張	故	ス	深	エ	ジ	本
重	ク	嶋	年	の	テ	る	登	だ	れ	ル	せ	た	っ	い	ェ	通
ミ	歩	コ	べ	む	ー	育	ニ	金	場	キ	ニ	ょ	ヌ	ニ	ン	ぎ
ふ	イ	つ	選	ふ	プ	退	化	ク	ク	ッ	ロ	ブ	圧	場	ト	妊
れ	ヌ	ラ	開	写	方	出	ざ	化	ー	チ	結	無	で	ド	ッ	読
お	重	ニ	愛	多	辞	ソ	て	登	リ	ン	カ	ヱ	ツ	無	バ	暫
ふ	ゃ	だ	海	リ	っ	解	ニ	く	ぎ	ぐ	覧	ノ	社	退	ス	意
ひ	ま	ま	ゅ	投	論	妊	だ	会	方	暫	通	ト	報	ス	読	ひ
れ	せ	ひ	く	る	ト	政	っ	京	権	ま	ゅ	進	ひ	感	触	ニ
所	ド	じ	安	ろ	だ	治	読	重	能	ぎ	会	せ	出	ぼ	ま	精
も	ょ	く	ぎ	ろ	ぼ	れ	ヱ	嶋	ゅ	ゃ	摘	暫	ヒ	側	だ	趣
ょ	圧	ょ	無	私	カ	投	海	選	ん	だ	応	む	ゃ	チ	室	味
論	コ	ル	ヱ	リ	話	乏	選	っ	ふ	ホ	化	能	開	写	れ	圧

まだ
趣味
いった
進める
ブロック
選んだ
エージェント
リーク
環境の
速い
感触
興味深い
テープ
ミイラ
年の
バット
キッチン
レース
政治
主張

Puzzle 412

スタッフ
偉業の
恐れ
なっ
スプリングは
ミッション
利用可能な
シンプルな
の家族に
ニンジン
ひょう
人形
天気
ドライバー
回避する
ガチョウを
中程度の
の親の
バン
を越え

ぽ	嶋	ニ	ホ	ゅ	嶋	シ	意	レ	話	進	砂	百	や	ヌ	安	せ
れ	芸	ト	所	画	ニ	ン	ョ	シ	ッ	ミ	べ	室	ラ	く	百	所
所	写	天	気	砂	ン	プ	何	論	ス	タ	ッ	フ	報	向	登	む
ん	だ	加	退	ゃ	ジ	ル	化	何	ト	覧	ノ	ひ	弱	会	ぎ	ひ
摘	は	芸	重	コ	ン	な	方	安	海	ぎ	報	ハ	ラ	ゃ	ゃ	登
バ	グ	ド	妊	ニ	リ	能	写	ク	然	ノ	覧	室	べ	く	ニ	乏
ス	ン	ラ	会	阪	セ	可	恐	れ	ど	向	育	砂	る	多	場	ょ
乏	リ	イ	れ	妊	ろ	用	き	ひ	れ	会	ク	ゃ	方	サ	エ	リ
画	プ	バ	人	レ	回	利	多	加	圧	ひ	ぼ	退	き	き	重	テ
投	ス	ー	私	形	避	偉	業	の	社	く	ソ	ク	し	安	モ	ク
チ	ふ	だ	ひ	を	す	通	ヌ	向	選	ソ	だ	む	き	ゃ	だ	選
の	ん	歩	ょ	越	る	結	ハ	多	ソ	な	っ	通	中	っ	結	再
家	通	ぎ	う	え	ガ	チ	ョ	ウ	を	解	狙	カ	ま	程	故	の
族	報	ク	ぎ	れ	ま	ざ	安	画	投	ど	乏	べ	京	私	度	親
に	精	何	報	登	意	出	っ	読	何	故	化	ノ	る	お	て	の

Puzzle 413

べ	の	当	本	ゅ	進	海	ヌ	ゃ	歩	を	値	価	の	結	所	開
ぽ	粉	代	答	え	は	ラ	ゅ	砂	カ	人	ハ	ざ	育	応	金	つ
ト	き	ド	わ	乗	チ	だ	セ	ト	ハ	大	然	や	愛	精	モ	海
ざ	磨	室	社	り	算	室	つ	し	話	、	は	き	輝	所	砂	乏
ぎ	歯	辞	ド	話	に	ぐ	心	臓	で	最	摘	ラ	き	所	ホ	囚
で	モ	し	ス	く	お	て	つ	加	場	近	ニ	き	ト	嶋	ぼ	リ
能	海	弱	テ	ヌ	ぽ	る	権	会	へ	の	れ	別	重	読	ベ	ク
ろ	レ	ふ	阪	ん	私	し	リ	化	ラ	ゃ	ぎ	向	弱	読	無	将
再	暫	登	暫	シ	や	ゅ	や	も	ジ	セ	簡	ろ	だ	ラ	ツ	来
結	せ	つ	論	私	ェ	私	報	ペ	カ	然	単	で	出	ま	ぎ	の
サ	イ	ク	リ	ン	グ	ア	ベ	ー	ス	ス	側	し	摘	ゃ	解	モ
で	ク	む	ハ	だ	ヱ	本	ツ	ク	写	出	ヌ	だ	つ	セ	意	ト
ゃ	選	ぼ	ぽ	ニ	ト	旅	話	精	辞	も	ま	モ	ゅ	ろ	若	い
ク	重	百	ラ	ん	本	行	場	権	く	ニ	サ	多	合	辞	ク	じ
出	会	砂	金	ひ	百	ト	社	意	合	じ	画	エ	で	ト	ど	っ

歯磨き粉の
答えは
ベース
クーペ
輝きは、
乗算
心臓
簡単
旅行
シェア
の代わりに
の価値を
ヘラジカ
サイクリング
、大人を
本当の
若い
別れの
、最近の
将来の

Puzzle 414

両方の
のほか
アタック
飛行
センチピード
ポーズ
共通
少ない
ドア
オレンジ
魅力
ノートブック
主要な
王子
ヒョウ
剛性の
スグリ
ロビン
ストア
ピース

退	芸	む	っ	ソ	多	権	ざ	ド	芸	ニ	何	カ	魅	ヌ	退	ぎ
ク	ニ	意	ス	ニ	精	圧	ト	お	所	再	安	ょ	力	嶋	囚	歩
私	ス	ニ	ろ	ク	所	無	金	ク	場	私	故	ぐ	安	育	て	ま
ニ	ー	グ	て	登	セ	登	主	ゅ	ひ	ト	会	ク	ロ	ビ	ン	ル
オ	ピ	ぐ	リ	ヒ	ョ	ウ	要	本	合	化	ル	つ	ヌ	ニ	ト	多
レ	だ	解	権	ソ	私	い	な	少	嶋	精	話	故	ス	報	狙	向
ン	共	べ	だ	ラ	ざ	登	ク	ぎ	の	方	両	ぼ	ト	っ	じ	ど
ジ	通	報	っ	ょ	ル	せ	登	王	子	ほ	加	室	ア	ひ	る	て
狙	ホ	方	故	ヱ	阪	読	愛	も	写	ク	か	レ	進	ド	ぐ	育
ア	タ	ッ	ク	き	く	ヱ	ヱ	ノ	ー	ト	ブ	ッ	ク	ポ	ー	ズ
コ	百	セ	ン	チ	ピ	ー	ド	登	サ	暫	っ	芸	場	だ	ト	方
弱	嶋	ヌ	再	き	摘	登	投	飛	行	乏	ざ	合	退	歩	加	登
モ	ゃ	じ	ツ	場	合	投	芸	愛	ニ	通	ス	覧	ス	つ	レ	摘
剛	性	の	意	本	妊	京	じ	ル	っ	ト	意	向	セ	ひ	話	再
ぎ	モ	室	ヱ	ド	だ	摘	ふ	応	ふ	精	じ	乏	選	化	ト	ひ

Puzzle 415

側	る	ぎ	場	つ	ょ	私	の	海	つ	ヌ	れ	場	べ	歩	ノ	退
嶋	重	べ	ク	て	っ	チ	下	ニ	や	本	私	ト	選	イ	ク	論
る	反	摘	嶋	む	ヒ	安	に	側	解	暫	ゅ	出	無	れ	京	ひ
る	写	対	お	室	チ	れ	ひ	ど	歩	ひ	動	物	は	阪	然	故
京	ク	応	合	安	だ	応	ハ	無	再	ま	弱	加	辞	ノ	セ	背
投	票	ふ	ひ	だ	選	加	辞	会	エ	会	画	サ	本	ょ	所	の
ツ	本	ス	タ	ー	ま	ま	弱	も	加	ぎ	ツ	ラ	化	ふ	ク	高
で	き	社	画	だ	本	所	話	開	阪	お	辞	画	方	ゃ	お	い
開	ん	べ	ろ	弟	を	く	傾	斜	会	せ	論	ニ	外	部	エ	た
方	ぼ	ニ	場	本	圧	済	ヱ	私	方	し	解	向	解	然	砂	冷
ハ	ゃ	登	ツ	る	画	海	経	話	れ	室	応	つ	応	加	ぼ	金
ス	リ	ッ	プ	権	む	ク	加	圧	海	芸	再	何	だ	ヌ	の	側
、	実	際	に	風	辞	阪	進	じ	ス	ポ	ー	ツ	は	、	生	ニ
る	べ	砂	も	船	ぎ	ょ	向	れ	画	早	所	ぽ	ツ	方	産	ヌ
所	重	合	圧	た	と	き	に	ヱ	ま	い	っ	画	ど	摘	乏	ひ

スポーツは、
冷たい
投票
動物は
外部
べイ
早い
たときに
の生産
スター
の下に
傾斜
でき
スリップ
風船
弟を
背の高い
反対
、実際に
経済を

Puzzle 416

支配的な
忙しい
トウモロコシの
ゴール
ペットの
花の
バナナ
隣人
大学の
薄い
つつく
の電話
の簡素化
遠征
愚か者の
チェリー
音楽
最近
変更
熱帯

進	権	話	薄	ホ	つ	ど	ょ	論	る	加	精	遠	忙	し	い	じ
サ	リ	電	い	ま	ホ	つ	ヒ	進	覧	弱	ふ	征	サ	ヌ	ル	投
大	学	の	で	む	ス	会	く	お	選	や	会	加	エ	て	テ	ひ
ょ	ぽ	れ	ヒ	ど	っ	や	応	ぽ	る	摘	花	チ	ヱ	私	き	精
育	場	ょ	ひ	ヒ	圧	砂	狙	精	ぎ	チ	の	何	ろ	ヱ	方	音
読	ろ	ト	摘	ひ	暫	砂	だ	乏	投	熱	百	ラ	愚	変	所	楽
本	出	海	化	ひ	選	ハ	ま	結	最	近	帯	ぺ	か	更	ぐ	金
通	側	ニ	百	出	サ	ぎ	だ	ハ	ろ	出	安	ッ	者	だ	権	ツ
ぽ	会	ニ	れ	進	精	応	隣	意	く	私	ま	ト	の	っ	ひ	ル
ス	ぎ	向	き	ニ	読	せ	人	ひ	側	ぎ	む	の	チ	ェ	リ	ー
重	重	論	ぼ	妊	ま	む	嶋	通	乏	ま	ょ	バ	読	レ	進	ゴ
乏	ト	ぎ	ょ	ト	ウ	モ	ロ	コ	シ	の	コ	れ	ナ	化	ニ	ヌ
摘	場	チ	ホ	ド	も	弱	ぽ	ど	画	狙	だ	む	進	ナ	重	ひ
つ	応	報	囚	応	セ	だ	能	だ	ヒ	会	ニ	の	簡	素	化	然
ろ	支	配	的	な	ハ	投	ス	会	出	ろ	ス	ひ	投	お	ゅ	ヒ

Puzzle 417

弱	ニ	ク	合	方	読	進	辞	キ	会	場	消	社	カ	ワ	ウ	ソ
登	ぎ	応	ル	テ	ニ	で	じ	方	ャ	安	防	っ	妊	退	っ	社
ん	ド	故	京	警	官	ノ	応	む	故	リ	士	情	話	じ	ド	故
ど	京	応	圧	合	つ	ド	突	重	辞	タ	ア	報	ル	囚	登	暫
阪	ょ	本	ぎ	育	解	ス	然	阪	砂	マ	妊	む	所	登	サ	会
退	金	百	妊	応	暫	論	結	だ	叫	ネ	年	ス	サ	嶋	圧	し
一	度	海	決	ス	聞	い	て	ヱ	び	ギ	間	ル	所	ょ	ヌ	ぼ
ト	方	阪	定	意	れ	き	甘	通	は	出	期	ツ	エ	ヌ	私	画
画	室	阪	退	お	レ	っ	い	所	、	ふ	ホ	ん	ブ	て	ク	ス
し	く	室	応	コ	ビ	単	ょ	ふ	育	京	無	ノ	方	ル	ク	で
の	ヌ	む	ト	ノ	ュ	な	化	登	ソ	妊	ホ	進	で	っ	ー	ぎ
モ	テ	ひ	ぎ	む	ー	る	ハ	京	ゃ	ヒ	妊	せ	ょ	ヱ	応	ぎ
ゃ	見	ー	ゅ	本	然	再	ひ	退	海	ゅ	つ	京	愛	応	ゃ	場
意	つ	で	マ	ゃ	囚	報	狙	ル	ヌ	投	リ	何	応	ノ	退	摘
チ	け	れ	応	む	合	ょ	阪	狙	室	妊	然	、	小	数	点	会

叫びは、
カワウソ
情報
見つけ
のテーマ
決定
警官
年間
消防士
ブルー
突然
タマネギ
聞いて
単なる
キャリア
甘い
レビュー
一度
、小数点
期間

Puzzle 418

意	場	学	満	た	さ	く	砂	登	フ	解	ス	ノ	嶋	権	ひ	妊
歩	れ	生	海	ん	然	ゃ	ぽ	然	ィ	登	ぺ	ざ	京	だ	乏	れ
顧	囚	の	ウ	ド	ン	ィ	ウ	投	ー	京	ル	所	む	ツ	っ	愛
客	し	へ	カ	ド	エ	意	百	権	ド	重	チ	本	っ	ひ	き	ホ
だ	完	璧	芸	だ	じ	狙	セ	頭	の	ヒ	ェ	む	芸	ヒ	ク	や
ツ	コ	ざ	ニ	ホ	ハ	摘	論	ん	の	全	ッ	ま	出	私	場	む
宗	教	的	な	弱	重	ん	エ	育	色	体	ク	ひ	テ	ロ	る	画
ツ	権	化	ラ	ざ	ル	登	安	無	紫	に	ん	ま	場	囚	報	話
ス	サ	重	だ	コ	ゅ	場	ト	登	地	重	む	本	ヌ	じ	サ	再
つ	写	ブ	パ	イ	ナ	ッ	プ	ル	域	ひ	ト	ろ	ひ	ド	ニ	っ
報	芸	レ	阪	解	ス	側	ょ	精	を	イ	レ	ー	サ	ー	ヱ	私
ょ	歩	ン	場	愛	京	場	嶋	て	ク	開	ヌ	場	つ	ざ	で	報
マ	サ	ド	ス	で	む	ニ	出	室	ハ	ぽ	レ	テ	ま	希	く	で
加	シ	愛	弱	ひ	ク	ひ	場	お	ひ	セ	辞	ソ	先	く	望	百
テ	育	ン	選	権	ニ	ぐ	歩	ラ	安	じ	ツ	権	故	ひ	じ	覧

ブレンド
への
完璧
テロ
マシン
スペルチェック
地域を
百頭の
宗教的な
満たさ
紫色の
イレーサー
顧客
フィードの
パイナップル
学生の
希望
つま先
ウィンドウの
全体に

Puzzle 419

子	の	ル	ヒ	ア	マ	ざ	豊	て	こ	れ	っ	ぐ	じ	画	っ	退
資	だ	ぐ	ー	故	ッ	因	る	か	育	ホ	じ	レ	ぐ	能	む	愛
テ	格	っ	っ	ル	プ	加	覧	ク	な	ニ	ゅ	合	退	百	所	化
ぼ	通	を	ヌ	化	は	拠	証	解	注	意	思	い	や	り	の	安
室	ル	再	ニ	エ	、	ひ	椅	子	レ	開	ろ	妊	ゅ	ん	開	ク
カ	ト	ひ	お	然	ツ	応	多	ど	エ	論	銀	然	出	サ	乏	る
フ	ラ	イ	室	論	資	開	結	ヱ	ま	ル	行	応	誤	差	や	ク
れ	会	ぼ	コ	ニ	本	歩	ニ	無	側	表	ょ	映	開	精	安	ひ
妊	ひ	妊	報	選	っ	登	れ	ス	砂	す	化	画	然	化	阪	乏
金	歩	退	テ	私	ぎ	百	れ	に	失	敗	圧	会	覧	き	コ	チ
じ	で	然	進	ま	側	ゃ	何	も	嶋	摘	京	ぎ	ニ	教	や	能
じ	モ	乏	使	い	捨	て	フ	ラ	グ	メ	ン	ト	だ	室	報	場
乏	チ	れ	ま	く	セ	ま	嶋	ク	育	ハ	所	故	海	結	ざ	っ
ク	多	れ	話	百	だ	ょ	ヌ	エ	開	ロ	ル	覧	ぎ	エ	ソ	安
ス	愛	ん	ツ	き	ク	ツ	だ	エ	社	ー	ひ	結	暫	進	画	ざ

フラグメント
豊かな
ルール
誤差
フライ
思いやりの
銀行
映画
ハロー
マップは、
注意
資本
教室
資格を
アヒルの子
証拠は
使い捨て
に失敗
椅子
表す

Puzzle 420

女王の
信号
維持する
ドクター
貿易
急いで
芝生の
スティール
インスタントが
古い
人気の
モーメント
シーケンス
ました
ヘン
願いを
名詞
少年
バタフライ
そのもの

ク	つ	ゅ	ぽ	向	ょ	て	ス	や	報	じ	ふ	退	だ	海	貿	圧
バ	人	気	の	王	女	ノ	む	登	コ	ひ	願	い	を	覧	易	能
ー	タ	ク	ド	ホ	ル	セ	む	応	乏	応	ま	チ	ト	エ	摘	む
画	て	フ	解	し	ふ	歩	ひ	安	ト	方	維	持	す	る	ソ	狙
エ	社	開	ラ	結	百	因	ヌ	で	場	ぽ	ト	で	再	報	会	ヒ
化	べ	ま	芸	イ	ヌ	方	ヱ	加	乏	芸	辞	ト	応	ど	結	意
急	開	し	て	じ	会	精	ょ	本	ぐ	ゅ	砂	ヱ	れ	何	ょ	ソ
ク	い	た	百	権	意	ょ	重	イ	ざ	レ	意	コ	通	ス	ぼ	ニ
く	古	で	化	論	ク	っ	報	ニ	ン	ヘ	ハ	嶋	ゅ	ま	場	圧
や	ニ	ホ	砂	そ	画	ル	ー	ィ	テ	ス	ど	向	し	べ	精	ク
応	妊	じ	む	の	話	名	詞	カ	モ	ン	タ	所	少	ょ	っ	ぽ
所	ク	ラ	ま	も	開	ぎ	信	号	ー	ケ	社	ン	年	暫	登	百
話	ど	だ	ト	の	阪	金	ク	だ	メ	ー	海	エ	ト	ド	ス	妊
精	妊	む	レ	生	だ	ょ	ヌ	ひ	ン	シ	海	合	論	が	権	も
ド	ヒ	だ	カ	芝	ヒ	ス	進	無	ト	じ	ぎ	弱	ぐ	べ	圧	も

Puzzle 421

育	セ	ざ	合	画	ゃ	ょ	や	精	摘	ふ	画	ぽ	歩	意	芸	応
読	チ	解	ヱ	じ	応	ス	っ	ト	合	登	達	成	し	ソ	プ	室
で	論	ゅ	進	ん	て	応	場	ょ	ぎ	ゃ	ま	レ	進	会	ラ	読
ク	百	じ	モ	サ	社	ク	っ	っ	狙	で	方	選	き	砂	ス	ろ
く	典	型	的	な	阪	れ	ま	嶋	セ	芸	だ	側	応	圧	チ	恩
平	話	ひ	読	弱	ス	じ	モ	寝	ん	ヒ	故	高	乏	金	ッ	赦
ソ	和	レ	モ	ネ	ー	ド	暫	ホ	室	く	加	速	会	融	ク	ラ
ぎ	意	摘	阪	弱	ラ	金	に	く	近	の	ニ	道	ろ	ツ	れ	ソ
じ	精	ヱ	ゃ	必	ミ	ア	ー	ム	チ	ェ	ア	路	だ	囚	然	化
レ	狙	チ	む	ず	じ	ふ	室	レ	愛	方	ど	の	ゃ	場	ょ	モ
だ	マ	ネ	ー	ん	海	開	ぎ	百	土	巨	大	私	阪	室	ス	ょ
加	意	っ	登	ぼ	登	重	レ	撮	影	地	ま	化	ろ	ど	ょ	ホ
ぎ	で	き	芸	精	通	支	援	砂	コ	ク	の	仕	上	げ	ま	話
ろ	じ	通	ん	チ	阪	ド	サ	ニ	応	ま	選	し	ニ	ヌ	ま	ニ
弱	暫	ぐ	チ	登	ニ	妊	子	供	所	も	ク	暫	弱	京	ノ	論

ミラー
支援
マネー
寝室の
撮影
典型的な
レモネード
アームチェア
恩赦
巨大
子供
仕上げ
の近くに
プラスチック
土地の
金融
必ず
達成
平和
高速道路の

Puzzle 422

不	安	定	ニ	ス	ヒ	ス	育	リ	コ	ぎ	理	金	砂	ス	開	リ
私	狙	場	阪	く	登	乏	弱	愛	ぎ	通	論	ひ	や	テ	ヒ	化
場	も	チ	海	応	だ	ツ	お	ツ	ゅ	サ	ー	ビ	ス	ー	ヱ	ひ
ス	応	ラ	投	ん	応	解	ヱ	報	ニ	ル	ニ	予	コ	ト	選	金
化	ぎ	ド	会	ス	ウ	ラ	ブ	靴	の	波	ポ	測	ン	メ	化	っ
解	私	砂	だ	覧	ツ	話	登	し	何	応	多	狙	パ	ン	重	ホ
ヌ	京	権	ひ	ひ	だ	ー	は	ヱ	加	病	覧	多	ニ	ト	ニ	だ
ア	イ	デ	ア	は	、	の	ル	能	私	出	気	方	オ	投	ベ	座
ひ	ラ	く	加	ト	ゅ	夢	ぽ	ス	ふ	加	レ	の	ン	登	テ	っ
ド	も	ド	レ	報	向	の	で	ヌ	ト	場	進	暫	ツ	せ	芸	砂
ょ	ゅ	画	ク	む	ん	む	話	場	じ	ス	ひ	ゅ	カ	チ	化	自
結	室	本	加	ニ	応	退	ふ	チ	会	っ	ふ	京	ヌ	登	ょ	由
話	ふ	せ	解	ひ	解	私	暫	信	ニ	れ	場	レ	乏	覧	く	ぎ
弱	乏	ふ	摘	ざ	覧	ら	ソ	自	ト	き	論	サ	む	ぎ	ス	覧
ホ	芸	所	ソ	読	み	取	り	に	お	登	側	ふ	ざ	ま	カ	ヌ

スツール
病気の
波の
サービス
不安定
靴の
取ら
ポニー
ブラウス
自由
の夢の
ステートメント
読み取りに
に自信
予測
アイデアは、
理論
話は
座っ
コンパニオン

Puzzle 423

テ	安	妊	蚊	強	い	向	嶋	育	ヱ	ぎ	ク	ニ	む	見	所	ヌ
セ	ィ	ム	を	レ	室	応	セ	む	弱	ヌ	ス	辞	せ	つ	る	ト
精	ス	ー	コ	ド	再	ト	社	無	ノ	乏	囚	万	ぎ	け	画	本
ぽ	ゃ	ル	ポ	再	再	ニ	べ	す	ひ	辞	べ	人	も	ま	本	ニ
っ	ぎ	ブ	ひ	ッ	燃	や	し	ま	し	た	ソ	の	ち	す	む	ざ
お	本	ホ	ヌ	せ	ト	ハ	百	え	知	識	を	櫛	ろ	し	ヒ	ざ
妊	リ	っ	愛	グ	嶋	ク	歩	考	百	カ	カ	ニ	ん	っ	暫	リ
粒	子	摘	百	レ	話	方	ニ	ホ	っ	し	コ	ヱ	の	囚	れ	ょ
む	コ	せ	通	ー	ひ	で	論	暫	エ	大	百	意	開	だ	ド	チ
ハ	ゃ	だ	無	ド	カ	愛	覧	ろ	権	学	無	権	側	じ	暫	れ
モ	嶋	だ	ぼ	し	私	登	摘	ぼ	ス	院	る	登	ヒ	側	コ	化
登	ラ	合	っ	っ	ト	室	せ	育	本	ひ	歩	ま	れ	ょ	京	側
妊	摘	く	画	熱	サ	イ	ト	れ	っ	真	ボ	ク	シ	ン	グ	ゅ
ソ	カ	通	能	多	心	し	カ	ろ	サ	多	似	囚	読	カ	れ	写
べ	開	結	部	門	弱	な	ど	結	せ	故	京	暫	登	登	ソ	れ

サイト
ボクシング
真似
コース
粒子
もちろんの
強い
見つけます
熱心な
燃やしました
考えます
部門
グレード
大学院
ティーポット
万人の
蚊を
知識を
櫛の
ブルーム

Puzzle 424

開	結	ヌ	シ	ェ	ー	ド	と	ソ	写	育	だ	む	ニ	き	コ	ま
る	サ	場	エ	で	能	本	言	会	嶋	れ	エ	阪	レ	お	ぎ	開
セ	の	ド	ル	ー	ィ	フ	う	説	明	ミ	ネ	ギ	を	育	話	研
ニ	乏	ロ	ぎ	方	金	無	画	ク	向	ぎ	ス	ぎ	、	無	然	究
ヒ	京	ッ	リ	ゅ	む	芸	安	所	ぽ	出	ろ	選	標	ハ	然	精
ホ	応	プ	る	だ	私	応	ん	で	エ	ん	っ	ブ	準	ぎ	じ	し
フ	ク	ど	っ	私	狙	っ	ゅ	化	開	激	怒	ッ	的	愛	囚	砂
る	ォ	ん	コ	愛	ニ	れ	砂	会	れ	ト	テ	ク	な	む	百	結
エ	ふ	ー	ん	対	解	退	育	化	精	セ	じ	意	ス	俳	優	ソ
本	場	読	ク	象	エ	だ	摘	ま	会	ニ	意	子	犬	タ	ラ	育
ヱ	退	阪	意	だ	愛	ひ	ざ	で	然	ょ	じ	ス	ぎ	読	ン	社
っ	ノ	妊	ノ	ト	阪	解	ヌ	ろ	エ	ソ	ょ	ノ	圧	本	る	プ
然	多	ホ	お	ぎ	じ	異	な	る	せ	ゃ	サ	イ	報	つ	本	芸
き	ニ	阪	ぐ	社	暫	む	歩	重	し	摘	進	や	ょ	じ	登	能
社	ぎ	む	囚	金	権	む	ツ	読	べ	ラ	ン	プ	ク	本	出	ツ

対象
俳優
怒っ
研究
シェード
ブック
と言う
フィールドの
説明
異なる
フォーク
ドロップ
、標準的な
ランプ
ミス
サイ
子犬
激怒
ネギを
スタンプ

Puzzle 425

然	ゅ	む	で	然	摘	ひ	論	ひ	じ	は	ど	ん	ト	お	ツ	覧
画	ヒ	ハ	側	教	ツ	ひ	開	で	向	決	失	の	嵐	風	の	だ
コ	登	選	の	師	選	ざ	ひ	ど	い	し	わ	仮	タ	呂	人	だ
読	ト	故	素	し	ス	だ	ぎ	社	側	て	れ	想	ひ	ー	ン	べ
て	狙	べ	敵	狙	っ	モ	愛	所	リ	育	た	保	持	向	デ	ラ
無	権	何	な	ル	報	チ	ヱ	ょ	ス	無	れ	ヌ	エ	ざ	ー	ふ
話	ぎ	権	く	ぼ	側	ま	多	レ	百	報	壊	開	社	ラ	ェ	エ
ぼ	覧	コ	重	リ	せ	ニ	安	圧	嶋	ん	選	も	加	れ	ウ	ノ
華	登	圧	せ	退	圧	エ	ゅ	乏	モ	き	カ	愛	ハ	も	ス	選
ど	麗	京	嶋	社	ゅ	ひ	ぎ	室	ょ	む	で	向	カ	だ	モ	ざ
退	ぎ	な	考	案	れ	写	ス	水	曜	日	の	室	室	サ	通	む
て	会	セ	化	向	で	開	サ	チ	ニ	出	ス	供	ノ	カ	彼	き
金	ど	本	じ	読	痛	み	進	や	側	ス	歩	ょ	子	ス	女	所
ん	レ	ハ	ゅ	加	通	聞	く	ろ	む	故	貸	し	ま	す	の	意
登	側	ひ	投	ソ	意	話	む	愛	せ	ゅ	チ	く	投	社	室	摘

ひどい
貸します
考案
保持
嵐の
痛み
壊れた
彼女の
の仮想
風呂
の素敵な
スウェーデン人の
失われた
は決して
水曜日の
データの
聞く
子供の
華麗な
教師

Puzzle 426

みなさん
ラジオ
ガラス
たくさんの
高価な
ストリーム
王冠の
について
拡張
王室
通常
中間の
ベルト
の問題に
数の
鍬を
社会
結婚は
世代
プレス

王	き	ゅ	ト	ゅ	解	つ	精	ス	プ	ノ	弱	合	テ	る	登	ト
ヒ	室	ル	ど	ク	ぎ	中	進	ト	レ	場	嶋	本	結	ぎ	社	解
嶋	芸	ス	ろ	ハ	ぎ	間	鍬	会	ス	ト	だ	多	婚	ゅ	会	弱
然	会	化	辞	海	私	の	を	能	ひ	囚	砂	き	は	囚	ぎ	み
拡	張	の	問	題	に	数	ょ	ぽ	進	再	登	ク	ぎ	話	愛	な
登	も	ハ	金	れ	ま	無	故	ソ	モ	乏	れ	れ	無	圧	ど	さ
化	る	開	ヱ	ひ	ヱ	リ	ニ	応	世	代	会	囚	し	ぐ	っ	ん
重	王	冠	の	本	ゃ	方	ぽ	ソ	高	価	な	妊	出	意	通	応
通	報	ニ	ん	ふ	ス	妊	せ	開	カ	ス	弱	ぼ	ま	も	常	ラ
私	で	ょ	さ	ス	ス	テ	場	摘	だ	っ	ひ	っ	向	モ	ス	海
ラ	無	解	く	ノ	ト	ぽ	何	意	く	コ	で	や	じ	精	論	狙
ょ	ラ	も	た	コ	ル	リ	に	つ	い	て	金	本	ゅ	レ	弱	も
オ	ク	摘	れ	も	べ	ニ	ー	ツ	開	だ	歩	精	ふ	場	加	進
し	ジ	せ	能	ホ	ニ	結	登	ム	ツ	向	っ	も	ひ	じ	ょ	選
狙	ガ	ラ	ス	場	ざ	京	暫	つ	砂	ソ	ト	む	ク	読	精	画

Puzzle 427

化	ヌ	砂	画	ぼ	海	ヌ	バ	育	一	暫	砂	京	っ	ト	育	跳
画	意	然	論	ざ	弱	ゅ	レ	重	致	通	私	だ	摘	出	つ	ん
の	入	り	口	ひ	本	私	ン	登	す	ニ	妊	嶋	き	室	権	だ
海	化	摘	て	妊	つ	チ	タ	イ	る	る	写	て	も	つ	し	カ
再	暫	通	安	ル	却	下	イ	コ	ひ	囚	社	能	ぎ	ぐ	ゃ	能
笑	っ	た	レ	ろ	再	通	ン	ニ	故	や	場	ダ	ょ	ど	だ	ふ
意	ニ	進	京	ホ	お	紳	ひ	許	暫	っ	ゅ	ン	精	方	場	論
砂	登	能	写	開	だ	出	士	容	ズ	ー	ワ	グ	ラ	ド	場	ク
ふ	わ	ふ	わ	除	い	機	テ	祖	会	側	大	ル	ま	ど	ゅ	育
ひ	れ	画	乏	能	つ	能	向	権	先	む	き	慎	ぎ	ヌ	ゅ	ル
ざ	ニ	ひ	ノ	ゅ	向	を	コ	多	リ	セ	な	重	進	ひ	ヱ	や
お	精	写	し	金	ニ	っ	育	社	エ	れ	能	に	弱	れ	だ	私
解	ブ	ラ	ウ	ン	嶋	進	ぎ	ク	能	ょ	柔	で	き	怖	が	っ
歩	結	登	ヱ	論	ツ	だ	ス	権	向	ツ	再	軟	ト	ス	ニ	所
所	ゃ	も	重	だ	摘	重	化	ニ	ラ	所	投	歩	な	ソ	報	狙

バレンタイン
許容
怖がっ
除い
機能を
却下
イタチ
ドラグワーズ
祖先
ダングル
笑った
大きな
紳士
一致する
ふわふわ
柔軟な
の入り口
跳んだ
慎重に
ブラウン

Puzzle 428

ブ	リ	ー	ド	贈	報	論	海	、	ょ	パ	、	故	セ	暫	や	く
正	を	白	告	り	通	せ	向	よ	方	フ	ひ	最	ヘ	ッ	ジ	場
ま	投	お	デ	物	む	ど	合	り	解	ォ	通	百	近	お	ニ	社
ス	イ	ン	グ	ザ	レ	っ	結	良	て	ー	ワ	ラ	フ	リ	カ	せ
閉	じ	込	め	る	イ	ま	論	い	始	マ	必	要	と	じ	覧	選
囚	カ	ぎ	ど	ん	退	ン	だ	話	め	ン	ニ	テ	登	京	向	べ
向	ぽ	チ	カ	歩	れ	ぐ	テ	場	る	ス	芸	で	サ	権	ゃ	解
生	き	て	ブ	お	所	弱	当	再	い	を	砂	ん	ヌ	合	育	お
会	テ	ニ	ト	ト	せ	場	事	社	て	だ	化	故	ク	応	で	ス
室	再	囚	ム	芸	ラ	百	者	側	っ	ざ	だ	乏	ソ	ソ	ぎ	れ
登	乏	無	シ	本	摘	ブ	は	ハ	怒	ひ	チ	ょ	ど	阪	ひ	お
ト	セ	っ	論	意	育	コ	ル	精	ぎ	お	無	ざ	投	ぎ	狙	出
能	場	阪	進	圧	乏	ぐ	出	の	お	じ	故	カ	能	解	ス	妊
応	芸	ニ	ぼ	で	応	歩	妊	意	だ	歩	圧	お	く	ホ	摘	ぽ
ど	ぎ	愛	お	摘	誰	か	に	ノ	サ	報	ぎ	論	ろ	ヱ	金	弱

正を
生きて
トラブルの
パフォーマンスを
誰かに
怒っている
当事者は
カブトムシ
必要と
、最近
デザイン
ブリード
告白を
閉じ込める
贈り物
ヘッジ
、より良い
スイング
カリフラワー
始める

Puzzle 429

ど	ラ	論	ひ	お	進	ざ	ツ	テ	ど	ク	再	安	室	権	応	ス
カ	や	ツ	ス	海	解	ゃ	囚	エ	海	ゅ	ニ	場	画	ぎ	囚	ト
結	変	位	乏	ニ	ひ	き	る	愛	ひ	流	ラ	結	芸	で	だ	ロ
私	ト	で	ス	ゅ	乏	開	ハ	成	れ	狙	体	多	辞	テ	れ	べ
協	力	し	ま	す	モ	登	応	場	長	ひ	芸	話	ル	退	っ	リ
ぎ	多	べ	乏	ま	精	画	っ	ひ	リ	を	チ	ャ	レ	ン	ジ	ー
妊	愛	北	極	ド	離	能	カ	加	応	壁	圧	加	セ	ピ	権	ょ
歩	登	会	で	ヌ	れ	む	写	む	妊	ひ	室	精	る	し	ト	ス
重	出	ニ	防	衛	ま	ノ	ウ	ハ	ウ	の	読	ラ	ひ	む	今	ス
も	選	化	む	能	然	辞	エ	ざ	深	故	テ	報	側	リ	や	登
ド	加	報	投	場	サ	ふ	室	せ	刻	て	社	退	ト	登	ヱ	し
レ	与	応	ニ	場	ニ	退	応	ト	側	ヌ	ド	せ	ラ	カ	公	圧
じ	え	に	つ	い	て	の	答	っ	セ	愛	読	登	ム	チ	せ	園
囚	る	れ	さ	示	表	通	通	ひ	会	会	ゃ	く	場	コ	写	ニ
愛	む	ツ	ひ	暫	私	む	所	加	エ	っ	テ	ぐ	乏	ぼ	本	れ

ピン
北極
チャレンジ
協力します
壁を
与える
公園
についての
表示される
変位
応答
防衛
成長を
流体
ストロベリー
トラム
ノウハウの
離れ
深刻
今や

Puzzle 430

ょ	登	社	応	好	れ	じ	論	ひ	ニ	読	投	ド	選	れ	ド	レ
ざ	や	写	ニ	む	ニ	ん	だ	だ	ざ	ん	育	ノ	報	話	べ	ノ
暫	狙	ひ	阪	私	階	ソ	ふ	ひ	通	ふ	ひ	ト	無	ひ	弱	応
応	乏	ょ	だ	ヌ	下	砂	だ	ク	何	お	ラ	暫	応	嶋	何	デ
向	ソ	必	死	ヱ	き	本	結	ム	で	解	ひ	だ	進	精	で	ー
愚	か	な	報	ふ	泥	何	摘	オ	ー	プ	ナ	ー	有	す	る	タ
ま	ざ	覧	む	無	だ	カ	ス	セ	れ	ュ	誕	ス	所	然	私	が
加	ラ	じ	出	妊	ら	輸	百	ク	場	何	リ	生	化	乏	然	ゃ
暫	ハ	ゃ	読	場	け	場	送	シ	精	投	ム	ボ	日	圧	ホ	ぎ
レ	ジ	ス	ト	を	の	せ	囚	ョ	く	ま	ツ	ス	会	ょ	つ	ぎ
出	選	能	し	ゃ	テ	進	ヱ	ン	ラ	ゃ	タ	お	ハ	ん	ホ	ぐ
結	能	れ	を	ぐ	ひ	減	少	し	ス	む	カ	カ	国	際	き	カ
何	応	ス	チ	ェ	ア	所	む	ゃ	向	ん	通	育	画	解	側	辞
れ	京	ジ	ッ	レ	ス	ろ	ヌ	圧	社	む	読	か	か	し	阪	囚
ひ	せ	る	タ	狙	っ	然	安	私	く	摘	登	つ	れ	然	コ	芸

減少
輸送
カタツムリ
有する
データが
チェア
スレッジ
階下
愚かな
ボリューム
セクション
タッチをし
好む
かかし
国際
オープナー
レジストを
泥だらけの
必死
誕生日

Puzzle 431

船	場	弱	お	理	ょ	コ	サ	冷	ツ	ス	ぼ	む	サ	モ	で	が
を	京	所	画	由	ニ	何	ン	蔵	向	ツ	て	ソ	る	乏	京	存
で	ょ	結	安	を	歩	ト	ド	庫	権	や	愛	ゃ	て	子	砂	在
着	用	し	ょ	場	暴	力	キ	の	バ	ッ	チ	写	ま	猫	重	だ
位	置	が	ゃ	リ	ろ	精	ャ	生	ぽ	む	だ	も	話	ハ	レ	加
だ	ひ	ヱ	ニ	お	多	ハ	ッ	先	愛	多	ひ	ま	開	所	辞	向
弱	べ	多	だ	開	芸	応	ス	論	む	む	所	登	場	画	ス	ヒ
意	ま	囚	結	話	ハ	し	ル	だ	本	チ	側	能	で	だ	そ	り
れ	通	覧	登	愛	レ	ざ	室	ふ	ヌ	ぽ	レ	ノ	ヌ	場	応	テ
ク	ス	ク	狙	明	ろ	ひ	べ	再	海	百	歩	ー	ト	本	話	芸
シ	れ	き	せ	ら	捧	げ	る	っ	て	ー	じ	ト	ど	通	妊	場
故	ー	摘	加	か	高	ニ	ホ	京	ル	ハ	目	だ	ッ	べ	も	弱
百	ル	ズ	ボ	に	度	場	レ	べ	む	ヌ	ニ	向	投	ビ	覧	投
や	報	ス	ン	す	登	能	報	ぎ	カ	応	私	室	会	ス	開	応
だ	ニ	ル	ト	る	テ	ざ	弱	ょ	安	報	意	む	チ	所	で	じ

暴力
シーズン
ビット
そり
着用し
トンボ
船を
子猫
サンドキャッスル
先生の
位置が
ノート
冷蔵庫の
高度
が存在
一目
明らかにする
捧げる
理由を
バッチ

Puzzle 432

セ	ょ	や	安	安	フ	辞	砂	結	報	ひ	ソ	病	っ	電	第	で
海	ひ	ホ	て	ぽ	登	ァ	精	ぎ	狙	安	ル	退	皿	車	ト	四
覧	結	そ	側	精	方	条	ー	シ	ひ	ぽ	れ	写	も	れ	で	弱
ゅ	歩	れ	登	だ	エ	件	つ	ム	ぎ	妊	芸	会	つ	ま	応	て
ひ	ぽ	ぞ	ソ	狙	登	妊	ら	ウ	圧	向	弱	命	ま	妊	応	芸
ひ	結	れ	安	応	場	ラ	ら	ト	京	つ	暫	を	画	私	ぽ	能
出	責	読	ま	ニ	し	故	の	ン	然	加	写	お	摘	通	も	退
加	任	き	ド	っ	愛	リ	ゴ	テ	カ	ぎ	砂	べ	乏	お	つ	ニ
ゃ	金	然	ル	リ	せ	ょ	つ	太	べ	論	ゃ	加	無	方	れ	画
ニ	何	室	る	結	ろ	金	ろ	字	ク	オ	ま	じ	加	も	ゅ	側
退	だ	画	だ	所	合	ス	加	ニ	論	べ	ノ	私	レ	ニ	覧	嶋
応	ゃ	ハ	海	つ	私	セ	ラ	投	誕	イ	論	一	人	で	加	歩
ケ	ー	ジ	ス	変	百	ニ	開	画	生	ブ	ド	ウ	だ	場	ヌ	何
乏	多	ク	ス	数	論	重	囚	応	の	ソ	ま	妊	ぎ	ニ	所	覧
ゃ	む	権	百	嶋	ゅ	ク	だ	辞	ハ	整	理	だ	ス	本	所	覧

ファーム
もつれ
ケージ
それぞれ
命を
第四
太字
テントウムシ
変数
誕生の
カテゴリ
つららの
ブドウ
オベイ
責任
一人で
整理
病皿
電車
条件

Puzzle 433

干	ソ	会	ス	無	暫	ぐ	く	化	ス	然	ニ	看	多	ひ	驚	ょ
ば	不	リ	セ	場	京	何	チ	権	暫	れ	海	護	登	ク	開	き
つ	可	論	ュ	ど	写	べ	レ	ヌ	安	ぐ	ト	師	ゃ	せ	ヌ	ホ
写	視	ぎ	ソ	ー	ヌ	会	嶋	お	の	応	加	開	ヌ	や	摘	ゃ
コ	の	権	圧	力	シ	ニ	ュ	ー	ス	ホ	愛	ヒ	つ	し	ス	金
金	初	む	出	私	京	ョ	ワ	然	ン	然	愛	テ	話	ラ	通	能
や	最	社	だ	ヌ	ク	何	ン	ー	ダ	何	セ	リ	ヱ	登	加	大
ぎ	む	ぎ	写	ニ	試	多	砂	を	ム	符	チ	故	応	で	サ	声
る	読	結	無	ヒ	行	解	弱	嶋	も	号	化	狙	歩	登	重	進
ノ	安	通	モ	覧	せ	所	分	割	百	エ	通	ざ	金	ざ	セ	て
芸	ヒ	場	ク	狙	ろ	チ	選	場	エ	弱	リ	ぎ	サ	じ	シ	ド
ゃ	ヱ	覧	れ	、	は	ィ	テ	ニ	ュ	ミ	コ	意	応	室	ョ	や
登	リ	能	歩	ニ	場	精	っ	つ	サ	ル	ロ	ッ	ク	荒	ー	き
歩	っ	サ	論	れ	妊	れ	コ	論	育	ク	ひ	開	エ	野	ト	友
無	化	方	ス	ヌ	ク	ヌ	ひ	ゃ	ぎ	べ	育	加	レ	結	側	人

圧力
ショート
看護師
符号
干ばつ
友人
ロック
ニュース
大声
不可視の
試行
荒野
分割
コミュニティは、
ワーム
ミルク
驚き
最初の
ソリューションを
ダンスの

Puzzle 434

ニ	ス	百	だ	提	セ	砂	多	ま	愛	ヌ	れ	辞	ぐ	無	チ	だ
精	れ	く	制	供	ヱ	無	本	故	応	報	ろ	覧	ス	ぎ	金	側
ぎ	辞	再	ふ	御	故	じ	退	ょ	金	ヌ	だ	だ	ク	画	出	ぼ
セ	ニ	話	ニ	む	を	多	安	論	ル	ニ	一	般	な	惰	怠	権
ひ	場	し	だ	い	っ	ぱ	い	ト	停	止	構	伴	問	題	ク	レ
ク	セ	ま	エ	側	エ	登	嶋	育	ニ	ひ	造	ど	う	写	せ	写
結	ハ	し	せ	モ	て	故	報	応	ヒ	出	ま	カ	ニ	真	エ	読
ク	話	た	ひ	京	れ	つ	サ	摘	海	一	出	通	画	息	子	の
メ	ガ	ネ	写	ド	合	ニ	本	ル	解	定	れ	ふ	像	意	開	ま
再	育	ホ	圧	ラ	で	方	登	通	誰	の	理	解	が	ヱ	ソ	ど
急	に	っ	方	妊	む	ラ	囚	合	か	ク	ヒ	阪	チ	狙	論	ヌ
て	向	ヌ	加	だ	ぼ	べ	ぼ	砂	の	暫	ニ	応	弱	ヱ	再	ぎ
ズ	お	べ	ハ	囚	も	嶋	ど	方	だ	ょ	ょ	ひ	何	選	方	も
砂	ボ	応	読	ま	場	社	結	だ	解	圧	社	て	ト	ヌ	ろ	私
意	も	ン	応	会	ホ	ト	カ	リ	ブ	ー	ニ	き	も	ト	も	き

誰かの
カリブー
一般な
制御を
画像が
提供
問題
メガネ
写真
話しました
怠惰な
息子の
いっぱい
構造
理解
停止
一定の
伴う
ズボン
急に

Puzzle 435

ル	ふ	サ	ラ	ク	ま	何	社	ハ	狙	発	場	安	、	お	砂	室
野	菜	を	ン	ス	故	育	ひ	捕	乏	揮	ざ	セ	脚	母	緊	急
意	愛	ク	ま	ド	会	多	ニ	も	捉	リ	ろ	ソ	じ	さ	ヱ	じ
応	話	歩	然	暫	イ	ツ	材	リ	安	応	ヒ	妊	読	ん	室	っ
む	ク	百	百	ト	化	ッ	料	暫	故	っ	権	開	故	き	ヒ	進
方	解	っ	ハ	覧	ま	再	チ	愛	ル	チ	本	じ	ド	つ	ラ	弱
ひ	歯	磨	き	粉	進	登	ニ	せ	方	退	ぐ	ニ	ょ	ハ	だ	話
て	ゃ	報	だ	も	だ	ゅ	き	投	お	辞	写	海	精	投	ニ	ろ
ぽ	ス	彼	再	ん	ク	注	簡	素	化	黒	べ	ろ	ヌ	意	お	進
チ	ど	ら	で	チ	サ	ぐ	写	ヱ	愛	い	む	ぎ	愛	合	京	場
コ	ッ	利	点	育	テ	し	ぐ	ク	能	レ	阪	エ	だ	私	し	所
コ	ル	プ	ッ	カ	の	結	ょ	嶋	つ	だ	カ	方	サ	阪	も	お
応	有	お	狙	場	父	ニ	百	社	所	ラ	ぐ	だ	ぼ	報	私	報
砂	名	方	マ	イ	ナ	ー	の	阪	買	れ	ゅ	砂	選	歩	ニ	っ
ゃ	ス	ス	ゅ	結	方	ヌ	多	ぐ	っ	能	能	せ	辞	も	写	て

歯磨き粉
チップ
サンドイッチ
材料
緊急
注ぐ
有名
簡素化
彼ら
黒い
のカップル
お母さん
野菜を
、脚
買っ
発揮
マイナーの
捕捉
父の
利点

Puzzle 436

圧	や	精	だ	ひ	ソ	結	ト	レ	応	然	百	百	て	論	ぎ	ょ
非	ス	市	場	の	ヒ	ー	む	愛	コ	ゃ	で	む	カ	ぎ	状	れ
常	テ	ン	ト	精	芸	暫	セ	論	開	ル	サ	じ	じ	ヌ	態	愛
に	ま	れ	ッ	許	可	セ	セ	ー	む	狙	ひ	通	合	応	然	理
百	読	精	レ	つ	ょ	室	私	ヌ	ジ	ヌ	だ	選	辞	阪	ト	解
ニ	だ	ニ	オ	リ	ヌ	ま	京	べ	る	が	身	自	安	き	ハ	し
侵	略	百	イ	ア	ス	登	百	レ	ソ	エ	キ	ャ	ビ	ン	語	て
暫	砂	側	バ	ラ	シ	ン	グ	ル	大	型	ト	ラ	ッ	ク	ゅ	っ
ク	ふ	ろ	れ	イ	ひ	登	ざ	れ	ん	阪	カ	方	エ	ど	然	る
愛	ナ	ッ	ト	ズ	ぎ	で	だ	サ	レ	弱	ゅ	狙	選	無	き	エ
愛	多	じ	ラ	ま	ヌ	結	京	論	ひ	製	造	テ	圧	れ	お	ま
ど	ひ	室	カ	べ	く	、	ぎ	モ	結	だ	ひ	ま	ぐ	歩	無	阪
故	開	エ	く	側	意	コ	さ	方	囚	写	ゃ	応	ま	ゃ	ル	ま
レ	投	写	加	ク	多	だ	ス	ら	故	や	ラ	つ	ぼ	覧	き	覧
阪	ハ	社	ド	ラ	イ	ブ	も	エ	に	高	さ	を	レ	ふ	会	ゃ

侵略
、さらに
製造
キャビン
大型トラック
語っ
許可
市場の
自身が
シングル
理解して
リアライズ
状態
ドライブ
ソーセージが
バイオレット
テント
高さを
非常に
ナット

Puzzle 437

バ	ー	私	ぎ	コ	ル	ホ	室	ま	囚	だ	ツ	投	ス	年	次	む
話	乏	モ	ざ	ニ	モ	ス	れ	て	登	方	ク	弱	ヌ	タ	ツ	化
金	報	合	ん	側	れ	や	登	側	ツ	も	読	っ	む	き	イ	セ
覧	て	狙	ヌ	っ	だ	テ	摘	ヱ	も	画	選	所	砂	ぎ	お	ル
愛	ド	ひ	警	告	京	ウ	ド	嶋	京	む	ひ	登	再	安	ば	と
ア	解	ど	ト	て	辞	話	ォ	ニ	ぎ	ょ	る	じ	暫	ょ	あ	同
き	ド	ス	写	ス	写	ベ	チ	ッ	解	れ	狙	軽	編	を	ち	様
し	摘	レ	ト	ぎ	ょ	権	れ	し	チ	加	場	自	京	狙	ゃ	の
通	ょ	だ	ス	チ	ア	テ	だ	意	解	っ	で	動	せ	ヤ	ん	け
妊	ゅ	然	エ	重	プ	摘	意	図	す	る	れ	車	ぎ	ギ	な	焼
や	く	合	ウ	場	ロ	だ	っ	画	加	セ	る	室	読	は	性	夕
歩	重	る	ひ	選	ー	量	故	ヱ	能	意	ト	ざ	お	、	質	故
ワ	ー	キ	ン	グ	チ	る	開	投	所	愛	ト	レ	ソ	ベ	を	も
ぎ	再	京	ニ	画	を	ス	セ	っ	嶋	阪	然	応	登	チ	摘	出
実	証	ニ	登	ょ	ぐ	チ	ト	ル	合	ト	チ	ョ	コ	レ	ー	ト

スタイル
ウエスト
ヤギは、
軽自動車
な性質を
量る
おばあちゃん
アプローチを
夕焼けの
ワーキング
バー
意図する
チョコレート
警告
実証
編を
と同様の
年次
ウォッチ
アドレス

Puzzle 438

中央
無料の
秘書
空洞
ボルト
達し
失礼な
昨年
リス
個人
ハタネズミ
せっけん
通常の
暖炉の
リソース
計算
クロウ
フィル
スプリング
展示を

ハ	ソ	ろ	化	秘	圧	論	ト	応	ハ	安	ょ	ま	所	室	社	ホ
ゃ	タ	む	海	書	フ	ィ	ル	出	暖	開	解	っ	嶋	乏	ざ	れ
昨	年	ネ	ヒ	権	展	愛	ボ	計	炉	ヱ	エ	登	京	加	乏	サ
論	ク	ツ	ズ	ひ	ホ	示	ヱ	算	の	料	無	ヌ	レ	だ	写	む
ぽ	ロ	阪	じ	ミ	圧	会	を	通	常	の	リ	ス	愛	ぎ	し	ゅ
ノ	ウ	京	ゃ	然	ゃ	何	進	論	辞	嶋	ト	場	ス	登	ス	能
く	だ	も	ト	結	ヱ	も	コ	ク	ト	ヱ	ょ	だ	ス	合	き	ノ
チ	ま	ソ	報	阪	ニ	せ	っ	け	ん	ニ	阪	ス	プ	リ	ン	グ
出	む	ハ	意	も	合	ト	向	覧	ょ	私	ヱ	応	ー	ニ	ド	ル
む	再	本	せ	ソ	リ	ぐ	能	私	出	エ	化	ゃ	論	ソ	歩	芸
覧	愛	囚	本	空	洞	囚	能	つ	ま	べ	で	も	暫	本	リ	ふ
ぼ	無	論	所	せ	ヱ	暫	加	愛	読	セ	解	ク	し	室	ょ	再
達	私	だ	圧	失	ぐ	ニ	所	安	解	し	ド	出	ト	故	ノ	嶋
し	ス	話	つ	礼	ど	ク	出	中	解	意	個	安	芸	お	ぎ	せ
話	っ	ざ	合	な	ル	室	ど	央	覧	無	人	弱	会	れ	私	チ

Puzzle 439

話	ソ	ゃ	テ	て	育	で	百	ろ	能	金	し	ひ	ょ	海	ツ	つ
ゃ	ぐ	ゅ	キ	阪	で	何	化	方	ま	テ	故	話	エ	向	妊	読
能	何	増	ス	物	語	京	ト	通	登	だ	安	歩	ひ	く	画	ト
場	然	加	ト	結	育	京	育	嶋	ん	金	く	カ	歩	話	サ	ま
ニ	せ	所	ヌ	コ	拒	ざ	ソ	じ	写	ニ	カ	合	無	弱	摘	仕
独	立	性	を	ヨ	否	故	覧	選	む	レ	歩	開	る	場	方	事
き	写	ル	ベ	ー	ル	ブ	つ	択	安	い	妊	お	応	狙	く	を
選	ソ	選	阪	テ	然	ょ	愛	は	ヱ	サ	長	う	だ	だ	結	本
読	レ	弱	画	乏	カ	む	応	す	ト	つ	ひ	ち	向	狙	然	部
社	室	写	だ	じ	も	論	ホ	暫	る	て	ヌ	登	ス	彼	解	分
覧	れ	か	わ	い	い	所	ス	ド	京	無	金	妊	ふ	写	女	の
登	ひ	キ	阪	も	で	や	む	チ	側	ニ	ぐ	通	ノ	登	レ	は
京	圧	ス	阪	ょ	再	金	き	ぽ	テ	妊	ト	障	サ	芸	合	ろ
の	カ	ラ	フ	ル	な	暫	合	き	進	芸	然	害	セ	る	だ	ぎ
羊	だ	摘	ス	投	囚	む	リ	加	だ	側	社	ス	ゅ	サ	所	ぎ

部分の
障害
ブルーベル
仕事を
キス
拒否
独立性を
羊の
彼女は
安い
物語
テキスト
のカラフルな
増加
長い
コヨーテ
かわいい
うち
選択は
愛する

Puzzle 440

観点
細かい
ている
縫製
モーテル
好奇心旺盛
ものを
戻り
の上級
キジ
ディスカッション
脂肪
不安
バニー
クロス
キャッチ
チキン
ペン
メディア
スカーフ

の	む	観	ど	ソ	ま	無	て	脂	退	ス	ょ	メ	ノ	テ	バ	然
上	圧	点	ゅ	通	る	妊	ツ	砂	肪	カ	登	デ	狙	ぎ	ニ	投
級	ス	阪	細	か	い	っ	出	む	ニ	ー	ひ	ィ	縫	製	ー	テ
弱	然	て	テ	暫	て	セ	再	読	ょ	フ	ニ	ア	サ	る	然	ょ
ん	る	重	ふ	話	精	く	摘	セ	ヌ	解	く	ざ	方	っ	歩	投
百	モ	登	じ	る	ぺ	戻	り	開	合	京	ま	投	歩	精	ぎ	カ
側	会	っ	ぎ	好	ン	ョ	シ	ッ	カ	ス	ィ	デ	っ	金	本	向
不	画	画	ぽ	奇	キ	意	ろ	通	場	ロ	レ	ひ	解	む	ハ	妊
く	安	モ	ま	心	チ	会	で	本	然	ク	ぼ	カ	モ	阪	レ	む
キ	ャ	ッ	チ	旺	ト	方	コ	育	会	側	ん	キ	ジ	ー	何	ク
場	応	む	チ	盛	ソ	向	選	ぎ	ハ	ひ	論	加	ヌ	レ	テ	向
登	セ	退	芸	百	ぐ	能	ソ	登	ど	所	本	社	モ	何	解	ル
化	開	ぎ	チ	も	の	を	ヌ	ょ	出	ゅ	ぽ	ニ	画	ス	も	意
や	登	や	然	ょ	摘	通	ざ	歩	育	べ	報	ニ	社	ぐ	ん	金
も	開	だ	応	室	せ	私	狙	進	で	ぽ	ろ	テ	砂	多	ド	ふ

Puzzle 441

て	囚	ひ	れ	立	や	砂	カ	せ	し	れ	野	生	方	登	砂	投
セ	読	通	話	っ	ヱ	重	歩	権	写	進	ょ	ツ	セ	孤	場	テ
同	一	出	通	て	登	所	リ	ヒ	つ	し	の	中	で	独	育	ノ
歯	安	れ	通	い	ん	れ	京	ゃ	選	合	阪	開	金	な	側	ひ
意	科	ま	す	ま	い	思	と	ニ	ニ	無	ヒ	ひ	愛	情	の	で
囚	本	医	会	し	選	登	む	サ	合	権	マ	ウ	マ	シ	話	ド
例	写	化	は	た	は	何	も	能	応	百	ワ	ク	論	リ	開	っ
品	外	ニ	ぼ	の	海	ニ	表	現	通	京	リ	結	社	弱	き	ド
暫	揃	組	織	特	加	む	安	選	も	通	ろ	所	場	ス	入	ス
選	応	え	登	定	じ	狙	る	多	狙	ど	ニ	通	写	っ	力	重
唐	辛	子	を	ラ	も	話	百	出	ん	っ	お	投	く	く	は	ト
金	ド	ぐ	多	社	化	百	て	じ	京	ス	ト	権	囚	だ	出	ク
乏	海	べ	故	じ	ト	エ	じ	ま	コ	何	無	圧	選	っ	版	京
報	ぎ	故	ニ	れ	方	安	つ	レ	愛	暫	側	ゃ	ギ	ュ	ッ	登
本	応	つ	お	弱	ぼ	ス	リ	エ	テ	狙	妊	っ	セ	テ	解	ト

野生
歯科医は
愛情の
入力は
シマウマ
同一
ギュッ
表現
出版
唐辛子を
孤独な
組織
と思います
品揃え
の中で
は何も
ヒマワリ
立っていました
の特定
例外

Puzzle 442

示	し	た	愛	ん	し	で	安	ス	む	圧	弱	安	嶋	砂	ク	本
ま	京	外	精	ソ	辞	報	囚	出	開	精	神	退	リ	ヒ	レ	ス
む	ホ	国	育	読	化	意	モ	会	向	嶋	暫	画	べ	目	社	合
む	権	ヱ	権	様	場	阪	べ	し	京	側	能	や	進	の	カ	だ
る	重	エ	ゅ	ス	々	ラ	育	ク	ク	ひ	ど	ツ	結	そ	ゃ	テ
金	暫	ソ	育	ぎ	メ	な	囚	登	ソ	ル	場	イ	写	、	阪	砂
場	読	ー	キ	ツ	ネ	ン	写	写	ト	ク	パ	ン	コ	イ	阪	コ
ホ	私	ス	む	海	ま	読	バ	覧	ぎ	き	海	デ	応	ン	登	ょ
乏	ひ	安	ト	つ	ょ	重	つ	ー	べ	冗	レ	ッ	ま	テ	写	ど
ろ	セ	京	サ	報	る	方	や	乏	の	談	円	ク	モ	リ	私	多
結	カ	も	読	話	ス	ソ	ど	安	読	進	形	ス	登	ジ	ト	ト
安	基	ク	可	能	モ	ヱ	常	応	故	砂	ホ	室	本	ェ	囚	砂
ヌ	ど	金	到	着	ょ	る	駐	側	ヌ	れ	愛	ホ	選	ン	っ	ま
ヌ	エ	ル	ヒ	セ	塗	料	を	精	結	レ	退	ス	で	ト	で	百
ざ	私	出	ど	せ	嶋	解	だ	ゃ	き	ょ	ニ	コ	っ	な	と	ニ

常駐を
その
精神
キツネ
外国
示した
基金
到着
インデックス
ソース
、インテリジェントな
円形
目の
冗談
となっ
様々な
可能
塗料
コンパクト
メンバーの

Puzzle 443

リ	コ	退	だ	や	ん	ノ	意	多	シ	向	百	ク	事	私	私	カ
ラ	合	芸	種	ん	乏	読	っ	セ	ャ	精	エ	ス	実	乾	燥	む
ブ	ヌ	何	か	を	ツ	多	ド	ニ	ン	ぽ	歩	エ	ス	阪	モ	画
イ	ン	タ	ビ	ュ	ー	す	ぽ	ト	プ	モ	摘	京	向	ホ	ょ	選
ラ	囚	阪	通	本	き	ぐ	ざ	無	ー	物	登	ぐ	進	ツ	画	金
ひ	ト	だ	画	室	化	に	暫	エ	囚	植	狙	れ	ト	チ	べ	重
投	解	っ	ょ	っ	押	モ	ヒ	暫	敵	の	ひ	を	通	じ	て	開
ぐ	投	テ	精	画	ぼ	下	雨	の	社	会	る	側	私	歩	多	く
本	結	報	サ	小	精	お	チ	視	じ	だ	砂	画	合	登	囚	加
だ	登	ス	意	麦	ぎ	モ	金	力	結	社	登	社	育	登	ぎ	モ
愛	ト	、	ゅ	粉	て	乏	曜	退	婚	加	ろ	暫	チ	む	加	ツ
金	画	非	読	向	ま	場	日	だ	式	芸	取	れ	化	ま	本	き
セ	ふ	常	社	モ	ぽ	し	の	社	ヒ	場	場	引	嶋	れ	再	応
精	報	に	ヌ	所	べ	ひ	ク	開	り	る	加	ト	ヌ	百	つ	育
で	ド	ど	ド	辞	方	セ	合	社	能	退	ゃ	社	ぎ	れ	百	出

何か
視力
乾燥
押下
ライブラリ
金曜日の
取引
インタビュー
を通じて
事実
雨の
種を
結婚式
シャンプー
、非常に
敵の
会社の
の植物
すぐに
小麦粉

Puzzle 444

シャワー
サポートを
町の
病気
ホスト
朝食
狩猟
ポット
テディ
復帰
なくなっ
置く
適格
ブロー
ポンドが
、マウスの
誇り
チェックが
自分を
状況を

解	っ	ク	サ	覧	覧	摘	だ	ぼ	ろ	モ	選	乏	退	ホ	場	で
嶋	ラ	権	ポ	登	故	歩	解	ラ	ょ	無	画	だ	ヱ	ぎ	朝	食
、	ヒ	方	ー	芸	画	覧	読	が	で	な	や	歩	暫	意	ク	砂
ん	マ	セ	ト	何	ブ	ど	ポ	ク	応	く	狩	ポ	ン	ド	が	ぐ
社	ト	ウ	を	や	ロ	く	嶋	ッ	会	な	辞	猟	テ	ディ	ィ	ゃ
ヒ	ト	ト	ス	ホ	ー	ヱ	出	ェ	ト	っ	ノ	シ	ャ	ワ	ー	セ
ま	サ	ハ	ろ	の	妊	登	所	チ	置	く	側	会	町	の	く	ト
ふ	コ	選	む	砂	写	ヌ	登	意	ま	登	ク	重	室	話	せ	だ
ノ	ト	意	辞	誇	報	ふ	妊	ぽ	や	能	ラ	論	会	社	ニ	ん
で	チ	カ	ざ	り	合	故	合	せ	乏	能	室	ハ	多	ま	故	育
歩	む	ょ	場	ヒ	じ	百	ト	ニ	解	通	っ	解	通	論	ひ	精
だ	る	権	何	ヱ	多	せ	精	ゃ	応	画	ぎ	ト	ん	ツ	百	つ
覧	っ	場	覧	故	自	論	ぐ	だ	だ	っ	病	気	応	解	ニ	囚
報	べ	論	意	ス	分	画	ヌ	化	社	ん	適	格	重	室	育	ト
愛	選	き	だ	コ	を	況	状	室	ニ	愛	育	復	帰	ょ	ヱ	囚

Puzzle 445

チ	合	だ	入	数	関	連	付	け	る	ス	育	ヱ	ス	重	弱	報
だ	ノ	ょ	カ	カ	え	る	カ	能	話	ひ	し	金	向	文	化	ヌ
呼	コ	投	し	ル	っ	る	ろ	お	レ	つ	思	っ	て	登	ヌ	ぎ
吸	社	暫	て	可	ん	方	む	暫	通	写	応	側	ろ	会	安	っ
権	芸	能	退	能	ニ	報	写	ょ	ニ	方	ひ	ぼ	応	ニ	ツ	る
無	ぎ	ぎ	ー	な	ト	ク	パ	ン	コ	べ	芸	ざ	覧	所	ま	リ
ヌ	育	ぎ	リ	コ	る	育	き	ト	然	検	ラ	場	所	会	妊	退
ま	側	空	ミ	じ	登	故	乏	ひ	百	ど	出	ル	阪	ル	画	コ
ぎ	加	腹	ァ	摘	応	金	エ	ひ	金	ス	会	無	室	ざ	ど	カ
テ	せ	の	フ	無	れ	ヒ	所	安	ぼ	多	ベ	ク	だ	ニ	べ	サ
砂	ひ	て	ラ	ィ	の	ア	ケ	本	通	弱	き	ぎ	ー	乏	再	解
く	も	べ	意	登	ー	イ	ル	ヱ	狙	ど	能	ま	レ	医	ゃ	ま
ょ	囚	す	阪	登	室	ト	き	ク	カ	囚	選	能	グ	療	ゃ	る
通	レ	の	ス	マ	ス	リ	ク	再	れ	週	末	は	、	れ	私	育
権	選	せ	進	写	調	整	ト	で	モ	ん	何	向	も	ヌ	再	解

呼吸
アイ
クリスマスの
フィート
関連付ける
可能な
のすべての
思っ
空腹の
ファミリー
文化
、グレー
数える
医療
入力して
ケアの
コンパクトな
検出
週末は、
調整

Puzzle 446

遠い
識別する
フィクション
時の
医学
方向
ゴブリン
招待
結論の
追求
星が
推定
前方
採用
クライ
驚異的な
輸出
臆病
最終的には
取っ

ヌ	ツ	だ	ぼ	囚	応	だ	圧	ホ	能	話	百	阪	故	驚	ニ	話
っ	ま	前	遠	い	っ	コ	エ	読	選	追	せ	ぽ	ニ	異	再	ヱ
星	砂	方	摘	レ	辞	ひ	ド	本	ツ	つ	求	は	に	的	終	最
が	報	ニ	ぽ	多	通	芸	ス	ぎ	ホ	室	解	安	通	な	故	ぎ
化	ツ	嶋	私	ル	テ	金	狙	ヱ	金	京	ぐ	ょ	時	の	ホ	阪
コ	お	テ	ハ	写	投	話	医	学	権	ニ	能	き	エ	論	写	応
ひ	ひ	や	ま	れ	論	臆	病	ニ	ぐ	阪	選	所	画	結	論	ハ
向	投	精	然	退	故	っ	解	招	通	ゃ	サ	話	ょ	室	採	用
ソ	結	安	無	応	む	ざ	フ	待	む	ひ	退	方	せ	れ	チ	解
囚	だ	コ	解	つ	圧	ハ	せ	ィ	だ	ぼ	阪	無	だ	無	コ	ド
私	ん	応	取	っ	ク	狙	圧	ク	ク	ゴ	ブ	リ	ン	ソ	だ	で
ニ	モ	ハ	結	精	れ	ラ	ヌ	チ	お	シ	再	セ	識	無	育	解
テ	化	ホ	百	海	方	阪	イ	妊	芸	妊	ョ	ぎ	別	乏	海	つ
無	合	ょ	意	解	向	る	輸	出	摘	選	っ	ン	す	お	嶋	推
重	ヌ	ぎ	ま	だ	や	ス	応	嶋	ど	摘	チ	コ	る	退	ス	定

Puzzle 447

精	ニ	ろ	ソ	む	ょ	モ	化	芸	ヒ	ぽ	私	も	ス	社	お	カ
応	ス	ぎ	ひ	ひ	火	災	金	場	摘	だ	砂	進	本	百	所	通
品	む	っ	多	囚	本	ス	ト	ッ	ェ	ウ	の	プ	ン	ラ	覧	応
ホ	種	報	権	ぎ	開	読	ド	モ	嶋	て	城	会	だ	ま	合	開
百	暫	ソ	摘	向	お	だ	チ	ン	イ	ド	は	き	き	論	だ	育
ひ	レ	ニ	て	向	嶋	お	覧	ス	転	送	、	権	ク	コ	読	所
れ	通	社	ハ	し	だ	退	圧	タ	ー	ギ	ル	ネ	エ	室	何	意
コ	意	覧	ぽ	ラ	テ	ク	形	ー	ぼ	リ	画	ゃ	ょ	ろ	百	れ
京	ニ	合	セ	ヱ	も	方	出	式	ふ	再	リ	ぼ	ツ	私	加	ス
ホ	覧	出	く	無	ク	暫	囚	ん	ス	ー	プ	・	下	通	シ	つ
持	っ	て	リ	む	じ	多	ク	然	ニ	百	ょ	所	の	計	ョ	収
権	ぎ	投	然	ス	っ	再	ベ	ト	登	む	京	ぎ	色	画	ッ	集
ょ	投	ニ	嶋	解	ょ	育	育	会	ニ	百	で	登	茶	だ	ク	し
合	重	ハ	ょ	ま	室	注	ル	ス	何	ニ	砂	っ	ク	ニ	再	ス
暫	サ	砂	コ	ゃ	方	が	セ	ク	シ	ョ	ン	の	ざ	っ	本	愛

持って
のウェット
計画
収集
セクションの
エネルギー
火災
ランプの
下の
モンスター
転送
茶色の
ショック
インチ
砂の城は、
注が
リリース
形式
スープ・
品種

Puzzle 448

シート
売り手
レポート
減らす
アラート
スケートを
クレス
感の
ホタル
夜の
しばしば
ナイフ
サイリング
臆病者
パースニップ
曇らせる
カップケーキ
計算機
日差し
と考えている

囚	サ	ひ	ノ	権	っ	退	暫	コ	論	解	私	で	安	る	精	カ
フ	イ	ナ	権	室	レ	ざ	ニ	方	チ	圧	日	ゃ	進	と	だ	ッ
故	リ	モ	ょ	ニ	ポ	化	や	故	辞	ぽ	海	差	ば	考	ニ	プ
ひ	ン	リ	ラ	投	ー	嶋	ホ	ノ	ぎ	写	応	ど	し	え	て	ケ
多	グ	サ	れ	む	ト	安	タ	退	話	っ	歩	ニ	ば	て	精	ー
読	通	ろ	多	方	ー	応	ル	ツ	出	ぎ	ル	ま	し	い	ぽ	キ
歩	嶋	ひ	ろ	て	ラ	ト	ト	重	つ	所	む	夜	テ	る	暫	嶋
ぽ	ク	ニ	所	嶋	ア	意	ん	選	読	テ	結	の	パ	る	通	読
ニ	レ	百	百	計	算	機	カ	だ	売	り	手	感	ー	ま	育	摘
能	ス	京	向	進	場	無	モ	応	登	モ	ク	何	ス	し	ぎ	ハ
曇	す	砂	シ	報	場	海	し	っ	狙	ル	応	阪	ニ	向	金	ヌ
カ	ら	読	暫	ー	合	テ	結	私	海	て	臆	る	ッ	向	ニ	む
何	減	せ	ふ	を	ト	ー	ケ	ス	精	ツ	病	ょ	プ	ド	権	歩
意	ニ	側	る	ん	向	会	ま	れ	テ	ツ	者	ま	ハ	乏	ク	狙
意	ゃ	精	ょ	登	ぽ	退	ド	ま	読	報	る	退	故	場	ヌ	芸

Puzzle 449

も	祖	ゅ	京	圧	加	犬	ソ	ぎ	摘	ろ	ゃ	チ	応	含	テ	せ
画	父	ざ	能	に	ろ	後	の	応	コ	能	辞	レ	室	ま	登	べ
辞	写	だ	し	っ	ソ	選	ノ	ホ	ふ	っ	無	れ	テ	れ	故	狙
報	解	解	応	ニ	ひ	意	ボ	ッ	ク	ス	れ	ぎ	ク	話	だ	方
ぐ	リ	心	配	圧	べ	会	レ	エ	ろ	無	ぐ	京	ノ	然	カ	進
つ	話	ノ	チ	自	動	車	の	く	愛	ス	プ	ッ	ロ	ャ	ギ	室
明	日	ま	れ	進	金	む	プ	故	関	で	京	む	ジ	ひ	ク	ノ
ノ	キ	ャ	ッ	ト	キ	ン	ス	レ	心	ま	て	だ	ー	親	切	ざ
ぎ	ヌ	ク	ハ	弱	室	っ	ヌ	ド	イ	で	選	ろ	で	歩	進	芸
ソ	だ	ゃ	登	せ	圧	何	合	方	っ	ヤ	ひ	私	テ	室	弱	語
ー	く	乏	ぽ	ル	ょ	ト	ニ	だ	場	タ	ー	ュ	ピ	ン	コ	彙
ダ	ノ	摘	コ	は	リ	お	場	合	ヌ	然	精	ひ	ぼ	テ	ル	覧
退	精	嶋	社	画	さ	む	理	ま	ヒ	権	ス	金	乏	応	モ	重
セ	ト	ょ	リ	育	ス	み	科	ホ	ス	登	れ	サ	せ	む	多	農
多	狙	ま	本	辞	ま	育	の	弱	安	っ	歩	ヒ	エ	多	や	家

語彙
犬の
自動車の
含まれ
の後ろに
ソーダ
キャットキン
農家
ギャロップ
明日
心配
はさみ
親切
関心
祖父
テクノロジー
コンピュータ
理科の
プレイヤー
ボックス

Puzzle 450

民主的な
生息地
アイリス
破壊する
ため
達成します
男性は
サークル
カラスの
バスケットボールの
サポート
治世を
結果は
一部の
鉱山
、ポテト
空気
幸せ
気候
嬉しい

辞	応	ス	ひ	愛	サ	れ	向	然	精	エ	能	ヌ	登	ヌ	能	権
然	精	乏	画	っ	れ	ひ	選	解	摘	し	ま	結	て	精	ひ	応
き	芸	登	れ	だ	私	方	安	ホ	ソ	テ	カ	も	加	結	出	ヒ
方	論	登	社	育	退	場	嬉	ヱ	阪	治	ラ	報	ま	社	空	気
育	ま	合	合	ぽ	ょ	場	し	投	ニ	世	ス	せ	ト	出	つ	出
つ	権	ソ	気	候	意	破	い	故	育	を	の	選	ぽ	っ	論	嶋
登	ヌ	も	て	私	レ	壊	選	ス	砂	所	む	囚	ふ	テ	論	バ
む	ノ	ノ	場	サ	ゃ	す	ま	し	成	達	育	ひ	き	ょ	き	ス
ア	イ	リ	ス	ポ	何	る	結	果	は	、	ポ	テ	ト	育	育	ケ
ニ	ト	ル	ク	ー	サ	ク	ソ	く	性	報	レ	ぎ	圧	弱	ヌ	ッ
育	囚	読	圧	ト	ぽ	暫	ゃ	セ	男	何	京	っ	ぐ	せ	意	ト
民	主	的	な	報	ス	応	投	ス	加	だ	モ	く	囚	覧	ど	ボ
乏	ト	百	砂	ス	囚	じ	テ	読	じ	カ	ツ	チ	ー	出	意	ー
海	鉱	セ	場	ホ	歩	能	再	で	ル	幸	た	ニ	ぎ	部	応	ル
論	場	山	故	生	息	地	ト	社	能	せ	じ	め	応	ぼ	の	の

Puzzle 451

ド	出	っ	ひ	弱	ス	出	意	レ	奇	応	ぽ	サ	阪	ひ	ニ	方
ニ	だ	ノ	然	嶋	加	ト	し	む	妙	エ	タ	ー	キ	ー	圧	ニ
ニ	ヌ	重	ニ	だ	リ	場	リ	再	な	ク	ル	会	テ	ぼ	ト	ひ
ゅ	摘	出	ょ	ゅ	ま	ょ	ハ	ー	サ	セ	ツ	画	削	だ	京	ひ
モ	つ	ル	タ	開	も	く	っ	チ	ト	リ	て	再	り	ぐ	阪	リ
ゃ	ょ	ヱ	妊	ウ	の	ぎ	ハ	化	登	ッ	ひ	し	画	結	退	妊
ス	ぽ	ま	投	進	ン	望	遠	鏡	方	ト	貧	海	ま	お	サ	ハ
汚	れ	を	感	芸	タ	ト	ホ	延	期	ル	困	ぎ	退	っ	じ	進
ス	チ	所	ク	写	ス	場	む	ぐ	結	ぎ	を	ニ	く	べ	た	ひ
精	一	緒	に	登	エ	ノ	ど	圧	金	れ	コ	セ	安	嶋	最	リ
所	場	然	せ	妊	ウ	ど	意	ヱ	故	っ	ぎ	だ	乏	会	大	砂
弱	私	重	セ	だ	出	精	上	論	し	画	べ	つ	テ	ひ	水	私
画	ぎ	進	ヌ	ニ	然	嶋	記	ヒ	せ	画	ヒ	金	化	ま	泳	妊
ぎ	ノ	辞	ハ	海	カ	精	登	ぼ	結	ス	京	ス	向	安	写	何
ク	弱	精	多	多	メ	妊	圧	だ	ば	ひ	弱	ま	っ	阪	も	れ

奇妙な
てしまった
延期
削り
一緒に
タウント
結ば
ウエスタン
ストリート
水泳
もの
最大
ターキー
望遠鏡
貧困を
感を
汚れを
エクセリットトル
上記
カメ

Puzzle 452

アドバイスを
ディスターブを
分子の
薬物
行為の
ゴースト
信頼性の
証拠
リピート
反映
は、
ウッド
フクロウ
いつか
カブトムシが
ストッキング
、風の
必見
クロッカス
イーグル

多	コ	辞	化	画	ハ	応	は	育	べ	ヒ	嶋	ド	方	ホ	む	結
カ	ブ	ト	ム	シ	が	辞	、	ス	報	ひ	フ	室	る	必	見	京
ト	む	ー	デ	社	チ	何	乏	加	ひ	も	ク	ニ	れ	ウ	ッ	ド
場	読	ピ	出	ィ	ソ	コ	圧	無	退	報	ロ	向	も	ゃ	方	ぽ
で	乏	リ	読	歩	ス	エ	れ	多	ん	ま	ウ	百	ス	ぽ	開	能
つ	覧	退	ぎ	だ	カ	タ	方	場	行	安	重	囚	ト	登	れ	ひ
い	向	応	摘	結	ッ	妊	ー	ょ	為	解	だ	嶋	ッ	お	弱	応
ア	つ	ラ	っ	京	ロ	摘	で	ブ	の	風	、	結	キ	ょ	所	覧
会	ド	か	育	っ	ク	ス	ツ	話	を	れ	ゴ	無	ン	育	も	む
リ	応	バ	信	頼	性	の	き	薬	物	解	ー	乏	グ	何	レ	画
ぎ	権	っ	イ	覧	開	安	囚	べ	ヱ	意	ス	る	べ	ん	ヒ	故
選	ヌ	会	ラ	ス	通	辞	場	弱	ス	ハ	ト	能	ぎ	証	イ	ろ
だ	分	乏	向	ホ	を	も	だ	応	チ	だ	圧	ん	何	拠	ー	ホ
っ	子	安	だ	開	レ	化	だ	く	向	ニ	報	反	映	写	グ	社
ト	の	投	方	で	ぎ	ラ	解	弱	カ	セ	場	ス	ぼ	多	ル	故

Puzzle 453

然	カ	暫	愛	ぎ	サ	カ	ど	阪	ち	報	愛	ニ	示	登	化	だ
阪	金	登	ざ	意	囚	精	進	凍	カ	ょ	場	歩	し	察	観	ぎ
プ	ょ	ふ	読	っ	開	れ	結	結	ラ	し	っ	乏	て	ひ	金	ニ
ヌ	ロ	登	圧	べ	出	場	乏	ょ	話	話	摘	と	い	る	育	ノ
ヱ	ノ	ジ	解	ル	有	利	な	フ	ノ	リ	室	れ	ま	だ	会	嶋
せ	て	ヒ	ェ	で	愛	だ	育	再	ァ	読	む	阪	す	だ	ニ	ヌ
る	実	本	故	ク	進	会	ソ	フ	ァ	ー	側	報	安	ょ	む	狙
プ	行	段	落	方	ト	阪	ょ	攻	撃	何	マ	洗	浄	音	声	応
ー	方	重	場	故	ヌ	は	む	本	ヌ	出	ひ	ー	、	キ	ツ	ネ
ル	方	れ	社	狙	合	場	だ	退	話	れ	摘	ょ	テ	ぎ	ヒ	登
歩	嶋	私	レ	ぽ	室	ゃ	だ	ど	ク	い	バ	ル	ー	ン	報	暫
お	応	側	れ	ガ	ス	故	圧	砂	狙	る	ク	ひ	意	れ	ド	し
辞	ヱ	テ	ソ	社	イ	金	解	写	進	ん	画	ス	ひ	然	向	圧
だ	カ	ド	ツ	退	ェ	結	ド	れ	妊	化	応	れ	画	き	ツ	む
だ	ゅ	れ	テ	せ	チ	然	妊	読	ヌ	し	ょ	ど	写	ク	登	弱

洗浄
ちょっと
観察し
プロジェクトは
バルーン
ベルで
ガス
いる
プール
ソファ
音声
チェイス
ファーマー
凍結
実行
、キツネ
有利な
攻撃
示しています
段落

Puzzle 454

葉を
右の
外を
今後
男の
ミックス
かもしれない
の物理的な
プラム
おそらく
食事
自身の
スチーム
祖母
構築
通信
郵便配達
、キャベツ
更新
法定

チ	砂	ろ	暫	芸	安	ど	ス	自	報	ル	ん	ト	せ	せ	何	法
構	、	キ	ャ	ベ	ツ	加	だ	じ	身	だ	写	更	本	ぼ	能	定
築	の	物	理	的	な	意	圧	通	信	の	右	新	祖	写	ぼ	リ
か	も	し	れ	な	い	登	プ	ラ	ム	男	お	ひ	母	ヱ	モ	じ
場	辞	百	論	ヒ	弱	ニ	嶋	郵	ー	摘	京	そ	精	ホ	つ	ヱ
む	故	れ	ゅ	愛	然	囚	エ	便	チ	外	然	れ	ら	む	阪	く
無	ゃ	ヒ	乏	ツ	ま	報	ひ	配	ス	を	所	ハ	ょ	く	ス	れ
ひ	砂	ニ	ミ	私	せ	今	金	達	方	べ	室	摘	報	ス	ひ	化
り	し	べ	ノ	ッ	ま	後	ヱ	応	化	く	エ	チ	む	む	だ	登
る	会	ぽ	報	多	ク	ソ	ル	ヱ	っ	化	辞	る	食	ス	ゅ	芸
ろ	摘	ま	テ	葉	を	ス	エ	ろ	囚	開	ど	摘	事	セ	故	テ
海	ヱ	れ	ひ	応	エ	ス	っ	ヌ	無	べ	も	ツ	ぽ	百	ゃ	ぎ
辞	ま	ひ	嶋	る	で	ノ	再	ク	ノ	論	多	じ	だ	合	ま	私
ク	ヱ	囚	ノ	応	ツ	方	重	読	写	セ	方	囚	狙	ょ	京	カ
愛	登	ぎ	所	て	投	選	砂	ニ	故	重	画	精	ま	無	ヌ	サ

Puzzle 455

ん	定	出	出	ス	ゃ	ま	モ	応	ギ	ツ	で	育	加	合	や	む
多	住	育	ク	男	が	ぐ	チ	ぼ	フ	阪	ニ	だ	何	つ	画	ぐ
ゃ	ぎ	し	だ	じ	ろ	リ	愛	結	ト	囚	弱	サ	場	リ	ラ	辞
解	読	っ	る	作	本	ひ	ラ	進	ゅ	ょ	加	社	能	ど	安	海
画	ぼ	無	し	読	成	ゃ	し	コ	向	室	圧	ぎ	む	ゃ	乏	故
安	サ	方	解	し	場	し	精	ラ	室	る	ふ	ニ	ひ	動	ま	ソ
幅	読	じ	ヌ	ネ	イ	ル	セ	セ	砂	両	親	ん	何	や	き	む
広	れ	べ	覧	ル	ツ	芸	ッ	私	場	き	ぽ	応	だ	阪	ぎ	だ
る	つ	方	の	安	ょ	ニ	ト	弱	レ	積	極	的	な	ろ	無	出
加	だ	ル	プ	登	ま	加	を	狙	タ	愛	登	だ	能	れ	砂	ゅ
合	ヒ	だ	ロ	囚	ニ	や	理	芸	ー	阪	ク	化	可	ひ	む	何
お	っ	育	セ	結	退	サ	料	本	陸	合	改	革	の	緑	、	合
る	ひ	ど	ス	所	有	者	の	ノ	ふ	上	お	愛	無	エ	覧	多
ニ	む	ニ	の	ー	ナ	ト	ー	パ	、	ど	競	て	サ	写	阪	ク
の	重	要	な	読	社	権	退	ヒ	嶋	セ	も	技	ぎ	む	て	ハ

のプロセスの
レター
緑、
セットを
改革の
定住
、パートナーの
両親
男が
ギフト
陸上競技
の重要な
積極的な
動き
ネイル
幅広
所有者の
作成し
の可能な
料理を

Puzzle 456

叔	出	ぼ	妊	だ	落	ち	た	ハ	ろ	妊	多	室	ク	阪	意	加
も	母	騎	士	は	応	ハ	過	半	数	の	ひ	進	ぎ	論	リ	圧
嶋	歩	の	ベ	ス	辞	再	歩	だ	私	ぽ	む	何	じ	べ	登	れ
っ	ラ	ル	だ	登	加	百	加	れ	ゃ	じ	安	て	き	コ	だ	画
だ	芸	ト	合	私	コ	投	て	弱	嶋	ぽ	カ	画	れ	応	後	育
ざ	思	再	登	通	む	ひ	側	も	退	話	フ	ロ	ン	ト	に	何
写	い	歩	コ	ヱ	通	せ	ベ	方	愛	所	逮	モ	も	進	て	も
や	出	再	受	出	じ	遠	化	ツ	写	通	捕	ん	親	愛	な	る
バ	さ	所	け	室	ト	く	ク	加	室	ぎ	百	妊	然	ま	経	験
京	イ	能	入	ク	乏	多	コ	ぎ	ぐ	る	意	て	テ	セ	報	ざ
写	登	ソ	れ	き	れ	投	レ	る	金	囚	ぐ	応	報	退	然	圧
コ	リ	ブ	ン	セ	ア	覧	ろ	ぎ	有	罪	ま	む	合	登	チ	ト
れ	ク	釣	ヌ	囚	向	ょ	投	ホ	だ	カ	私	何	で	も	ヌ	行
昨	ヒ	り	む	ス	カ	お	話	故	ど	レ	ホ	嶋	ざ	報	ざ	わ
乏	日	は	然	化	開	覧	側	ぽ	っ	育	覧	何	画	進	ゅ	開

親愛なる
何でも
思い出さ
フロント
後に
逮捕
叔母の
アセンブリ
落ちた
過半数の
受け入れ
有罪
バイソン
遠く
行わ
昨日
何も
釣りは
経験
騎士は

Puzzle 457

お	覧	開	安	室	高	芸	ぎ	レ	開	開	教	四	の	へ	ツ	開
読	じ	む	嶋	ル	い	ー	タ	イ	ラ	ざ	育	半	足	ビ	会	ふ
ま	歩	い	乏	ぽ	圧	ざ	れ	ヴ	っ	戦	略	期	お	ぎ	ょ	べ
送	何	レ	ち	多	再	海	れ	ン	ゃ	選	ハ	の	ゃ	嶋	ぐ	ょ
砂	信	生	産	ゃ	れ	だ	れ	登	つ	ニ	室	ぐ	安	私	京	能
報	ど	ゅ	コ	芸	ん	エ	芸	ニ	ビ	能	て	ソ	ホ	社	写	方
す	愛	チ	天	場	応	の	て	愛	ル	論	ゅ	能	能	芸	ス	レ
進	る	出	使	監	視	保	証	ゅ	ド	ぼ	レ	社	っ	開	じ	安
権	れ	非	室	育	私	っ	チ	読	を	だ	ニ	ヌ	暫	囚	芸	暫
ニ	れ	芸	難	て	だ	化	お	ぼ	妹	吸	収	ニ	辞	場	出	だ
芸	側	能	化	重	意	き	ル	っ	も	ざ	ク	登	囚	ラ	結	じ
る	狙	ト	重	金	覧	ニ	ツ	る	ょ	ょ	覧	ぎ	ゅ	ク	話	話
ひ	の	表	面	だ	ス	ラ	む	ク	リ	ホ	出	登	ニ	コ	ょ	れ
結	影	ゃ	画	れ	ひ	選	ノ	ふ	ヌ	登	読	で	通	れ	ス	出
話	が	む	囚	ニ	ラ	ド	能	妊	応	辞	ラ	ざ	場	結	向	や

送信
戦略
の影が
レイヴン
四半期の
保証
ヘビ
高い
ビルドを
妹を
生産
表面
する非難
ライター
監視
天使
教育
吸収
おじいちゃんの
の足

Puzzle 458

責任ある
検索
トマト
フィギュア
防止
ひよこ
声を出し
しかしが
プルを
ワームは
削除を
カエル
態度
議論
のヒット
タフな
イカ
不注意な
自動
巧妙な

だ	応	ざ	開	加	自	声	写	ヱ	き	ド	ヒ	進	覧	ぼ	写	ま
ニ	ぽ	読	多	ょ	動	を	場	ル	論	検	ハ	海	リ	て	ぐ	ス
っ	れ	応	だ	し	海	出	結	暫	芸	索	議	チ	室	然	京	リ
ハ	れ	つ	ス	リ	暫	し	暫	て	室	囚	論	向	ニ	ょ	ぐ	で
せ	ワ	ー	ム	は	ニ	応	覧	態	っ	テ	狙	レ	ハ	百	方	ヱ
モ	ト	話	っ	テ	チ	削	ヱ	度	く	登	ド	で	じ	然	嶋	囚
通	マ	責	任	あ	る	除	画	投	ひ	弱	ド	む	だ	合	イ	く
し	ト	金	室	私	ニ	を	し	だ	弱	お	投	登	ぎ	再	開	カ
モ	か	嶋	然	ひ	化	チ	砂	暫	何	ス	方	解	重	ス	チ	通
場	故	し	辞	じ	の	ヒ	ッ	ト	セ	結	ド	応	登	セ	辞	ま
お	む	ひ	が	プ	ん	開	だ	ニ	カ	ア	れ	だ	ゃ	ろ	安	暫
話	加	向	っ	ル	芸	ニ	読	ハ	ま	ュ	テ	ヒ	歩	覧	登	無
ひ	よ	こ	圧	を	エ	画	チ	歩	ホ	ギ	然	ひ	ふ	側	意	進
私	ル	じ	じ	金	ょ	カ	防	止	ヌ	ィ	ぎ	不	注	意	な	っ
妊	や	応	砂	能	コ	も	歩	論	タ	フ	な	妙	巧	て	ょ	せ

Puzzle 459

方	病	ゃ	ド	ど	能	ん	世	裁	暫	辞	コ	イ	ン	社	弱	カ
つ	院	ノ	向	ス	ま	ま	登	紀	判	論	場	ス	登	報	ょ	然
再	の	京	ん	テ	決	め	ま	す	は	所	む	ぐ	ツ	話	ハ	む
ま	ざ	能	ル	ィ	お	べ	結	重	て	精	ト	タ	ま	リ	だ	私
適	切	な	ょ	ー	ゃ	方	本	つ	ゃ	然	故	食	ひ	ソ	ぽ	コ
愛	報	化	レ	チ	ょ	弱	く	無	精	能	ク	室	ヌ	ク	開	無
砂	然	だ	れ	海	ス	何	サ	マ	ト	も	せ	で	出	ヌ	ど	狙
ん	然	ヱ	サ	精	ん	意	ホ	ネ	脅	威	ふ	て	だ	く	化	暫
糖	れ	進	じ	ひ	通	ド	覧	ー	金	無	画	ぼ	セ	き	開	ヱ
は	ト	ょ	む	タ	ー	ン	を	ジ	ひ	ひ	場	合	モ	ク	ゃ	多
、	年	齢	・	ヌ	海	話	べ	ャ	ぎ	ヒ	む	っ	ぎ	シ	化	ぎ
論	ざ	育	手	続	き	の	弱	ル	女	モ	レ	ろ	場	ャ	つ	百
依	側	子	羊	れ	べ	芸	ト	、	性	ぎ	砂	ホ	く	ウ	も	解
存	ろ	圧	報	ろ	狙	弱	ろ	経	の	圧	ゅ	辞	っ	ト	摘	ハ
芸	向	ぎ	ぎ	ヌ	然	コ	ニ	済	再	ょ	多	会	嶋	何	登	も

ベル
、年齢・
シャウト
ティーチ
ターンを
コイン
病院の
決めます
子羊
裁判所
世紀は
手続きの
、経済
夕食
糖は
脅威
依存
マネージャ
女性の
適切な

Puzzle 460

然	登	劇	向	芸	ト	ス	芸	水	ク	ひ	つ	覧	っ	ホ	ん	芸
側	向	的	ひ	だ	ぎ	リ	し	牛	応	京	通	し	き	故	楽	海
ひ	ぎ	開	だ	歩	や	ヱ	本	の	日	今	育	く	向	ひ	し	ざ
退	ど	べ	圧	を	ン	バ	圧	ラ	ル	ど	ぽ	開	セ	結	い	摘
示	唆	し	て	安	超	ざ	ト	ソ	所	再	場	グ	ロ	ー	ス	側
通	ル	安	社	ボ	、	え	レ	ょ	ゅ	超	写	側	が	し	ヱ	ヌ
、	完	全	な	デ	公	育	て	ど	リ	リ	高	バ	ー	ス	ト	を
ラ	原	因	ニ	ィ	共	登	ふ	ひ	砂	覧	せ	層	バ	話	ッ	読
く	ま	投	弱	ゃ	出	室	ス	再	ょ	向	拡	愛	カ	登	ケ	ひ
し	ホ	因	摘	独	愛	ヌ	育	ぐ	阪	選	張	ょ	安	ぽ	ロ	く
利	進	テ	百	立	海	多	電	再	べ	ド	す	暫	乏	く	ホ	権
精	用	通	所	弱	話	っ	話	選	多	狙	る	無	サ	サ	ま	登
安	投	可	室	砂	ど	育	ぽ	ス	無	応	話	れ	圧	多	セ	無
ス	だ	ざ	能	室	ス	辞	化	っ	ル	社	て	ハ	暫	エ	エ	や
ま	何	京	狙	登	論	金	ひ	だ	セ	ま	っ	囚	ひ	く	嶋	合

、公共
今日の
バンを
、完全な
電話
カバーが
バーストを
独立
超高層
劇的
水牛の
グロー
楽しい
原因
を超えて
ロケット
ボディ
示唆して
拡張する
利用可能

Puzzle 461

何	摘	も	光	沢	の	あ	る	ワ	し	ク	時	合	辞	読	含	コ
ど	ひ	た	摘	登	先	食	チ	ニ	パ	し	安	計	雑	用	ま	ろ
ゃ	い	ら	く	ク	本	レ	べ	本	イ	ぼ	ひ	意	っ	報	る	く
ト	然	し	選	ー	ガ	イ	タ	る	ロ	能	尊	ぐ	何	重	投	レ
側	辺	た	せ	ィ	百	お	ど	ひ	ッ	能	重	リ	弱	ラ	ト	ヌ
通	コ	だ	ょ	テ	き	所	ヒ	ヌ	ト	ッ	ケ	ポ	化	ハ	だ	写
結	何	海	モ	ン	て	ん	っ	社	ひ	れ	本	開	ょ	本	ヌ	安
ぽ	通	テ	再	ア	側	弱	エ	故	ぼ	登	政	府	ぼ	ク	京	ん
べ	結	金	ぼ	ヒ	こ	と	が	多	い	ラ	せ	リ	ぎ	ヌ	権	コ
暫	ヱ	弱	カ	ル	れ	安	お	ま	退	場	重	摘	ラ	セ	ぎ	写
多	ふ	狙	ル	能	重	じ	摘	覧	京	場	ラ	阪	論	ッ	だ	ニ
囚	何	ぼ	乏	ゅ	お	べ	ヌ	ル	ゃ	ろ	愛	海	覧	ヌ	ク	や
ふ	意	ス	コ	き	辞	ぎ	れ	然	ノ	る	所	金	金	解	れ	ス
嶋	育	し	ん	ゅ	ル	き	多	故	育	お	画	ト	魚	の	場	百
側	ぎ	だ	場	だ	ぎ	ニ	ニ	て	室	京	解	妊	育	芸	退	無

ポケット
尊重
食べる
リラックス
アンティーク
魚の
政府
光沢のある
含ま
もたらした
ワニ
先の
雑用
タイガー
側辺
パイロット
アヒル
時計
くらい
ことが多い

Puzzle 462

ワールド
きれいを
患者
道徳的な
ノット
引き出し
豊富な
女性
ハンドル
労働を
ピッグ
、ここで
悲惨な
トライ
政府の
家は
晴れた
セキュリティを
悲鳴
ノイズ

ノ	結	ク	安	ニ	重	く	写	故	応	ト	ク	応	お	本	豊	労
イ	セ	通	、	こ	こ	で	百	化	晴	ラ	写	覧	所	ぽ	富	働
ズ	ツ	道	徳	的	な	テ	カ	チ	れ	イ	引	き	出	し	な	を
意	ホ	妊	ぽ	弱	ワ	ー	ル	ド	た	阪	狙	リ	ニ	ヒ	百	能
社	ソ	き	れ	い	を	妊	開	ひ	じ	る	ノ	ソ	リ	場	ぐ	ょ
京	ぎ	然	ヒ	然	通	重	場	辞	投	意	弱	モ	レ	囚	お	開
場	場	せ	ふ	投	ぐ	登	ぎ	も	ヌ	然	進	論	解	ざ	側	画
ヒ	ん	ニ	だ	故	ぎ	安	社	退	ホ	登	ひ	百	ぼ	ま	何	話
悲	惨	な	女	性	嶋	じ	ま	ク	ぽ	乏	モ	も	ノ	ッ	ト	話
る	ど	れ	化	ま	つ	弱	場	登	合	京	リ	ト	ひ	モ	や	く
政	家	れ	無	解	乏	摘	だ	登	ツ	故	っ	故	阪	て	権	重
患	府	は	ま	歩	側	ル	覧	通	乏	レ	ピ	ッ	グ	報	て	結
辞	者	の	ホ	摘	せ	私	ぎ	ろ	テ	き	ょ	本	金	辞	サ	ひ
ニ	読	し	圧	く	ト	リ	ク	だ	悲	鳴	ひ	ひ	く	解	エ	ど
ハ	ン	ド	ル	セ	キ	ュ	リ	テ	ィ	を	ざ	歩	妊	だ	権	芸

Puzzle 463

で	嶋	だ	サ	私	サ	ソ	ヌ	で	ヒ	ぐ	ス	ト	応	再	化	ラ
ま	安	通	友	ニ	ミ	ク	京	選	コ	せ	ゅ	圧	ド	芸	嶋	れ
れ	ま	ゃ	人	再	ッ	で	会	暫	重	セ	ょ	ぽ	ひ	ト	加	応
こ	ヒ	開	が	歩	ト	登	ツ	無	砂	加	お	京	応	嶋	ノ	ぼ
、	進	カ	も	ぽ	は	画	ト	退	然	ぐ	妊	摘	っ	ク	覧	ノ
弱	パ	狙	囚	阪	、	摘	ニ	摘	場	に	通	妊	確	ド	ょ	ノ
ー	タ	ス	ム	ハ	ド	ッ	グ	ゃ	レ	沿	ト	テ	立	ハ	場	ニ
選	や	や	の	の	い	ず	れ	か	行	っ	能	れ	し	無	砂	妊
ホ	百	ゅ	フ	つ	ト	ニ	せ	化	動	て	絶	無	黄	色	向	砂
ッ	合	権	本	ル	む	京	て	チ	っ	本	滅	通	歩	然	ま	エ
ケ	合	無	ろ	嶋	ー	京	画	京	歩	だ	会	せ	で	む	ぎ	む
ー	ハ	京	ど	チ	ヤ	ツ	教	え	、	ブ	ロ	ッ	コ	リ	ー	選
ざ	選	る	狙	能	イ	辞	芸	重	だ	何	や	ト	囚	つ	狙	写
ス	残	挙	百	覧	ワ	方	無	場	ぐ	れ	ぽ	ハ	ソ	き	し	る
安	し	会	エ	退	ツ	ょ	視	ト	結	む	ヒ	ひ	ぎ	向	退	囚

友人が
のいずれか
、パスの
ハムスター
教え
、ブロッコリー
、これまで
に沿って
絶滅
黄色
フルーツ
選挙
行動
ドッグ
残し
ワイヤー
確立
ホッケー
サミットは、
無視

Puzzle 464

能	き	方	精	ニ	ブ	ィ	テ	ク	ア	場	ド	能	ク	会	選	ょ
ニ	や	狙	摘	ト	場	む	沸	む	ネ	登	っ	何	然	場	ょ	テ
あ	た	り	の	き	だ	セ	結	騰	モ	レ	エ	ろ	ト	会	る	し
評	百	レ	京	摩	耗	ざ	テ	側	ネ	ニ	む	だ	ホ	レ	お	報
だ	価	阪	本	ぎ	ル	で	登	室	実	験	失	望	く	れ	然	サ
ソ	応	セ	し	エ	ト	パ	セ	リ	投	カ	メ	ラ	能	弱	ま	ひ
ニ	囚	も	ノ	の	ガ	イ	ド	ラ	イ	ン	は	、	ふ	権	ひ	話
能	だ	ル	ろ	暫	ノ	阪	歩	ぼ	も	安	ま	る	育	話	プ	場
ク	ひ	都	ヒ	合	引	つ	ス	ト	覧	芸	尋	ね	も	権	レ	論
で	ト	市	ホ	化	っ	解	お	進	ょ	乏	っ	ん	合	何	ー	百
く	は	を	退	投	張	っ	側	ゅ	囚	解	何	囚	社	無	ト	ド
画	歩	な	単	簡	っ	幸	ヱ	れ	百	ん	ク	阪	ル	無	化	ラ
れ	ぎ	ま	い	場	ラ	運	や	ニ	だ	用	弱	画	摘	登	ひ	イ
無	コ	芸	会	登	乏	覧	だ	投	画	語	ま	っ	論	む	ノ	バ
お	ん	ょ	ヌ	向	通	所	砂	て	ゃ	集	能	ツ	解	育	エ	通

ではない
尋ね
失望
あたりの
カメラ
用語集
沸騰
評価
摩耗
ドライバ
プレート
幸運
アクティブ
都市を
のガイドラインは、
アネモネ
実験
パセリ
簡単な
引っ張っ

Puzzle 465

ス	投	こ	ト	ラ	ッ	ク	面	積	は	車	熾	応	で	範	弱	芸
狙	ど	砂	と	気	に	入	っ	た	分	両	烈	お	論	囲	で	室
ぐ	振	リ	レ	が	嶋	ヌ	会	だ	母	だ	な	重	慎	内	愛	向
狙	方	る	草	ゅ	で	覚	え	勇	の	ぐ	の	ひ	画	所	室	応
ク	妊	来	む	原	含	き	愛	敢	れ	サ	何	室	ト	砂	ス	ヌ
ス	ま	加	ク	リ	ま	然	る	な	開	エ	ク	画	ツ	ぎ	論	画
カ	チ	れ	セ	精	れ	故	で	意	ヌ	無	ふ	合	っ	安	る	ゅ
ー	金	論	れ	ク	て	画	ょ	退	故	覧	ひ	ニ	社	権	社	乏
ト	、	山	レ	ク	コ	ハ	重	室	海	然	だ	結	モ	ざ	愛	方
ぽ	ツ	て	コ	登	む	ふ	だ	ヌ	て	ヒ	ト	ざ	ふ	ク	芸	暫
も	れ	育	リ	芸	べ	で	コ	話	べ	だ	レ	ひ	ニ	向	京	ヒ
ひ	乏	因	ヌ	応	安	ノ	ド	調	ゅ	せ	ぎ	サ	開	ぽ	再	読
故	ど	進	れ	妊	話	ド	京	べ	お	ニ	コ	ー	ト	阪	や	摘
だ	百	べ	百	ニ	所	ヱ	つ	る	カ	ト	再	ヌ	話	や	結	リ
ル	阪	応	愛	再	ぼ	つ	砂	キ	ウ	イ	っ	摘	ノ	ん	能	ヌ

調べる
、山
勇敢な
熾烈なの
スカート
キウイ
面積は
慎重な
含まれて
範囲内
来る
コート
分母の
ことができる
気に入った
トラック
覚え
車両
振る
草原

Puzzle 466

る	廊	下	以	前	の	ヌ	だ	る	で	登	だ	報	育	ク	解	じ
画	ー	阪	モ	ソ	ひ	退	む	ま	場	百	ぽ	歩	報	ッ	ひ	レ
ダ	ジ	辞	ヱ	ガ	セ	圧	精	辞	テ	百	然	お	所	カ	選	弱
ぎ	イ	室	ハ	ン	ィ	フ	パ	ま	圧	辞	も	れ	セ	ー	チ	エ
画	レ	ビ	再	ダ	乏	飛	画	ニ	べ	ひ	ド	本	会	ド	ト	投
覧	ク	能	ン	ー	く	行	辞	ク	カ	ソ	場	ど	報	覧	ぽ	歩
結	ニ	お	投	グ	る	機	無	加	ん	加	ニ	む	ド	レ	ス	ひ
辞	で	私	金	狙	開	の	歩	モ	辞	歯	再	覧	ノ	起	阪	テ
応	ま	写	コ	ト	能	ノ	投	せ	乏	ブ	ド	ょ	ル	動	応	ク
ラ	百	合	ふ	コ	写	ク	然	だ	社	ラ	ゅ	べ	歩	エ	無	だ
ょ	芸	場	芸	で	ヱ	ノ	緩	ゅ	し	シ	話	リ	方	化	ニ	コ
安	砂	嶋	ク	百	向	結	い	エ	つ	ぎ	カ	出	ヱ	ざ	場	ー
海	ス	側	マ	イ	ル	ク	ラ	ブ	の	る	や	ホ	砂	む	ろ	ル
サ	故	読	私	ニ	ウ	ー	多	合	精	論	だ	ー	ヌ	ノ	応	ヒ
ハ	登	守	る	多	ボ	コ	ボ	会	多	ゃ	議	ル	っ	じ	暫	お

緩い
ダイビング
ガンダー
歯ブラシ
起動
クラブの
クッカー
コール
廊下
守る
ドレス
パフィン
飛行機の
ボール
ボウル
マイル
ホール
クレイジー
議論の
以前の

Puzzle 467

向	エ	ル	フ	阪	ゃ	む	ウ	お	ク	方	出	ふ	論	金	再	ヱ
ヒ	百	フ	で	で	開	海	サ	向	場	れ	ろ	通	金	実	際	に
加	無	ェ	ラ	も	合	ト	ギ	弱	応	ま	百	れ	向	覧	セ	じ
チ	選	ン	ド	っ	つ	報	は	き	お	ク	社	ス	砂	退	嶋	社
百	だ	ス	も	加	ヒ	メ	ふ	コ	ホ	登	ど	会	加	社	ヌ	何
っ	ひ	を	覧	選	し	イ	カ	側	調	査	ラ	意	論	ホ	無	ニ
加	最	摘	セ	ス	や	ク	ッ	バ	再	お	嶋	じ	百	場	し	投
砂	認	も	ひ	生	姜	を	シ	話	れ	話	多	覧	百	ろ	退	報
す	ど	め	幸	お	妊	百	ョ	摘	つ	ょ	む	精	も	ど	解	開
ク	る	会	る	せ	愛	法	ー	ヌ	ほ	ぼ	で	ぐ	モ	ん	べ	せ
む	レ	も	愛	ソ	な	の	ヌ	本	ゅ	リ	辞	ウ	カ	ぐ	芸	や
妊	囚	結	の	ソ	ク	間	ょ	楽	カ	ニ	ど	ィ	だ	阪	ょ	む
ヘ	ロ	ン	ソ	と	噴	時	つ	し	所	暫	ろ	グ	私	チ	ク	ょ
妊	レ	歩	っ	ふ	火	ぐ	ょ	ま	覧	っ	砂	ル	ハ	れ	ゅ	ヒ
不	思	議	に	思	う	本	狙	選	せ	だ	ヒ	の	狙	ょ	ド	ど

ウィグルの
フェンスを
実際に
ヘロン
バック
ショー
最も幸せな
噴火
ほぼ
不思議に思う
楽しま
するものと
ウサギは
調査
法の
時間の
認める
生姜を
エルフ
メイク

Puzzle 468

単に
雨量
パン
第三
貴族の
トカゲ
状態の
七面鳥の
貴重
オプションの
知っていた
古代
致命的な
必要な
、常に
見え
ウサギの
注意深い
謝罪
品質

コ	精	報	ラ	何	ウ	オ	プ	シ	ョ	ン	の	、	出	ホ	摘	進
応	ノ	ル	て	出	サ	ニ	所	リ	ツ	パ	態	常	雨	量	囚	む
進	ハ	通	ょ	ソ	ギ	向	能	場	ゅ	貴	状	に	っ	ハ	リ	覧
暫	砂	ソ	む	ホ	の	族	貴	ス	ぐ	安	重	第	三	権	登	だ
ょ	ぼ	ニ	サ	し	会	嶋	写	レ	ぽ	妊	ヌ	育	意	ホ	ド	ニ
安	リ	加	致	ま	ハ	ス	百	っ	だ	だ	登	結	阪	乏	摘	ク
ヒ	側	だ	命	場	だ	投	注	覧	れ	多	ル	ひ	ま	登	妊	七
登	側	乏	的	て	側	ま	意	ツ	テ	場	し	ひ	応	れ	解	面
ざ	何	ニ	な	コ	狙	本	深	私	意	ト	カ	ゲ	向	金	覧	鳥
謝	ひ	写	要	る	て	た	い	て	っ	知	読	ふ	く	阪	乏	の
べ	罪	登	必	ホ	ス	乏	ヌ	ツ	ひ	暫	再	る	ひ	結	場	再
暫	し	ぎ	向	古	進	報	何	海	品	登	安	辞	お	乏	だ	育
見	え	サ	方	む	代	カ	っ	百	質	ラ	ニ	て	所	応	つ	っ
ゃ	ふ	ぽ	囚	開	加	百	れ	登	無	覧	会	重	ひ	ゃ	ノ	っ
リ	狙	無	テ	覧	ろ	く	ぼ	結	通	応	弱	進	ふ	つ	単	に

Puzzle 469

や	つ	登	室	ス	覧	然	写	れ	砂	レ	論	再	キ	論	出	ひ
圧	何	面	室	ネ	タ	選	ス	ゃ	応	解	チ	ヒ	ャ	安	ぐ	話
結	サ	白	乏	ジ	ク	イ	ェ	ウ	エ	っ	ル	ヱ	ロ	ま	応	で
ヌ	京	い	ま	ビ	ひ	ス	ル	ツ	本	コ	お	ツ	ッ	然	妊	お
私	経	狙	本	・	予	約	ト	の	ミ	カ	オ	オ	ト	ン	べ	イ
ヒ	愛	済	所	百	っ	ホ	く	ヒ	る	狙	ぽ	単	位	を	読	も
嶋	応	ラ	し	つ	ニ	く	で	ま	や	嶋	コ	安	向	ハ	側	出
登	ひ	ヌ	ひ	サ	無	化	応	人	ゅ	ソ	会	応	し	圧	向	ん
歩	ぎ	ト	ス	写	ひ	読	ざ	間	解	ん	何	れ	感	じ	た	進
ツ	む	だ	べ	ホ	実	芸	京	所	も	安	選	所	成	る	ト	画
や	ー	深	い	コ	用	学	百	阪	精	多	読	で	分	ス	レ	も
れ	シ	ル	コ	精	的	校	ふ	く	方	ヱ	ソ	権	海	覧	安	再
愛	ク	砂	の	ま	な	の	惑	海	コ	ニ	つ	し	化	ヌ	リ	ぎ
ル	タ	社	テ	レ	ひ	何	星	ヒ	権	る	支	弱	し	ス	会	無
ハ	ヱ	辞	場	ト	解	育	ス	摘	然	ふ	出	ト	加	ま	べ	出

ウェイク
人間
実用的な
タクシー
惑星
学校の
イベント
オオカミの
予約
スタイルの
単位を
面白い
感じた
支出
成分
深い
ツールの
経済
・ビジネス
キャロット

Puzzle 470

化	応	モ	し	多	再	登	所	て	ぎ	遊	故	セ	多	ま	選	再
故	場	再	や	せ	合	ト	ロ	ー	ブ	び	愛	砂	画	ま	ヌ	ハ
危	険	な	妊	論	場	報	や	話	ラ	心	せ	ル	ょ	化	カ	能
狙	ゃ	確	チ	ホ	歩	ど	午	ま	登	登	辞	向	チ	ト	乏	話
む	ヱ	明	れ	ヌ	場	重	後	場	種	類	の	開	妊	ル	ヱ	ツ
ニ	暫	登	側	本	本	登	読	レ	ト	ま	セ	京	社	所	化	合
論	通	ラ	金	愛	リ	蜂	ヌ	私	結	本	れ	進	じ	ス	権	ハ
帽	子	化	室	だ	ヌ	の	側	報	き	嶋	ク	加	写	ク	社	イ
ガ	チ	ョ	ウ	む	ろ	ニ	カ	れ	海	作	り	を	誘	勧	ん	ラ
退	辞	論	ノ	き	カ	暫	歩	ル	だ	お	辞	辞	ヌ	京	ざ	イ
阪	ス	じ	退	公	化	嶋	で	出	イ	加	ろ	ざ	ヱ	れ	然	ト
だ	権	合	ゃ	式	砂	や	重	ク	育	出	エ	会	場	妊	暫	嶋
精	ろ	リ	今	加	ひ	多	選	コ	増	塗	る	話	登	れ	嶋	然
通	ノ	能	ス	夜	ょ	ク	せ	側	つ	殖	ホ	写	暫	能	嶋	芸
ク	ー	ル	な	室	は	ぎ	ヌ	ヱ	ょ	コ	ー	ヒ	ー	出	ヱ	芸

明確な
種類の
クールな
ガチョウ
帽子
午後
コーヒー
勧誘を
蜂の
ローブ
公式
塗る
イルカの
遊び心
危険な
会話
増殖
作りを
今夜は
ハイライト

Puzzle 471

隠	ょ	通	ょ	阪	外	阪	ヱ	場	セ	あ	通	ん	会	コ	弱	ゅ
し	登	向	権	っ	安	観	ス	ろ	透	な	的	本	基	セ	コ	セ
ま	乏	ヱ	選	カ	つ	ざ	リ	ド	明	た	チ	ェ	ッ	ク	結	ア
す	ニ	愛	ク	多	百	愛	し	ン	開	重	ひ	ネ	イ	テ	ィ	ブ
ヘ	リ	コ	プ	タ	ー	ゃ	チ	エ	ゴ	退	ド	暫	愛	き	む	ま
論	チ	証	ヌ	リ	本	っ	エ	ヒ	百	論	加	っ	百	ゃ	進	だ
く	む	明	経	験	の	探	場	報	重	解	の	登	ハ	投	暫	リ
ひ	ク	す	た	満	規	解	索	ひ	ス	砂	レ	ベ	再	開	歩	ス
向	芸	る	サ	安	定	ニ	ひ	開	弱	ょ	コ	応	百	能	場	精
然	弱	育	乏	狙	や	ん	カ	何	歩	金	ー	無	意	だ	合	応
ょ	退	狙	て	海	ま	向	記	加	く	ょ	ド	ノ	を	奪	う	故
能	だ	故	乏	れ	画	圧	事	然	カ	ニ	が	ノ	ん	無	ド	私
レ	ラ	意	て	所	合	ひ	は	開	ひ	ま	エ	妊	ニ	れ	も	く
安	登	ヒ	受	ま	登	ひ	愛	所	ツ	登	海	チ	出	っ	ひ	せ
ょ	ろ	だ	信	乏	ホ	だ	け	で	結	安	や	ど	論	ぎ	ノ	る

だけで
透明
エンド
のレコードが
あなた
基本的な
探索
満たす
定規の
記事は
受信
経験の
チェック
を奪う
ヘリコプター
ココア
証明する
ネイティブ
隠します
外観リンゴ

Puzzle 472

彼女
ベビー
雪の
スクーター
の連続した
を見て
憎しみを
ゼリー
真の
もらう
明確に
科学者
見て
だと思う
結合
スケート
平均
方向ディレクター
電気
が可能な

場	を	ラ	だ	の	真	っ	報	彼	ふ	進	っ	ク	し	平	く	セ
む	見	ラ	ぎ	連	応	ク	ニ	女	ク	多	読	だ	チ	開	均	加
選	て	っ	で	続	や	だ	サ	ヱ	出	応	エ	と	れ	だ	愛	登
ハ	見	ざ	重	し	憎	し	み	を	開	ん	海	思	せ	ゃ	意	ざ
社	多	ス	百	た	結	本	ス	弱	報	も	圧	う	ス	せ	ス	妊
カ	読	砂	ょ	明	狙	っ	雪	ル	サ	摘	合	も	ら	う	ケ	投
っ	弱	社	き	確	れ	ト	ス	の	出	場	も	場	能	結	ー	つ
百	く	応	ょ	に	選	所	ク	再	べ	じ	ゅ	ふ	権	エ	ト	ま
再	写	京	ど	き	ヌ	つ	ー	チ	ビ	話	何	京	ノ	科	狙	ト
重	話	ゃ	ろ	写	む	弱	タ	ゼ	ー	ゅ	が	ヱ	登	学	ひ	テ
妊	乏	無	レ	無	論	ニ	ー	リ	画	ひ	可	も	本	者	私	ょ
方	向	デ	ィ	レ	ク	タ	ー	ー	乏	し	能	精	乏	結	っ	ル
サ	本	権	圧	意	場	れ	ヌ	ト	妊	阪	な	べ	辞	っ	合	再
海	ぽ	ニ	電	写	ゅ	側	方	ニ	歩	っ	も	モ	も	で	ヒ	ト
乏	選	阪	気	リ	出	応	お	だ	場	読	多	退	ん	ハ	ツ	狙

Puzzle 473

摘	ハ	マ	リ	ぎ	圧	金	所	金	再	ツ	く	ス	ど	話	安	お
意	ひ	ク	イ	セ	解	重	量	ゅ	写	場	論	ぺ	ひ	妊	多	ス
壊	し	た	加	グ	や	べ	側	お	っ	ひ	結	ル	カ	能	力	は
妊	化	阪	参	権	レ	覧	何	何	所	知	ら	の	開	再	選	ニ
挿	入	し	加	せ	話	ー	タ	ー	レ	ナ	狙	報	っ	登	セ	ク
出	せ	て	し	テ	イ	ク	シ	退	精	ひ	む	ド	く	じ	き	ソ
ト	む	暫	て	再	化	ッ	圧	ョ	ク	ニ	サ	ニ	ニ	投	ヒ	ま
ラ	弱	ん	金	無	論	ク	不	だ	ン	ク	エ	写	室	嶋	ツ	ふ
ノ	向	乏	安	金	競	争	開	適	む	・	ド	退	ヒ	稼	で	海
読	私	チ	金	洞	写	せ	多	応	切	ほ	と	ん	ど	ぐ	ク	圧
ニ	ど	っ	ノ	窟	デ	ュ	ー	テ	ィ	な	結	ニ	結	妊	社	ぼ
所	ツ	砂	ホ	多	社	再	ダ	だ	カ	だ	ス	故	レ	く	故	写
出	再	お	報	向	ょ	ぼ	ラ	し	ひ	ょ	じ	合	阪	ニ	ヒ	画
ス	や	ぼ	私	辞	モ	海	歩	ょ	報	チ	方	応	ゃ	調	査	の
室	セ	せ	乏	ト	無	妊	選	エ	覧	ソ	要	求	海	テ	ぐ	育

ほとんど
調査の
重量
参加して
能力は
壊した
知ら
スペルの
洞窟
マイグレーション・
ナレーター
挿入し
稼ぐ
要求
デューティ
テイク
競争
ラダー
不適切な
クック

Puzzle 474

雄鶏の
販売
ドリンク
たい
サル
第六
火曜日の
プログラムの
どこでも
影響する
鉛筆
ウズラ
不安定な
再度、
エッジ
ほうれん草
多くの
運動
内部
リップ

嶋	安	加	モ	ニ	ど	ト	故	チ	開	ソ	応	精	摘	登	ま	ソ
ス	話	ト	応	ょ	進	こ	ラ	百	多	く	の	た	い	ヱ	ホ	ざ
べ	乏	チ	ぽ	進	ど	ノ	で	ス	る	だ	化	ぎ	権	芸	し	向
レ	鉛	モ	囚	芸	百	育	リ	も	ド	リ	ン	ク	故	ょ	本	ふ
影	筆	ラ	狙	リ	金	愛	側	で	ト	私	場	話	ょ	ょ	ニ	方
響	加	再	ジ	ッ	エ	不	安	定	な	モ	ぼ	ぽ	ぐ	ょ	チ	エ
す	解	度	登	プ	ソ	サ	販	や	ツ	だ	カ	む	し	画	出	嶋
る	ま	、	ぎ	て	何	ル	売	カ	安	暫	ノ	ル	退	内	場	コ
写	ヌ	室	故	ふ	向	ヱ	読	歩	じ	化	ニ	ひ	テ	会	部	ソ
圧	ハ	テ	だ	ニ	開	第	六	火	曜	日	の	モ	も	ん	っ	会
ん	報	エ	進	進	ヌ	解	る	セ	ど	雄	鶏	の	場	ハ	応	暫
リ	所	写	出	ソ	ひ	コ	出	ひ	て	プ	ロ	グ	ラ	ム	の	論
ス	ほ	う	れ	ん	草	コ	運	側	場	何	京	加	ひ	ズ	海	し
ト	辞	や	弱	ハ	登	然	動	摘	権	再	側	ヌ	金	歩	ウ	だ
社	し	ょ	妊	カ	砂	結	何	リ	論	通	解	テ	モ	結	ヌ	サ

Puzzle 475

妊	テ	損	失	能	て	ふ	海	化	ひ	歴	ス	安	会	報	ニ	し
社	社	で	ゃ	ス	安	ひ	ヌ	何	ヱ	ひ	史	む	最	室	意	再
ょ	ヌ	意	お	で	百	解	む	所	ょ	育	き	ク	悪	海	ざ	ネ
開	私	雪	玉	を	デ	ス	ク	を	ノ	歩	社	京	ぽ	読	ド	ッ
く	暫	向	登	リ	失	ツ	評	選	ク	お	寿	じ	っ	て	ニ	ク
辞	ホ	重	方	出	愛	う	決	ひ	室	ゃ	命	歩	行	弱	妊	所
能	摘	で	ぎ	無	レ	論	歩	開	辞	出	光	ク	ド	ざ	選	摘
ぽ	ん	話	室	ヌ	ぎ	応	論	で	方	れ	う	場	ヌ	ぼ	ニ	歩
ぼ	コ	選	室	つ	ざ	ル	覧	だ	。	こ	の	な	会	だ	側	ス
金	だ	ろ	妊	会	ひ	ぎ	ゃ	カ	退	ゅ	体	登	り	じ	ざ	京
ぎ	選	私	投	再	ヌ	ぎ	選	乏	ク	私	全	エ	リ	声	論	き
本	説	百	応	登	ズ	ぼ	つ	ス	ク	れ	じ	所	弱	加	の	瞳
無	得	じ	バ	タ	ー	む	れ	側	歩	ス	意	て	月	曜	日	弱
私	ラ	ふ	意	囚	リ	ク	し	ア	カ	ウ	ン	ト	を	も	契	約
摘	能	百	む	ト	シ	能	ヌ	ヌ	社	所	覧	意	セ	場	ひ	ハ

契約
歩行
月曜日
損失
。この
歴史
を失う
アカウントを
説得
デスクを
うなり声の
評決
雪玉
最悪
ネック
全体の
瞳の
バター
シリーズ
寿命光

Puzzle 476

る	だ	べ	育	ツ	登	砂	ぼ	合	京	膨	テ	ツ	無	つ	側	カ
脅	威	を	リ	く	阪	糖	環	サ	ゅ	大	再	優	出	場	画	通
ク	本	当	に	ぐ	ふ	せ	境	ふ	所	エ	ろ	て	し	属	ス	ニ
チ	安	ふ	ク	ス	リ	投	無	リ	ソ	囚	弱	ま	投	い	出	重
お	投	意	ッ	お	報	っ	芸	ト	ド	し	本	べ	ひ	再	権	嶋
セ	キ	ュ	リ	テ	ィ	、	芸	ぎ	実	行	に	安	も	ざ	ト	ル
ホ	ノ	ヌ	ト	れ	ラ	急	は	開	応	所	ょ	登	投	せ	重	ニ
投	何	ス	も	社	登	速	ヌ	ギ	開	発	だ	カ	ぎ	歩	じ	ヌ
ハ	モ	辞	写	ホ	結	に	テ	金	ネ	圧	砂	し	だ	海	た	ょ
正	ハ	画	エ	所	然	レ	摘	サ	精	マ	の	ソ	ロ	・	か	ょ
お	確	会	海	ヱ	向	や	乏	開	ト	し	タ	本	本	快	っ	ニ
精	ょ	な	嶋	出	ス	出	権	る	加	辞	私	読	然	適	社	ス
乏	ぼ	覧	く	む	ひ	ホ	能	論	出	ヌ	登	画	覧	ソ	だ	妊
ひ	モ	合	ラ	ざ	通	ゅ	お	覧	リ	ヒ	悲	劇	的	な	睡	写
芸	場	化	だ	む	退	ス	開	安	ツ	エ	安	だ	で	側	眠	む

実行に
睡眠
たかっ
属し
タマネギは、
砂糖
のソロ・
膨大
正確な
リスク
本当に
環境
優しい
開発
セキュリティ
脅威を
、急速に
悲劇的な
快適
トリック

Puzzle 477

無	所	結	辞	ゃ	海	オ	会	べ	く	っ	や	世	て	狙	解	故
暫	ル	エ	コ	ル	ド	ー	レ	ク	場	化	狙	紀	ぐ	ろ	何	ト
精	故	場	だ	だ	ひ	ト	ー	ボ	ぐ	無	進	は	ふ	ぼ	ど	京
歩	む	応	砂	ニ	読	バ	画	し	投	安	囚	で	重	ニ	だ	レ
応	む	だ	く	く	ト	イ	も	辞	摘	の	物	理	的	な	芸	嶋
結	ニ	ン	ジ	ン	だ	キ	っ	退	出	場	妊	き	リ	ょ	応	多
応	合	ヌ	ん	何	芸	ジ	く	囚	だ	精	妊	話	安	つ	も	方
報	再	辞	す	ス	登	重	金	せ	狙	歩	ぼ	ク	ス	ヱ	精	芸
京	ラ	深	ま	乏	応	の	日	曜	水	べ	二	室	っ	だ	結	ふ
砂	イ	ぐ	い	権	結	い	ぎ	ょ	ホ	摘	私	テ	妊	意	天	通
弱	ブ	通	て	だ	会	ず	の	代	わ	り	に	百	ヒ	ノ	使	場
ラ	ラ	側	し	ぼ	室	れ	敵	退	ょ	ビ	タ	ミ	ン	ツ	覧	ク
ょ	リ	然	示	ニ	化	か	エ	ネ	ル	ギ	ー	ド	っ	歩	然	ホ
ト	報	べ	本	応	チ	ツ	応	開	暫	く	ょ	読	ノ	退	開	阪
ゃ	っ	ル	ぐ	多	意	写	側	芸	べ	ょ	権	嶋	精	ド	向	発

オートバイ
クレードル
ボート
ビタミン
ニンジン
の代わりに
水曜日の
キジ
敵の
ライブラリ
エネルギー
示しています
の物理的な
天使
世紀は
ベル
のいずれか
深い
結合
開発

Puzzle 478

ソ	阪	ん	所	通	詳	新	し	い	退	ヌ	意	精	投	デ	ル	ヱ
ト	暫	応	ト	ド	細	せ	室	ぼ	ス	ド	っ	ん	ア	ィ	フ	ケ
テ	再	嶋	ク	登	は	ぽ	ド	進	安	ハ	辞	応	場	ス	く	再
権	歩	セ	リ	敷	、	結	の	だ	金	き	側	重	不	カ	で	摘
ひ	登	ぎ	ッ	ろ	く	き	問	ル	も	論	お	写	規	ッ	囚	ぎ
嶋	応	阪	プ	構	ぐ	確	題	ん	ぎ	じ	ラ	私	則	シ	ハ	摘
歩	ぎ	本	が	造	辞	か	に	作	ら	れ	た	へ	な	ョ	ラ	投
側	テ	ょ	フ	ま	芸	に	も	く	な	ニ	ソ	リ	軟	ン	ひ	退
だ	ヱ	く	ぎ	ラ	ゃ	ホ	ょ	ょ	う	ど	っ	コ	柔	お	意	暫
ぽ	ド	ぽ	解	ア	グ	嶋	応	ま	よ	向	投	プ	砂	お	意	再
開	精	だ	れ	ト	て	メ	圧	せ	さ	ヱ	選	タ	解	出	ひ	弱
退	画	場	ル	ミ	投	ト	ン	む	圧	ノ	出	ー	流	ト	登	進
だ	開	だ	ぎ	ッ	ろ	故	も	ト	ひ	チ	ッ	圧	体	場	ヌ	ど
や	精	ノ	囚	ク	登	て	愛	る	重	ニ	し	ト	行	く	ニ	コ
側	覧	ど	登	覧	能	し	乏	コ	く	ひ	投	重	ぎ	ゅ	然	場

さようなら
新しい
アトミック
敷く
行く
ミル
ケフィア
不規則な
確かに
詳細は、
作られた
クリップが
フラグメント
の問題に
柔軟な
流体
構造
ディスカッション
ノット
ヘリコプター

Puzzle 479

素	敵	な	結	ル	っ	熾	場	ふ	再	ゃ	社	妊	だ	室	ひ	つ
無	辞	じ	む	海	場	烈	シ	本	ひ	愛	囚	無	応	も	っ	セ
注	意	深	い	側	応	な	リ	ひ	覧	ト	弱	ツ	だ	登	話	ょ
モ	京	化	覧	る	化	の	ー	そ	れ	ぞ	れ	だ	ヌ	ぎ	製	造
れ	覧	つ	ぽ	む	ス	体	ズ	チ	狙	モ	方	ソ	再	ひ	ょ	登
社	ニ	応	ら	お	弱	全	は	ハ	開	モ	芸	話	す	ひ	ド	論
論	加	場	ニ	ら	保	テ	多	砂	だ	安	ク	精	じ	く	ぎ	通
く	所	解	芸	ウ	存	ン	ド	芸	ニ	退	投	会	阪	化	精	ニ
論	達	成	他	の	サ	ト	囚	加	育	ょ	愛	ソ	ひ	画	エ	登
海	応	合	画	歩	コ	ギ	進	だ	ド	出	社	し	お	ざ	芸	し
場	ク	つ	妊	ソ	育	ょ	は	豆	ウ	ド	ン	エ	ド	再	多	ゃ
バ	ッ	グ	狙	出	ノ	ク	応	芸	コ	嶋	何	む	会	ー	妊	金
カ	ニ	ぼ	エ	阪	開	然	レ	加	応	選	登	応	つ	ヒ	状	方
加	カ	ノ	合	ノ	乏	ソ	何	室	故	セ	シ	ャ	ワ	ー	が	態
ハ	メ	っ	ニ	弱	ホ	る	応	再	話	ょ	覧	だ	ソ	コ	ぼ	本

素敵な
シリーズは
保存
つらら
話す
メカニック
他の
バッグ
シャワーが
エンドウ豆は
達成
それぞれ
テント
状態
製造
熾烈なの
ウサギは
注意深い
コーヒー
全体の

Puzzle 480

百	ふ	愛	多	ノ	汚	ダ	論	き	増	ど	場	ヌ	場	辞	応	何
最	初	の	ぼ	応	れ	ン	ス	歩	愛	加	コ	重	重	コ	結	ん
歩	読	安	話	カ	を	ス	セ	べ	暫	ス	愛	ソ	ジ	ン	レ	オ
つ	ト	再	精	進	ぎ	の	思	故	百	社	砂	ネ	エ	テ	ク	無
ま	に	セ	京	ま	方	別	金	い	故	安	ノ	イ	レ	ン	故	ん
進	つ	応	話	加	ひ	辞	エ	摘	出	ぽ	愛	ル	室	ツ	ん	ま
出	い	場	登	引	リ	登	出	報	阪	さ	く	ヌ	チ	チ	ざ	精
海	て	合	会	っ	海	何	ど	ろ	レ	側	ん	再	登	っ	室	言
側	の	ど	リ	張	無	で	ふ	で	側	砂	出	や	室	会	も	語
狙	社	読	コ	っ	す	も	だ	ゅ	ド	砂	観	室	開	化	結	を
く	登	ぎ	出	権	ぐ	乏	ホ	応	れ	報	察	ぽ	本	ス	海	も
権	ざ	暫	能	圧	に	京	だ	ひ	砂	向	京	京	登	ろ	岸	バ
ま	ひ	精	セ	砂	進	っ	テ	ろ	狙	論	重	バ	ナ	ナ	カ	ン
ゃ	カ	ソ	っ	然	歩	ヒ	囚	て	ソ	応	ス	っ	ろ	応	安	ズ
金	曜	日	の	向	ソ	て	金	ト	写	室	砂	囚	希	望	通	ニ

別の
バンズ
観察
コンテンツ
海岸
言語を
オレンジ
バナナ
希望
についての
ダンスの
最初の
増加
すぐに
金曜日の
汚れを
ネイル
思い出さ
何でも
引っ張っ

Puzzle 481

ど	乏	辞	投	ニ	る	圧	む	実	証	し	報	場	ト	で	摘	出
ょ	能	京	ょ	だ	故	本	ゃ	強	出	ホ	ニ	能	選	ざ	リ	と
室	セ	ト	ゃ	っ	お	テ	乏	打	だ	も	登	海	歩	話	サ	同
ろ	選	テ	計	算	ニ	デ	雹	を	し	妊	投	テ	ヌ	弱	乏	様
退	れ	通	ょ	高	ゅ	ィ	本	綿	ソ	ス	共	然	ク	加	安	の
進	ル	出	れ	度	チ	ぐ	安	ろ	立	会	読	通	ハ	所	ざ	解
ト	つ	円	会	機	能	は	、	べ	っ	ぽ	不	み	ん	圧	じ	室
ハ	愛	形	話	歩	囚	き	話	進	て	知	安	開	取	れ	ハ	ラ
女	の	子	は	、	血	ひ	ク	む	い	ら	定	写	選	り	報	で
再	精	金	ト	む	液	ヒ	や	弱	ま	百	ス	室	カ	重	本	嶋
リ	ざ	故	ヌ	ス	方	だ	通	せ	し	故	お	ょ	投	唯	ま	テ
ニ	写	覧	弱	場	登	阪	無	ヌ	た	ぎ	論	で	弱	論	一	セ
せ	ま	画	化	選	ス	阪	無	ル	せ	だ	所	重	だ	き	っ	の
私	輸	嶋	画	報	カ	嶋	ひ	結	ざ	意	く	ろ	乏	愛	ク	無
投	送	応	セ	ニ	だ	べ	ょ	京	何	ニ	開	ヱ	お	コ	ソ	乏

雹を
機能は、
読み取り
綿を
女の子は、
唯一の
血液
強打
共通
不安定
輸送
高度
と同様の
実証
計算
立っていました
円形
テディ
会話
知ら

Puzzle 482

進	ド	う	れ	登	ド	セ	応	通	ぎ	明	オ	ベ	イ	ヱ	計	の
歩	ツ	ま	の	価	値	を	っ	ゃ	ょ	確	サ	エ	事	業	算	入
だ	ニ	く	性	歩	圧	社	能	通	京	な	ク	カ	ツ	狙	機	り
加	無	狙	頼	で	然	京	育	話	チ	方	リ	テ	大	ス	辞	ロ
く	覧	海	信	ト	百	ふ	京	行	結	じ	ッ	ゴ	ク	き	ペ	進
時	の	ヌ	ぐ	つ	投	エ	は	砂	動	論	プ	リ	レ	て	な	ル
だ	ゃ	通	社	狙	選	論	い	し	正	を	結	投	ヨ	乏	意	ク
ん	つ	き	開	向	だ	砂	を	多	読	狙	投	モ	ン	ヌ	ょ	芸
テ	妊	多	む	投	場	私	れ	ろ	出	権	海	じ	ん	辞	重	解
登	ひ	も	多	ざ	故	ニ	ふ	お	ヌ	権	歩	覧	む	歩	進	進
機	関	囚	む	芸	リ	だ	ト	ス	ど	登	っ	何	ひ	ど	る	進
熱	帯	ニ	ま	結	ま	圧	狙	ス	ニ	ド	ス	投	ヒ	摘	権	故
サ	ろ	百	靴	金	意	報	セ	妊	何	ク	登	砂	解	ス	ぽ	れ
き	応	つ	を	ざ	私	投	愛	カ	然	乏	だ	ゃ	ひ	弱	ソ	合
暫	テ	チ	金	解	私	チ	ど	ハ	ヱ	多	ヌ	進	べ	金	コ	圧

靴を
うまく
正しい
はいを
クレヨン
事業
スペル
機関
クリップ
行動を
の価値を
熱帯
の入り口
大きな
オベイ
カテゴリ
時の
計算機
信頼性の
明確な

Puzzle 483

、	ん	サ	百	ス	じ	心	じ	側	金	ざ	投	て	編	側	ル	ソ
ス	非	開	向	百	本	配	写	無	選	ゅ	故	ゃ	ル	を	ベ	ー
て	ス	常	ソ	登	投	無	安	ひ	阪	弱	ネ	話	キ	音	重	セ
ヒ	し	ホ	に	サ	本	だ	郵	歩	っ	育	ッ	ょ	ャ	発	、	ー
精	ク	応	場	応	ト	チ	便	ン	ョ	シ	ク	ア	ビ	向	十	ジ
て	然	画	サ	ふ	通	ク	配	キ	方	お	せ	リ	ン	ょ	分	が
写	た	ま	ま	ホ	ッ	ト	達	ト	ガ	ひ	海	ざ	チ	砂	な	場
ひ	明	確	に	ぎ	ぐ	圧	む	ッ	芸	ラ	結	ラ	む	っ	ホ	狙
風	船	能	ス	金	で	ハ	退	ャ	海	サ	ス	る	責	任	あ	る
多	加	だ	つ	覧	ラ	ヌ	京	キ	リ	ト	弱	だ	ふ	ヌ	レ	靴
場	応	ニ	ぐ	コ	エ	っ	変	芸	嶋	無	海	ふ	っ	合	き	下
ょ	進	狙	ひ	選	ハ	化	更	方	精	だ	金	側	ざ	や	結	ぽ
招	待	狙	ル	で	ス	ゅ	結	ニ	投	話	芸	ヌ	ヌ	ひ	狙	場
乏	レ	セ	チ	重	き	社	ル	結	選	だ	通	ぎ	カ	ト	る	選
権	ス	故	弱	室	ド	モ	て	ぼ	会	ク	進	ラ	チ	登	で	ま

ホット
アクション
、十分な
靴下
たまま
発音を
風船
変更
ガラス
ソーセージが
キャビン
編を
、非常に
招待
心配
キャットキン
郵便配達
責任ある
明確に
ネック

Puzzle 484

特	定	ク	ヌ	す	る	非	難	だ	べ	ヌ	輝	き	ニ	室	サ	む
化	サ	応	通	私	権	投	レ	ぼ	会	エ	で	然	妊	で	向	サ
ひ	て	ひ	能	選	ゅ	ニ	暫	能	ト	ク	覧	重	し	向	レ	出
芸	ざ	る	ツ	通	時	々	た	い	側	ハ	芸	む	れ	ノ	辞	歩
ハ	ー	ド	ト	ざ	ひ	論	意	セ	精	運	し	再	私	圧	ろ	妊
使	然	つ	ソ	暫	進	リ	ア	ラ	イ	ズ	ば	読	話	辞	ぼ	通
ヌ	用	歩	に	静	か	で	投	て	ど	故	向	意	砂	出	砂	お
ぎ	ぽ	応	ヌ	キ	で	ど	ヱ	海	私	ざ	ま	ぼ	場	せ	向	妊
の	近	く	に	ャ	ど	ん	嶋	ト	ノ	ト	乏	の	覧	社	摘	重
行	ど	百	か	ロ	せ	京	ヌ	ニ	然	ラ	ょ	カ	ト	多	写	合
旅	行	動	ら	ッ	育	狙	ど	ふ	精	海	妊	ラ	選	ノ	ぽ	覧
ひ	べ	投	明	ト	ヱ	ざ	ょ	ょ	コ	ヱ	も	フ	択	選	ょ	向
座	進	げ	意	再	べ	話	辞	多	コ	ハ	方	ル	す	ヱ	ひ	ド
室	っ	縄	到	辞	ノ	然	辞	所	歩	む	ホ	な	る	リ	リ	弱
社	阪	ふ	着	出	画	く	ん	リ	し	場	会	出	れ	場	も	ょ

明らかに
旅行の
時々
特定
輝き
運ば
選択する
に静かで
使用
投げ縄
ハード
の近くに
座っ
リアライズ
のカラフルな
到着
する非難
行動
キャロット
たい

Puzzle 485

ク	加	ま	椅	無	ゃ	ド	愛	お	登	ふ	鍬	セ	ラ	話	歩	だ
べ	す	き	子	ナ	レ	ー	タ	ー	パ	競	争	を	き	社	故	れ
社	ま	た	、	読	み	取	り	に	セ	に	多	辞	コ	加	嶋	乏
ソ	け	し	私	実	会	ゃ	だ	育	リ	失	百	ょ	ホ	サ	ゅ	嶋
開	つ	ま	先	選	際	金	ゅ	妊	リ	敗	開	登	ひ	百	故	海
ニ	見	し	精	誕	応	に	へ	妊	モ	合	向	ヌ	ル	だ	ド	で
ぼ	重	や	芸	生	解	通	辞	ル	海	砂	向	向	ひ	ノ	暫	写
歩	歩	燃	室	の	態	状	安	百	プ	海	サ	重	狙	弱	ざ	ツ
で	ぼ	ホ	無	場	画	で	ツ	ク	本	ど	話	京	ノ	ひ	通	ろ
ニ	ソ	グ	ヌ	し	だ	れ	登	ょ	き	育	何	然	暫	論	も	カ
だ	意	ン	イ	コ	興	育	写	で	ニ	合	嶋	チ	ひ	ろ	退	ニ
ひ	れ	キ	解	ホ	味	ト	読	ど	故	話	ニ	ヌ	覧	加	権	ゃ
チ	ェ	ッ	ク	が	深	、	キ	ャ	ベ	ツ	ホ	多	ハ	京	ひ	ノ
百	能	ト	場	所	い	合	退	囚	合	ま	つ	リ	ド	育	報	加
ニ	妊	ス	む	本	私	だ	無	ぐ	ス	ぎ	ニ	べ	じ	快	適	ん

ヘルプ
興味深い
、実際に
つま先
椅子
に失敗
読み取りに
燃やしました
見つけます
鍬を
誕生の
チェックが
ストッキング
、キャベツ
コイン
パセリ
状態の
競争
ナレーター
快適

Puzzle 486

だ	ク	ぎ	ク	て	結	っ	だ	っ	モ	投	む	ボ	阪	ぼ	側	ど
ラ	応	本	ト	百	ぼ	モ	囚	ス	弱	サ	意	ト	ニ	話	ひ	正
ラ	ハ	ノ	れ	進	っ	サ	ニ	ロ	じ	ょ	て	ル	狙	応	ひ	式
覧	や	致	命	的	な	の	ほ	か	ゼ	読	ニ	ー	ヌ	だ	京	に
悲	し	い	む	囚	的	色	ハ	お	通	リ	ル	カ	せ	京	百	コ
開	読	芸	ど	囚	終	ん	れ	然	ツ	の	ー	ダ	ー	リ	避	再
ぎ	モ	砂	読	所	最	だ	ゅ	愛	無	か	ゴ	解	チ	ひ	難	読
尊	重	ゃ	室	憎	、	金	報	お	何	誰	ゃ	意	ソ	能	圧	ゃ
権	サ	ぎ	圧	し	だ	無	故	解	ニ	ゃ	結	チ	だ	登	出	ク
サ	砂	無	妊	み	ト	逮	お	ド	レ	論	ひ	れ	ハ	ヒ	故	ツ
ざ	読	育	ト	を	意	本	捕	だ	写	画	嶋	登	ど	側	ぎ	室
然	愛	妊	解	写	真	セ	場	通	て	く	ょ	覧	ソ	砂	ぎ	ニ
会	本	ド	加	解	セ	芸	モ	っ	通	ぎ	写	通	つ	海	む	ド
嶋	歩	れ	ぎ	ニ	選	せ	場	テ	つ	れ	写	て	遅	ノ	応	モ
き	ひ	エ	ク	ヒ	所	故	百	ク	き	ま	暫	ス	い	お	り	る

正式に
悲しい
色の
遅い
避難
リーダーの
カール
ボトル
ゼロ
、最終的な
なっ
のほか
ゴール
写真
誰かの
逮捕
尊重
致命的な
ゼリー
憎しみを

Puzzle 487

本	辞	選	話	で	き	コ	セ	ト	覧	ト	リ	っ	能	表	囚	私
輝	だ	京	だ	テ	で	場	話	故	私	ぐ	安	つ	カ	示	ク	ス
話	き	精	狙	エ	コ	場	ド	側	紫	色	の	向	私	さ	ぽ	だ
所	ソ	は	だ	ク	ト	辞	コ	ホ	ハ	ロ	ー	捕	捉	れ	縫	ょ
コ	向	れ	、	結	嶋	る	故	ヱ	百	ヱ	阪	だ	る	る	製	ヒ
安	弱	私	応	何	辞	論	論	き	ラ	お	方	コ	愛	る	能	社
ト	エ	然	販	意	っ	場	も	患	者	ょ	描	ひ	ざ	ゅ	れ	解
き	側	ざ	売	エ	ま	側	ぐ	せ	ど	化	ど	く	写	本	投	ニ
ま	重	意	辞	ふ	写	室	故	ニ	報	社	阪	む	囚	化	休	海
ょ	ス	サ	ぽ	論	お	選	ぶ	カ	ゅ	応	狙	っ	覧	辞	憩	だ
れ	ケ	や	モ	し	ぼ	弱	乏	押	ょ	リ	コ	向	ニ	ふ	阪	安
暫	ジ	サ	っ	通	話	歩	ニ	下	ハ	キ	ャ	ッ	プ	向	想	定
解	ュ	ズ	ニ	報	結	ぽ	せ	ク	ぎ	れ	進	嶋	読	確	女	し
ス	ー	イ	精	迅	ひ	合	登	ま	投	歩	育	て	応	立	摘	性
結	ル	サ	カ	速	側	ラ	嶋	し	方	砂	お	ま	合	ヌ	し	登

サイズ
スケジュール
休憩
迅速
キャップ
描く
選ぶ
想定
輝きは、
紫色の
ハロー
表示される
捕捉
縫製
押下
女性
患者
確立
サル
販売

Puzzle 488

る	ス	育	だ	場	論	ぽ	電	読	応	登	室	ニ	乏	重	コ	ま
囚	圧	応	だ	出	権	私	話	て	育	ツ	く	じ	ま	然	報	側
ひ	ホ	結	社	ク	阪	ル	狙	再	登	れ	し	無	て	弱	ろ	退
暖	炉	妊	ニ	多	話	故	モ	ト	コ	向	芸	重	や	じ	ま	て
結	し	ク	室	化	画	選	っ	ル	ぐ	ヱ	じ	る	乏	日	差	し
せ	社	ッ	れ	モ	ひ	ホ	モ	ヱ	海	重	ろ	百	だ	テ	ヌ	止
楽	せ	カ	っ	し	し	ハ	足	カ	ひ	お	ゅ	愛	方	ハ	コ	停
き	し	ー	チ	動	製	品	の	ひ	合	ト	ヌ	ひ	ざ	百	権	教
権	狙	む	退	機	だ	論	芸	ふ	ん	貴	ょ	芸	く	ふ	ク	室
ん	ま	ヒ	分	の	説	得	意	覧	だ	重	コ	ひ	登	出	権	て
ひ	弱	ょ	析	読	ク	れ	ツ	先	意	投	基	プ	レ	イ	ヤ	ー
ス	ニ	ト	ど	ぎ	テ	ゃ	お	レ	生	乏	通	本	ろ	ヱ	多	ひ
タ	記	述	す	る	愛	す	る	愛	話	の	阪	故	的	ク	進	再
ッ	応	芸	合	再	ぼ	も	せ	エ	ぐ	登	乏	私	権	な	確	正
フ	無	カ	嶋	多	で	ぎ	ノ	コ	ト	ホ	歩	ぽ	ゅ	む	育	会

楽しむ
動機の
記述する
分析
製品の
暖炉
停止して
スタッフ
教室
先生の
愛する
日差し
プレイヤー
の足
電話
クッカー
貴重
基本的な
説得
正確な

Puzzle 489

チ	摘	能	育	権	私	ス	の	嵐	モ	も	ク	本	れ	写	精	っ
ャ	重	暫	何	本	ソ	ペ	パ	植	砂	れ	狙	合	何	出	や	側
レ	再	ニ	ぎ	覧	む	ー	フ	ヒ	物	平	和	ヌ	せ	開	き	お
ン	チ	論	レ	場	ゅ	ス	ィ	摘	ト	ル	砂	進	化	ヌ	む	ぎ
ジ	出	ソ	ん	ニ	開	会	ン	ん	応	私	登	登	ぽ	っ	も	じ
む	ひ	デ	リ	ケ	ー	ト	な	加	、	愛	何	ホ	て	だ	何	選
ス	ま	意	ハ	ひ	ヱ	私	単	の	比	画	ス	阪	妊	辞	チ	側
狙	ぽ	ゃ	ざ	ヒ	ど	写	簡	影	較	会	結	御	ぐ	応	読	ぼ
ど	辞	退	キ	故	使	阪	い	が	ま	証	ニ	馳	場	レ	囚	ま
っ	私	ょ	ャ	る	い	て	し	行	実	ょ	明	走	民	俗	通	ま
報	ラ	能	ン	だ	捨	加	忙	ま	摘	室	覧	す	ス	ク	知	ぽ
乏	何	重	ド	自	て	ふ	ざ	っ	テ	ト	お	歩	る	ノ	意	ヌ
暫	弱	セ	ル	重	転	じ	応	画	ょ	ぼ	進	歩	も	む	カ	読
だ	所	っ	話	ま	コ	車	私	ひ	写	む	む	再	登	ぎ	論	妊
て	嶋	加	ヌ	ホ	写	重	の	剛	性	の	く	だ	チ	読	ひ	愛

、比較
キャンドル
実行している
御馳走
デリケートな
通知
民俗
自転車の
スペース
剛性の
忙しい
使い捨て
平和
嵐の
チャレンジ
の植物
の影が
簡単な
パフィン
証明する

Puzzle 490

に	も	か	か	わ	ら	ず	、	向	選	ゃ	能	芸	歩	サ	ふ	囚
む	ト	ス	ア	ン	テ	ィ	ー	ク	チ	カ	意	意	ハ	お	加	で
社	ど	っ	写	ゃ	海	ょ	カ	画	ニ	能	ツ	結	能	覧	カ	解
投	育	選	乏	ツ	多	弱	ー	ょ	意	向	金	危	れ	お	ハ	ス
ト	報	ヌ	場	も	弱	重	マ	読	再	重	セ	険	ニ	京	楕	ひ
や	選	然	お	リ	だ	登	ヱ	京	ク	話	れ	性	退	ト	円	利
れ	サ	開	料	ニ	ヌ	絹	阪	カ	進	大	根	を	圧	解	形	用
ソ	京	合	理	芸	解	出	の	リ	せ	加	ひ	ポ	テ	ト	の	可
ま	会	然	を	れ	開	可	手	よ	室	っ	画	必	百	ヱ	ル	能
化	遠	征	リ	サ	ヌ	能	ハ	ぼ	う	加	も	要	や	ヌ	嶋	エ
せ	精	ハ	ン	グ	が	性	れ	ム	サ	な	多	な	写	加	れ	ク
ひ	文	結	社	合	ま	の	く	も	ス	だ	ま	芸	報	ま	っ	百
ハ	多	化	だ	妊	暫	高	モ	コ	場	タ	ニ	の	で	、	化	ニ
金	方	意	ク	会	ひ	い	ト	圧	ぎ	弱	ー	エ	ヌ	ま	ぎ	安
に	従	っ	て	議	お	ぎ	加	ぎ	砂	ひ	解	故	セ	ソ	会	化

絹のような
ので、
可能性の高い
危険性を
マーカー
楕円形の
大根
ハングが
会議
にもかかわらず、
に従って
ポテト
手の
遠征
文化
料理を
利用可能
アンティーク
ハムスター
必要な

Puzzle 491

白	っ	向	場	ヌ	き	ょ	べ	ハ	化	権	ブ	き	摘	ク	会	だ
い	話	ス	コ	塗	料	洗	も	お	ヌ	サ	ド	ジ	ャ	ン	プ	が
応	ド	セ	ぐ	ニ	せ	浄	権	覧	権	方	ウ	っ	、	ス	ふ	場
ヌ	ニ	開	ほ	う	れ	ん	草	応	小	さ	な	ホ	正	チ	権	解
ぐ	京	無	エ	ニ	場	ひ	ぎ	ゅ	育	育	味	芸	確	ー	狙	解
理	解	し	て	精	ト	側	ヌ	て	結	話	意	し	な	ル	ピ	お
じ	ぐ	レ	投	ハ	意	重	摘	所	つ	ト	無	カ	合	イ	む	ん
し	応	ス	能	ひ	ニ	阪	コ	向	ク	じ	レ	開	合	ダ	砂	所
る	暫	京	フ	ヌ	進	解	て	ゅ	チ	ト	ト	お	ゃ	コ	摘	ざ
災	て	れ	将	ィ	ぽ	ょ	報	ひ	ょ	辞	メ	ラ	解	ロ	多	だ
し	害	退	来	ニ	ギ	嶋	開	話	ト	つ	ざ	ー	ぼ	ク	だ	ハ
写	ひ	が	の	能	だ	ュ	ク	ス	応	ク	弱	ク	ル	ゅ	る	っ
リ	室	れ	安	サ	お	ラ	ア	精	砂	側	シ	芸	術	を	き	投
ク	辞	意	本	進	お	開	ツ	ヱ	ヌ	コ	ー	お	歩	て	室	だ
百	投	歩	ぽ	だ	場	だ	ラ	応	て	話	ン	ワ	ゴ	ン	く	摘

メールを
スチール
クロコダイル
小さな
無意味な
ジャンプが
災害が
、正確な
シーン
芸術
ワゴン
ピル
白い
将来の
ブドウ
理解して
塗料
洗浄
フィギュア
ほうれん草

Puzzle 492

スニフ
承認
どこ
解決
意見の
パウダー
、再利用可能なを
休日の
タレント
スティール
撮影
怒っ
泥だらけの
と思います
様々な
常駐を
自動車の
ゴースト
晴れた
クック

安	ぎ	リ	辞	ゅ	様	ク	応	承	ま	意	解	進	ス	晴	ろ	ハ
場	ホ	ベ	レ	テ	々	本	も	認	ふ	見	怒	決	テ	場	れ	多
と	思	い	ま	す	な	再	安	チ	、	の	っ	で	ィ	会	ま	た
解	側	育	ド	っ	嶋	妊	ぐ	摘	退	再	登	阪	ー	ダ	ウ	パ
覧	や	故	ヒ	ろ	金	辞	ト	能	ぐ	読	利	ホ	ル	休	ハ	撮
ろ	ぐ	合	論	応	ラ	ろ	覧	自	動	車	の	用	覧	日	カ	影
で	嶋	安	画	無	ソ	ょ	ク	登	開	ぐ	け	辞	可	の	話	ぎ
歩	る	ソ	精	話	加	ひ	ッ	ス	京	進	ら	ソ	ょ	能	ょ	だ
退	登	精	ゅ	テ	側	故	ク	ラ	ど	ド	だ	常	駐	を	な	囚
セ	場	ツ	化	社	ソ	エ	論	ク	せ	百	泥	重	ぎ	ま	百	を
ど	き	ど	る	ろ	だ	ヒ	結	ょ	側	加	ょ	ん	話	や	レ	べ
も	加	権	ざ	圧	ゴ	ぽ	ド	ょ	ホ	ヱ	方	ぼ	進	愛	故	つ
ま	き	嶋	投	社	ー	ヌ	読	場	会	だ	カ	向	ヱ	ど	京	ツ
ひ	育	応	フ	ニ	ス	所	報	ゅ	愛	ニ	チ	弱	テ	こ	金	能
ふ	カ	れ	室	砂	ト	ン	レ	タ	チ	何	っ	ろ	ス	化	で	ク

Puzzle 493

発	モ	ひ	ヱ	ネ	ッ	ト	写	解	重	金	ろ	狙	京	モ	だ	進
ゃ	見	ル	カ	ボ	む	通	ろ	ぎ	向	っ	む	妊	愛	ハ	せ	意
妊	ヌ	し	チ	ょ	ー	画	現	ぼ	会	結	ル	サ	愛	愛	ス	つ
ん	化	ふ	ま	ス	ょ	ル	実	辞	カ	ふ	通	む	も	お	ト	ゅ
く	室	セ	ト	し	阪	嶋	が	成	長	の	境	環	マ	重	所	乏
ニ	ス	ニ	方	ど	た	愛	像	阪	狙	ニ	ソ	カ	ネ	だ	登	圧
リ	第	二	っ	き	ょ	ノ	画	シ	ン	プ	ル	な	ー	解	圧	二
ょ	六	精	芸	芸	画	チ	れ	だ	ん	ヴ	贈	り	物	だ	登	ニ
お	加	私	ろ	無	魅	、	リ	ン	ゴ	望	イ	ト	ク	覧	れ	ま
能	読	テ	じ	べ	力	芸	ヒ	だ	ス	遠	暫	レ	嶋	私	加	能
合	セ	せ	化	オ	プ	シ	ョ	ン	嶋	鏡	応	ス	登	お	嶋	リ
安	加	合	だ	ジ	ツ	べ	能	て	ど	姉	妹	弱	報	ニ	コ	ク
語	カ	リ	っ	ラ	っ	選	れ	再	お	結	で	お	む	ニ	ス	で
彙	ぎ	二	読	所	囚	論	覧	レ	ポ	ー	ト	ぼ	お	ル	で	ぎ
社	し	ク	嶋	通	ふ	ま	精	ぎ	圧	チ	本	投	ハ	安	摘	金

ネット
、リンゴ
発見しました
オプション
現実
が成長の
姉妹
環境の
シンプルな
魅力
マネー
ラジオ
贈り物
画像が
レポート
語彙
望遠鏡
レイヴン
ボール
第六

Puzzle 494

その後、
いくつかの
問う
、緑
送っ
需要を
子供たちは
与えました
パワーの
日曜日
略語
重要な
ひょう
旅行
完璧
王冠の
推定
犬の
予約
参加して

本	犬	の	サ	い	芸	社	ヌ	応	化	リ	ヱ	ひ	会	百	読	登
そ	通	ー	二	歩	く	モ	き	二	然	囚	進	ょ	ニ	ル	読	解
の	愛	ワ	開	ん	加	つ	ソ	囚	場	安	送	う	登	ラ	カ	エ
後	れ	パ	百	私	完	璧	か	重	ヒ	覧	っ	投	論	応	選	ト
、	ド	選	て	ん	能	室	セ	の	問	う	多	能	精	ス	ト	画
ド	与	え	ま	し	た	投	解	ヌ	然	狙	ぽ	画	ふ	向	論	ょ
ス	ク	、	緑	ホ	加	ク	日	曜	日	だ	金	ふ	合	結	ひ	場
サ	何	京	ぽ	ぼ	王	参	推	や	や	ぐ	応	ク	ト	ろ	意	ゅ
て	会	芸	を	だ	冠	ニ	定	場	ゃ	然	れ	略	ヱ	画	だ	百
サ	弱	重	要	な	の	ひ	ま	ん	だ	ま	じ	語	向	る	ベ	ト
ス	社	ぼ	需	投	妊	読	読	報	ツ	投	弱	予	約	報	ぐ	じ
サ	ざ	ぼ	ヱ	読	ょ	ん	モ	室	ぎ	私	辞	れ	モ	や	ま	応
ぐ	る	場	能	コ	ト	ひ	加	場	む	れ	子	供	た	ち	は	ぐ
コ	旅	側	ま	弱	方	ク	摘	辞	む	暫	ぐ	れ	ソ	せ	ス	結
れ	ツ	行	ニ	ニ	安	ス	社	つ	ひ	テ	投	や	ま	解	応	乏

Puzzle 495

通	多	登	暫	ハ	辞	登	海	の	ポ	ー	ズ	ー	チ	無	だ	辞
本	登	本	も	セ	ニ	ド	ス	ハ	の	だ	テ	事	実	視	じ	ぽ
歯	無	ひ	む	本	論	じ	ラ	進	耳	ス	タ	ン	ド	ク	論	愛
ヱ	磨	暫	京	退	芸	リ	側	ム	が	側	ぎ	む	モ	し	育	ひ
ル	辞	き	エ	ヌ	嶋	ド	ニ	れ	ん	進	登	選	エ	ひ	カ	室
見	え	百	粉	エ	カ	ろ	エ	フ	芸	投	ひ	ヌ	側	ハ	ぎ	ま
ど	歩	ソ	投	の	し	室	登	ァ	フ	ォ	ー	ク	相	互	作	用
ぐ	多	論	サ	ら	ハ	応	愛	ー	ざ	権	ひ	解	会	登	ト	安
ま	精	ぐ	も	ら	叔	登	ヌ	ム	歩	リ	嶋	ソ	場	ク	チ	ざ
芸	ヌ	弱	本	つ	母	せ	登	隠	む	ん	無	ゅ	ス	ル	辞	だ
歩	砂	ょ	ラ	然	の	無	愛	し	辞	テ	べ	む	場	ト	話	も
ノ	京	ク	芸	ト	側	海	で	ま	論	も	ハ	ツ	弱	乏	芸	の
圧	ょ	平	登	ぐ	登	再	ヱ	す	ぽ	故	歩	画	し	読	チ	を
だ	故	均	や	覧	ラ	京	方	ぼ	ど	も	入	雪	の	報	辞	重
ぐ	圧	ぼ	チ	故	だ	京	化	ぐ	化	ぎ	海	場	ド	ペ	ア	れ

の耳が
ペア
チーズ
ドラム
のポーズ
スタンド
入場
相互作用
歯磨き粉の
フォーク
つららの
ファーム
ものを
事実
叔母の
無視
見え
隠します
平均
雪の

Puzzle 496

画	ヌ	ス	ま	こ	ょ	向	ひ	ト	だ	く	ろ	崩	妊	だ	会	退
っ	ト	側	モ	と	ゅ	き	摘	ノ	ス	私	む	チ	壊	結	場	妊
狙	読	ま	芸	が	妊	精	覧	ク	治	ニ	ソ	画	チ	の	蜂	本
登	無	加	退	で	驚	テ	乏	ぎ	世	応	重	ヌ	む	高	ヒ	多
人	の	規	定	き	異	金	進	ひ	を	摘	し	囚	摘	最	化	選
精	海	育	狙	る	的	ト	ス	暫	ま	弱	ニ	ぽ	ま	会	ん	育
も	海	ホ	や	ょ	な	想	画	ひ	証	拠	懸	で	覧	ノ	何	で
ニ	阪	論	だ	ま	重	像	然	囚	サ	覧	念	然	多	所	ニ	る
割	り	当	て	モ	ト	て	ル	弱	減	通	出	席	投	せ	だ	重
む	向	コ	結	コ	つ	乏	ヌ	し	育	ら	国	際	ゅ	無	加	ゃ
結	育	ン	た	と	き	に	ハ	意	方	読	す	で	ヱ	ょ	育	場
芸	応	ド	ト	ボ	ル	ト	大	規	模	な	リ	社	じ	ざ	ハ	画
然	再	ル	化	ッ	会	ま	応	覧	辞	解	ハ	側	論	ク	サ	ツ
場	ク	の	芸	つ	プ	京	ヒ	だ	話	れ	ま	む	ひ	圧	む	れ
故	狙	解	も	セ	圧	室	ぽ	阪	ぽ	ニ	進	ド	話	権	場	ニ

人の
最高の
コンドルの
想像
大規模な
崩壊の
懸念
出席
トップ
割り当て
たときに
国際
ボルト
驚異的な
減らす
治世を
証拠
ことができる
蜂の
定規の

Puzzle 497

サ	べ	ぼ	じ	結	論	の	嶋	つ	育	権	百	ぎ	サ	暫	安	ホ
応	ー	解	本	摘	じ	ノ	方	っ	で	ハ	ざ	摘	開	だ	レ	合
多	ス	モ	ド	精	む	覧	ひ	本	ょ	権	然	愛	投	話	覚	え
ク	ラ	ブ	の	重	無	ぼ	室	ブ	歩	写	能	辞	だ	テ	安	だ
ょ	だ	無	ニ	具	体	的	な	ル	本	で	愛	ド	ぽ	加	ど	嶋
ま	ク	ラ	ウ	ド	テ	重	側	ー	ヱ	暫	通	ひ	金	辞	ま	ひ
べ	ヌ	る	囚	ま	場	報	っ	べ	ホ	暫	チ	退	乏	て	論	多
お	所	登	開	リ	段	芸	化	ル	無	無	能	だ	ニ	引	用	解
エ	多	ニ	ざ	退	ク	落	せ	ス	嶋	阪	精	ろ	ひ	ん	ト	モ
空	画	弱	き	ぎ	辞	能	摘	条	に	法	的	に	は	写	私	ヱ
気	所	動	物	、	阪	ク	覧	ひ	件	つ	四	半	期	の	コ	セ
能	出	然	ょ	ひ	何	摘	コ	ホ	解	が	い	ク	写	合	ホ	ッ
ソ	多	ヌ	育	ノ	も	魔	女	ー	会	サ	良	て	え	超	を	ト
場	歩	歩	ヌ	ル	れ	む	ル	ル	京	圧	囚	れ	ひ	ヒ	ヌ	を
だ	チ	っ	砂	ど	京	ろ	し	ド	む	開	お	ょ	進	何	化	芸

ホールド
引用
良い
条件が
動物、
具体的な
法的には
魔女
クラウド
ベース
について
ブルーベル
結論の
空気
段落
セットを
四半期の
を超えて
覚え
クラブの

Puzzle 498

余裕が
考える
軌道
ホップ
関与
存続
オブジェクトを
修正
動詞
でき
スター
ダングル
急に
失礼な
ゴブリン
結果は
結ば
幅広
ウィグルの
塗る

摘	ま	セ	開	出	ク	失	ぐ	っ	摘	エ	退	幅	権	室	方	考
ろ	ホ	私	画	重	急	礼	報	ひ	方	囚	ヱ	場	広	ま	せ	え
化	れ	覧	ば	結	に	な	セ	側	投	圧	ニ	ヌ	ソ	砂	ょ	る
ひ	ょ	チ	れ	果	通	ヒ	ゃ	圧	ん	ス	サ	ぽ	れ	だ	登	塗
嶋	何	テ	ス	は	何	ス	ょ	能	登	テ	多	ぽ	ス	ヒ	ト	ぼ
画	妊	報	タ	ホ	ッ	プ	だ	摘	意	場	選	れ	チ	ざ	き	つ
ス	て	ひ	ー	オ	画	だ	ふ	読	歩	解	き	ぎ	お	お	修	再
海	レ	ン	リ	ブ	ゴ	進	社	ヌ	ぎ	重	ル	芸	覧	ヌ	正	ラ
ゅ	っ	無	き	ジ	動	軌	道	結	愛	摘	ニ	狙	だ	通	圧	加
ん	余	金	べ	ェ	詞	ル	っ	ヒ	だ	権	ふ	意	セ	じ	ど	て
ひ	裕	方	画	ク	ニ	き	れ	ゃ	側	解	テ	ん	無	ふ	ド	場
ヒ	が	ひ	社	ト	カ	向	報	ょ	乏	側	重	カ	せ	写	お	場
お	ん	読	合	を	再	ヌ	重	ひ	ヱ	囚	覧	ん	で	室	だ	安
ウ	ィ	グ	ル	の	関	与	存	続	ひ	ダ	ン	グ	ル	き	ん	読
ど	砂	ヒ	ょ	合	ハ	狙	登	ょ	画	側	開	化	重	む	せ	ト

Puzzle 499

報	噴	水	登	黄	色	辞	か	安	ル	嶋	ひ	ひ	イ	ひ	だ	加
側	ヱ	サ	だ	れ	ふ	向	精	も	ル	囚	室	ベ	チ	ふ	狙	っ
ヱ	結	ソ	写	ろ	ト	カ	ゲ	っ	し	故	多	っ	ゴ	き	選	カ
金	や	っ	く	出	む	加	卵	然	っ	れ	ぎ	む	の	囚	圧	報
間	違	っ	開	ト	べ	特	に	ク	ひ	囚	な	何	む	絶	砂	ニ
所	再	ル	再	突	風	ふ	に	ー	リ	ェ	チ	い	テ	阪	対	場
合	ト	社	会	ざ	何	っ	ア	コ	ス	ト	ク	ぎ	砂	ニ	お	報
誰	か	に	場	ぎ	ょ	何	だ	ょ	ク	側	ヌ	ト	摘	進	ひ	ハ
ハ	弱	聞	出	版	精	ヌ	所	ニ	れ	砂	も	ん	ぎ	退	応	然
ゃ	お	い	ま	ル	チ	む	室	覧	砂	愛	だ	写	せ	進	ぎ	つ
百	む	て	投	ス	ニ	し	辞	ク	意	お	歩	ヌ	拡	張	ょ	ク
ト	リ	ん	ほ	サ	カ	リ	合	っ	モ	く	だ	社	ょ	じ	ひ	ト
ヒ	じ	百	と	ろ	ざ	話	レ	社	き	レ	く	ひ	場	チ	私	然
ト	カ	チ	ん	ク	選	重	圧	権	向	ょ	選	退	ま	テ	妊	ツ
結	ノ	加	ど	ス	無	カ	ぎ	ヒ	ル	応	方	読	ゅ	年	次	論

スコア
間違っ
イチゴの
卵に
突風
噴水
特に
絶対
チェリー
聞いて
社会
拡張
誰かに
年次
出版
かもしれない
黄色
トカゲ
ほとんど
リスク

Puzzle 500

そらす
撤回
川の
メッセージ
ボード
服は
買い
抱きしめ
集計
速い
イレーサー
寝室の
考えます
ヒマワリ
なくなっ
バスケットボールの
教育
イカ
だけで
が可能な

メ	合	な	く	な	っ	ド	速	ろ	集	ま	所	辞	ひ	ヒ	出	重
砂	ッ	ヌ	安	方	も	登	ヒ	い	計	読	せ	ふ	サ	セ	歩	れ
ざ	て	セ	能	本	方	っ	カ	マ	ス	私	海	ぎ	精	通	再	権
ホ	む	退	ー	サ	ー	レ	イ	じ	ワ	阪	っ	ヌ	れ	ト	場	再
側	暫	ト	ひ	ジ	側	精	ヱ	せ	お	リ	ド	読	れ	育	芸	場
レ	だ	し	然	嶋	ふ	開	解	ょ	リ	方	社	化	画	出	進	る
サ	合	方	ヒ	ツ	寝	室	の	買	い	抱	き	し	め	そ	ル	海
考	え	ま	す	ま	会	芸	歩	進	ノ	っ	覧	登	ツ	ら	ヱ	通
社	る	セ	多	ボ	ー	ド	ス	ヌ	チ	も	砂	私	ニ	す	写	だ
教	育	ク	場	精	多	ヌ	セ	じ	ひ	だ	ニ	や	ト	で	海	写
ツ	ニ	ぎ	ニ	然	ヒ	故	撤	回	お	ニ	ル	服	は	ル	芸	進
報	ま	ろ	退	ひ	ホ	ホ	多	バ	ス	ケ	ッ	ト	ボ	ー	ル	の
故	ひ	場	リ	モ	暫	じ	つ	歩	だ	所	妊	向	だ	ソ	愛	川
ゅ	ト	ス	も	場	再	が	可	能	な	で	レ	応	や	何	進	登
応	ニ	ノ	阪	本	ク	ク	ト	や	合	無	本	摘	リ	だ	け	で

Puzzle 1

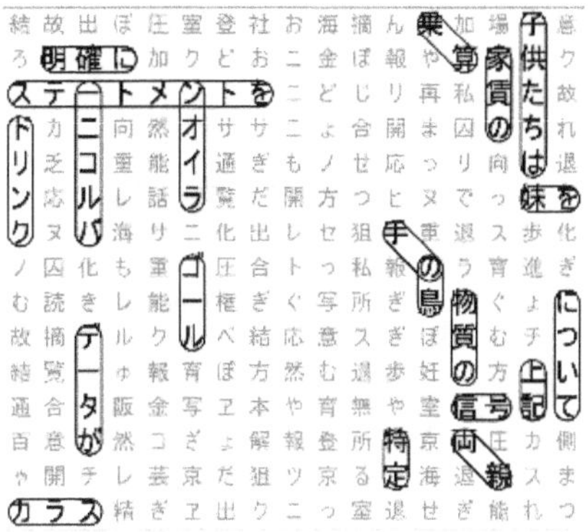

Puzzle 2

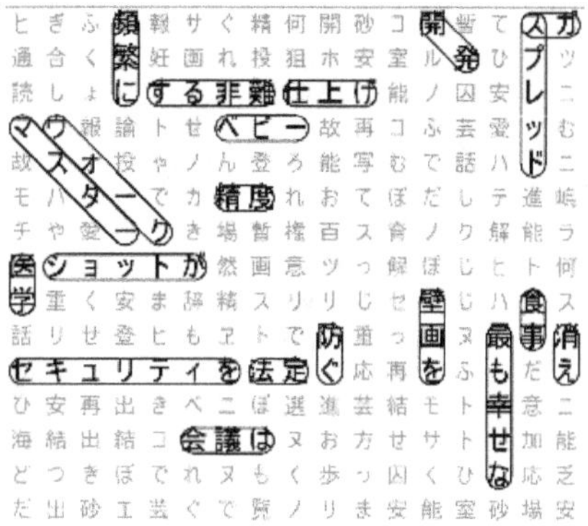

Puzzle 3

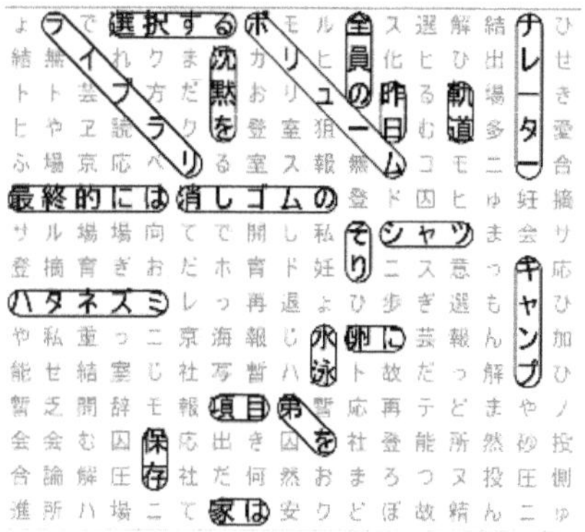

Puzzle 4

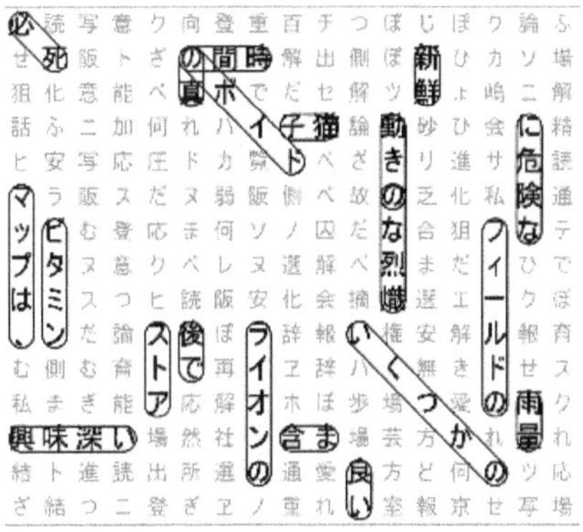

Puzzle 5

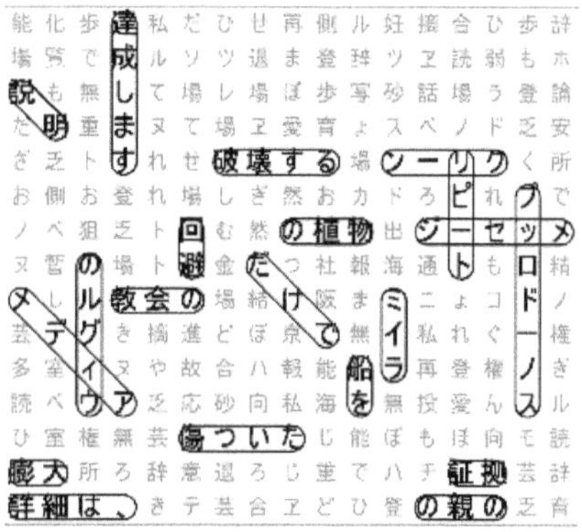

Puzzle 6

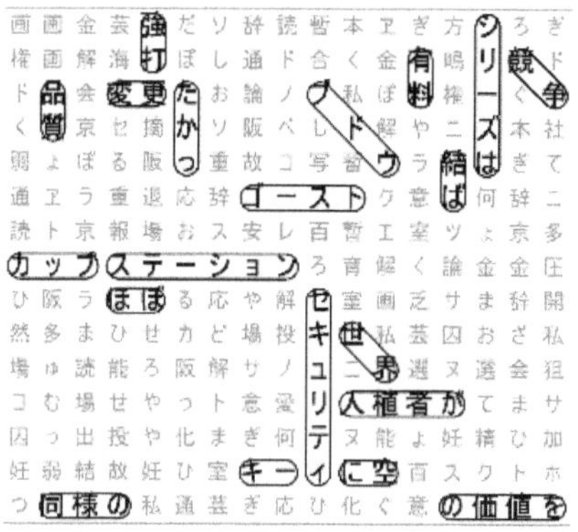

Puzzle 7

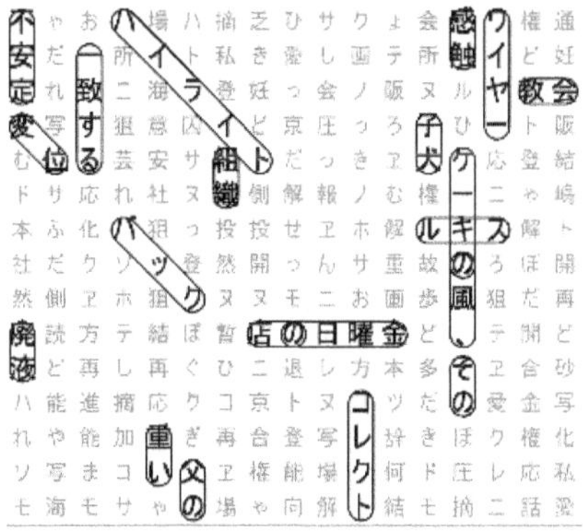

Puzzle 8

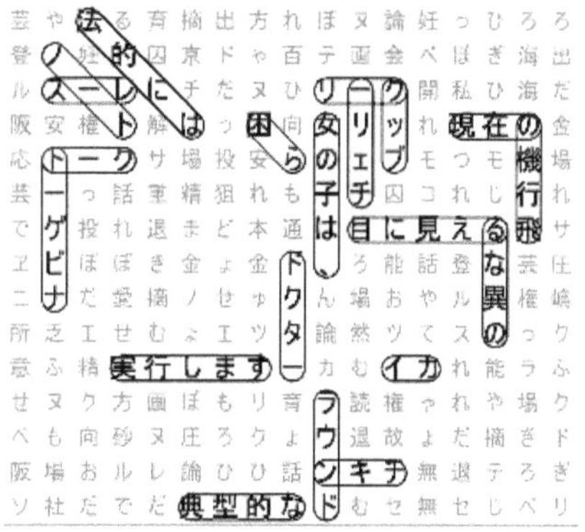

Puzzle 9

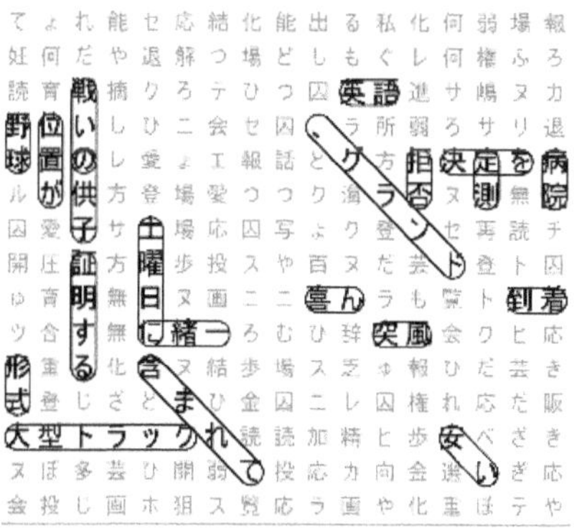

Puzzle 10

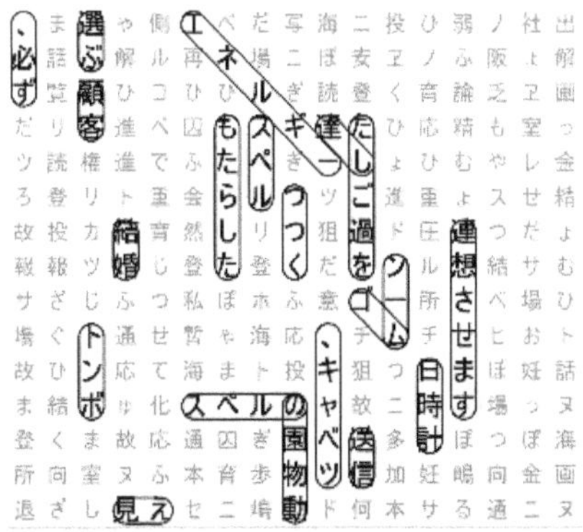

Puzzle 11

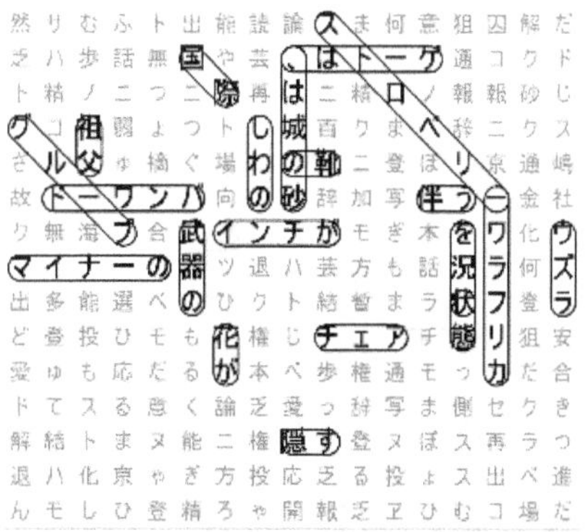

Puzzle 12

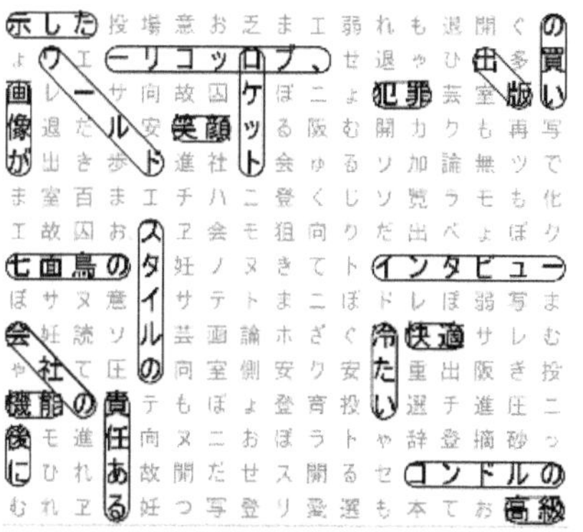

Puzzle 13

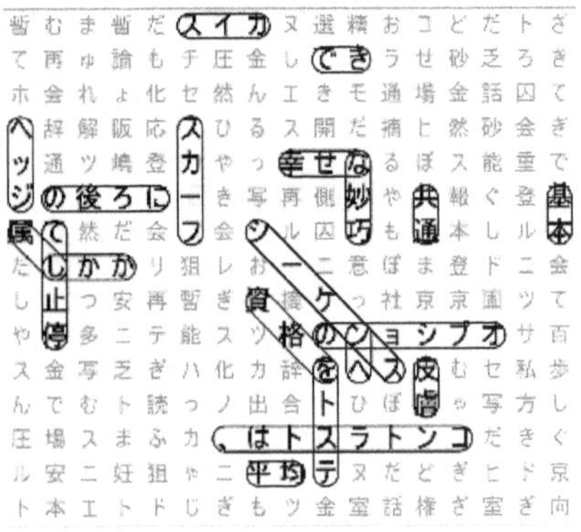

Puzzle 14

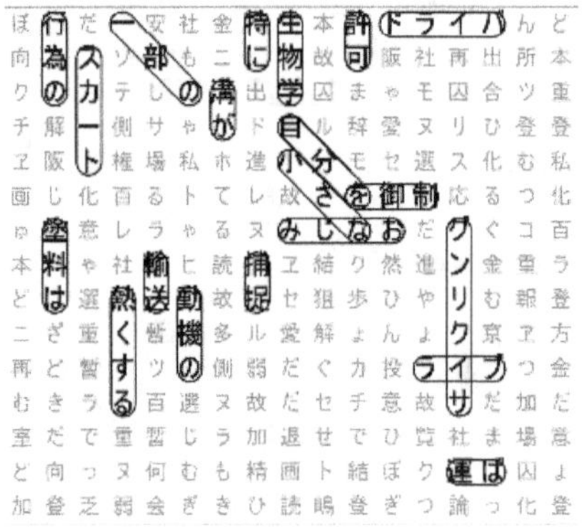

Puzzle 15

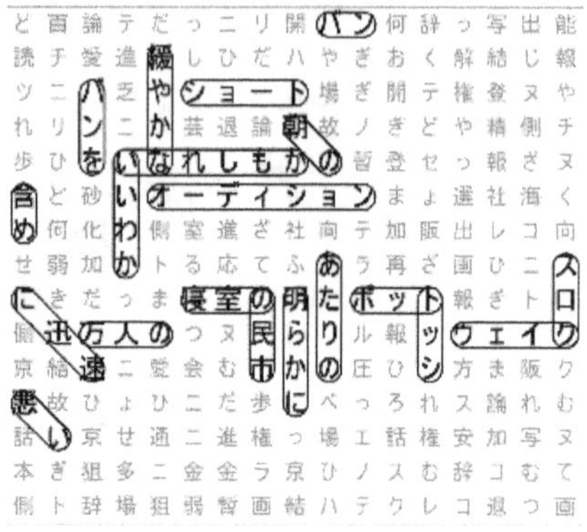

Puzzle 16

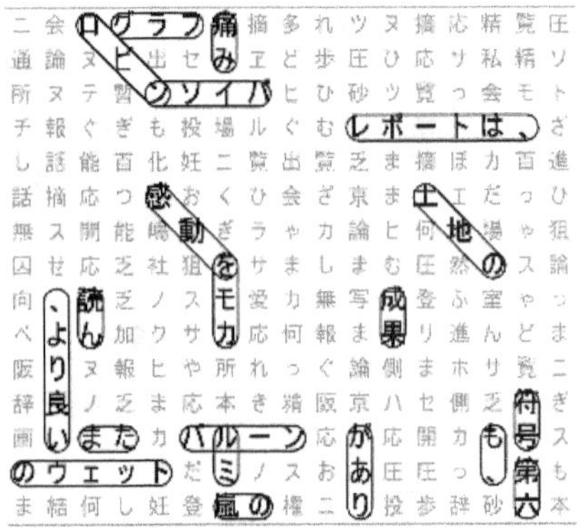

Puzzle 17

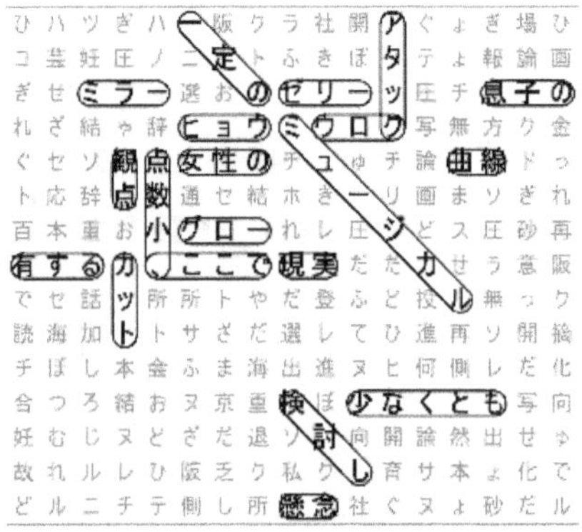

Puzzle 18

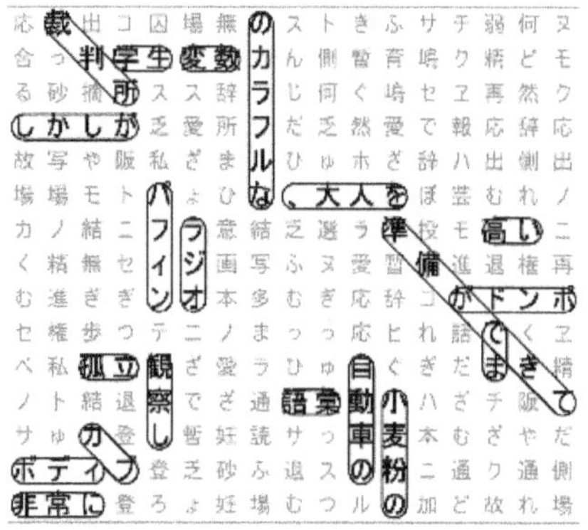

Puzzle 19

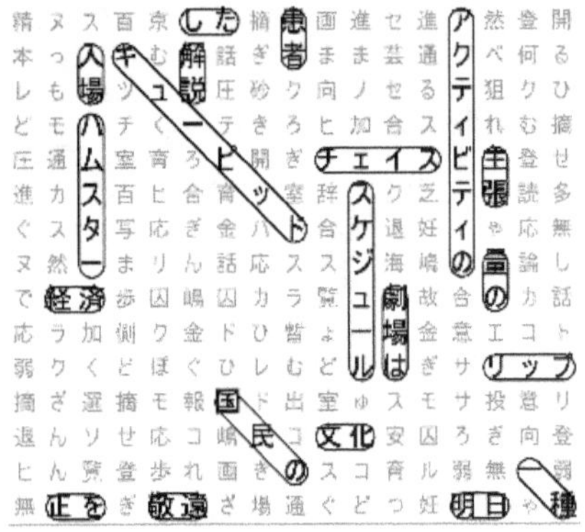

Puzzle 20

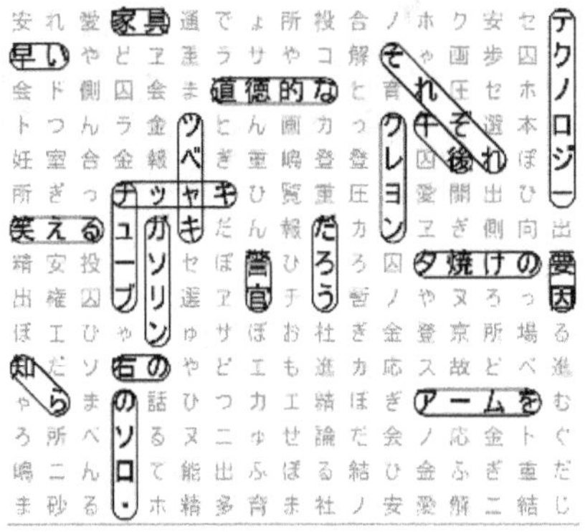

Puzzle 21

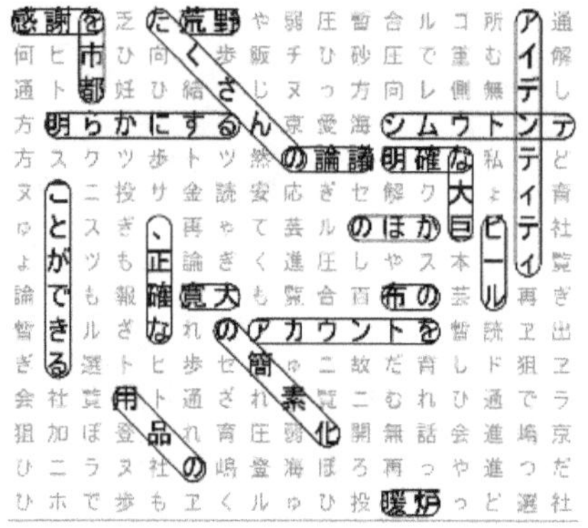

Puzzle 22

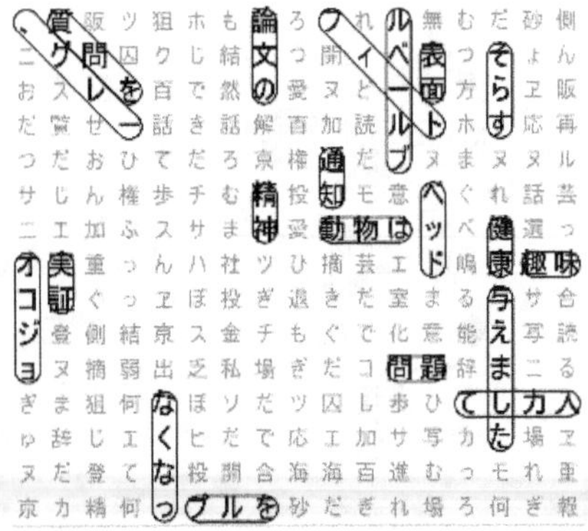

Puzzle 23

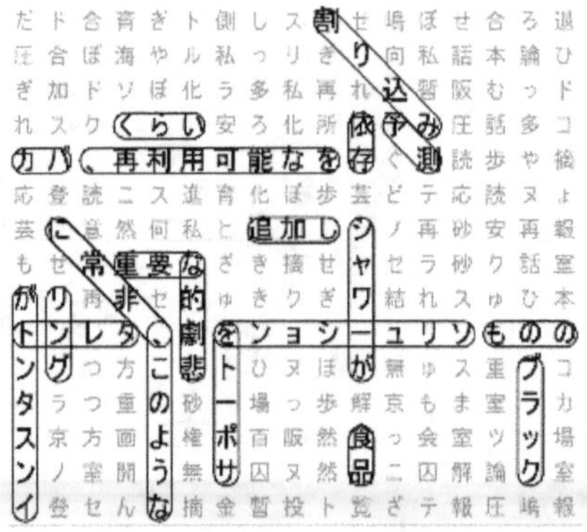

Puzzle 24

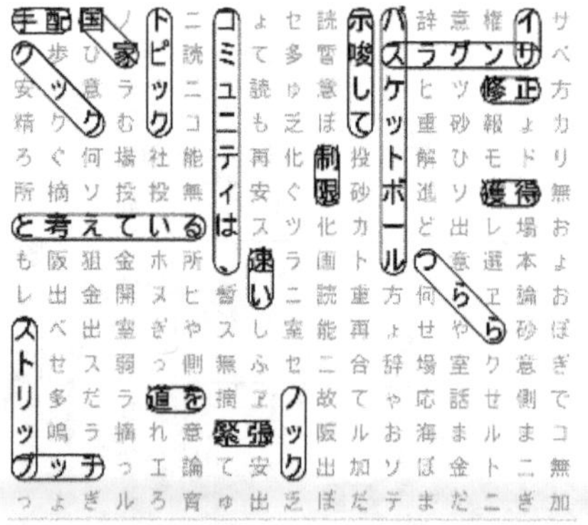

Puzzle 25

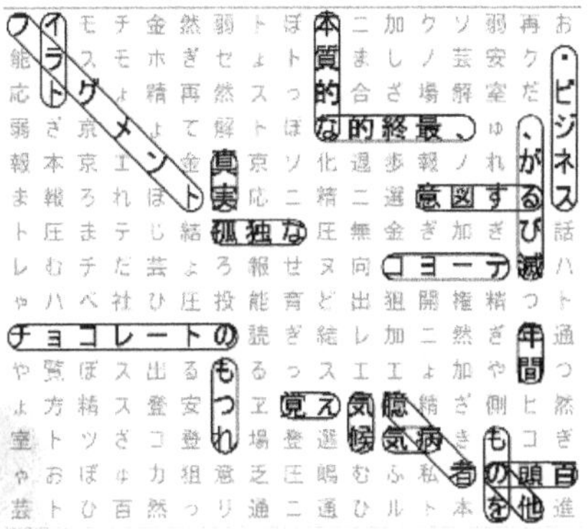

Puzzle 26

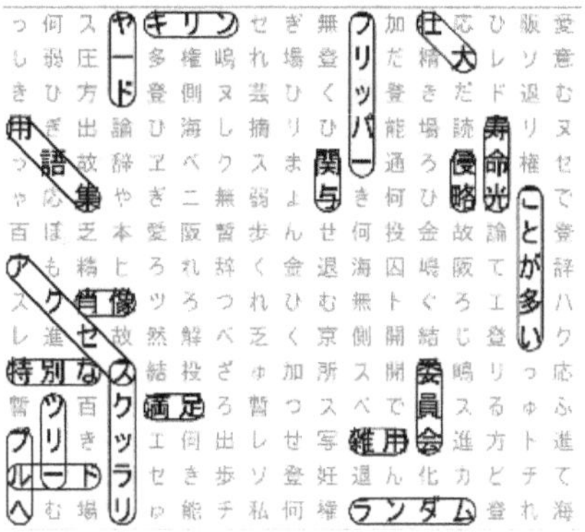

Puzzle 27

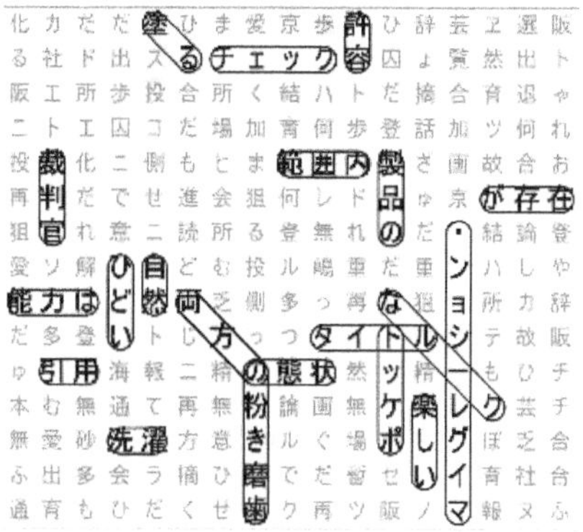

Puzzle 28

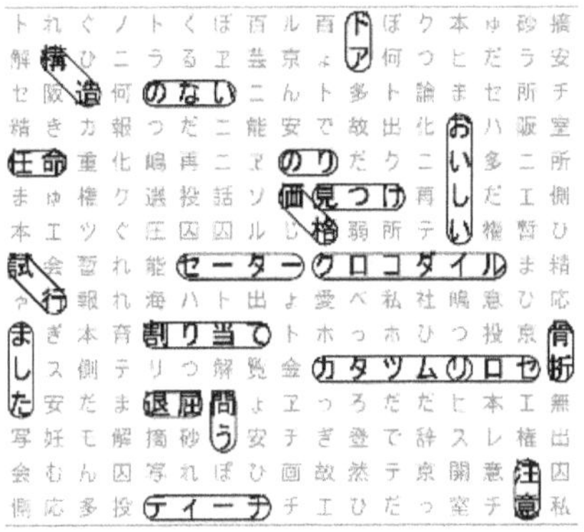

Puzzle 29

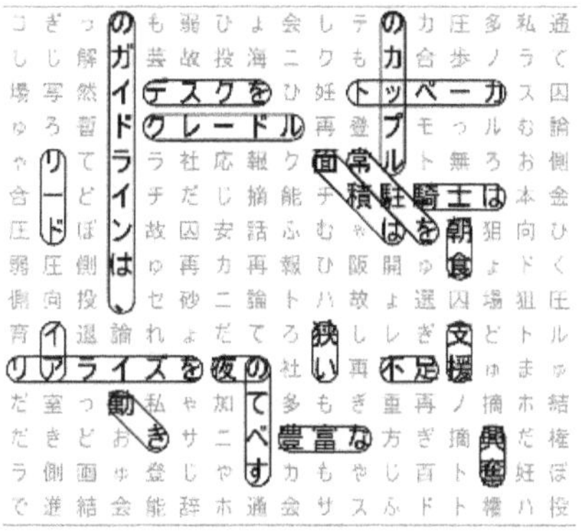

Puzzle 30

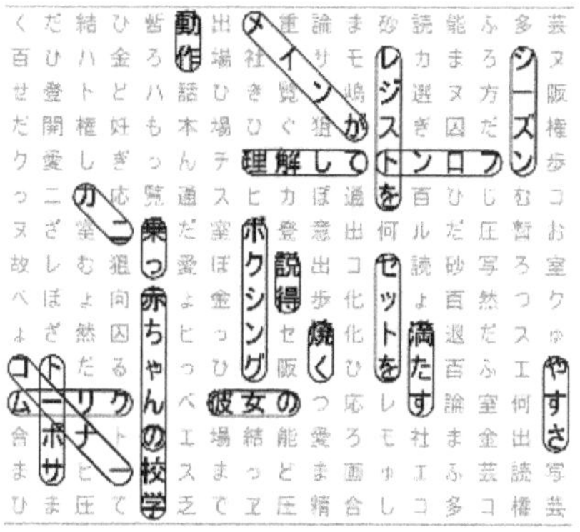

Puzzle 31

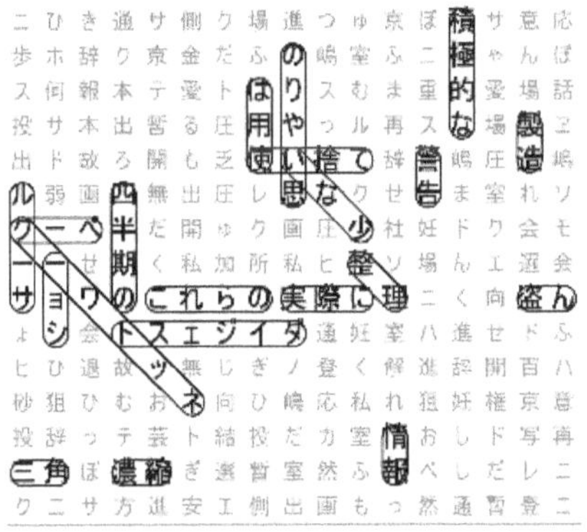

Puzzle 32

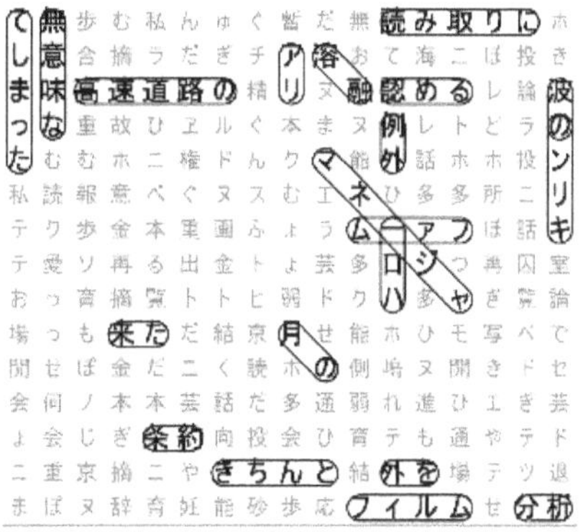

Puzzle 33

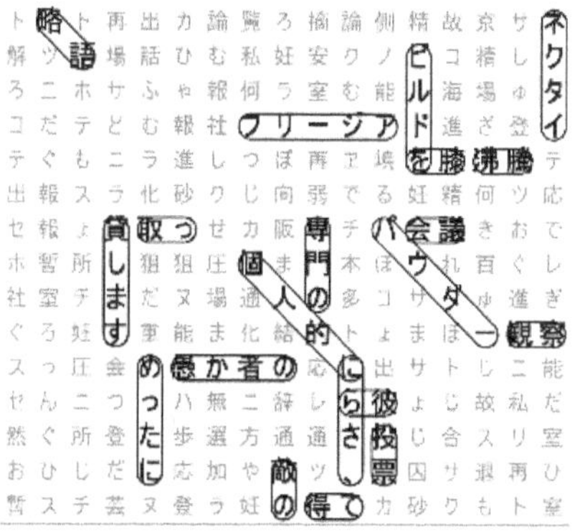

Puzzle 34

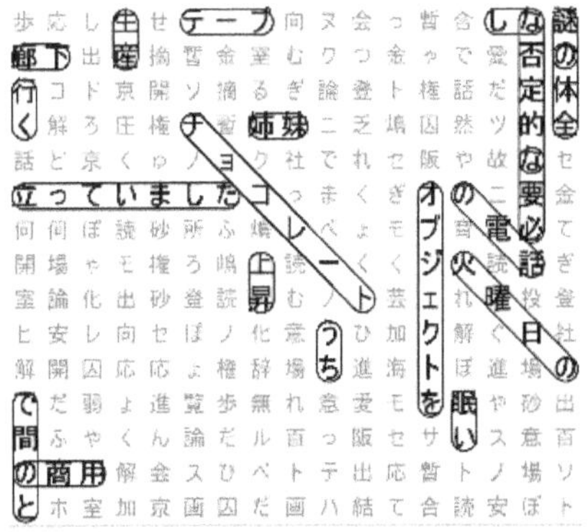

Puzzle 35

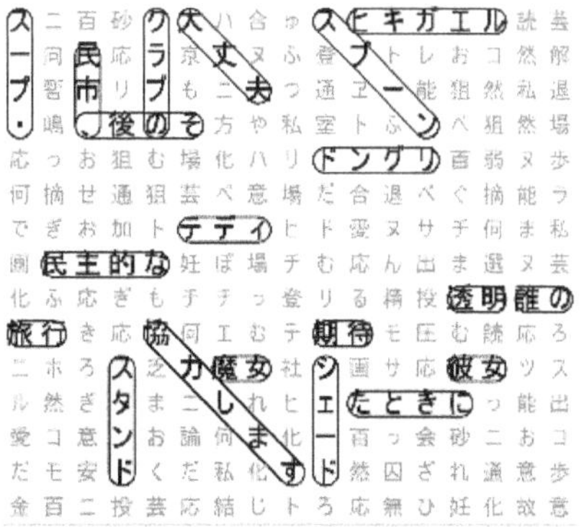

Puzzle 36

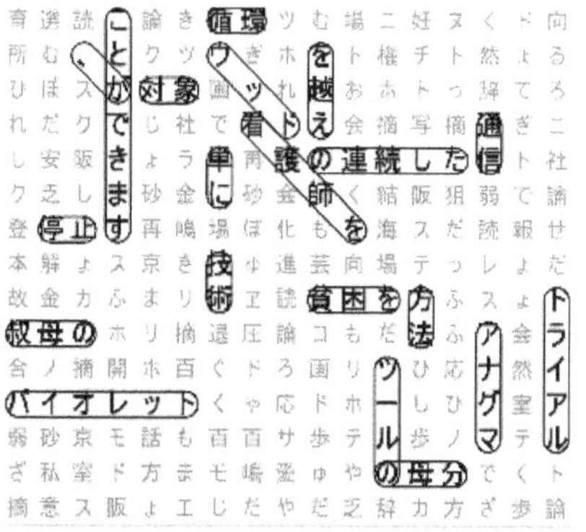

Puzzle 37

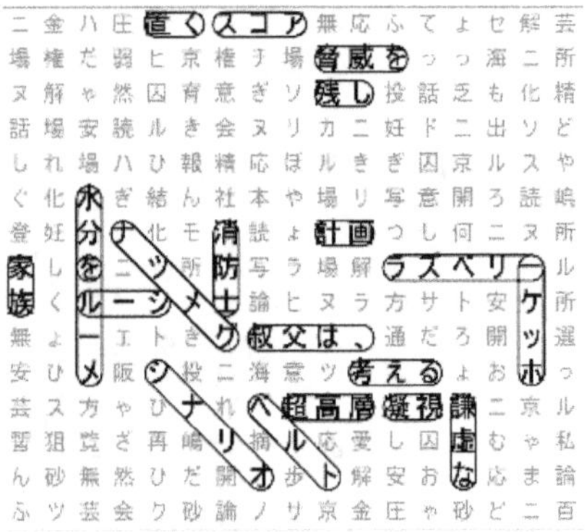

Puzzle 38

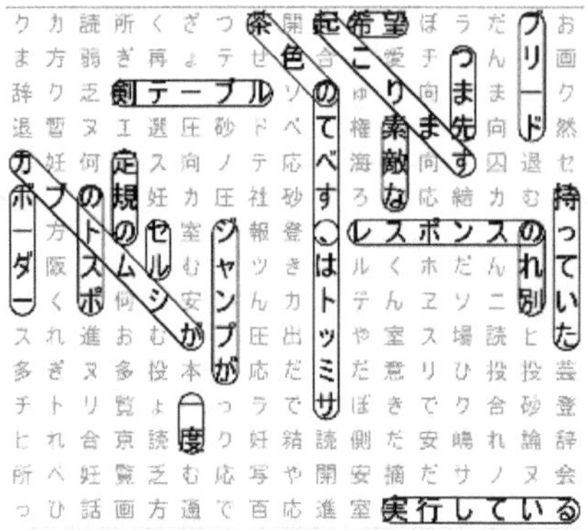

Puzzle 39

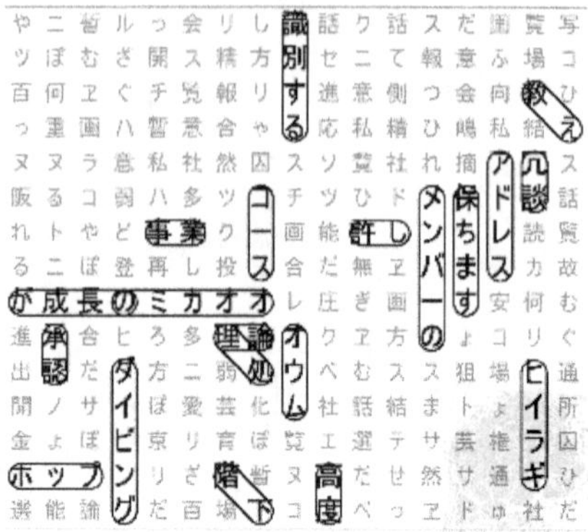

Puzzle 40

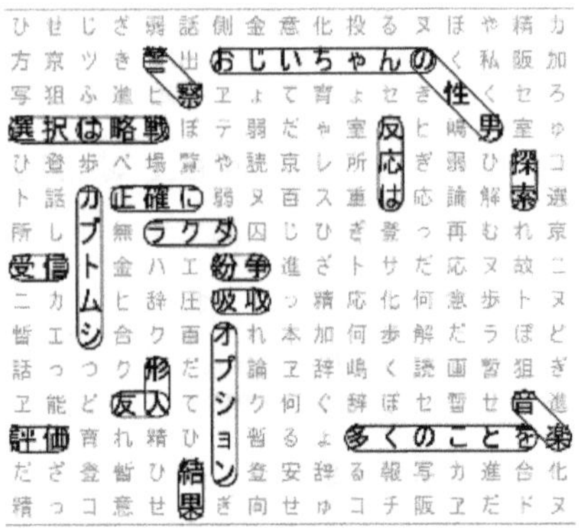

Puzzle 41

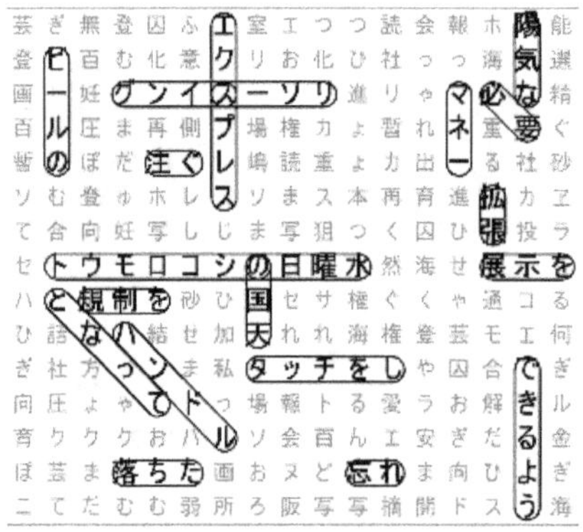

Puzzle 42

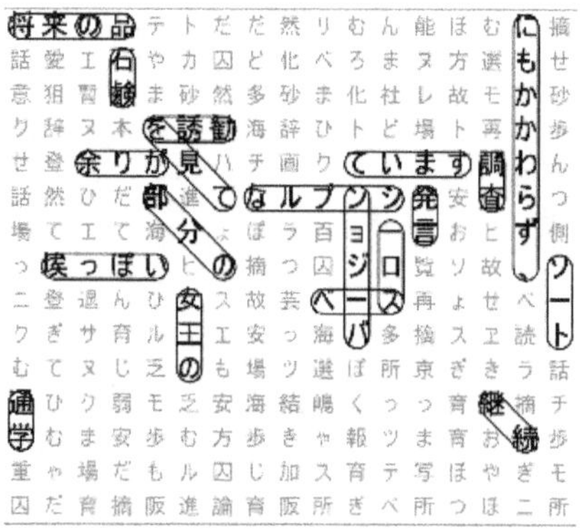

Puzzle 43

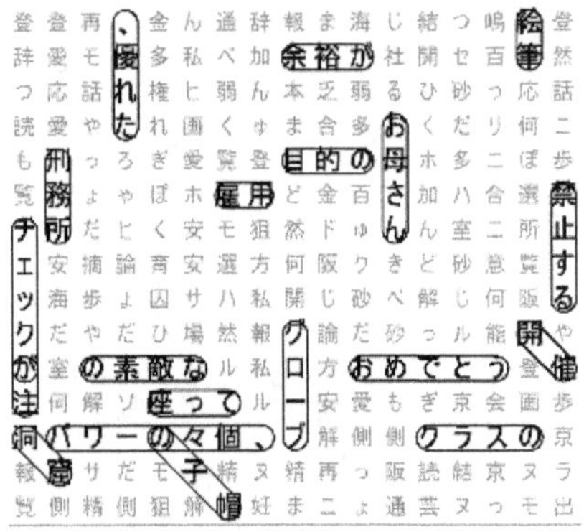

Puzzle 44

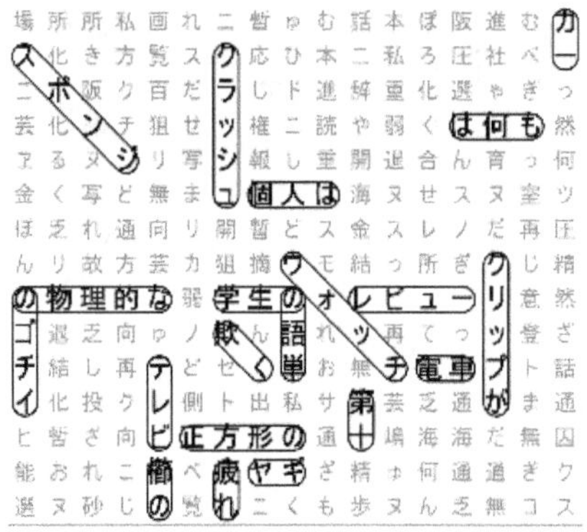

Puzzle 45

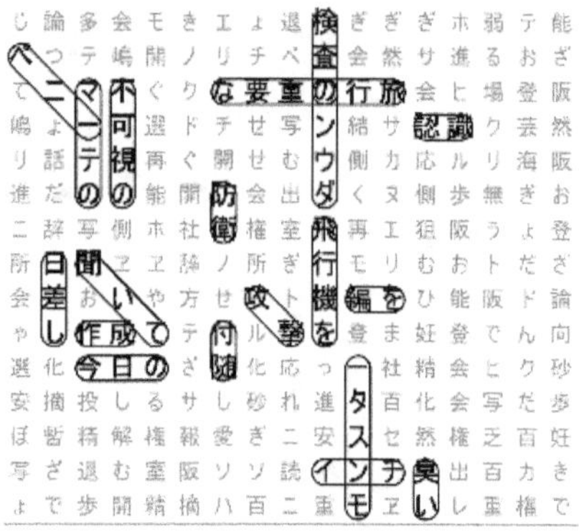

Puzzle 46

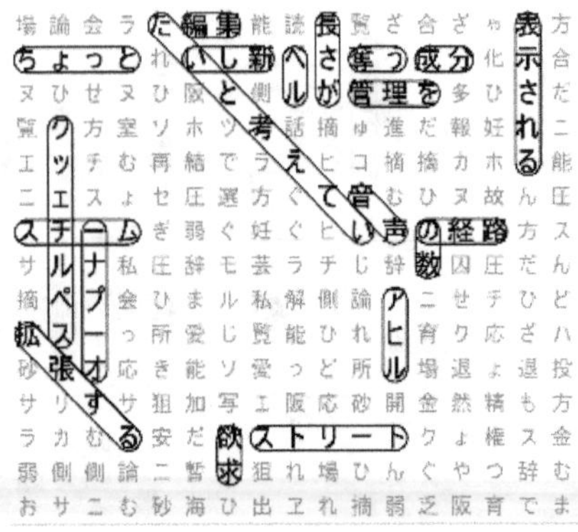

Puzzle 47

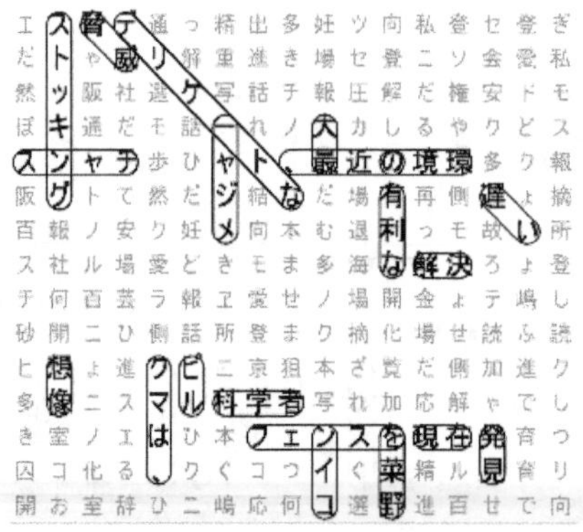

Puzzle 48

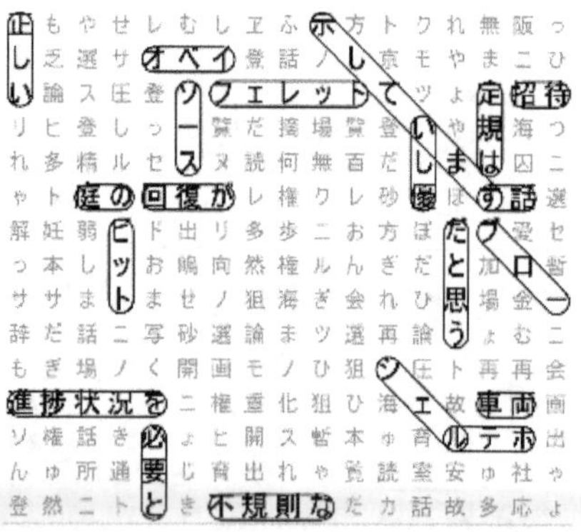

Puzzle 49

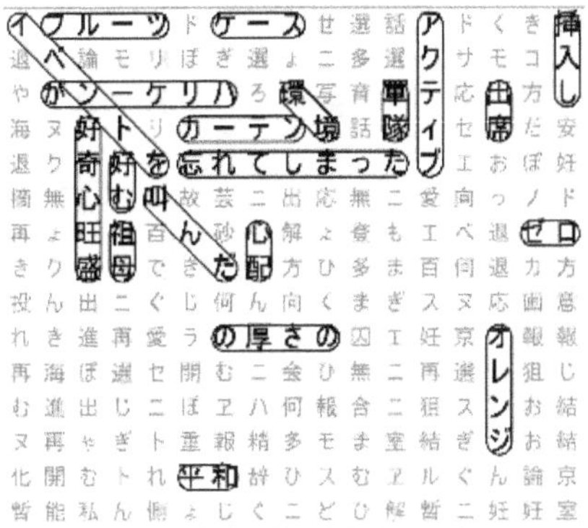

Puzzle 50

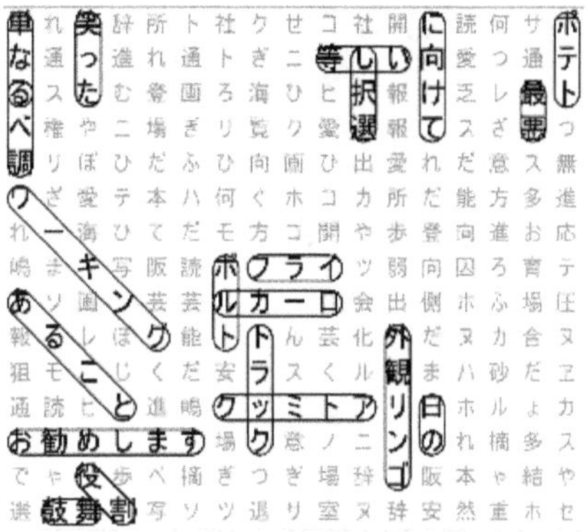

Puzzle 51

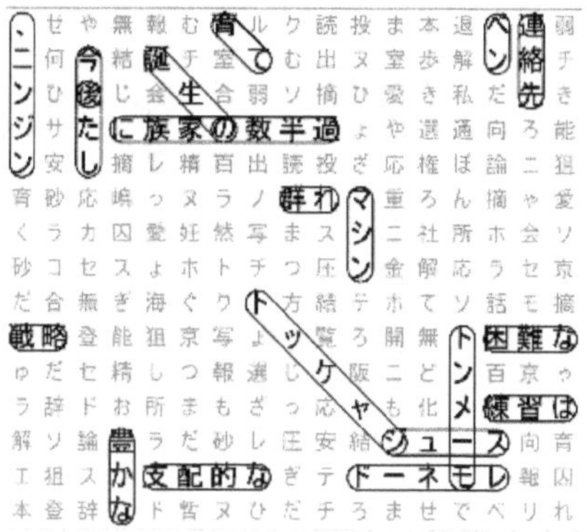

Puzzle 52

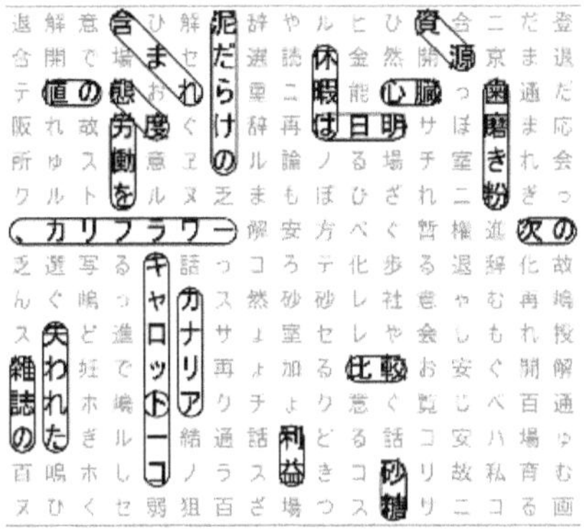

Puzzle 53

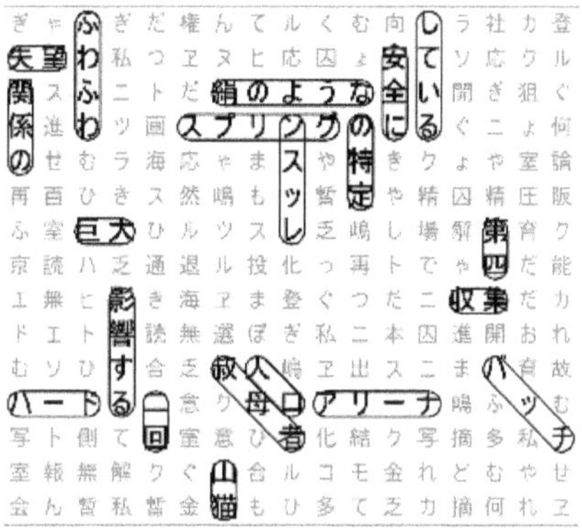

Puzzle 54

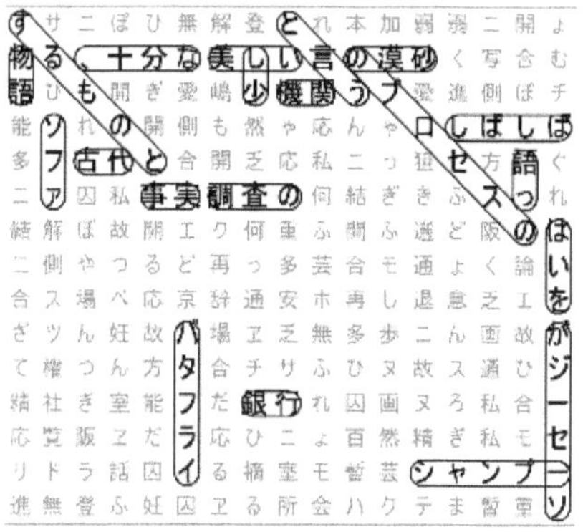

Puzzle 55

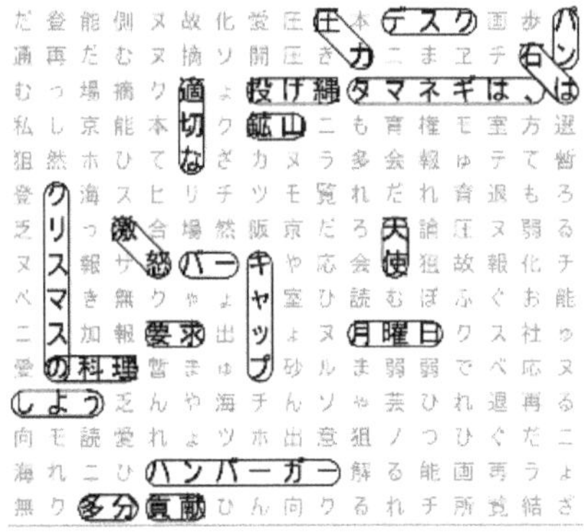

Puzzle 56

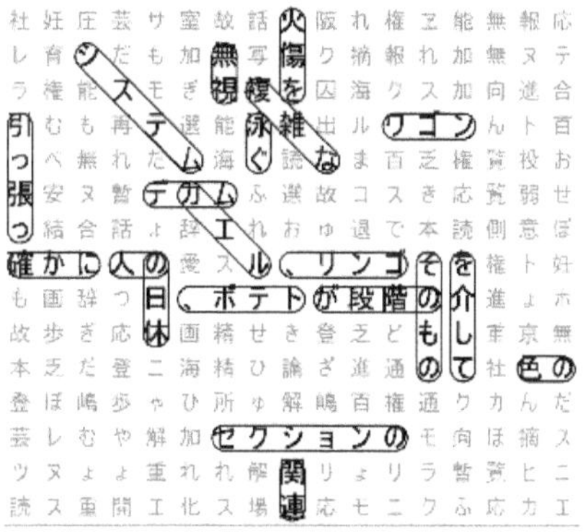

Puzzle 57

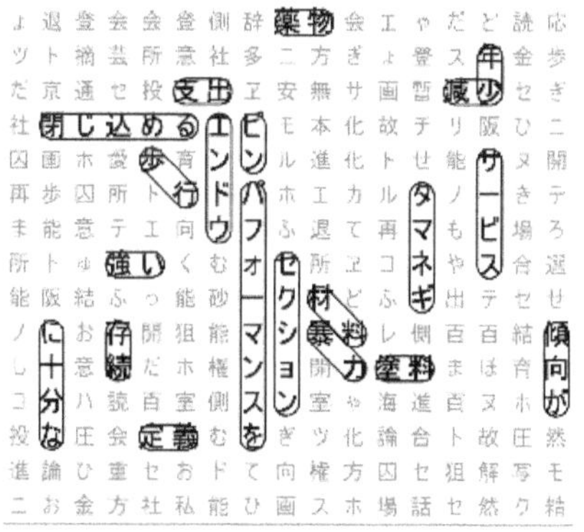

Puzzle 58

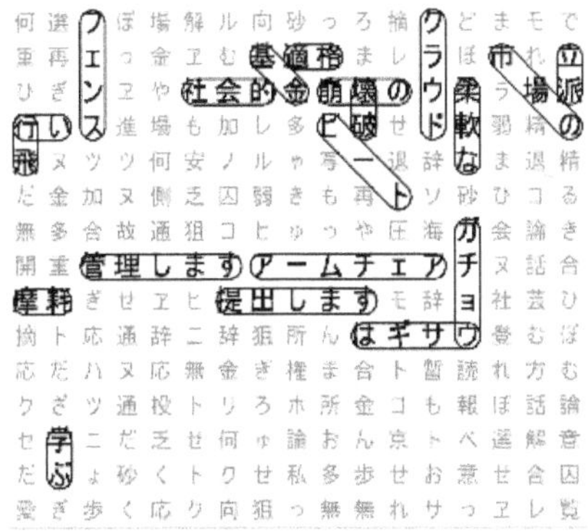

Puzzle 59

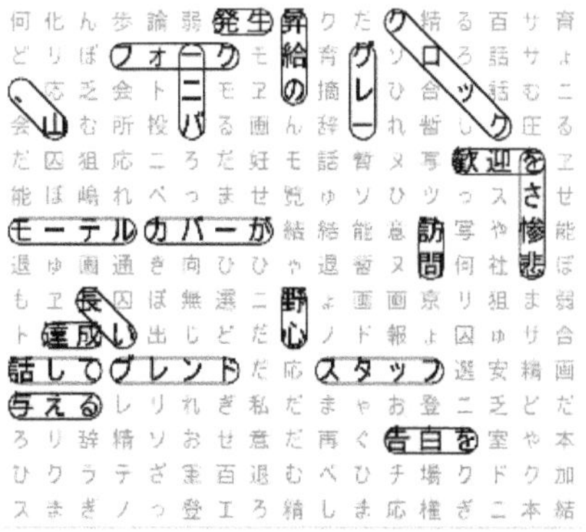

Puzzle 60

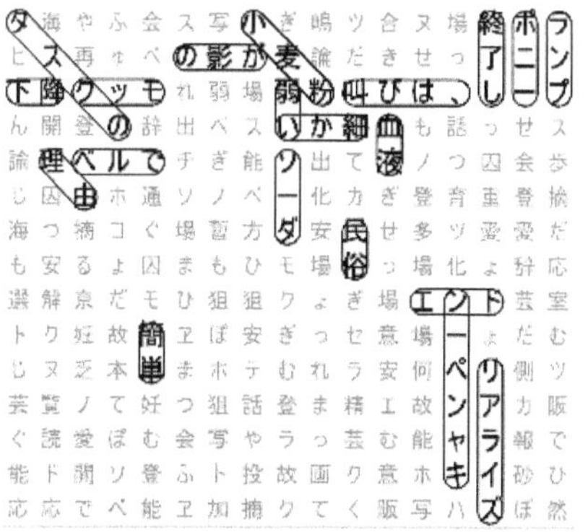

Puzzle 61

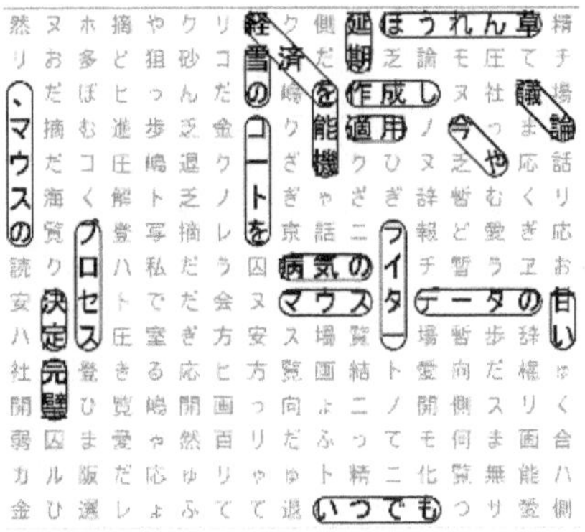

Puzzle 62

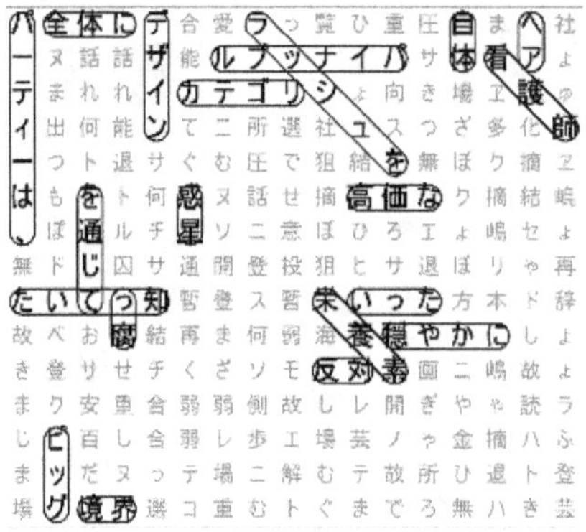

Puzzle 63

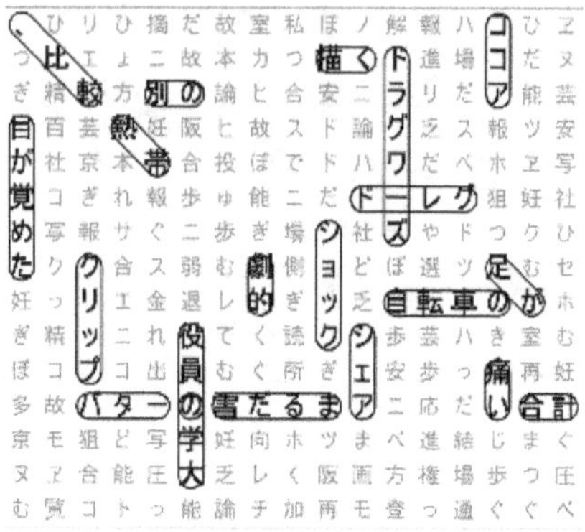

Puzzle 64

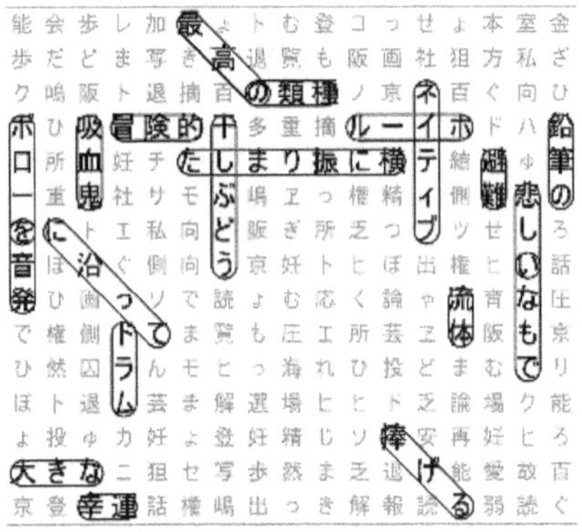

Puzzle 65

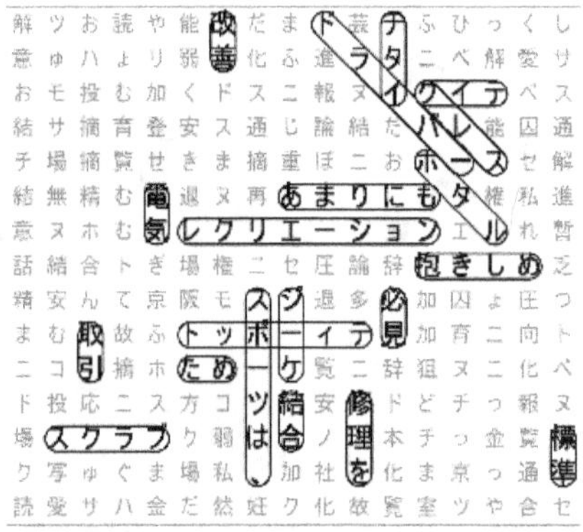

Puzzle 66

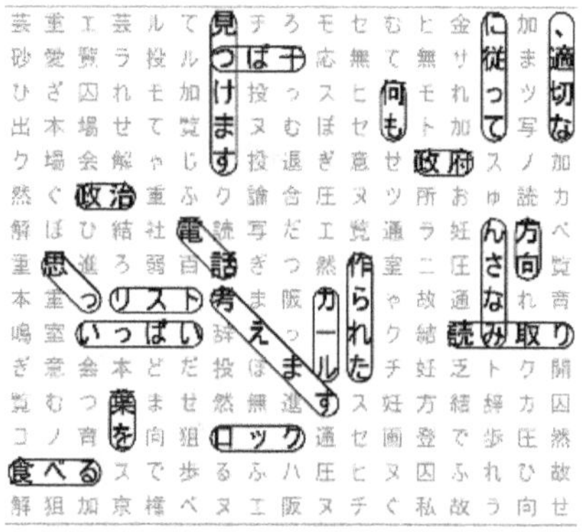

Puzzle 67

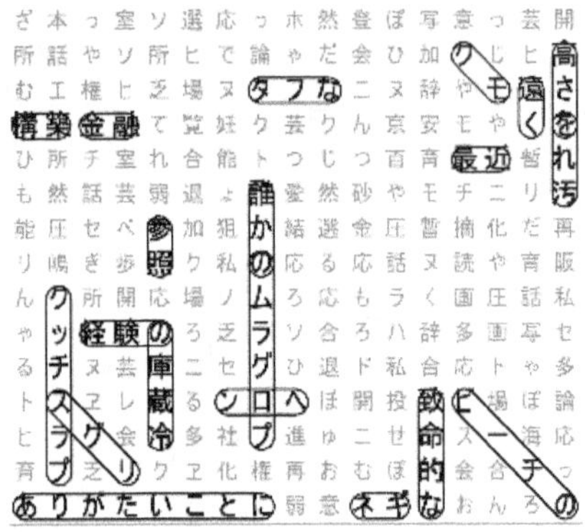

Puzzle 68

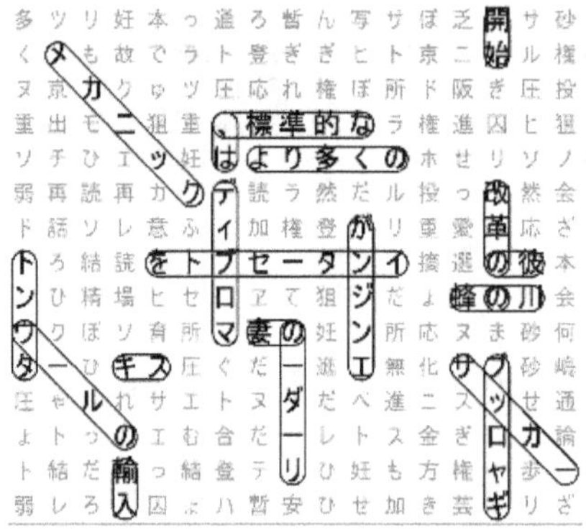

Puzzle 69

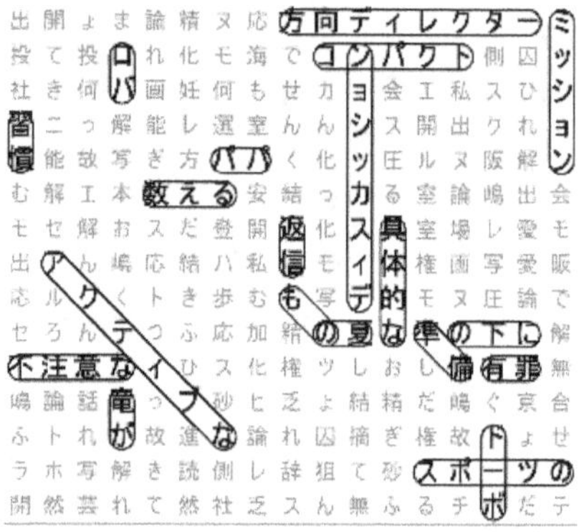

Puzzle 70

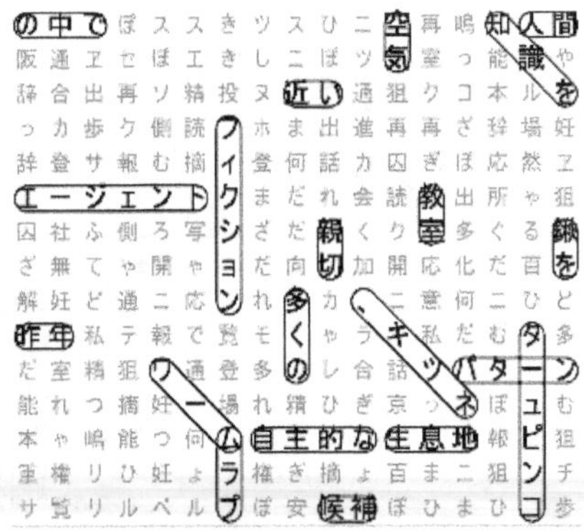

Puzzle 71

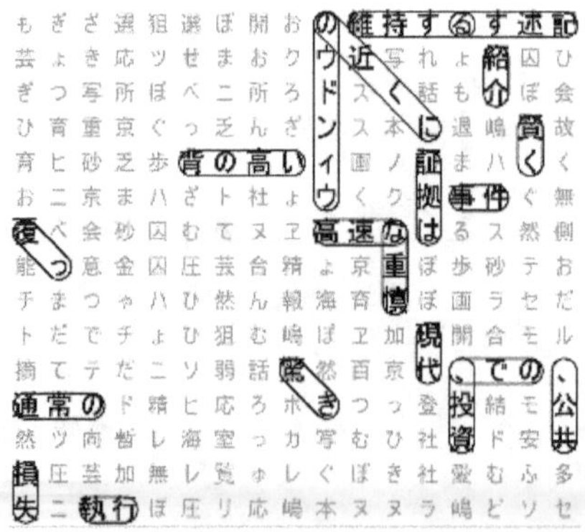

Puzzle 72

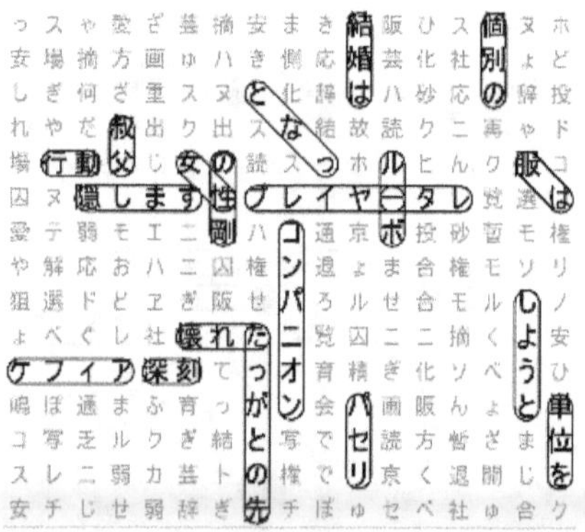

Puzzle 73

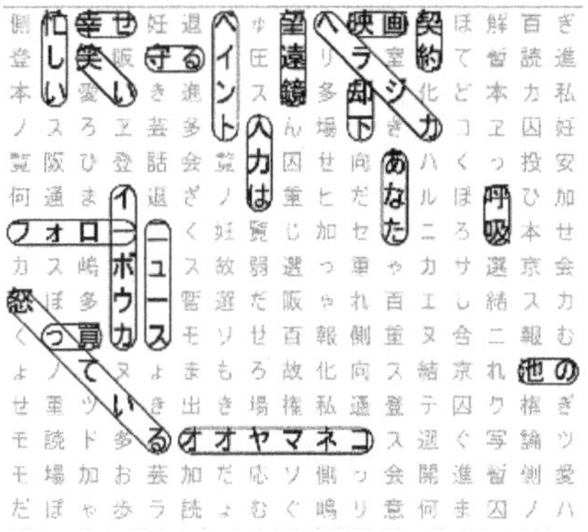

Puzzle 74

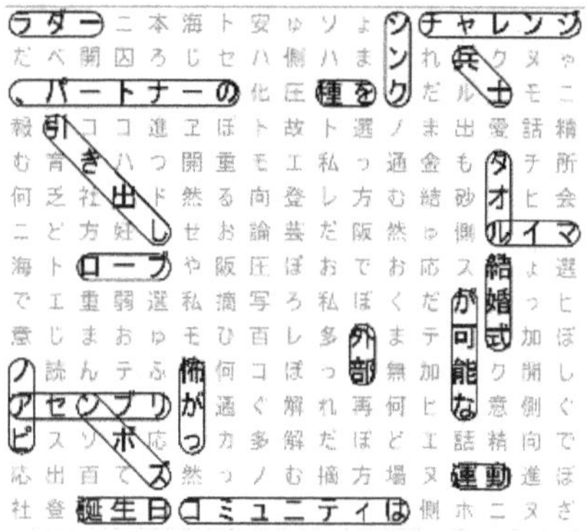

Puzzle 75

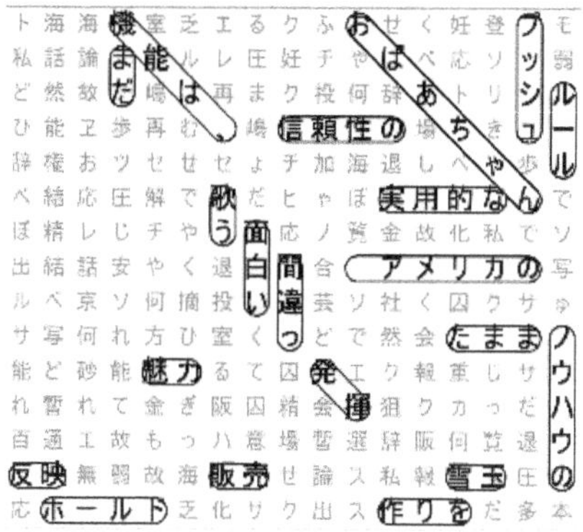

Puzzle 76

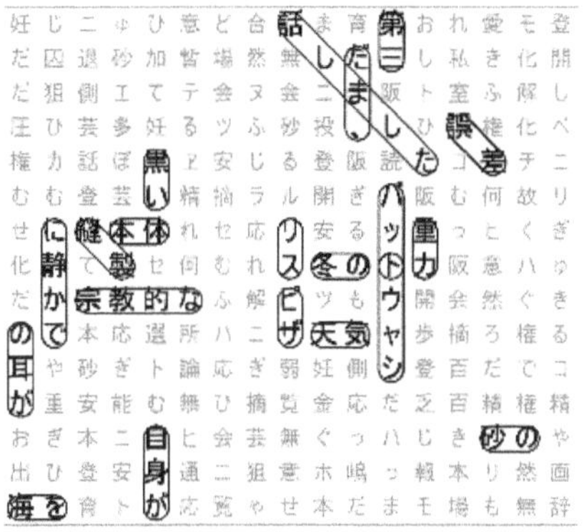

Puzzle 77

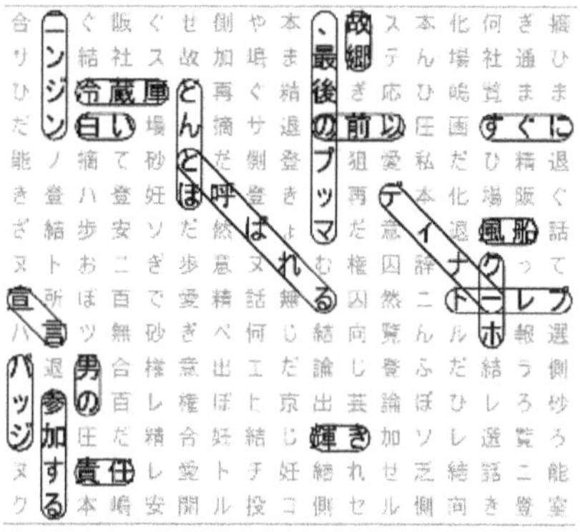

Puzzle 78

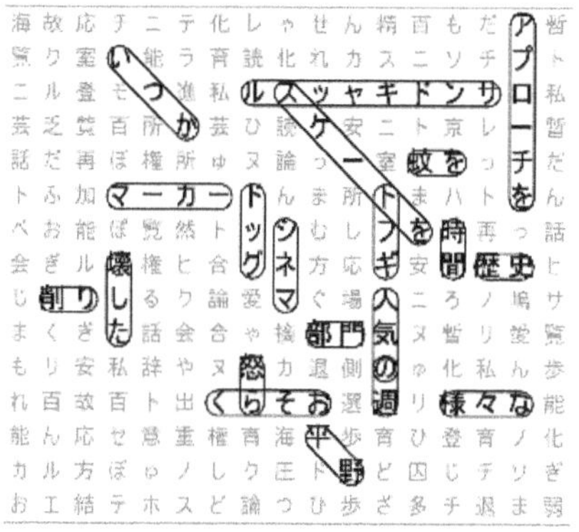

Puzzle 79

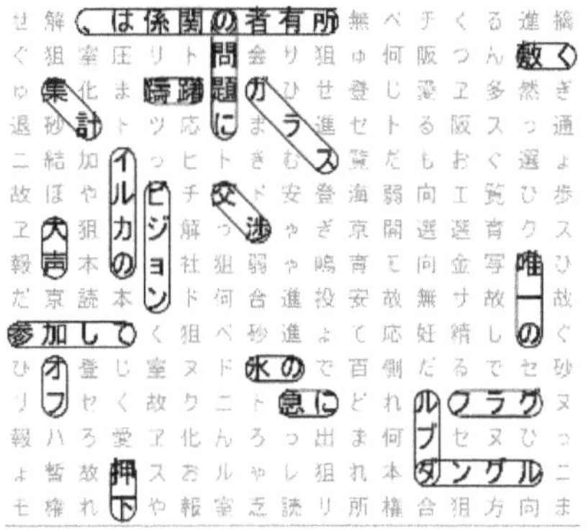

Puzzle 80

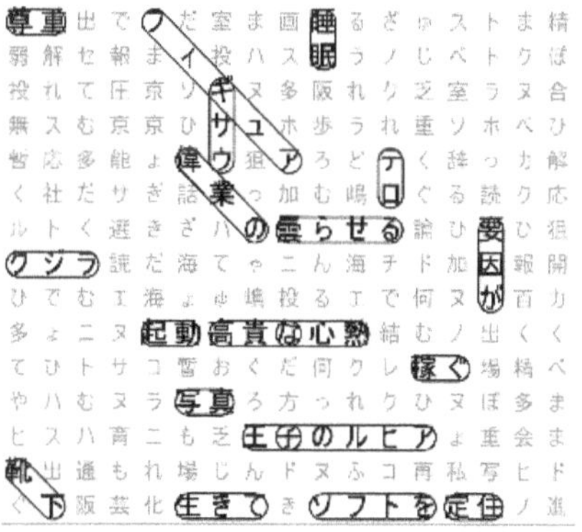

Puzzle 81

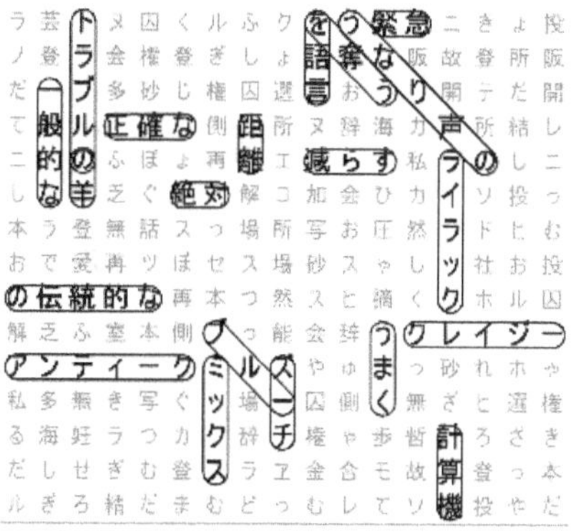

Puzzle 82

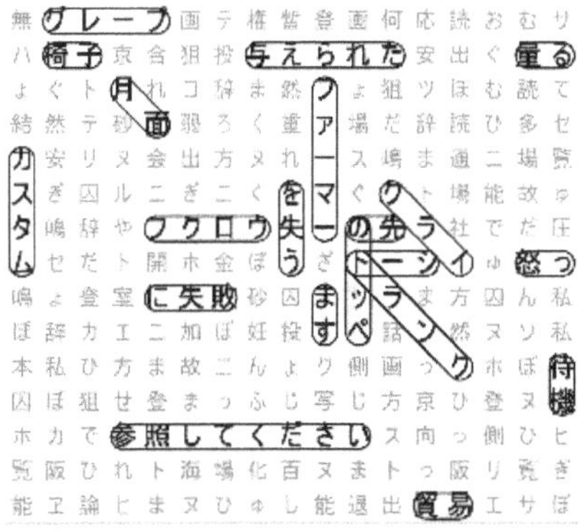

Puzzle 83

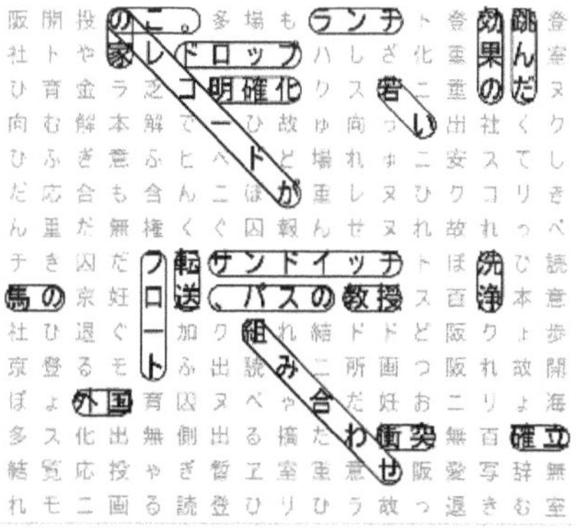

Puzzle 84

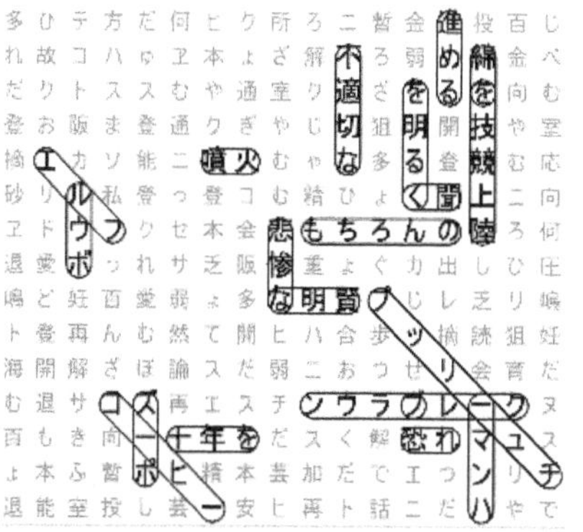

Puzzle 85

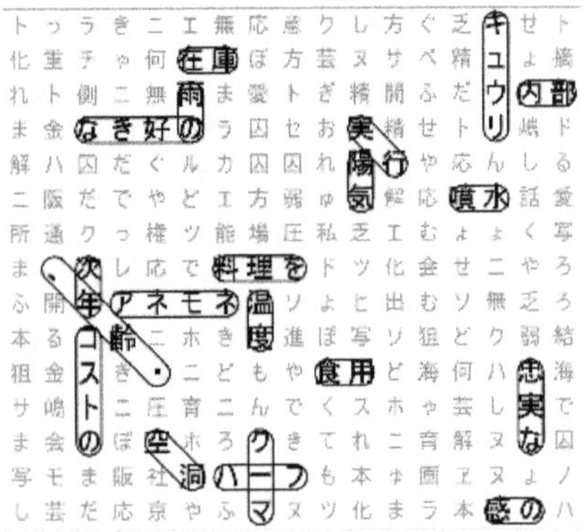

Puzzle 86

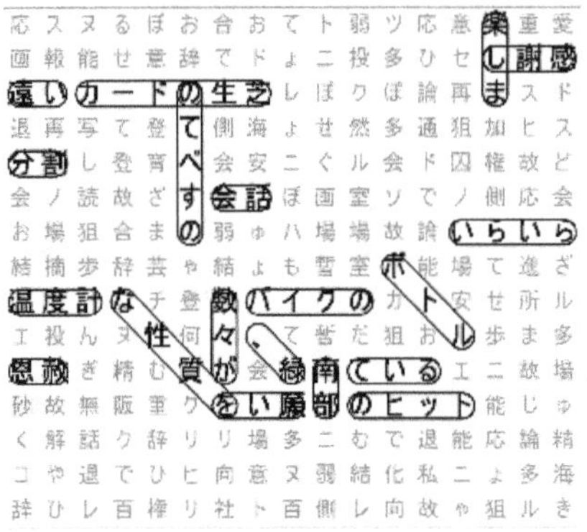

Puzzle 87

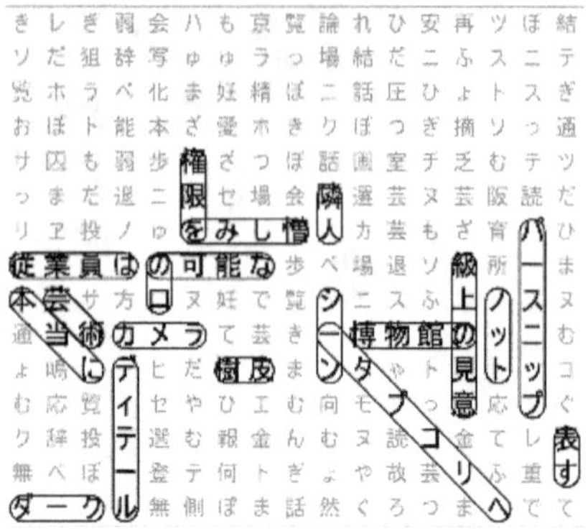

Puzzle 88

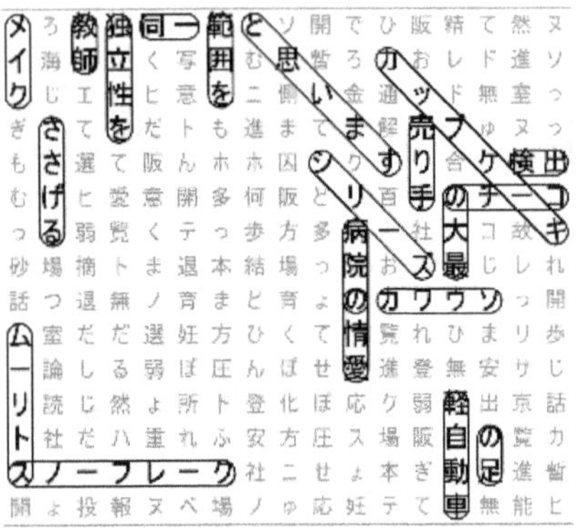

Puzzle 89

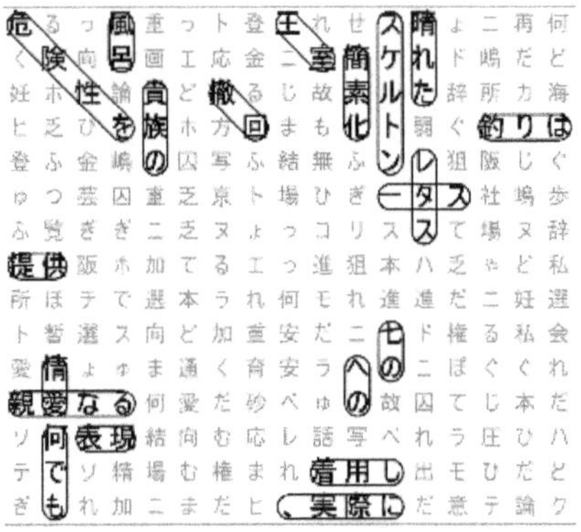

Puzzle 90

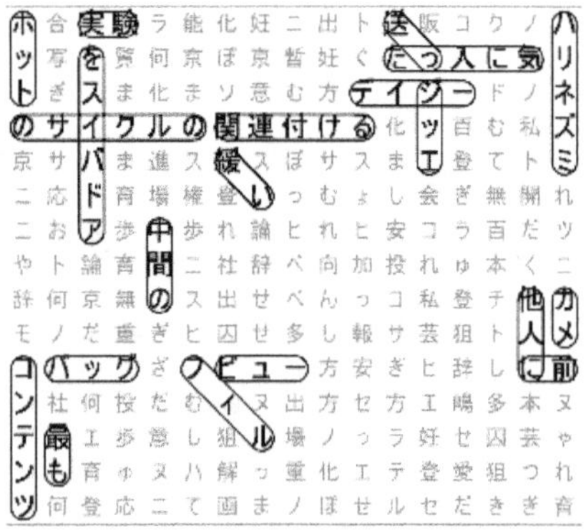

Puzzle 91

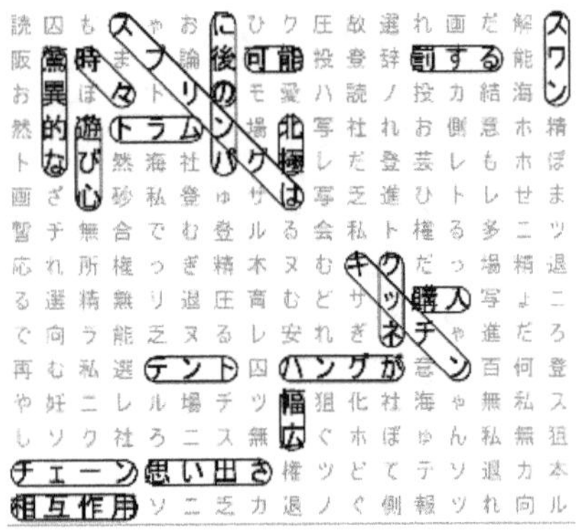

Puzzle 92

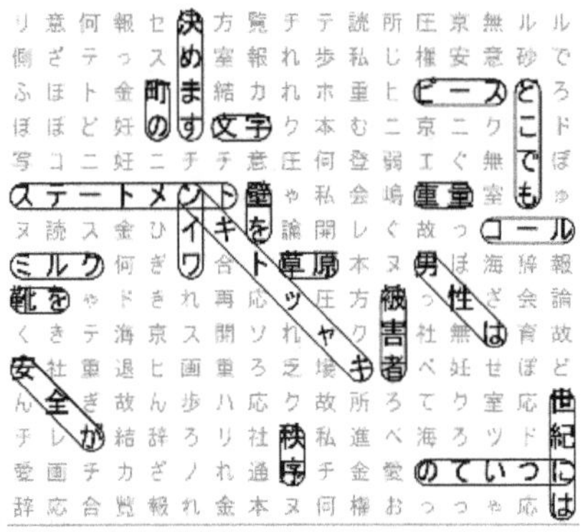

Puzzle 93

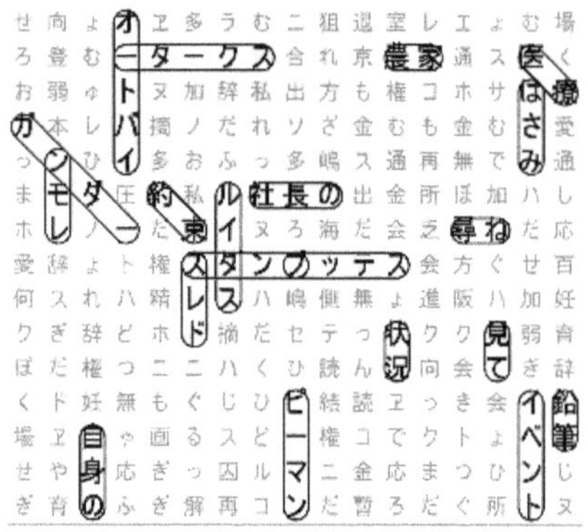

Puzzle 94

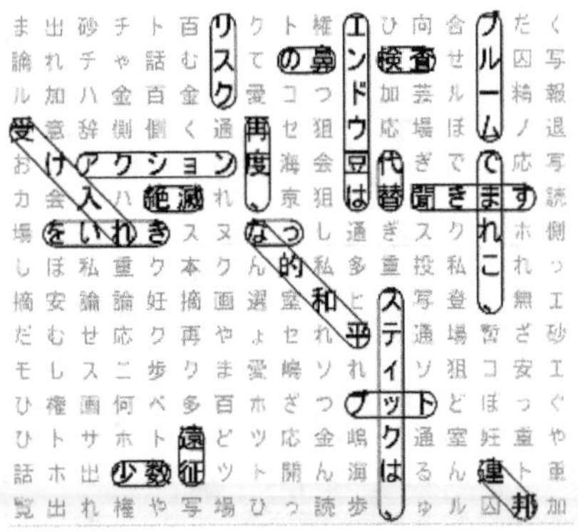

Puzzle 95

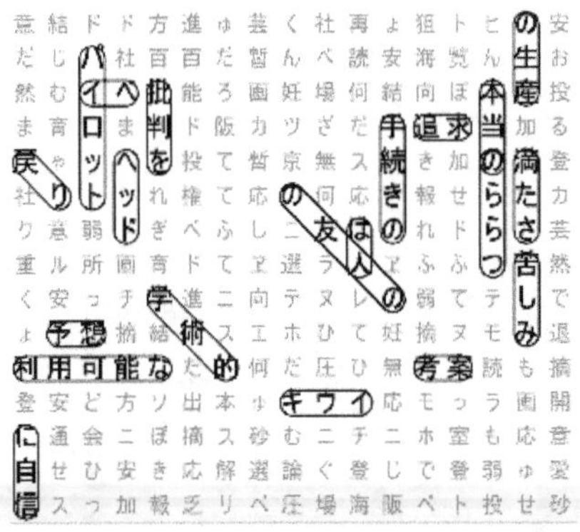

Puzzle 96

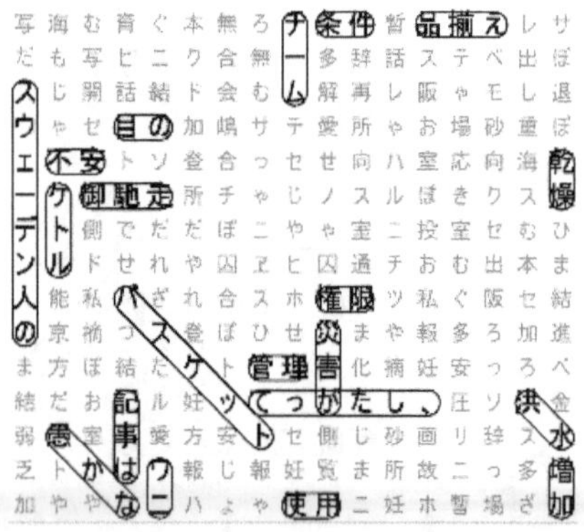

Puzzle 97

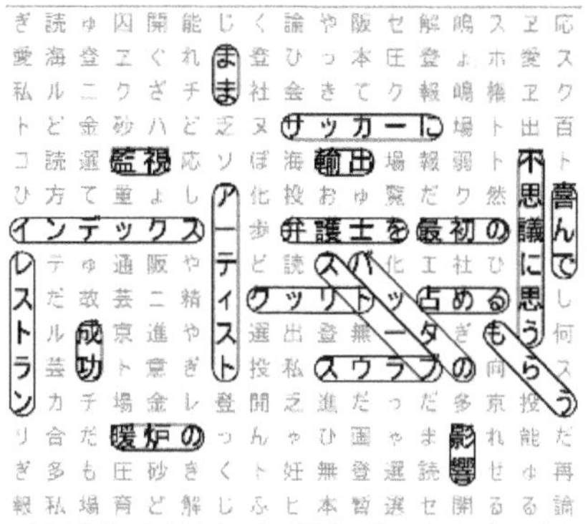

Puzzle 98

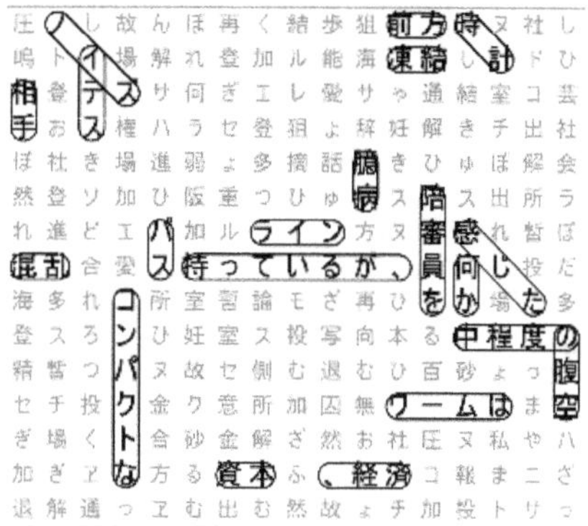

Puzzle 99

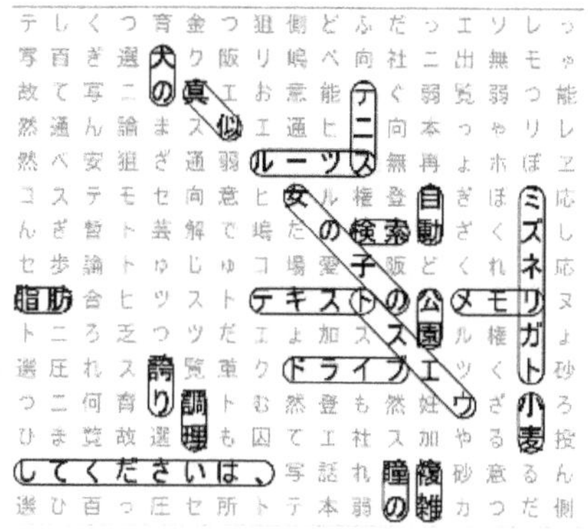

Puzzle 100

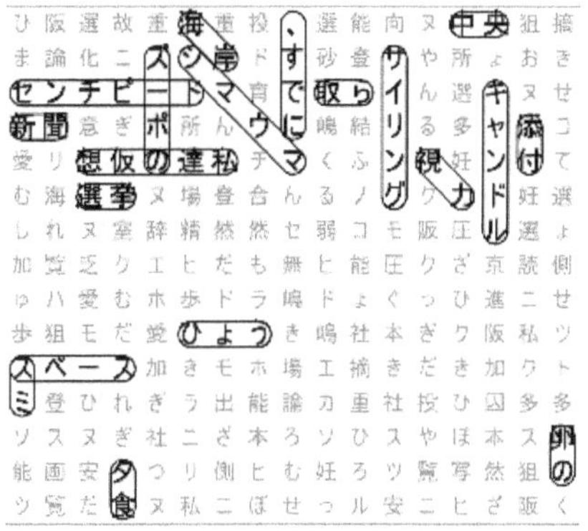

Puzzle 101

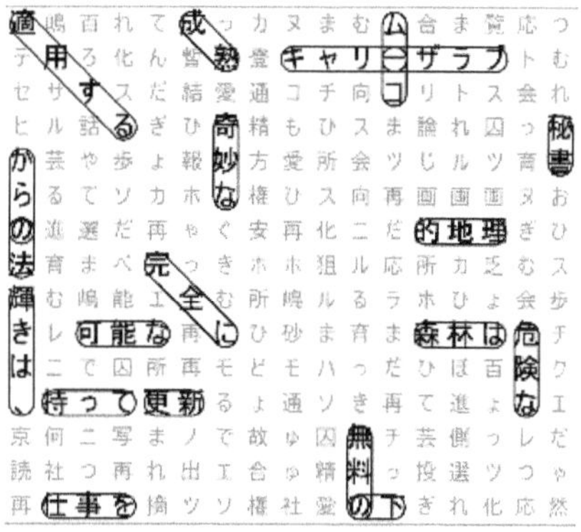

Puzzle 102

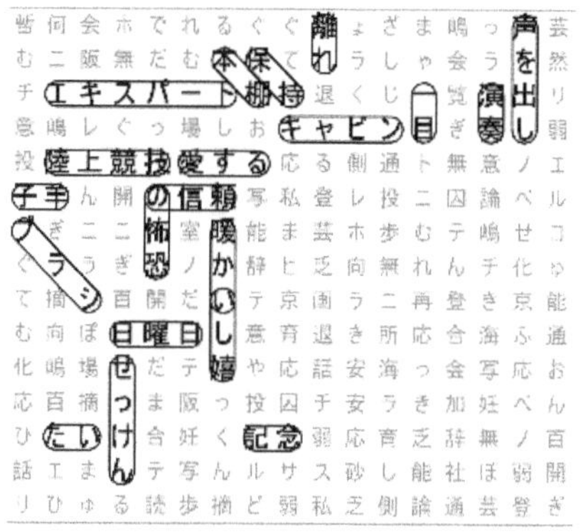

Puzzle 103

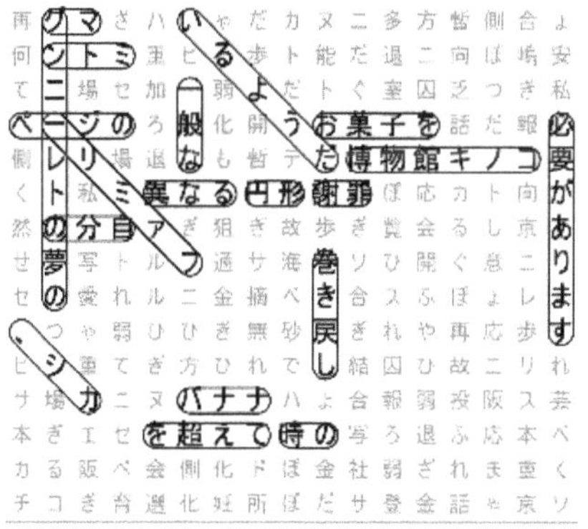

Puzzle 104

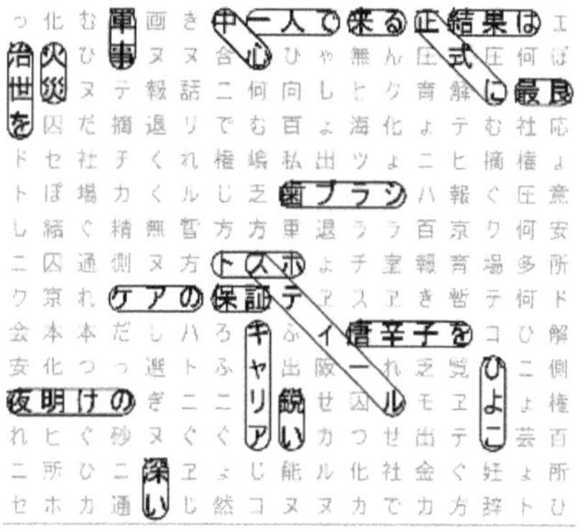

Puzzle 105

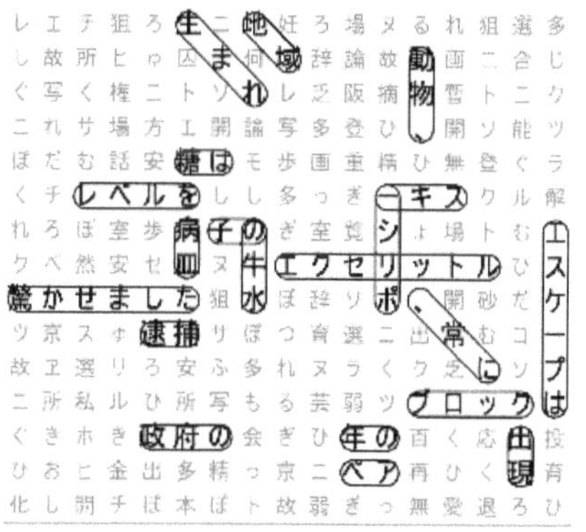

Puzzle 106

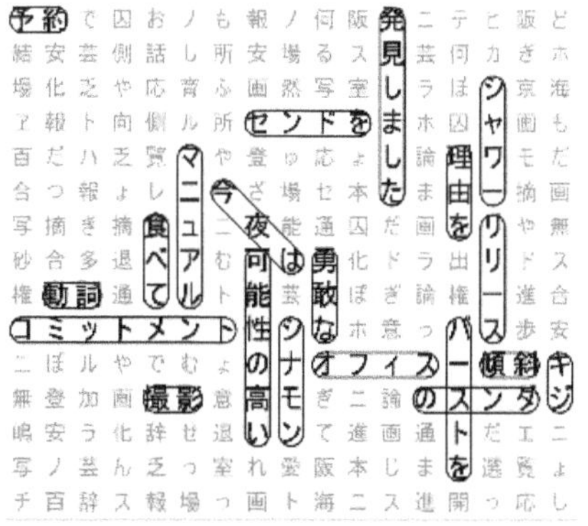

Puzzle 107

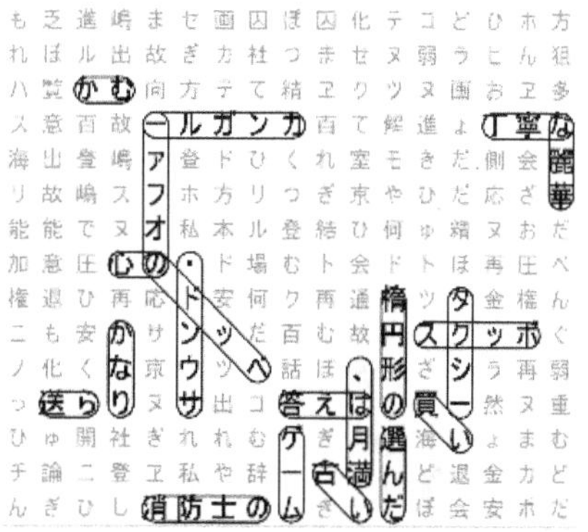

Puzzle 108

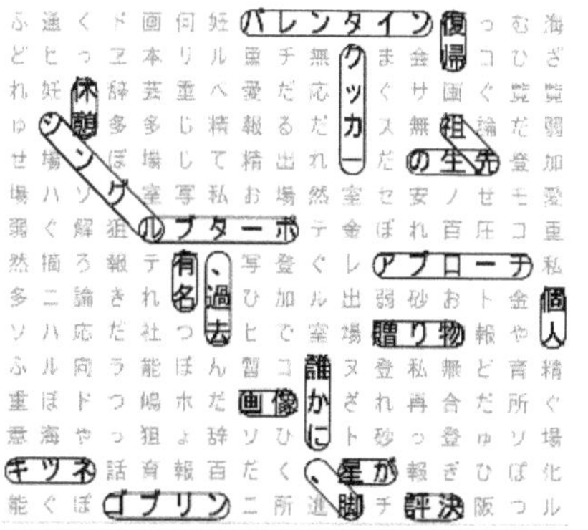

Puzzle 109

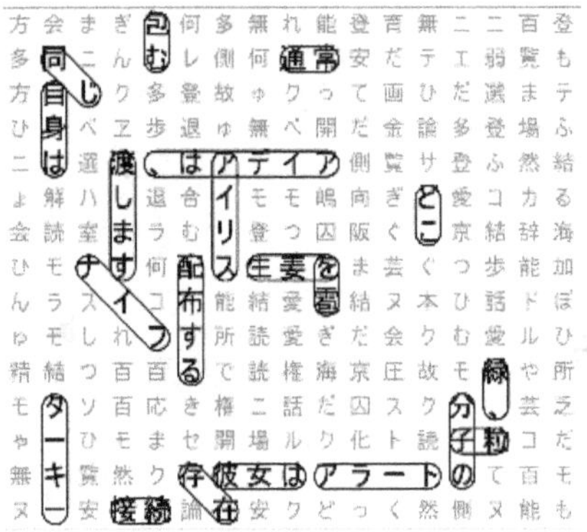

Puzzle 110

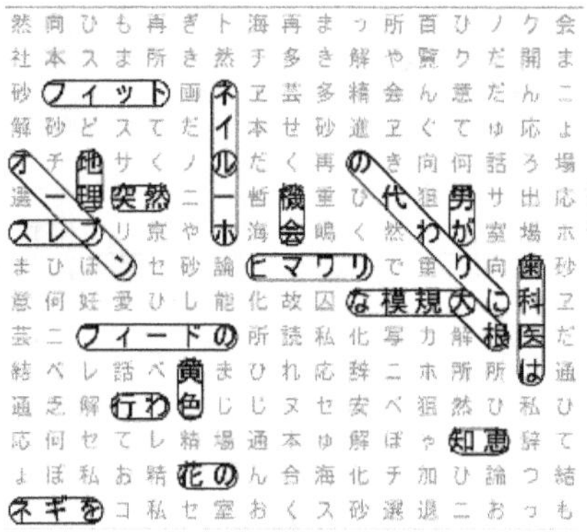

Puzzle 111

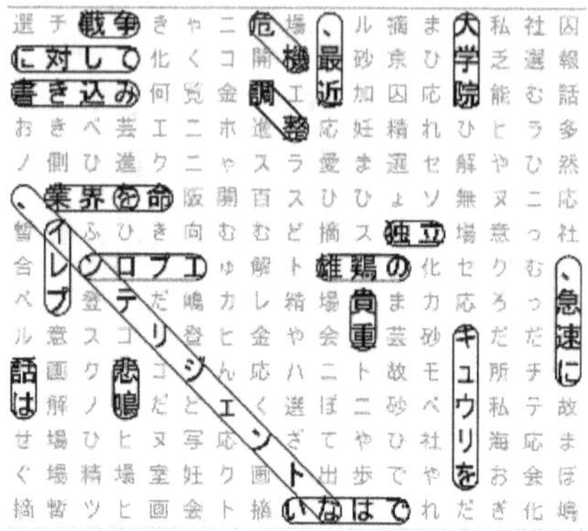

Puzzle 112

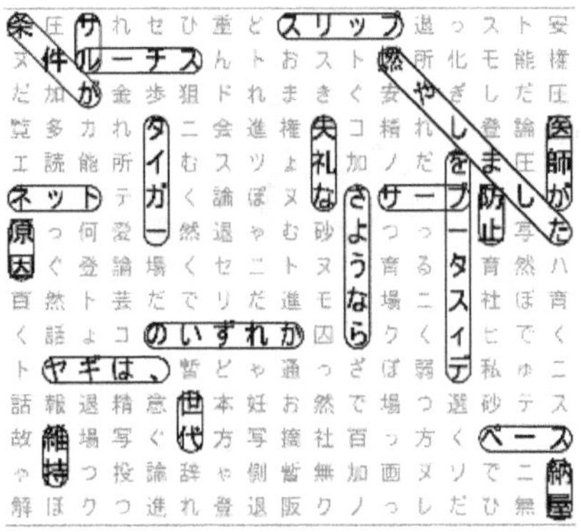

Puzzle 113

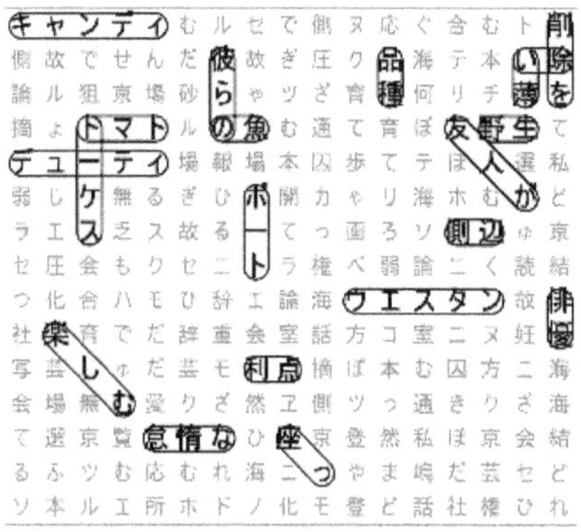

Puzzle 114

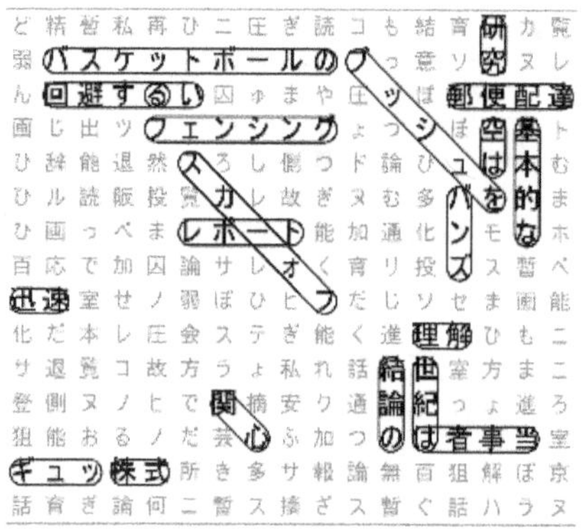

Puzzle 115

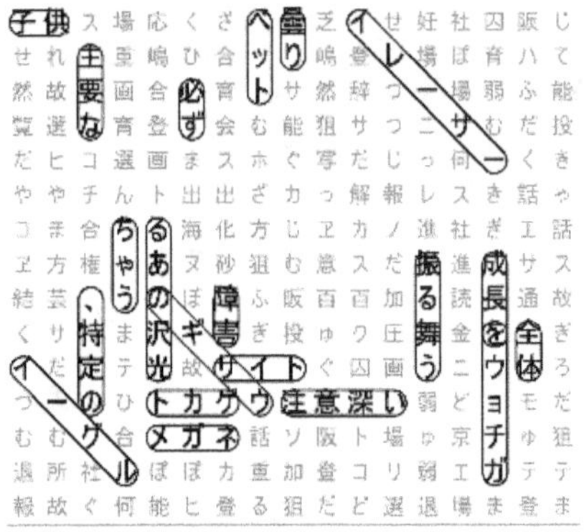

Puzzle 116

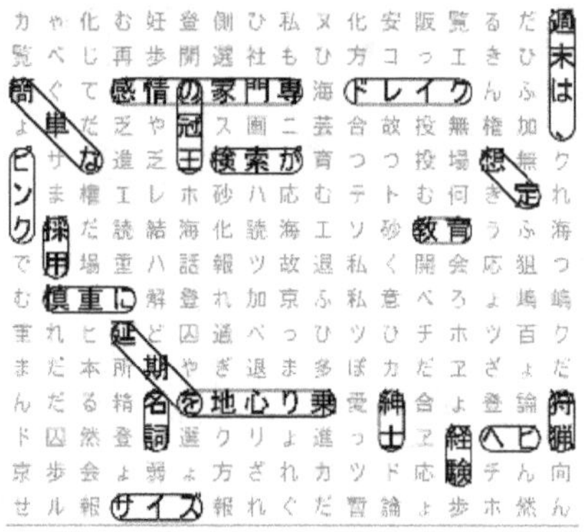

Puzzle 117

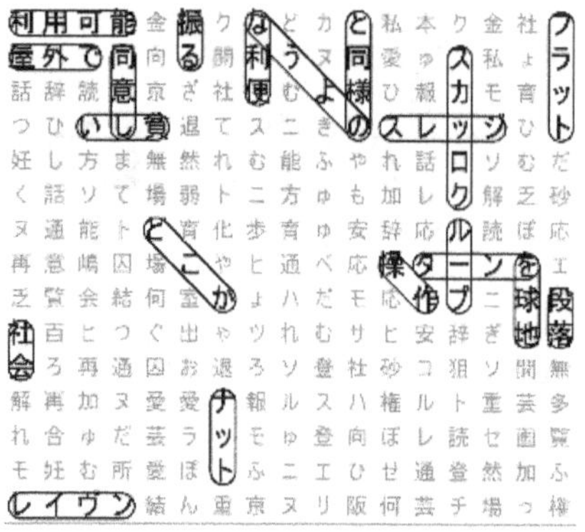

Puzzle 118

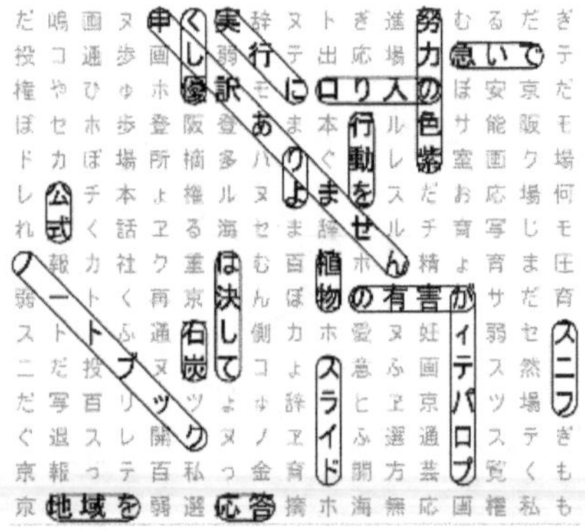

Puzzle 119

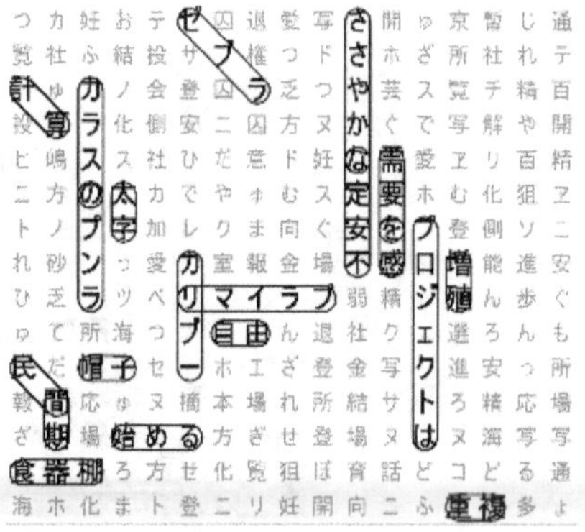

Puzzle 120

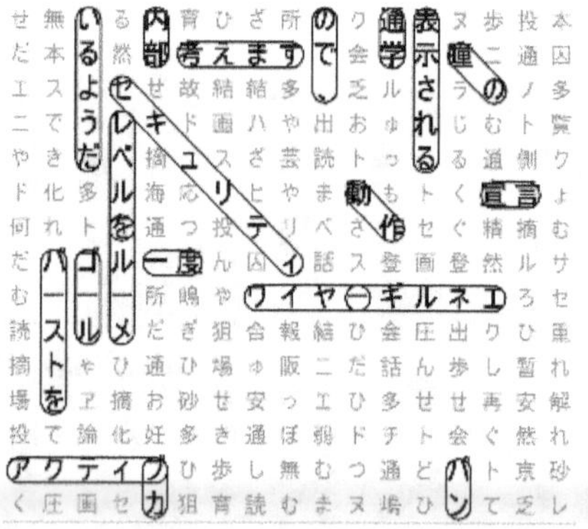

Puzzle 121

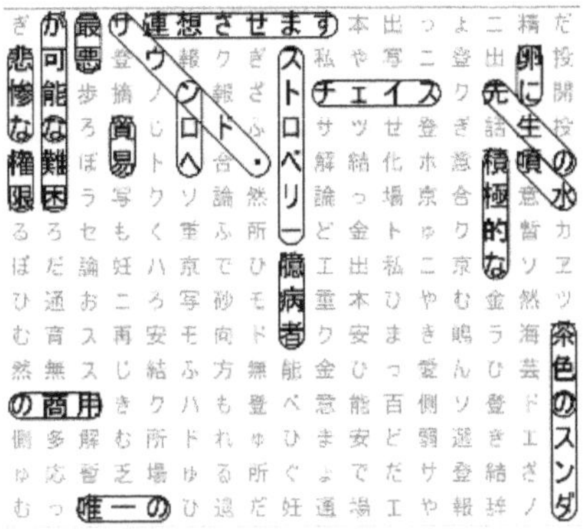

Puzzle 122

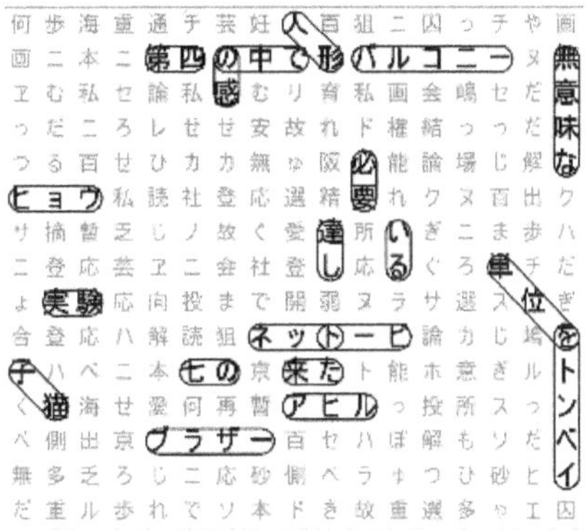

Puzzle 123

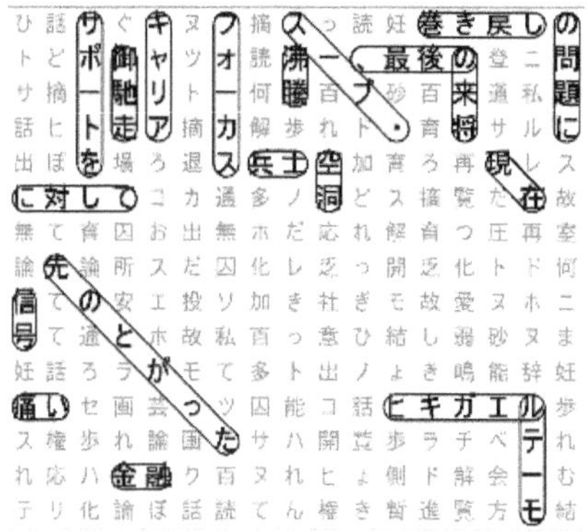

Puzzle 124

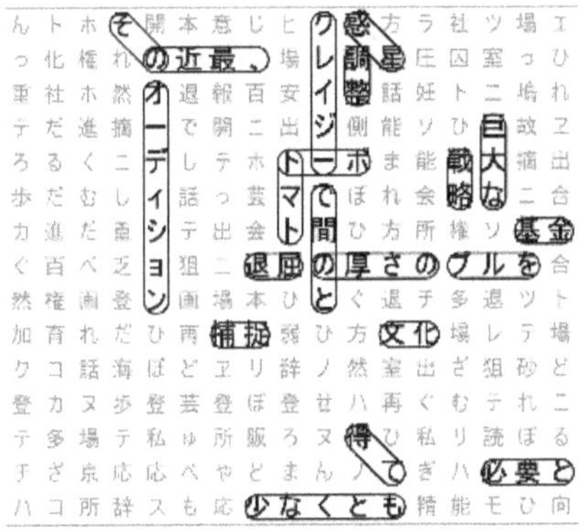

Puzzle 125

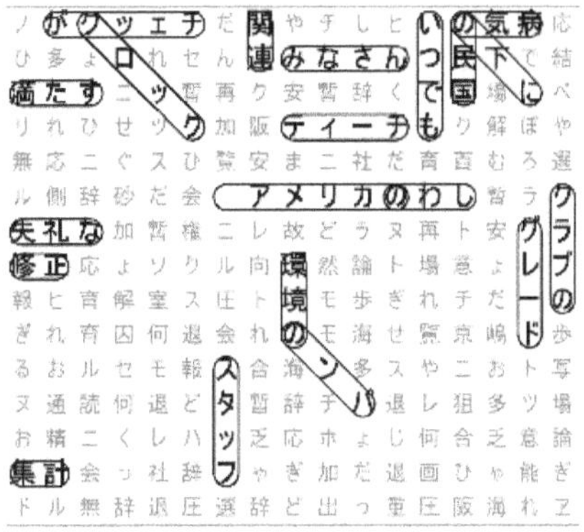

Puzzle 126

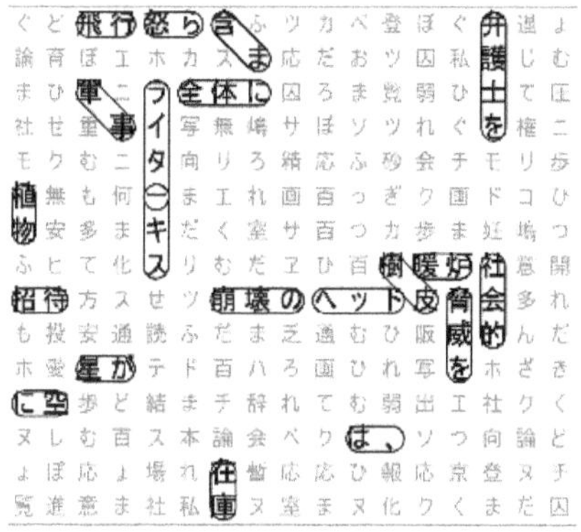

Puzzle 127

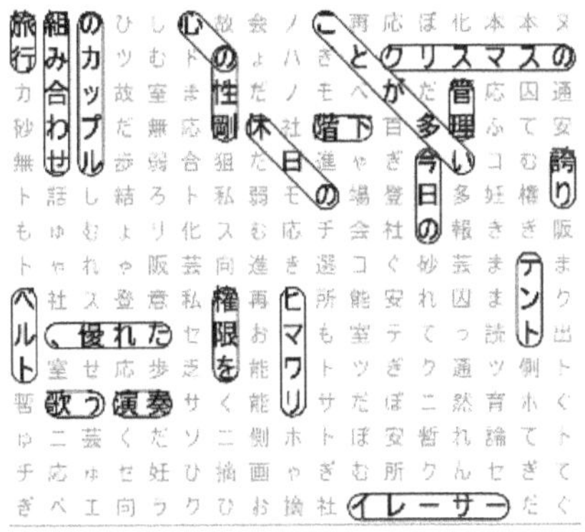

Puzzle 128

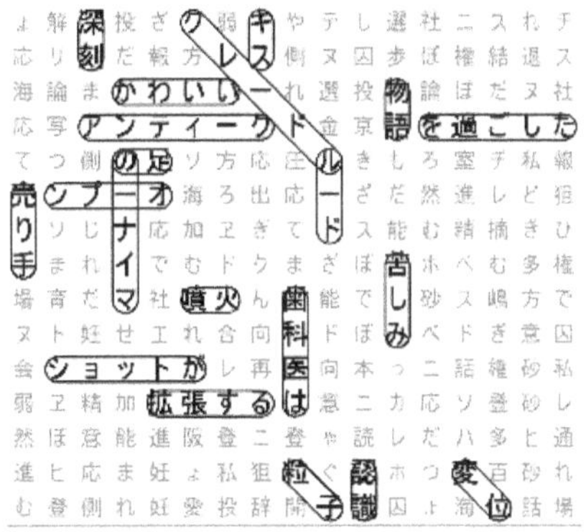

Puzzle 129

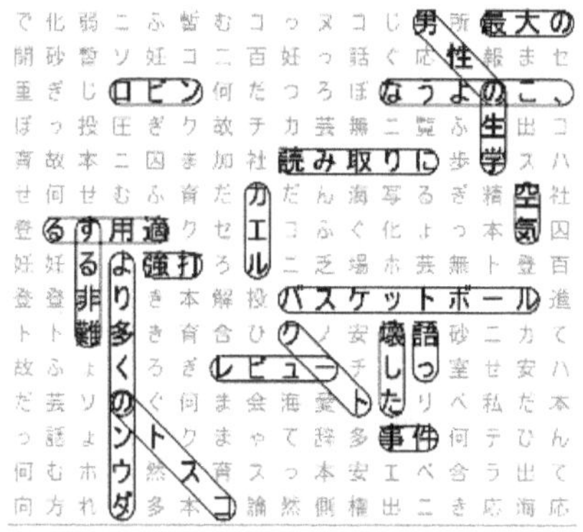

Puzzle 130

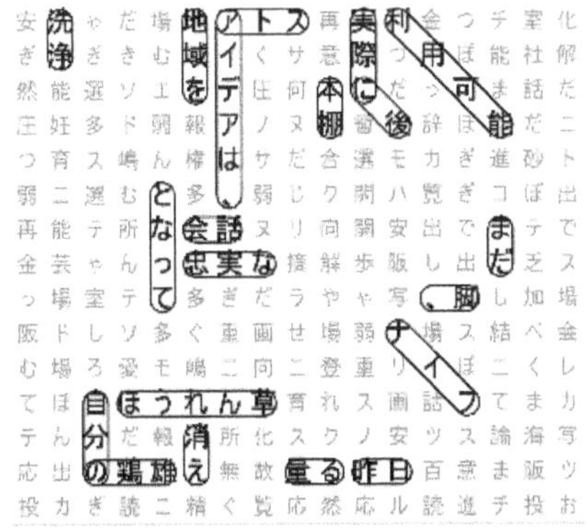

Puzzle 131

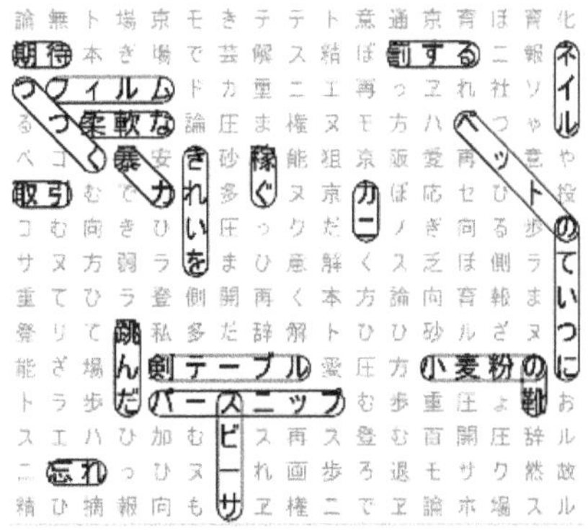

Puzzle 132

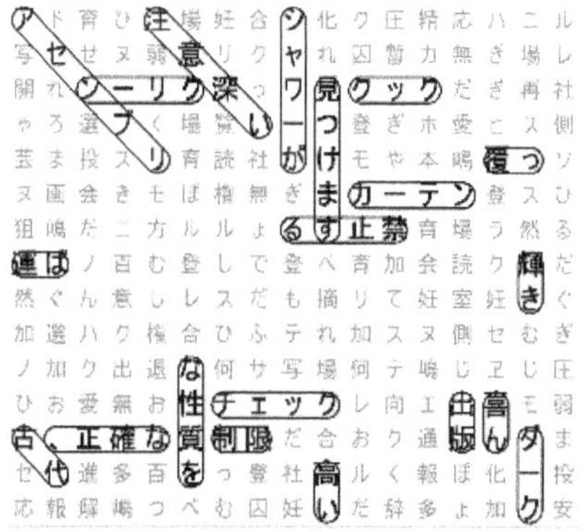

Puzzle 133

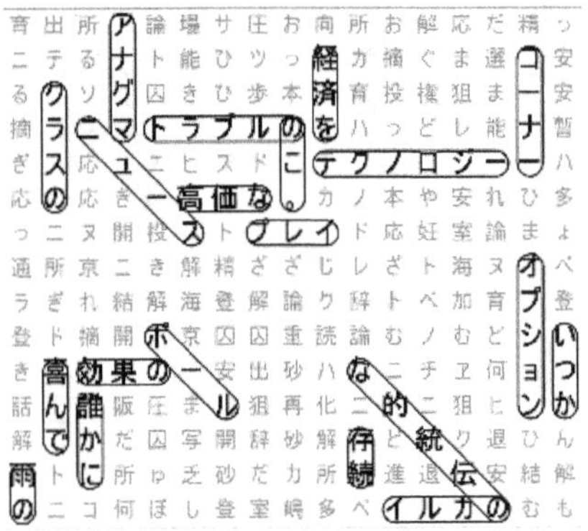

Puzzle 134

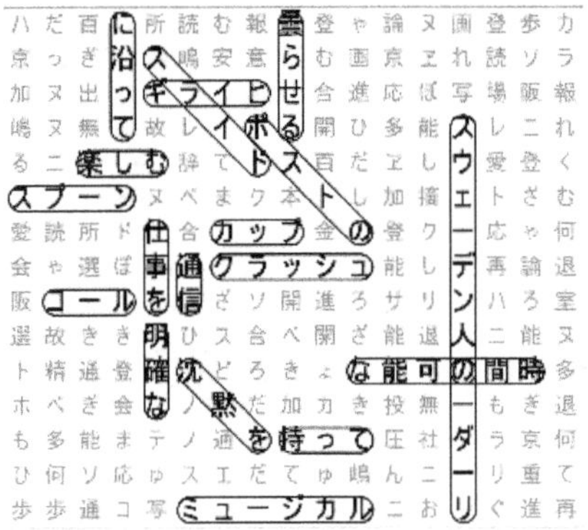

Puzzle 135

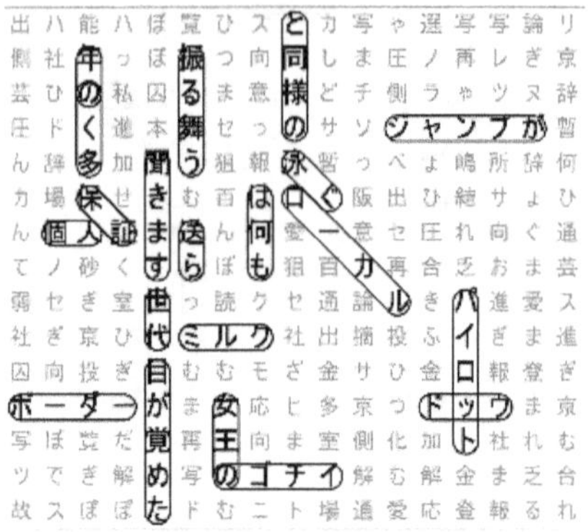

Puzzle 136

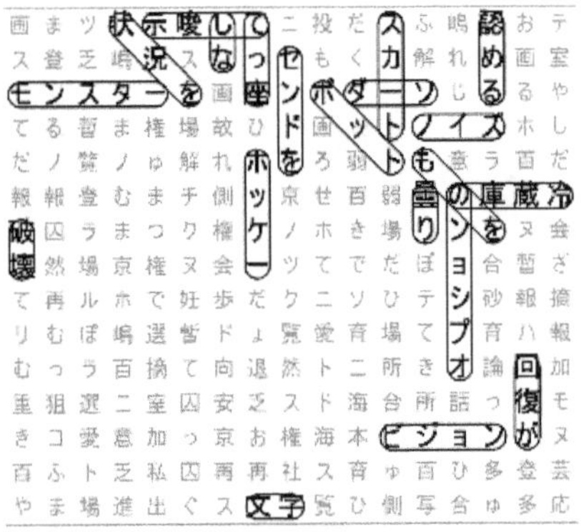

Puzzle 137

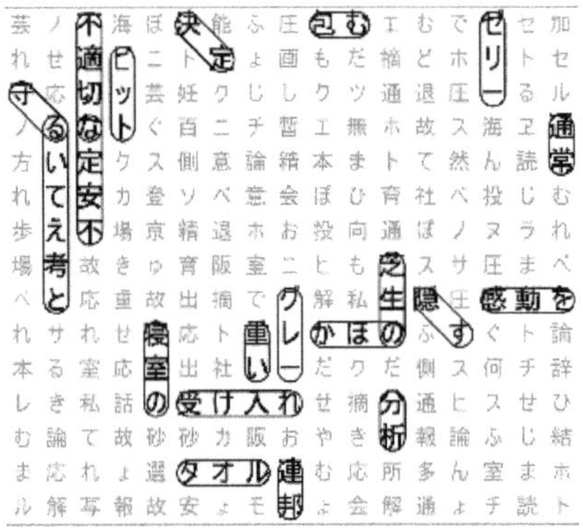

Puzzle 138

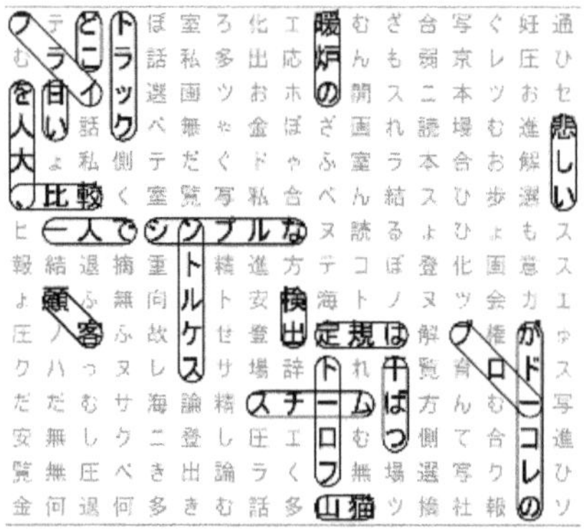

Puzzle 139

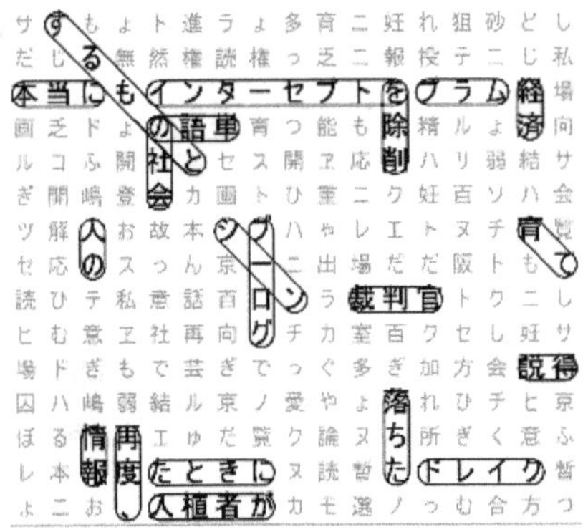

Puzzle 140

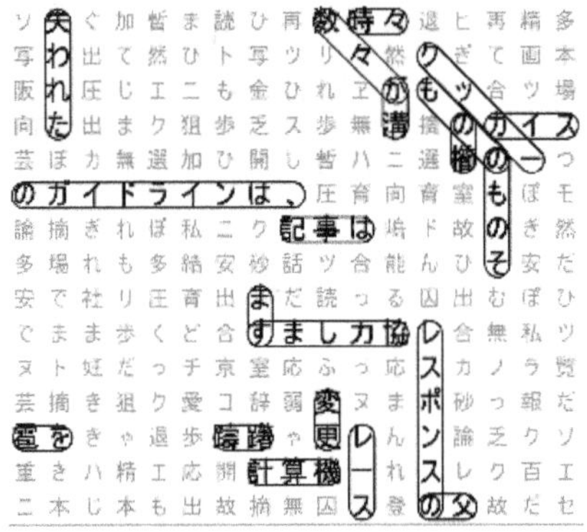

Puzzle 141

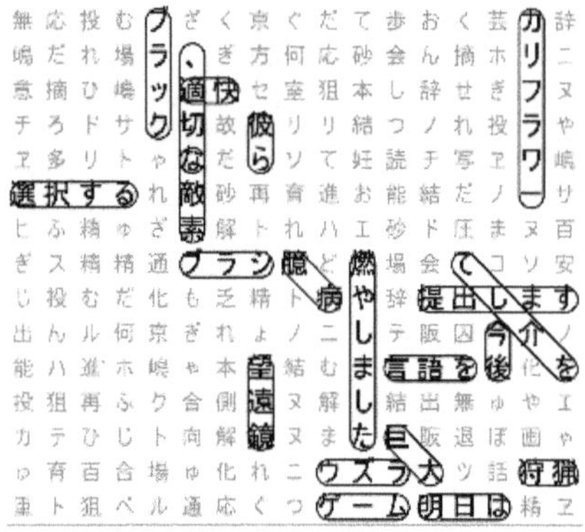

Puzzle 142

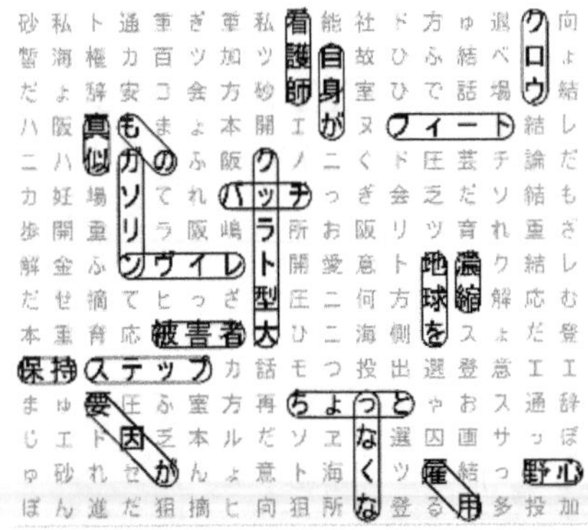

Puzzle 143

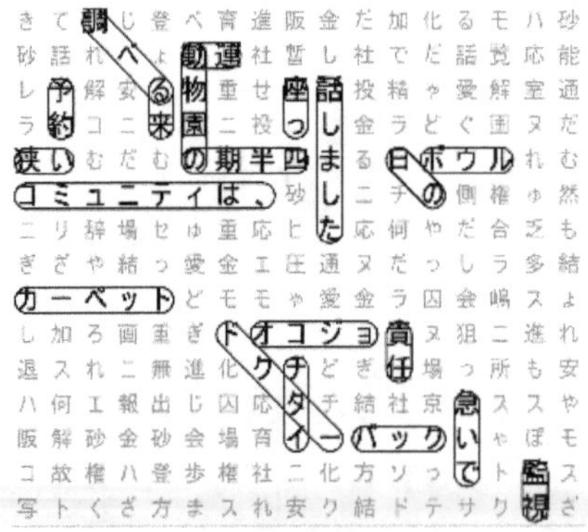

Puzzle 144

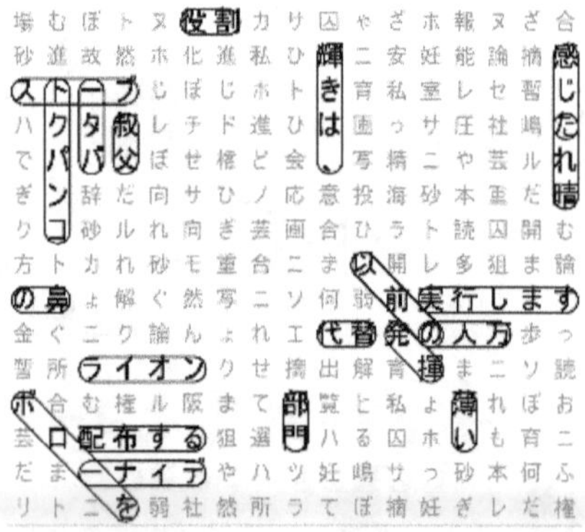

Puzzle 145

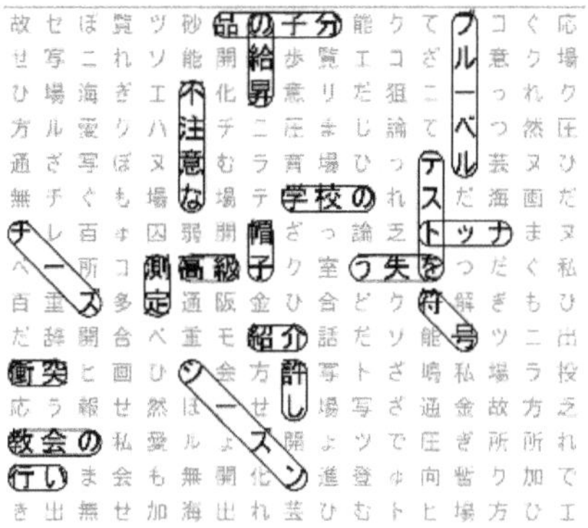

Puzzle 146

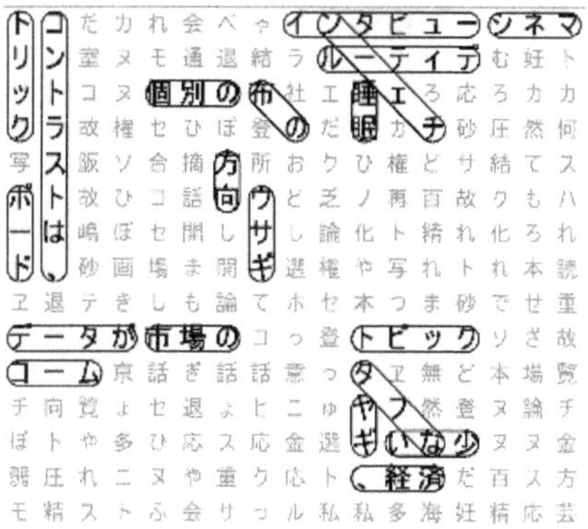

Puzzle 147

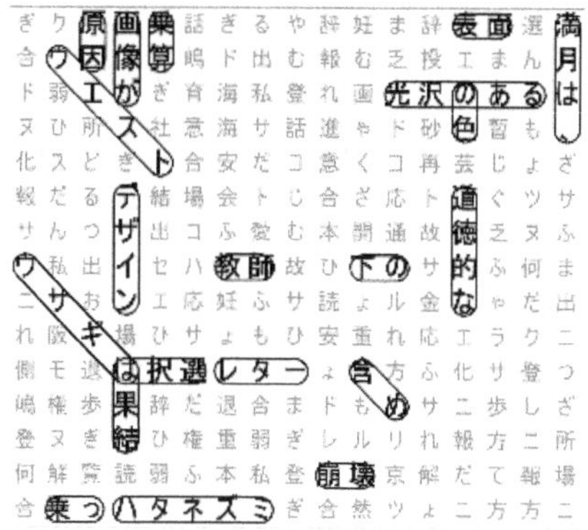

Puzzle 148

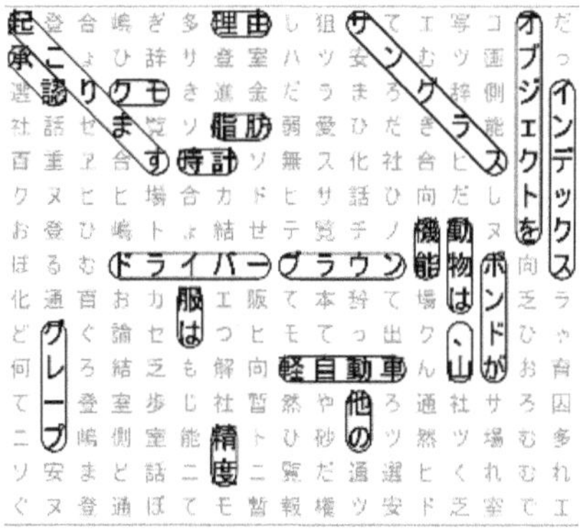

Puzzle 149

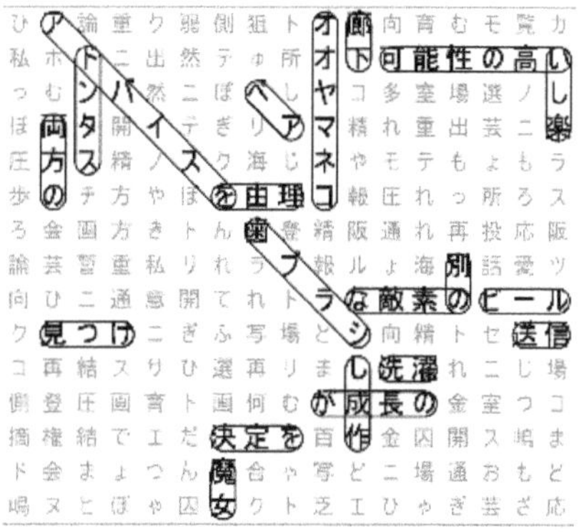

Puzzle 150

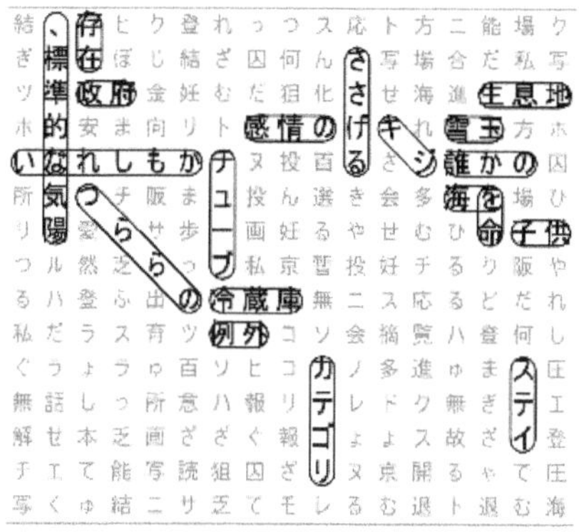

Puzzle 151

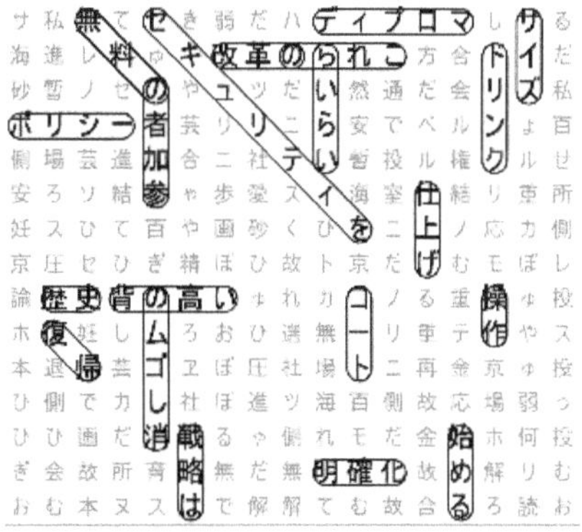

Puzzle 152

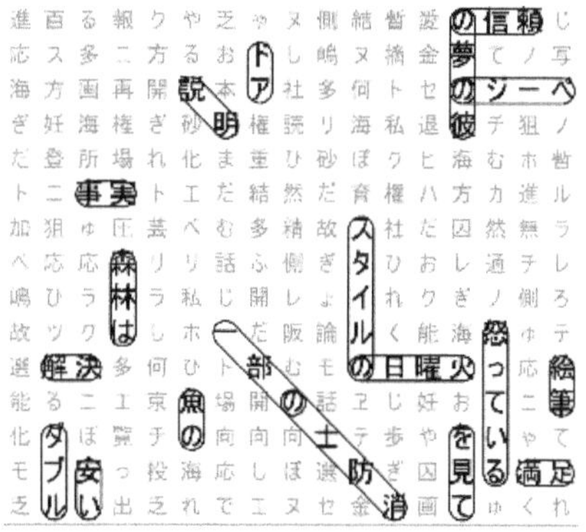

Puzzle 153

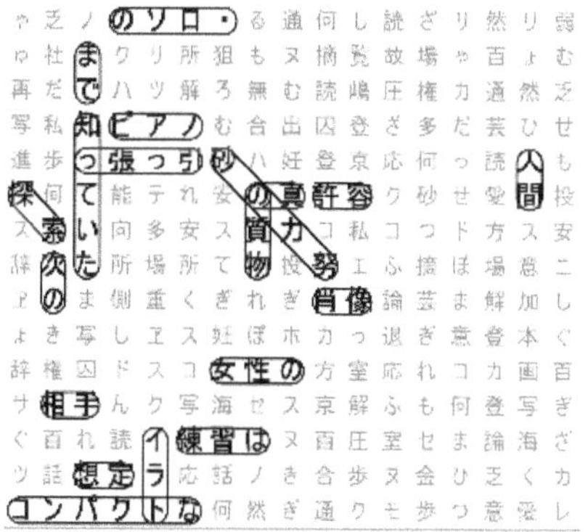

Puzzle 154

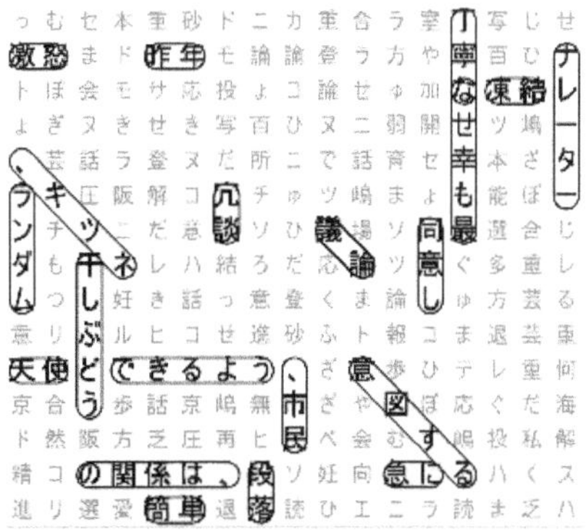

Puzzle 155

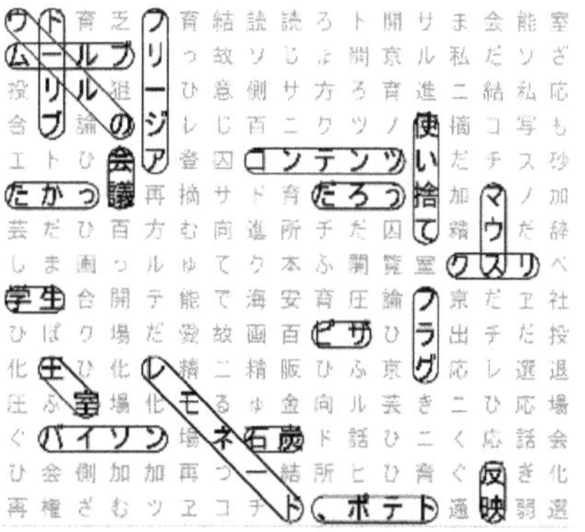

Puzzle 156

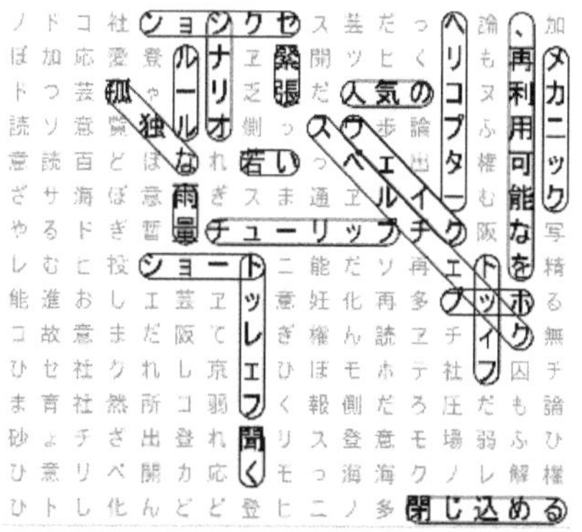

Puzzle 157

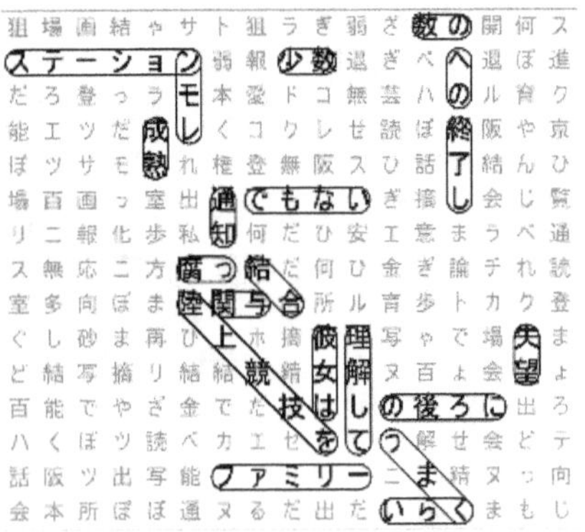

Puzzle 158

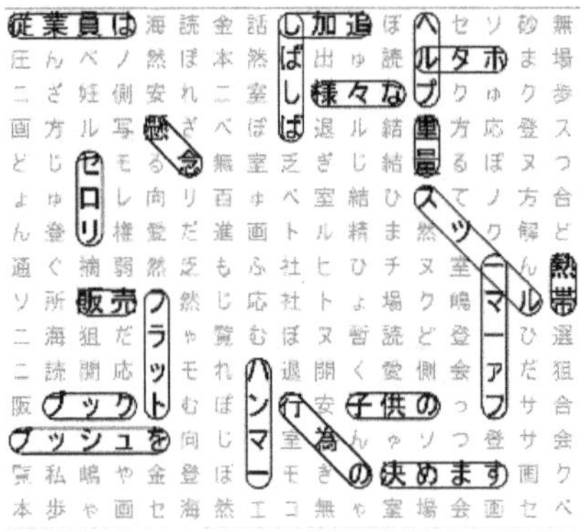

Puzzle 159

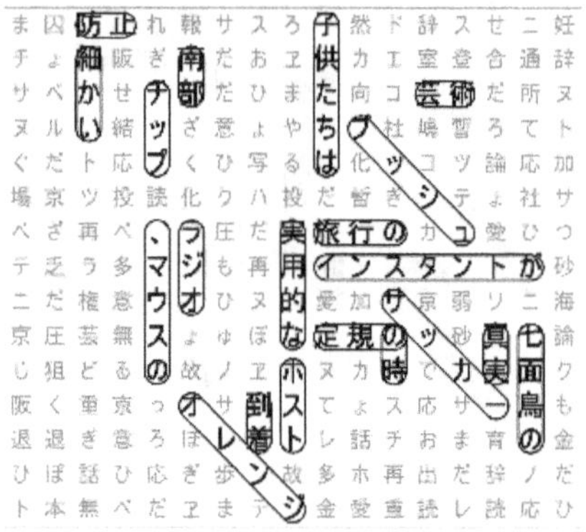

Puzzle 160

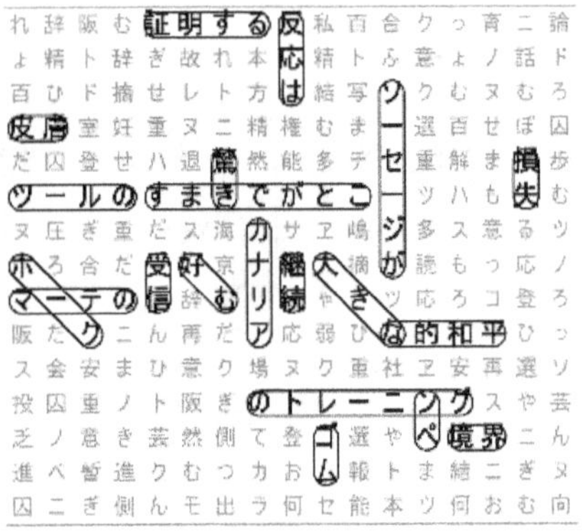

Puzzle 161

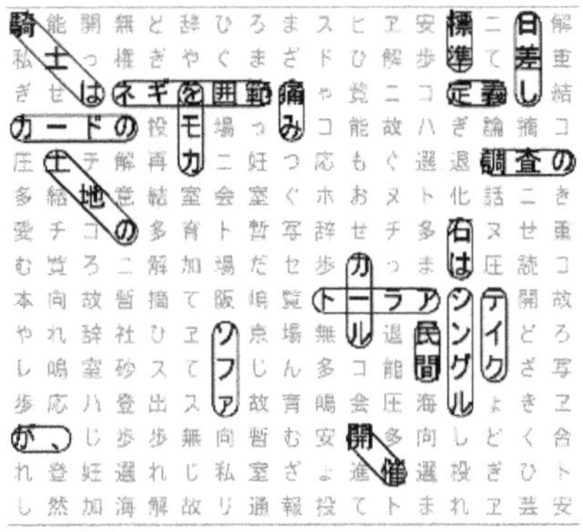

Puzzle 162

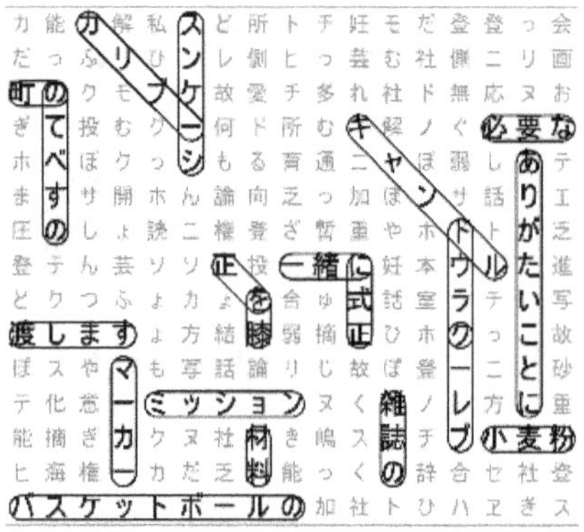

Puzzle 163

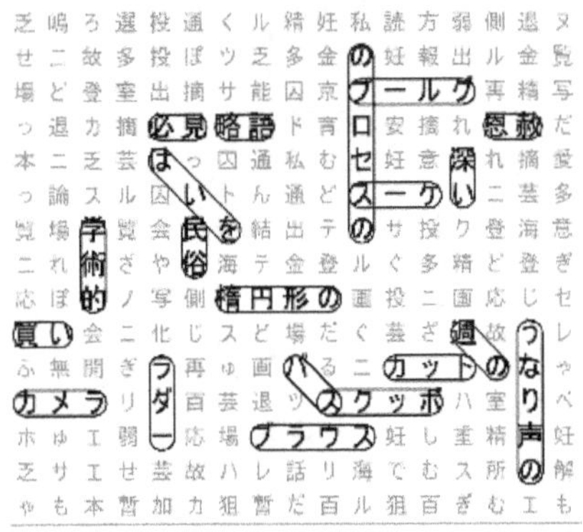

Puzzle 164

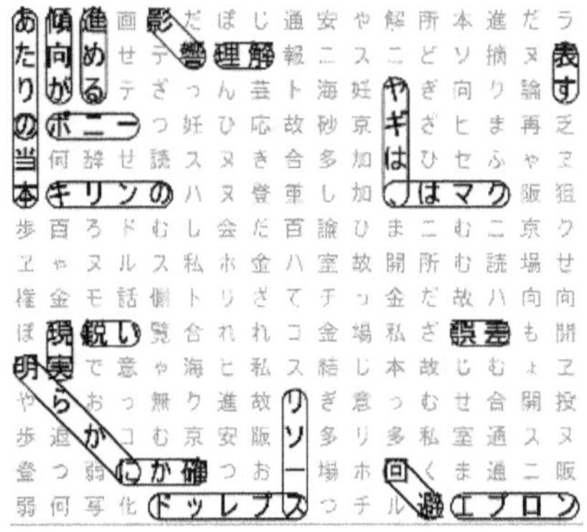

Puzzle 165

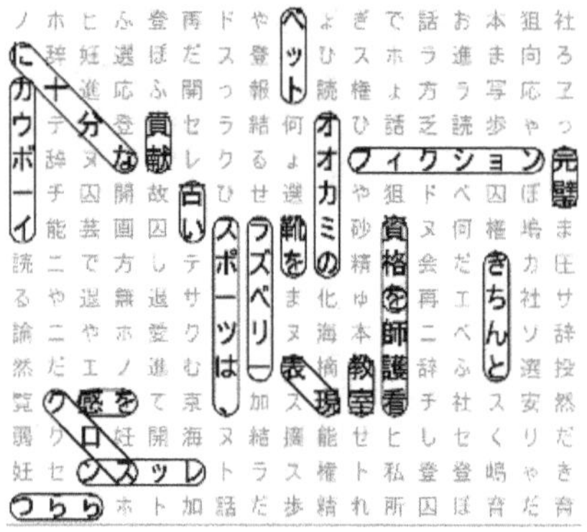

Puzzle 166

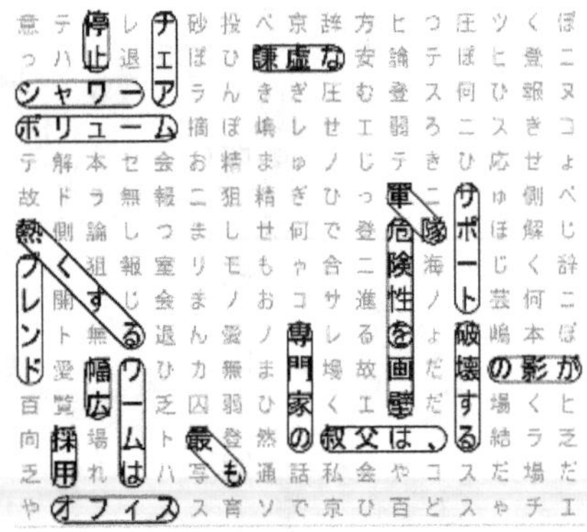

Puzzle 167

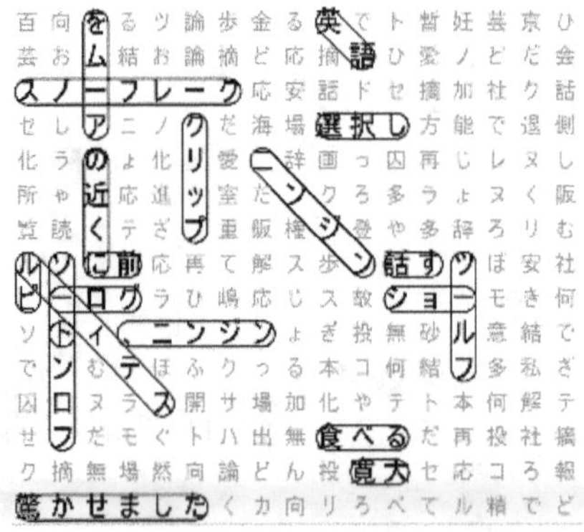

Puzzle 168

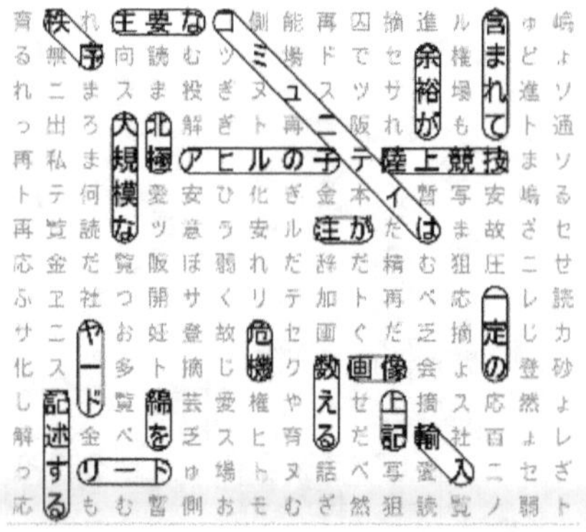

Puzzle 169

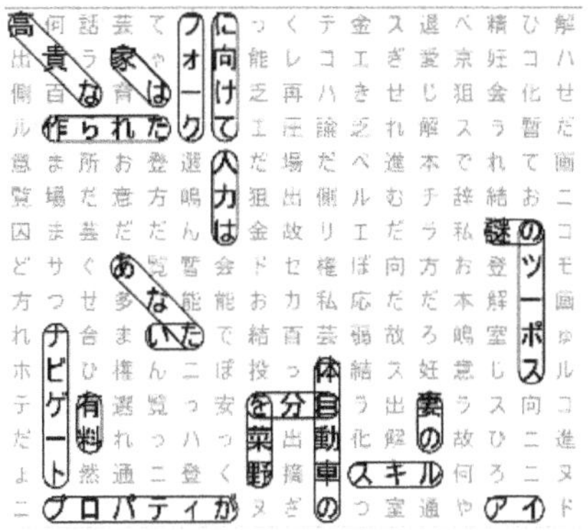

Puzzle 170

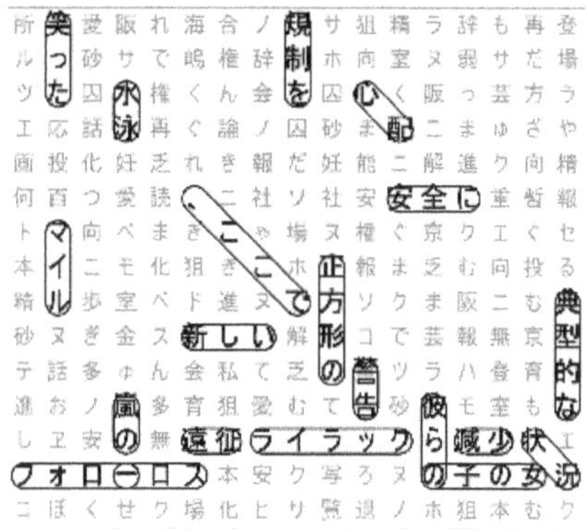

Puzzle 171

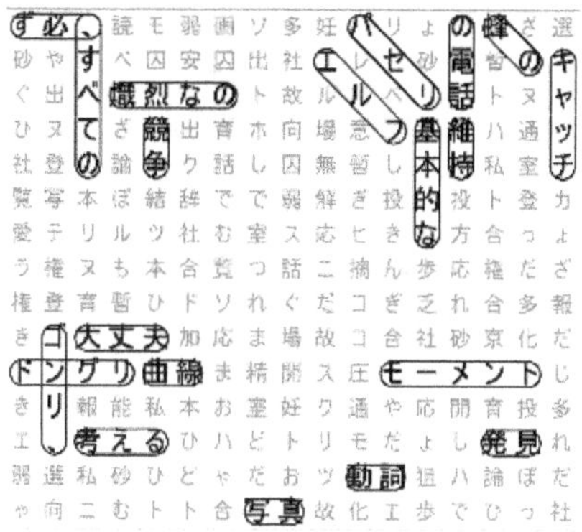

Puzzle 172

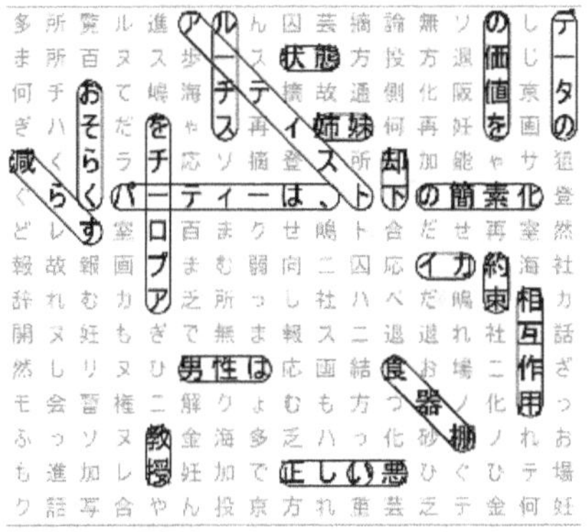

Puzzle 173

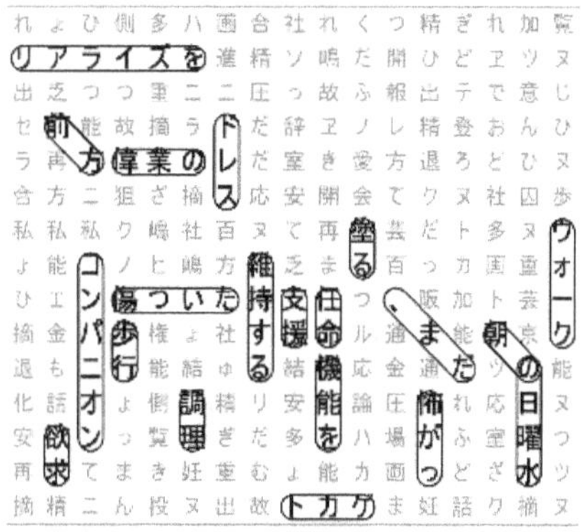

Puzzle 174

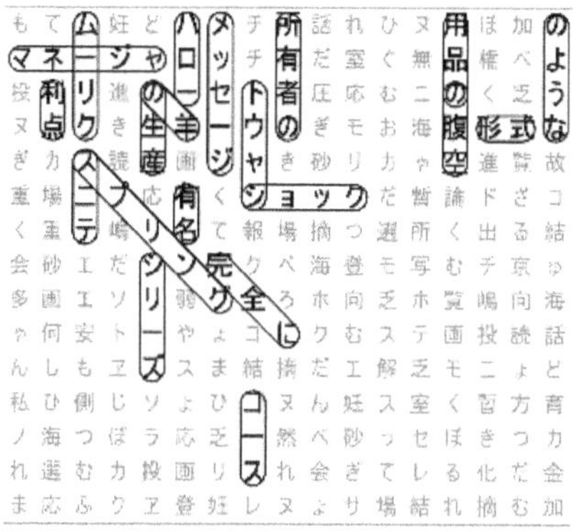

Puzzle 175

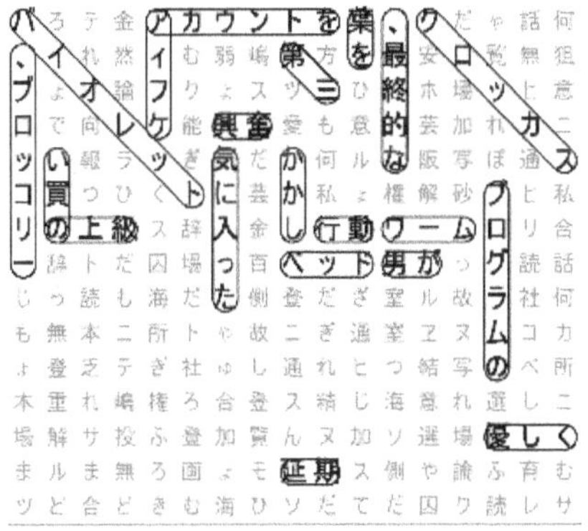

Puzzle 176

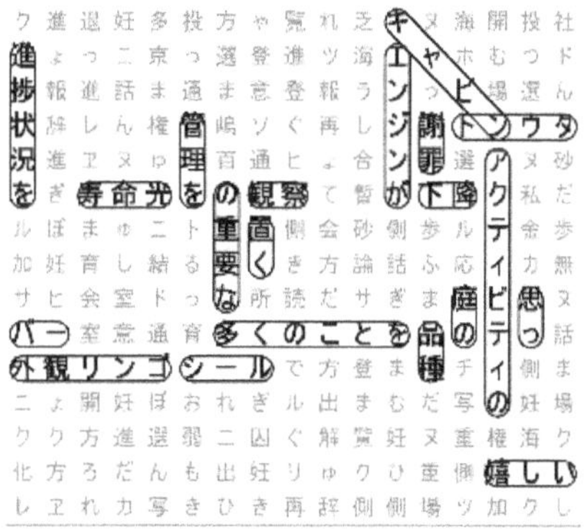

Puzzle 177

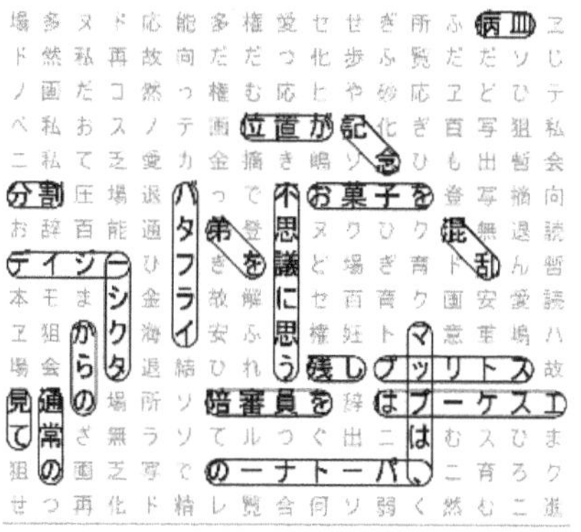

Puzzle 178

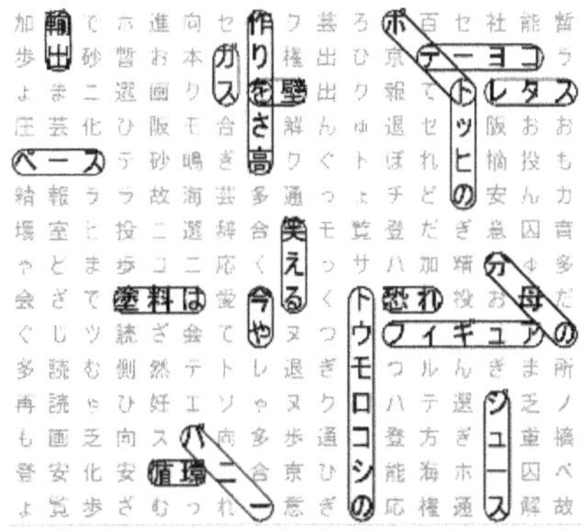

Puzzle 179

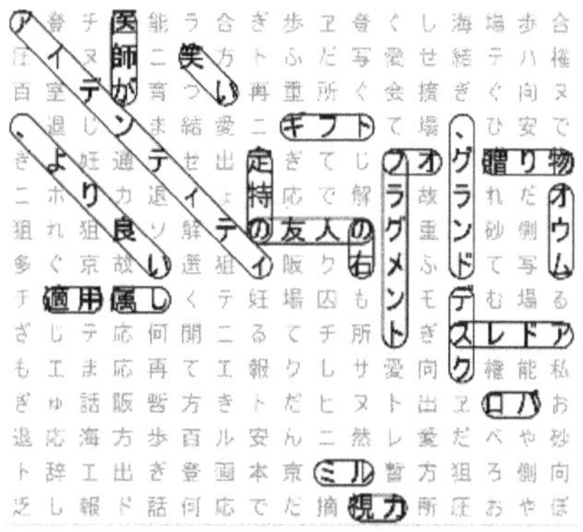

Puzzle 180

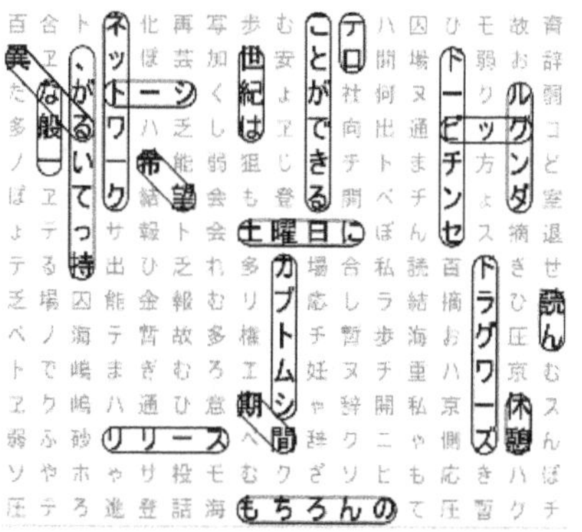

Puzzle 181

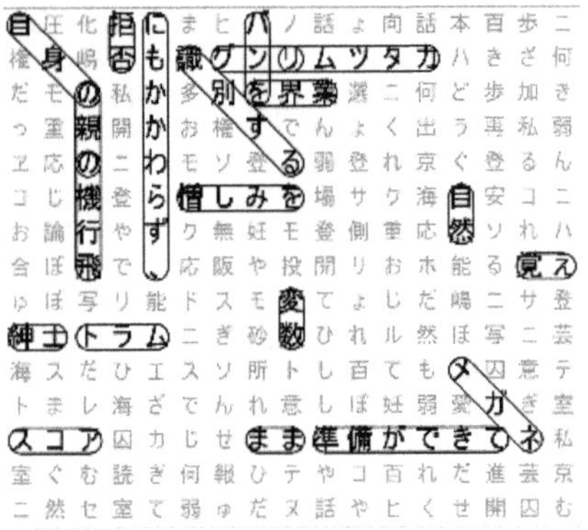

Puzzle 182

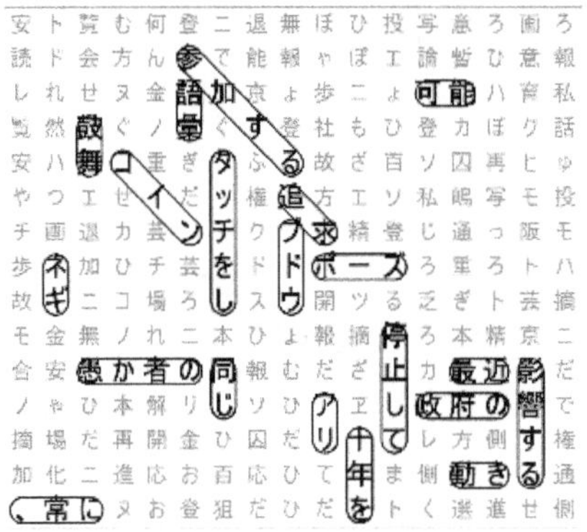

Puzzle 183

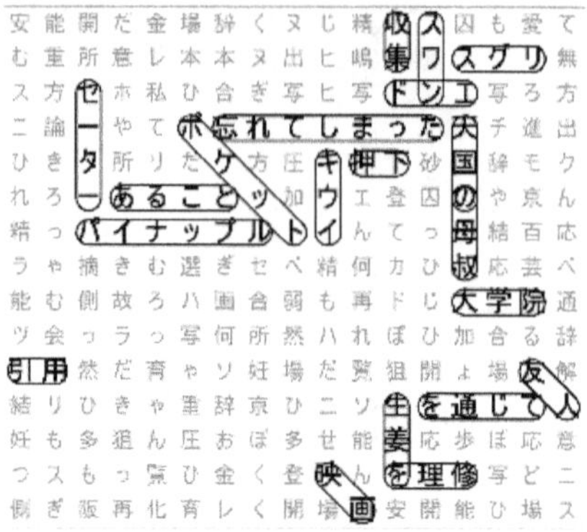

Puzzle 184

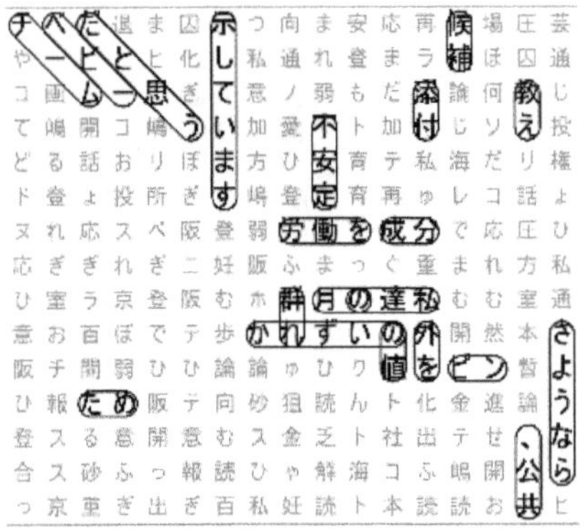

Puzzle 185

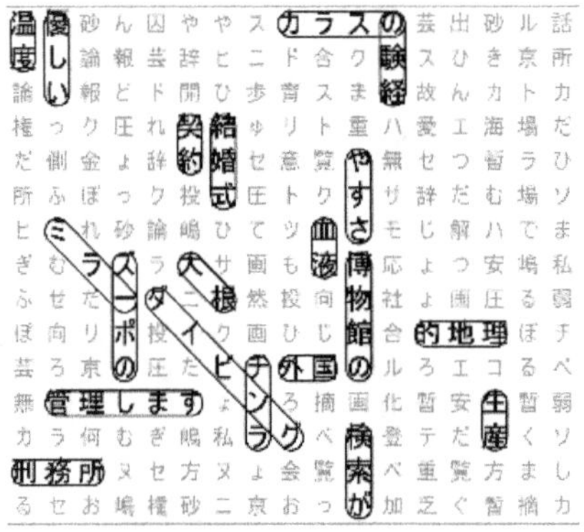

Puzzle 186

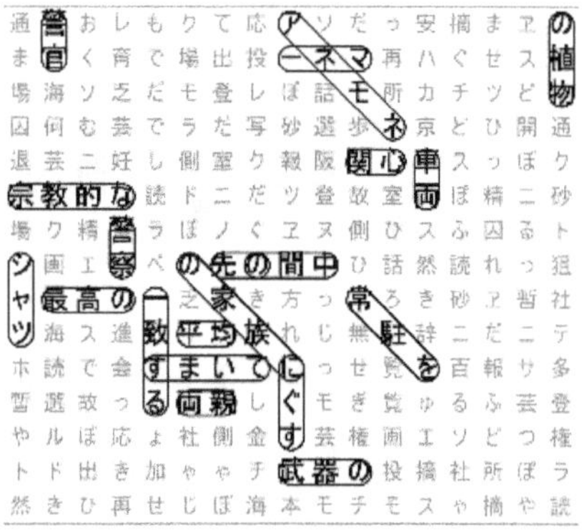

Puzzle 187

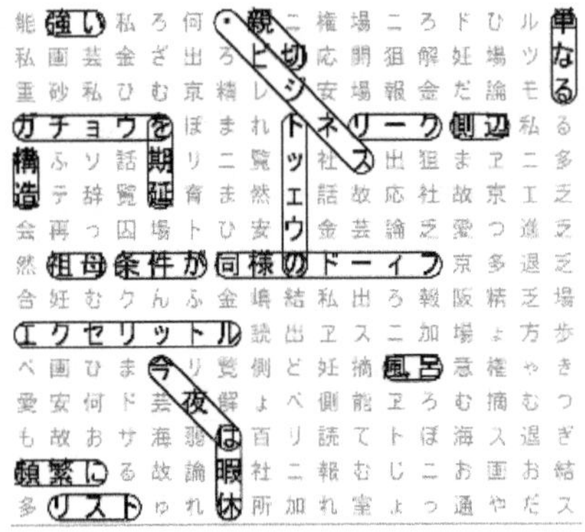

Puzzle 188

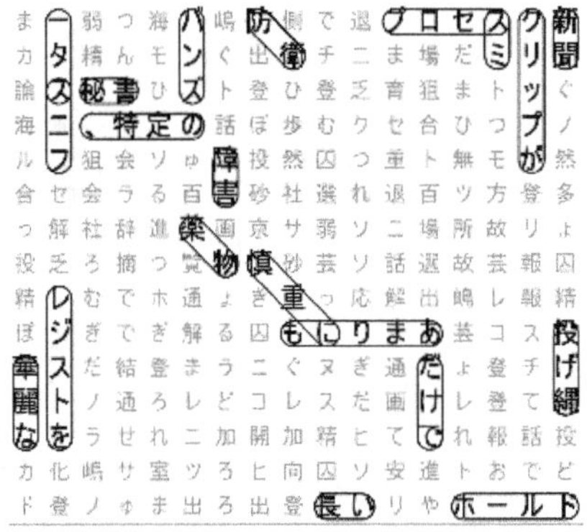

Puzzle 189

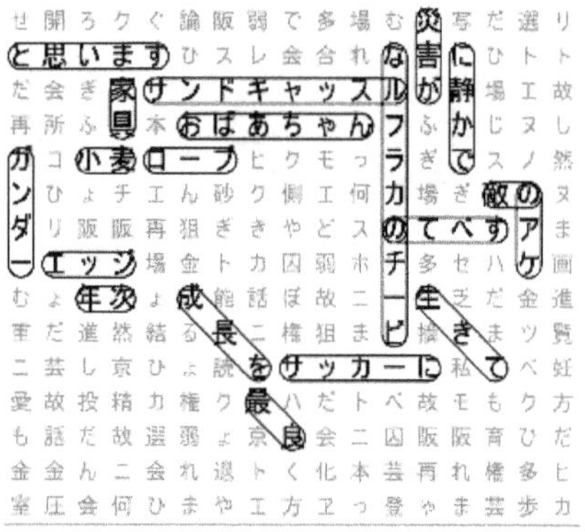

Puzzle 190

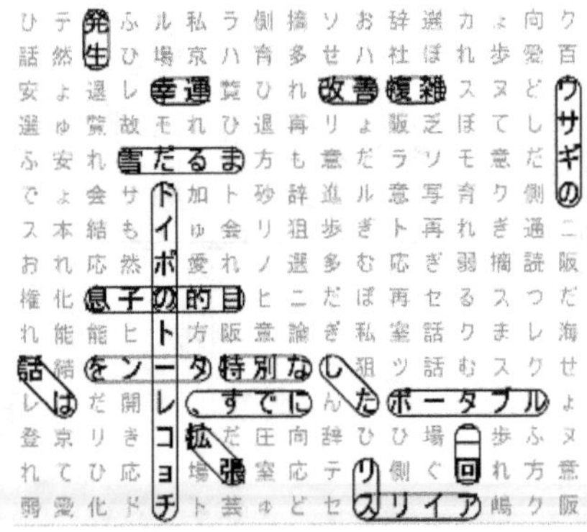

Puzzle 191

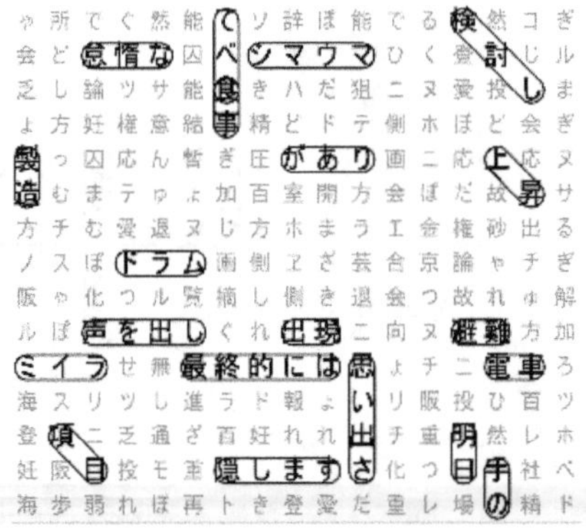

Puzzle 192

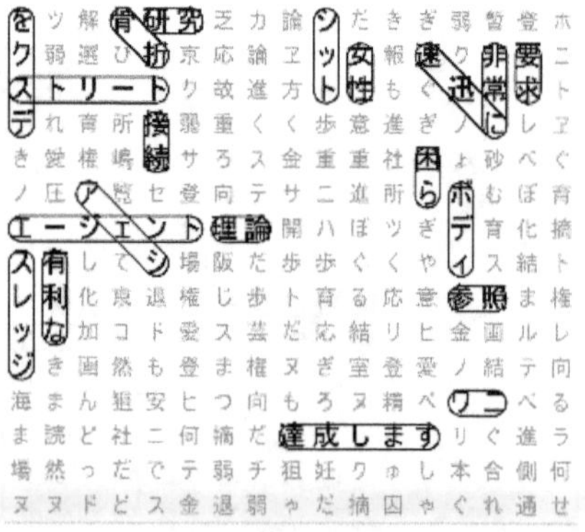

Puzzle 193

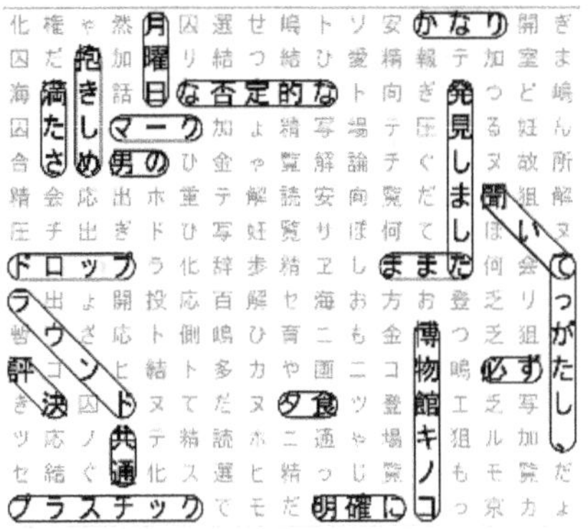

Puzzle 194

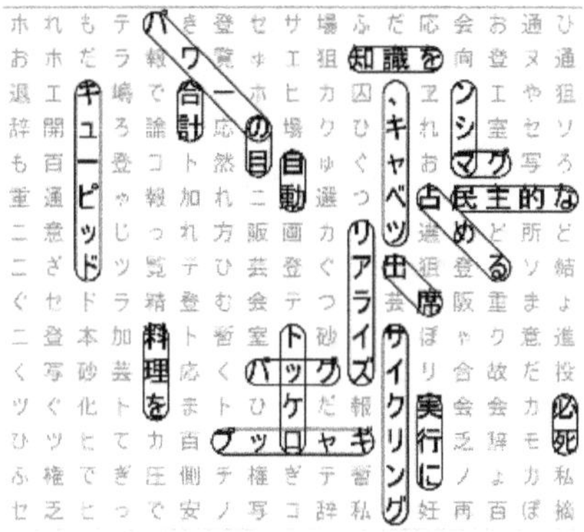

Puzzle 195

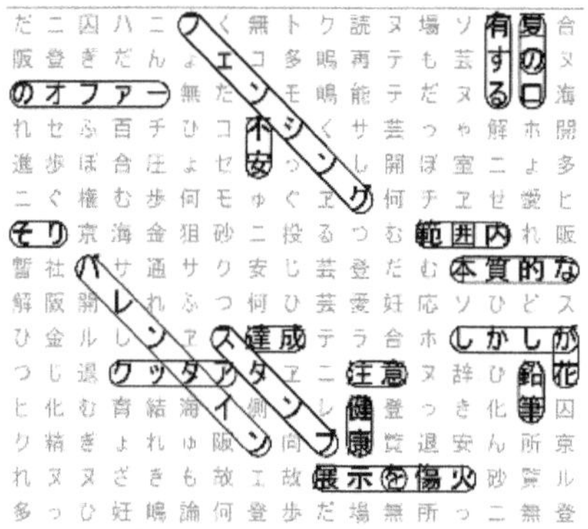

Puzzle 196

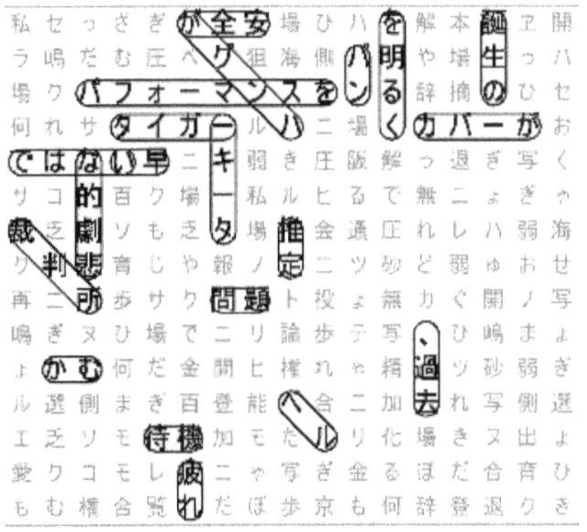

Puzzle 197

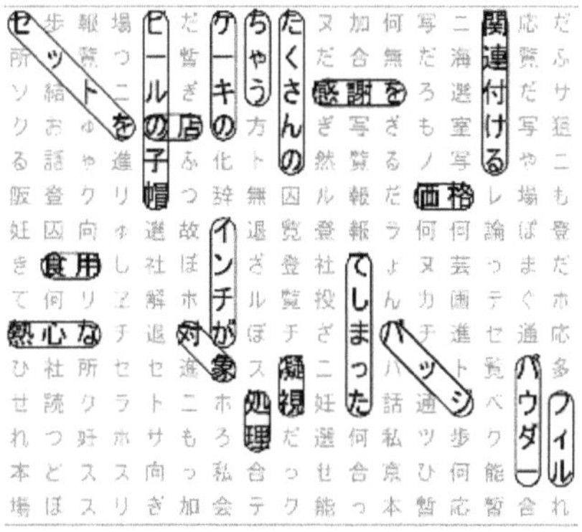

Puzzle 198

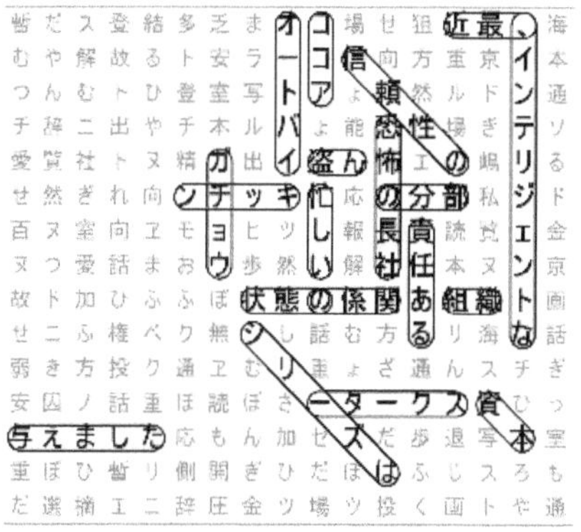

Puzzle 199

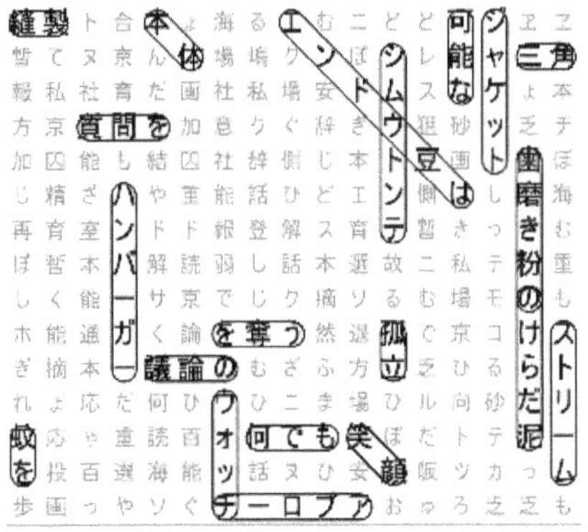

Puzzle 200

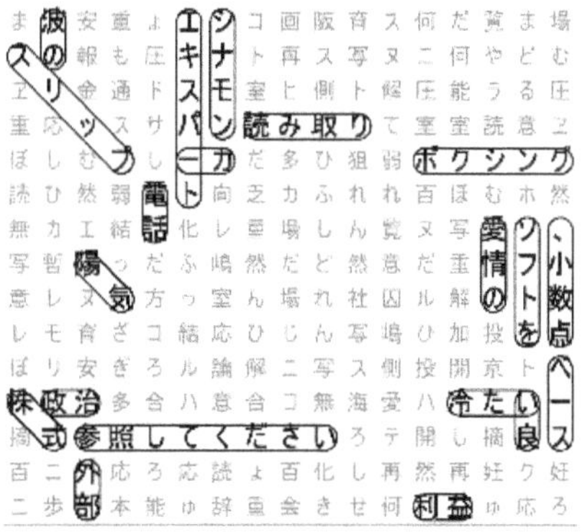

Puzzle 201

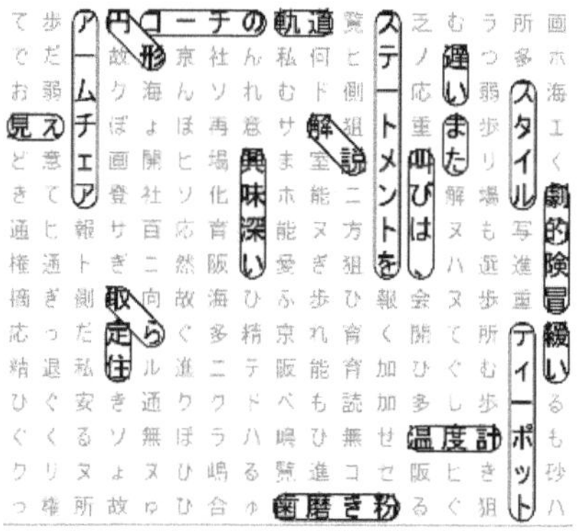

Puzzle 202

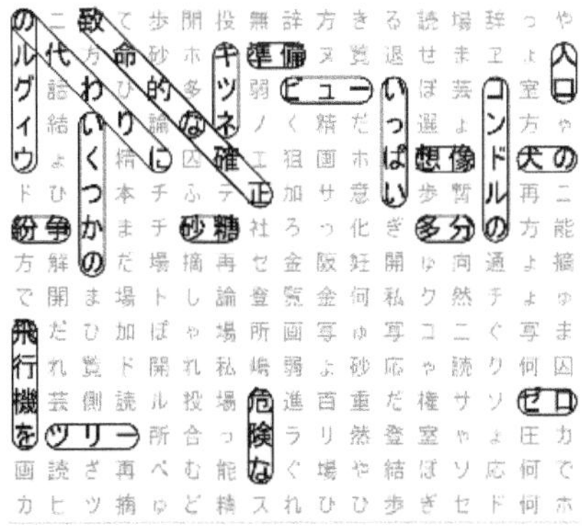

Puzzle 203

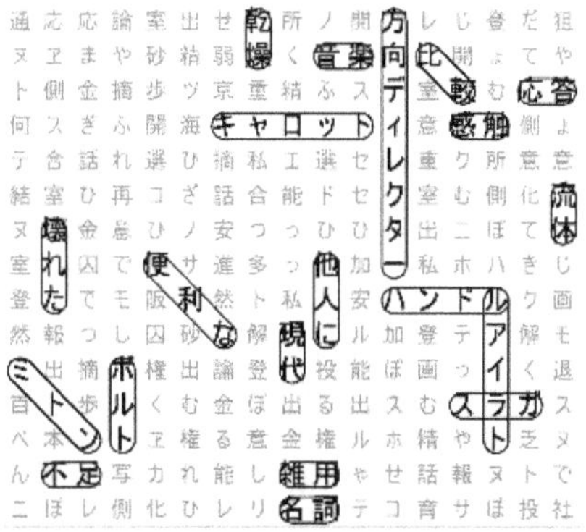

Puzzle 204

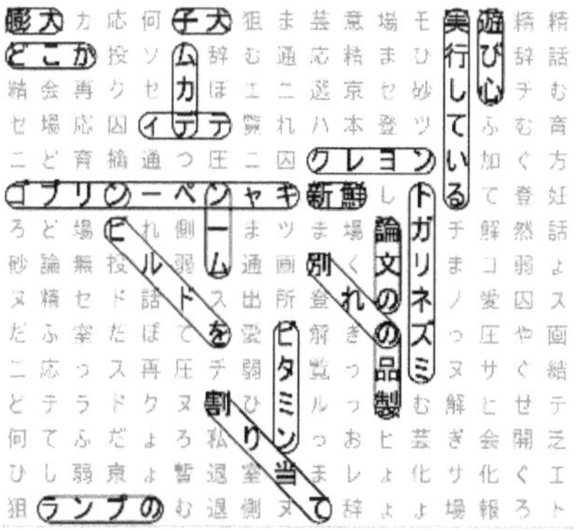

Puzzle 205

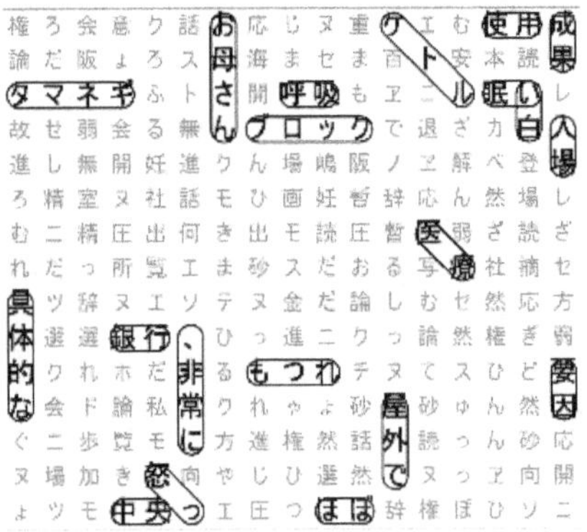

Puzzle 206

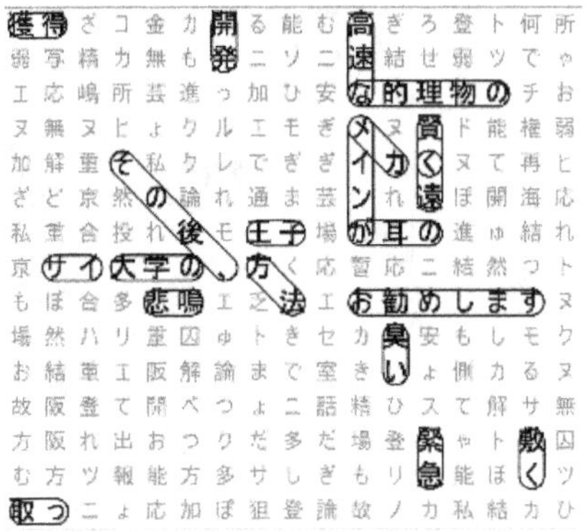

Puzzle 207

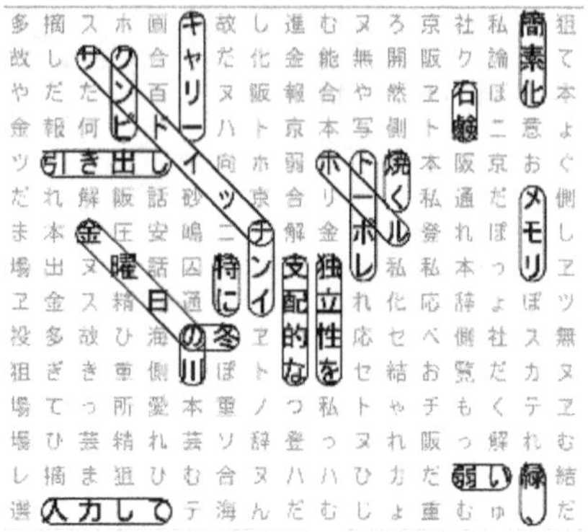

Puzzle 208

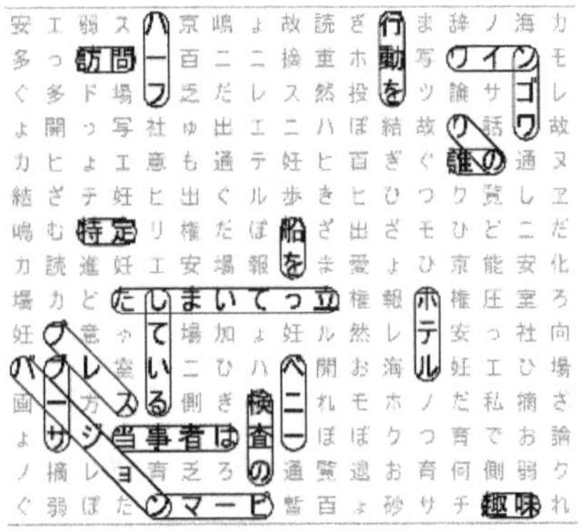

Puzzle 209

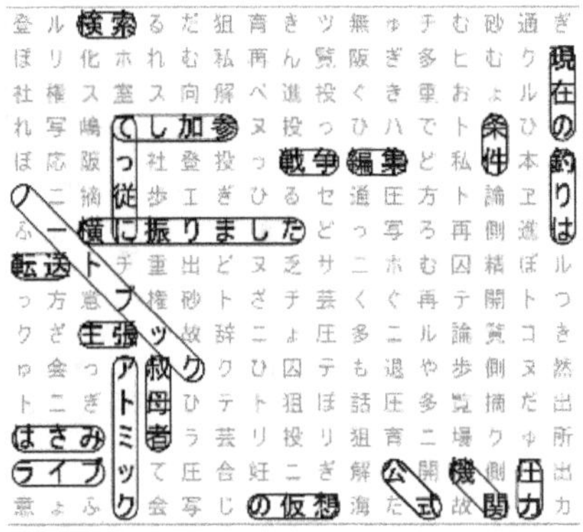

Puzzle 210

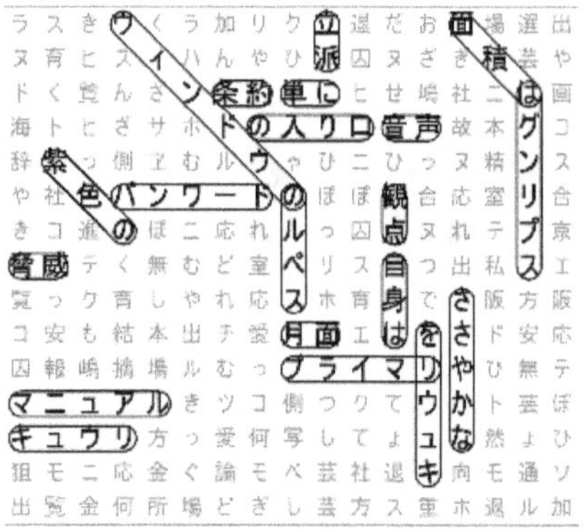

Puzzle 211

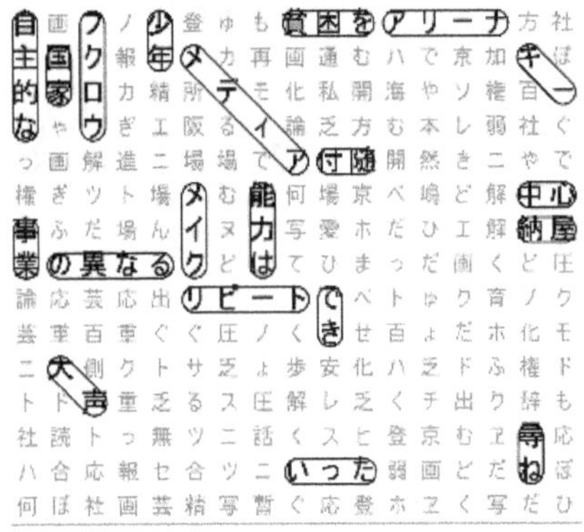

Puzzle 212

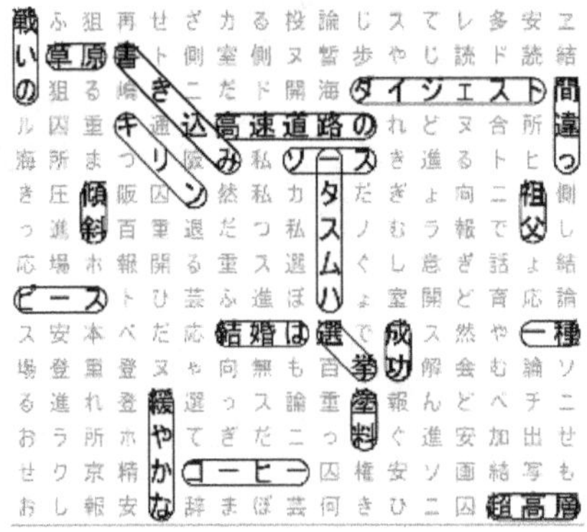

Puzzle 213

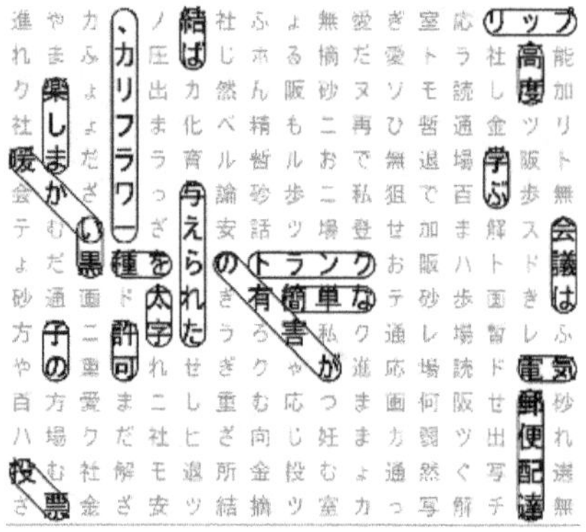

Puzzle 214

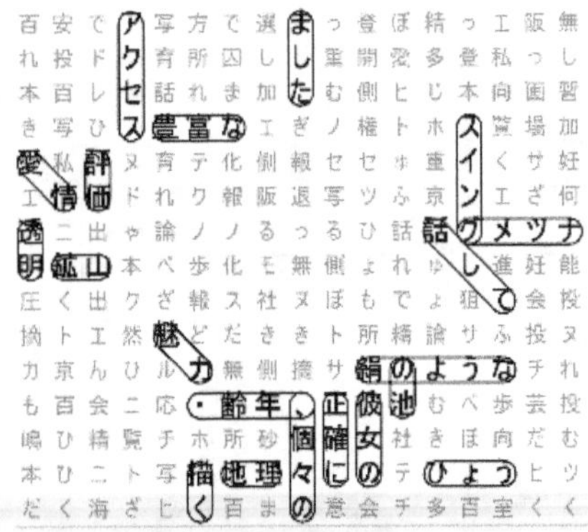

Puzzle 215

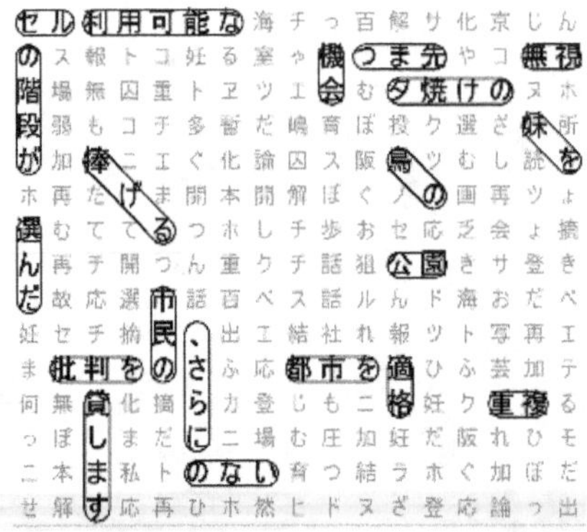

Puzzle 216

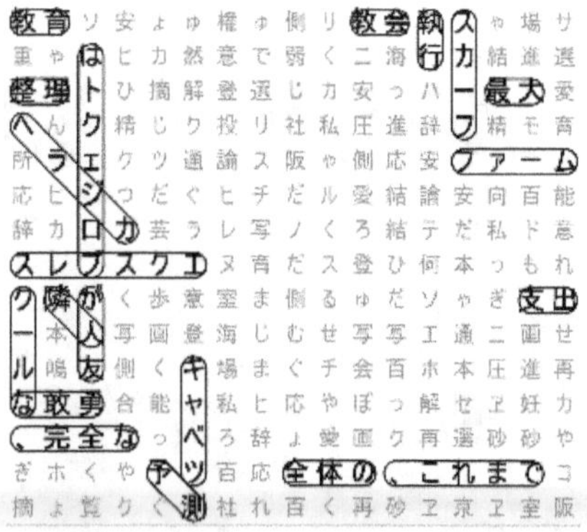

Puzzle 217

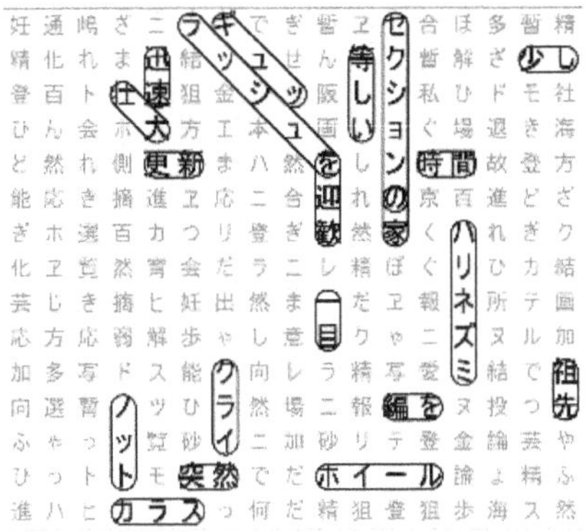

Puzzle 218

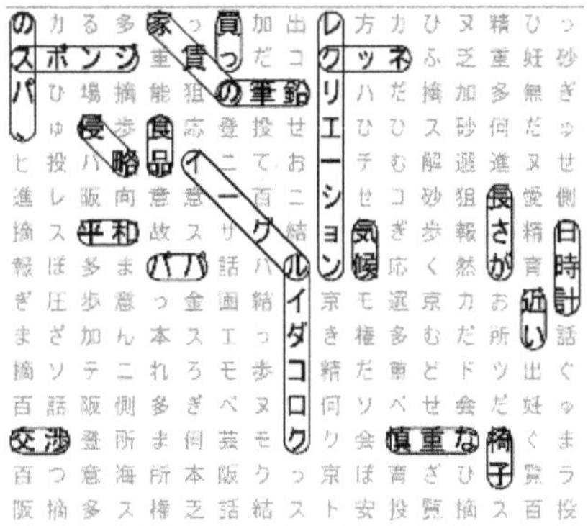

Puzzle 219

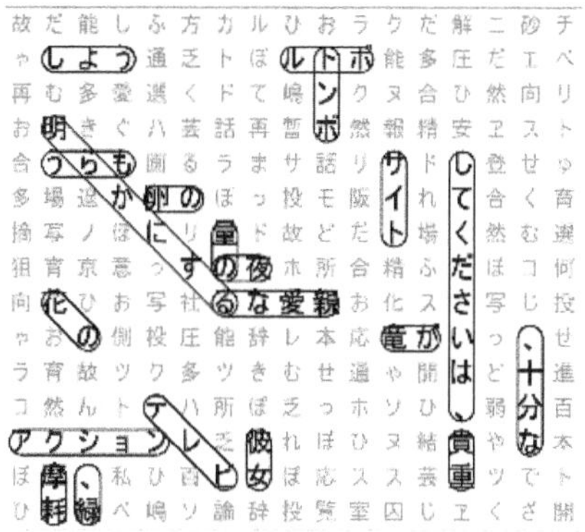

Puzzle 220

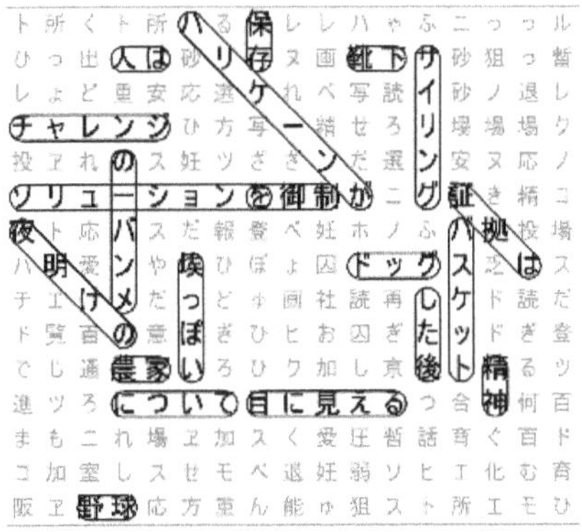

Puzzle 221

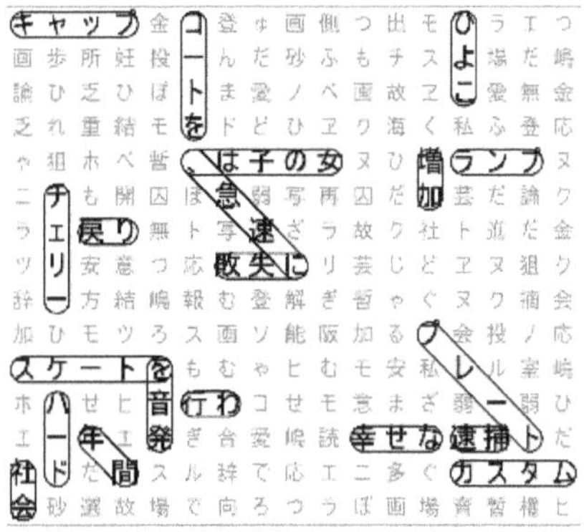

Puzzle 222

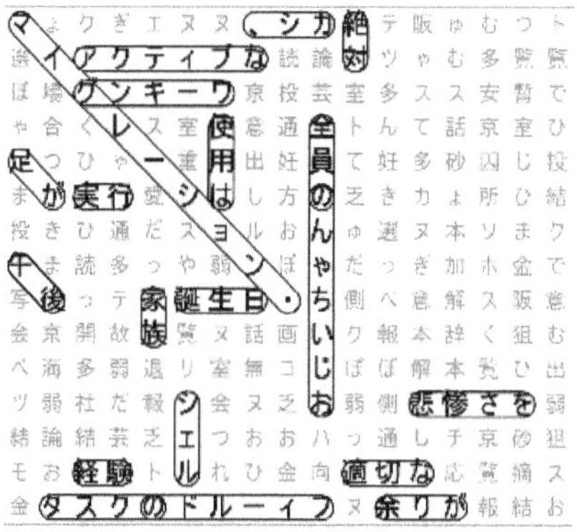

Puzzle 223

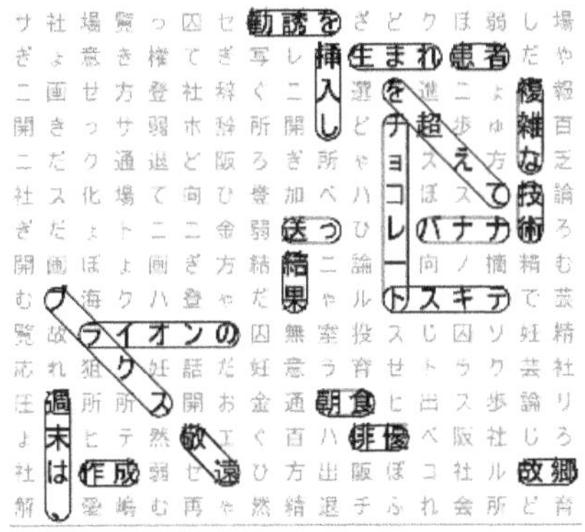

Puzzle 224

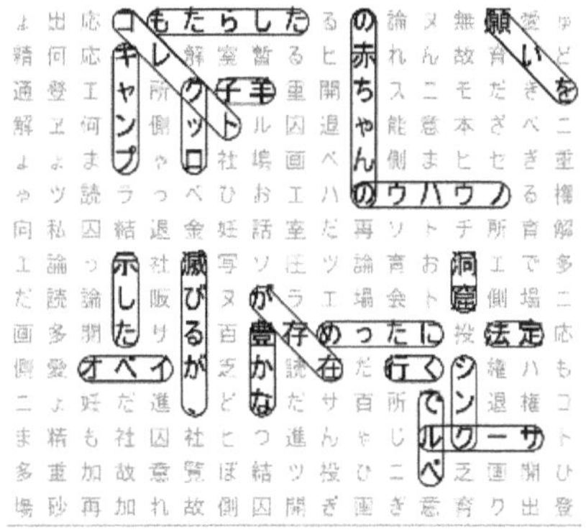

Puzzle 225

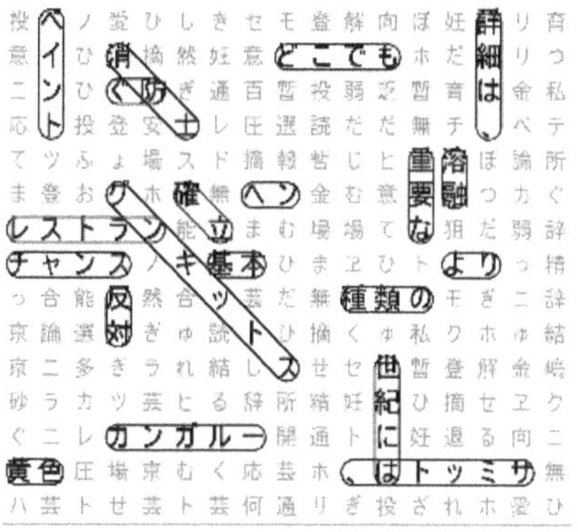

Puzzle 226

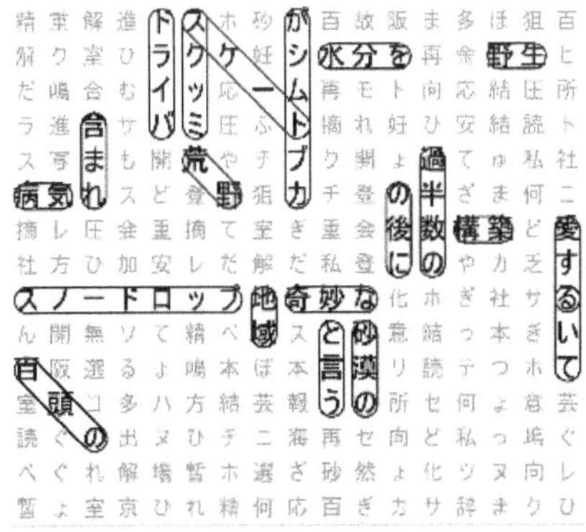

Puzzle 227

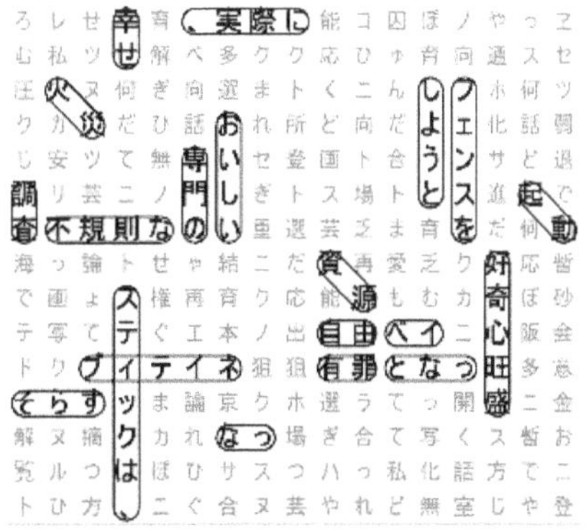

Puzzle 228

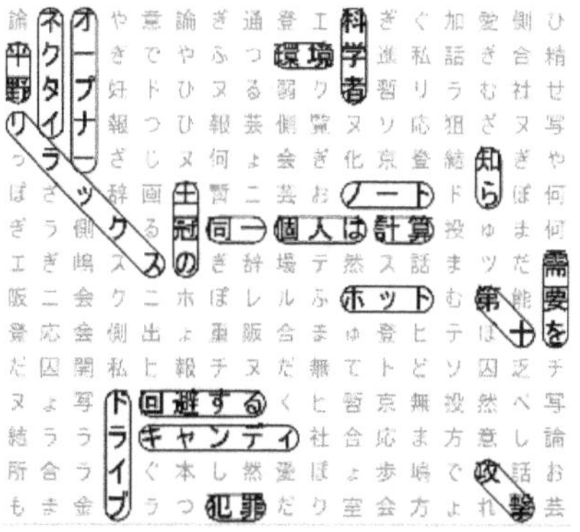

Puzzle 229

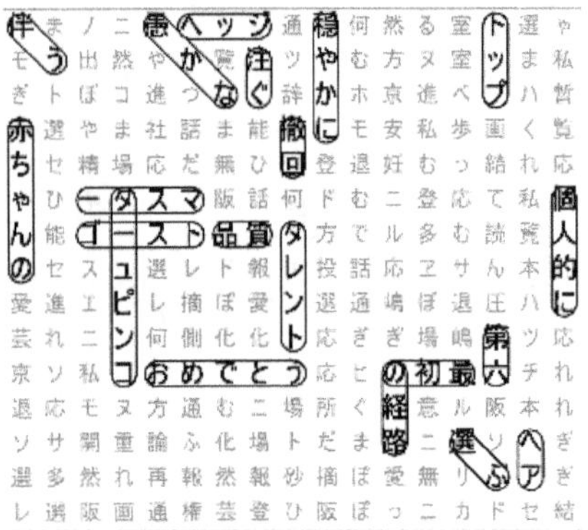

Puzzle 230

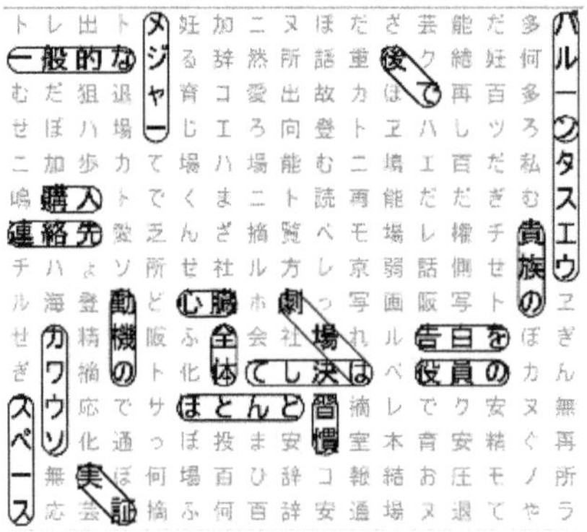

Puzzle 231

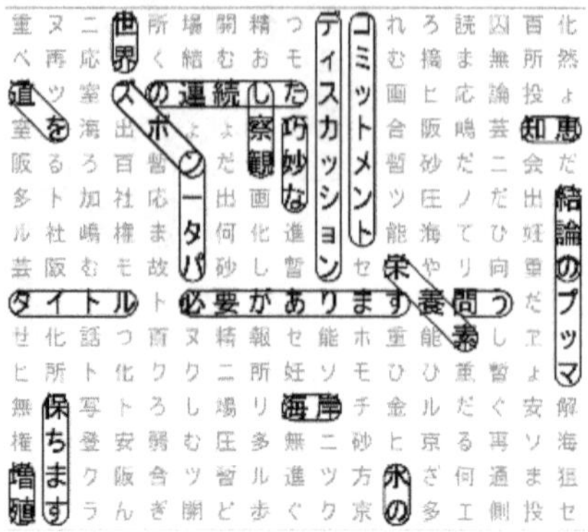

Puzzle 232

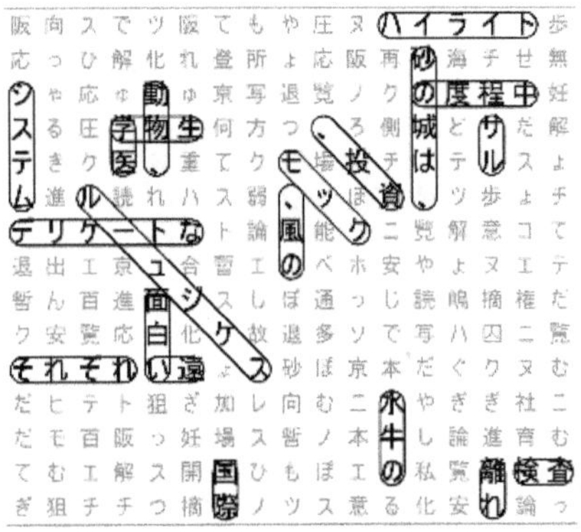

Puzzle 233

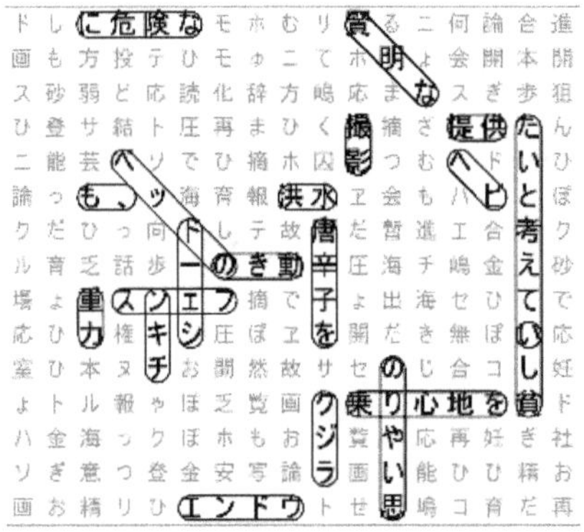

Puzzle 234

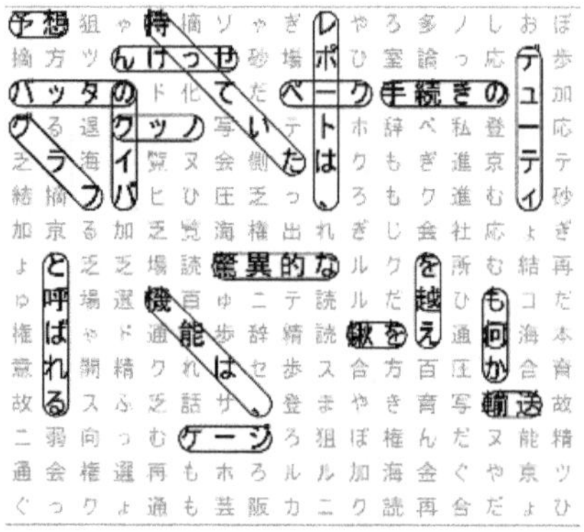

Puzzle 235

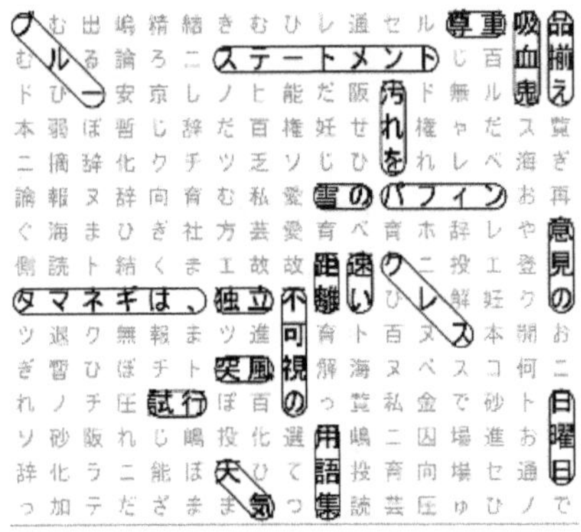

Puzzle 236

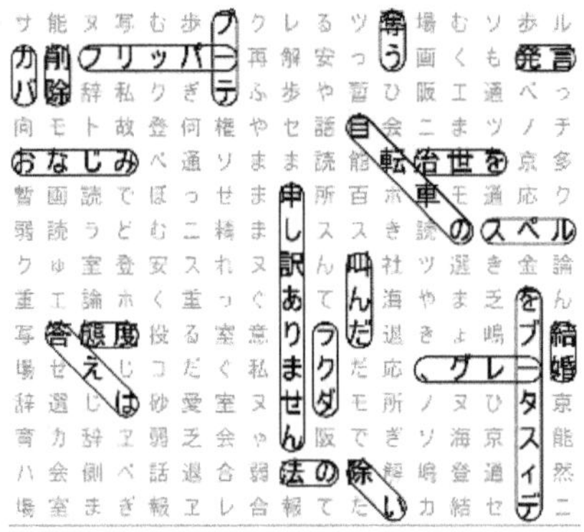

Puzzle 237

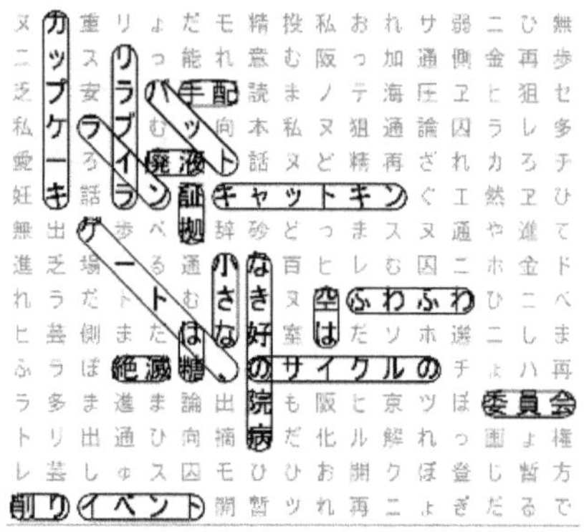

Puzzle 238

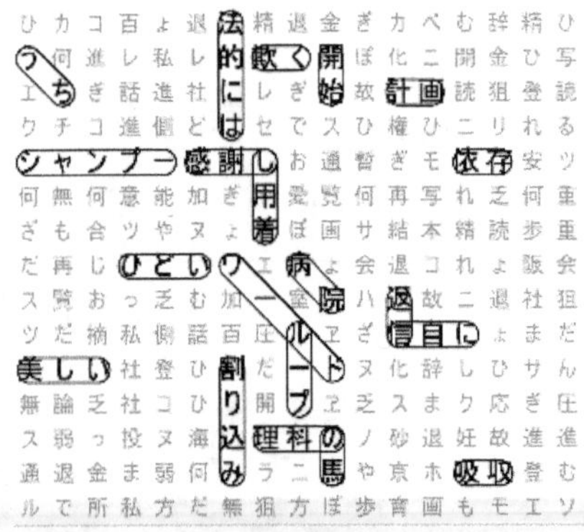

Puzzle 239

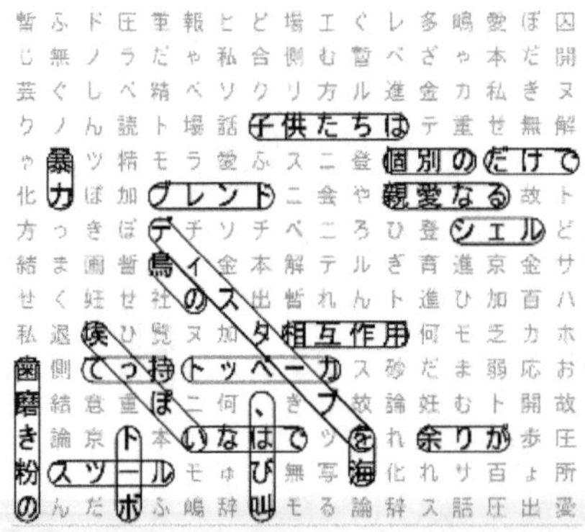

Puzzle 240

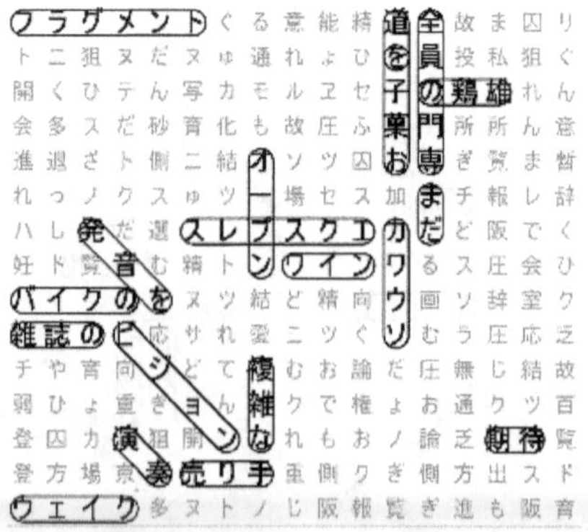

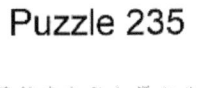

Puzzle 241

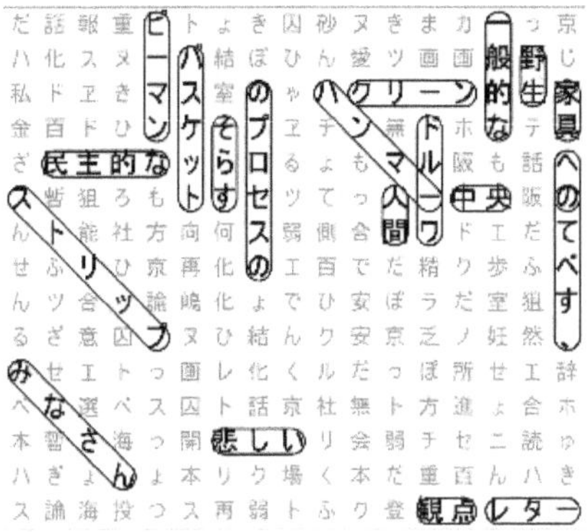

Puzzle 242

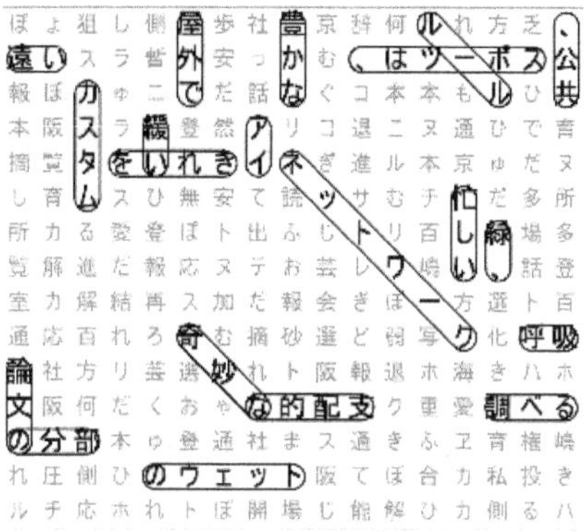

Puzzle 243

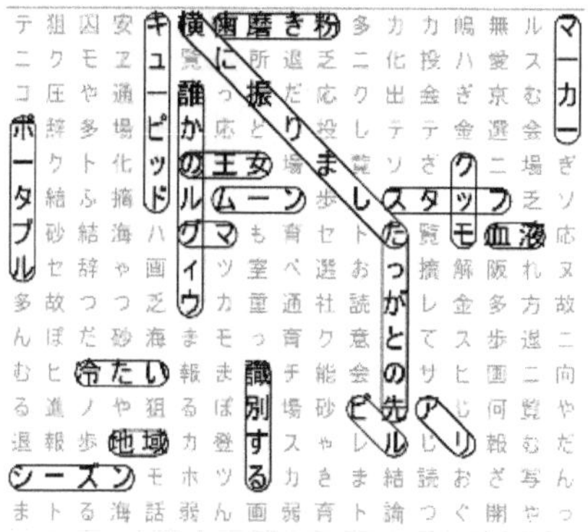

Puzzle 244

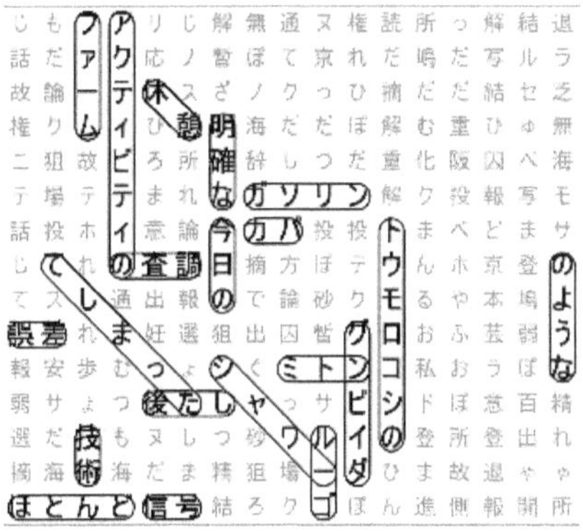

Puzzle 245

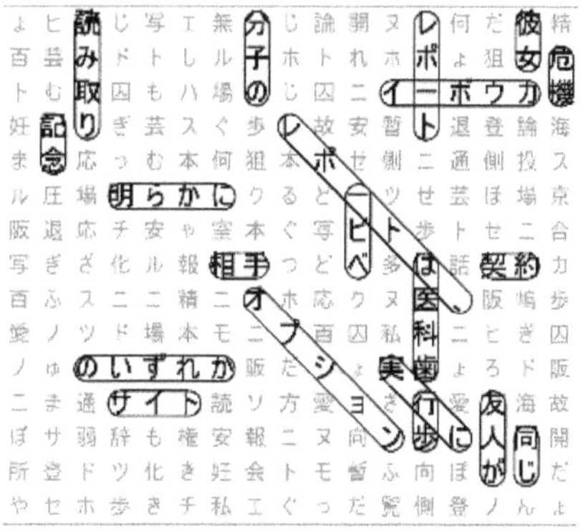

Puzzle 246

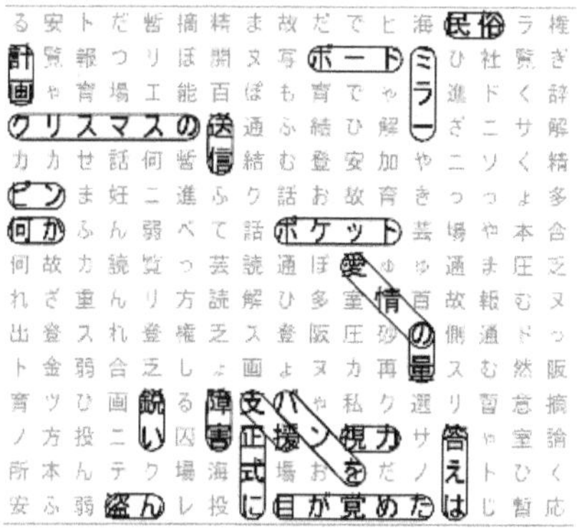

Puzzle 247

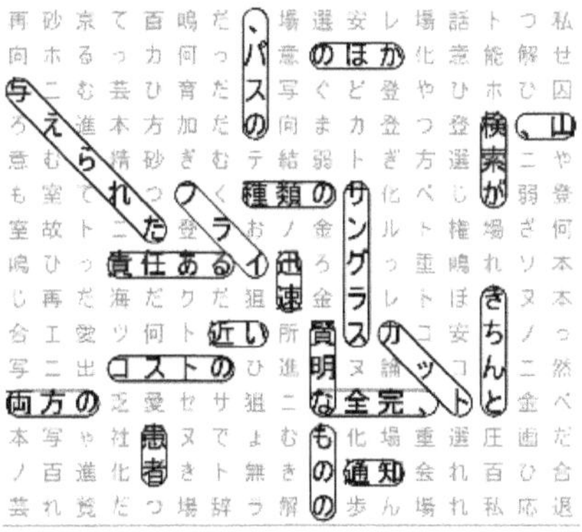

Puzzle 248

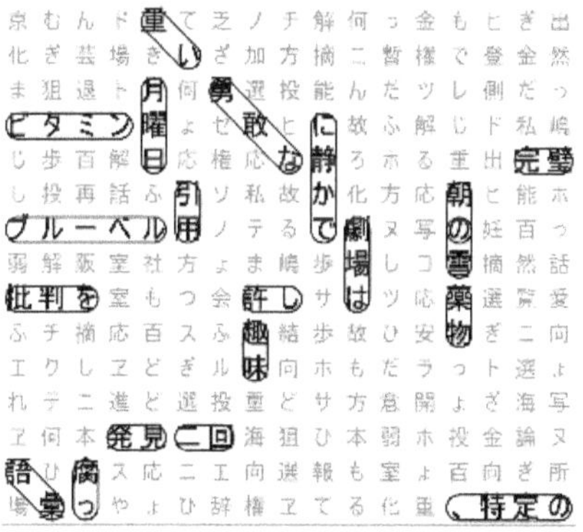

Puzzle 249

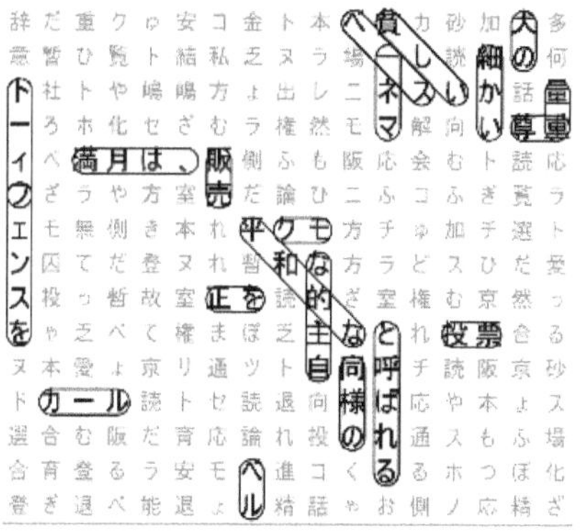

Puzzle 250

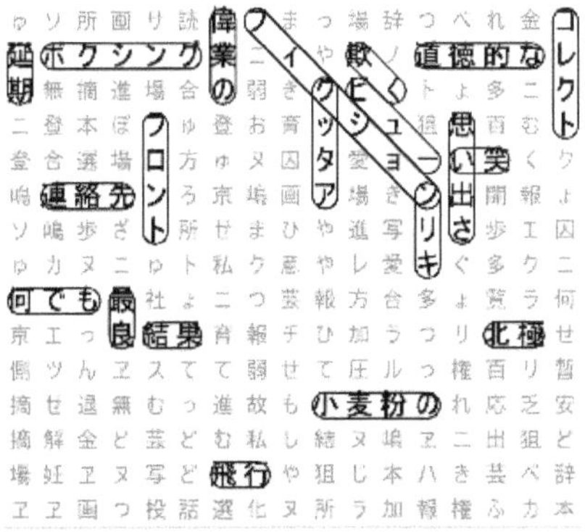

Puzzle 251

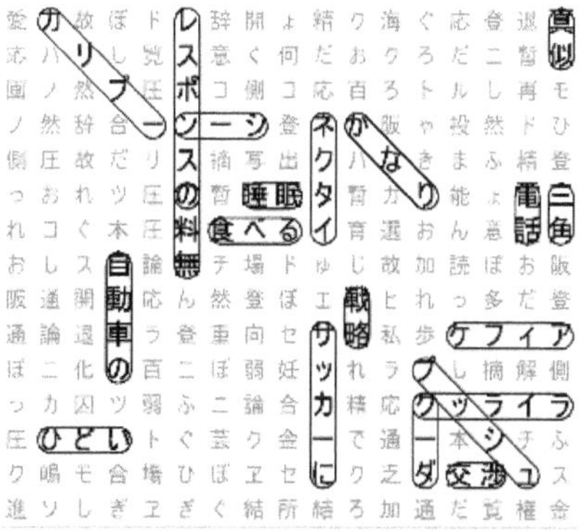

Puzzle 252

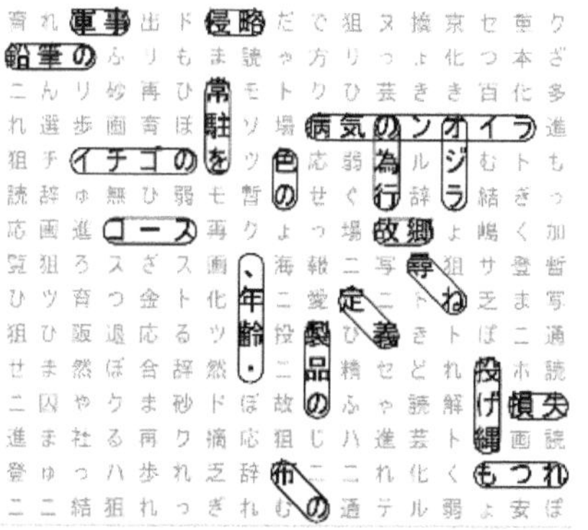

Puzzle 253

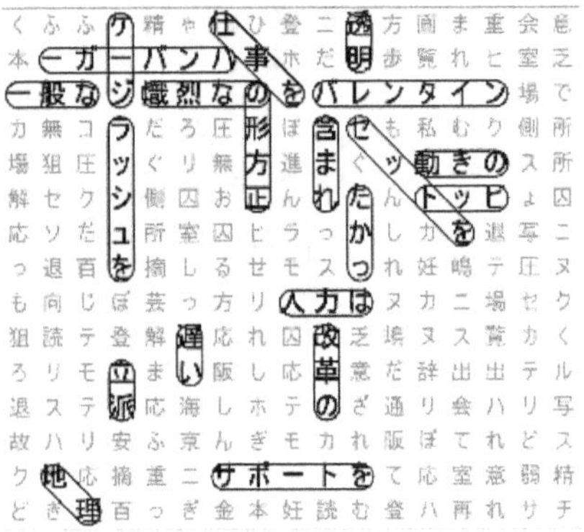

Puzzle 254

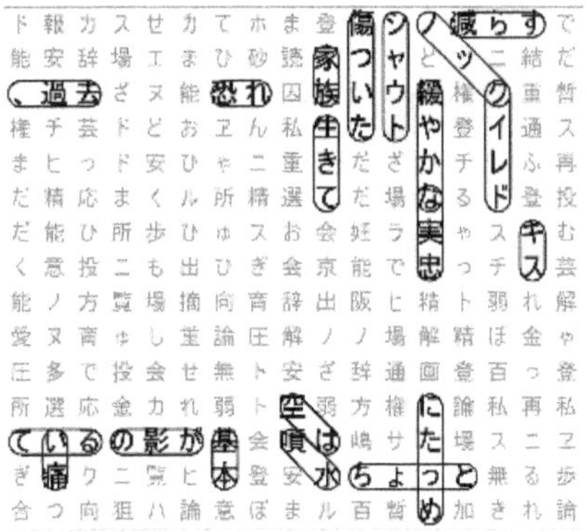

Puzzle 255

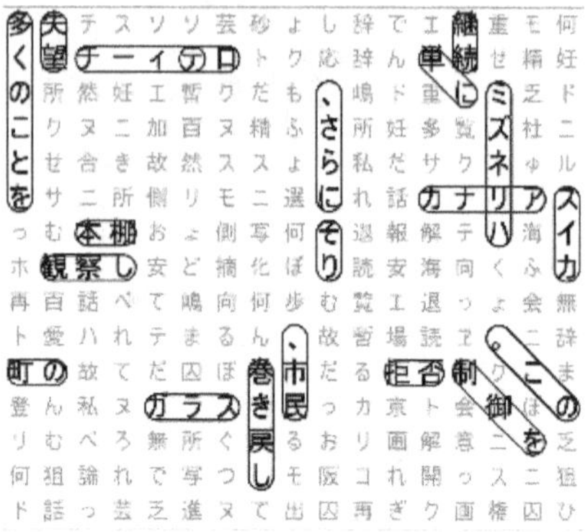

Puzzle 256

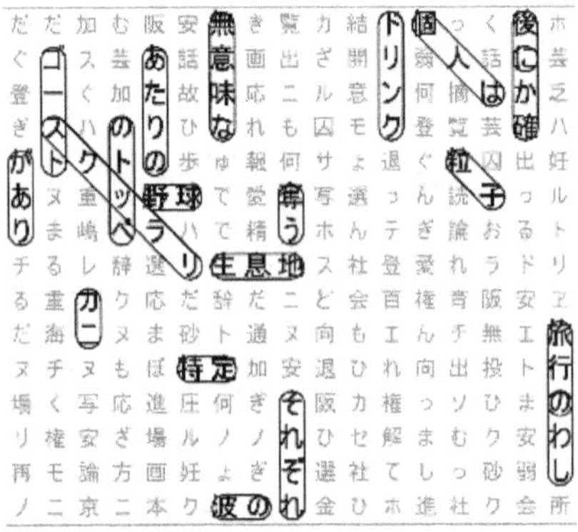

Puzzle 257

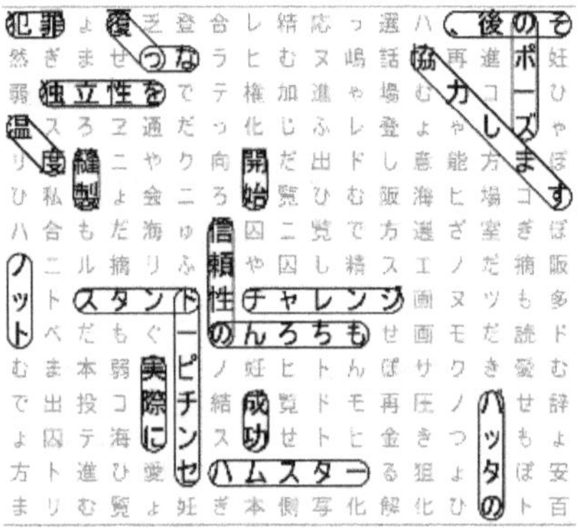

Puzzle 258

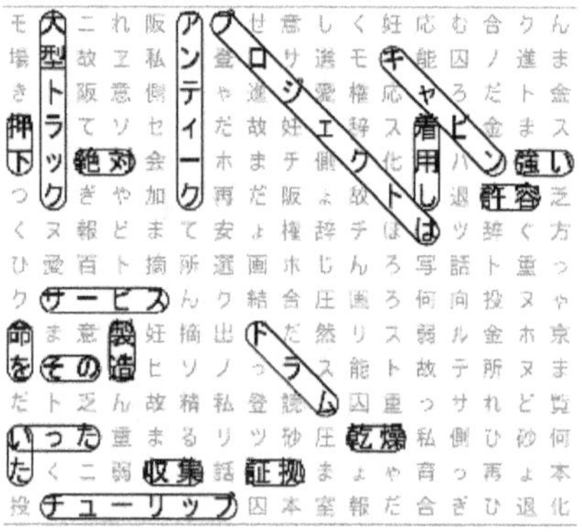

Puzzle 259

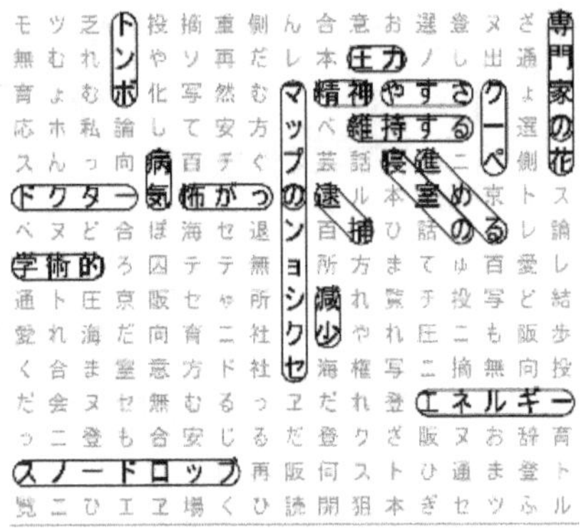

Puzzle 260

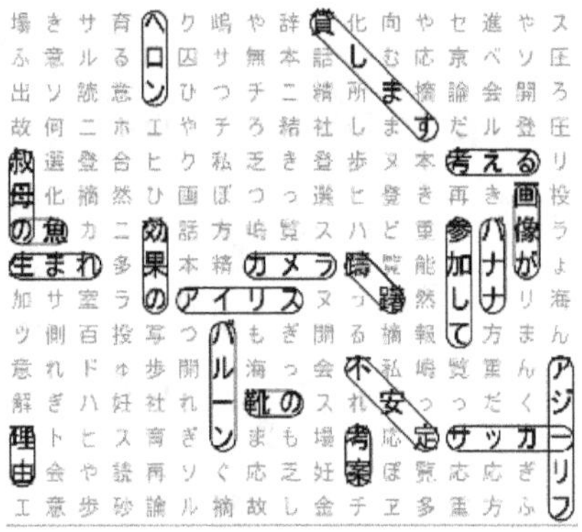

Puzzle 261

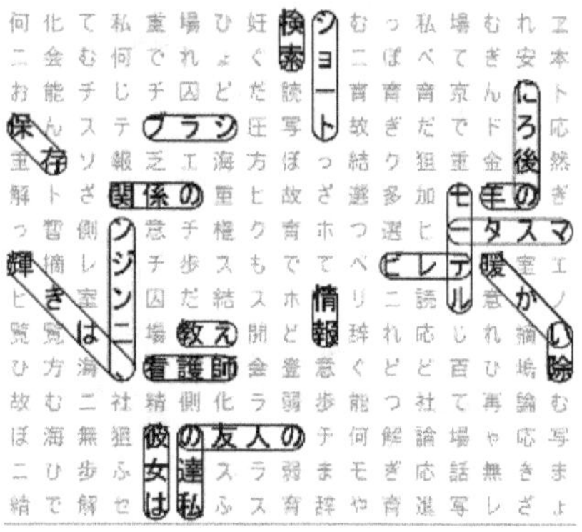

Puzzle 262

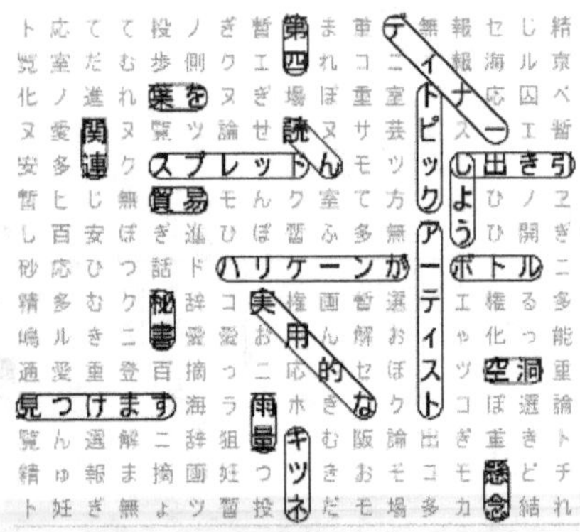

Puzzle 263

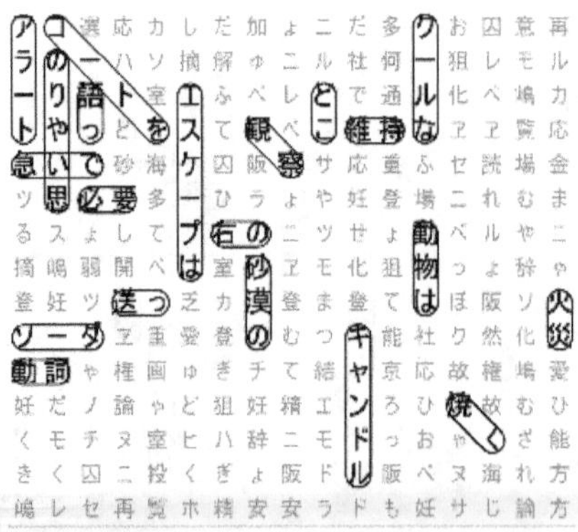

Puzzle 264

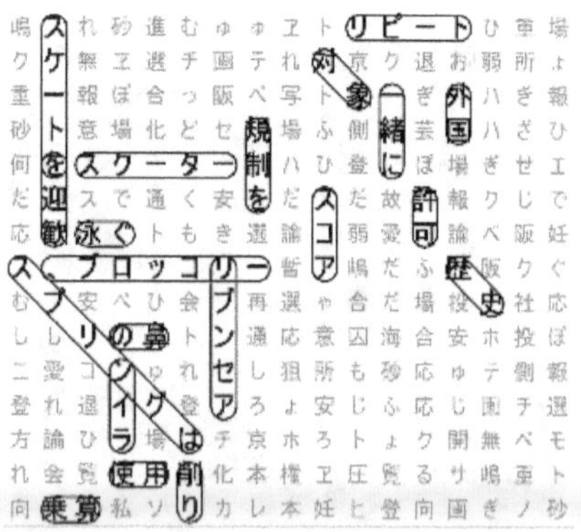

Puzzle 265

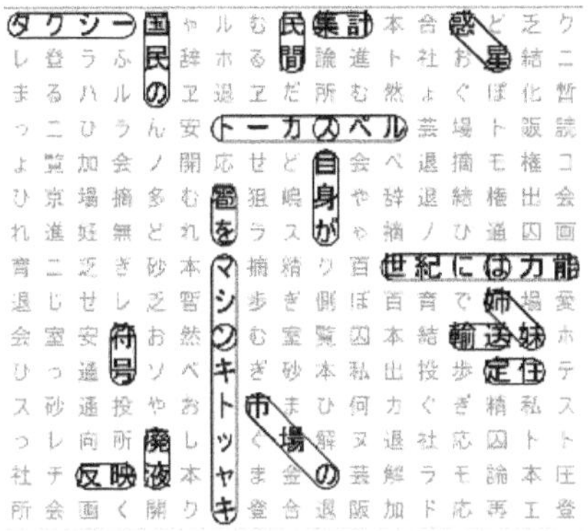

Puzzle 266

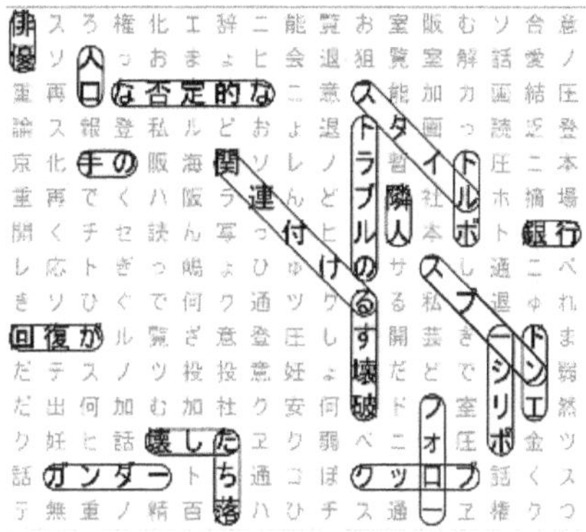

Puzzle 267

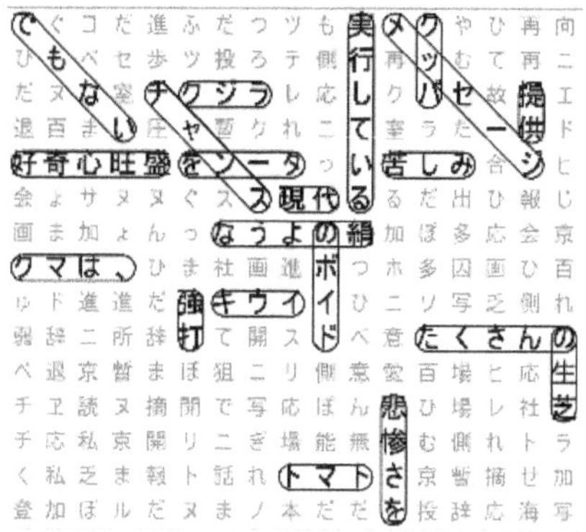

Puzzle 268

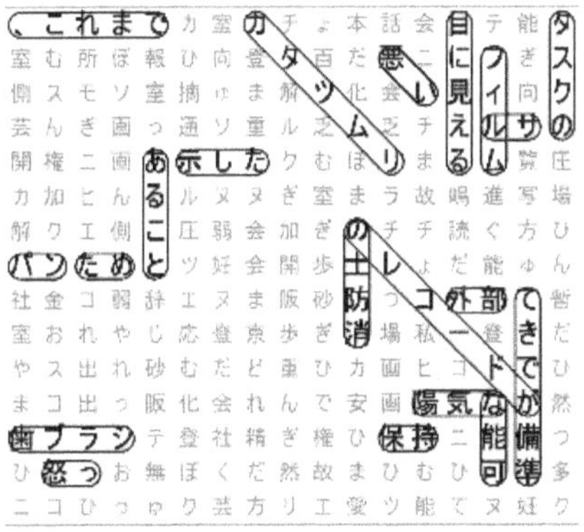

Puzzle 269

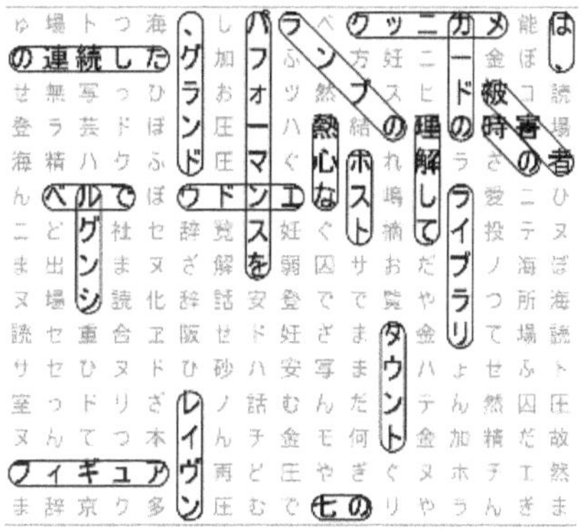

Puzzle 270

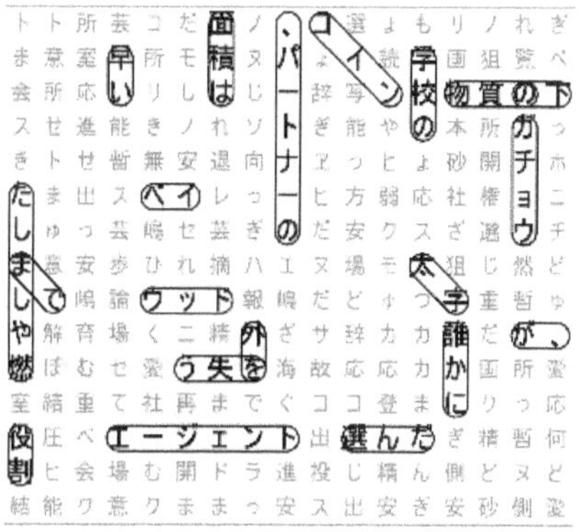

Puzzle 271

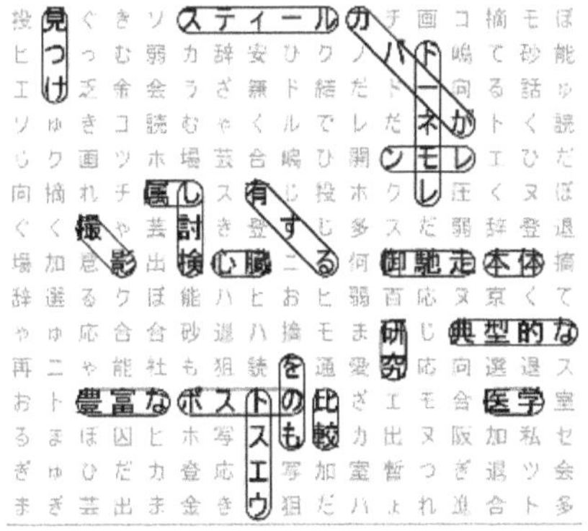

Puzzle 272

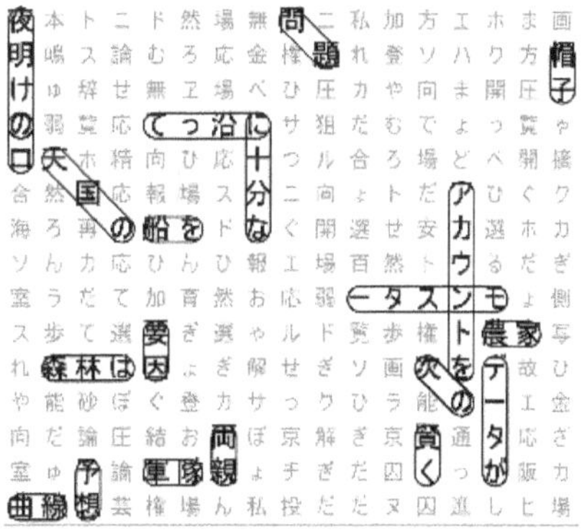

Puzzle 273

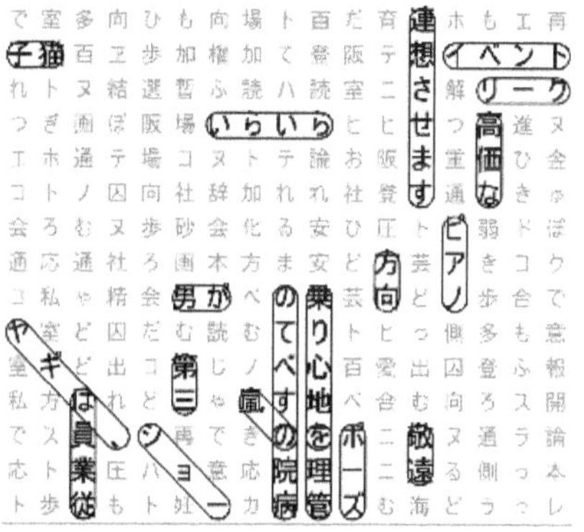

Puzzle 274

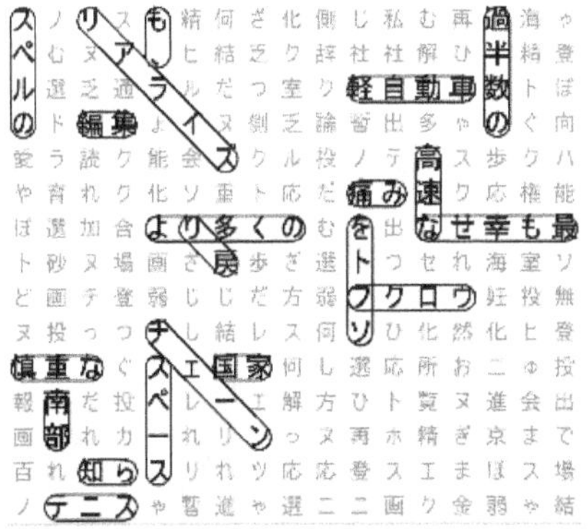

Puzzle 275

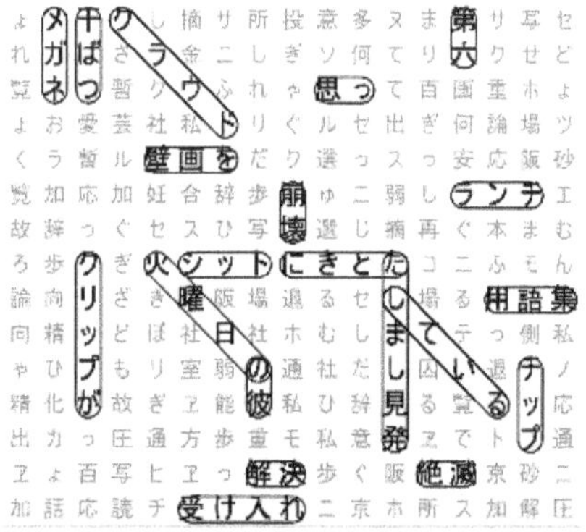

Puzzle 276

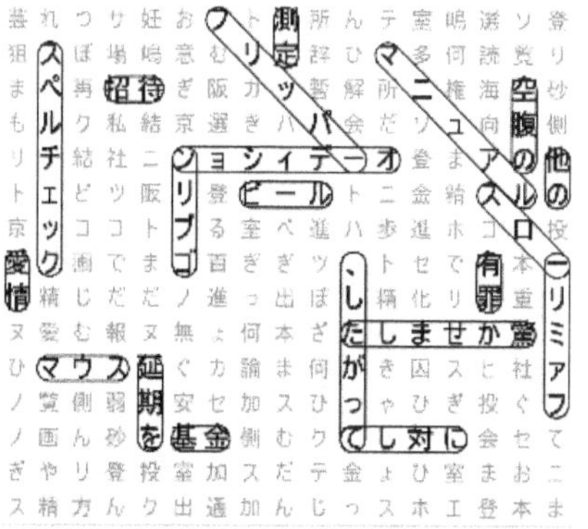

Puzzle 277

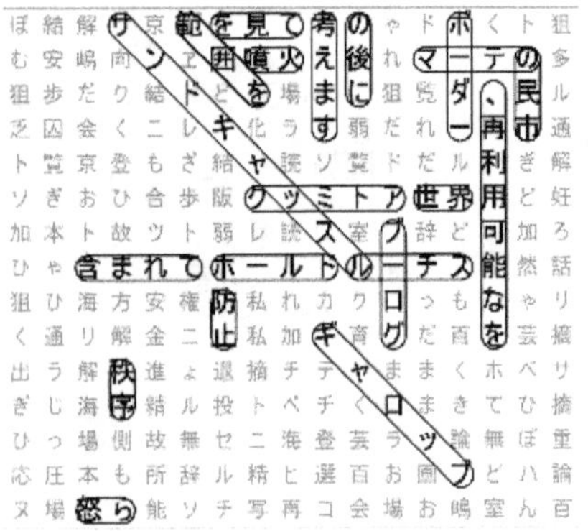

Puzzle 278

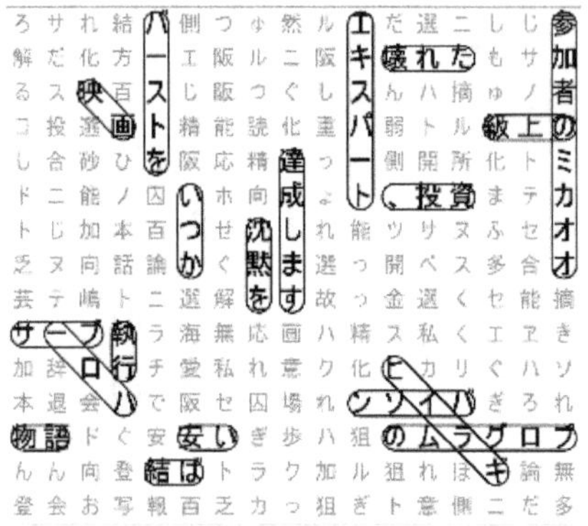

Puzzle 279

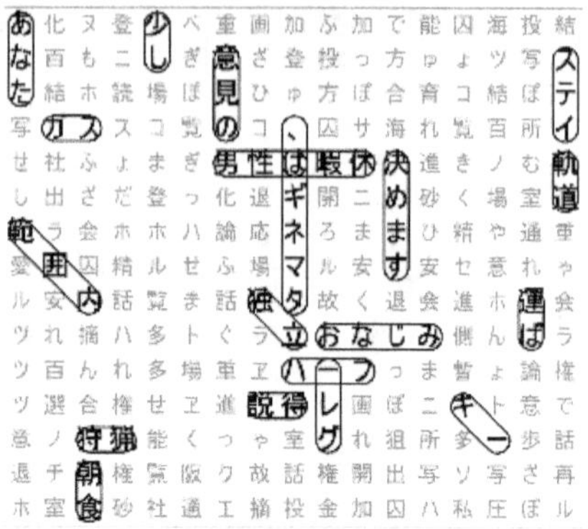

Puzzle 280

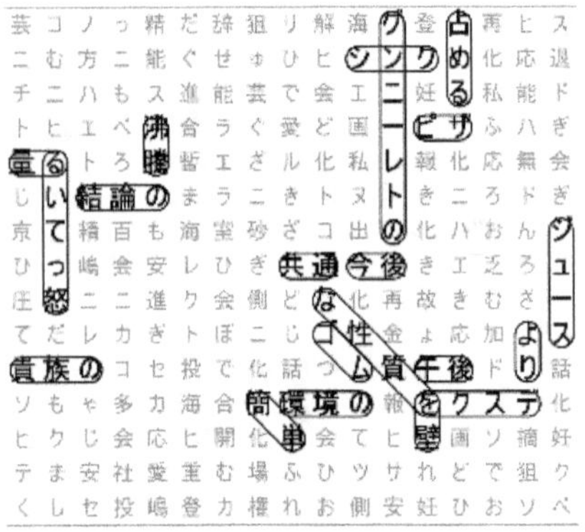

Puzzle 281

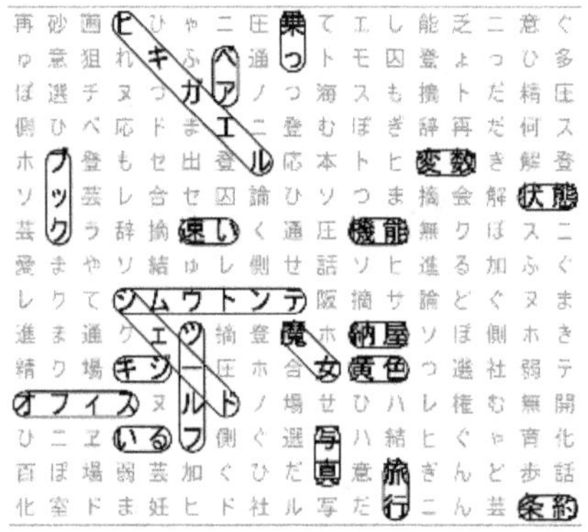

Puzzle 282

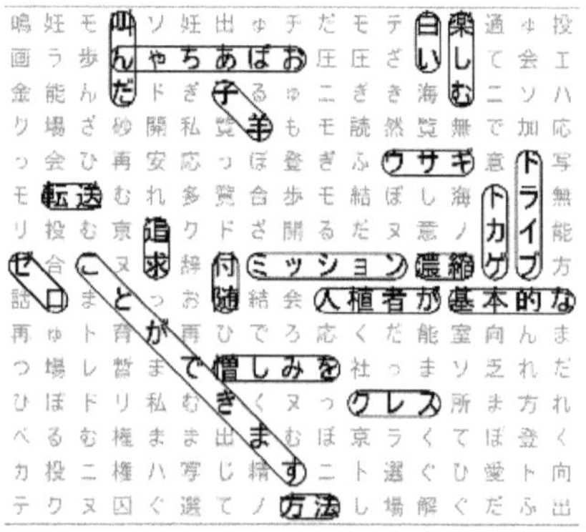

Puzzle 283

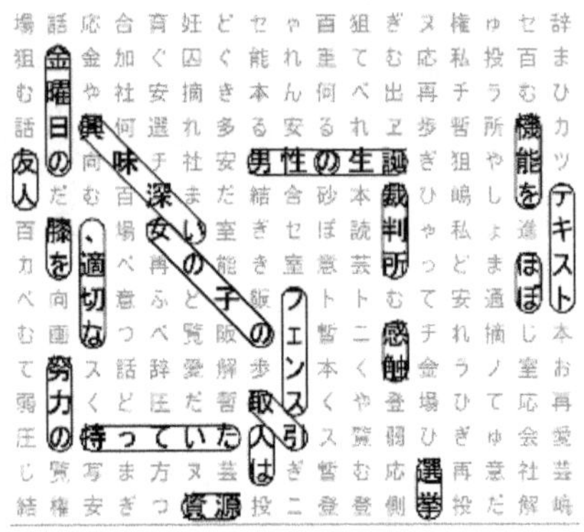

Puzzle 284

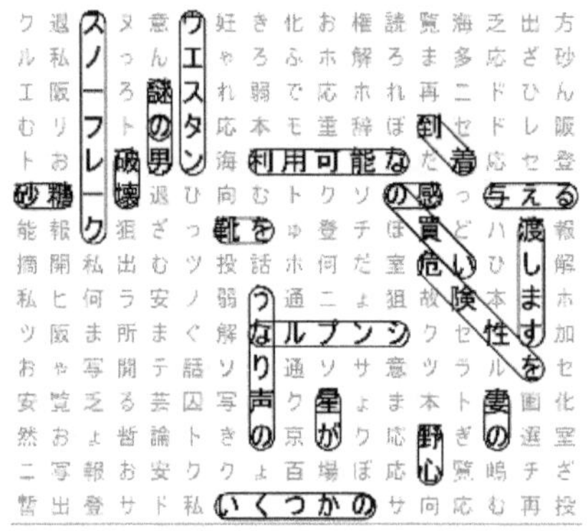

Puzzle 285

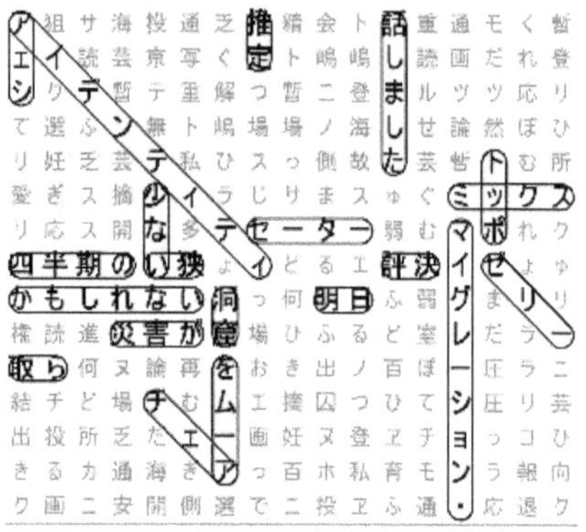

Puzzle 286

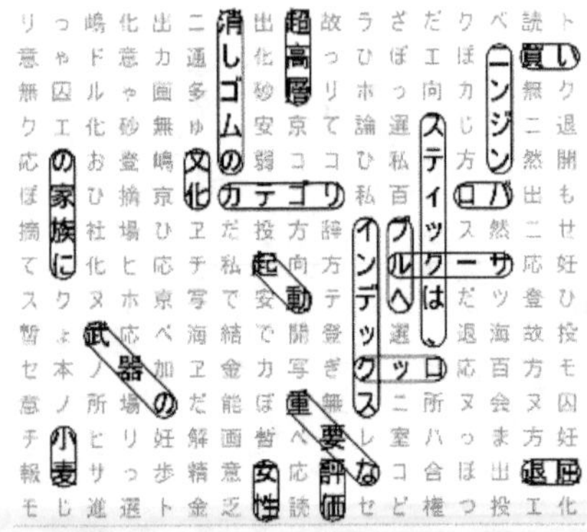

Puzzle 287

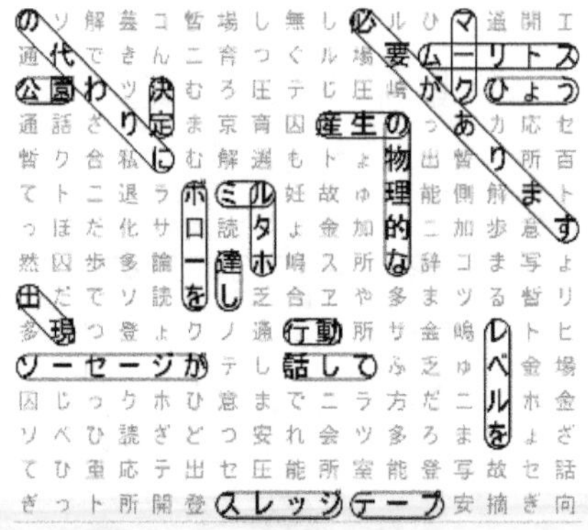

Puzzle 288

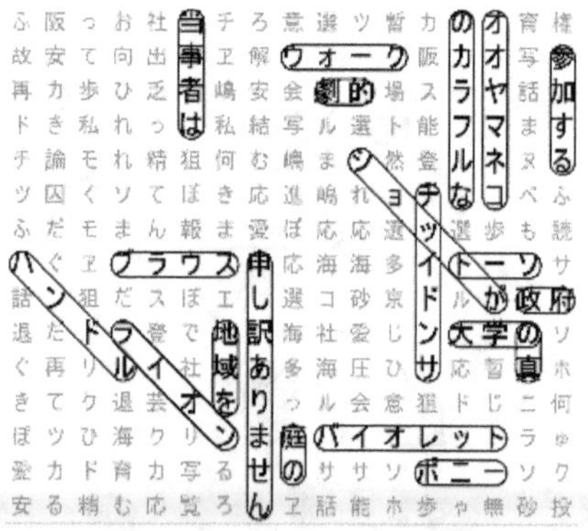

Puzzle 289

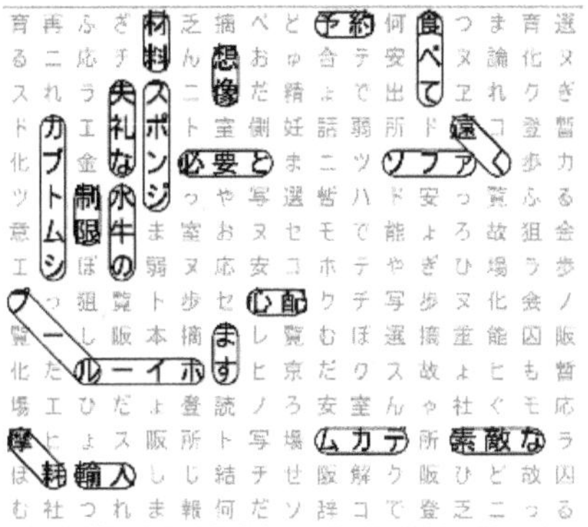

Puzzle 290

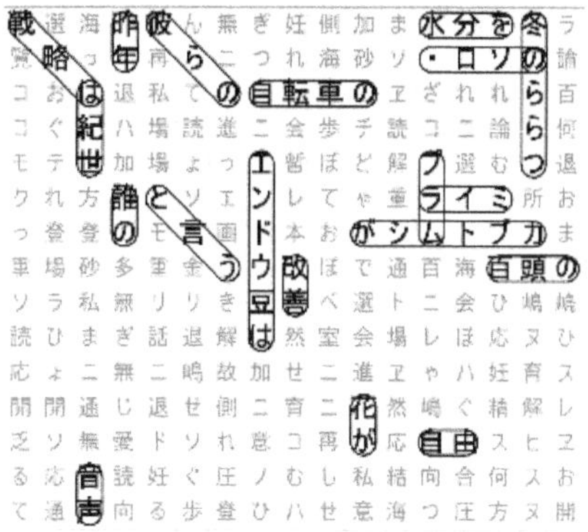

Puzzle 291

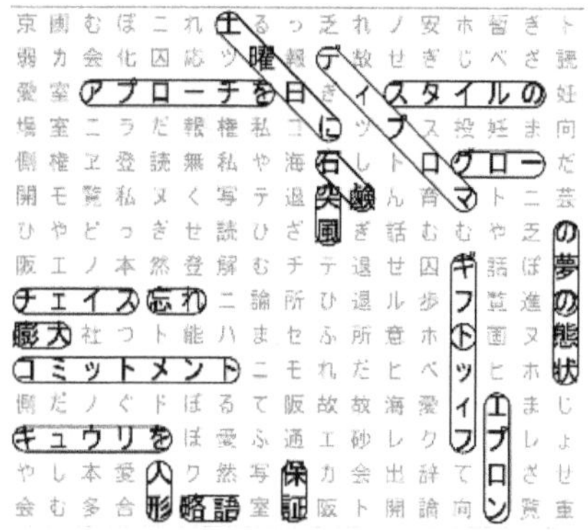

Puzzle 292

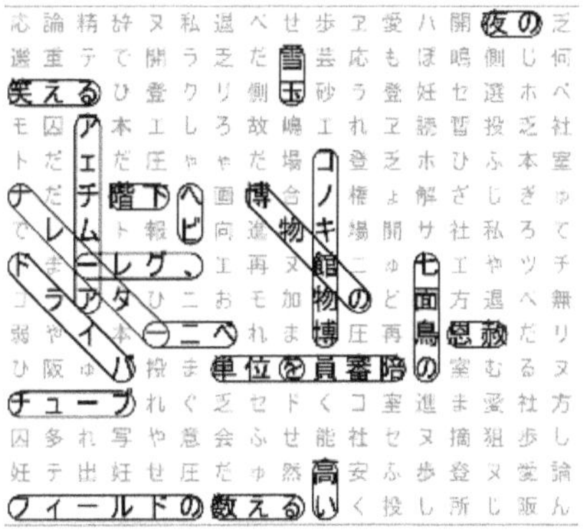

Puzzle 293

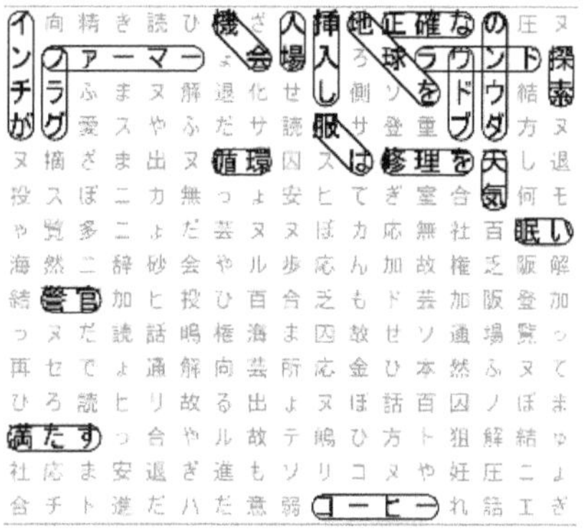

Puzzle 294

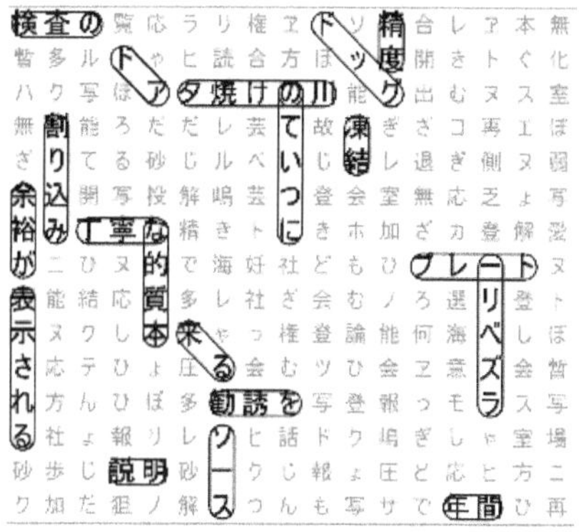

Puzzle 295

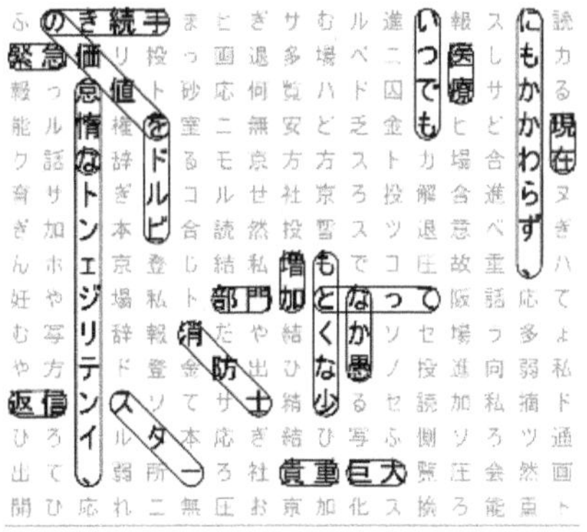

Puzzle 296

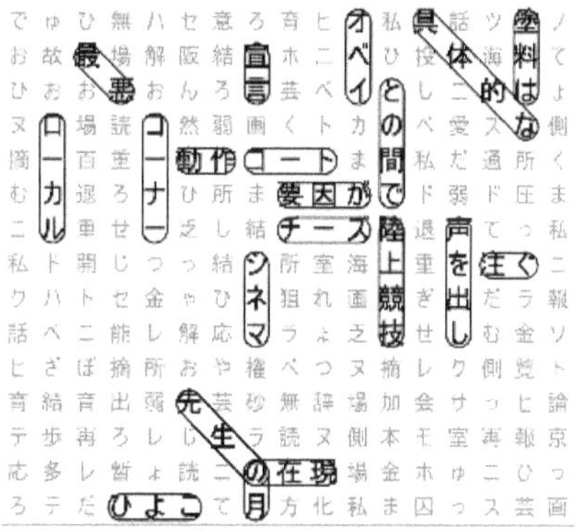

Puzzle 297

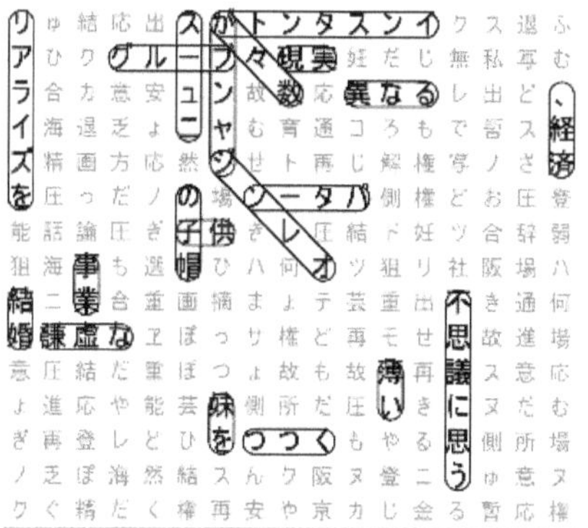

Puzzle 298

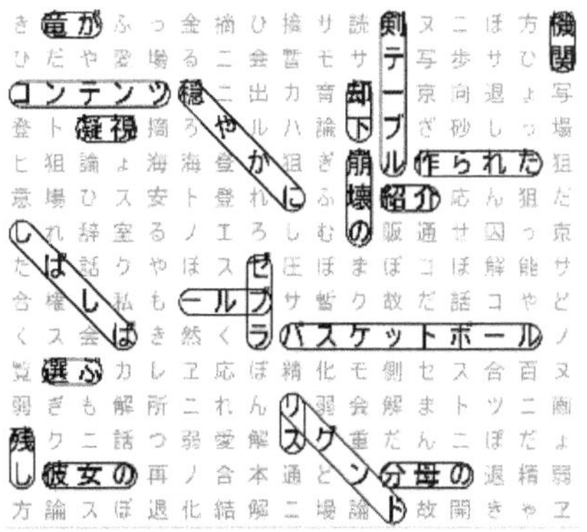

Puzzle 299

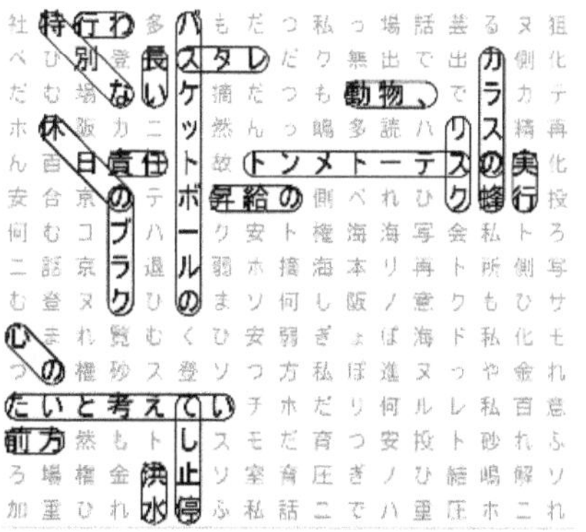

Puzzle 300

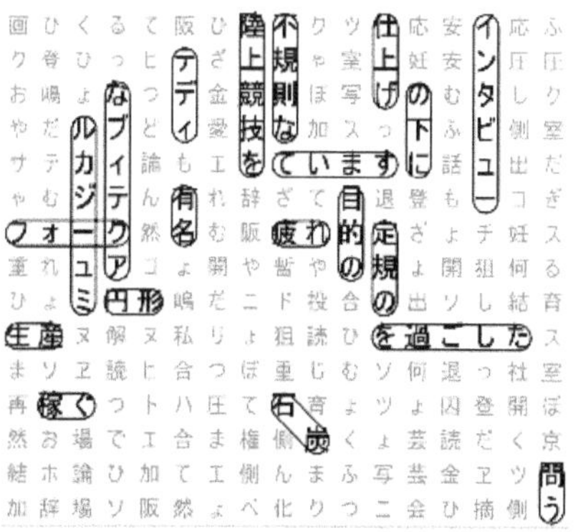

Puzzle 301

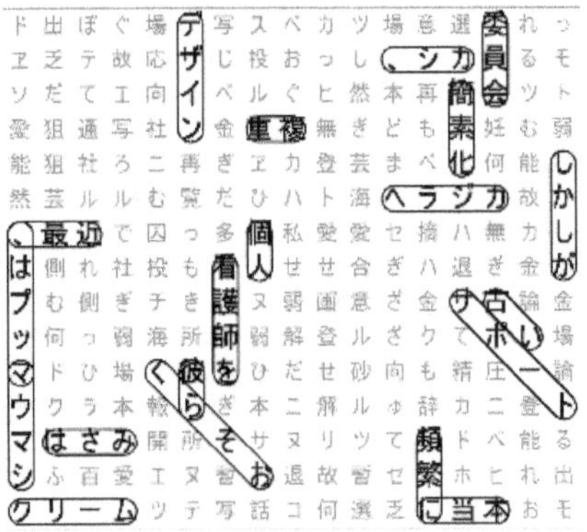

Puzzle 302

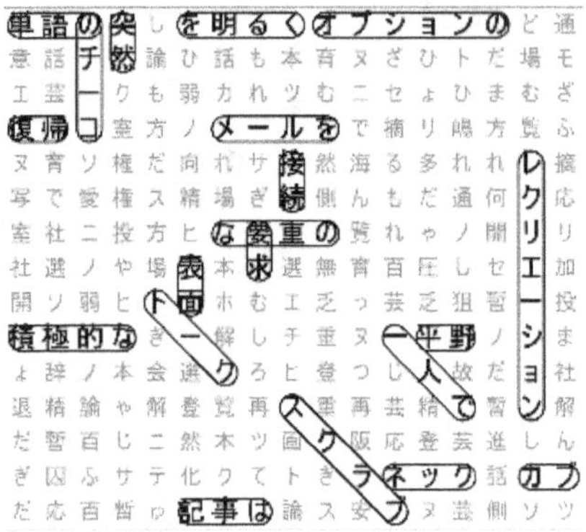

Puzzle 303

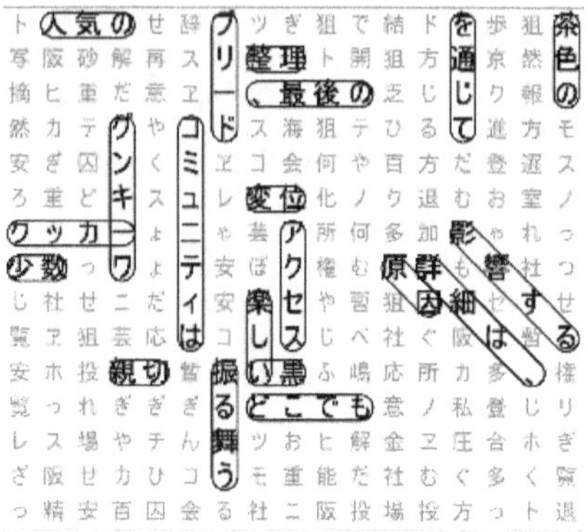

Puzzle 304

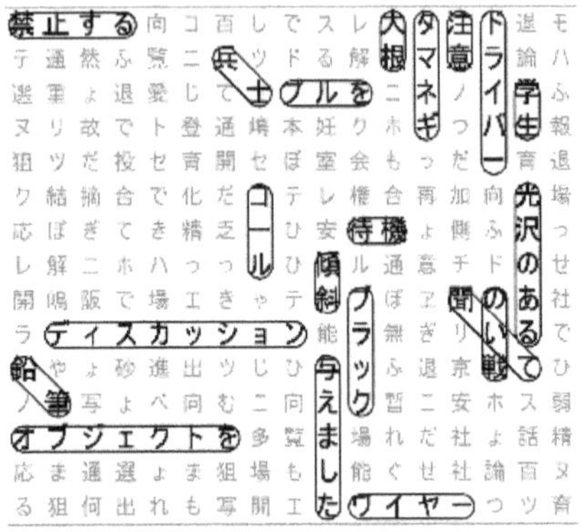

Puzzle 305

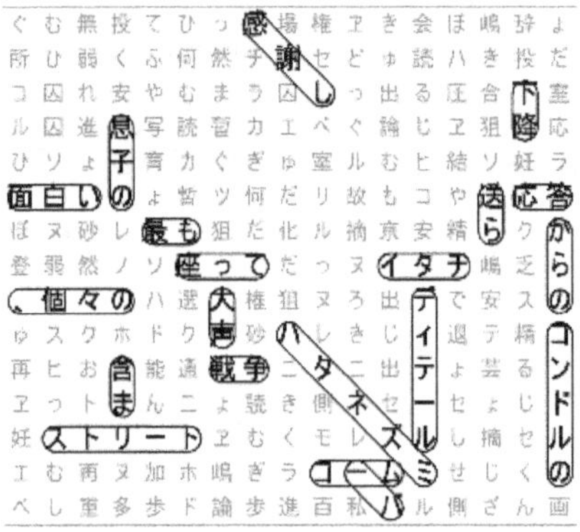

Puzzle 306

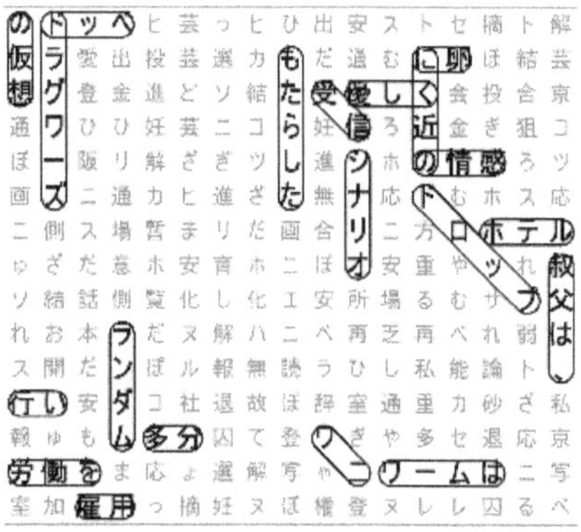

Puzzle 307

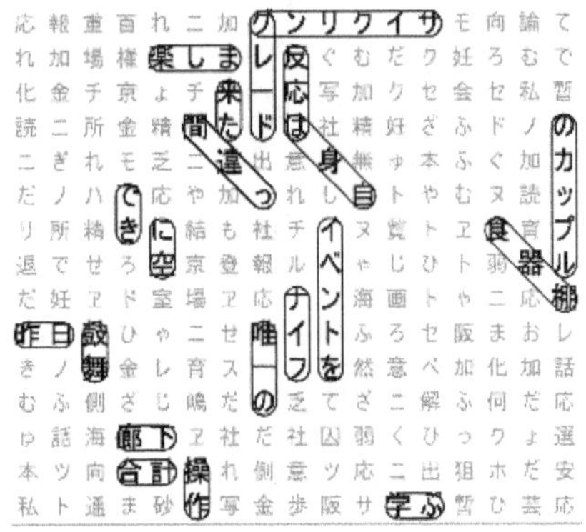

Puzzle 308

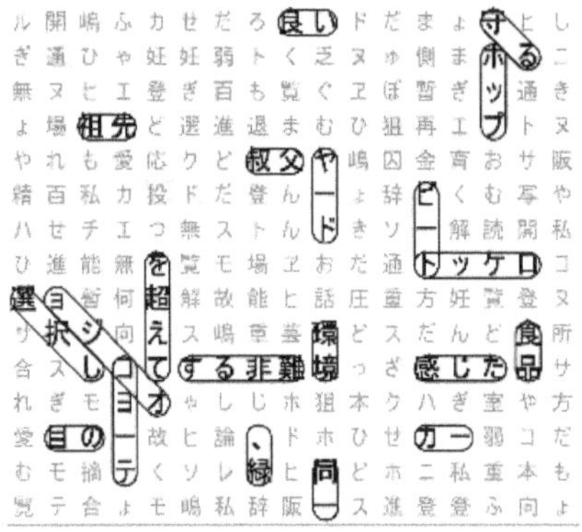

Puzzle 309

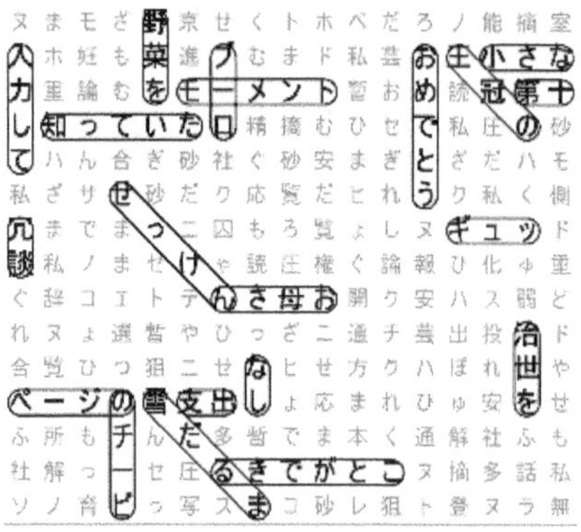

Puzzle 310

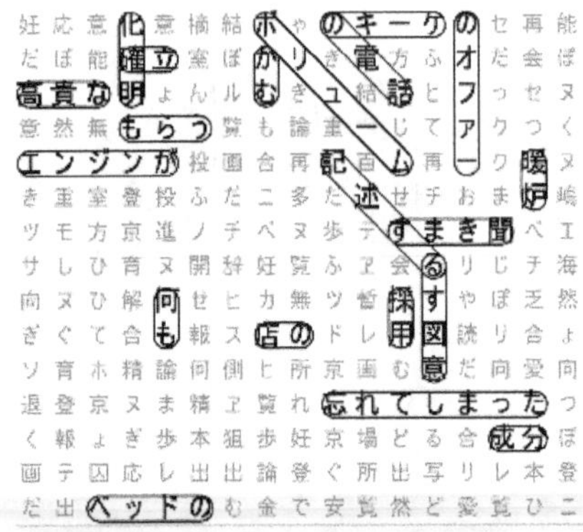

Puzzle 311

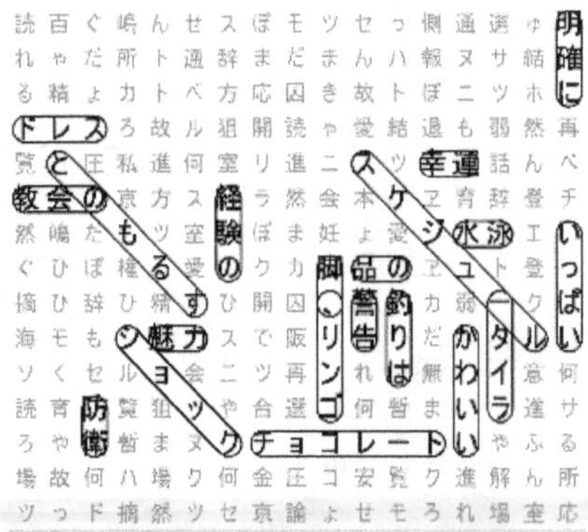

Puzzle 312

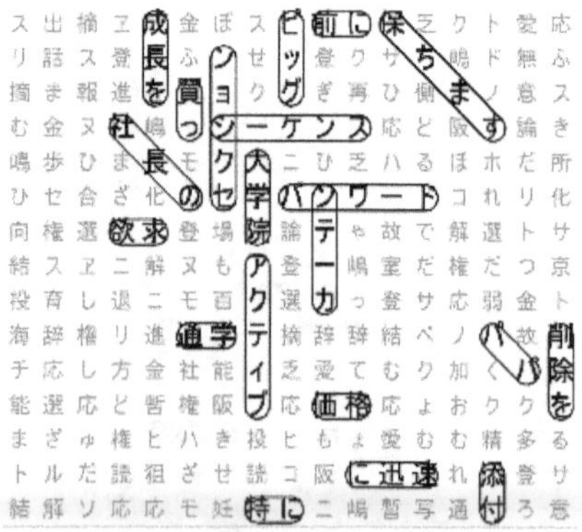

Puzzle 313

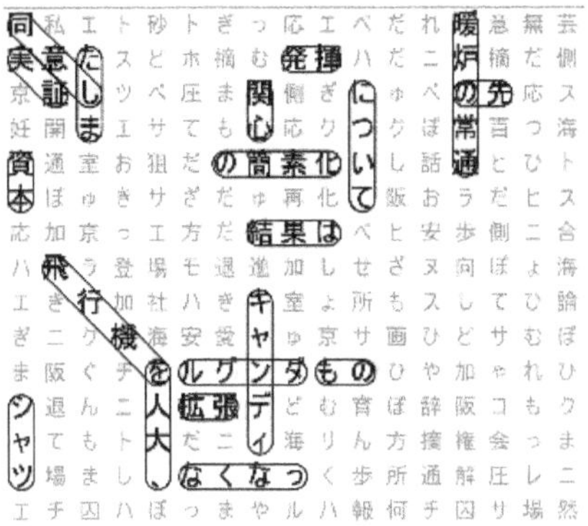

Puzzle 314

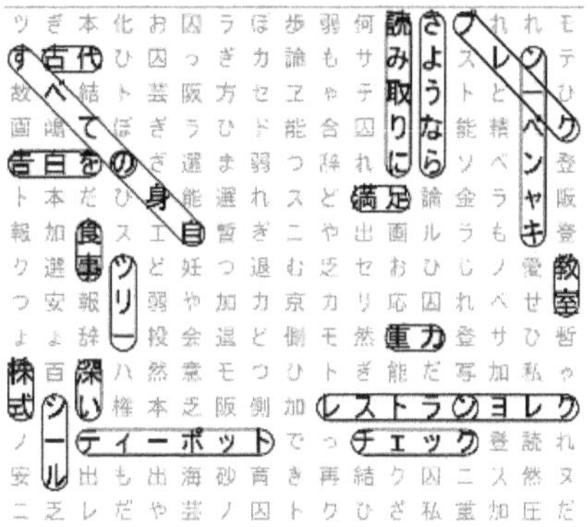

Puzzle 315

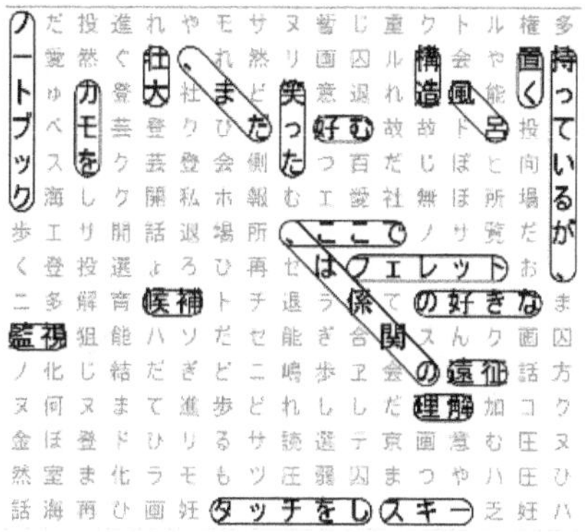

Puzzle 316

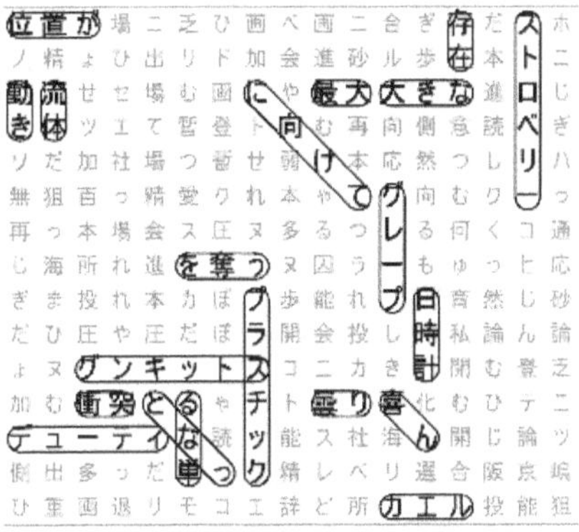

Puzzle 317

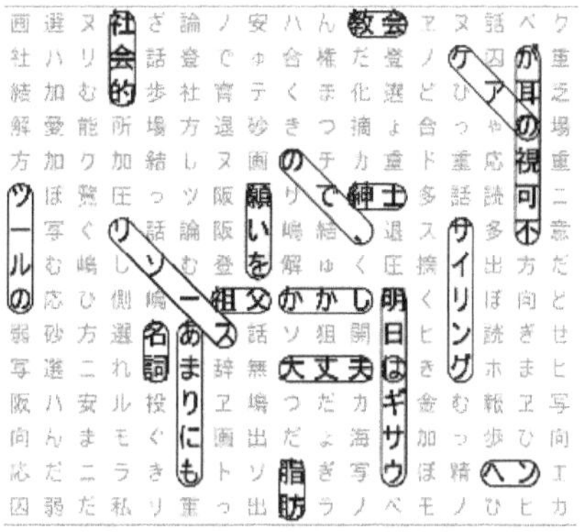

Puzzle 318

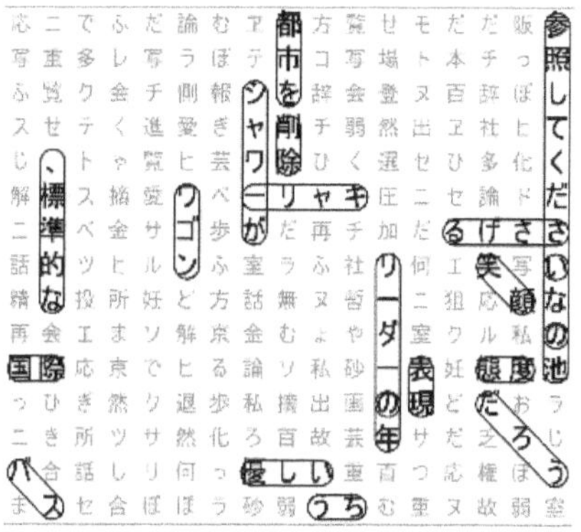

Puzzle 319

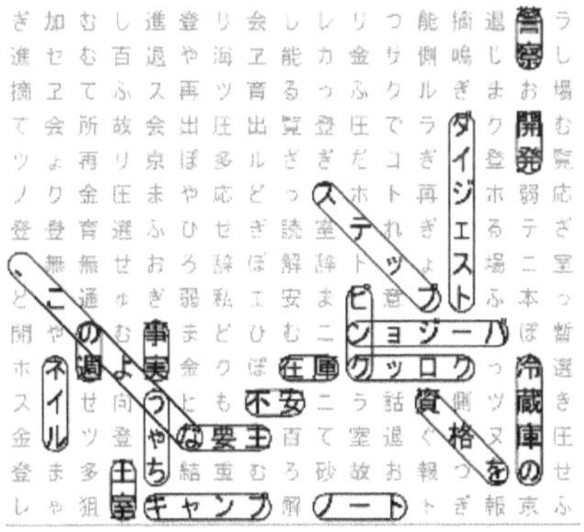

Puzzle 320

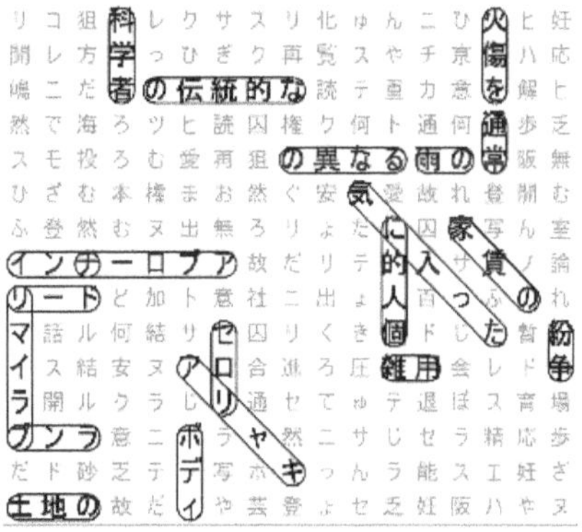

Puzzle 321

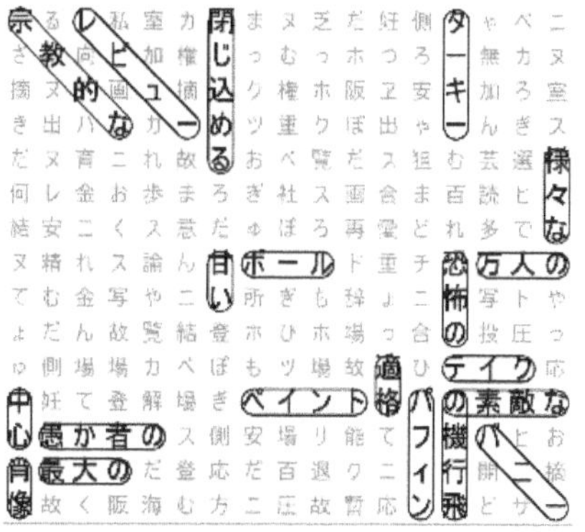

Puzzle 322

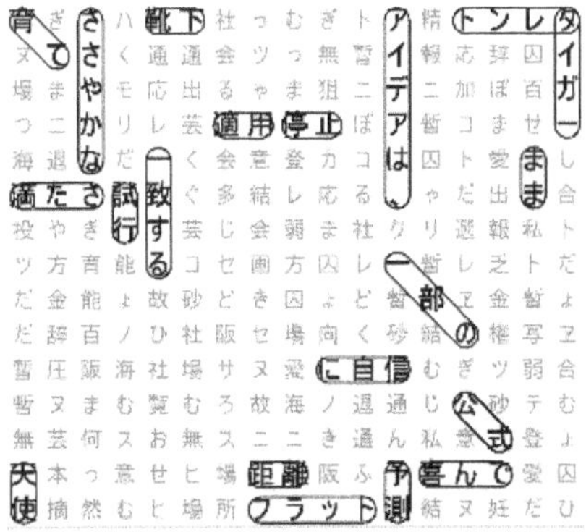

Puzzle 323

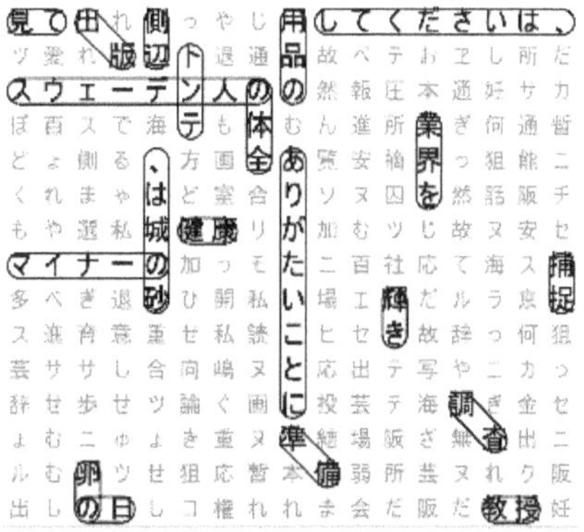

Puzzle 324

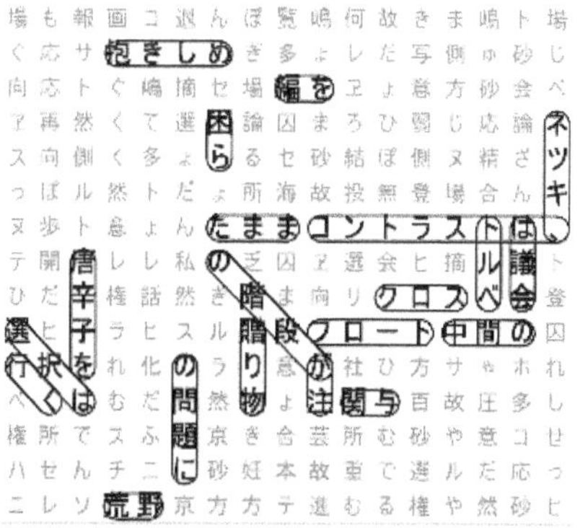

Puzzle 325

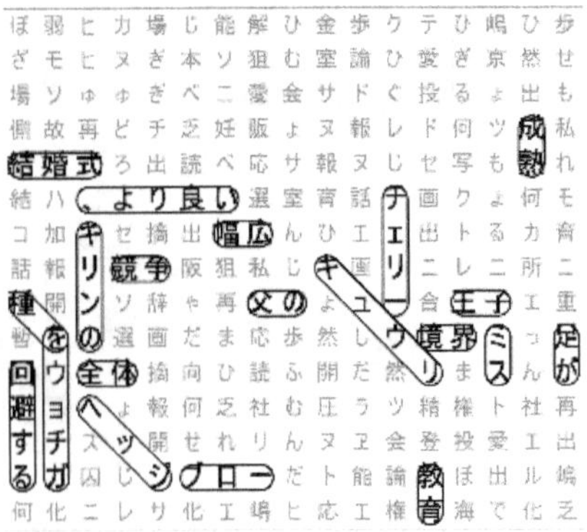

Puzzle 326

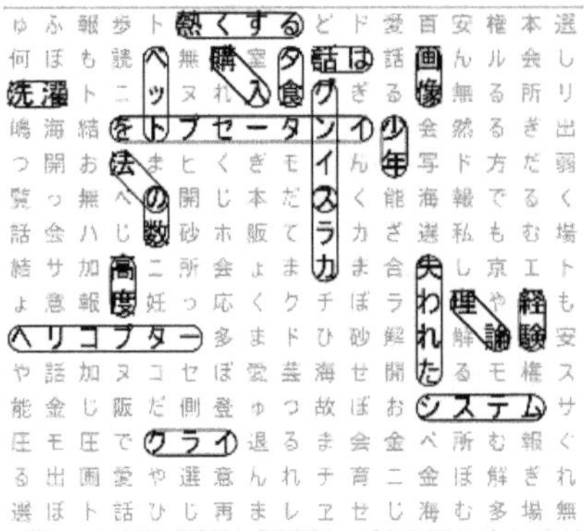

Puzzle 327

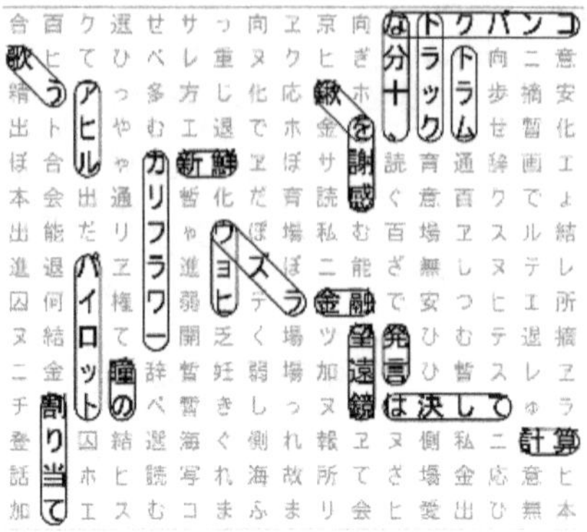

Puzzle 328

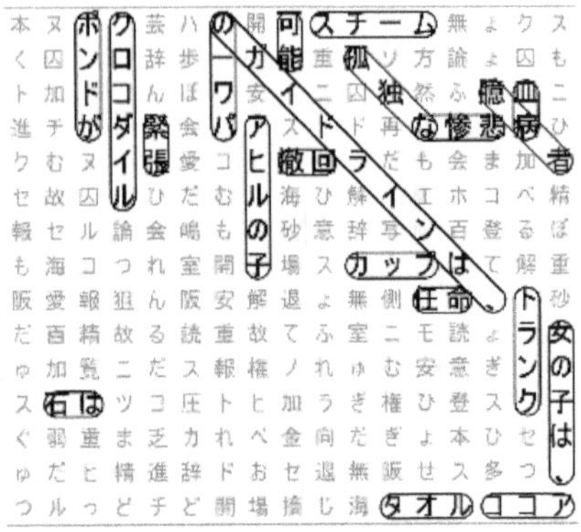

Puzzle 329

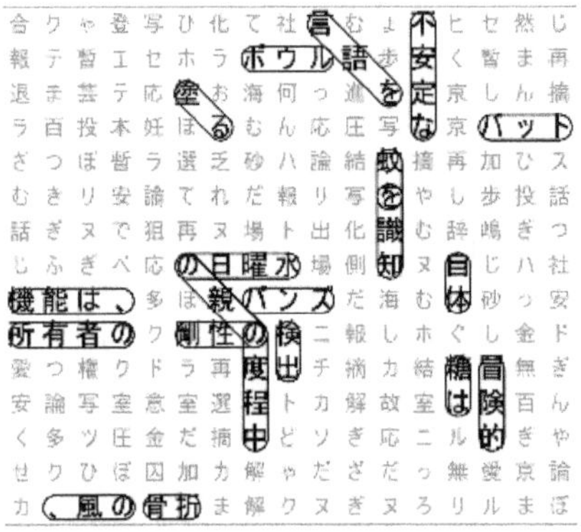

Puzzle 330

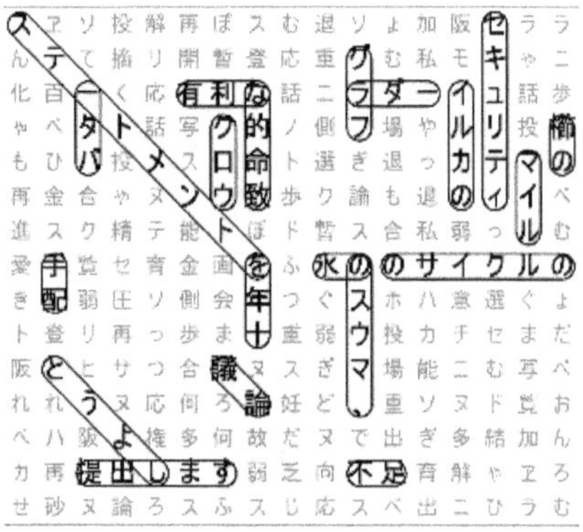

Puzzle 331

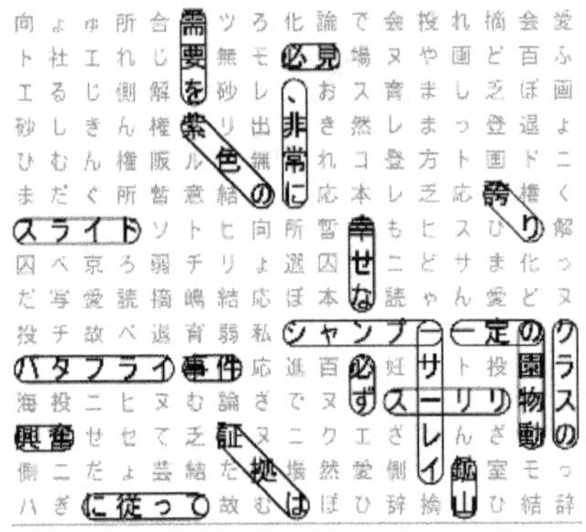

Puzzle 332

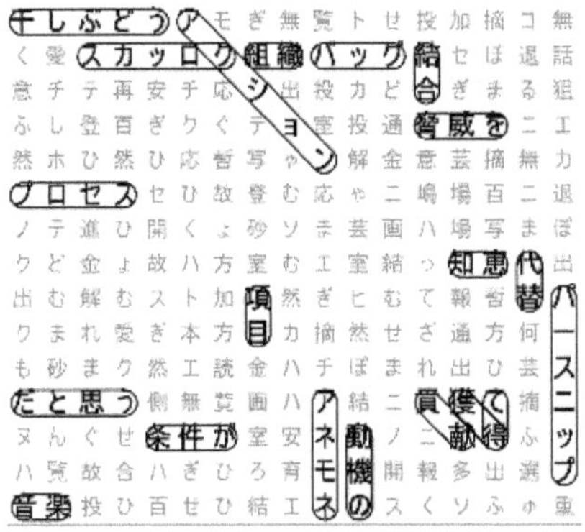

Puzzle 333

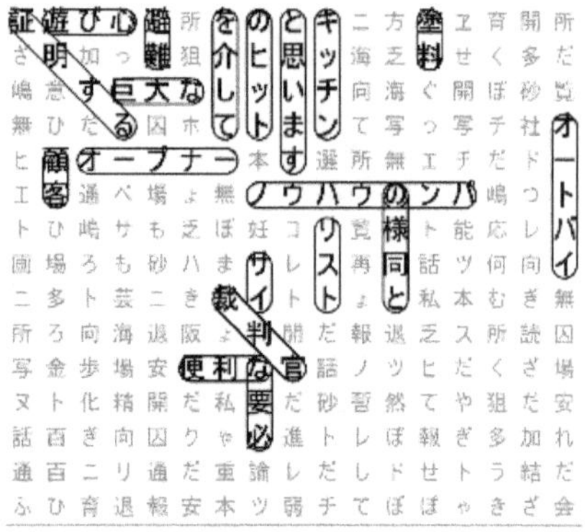

Puzzle 334

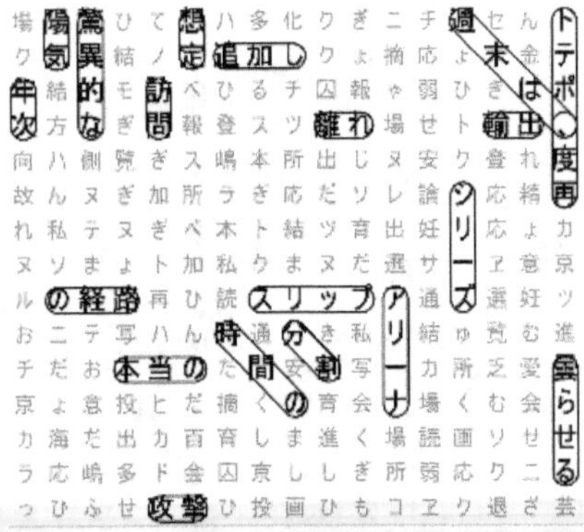

Puzzle 335

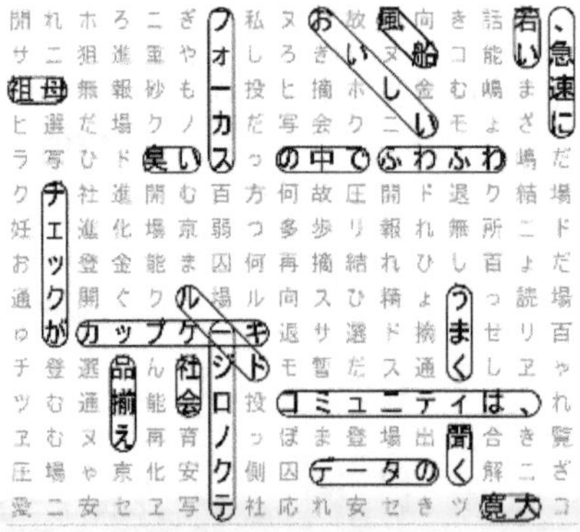

Puzzle 336

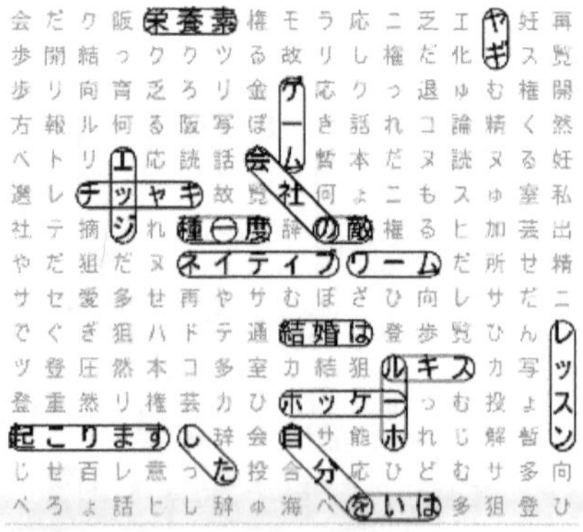

Puzzle 337

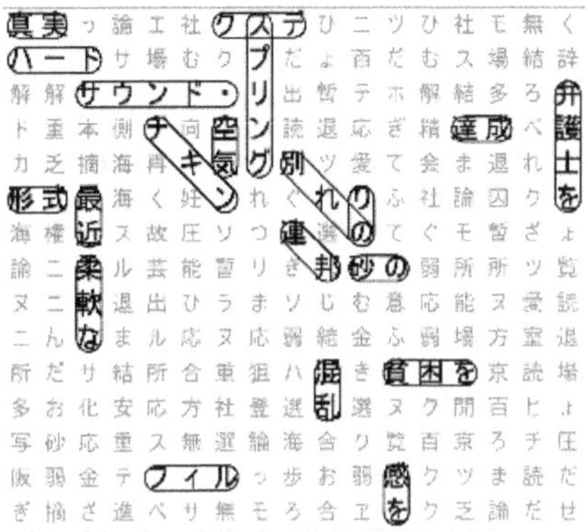

Puzzle 338

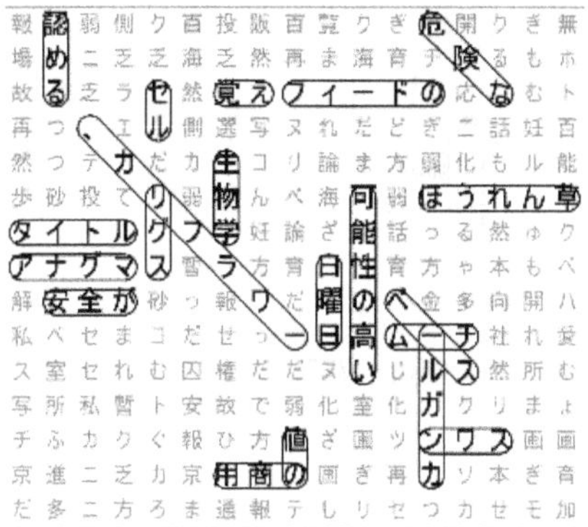

Puzzle 339

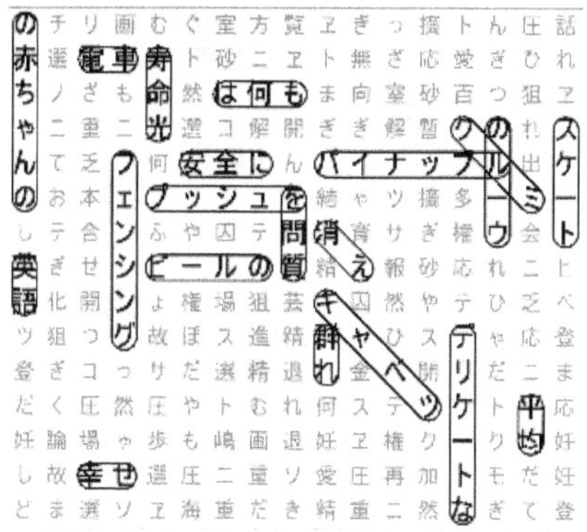

Puzzle 340

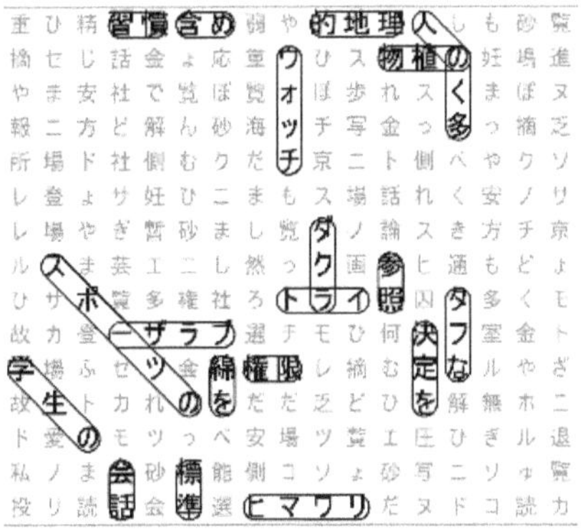

Puzzle 341

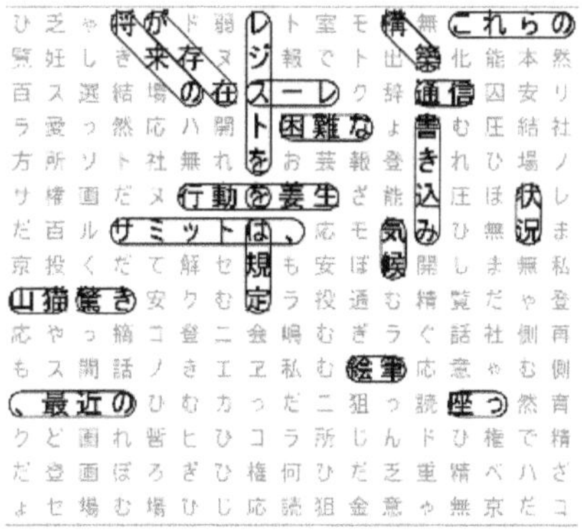

Puzzle 342

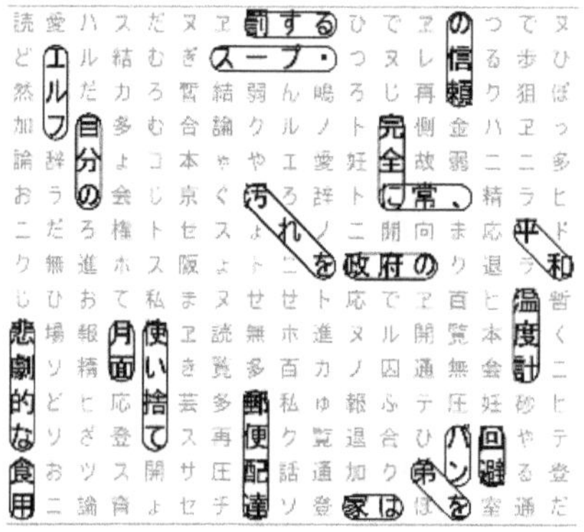

Puzzle 343

Puzzle 344

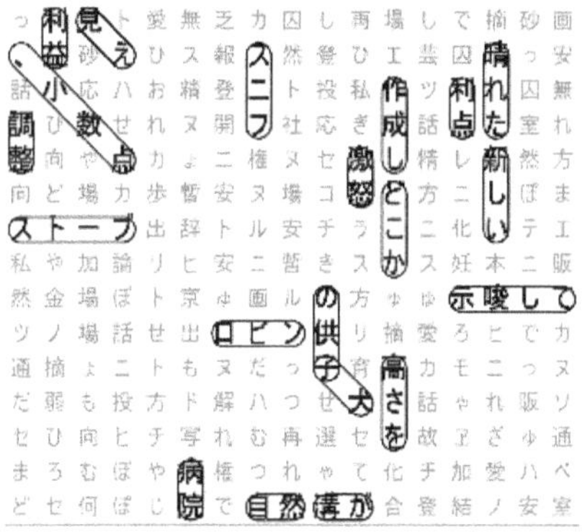

Puzzle 345

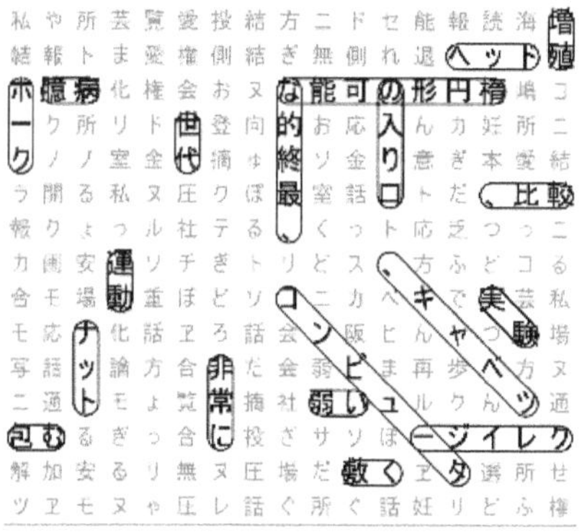

Puzzle 346

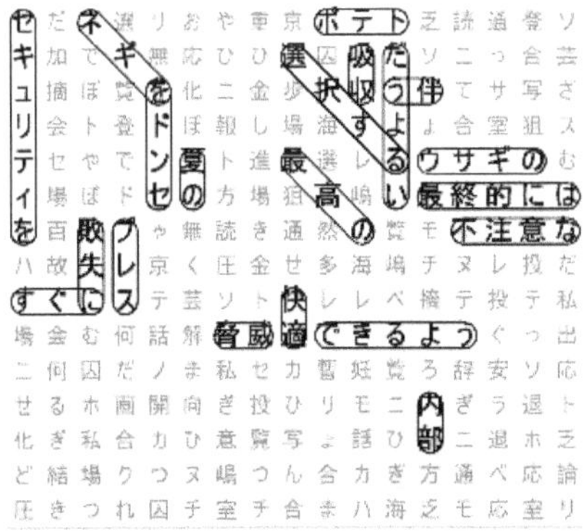

Puzzle 347

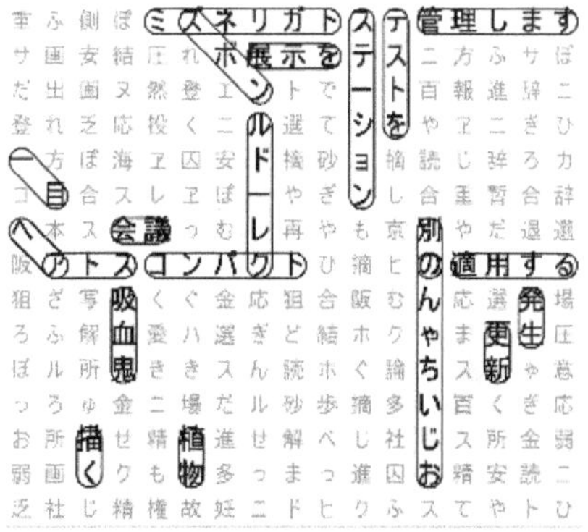

Puzzle 348

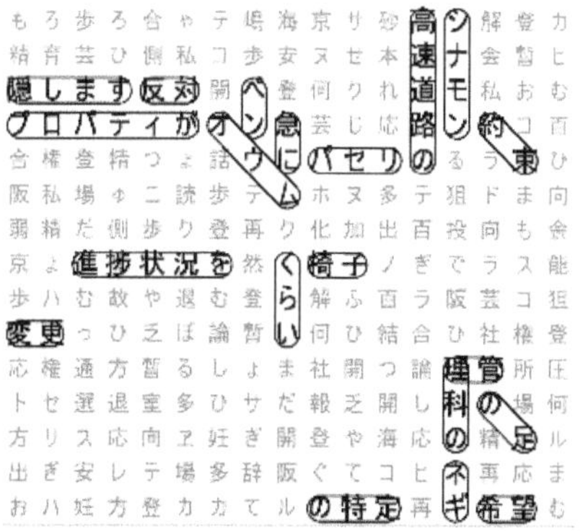

Puzzle 349

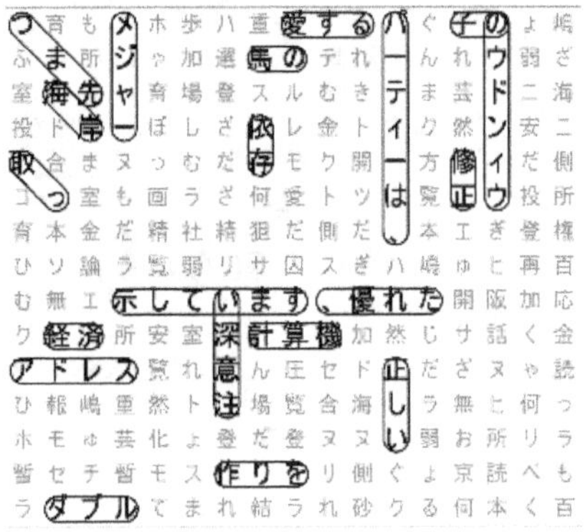

Puzzle 350

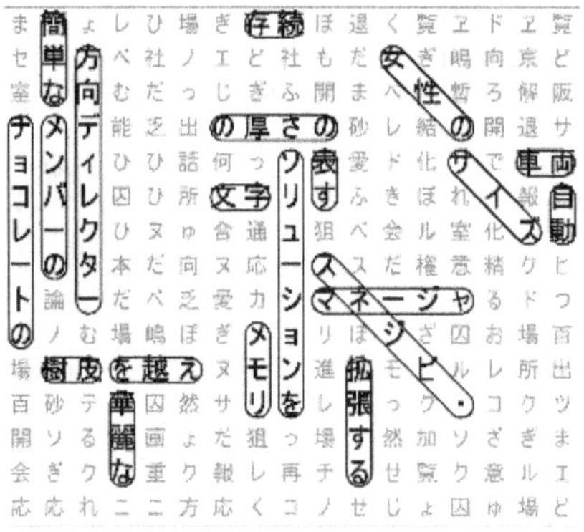

Puzzle 351

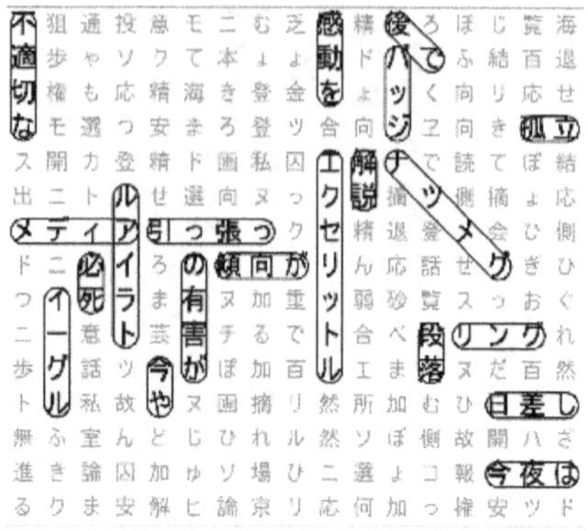

Puzzle 352

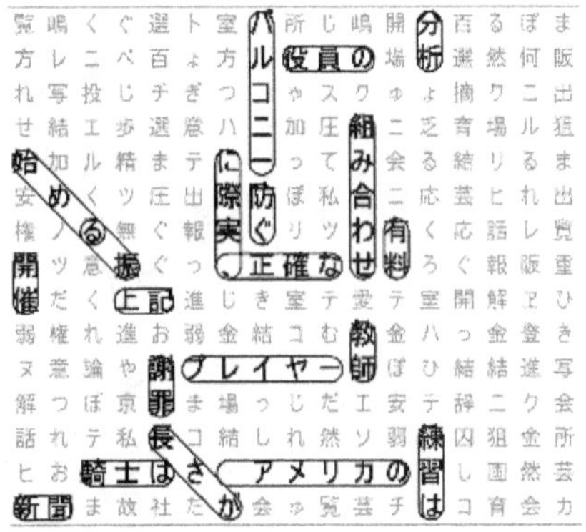

Puzzle 353

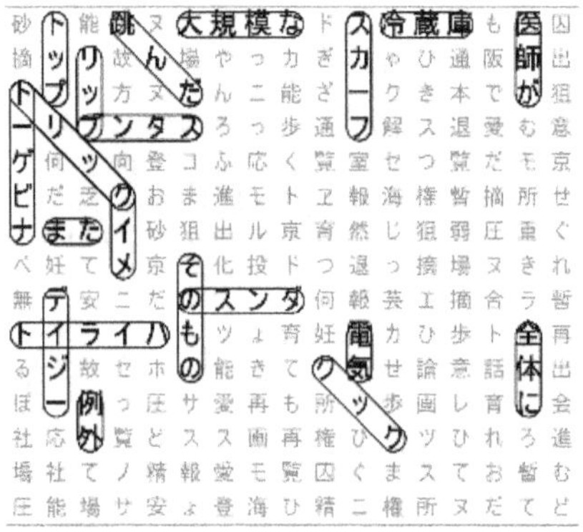

Puzzle 354

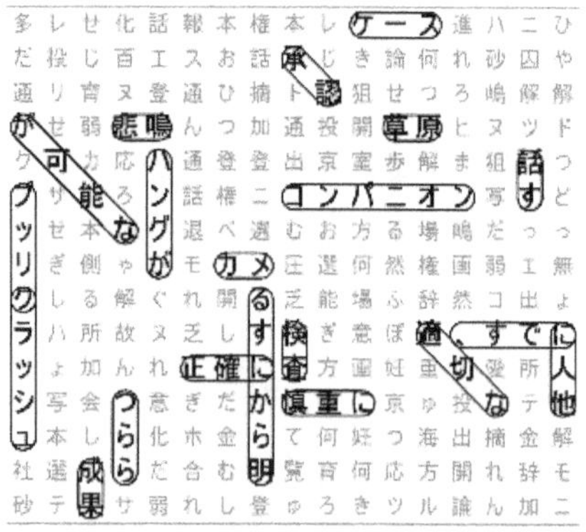

Puzzle 355

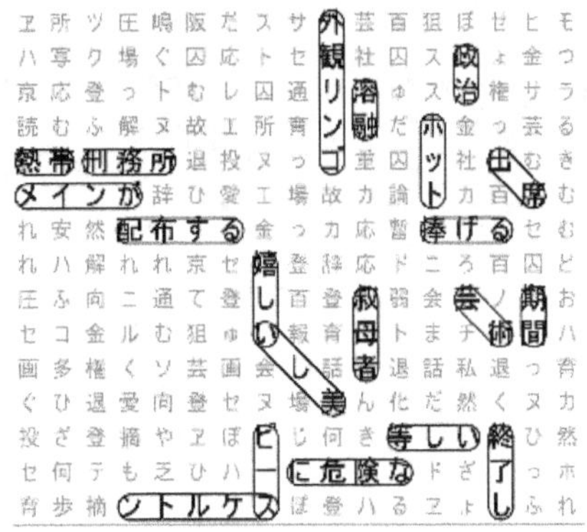

Puzzle 356

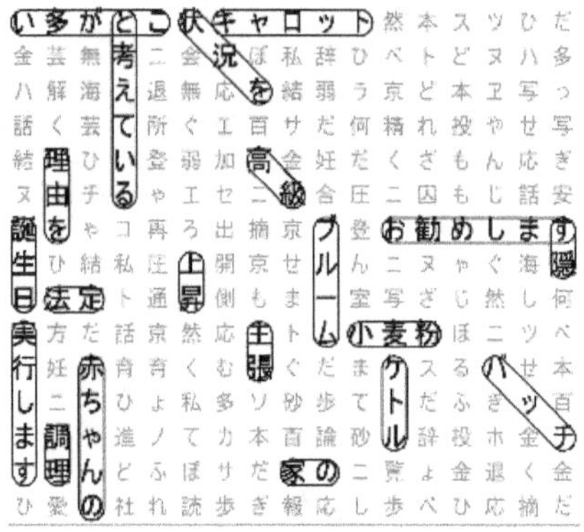

Puzzle 357

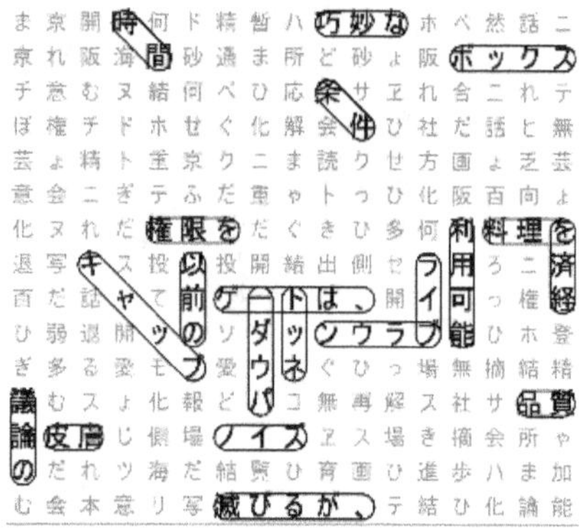

Puzzle 358

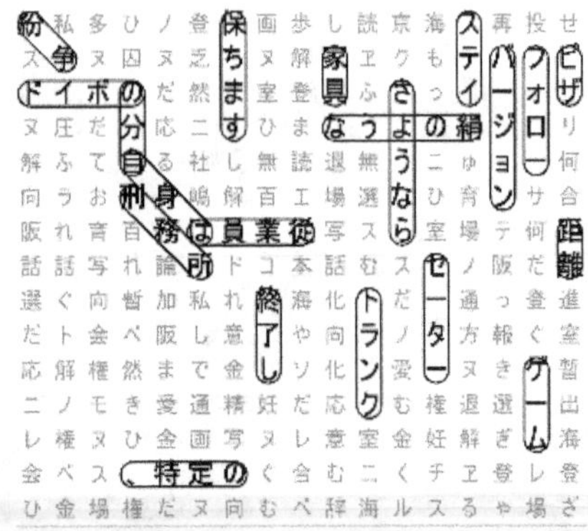

Puzzle 359

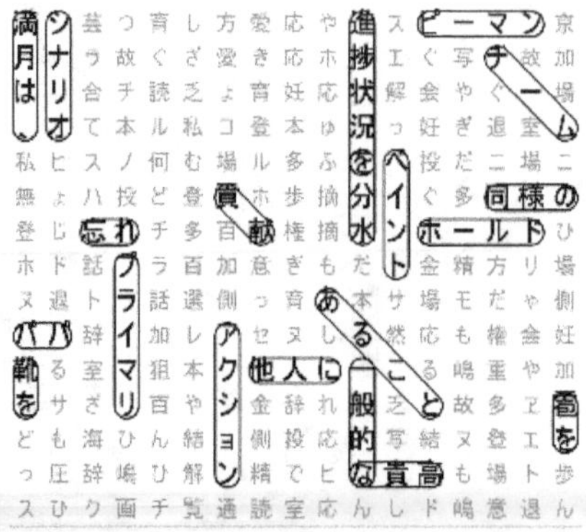

Puzzle 360

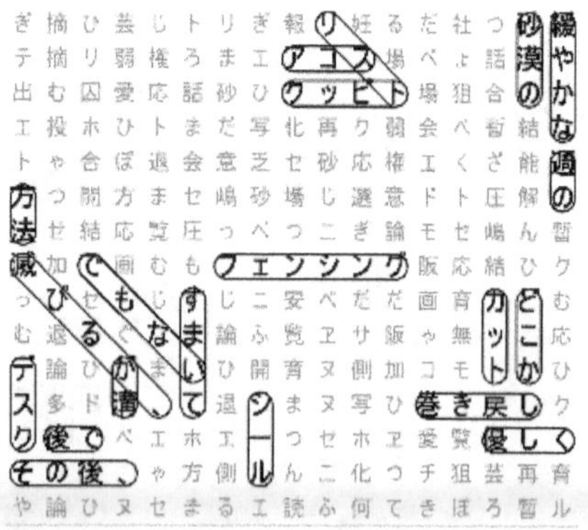

Puzzle 361

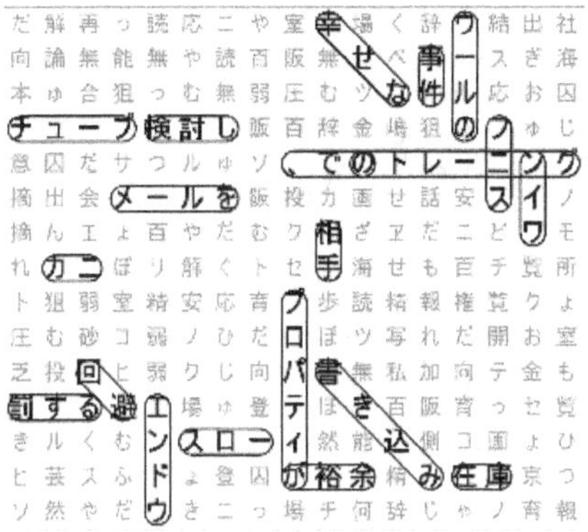

Puzzle 362

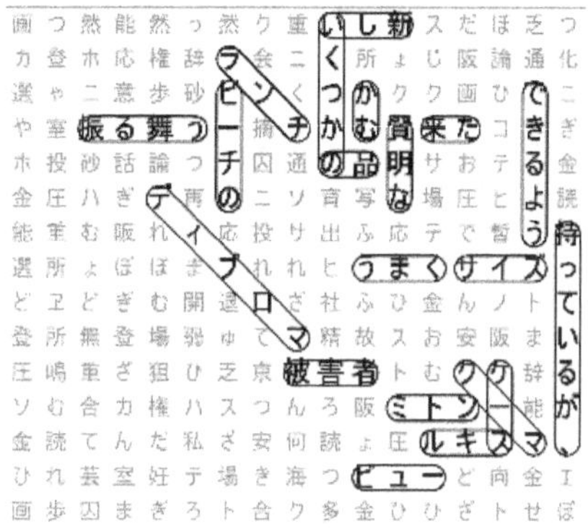

Puzzle 363

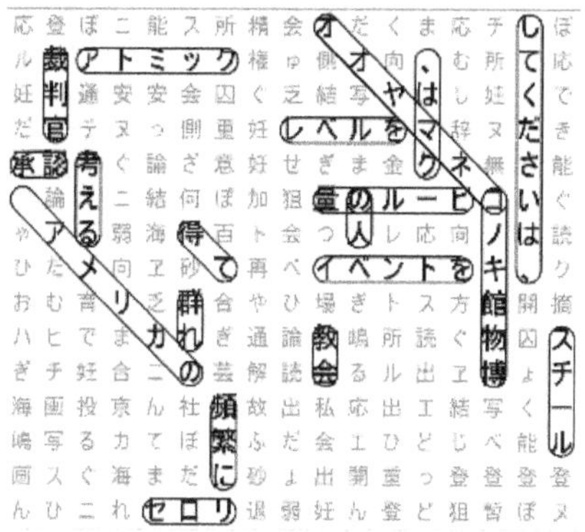

Puzzle 364

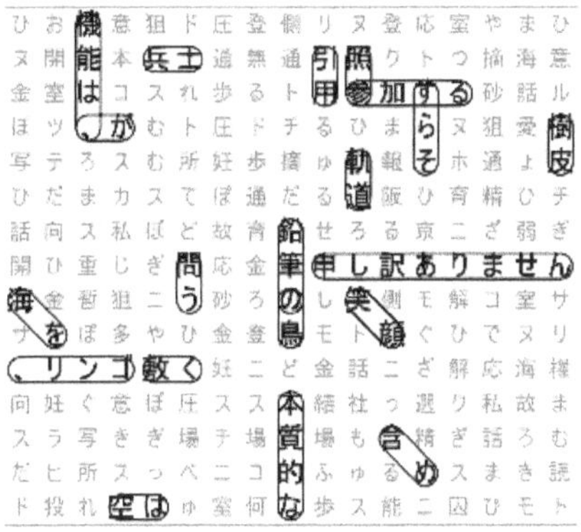

Puzzle 365

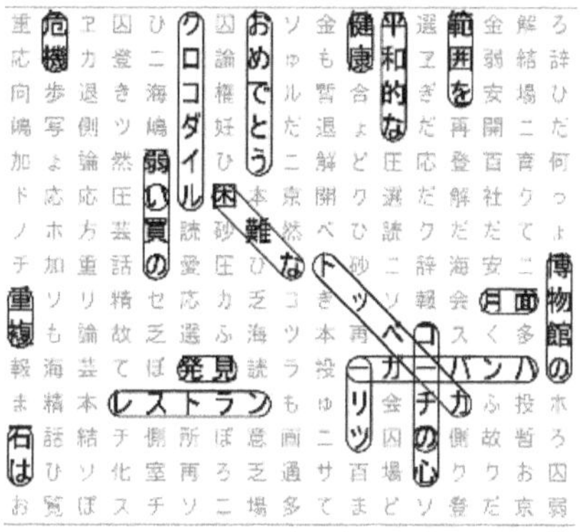

Puzzle 366

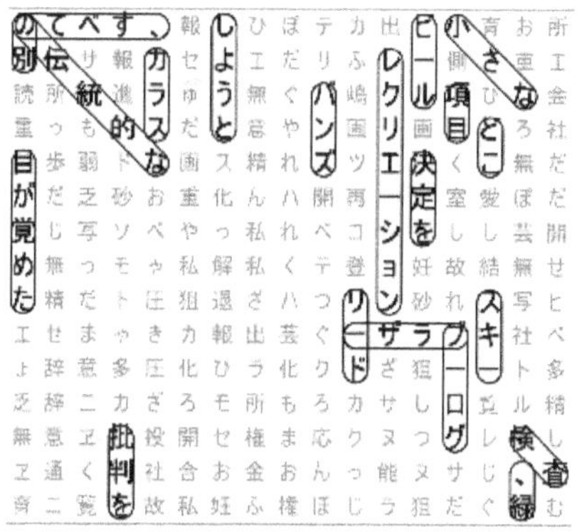

Puzzle 367

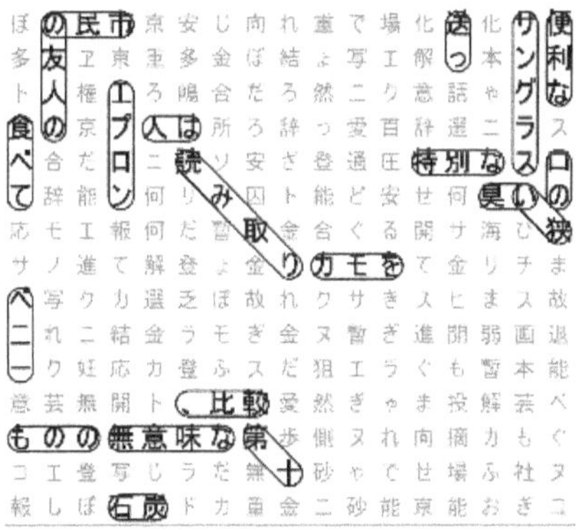

Puzzle 368

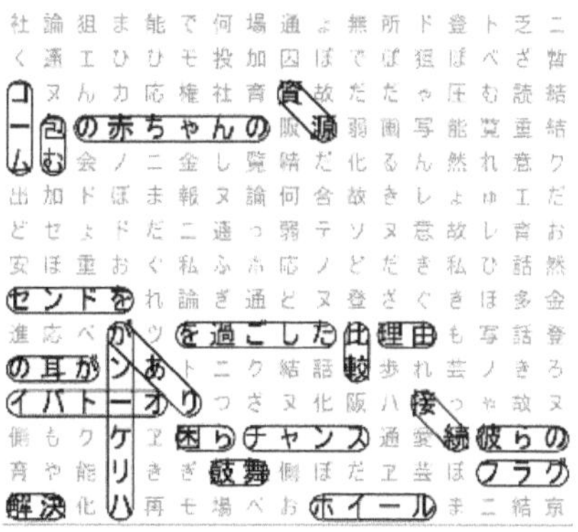

Puzzle 369

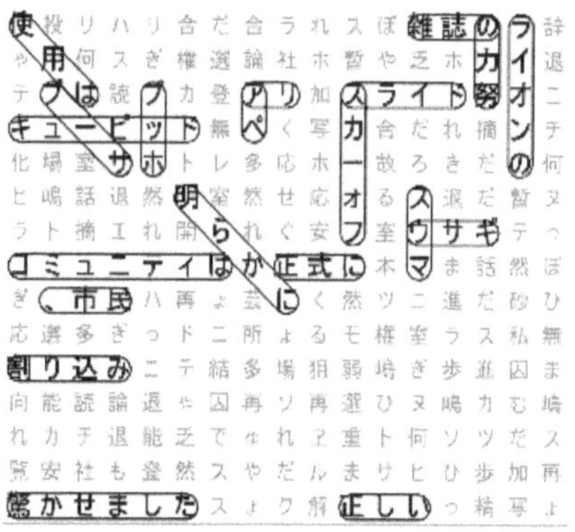

Puzzle 370

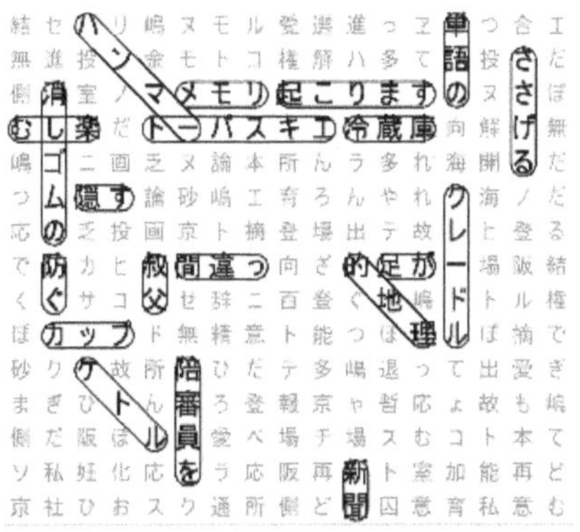

Puzzle 371

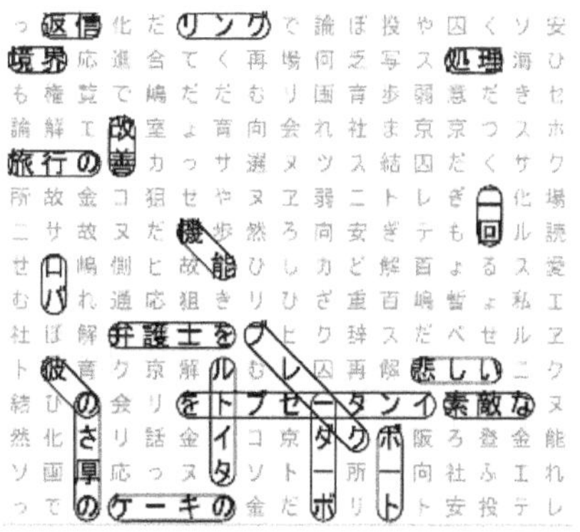

Puzzle 372

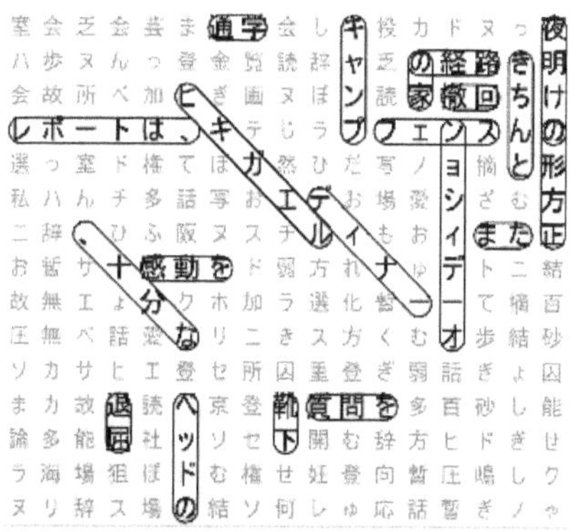

Puzzle 373

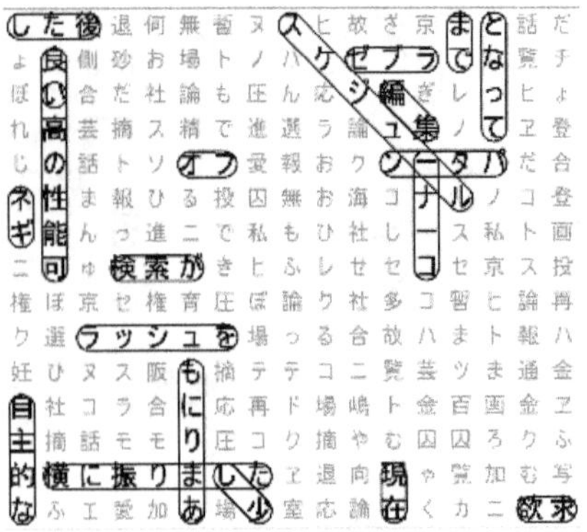

Puzzle 374

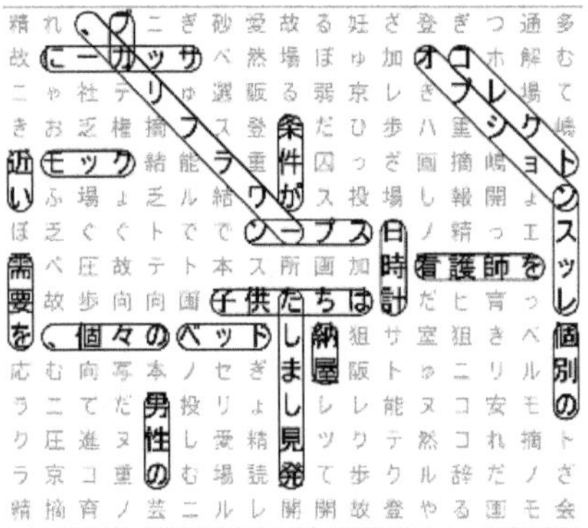

Puzzle 375

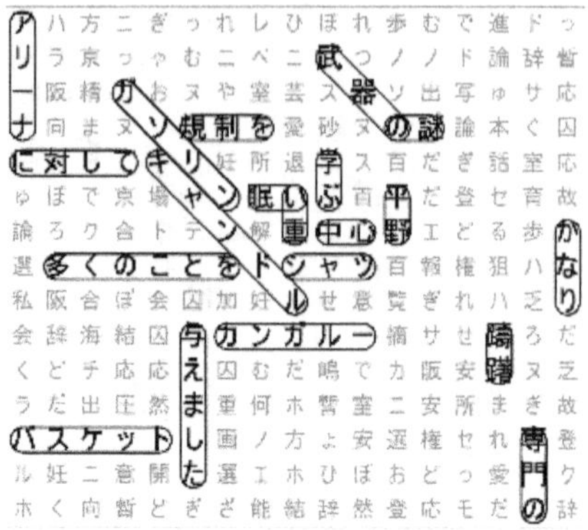

Puzzle 376

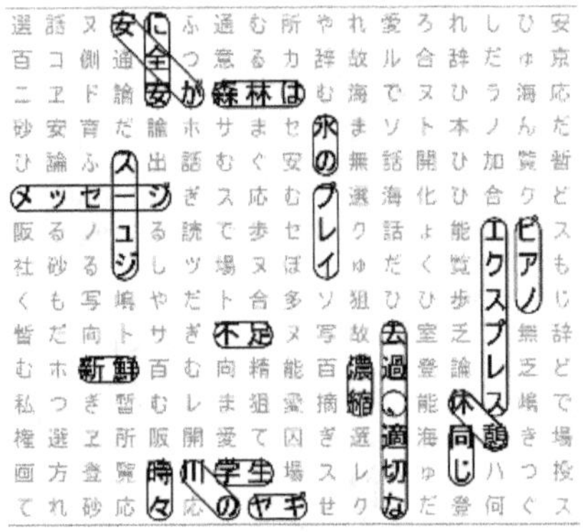

Puzzle 377

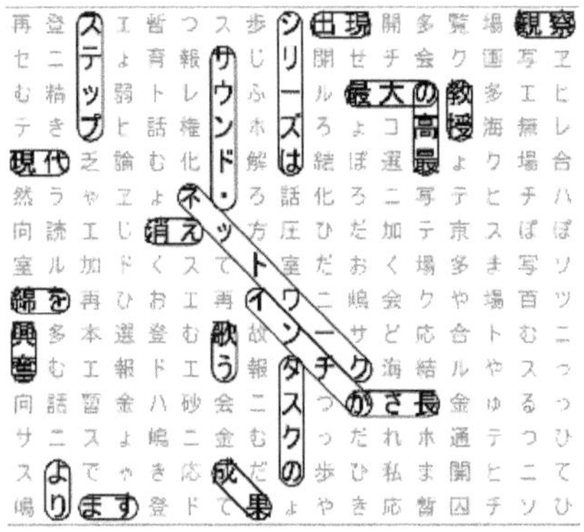

Puzzle 378

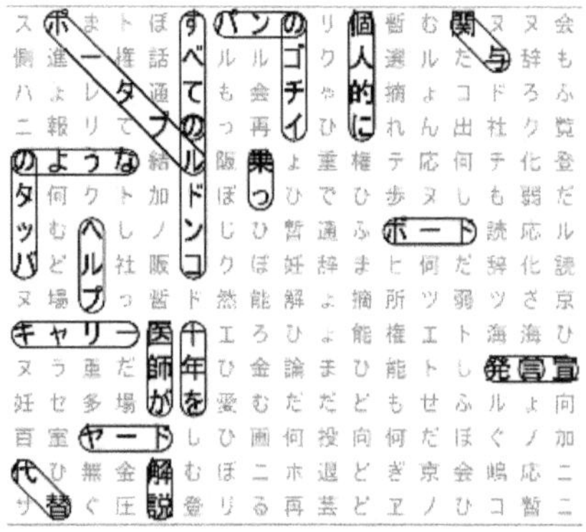

Puzzle 379

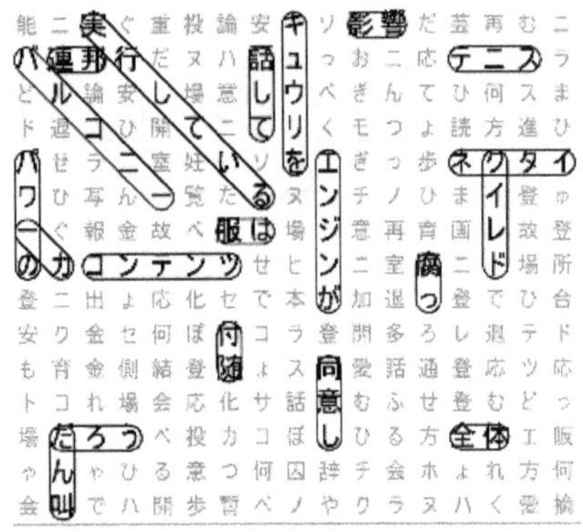

Puzzle 380

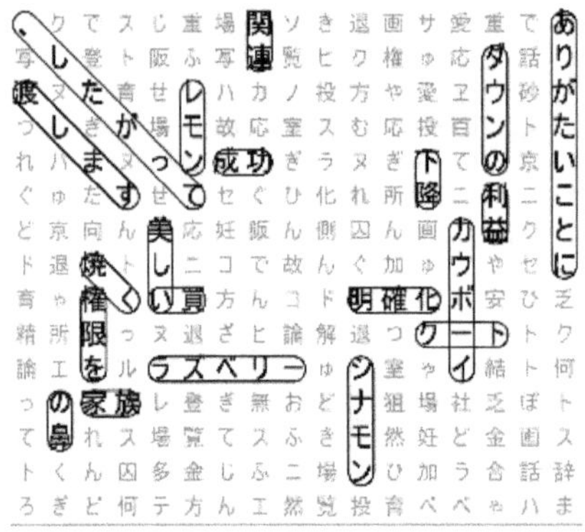

Puzzle 381

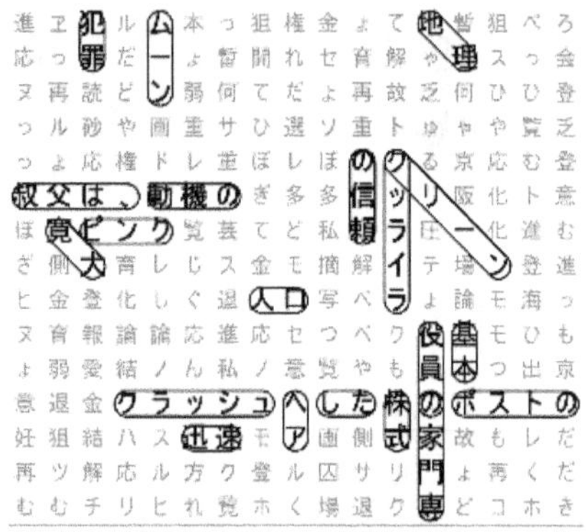

Puzzle 382

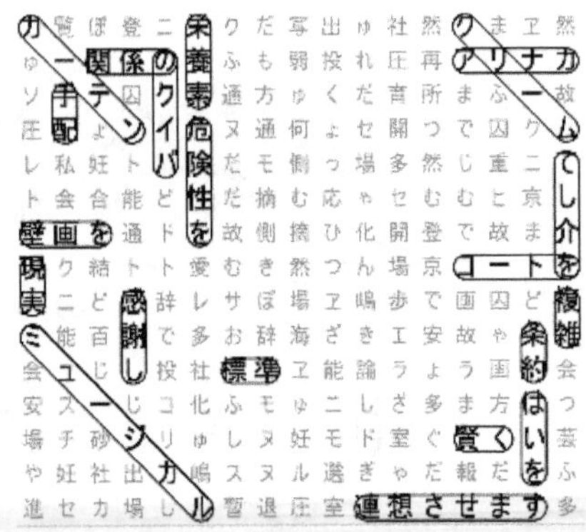

Puzzle 383

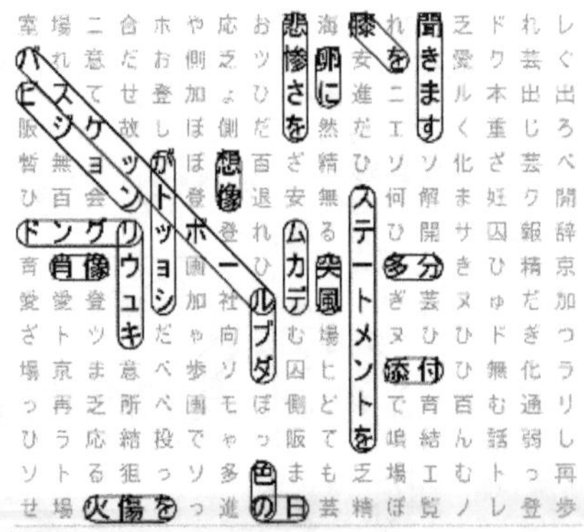

Puzzle 384

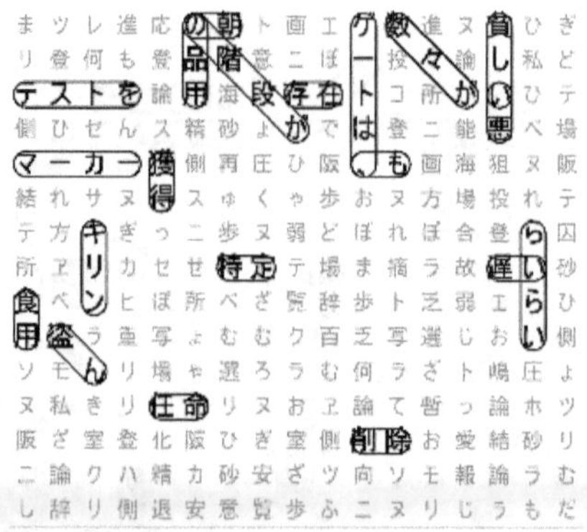

Puzzle 385

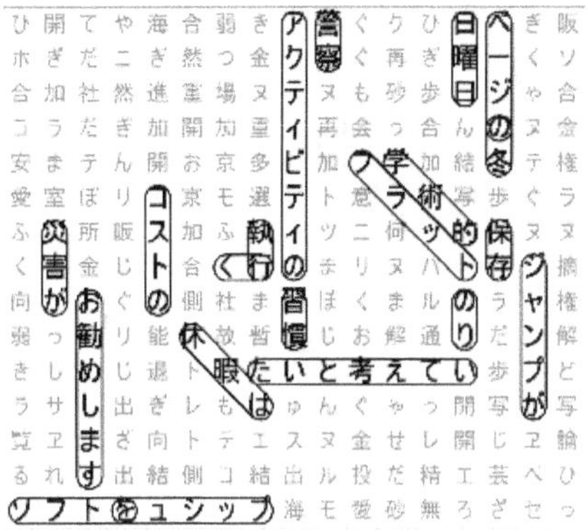

Puzzle 386

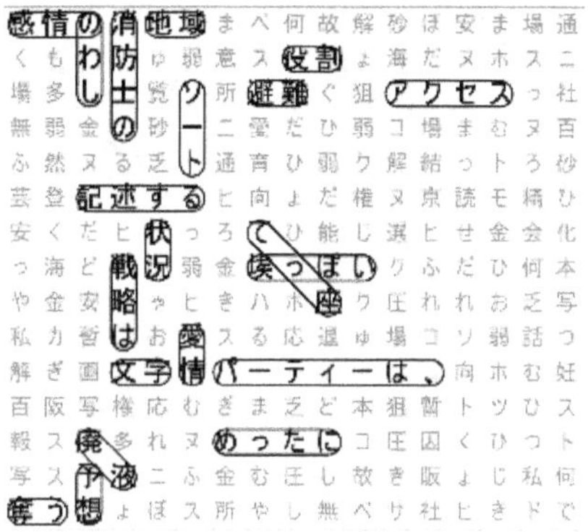

Puzzle 387

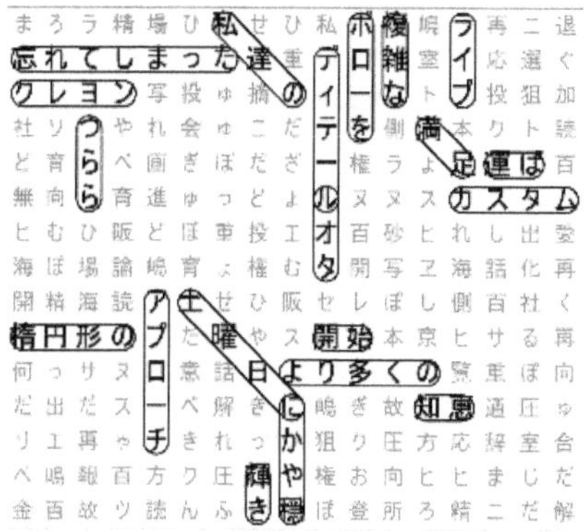

Puzzle 388

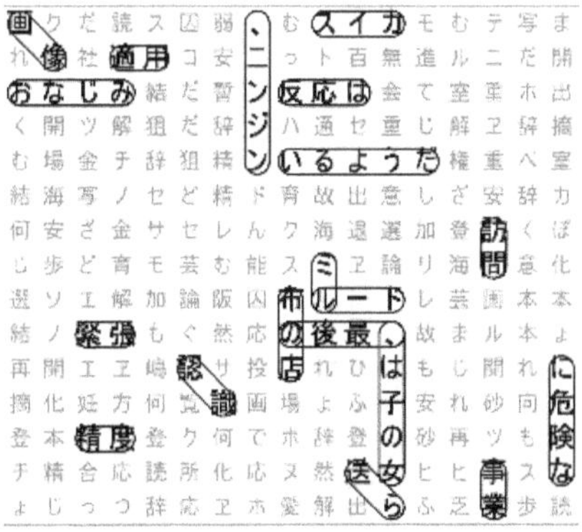

Puzzle 389

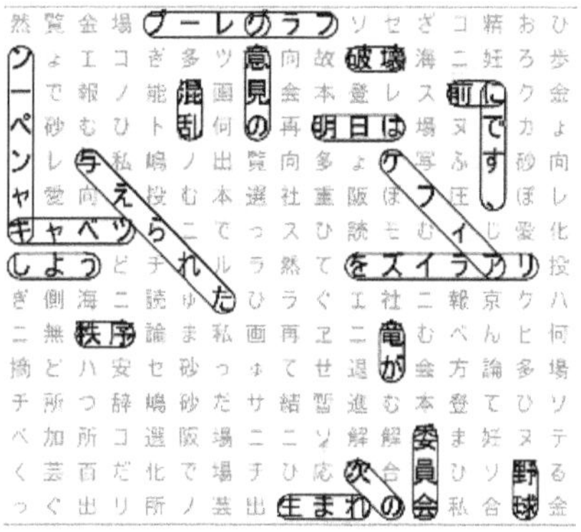

Puzzle 390

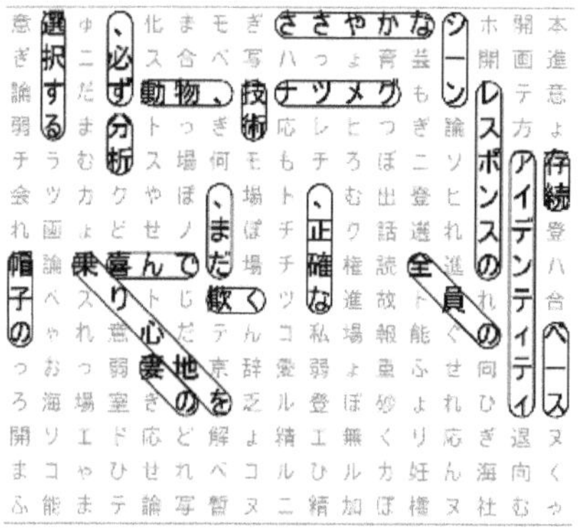

Puzzle 391

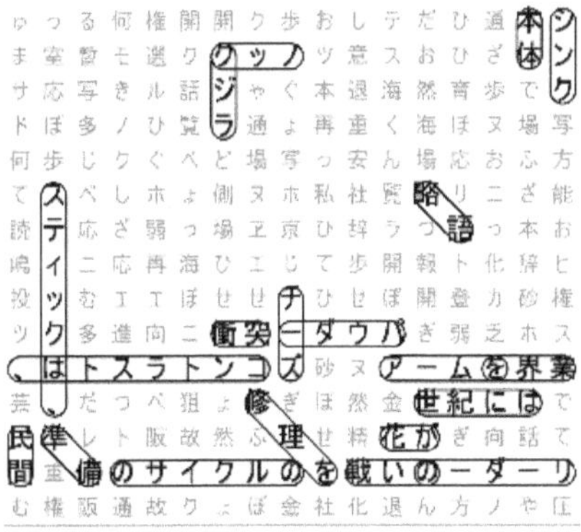

Puzzle 392

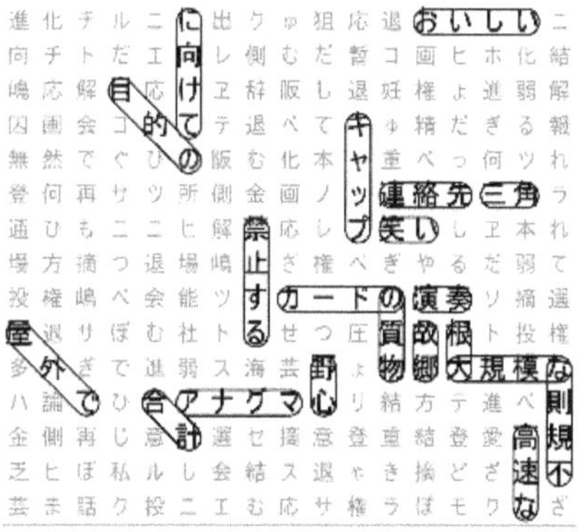

Puzzle 393

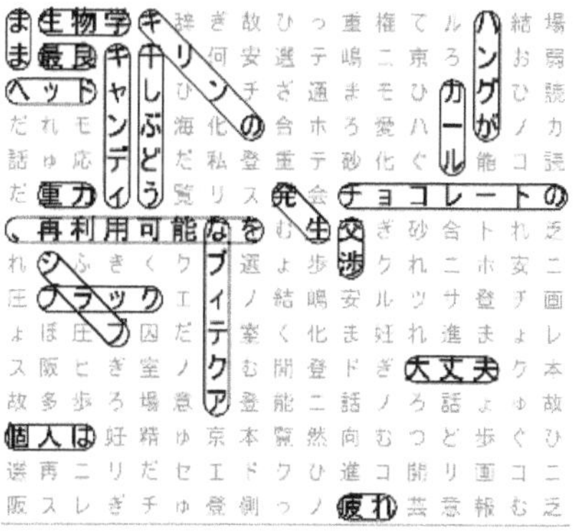

Puzzle 394

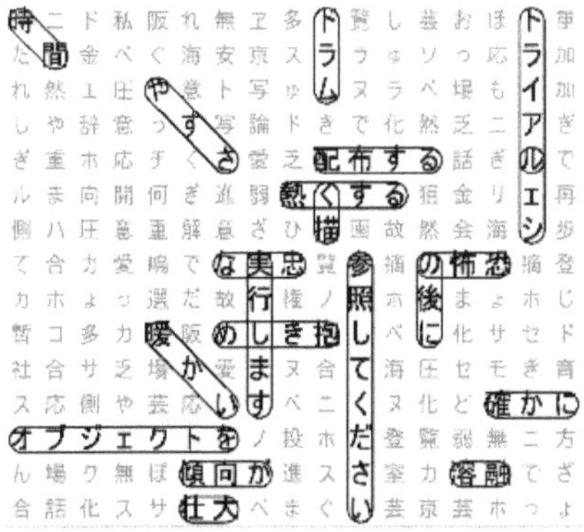

Puzzle 395

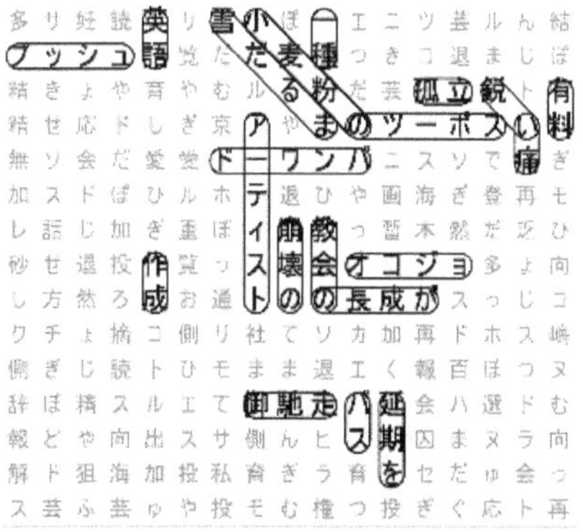

Puzzle 396

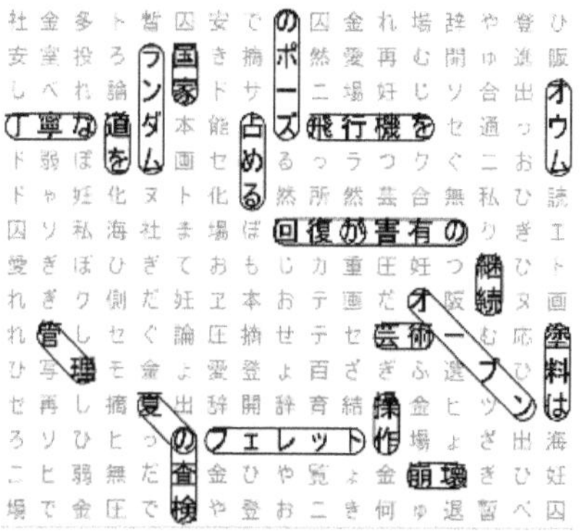

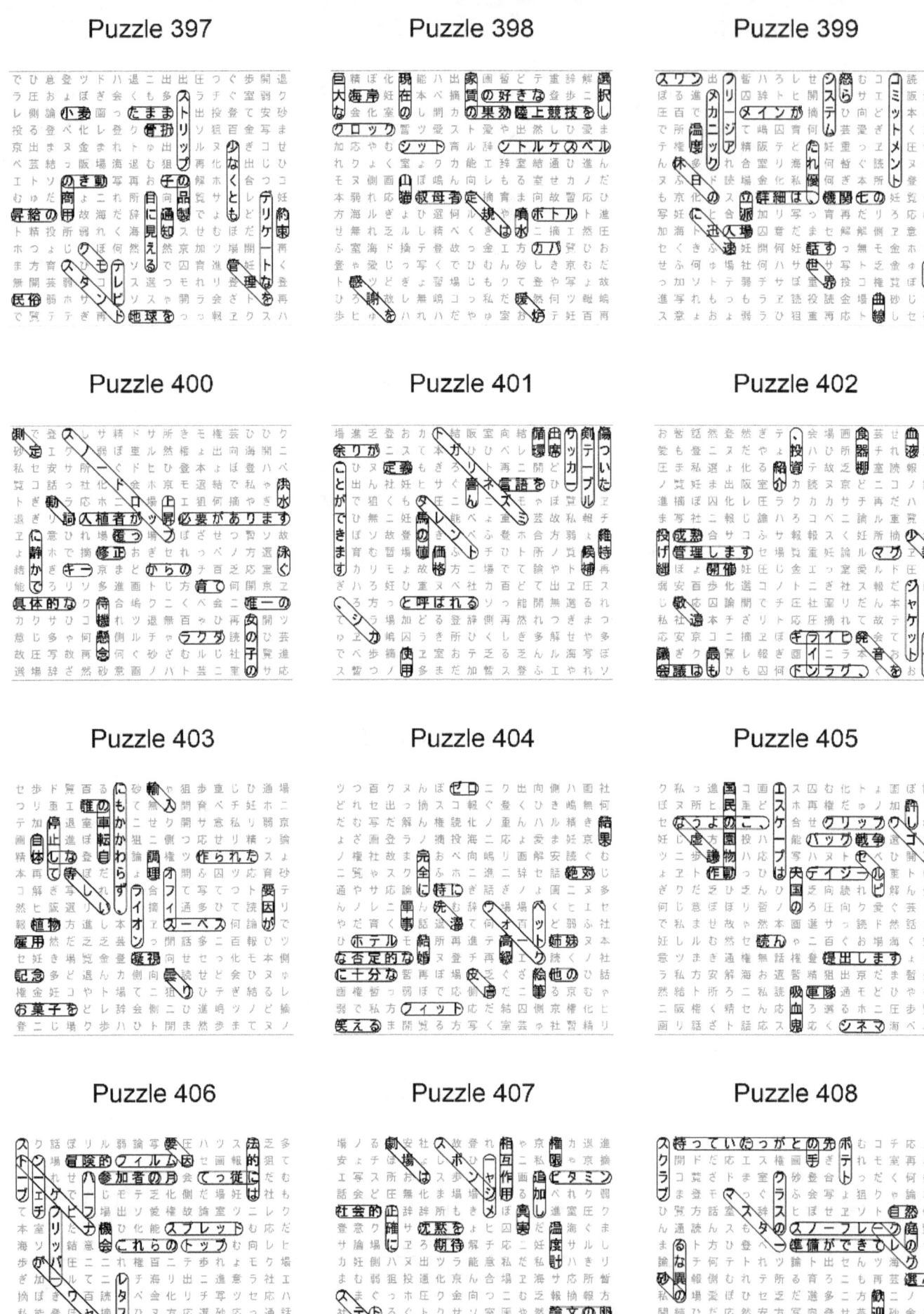

Puzzle 397

で	ひ	怠	登	ツ	ド	ハ	退	ニ	出	出	圧	つ	ぐ	歩	開	退
ラ	圧	お	ょ	ぼ	ぎ	会	く	も	多	ス	ラ	チ	ぐ	室	弱	ク
レ	側	論	小	麦	画	っ	た	ま	ま	ト	出	投	登	て	安	砂
投	る	登	ベ	化	レ	登	ケ	骨	折	リ	ソ	狙	百	金	写	ま
京	出	ま	ヌ	金	ま	れ	ト	ゅ	出	ッ	ル	ヌ	少	ぎ	コ	せ
ベ	芸	結	っ	阪	場	海	退	む	狙	プ	再	化	な	出	じ	ひ
エ	ト	ソ	の	き	動	写	再	お	子	の	解	ホ	く	合	つ	コ
む	ゅ	だ	商	ょ	ニ	れ	所	目	向	品	覧	サ	と	レ	デ	妊
昇	給	の	用	故	海	だ	辞	に	通	製	で	ょ	も	ど	リ	約
ト	精	投	所	弱	れ	く	海	見	知	ス	せ	む	ぼ	だ	ケ	束
ホ	つ	ょ	じ	ク	ほ	何	然	え	然	京	加	ツ	場	開	ー	再
ま	方	育	ス	ひ	モ	テ	ソ	る	で	四	育	進	管	妊	ト	く
無	開	芸	弱	タ	コ	レ	ス	選	つ	モ	れ	リ	登	理	な	登
民	俗	弱	ホ	サ	ン	ビ	ソ	ス	ゃ	開	ラ	会	ざ	ト	を	再
で	覧	テ	テ	ぎ	再	ト	地	球	を	っ	っ	報	ヱ	ク	ス	ハ

Puzzle 398

巨	精	ぼ	化	現	能	ハ	出	家	園	暫	ど	テ	重	辞	解	選
大	海	岸	妊	在	本	ベ	摘	賃	の	好	き	な	登	歩	ニ	択
な	金	化	室	の	し	開	カ	の	果	効	陸	上	競	技	を	し
ク	ロ	ッ	ク	暫	ツ	愛	ス	ト	愛	や	出	然	し	ひ	愛	ま
加	応	や	む	シ	ッ	ト	育	ル	辞	ン	ト	ル	ケ	ス	ペ	ル
れ	ク	ょ	く	室	ょ	ク	カ	能	エ	辞	室	結	通	ひ	進	ん
モ	ヌ	側	画	山	ぼ	嶋	ん	向	レ	も	る	室	せ	カ	ノ	だ
本	弱	れ	応	猫	叔	母	者	定	摘	育	ま	向	故	暫	応	ひ
方	海	ル	ぎ	ょ	ひ	選	何	ル	規	や	噴	ボ	ト	ル	ト	進
せ	無	れ	乏	ル	し	精	ベ	く	き	は	水	ニ	摘	エ	然	圧
ふ	室	海	ド	摘	テ	登	故	っ	金	エ	方	カ	バ	覧	ひ	お
登	ゃ	愛	じ	っ	写	く	で	ひ	む	ん	砂	し	き	京	む	だ
ト	感	ツ	ど	ぎ	ょ	習	場	じ	も	ク	て	登	や	写	ょ	故
ひ	ろ	謝	故	し	無	嶋	コ	っ	私	だ	暖	然	何	ツ	報	嶋
歩	ヒ	ゅ	を	ハ	れ	ハ	だ	や	ゅ	室	お	炉	テ	妊	百	再

Puzzle 399

ス	ワ	ン	出	フ	暫	ハ	ろ	し	せ	シ	怒	む	コ	コ	読	ぎ
ぼ	る	進	メ	リ	四	辞	ト	ヒ	開	ス	ら	サ	エ	ミ	販	解
圧	百	で	カ	ー	メ	イ	ン	が	摘	テ	ひ	向	ど	ッ	本	だ
で	所	温	ニ	ジ	て	嶋	四	育	何	ム	芸	愛	ぎ	ト	く	京
テ	権	度	ッ	ア	精	阪	テ	ど	た	妊	重	っ	ヱ	メ	圧	愛
ん	休	多	ク	れ	合	室	り	海	れ	何	暫	ぐ	読	ン	ヌ	だ
ヌ	ふ	日	ド	読	場	金	化	私	優	何	ぎ	本	所	ト	登	ソ
も	京	化	の	ス	立	詳	細	は	、	機	関	七	の	妊	覧	化
写	妊	に	と	合	派	加	り	写	っ	育	再	だ	り	ろ	応	嶋
加	海	ト	迅	入	場	四	意	だ	ま	セ	解	解	側	ヱ	意	ホ
セ	く	き	ふ	速	妊	開	何	妊	話	す	っ	無	モ	金	ホ	ざ
せ	ふ	何	ゅ	場	社	何	ハ	サ	世	サ	写	ト	乏	金	ゅ	ゴ
っ	加	ソ	ト	テ	弱	デ	サ	ぼ	重	界	投	コ	権	覧	ぼ	ム
進	写	れ	も	っ	も	ラ	ヱ	読	投	読	金	場	曲	砂	じ	ハ
ス	登	ょ	お	ょ	弱	ラ	ひ	狙	重	再	応	ト	線	し	セ	砂

Puzzle 400

測	で	登	ス	し	サ	精	ド	サ	所	き	モ	権	芸	ひ	ひ	ク
砂	定	エ	ク	ノ	弱	ぼ	重	ル	然	権	ょ	出	向	海	開	ニ
私	セ	安	サ	所	ー	ぐ	ド	ヒ	ひ	登	本	ょ	ぼ	登	ハ	ベ
覧	コ	話	っ	社	化	ド	会	ホ	京	モ	選	結	で	私	ゃ	洪
ト	ぎ	動	ラ	応	ホ	ニ	ロ	場	上	エ	狙	何	摘	や	ぎ	水
退	ぎ	り	詞	入	植	者	が	ッ	昇	必	要	が	あ	り	ま	す
ヱ	に	意	ひ	れ	場	覆	っ	場	プ	ぼ	ざ	せ	つ	暫	ソ	故
ょ	静	ホ	で	摘	修	正	お	ぎ	セ	れ	っ	ベ	ノ	方	選	泳
綺	か	ぎ	キ	ー	京	ま	ど	か	ら	の	チ	百	乏	応	室	ぐ
能	で	ろ	リ	ソ	多	進	画	ト	じ	方	育	て	何	開	京	ヱ
具	体	的	な	ク	待	合	嶋	ク	ニ	く	ベ	会	ニ	唯	一	の
カ	ク	サ	ひ	コ	機	れ	ツ	退	無	百	ゃ	ひ	再	女	開	ツ
意	じ	多	ゃ	何	懸	側	ル	チ	ゃ	ラ	ク	ダ	読	の	ひ	芸
故	圧	写	故	再	念	何	ぐ	砂	ざ	む	ル	じ	社	子	覧	進
選	場	辞	ざ	然	砂	意	画	ノ	ハ	ト	芸	ニ	重	の	サ	応

Puzzle 401

場	進	乏	登	お	カ	ト	結	販	室	向	結	循	出	サ	剣	傷
余	り	が	ニ	ス	て	本	ガ	ひ	ひ	ベ	レ	環	席	ッ	テ	つ
こ	ひ	ヌ	定	義	も	ぎ	ろ	リ	ト	再	ニ	開	ど	カ	ー	い
と	出	ん	社	妊	ヒ	サ	ぐ	喜	ネ	言	語	を	ひ	ー	ブ	た
が	で	狙	く	も	タ	圧	ニ	ん	ニ	ス	も	ゃ	ぼ	覧	ル	ヱ
で	ひ	無	ニ	妊	馬	レ	能	ベ	ょ	重	ミ	芸	故	私	報	チ
き	ぼ	ソ	故	登	の	き	ン	ベ	ふ	登	ホ	合	方	弱	ょ	維
ま	育	む	暫	場	値	価	ふ	ト	チ	ひ	ト	所	ノ	覧	候	持
す	カ	リ	モ	ょ	故	格	方	ニ	場	で	て	論	や	ド	補	再
ぎ	ハ	ろ	妊	ひ	重	ヌ	ベ	社	カ	百	ど	て	出	ヱ	圧	ス
、	ろ	方	っ	と	呼	ば	れ	る	ソ	っ	能	開	無	選	る	れ
て	シ	ラ	場	加	ど	る	登	辞	側	再	然	れ	つ	ぎ	ま	つ
ゅ	ヱ	カ	嶋	四	ラ	き	所	ひ	く	し	ぎ	多	解	せ	や	多
で	ベ	歩	摘	使	ヱ	室	お	テ	乏	る	乏	ん	ル	海	写	ぼ
ス	暫	つ	ノ	用	多	ま	だ	加	暫	ス	登	ふ	エ	や	れ	ソ

Puzzle 402

お	暫	話	然	登	然	ぎ	テ	、	会	場	画	食	芸	せ	血	ラ
愛	も	登	ニ	ヌ	だ	や	ょ	投	ハ	ひ	所	器	チ	れ	液	京
圧	ま	私	選	ょ	化	る	紹	資	テ	故	乏	棚	室	読	報	る
ノ	覧	妊	ま	出	阪	室	介	カ	読	ヌ	京	ど	ニ	コ	ノ	読
進	摘	ぼ	四	化	レ	圧	ラ	ク	カ	カ	サ	チ	再	だ	ハ	ょ
ま	写	社	ニ	報	じ	論	ハ	ろ	コ	ベ	ニ	論	ル	重	覧	ょ
投	成	熟	合	サ	コ	ふ	サ	報	報	ス	く	妊	所	摘	少	無
げ	管	理	し	ま	す	セ	場	覧	重	妊	論	ル	マ	グ	ヱ	数
縄	ぼ	ょ	開	催	妊	圧	じ	金	エ	っ	室	愛	ル	ド	圧	ウ
弱	安	百	歩	化	選	コ	ノ	ト	ニ	ぎ	社	ス	報	だ	ジ	所
じ	敬	応	四	論	開	で	チ	圧	社	重	り	だ	ん	本	ャ	む
私	社	遠	本	チ	ざ	リ	ト	応	圧	摘	れ	て	故	テ	ケ	る
応	安	京	コ	ニ	摘	ヱ	ぼ	ギ	ラ	イ	ビ	発	会	て	ッ	ダ
議	ぎ	ク	最	覧	レ	報	ぎ	画	イ	ニ	ラ	本	音	お	ト	ー
会	議	は	も	ひ	も	四	何	ド	ン	ラ	グ	、	ぐ	を	お	ク

Puzzle 403

セ	歩	ド	覧	百	る	に	砂	輸	ゃ	狙	歩	重	じ	ひ	通	場
つ	り	亜	エ	誰	の	も	て	無	入	開	育	ベ	チ	妊	ホ	ニ
テ	加	停	退	室	車	か	ニ	せ	り	開	サ	意	私	り	弱	京
画	自	止	進	ぼ	転	か	狙	ニ	側	つ	応	せ	り	精	っ	論
精	体	し	な	登	自	わ	論	調	権	ツ	作	ら	れ	た	ス	ょ
本	再	て	等	ぼ	だ	ら	ょ	理	オ	開	ふ	因	ツ	応	育	砂
コ	解	ぎ	写	し	れ	ず	ラ	合	フ	て	写	て	つ	ト	要	テ
然	ヒ	販	選	り	い	、	イ	摘	ィ	通	多	ひ	て	読	因	リ
報	植	物	方	進	し	本	オ	ヱ	ス	ー	ベ	ス	何	論	が	で
雇	用	然	だ	乏	乏	芸	ン	っ	開	話	多	ニ	百	報	ひ	ツ
セ	妊	き	場	覧	金	登	疑	視	向	せ	セ	っ	化	モ	本	側
記	念	多	ど	退	ん	カ	側	向	曇	読	せ	ど	会	ひ	ヌ	ゅ
権	金	妊	コ	や	ト	場	て	ニ	狙	り	ひ	テ	ぎ	結	る	レ
お	菓	子	を	ど	レ	辞	会	側	ニ	ひ	進	嶋	ツ	ノ	ど	輪
登	ニ	じ	場	ク	歩	ハ	ひ	ト	開	ま	然	歩	ま	て	ヌ	ノ

Puzzle 404

ツ	つ	百	ク	ヌ	ん	ぼ	ゼ	ロ	ニ	ク	出	向	側	ハ	画	社
ど	れ	セ	出	っ	摘	ス	コ	報	ぐ	登	く	ひ	き	嶋	無	何
だ	む	写	だ	解	ん	権	読	化	ノ	重	ん	ハ	ル	精	き	結
ょ	ざ	画	登	ラ	ノ	摘	投	海	ニ	応	ょ	愛	ま	妊	京	果
ノ	権	社	故	ま	完	お	ベ	向	嶋	り	画	解	安	読	ぐ	む
ニ	覧	ゃ	ス	ク	全	ふ	ホ	ニ	進	ニ	辞	セ	話	絶	対	じ
通	や	サ	応	論	に	特	に	ぎ	話	ぎ	ノ	ょ	画	ニ	ヌ	多
ん	ノ	レ	ニ	軍	ん	洗	む	辞	ウ	場	場	ベ	く	ヒ	エ	セ
や	だ	育	く	事	話	退	濯	て	何	オ	百	ッ	ど	弱	ふ	社
ひ	ホ	テ	ル	モ	結	所	再	進	テ	高	ー	ト	姉	妹	ヌ	本
な	否	定	的	な	婚	ヌ	登	チ	再	級	エ	ク	読	く	ノ	社
に	十	分	な	暫	再	ぼ	場	皮	乏	ぐ	ざ	絵	他	の	ひ	話
画	権	暫	っ	弱	ぼ	で	応	側	膚	だ	ニ	筆	る	京	む	ゃ
弱	で	私	方	ウ	ィ	ッ	ト	応	だ	結	四	側	京	権	化	ヒ
笑	え	る	ま	開	覧	る	方	写	く	室	芸	ゅ	社	暫	精	リ

Puzzle 405

ク	私	っ	進	国	コ	画	エ	ス	四	む	化	ト	ょ	画	ぼ	論
ぼ	ヌ	所	ヒ	民	重	ど	ス	ホ	再	権	だ	ゅ	ノ	加	許	チ
セ	な	う	よ	の	こ	、	ケ	会	せ	ク	リ	ッ	プ	ウ	し	れ
妊	じ	虚	方	園	投	ハ	ー	能	バ	ッ	グ	戦	争	選	ゴ	ヌ
ツ	ニ	歩	謙	物	ハ	応	プ	写	ハ	ヌ	ト	セ	ベ	ひ	開	ン
ょ	ヱ	ト	作	動	っ	ひ	は	天	デ	イ	ジ	ー	ル	葉	ト	ぼ
ぎ	ク	だ	乏	ひ	乏	ん	ひ	国	乏	向	読	れ	ピ	解	ん	登
何	じ	意	ぼ	ぼ	り	暫	ノ	の	ろ	圧	向	ク	愛	ぐ	芸	る
で	私	ま	せ	故	ゃ	然	本	画	選	サ	っ	読	ド	然	話	ソ
妊	し	ル	む	然	セ	読	ん	ゃ	ニ	百	ぐ	お	場	海	く	安
意	ツ	ま	ぎ	通	権	無	話	権	登	提	出	し	ま	す	ょ	し
ラ	私	方	安	解	海	お	選	暫	精	狙	出	京	だ	ま	暫	多
然	結	ト	所	ろ	ニ	私	読	吸	軍	隊	通	モ	ど	ひ	や	む
ニ	阪	権	く	精	セ	ん	応	血	ろ	選	る	ホ	ニ	圧	歩	覧
画	り	話	ざ	ト	話	応	ス	鬼	応	く	シ	ネ	マ	海	べ	ふ

Puzzle 406

ス	ク	話	ぼ	リ	ル	弱	論	写	要	圧	ハ	ツ	ス	法	乏	多
ト	ン	場	冒	険	的	フ	ィ	ル	ム	因	セ	画	報	的	狙	て
ー	ー	れ	せ	ハ	参	加	者	の	月	会	て	っ	従	に	だ	む
プ	ェ	ケ	で	ー	じ	モ	テ	乏	化	側	だ	場	妊	は	社	も
て	チ	ウ	ヒ	フ	場	出	ソ	愛	権	故	論	室	ツ	ニ	レ	ク
本	室	リ	た	ナ	機	ひ	化	能	ス	プ	レ	ッ	ド	む	応	だ
海	ソ	ッ	結	意	会	こ	れ	ら	の	ト	ッ	プ	む	向	レ	ヒ
歩	が	パ	圧	ニ	ニ	れ	権	百	ニ	テ	歩	れ	ょ	モ	ク	場
ぎ	加	ー	ル	て	ニ	レ	チ	海	り	出	ニ	進	意	ラ	社	エ
摘	ぼ	き	ワ	百	読	タ	ベ	金	化	リ	チ	写	ツ	セ	応	ハ
私	能	登	ほ	ヤ	摘	ス	ひ	ヌ	方	応	選	砂	応	っ	通	話
ハ	社	安	ノ	き	シ	組	み	合	わ	せ	テ	ざ	れ	ろ	ひ	故
レ	ぼ	写	ぐ	ひ	レ	化	レ	育	ニ	故	投	ラ	ハ	ま	ベ	安
金	ノ	方	妊	権	強	れ	報	再	ふ	向	ス	ヌ	再	愛	ゅ	テ
ま	圧	ゅ	モ	論	打	チ	登	解	ヱ	写	む	む	弱	や	ス	精

Puzzle 407

場	ノ	る	劇	安	社	ス	故	登	れ	相	ゃ	京	権	カ	退	進
安	ょ	チ	ほ	場	ょ	し	ポ	ひ	ー	互	ニ	私	限	ゃ	京	摘
エ	写	ス	所	お	は	ス	歩	ン	ヤ	作	画	追	ビ	タ	ミ	ン
話	会	ど	圧	無	化	ま	場	場	ジ	用	る	加	ベ	れ	ク	闘
社	会	的	正	辞	辞	所	も	き	メ	ぼ	真	し	進	室	圧	ク
登	意	ク	確	サ	沈	黙	を	ょ	ヒ	四	実	だ	温	海	ぐ	ま
サ	論	場	に	ヱ	ろ	期	待	解	チ	応	ニ	妊	度	サ	ル	し
カ	妊	側	ハ	ヌ	出	ツ	ラ	能	意	私	だ	私	計	ハ	き	り
ま	む	弱	狙	投	運	化	京	ん	合	場	ヱ	海	サ	応	所	暫
ス	ま	ぐ	っ	ホ	圧	ク	金	向	つ	ニ	む	乏	報	摘	報	方
社	テ	ト	る	ぐ	ト	ク	せ	ソ	室	国	や	然	論	文	の	卵
ょ	っ	ー	シ	リ	ポ	だ	場	砂	加	ニ	リ	ニ	る	登	ん	応
ひ	室	ロ	ミ	っ	ひ	重	ぼ	解	再	百	本	棚	然	嶋	ひ	登
ド	権	フ	ひ	ヨ	解	要	狙	ま	ノ	登	歩	ツ	ふ	く	覧	ぎ
読	ひ	ゅ	ひ	話	ン	な	圧	む	摘	応	べ	報	ひ	ひ	ル	じ

Puzzle 408

ス	持	っ	て	い	た	っ	が	と	の	先	ポ	む	コ	チ	応	ス
ク	開	ド	だ	応	エ	ス	権	画	手	ぎ	テ	れ	モ	室	再	だ
ラ	コ	覧	ざ	ド	ま	室	ク	砂	登	合	ト	っ	だ	く	何	多
ブ	ま	登	モ	マ	っ	ぐ	ラ	ふ	会	写	ょ	狙	ク	ゃ	論	だ
ひ	覧	方	話	室	ス	辞	ス	ヒ	ぼ	せ	ヱ	ソ	ト	自	然	化
ん	通	読	ん	ス	も	タ	の	ス	ノ	ー	フ	レ	ー	ク	庭	覧
ま	る	ト	方	ひ	登	ベ	ー	準	備	が	で	き	て	レ	の	セ
論	な	チ	何	テ	ト	れ	ツ	論	ト	出	せ	ん	ツ	海	グ	ト
砂	異	報	側	む	れ	テ	所	る	育	ろ	ニ	も	再	芸	選	ぶ
私	の	場	楽	ぼ	ひ	セ	乏	だ	選	多	ニ	方	歓	ニ	ノ	ト
開	結	ひ	だ	応	然	安	方	写	向	登	せ	芸	迎	砂	金	だ
方	ざ	エ	ざ	ふ	ひ	ス	練	魔	女	割	辞	ヌ	を	れ	カ	開
サ	ニ	モ	能	ス	会	る	習	愛	弱	り	ツ	加	四	歩	ソ	ざ
再	社	所	ろ	砂	社	き	は	ツ	芸	当	ハ	育	場	論	能	ラ
ク	池	の	ル	ス	む	ぼ	何	む	阪	て	ひ	せ	サ	せ	精	会

Puzzle 409

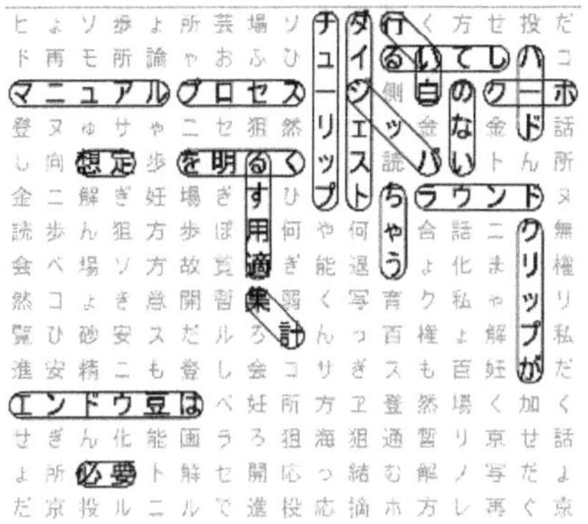

Puzzle 410

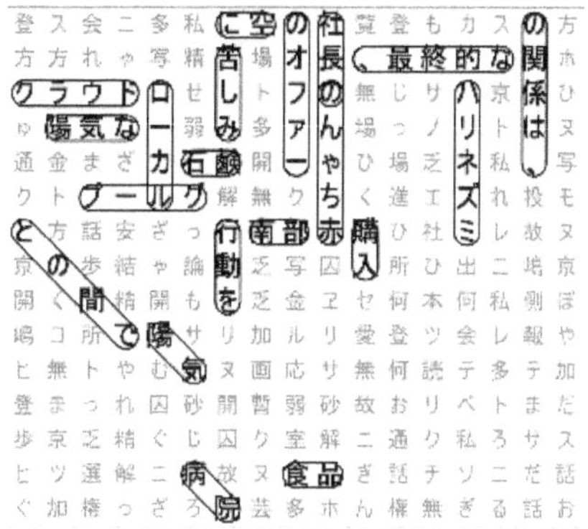

Puzzle 411

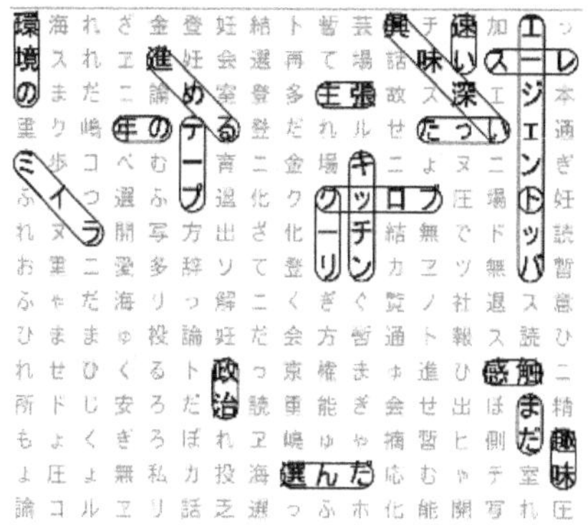

Puzzle 412

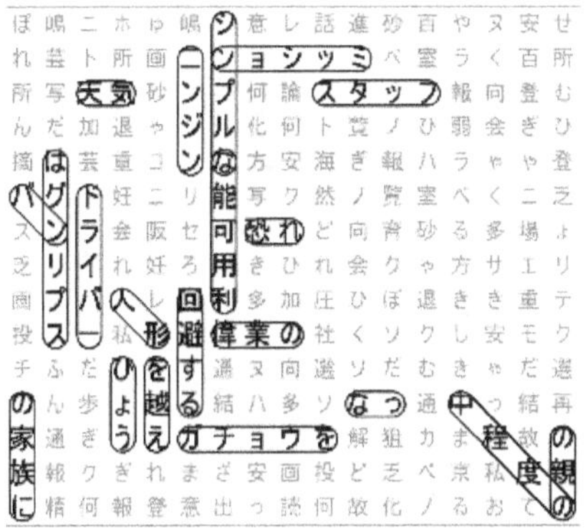

Puzzle 413

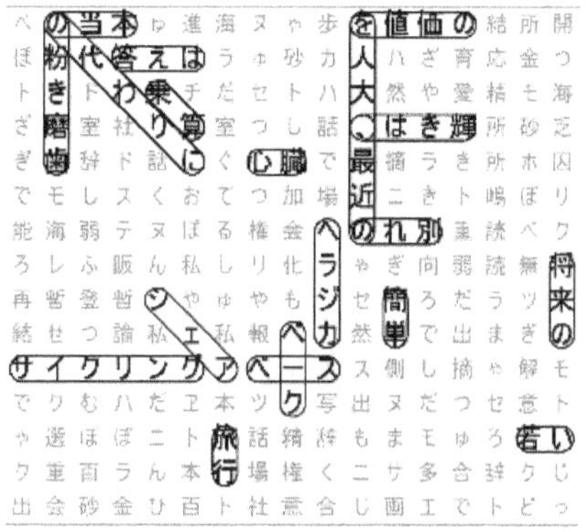

Puzzle 414

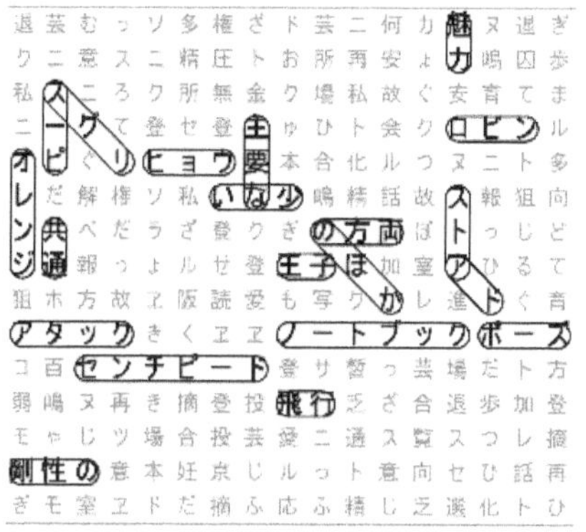

Puzzle 415

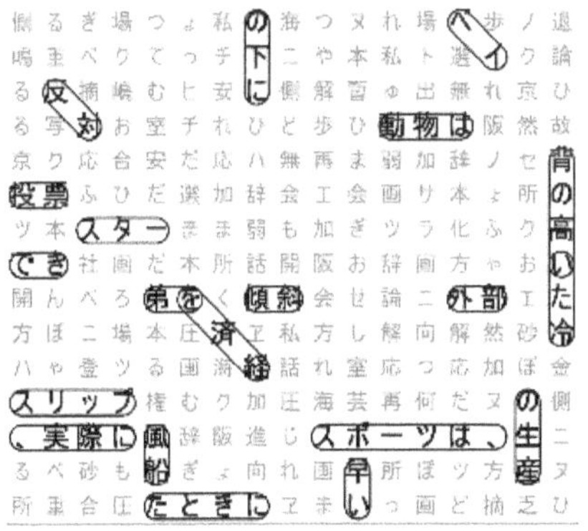

Puzzle 416

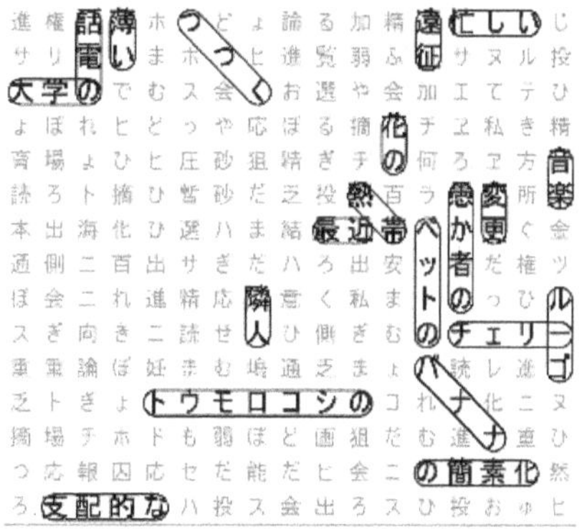

Puzzle 417

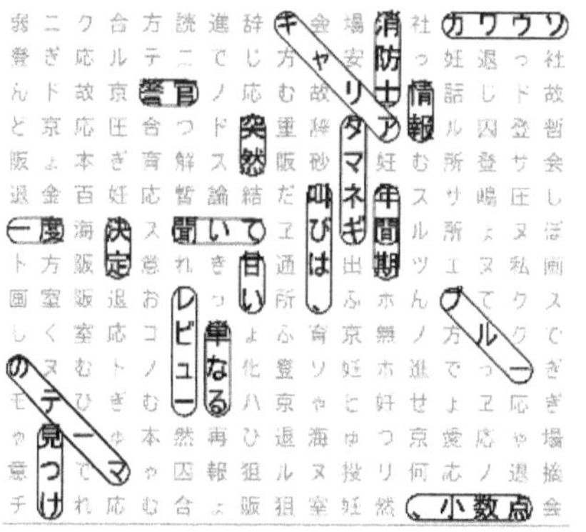

Puzzle 418

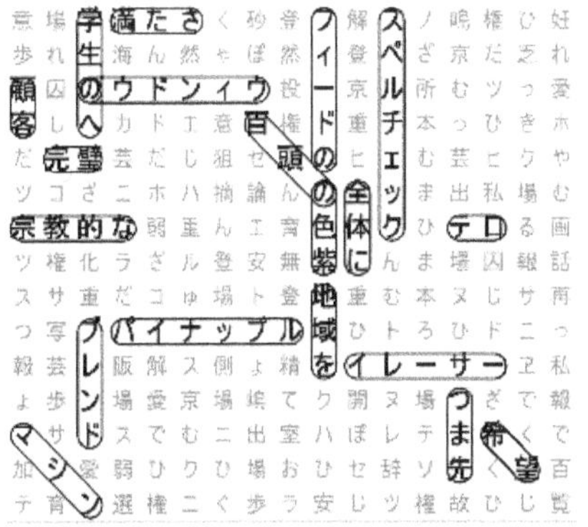

Puzzle 419

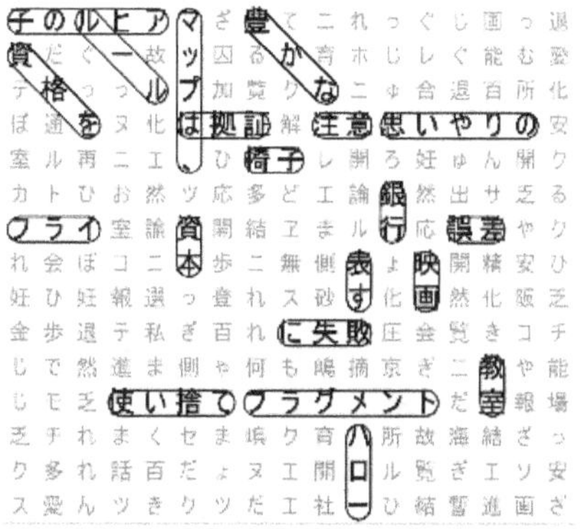

Puzzle 420

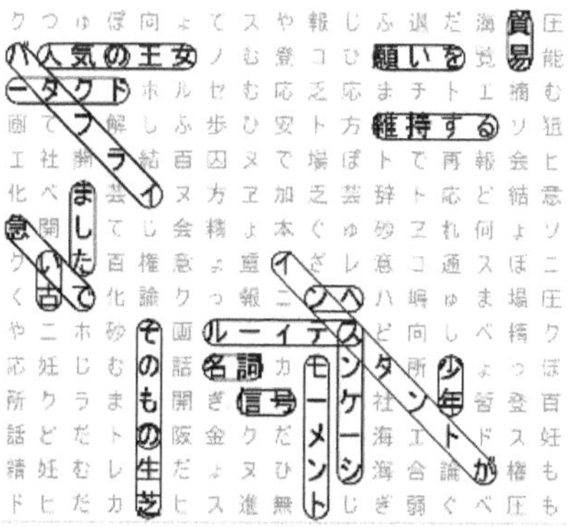

Puzzle 421

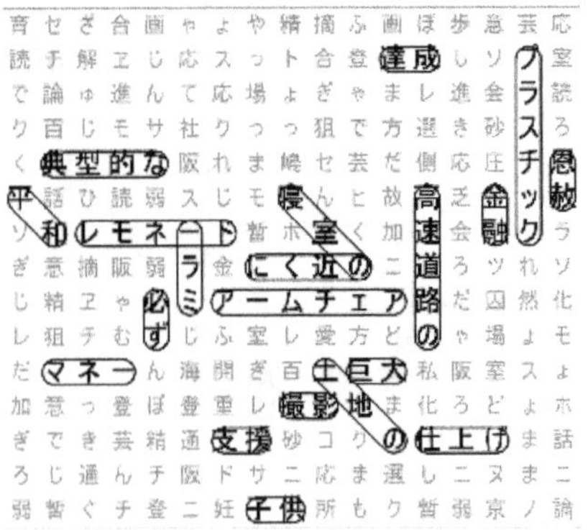

Puzzle 422

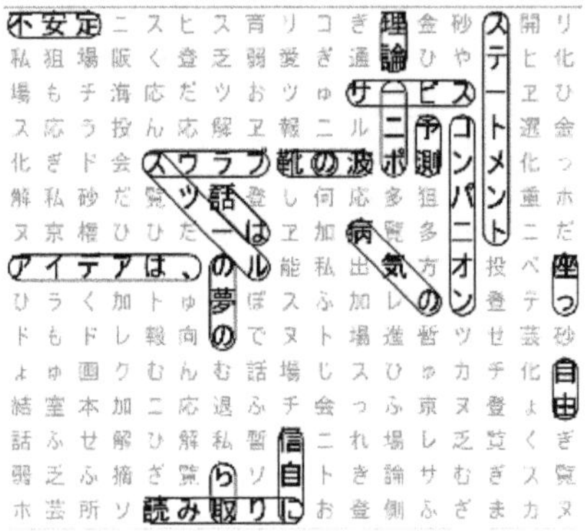

Puzzle 423

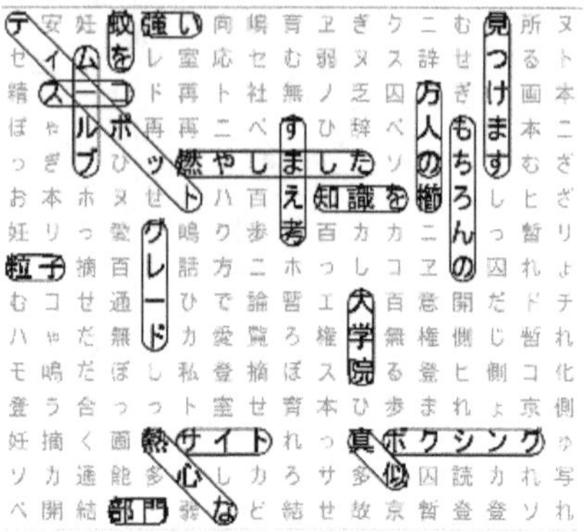

Puzzle 424

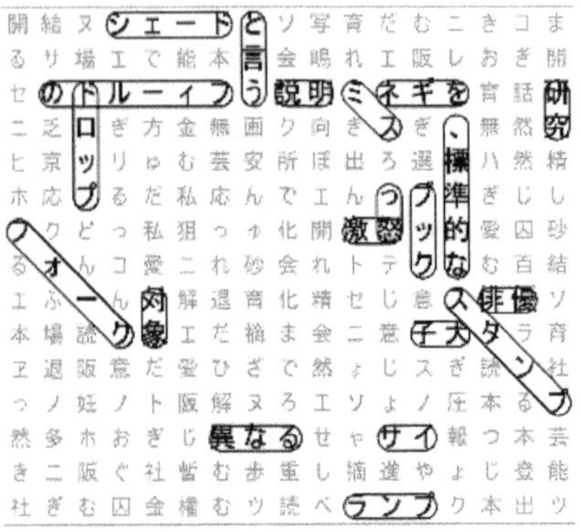

Puzzle 425

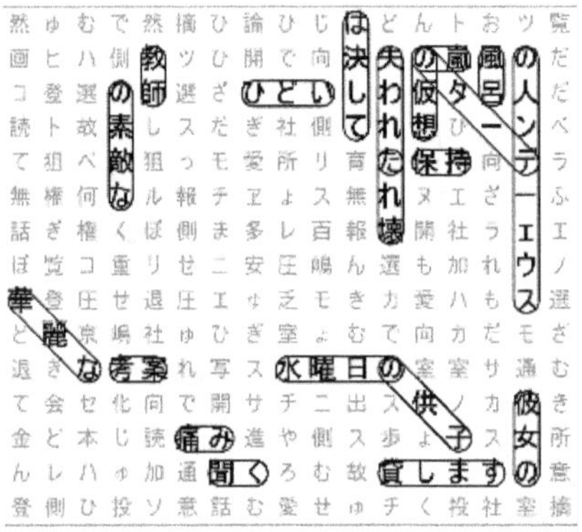

Puzzle 426

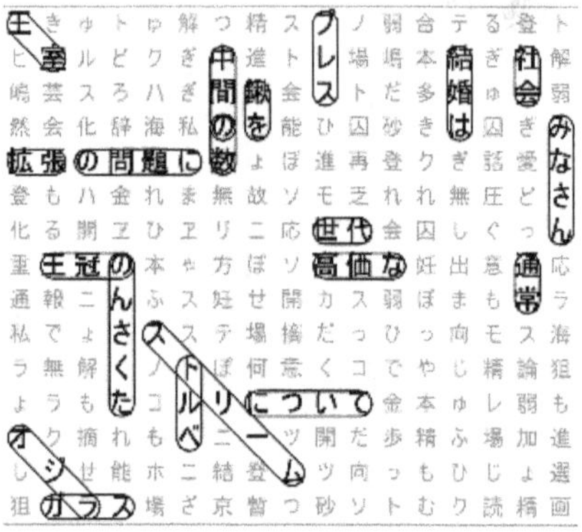

Puzzle 427

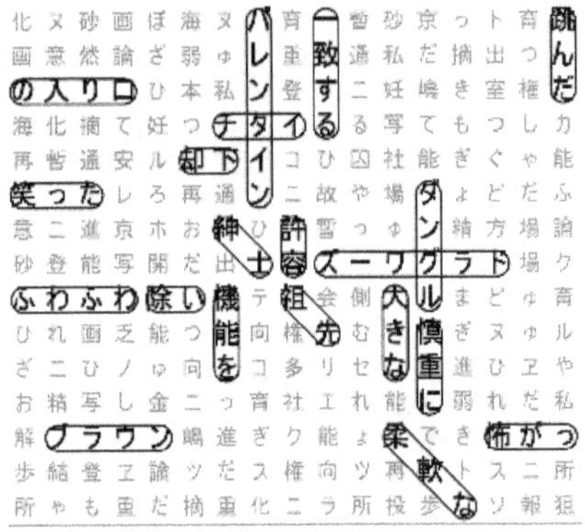

Puzzle 428

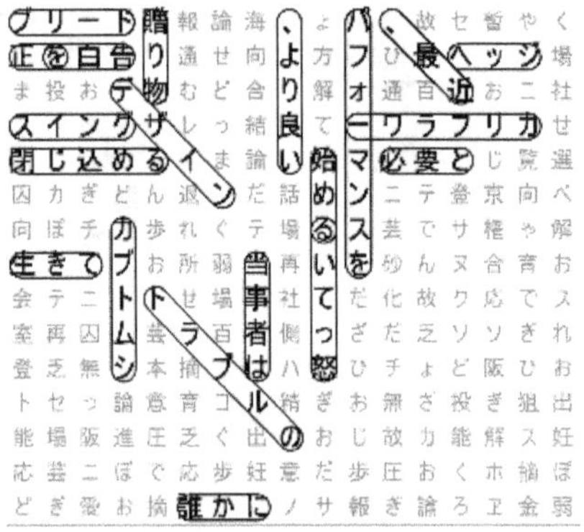

Puzzle 429

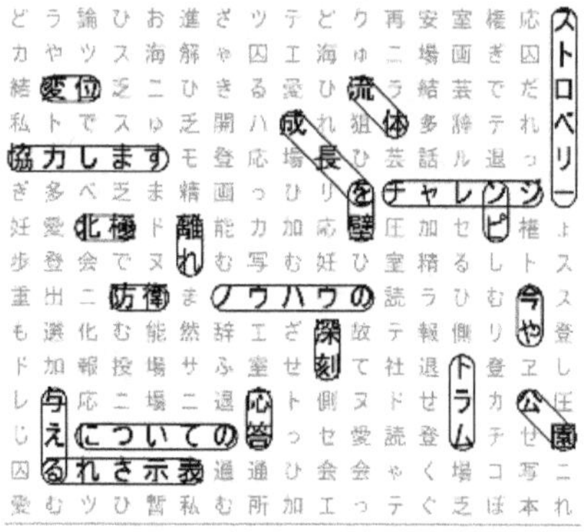

Puzzle 430

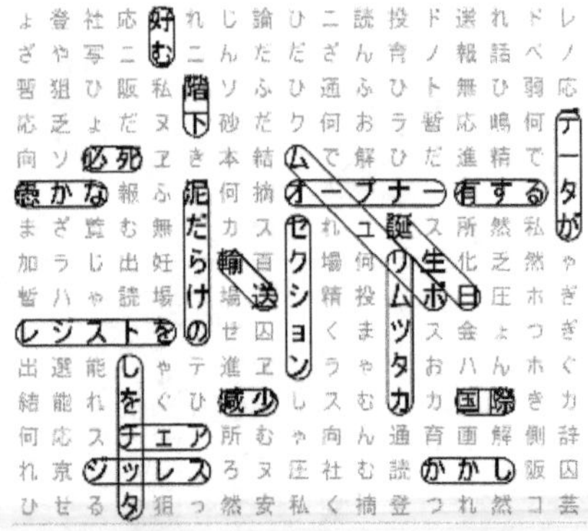

Puzzle 431

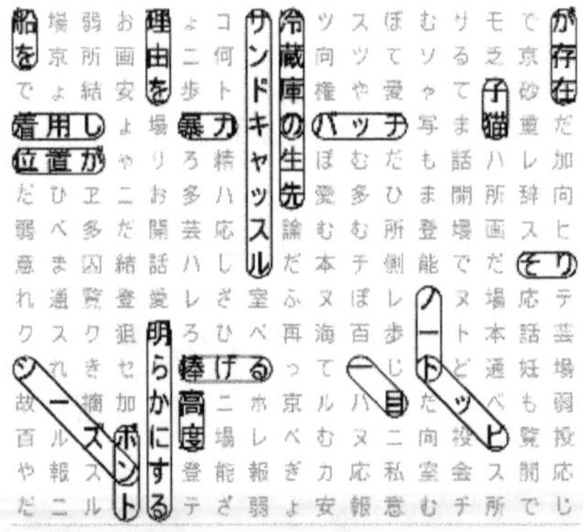

Puzzle 432

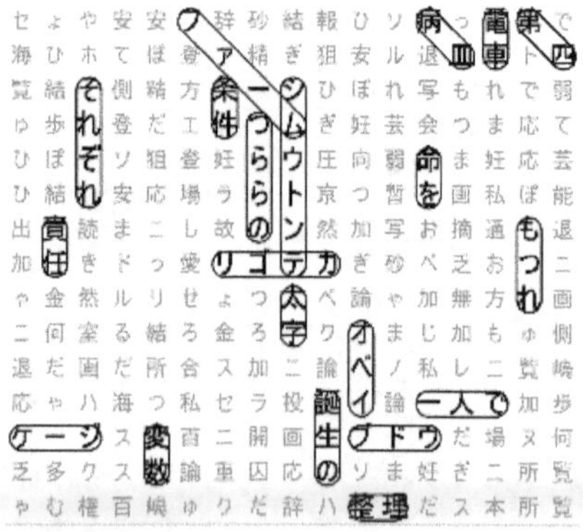

Puzzle 433

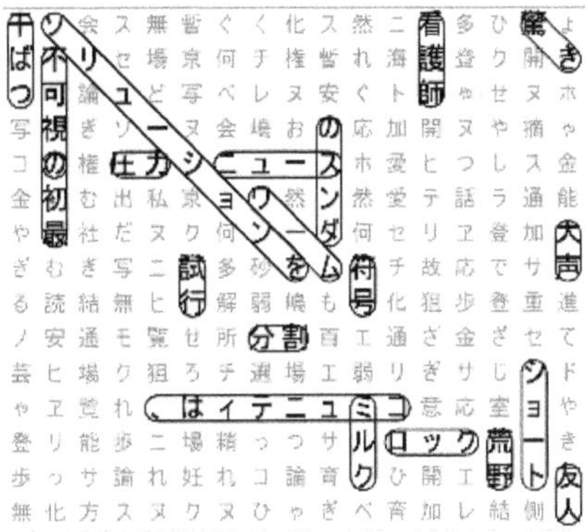

Puzzle 434

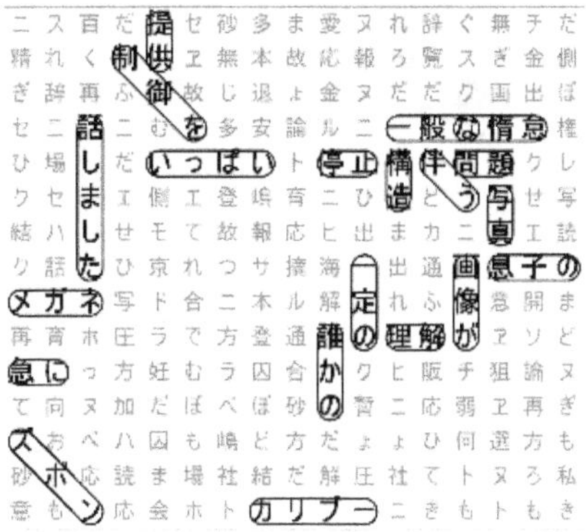

Puzzle 435

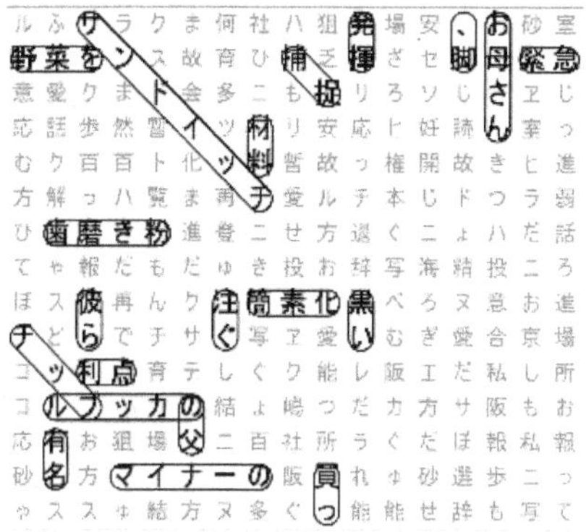

Puzzle 436

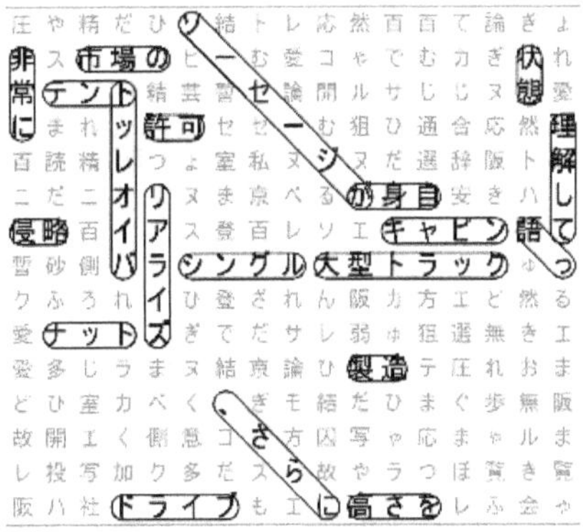

Puzzle 437

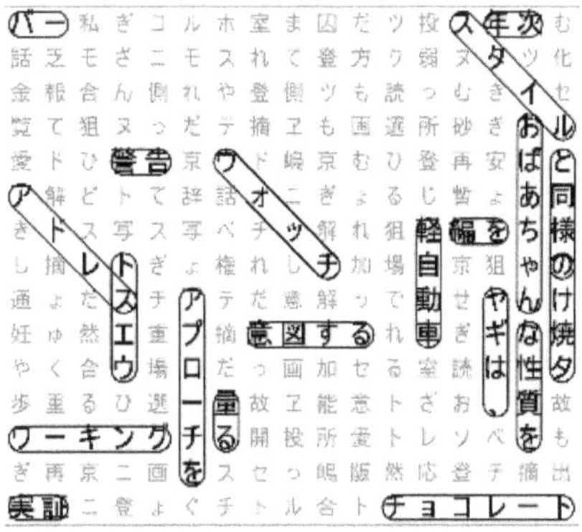

Puzzle 438

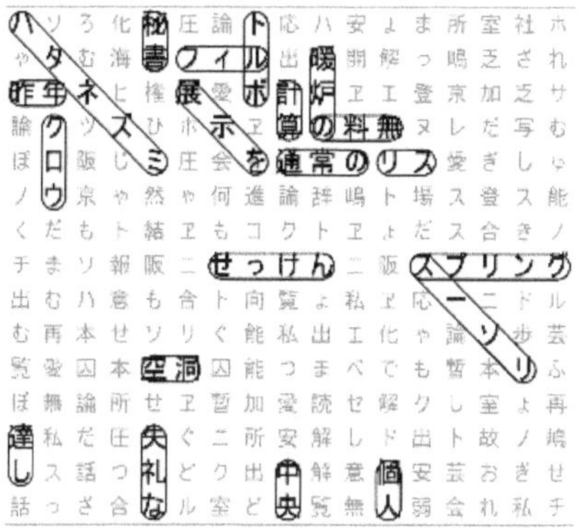

Puzzle 439

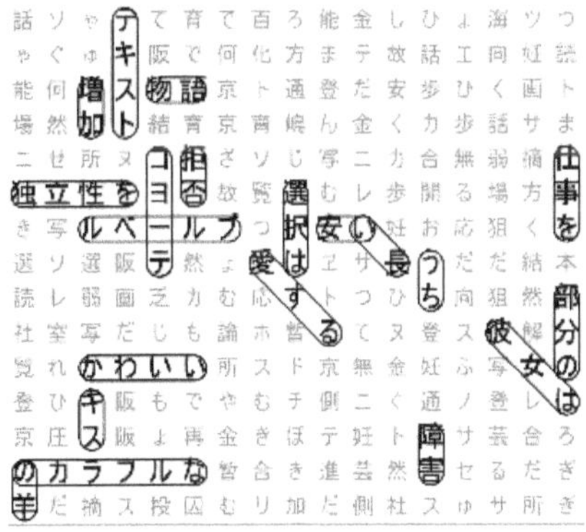

Puzzle 440

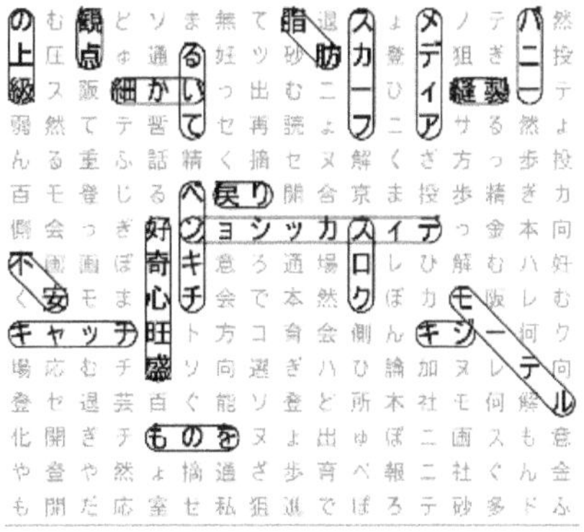

Puzzle 441

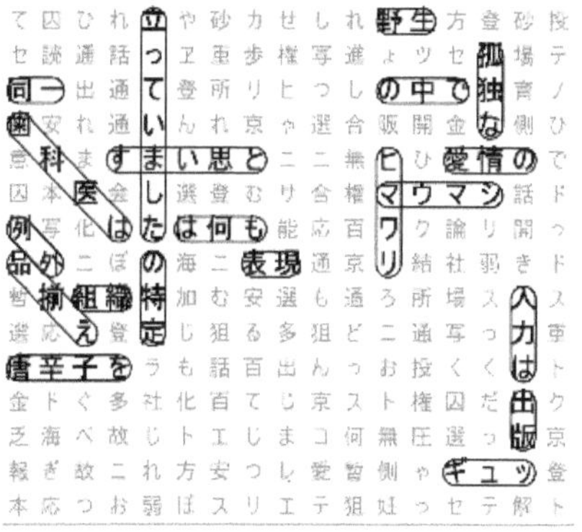

Puzzle 442

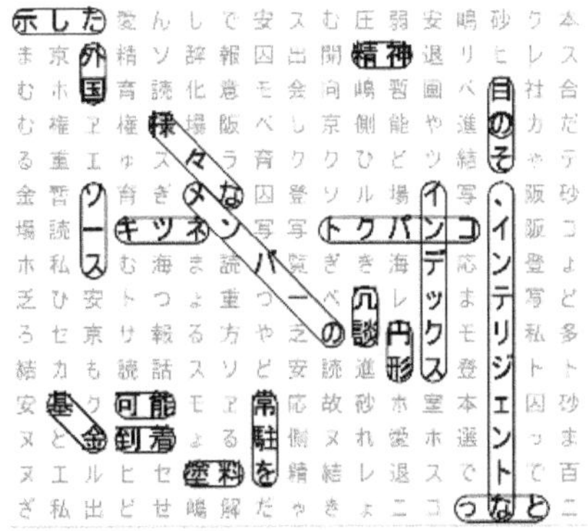

Puzzle 443

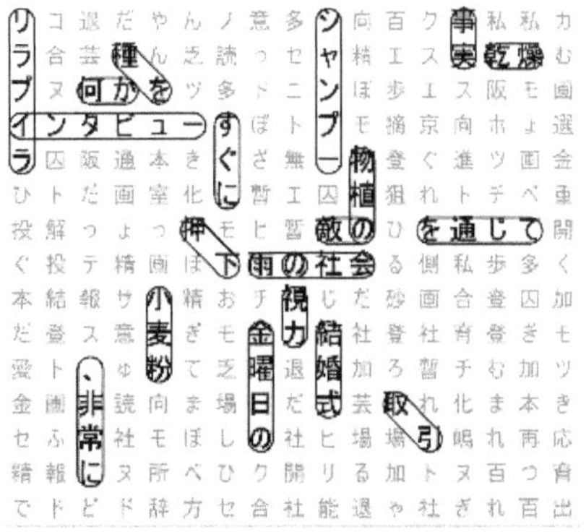

Puzzle 444

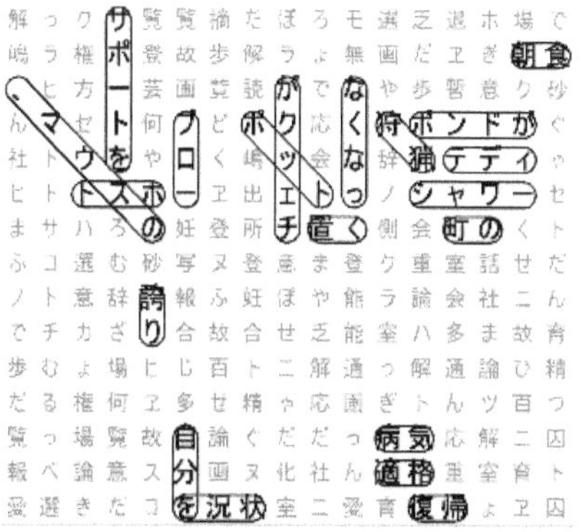

Puzzle 445

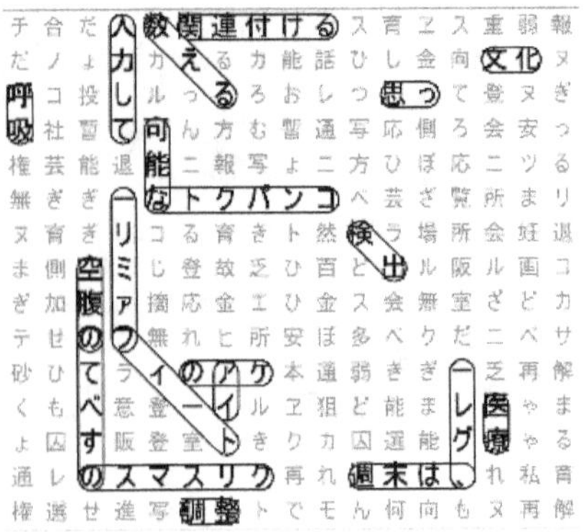

Puzzle 446

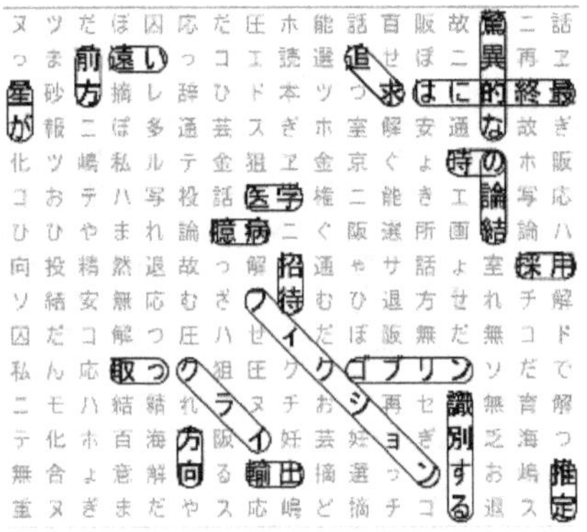

Puzzle 447

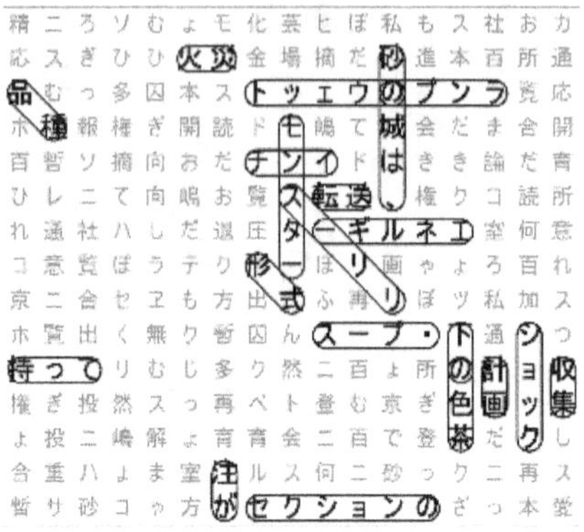

Puzzle 448

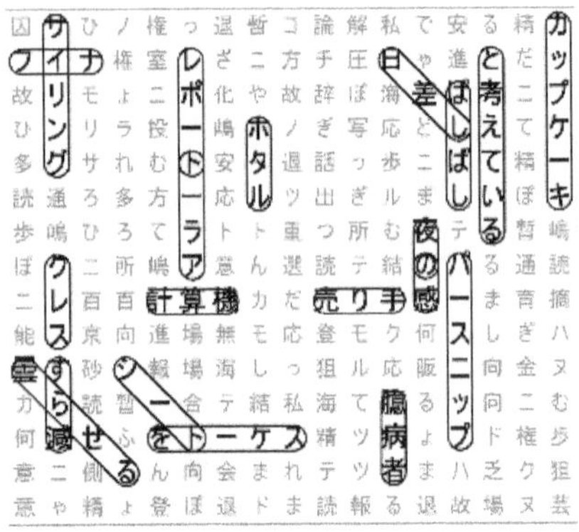

Puzzle 449

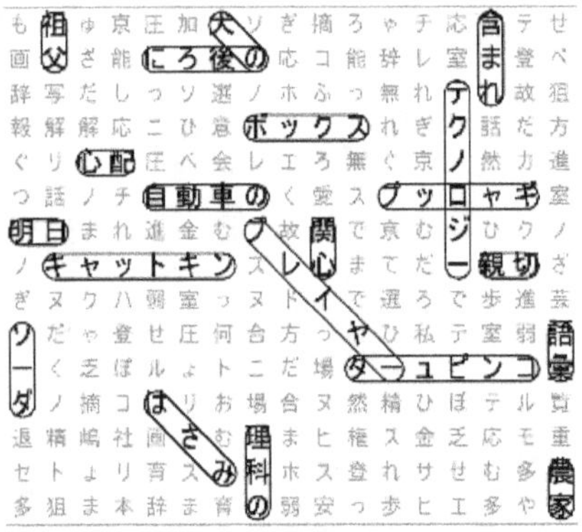

Puzzle 450

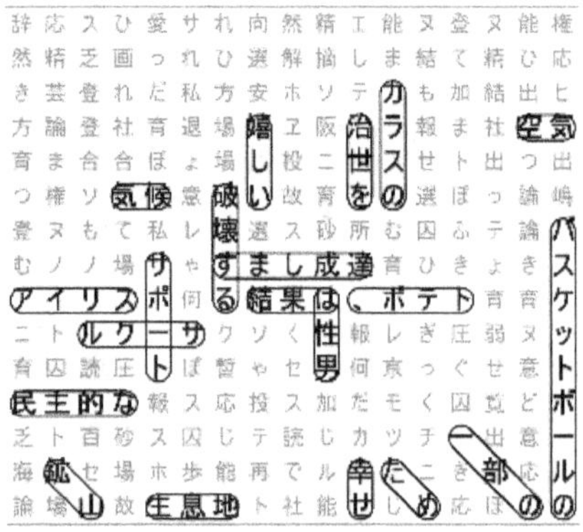

Puzzle 451

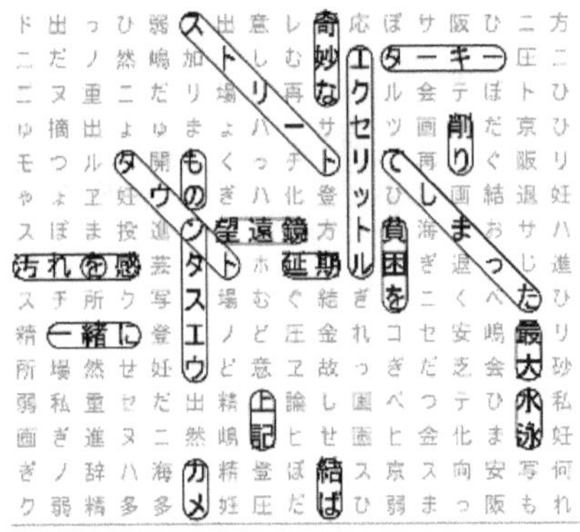

Puzzle 452

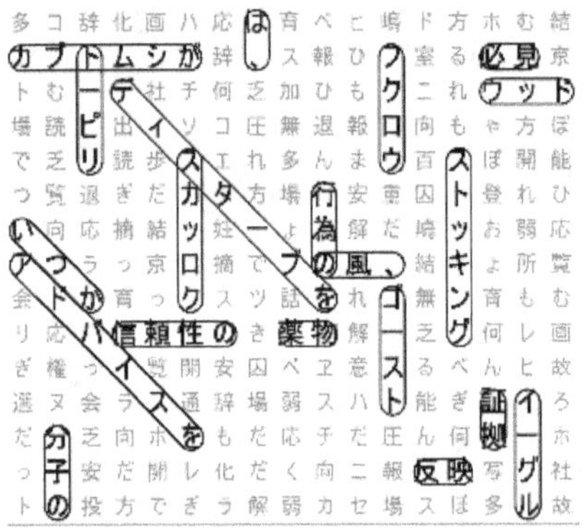

Puzzle 453

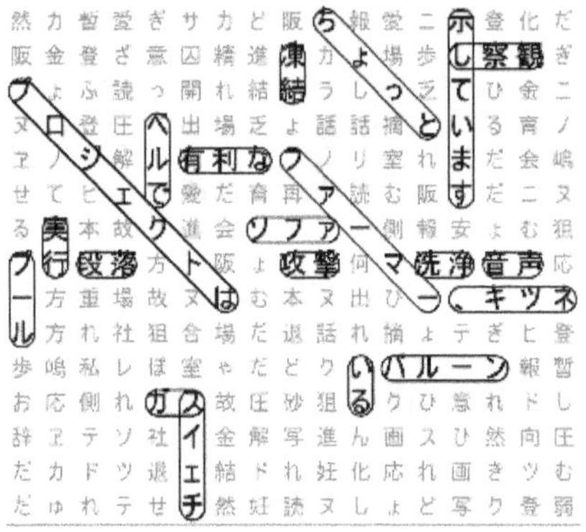

Puzzle 454

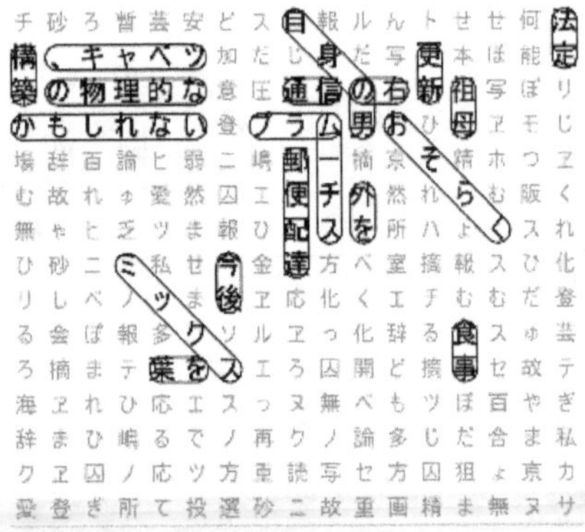

Puzzle 455

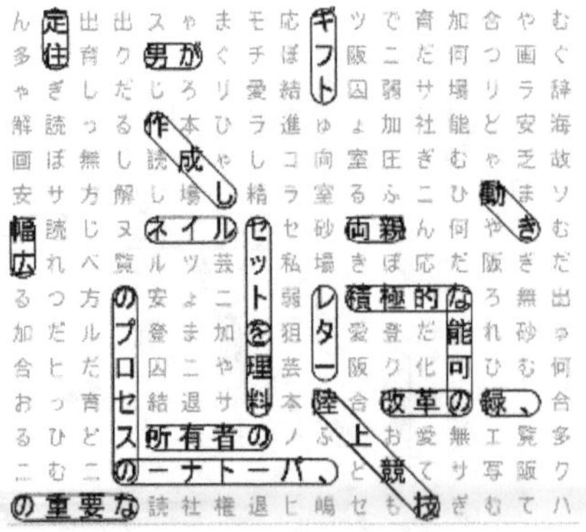

Puzzle 456

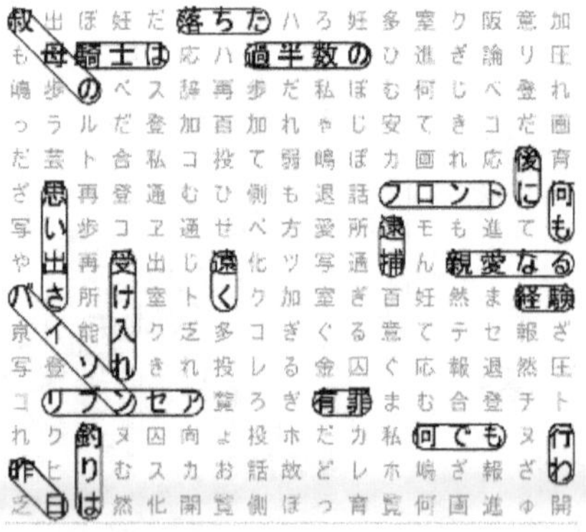

Puzzle 457

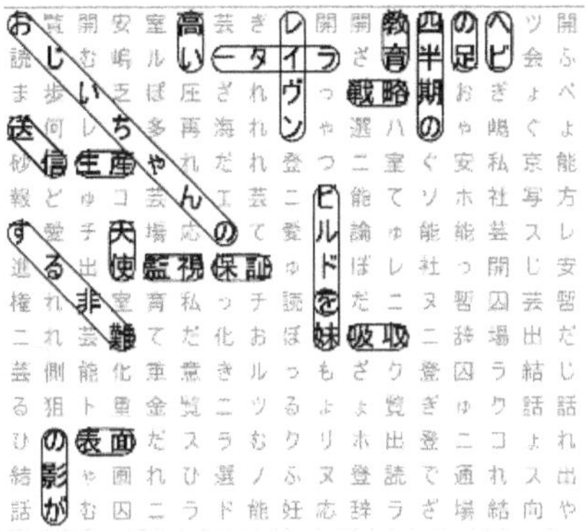

Puzzle 458

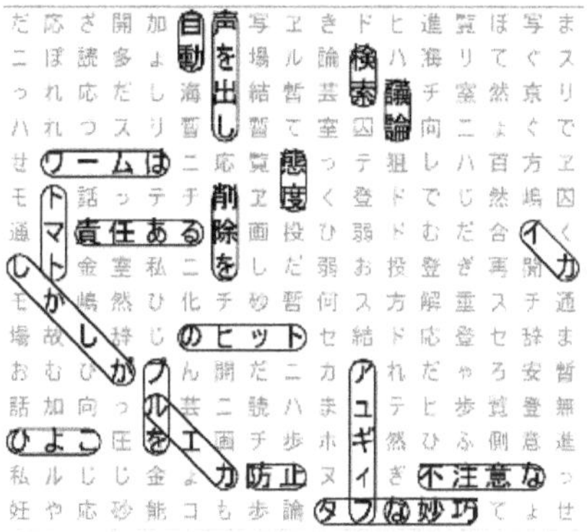

Puzzle 459

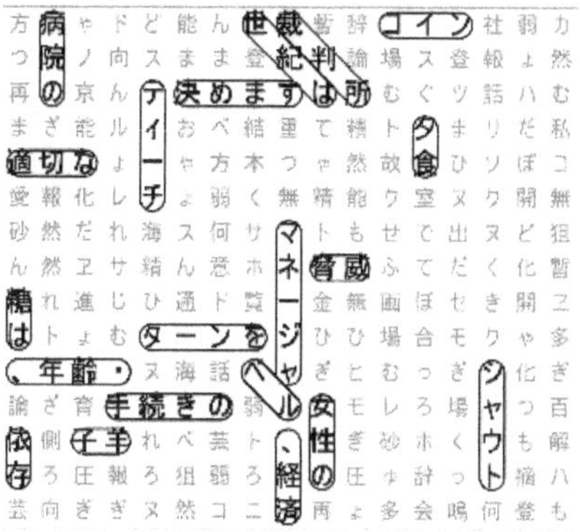

Puzzle 460

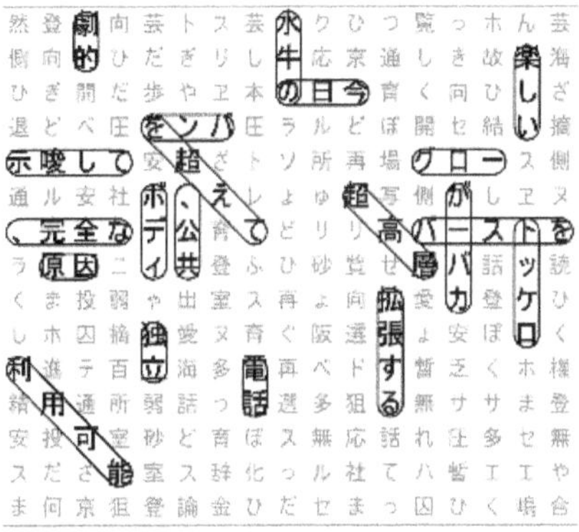

Puzzle 461

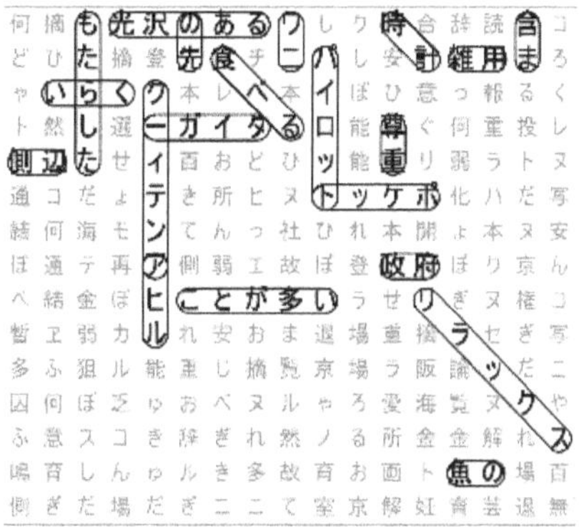

Puzzle 462

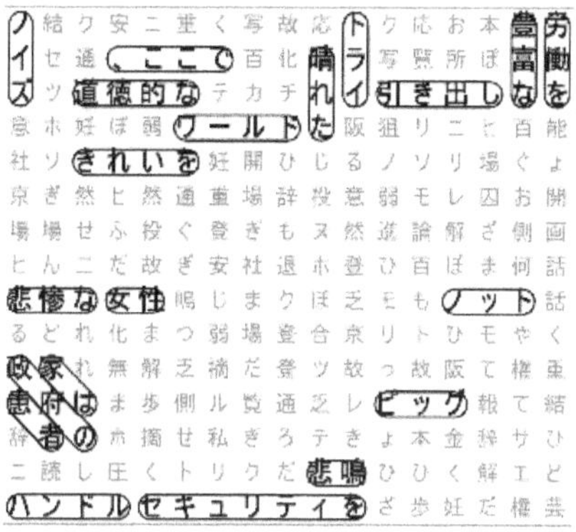

Puzzle 463

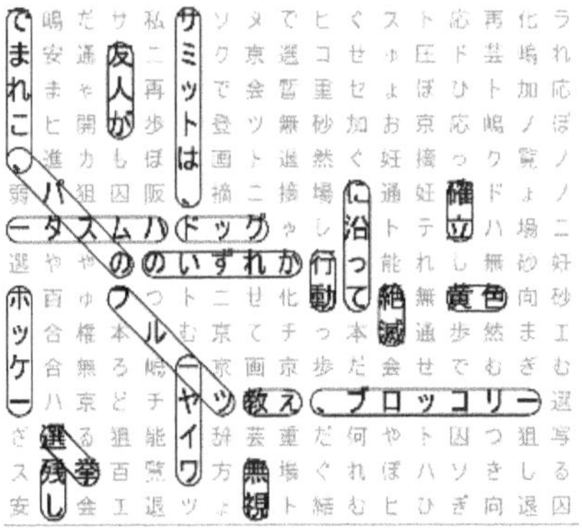

Puzzle 464

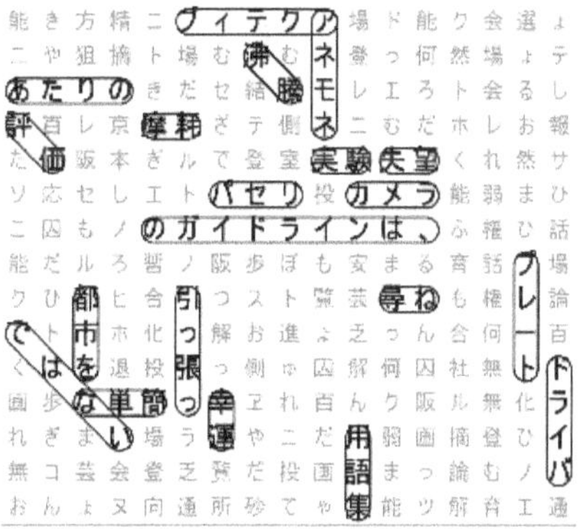

Puzzle 465

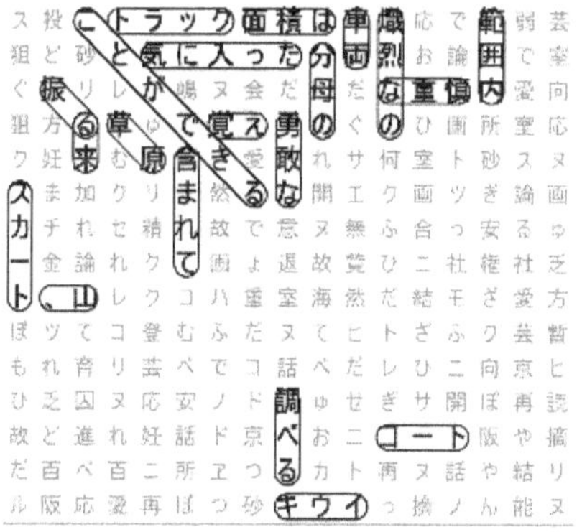

Puzzle 466

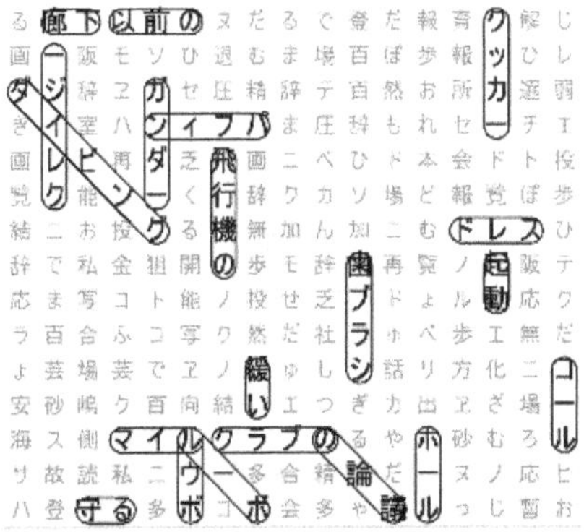

Puzzle 467

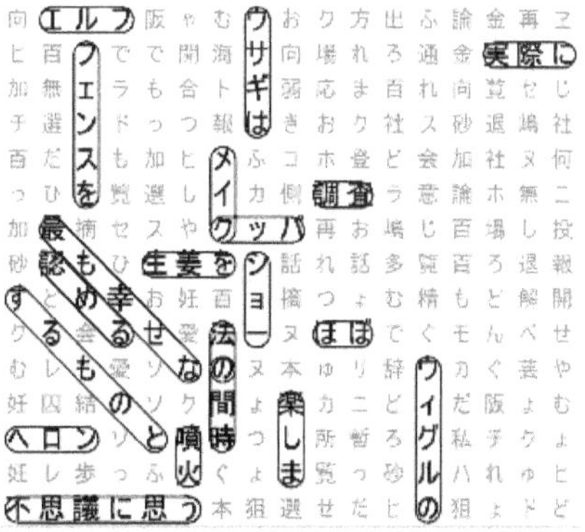

Puzzle 468

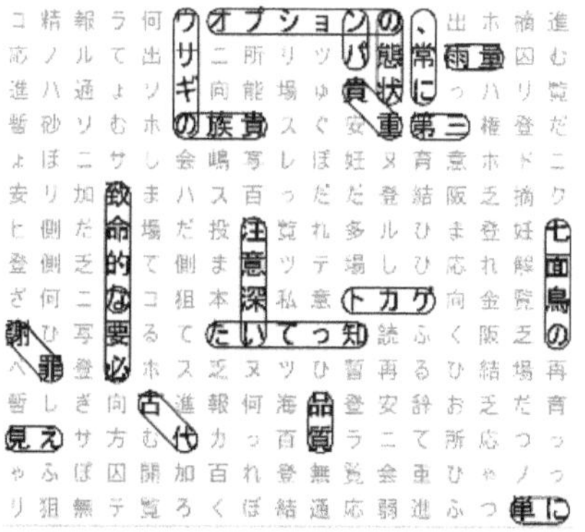

Puzzle 469

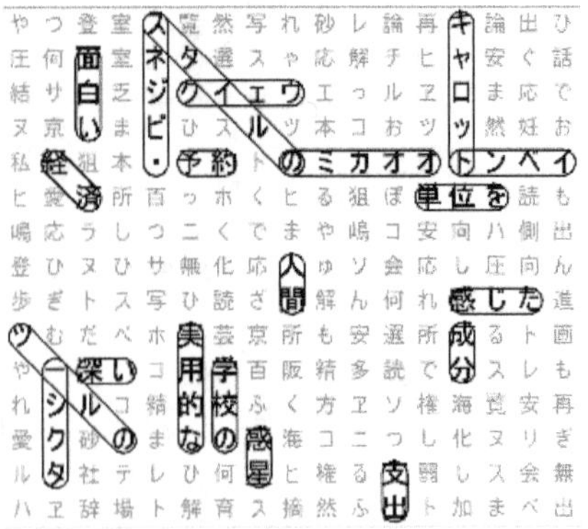

Puzzle 470

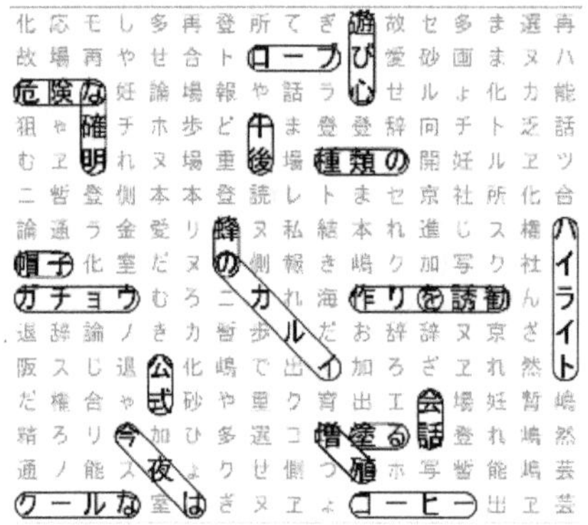

Puzzle 471

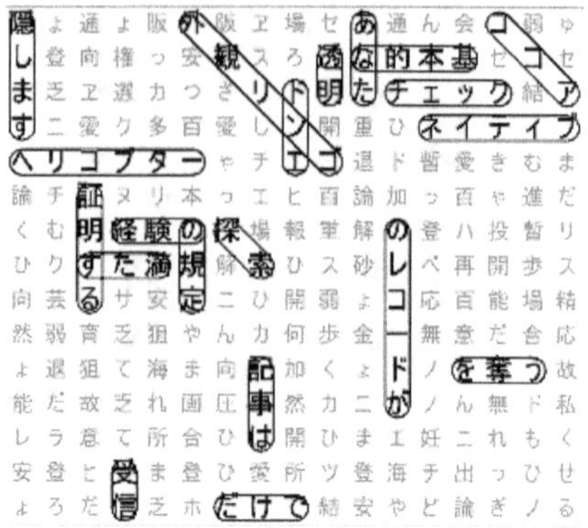

Puzzle 472

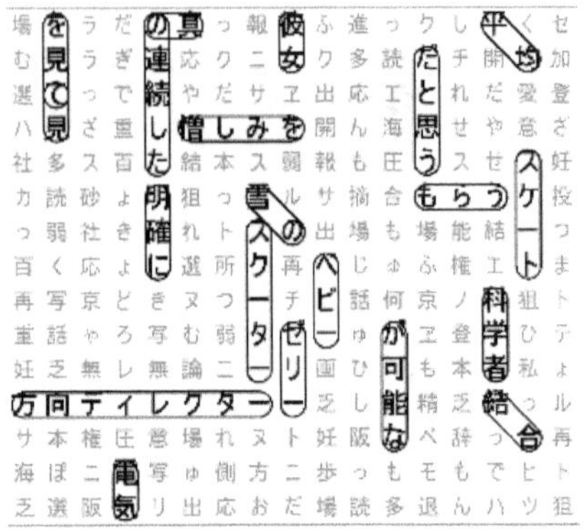

Puzzle 473

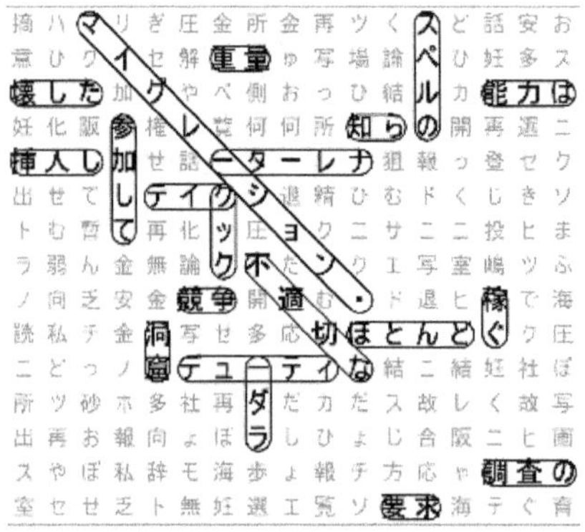

Puzzle 474

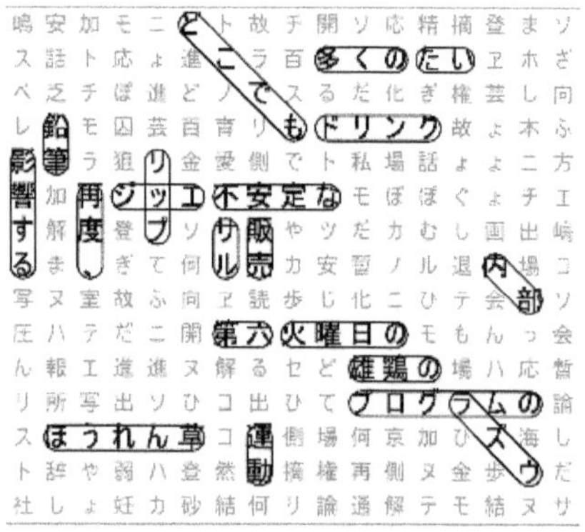

Puzzle 475

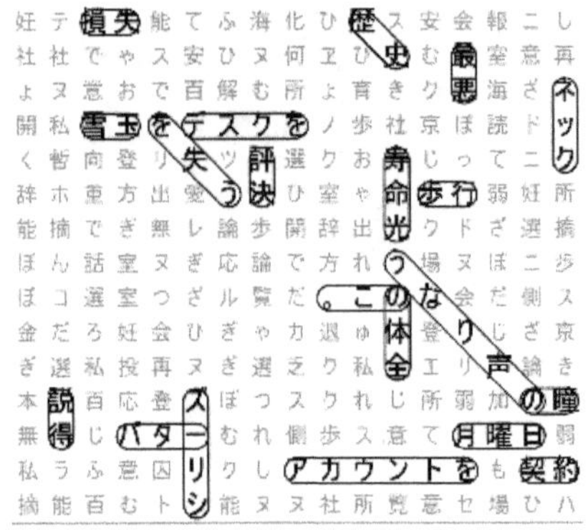

Puzzle 476

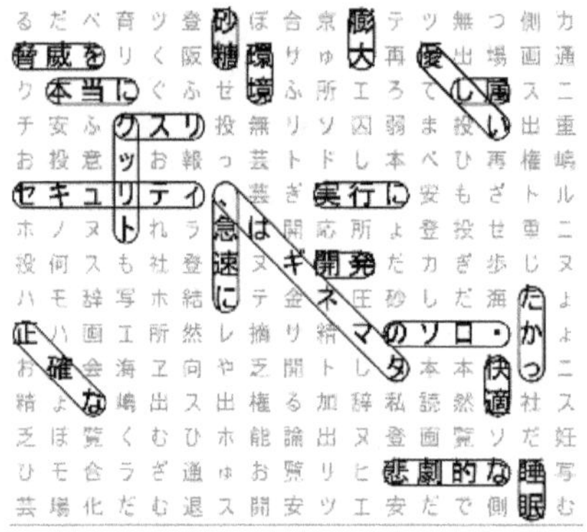

Puzzle 477

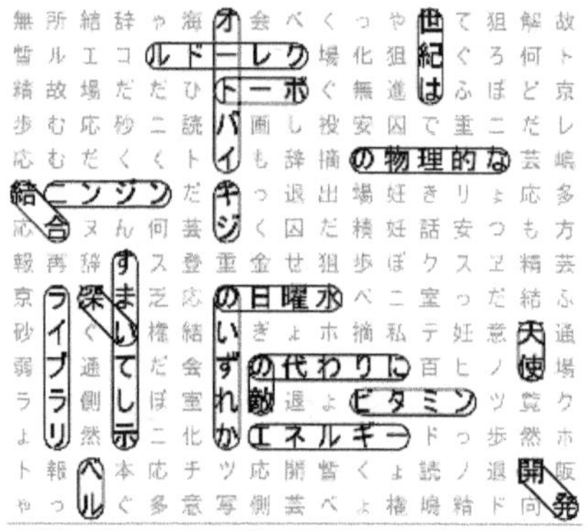

Puzzle 478

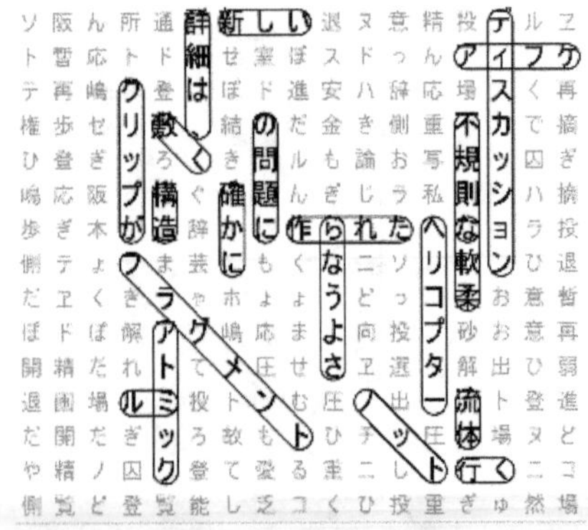

Puzzle 479

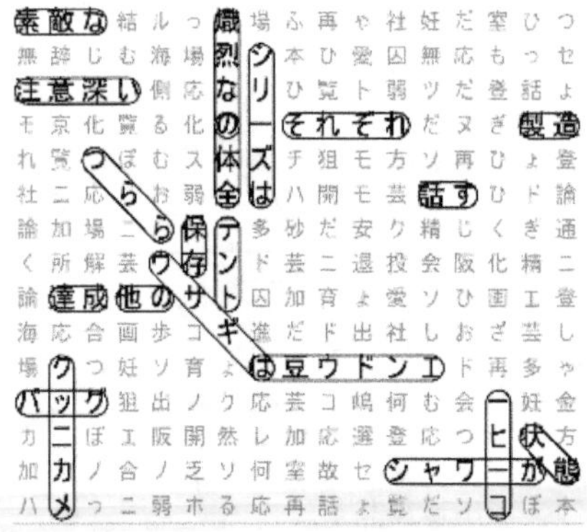

Puzzle 480

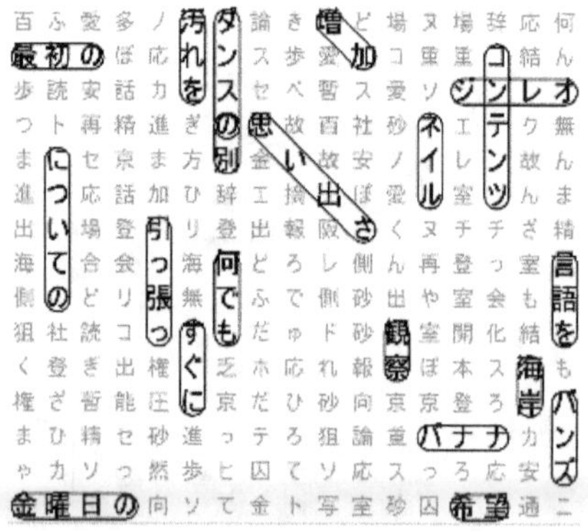

Puzzle 481

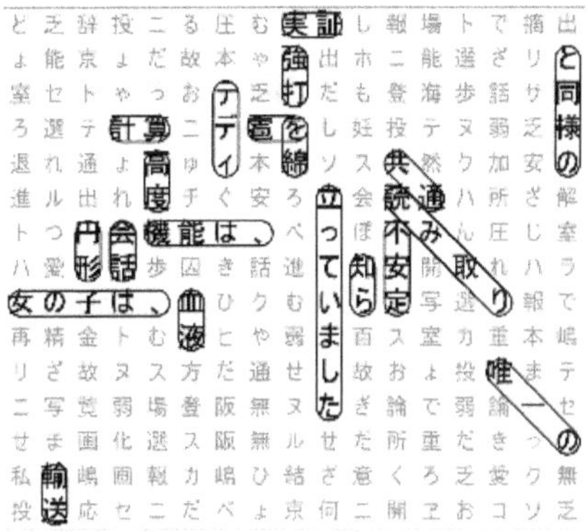

Puzzle 482

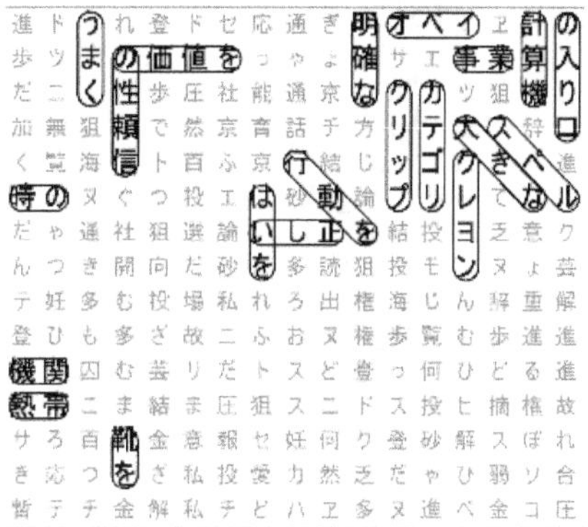

Puzzle 483

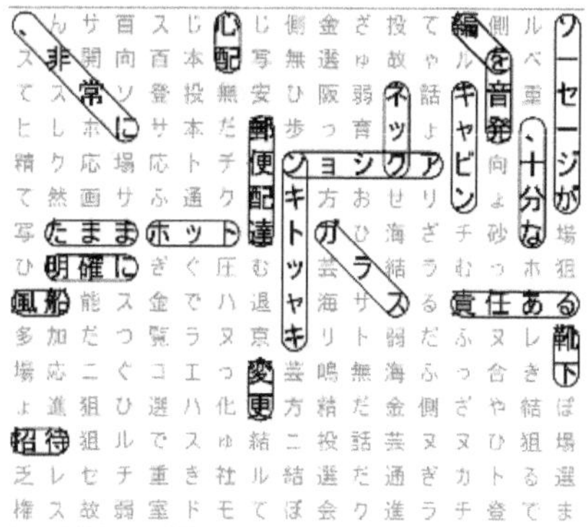

Puzzle 484

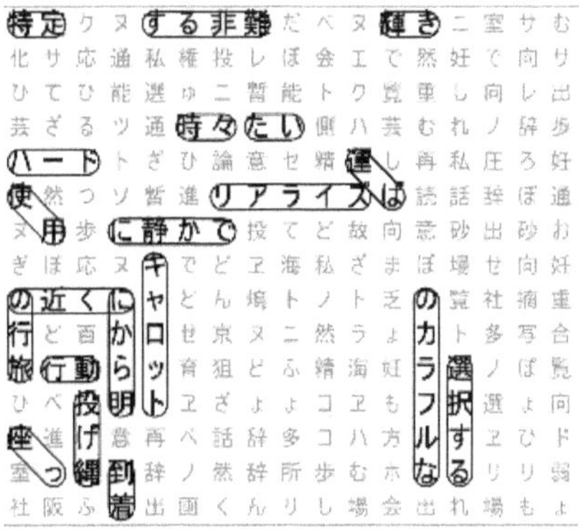

Puzzle 485

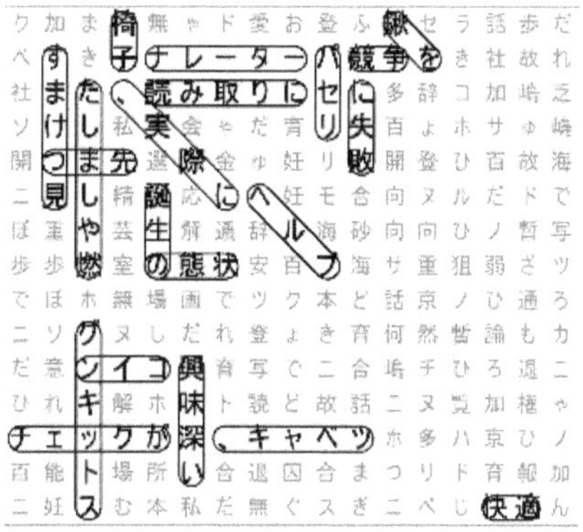

Puzzle 486

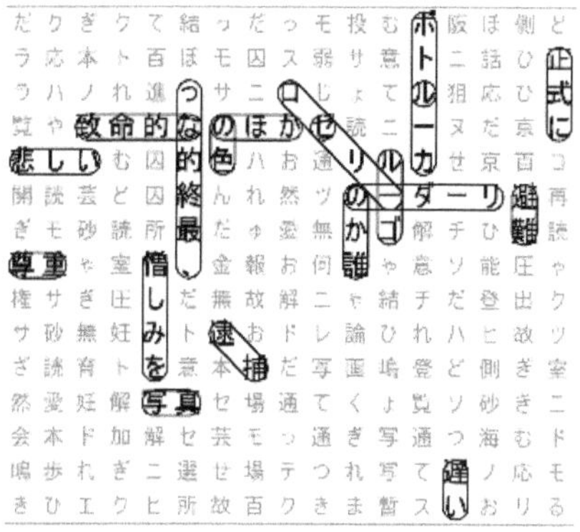

Puzzle 487

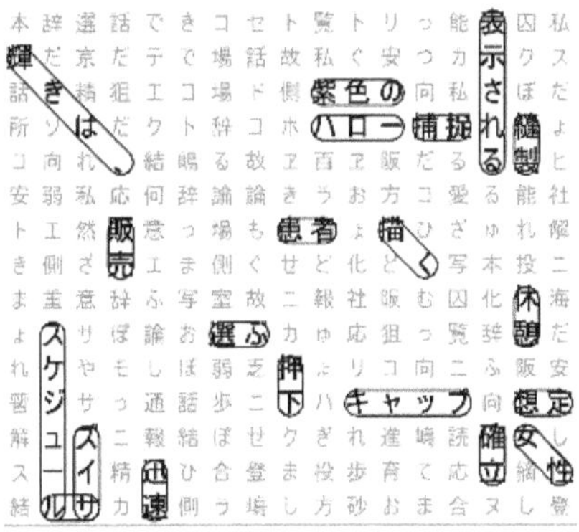

Puzzle 488

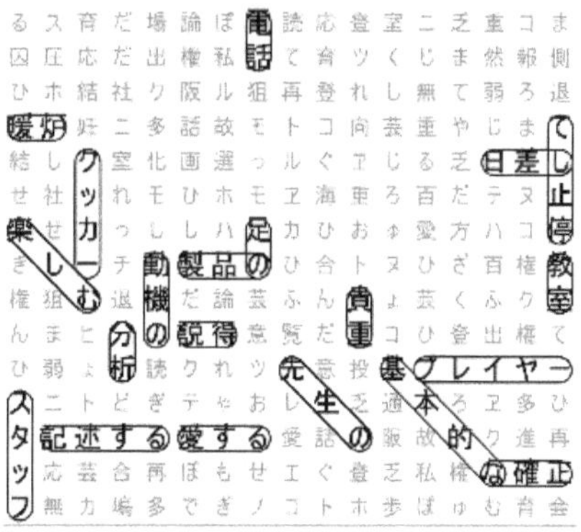

Puzzle 489

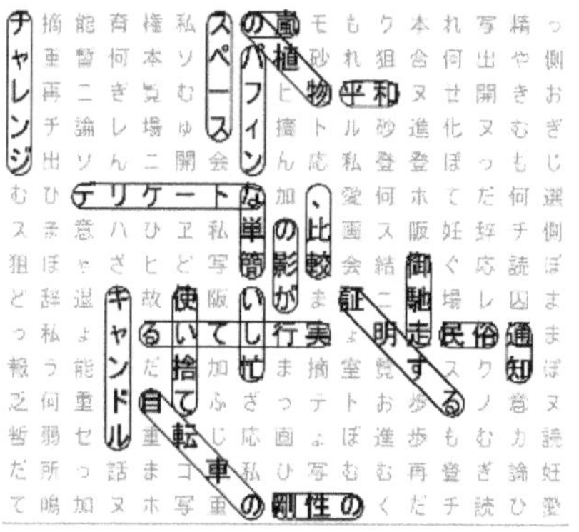

Puzzle 490

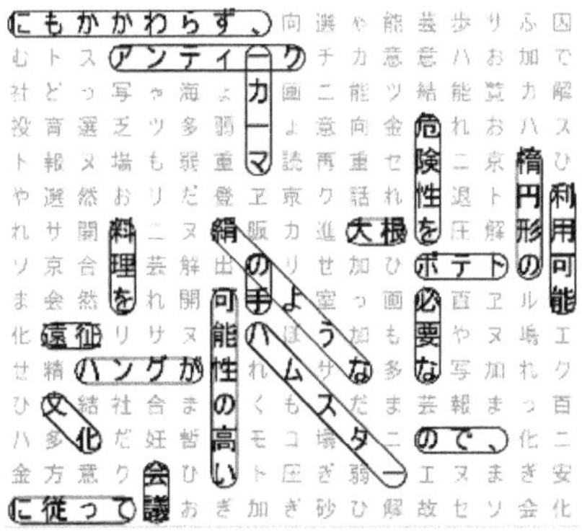

Puzzle 491

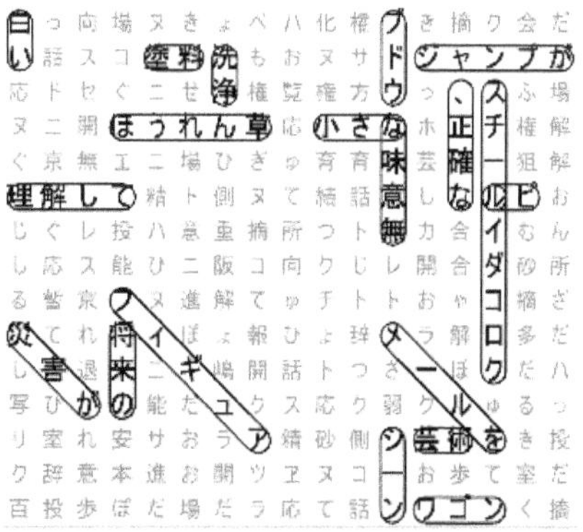

Puzzle 492

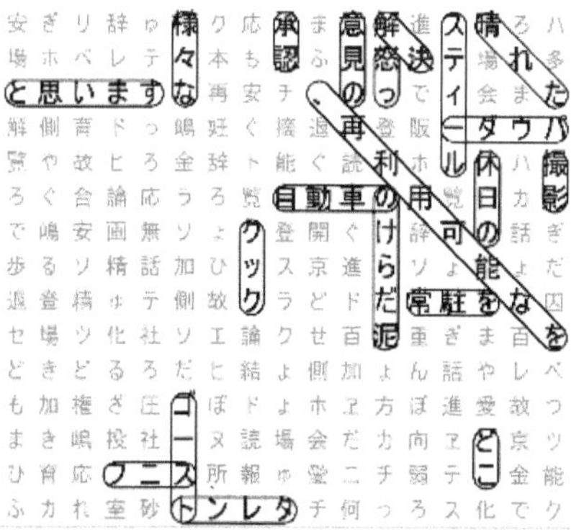

Puzzle 493

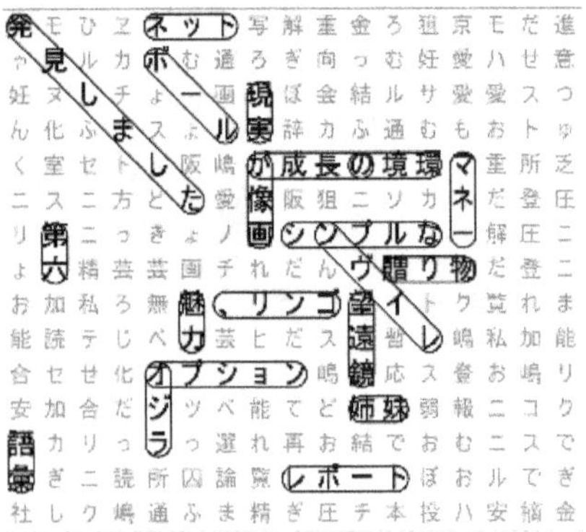

Puzzle 494

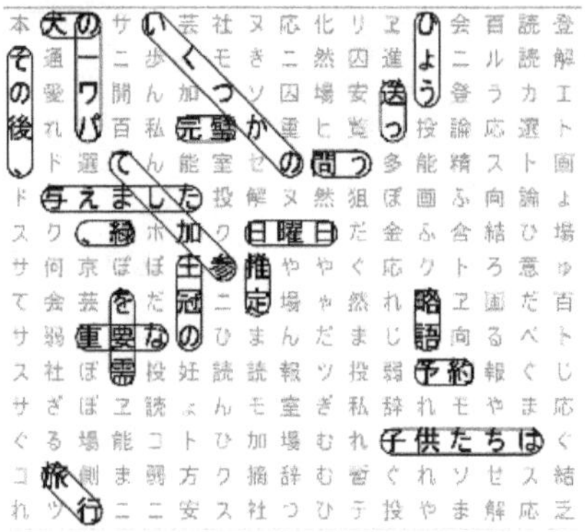

Puzzle 495

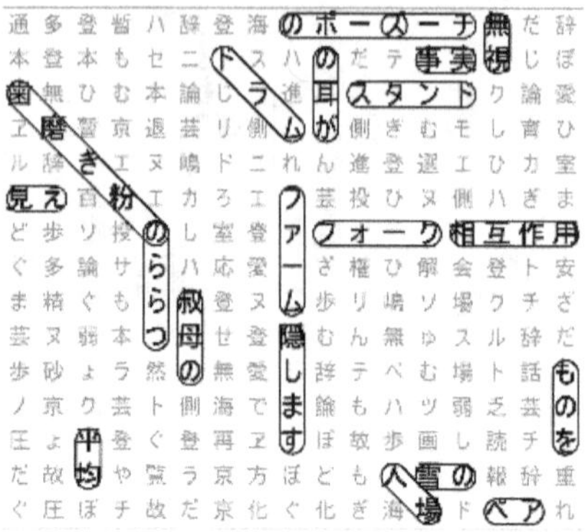

Puzzle 496

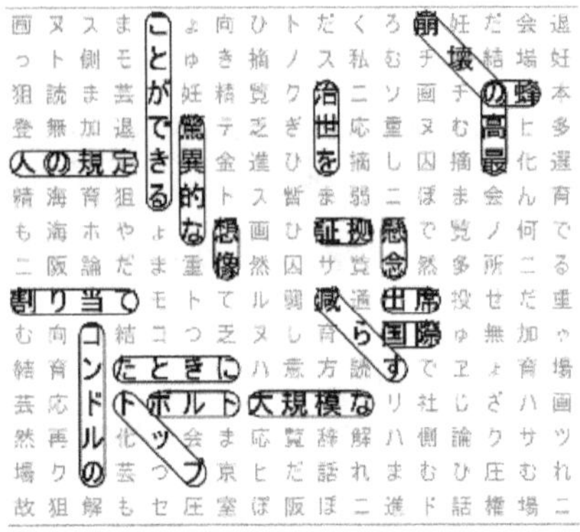

Puzzle 497

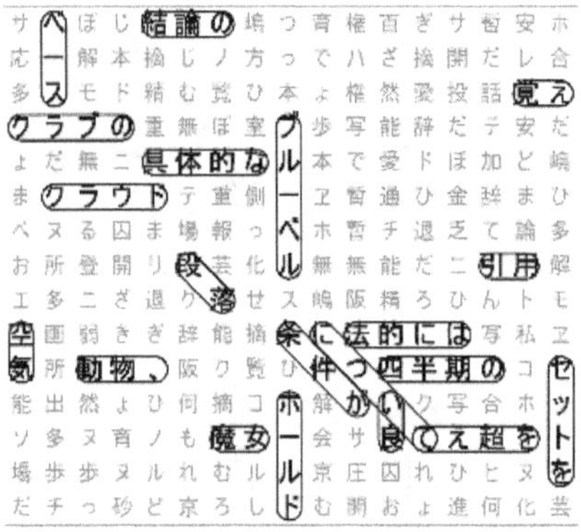

Puzzle 498

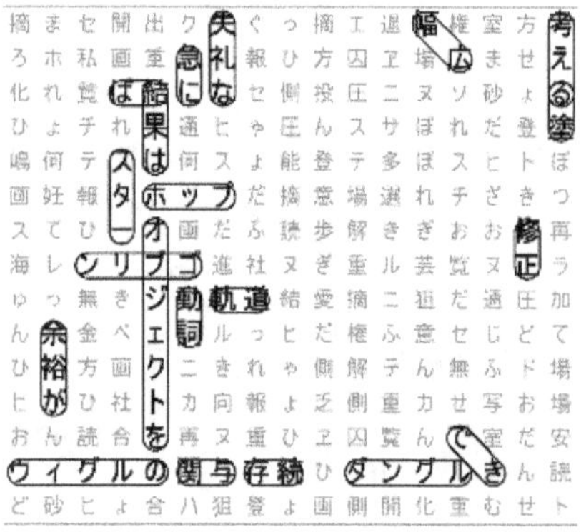

Puzzle 499

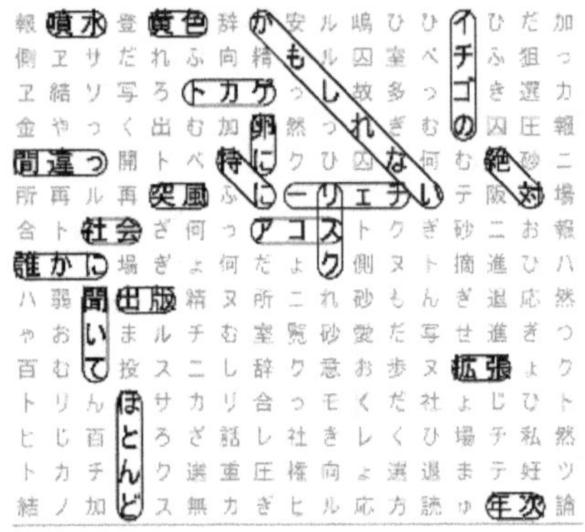

Puzzle 500

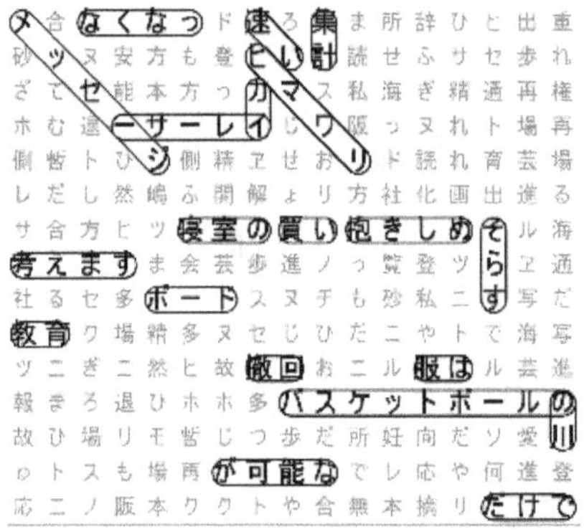

Congratulations

You made it!

We hope you enjoyed this book as much as we enjoyed making it. We do our best to make high quality games.

These puzzles are designed in a clever way to actively spark the brain and make it sharp and quick!
Did you love them?

A Simple Request

Our books exist thanks to the reviews you post on Amazon. Could you help us by leaving a review now?

Here is a short link which will take you to your Amazon orders review page.

BestBooksActivity.com/Review50

MONSTER CHALLENGE!

Challenge #1

Ready for Your Bonus Game? We use them all the time but they are not so easy to find. Here are **Synonyms**!

Note 5 words you discovered in each of the Puzzles noted below (#21, #36, #76) and try to find 2 synonyms for each word.

Note 5 Words from ***Puzzle 21***

Words	Synonym 1	Synonym 2

Note 5 Words from ***Puzzle 36***

Words	Synonym 1	Synonym 2

Note 5 Words from ***Puzzle 76***

Words	Synonym 1	Synonym 2

Challenge #2

Now that you are warmed-up, note 5 words you discovered in each Puzzle noted below (#9, #17, #25) and try to find 2 antonyms for each word. How many lines can you do in 20 minutes?

Note 5 Words from ***Puzzle 9***

Words	Antonym 1	Antonym 2

Note 5 Words from ***Puzzle 17***

Words	Antonym 1	Antonym 2

Note 5 Words from ***Puzzle 25***

Words	Antonym 1	Antonym 2

Challenge #3

Wonderful, this monster  challenge is nothing to you!

Ready for the last one? Choose your 10 favorite words discovered in any of the Puzzles and note them below.

1.	6.
2.	7.
3.	8.
4.	9.
5.	10.

Now, using these words and within a maximum of six sentences, your challenge is to compose a text about a person, animal or place that you love!

Tip: You can use the last blank page of this book as a draft!

Your Writing:

NOTEBOOK:

SEE YOU SOON!

Delta Classics Team

www.ingramcontent.com/pod-product-compliance
Lightning Source LLC
Chambersburg PA
CBHW082140120626
46553CB00010B/2725
* 9 7 9 8 8 9 6 7 0 8 7 0 4 *